U0605132

决战朝鲜

上

[白金珍藏插图版]

李 峰 著

中国出版集团　现代出版社

图书在版编目（CIP）数据

决战朝鲜：全2册 / 李峰著. -- 增订本. -- 北京：
现代出版社，2017.8

ISBN 978-7-5143-6339-5

Ⅰ.①决… Ⅱ.①李… Ⅲ.①抗美援朝战争—史料
Ⅳ.①E297.5

中国版本图书馆 CIP 数据核字（2017）第168225号

决战朝鲜

作　　者	李　峰
责任编辑	张　霆
出版发行	现代出版社
地　　址	北京市安定门外安华里 504 号
邮政编码	100011
电　　话	010 - 64267325　010 - 64245264（传真）
网　　址	www.1980xd.com
电子信箱	xiandai@vip.sina.com
印　　刷	固安兰星球彩色印刷有限公司
开　　本	710mm × 1000mm　1/16
印　　张	41.25
版　　次	2017年8月第1版　2023年11月第9次印刷
书　　号	ISBN 978-7-5143-6339-5
定　　价	88.00元（全二册）

版权所有，翻印必究；未经许可，不得转载

目录 / Contents

序　幕 / 1

罗斯福的嘴角不禁露出一丝冷笑，他看透了斯大林的虚弱。

战胜国中国的合法利益竟被美苏盟国做了交易，中国对此却毫不知情。

美苏会议的内容还涉及朝鲜问题。是时，朝鲜已沦亡于日本三十年了。

第一章　风云之初 / 9

用鱼雷艇充作登陆艇，查遍世界海军史也仅此一例。斯大林疯了吗？必要的时候，斯大林会毫不犹豫地命令部下即使是坐澡盆也得划到朝鲜海岸的！

麦克阿瑟恶狠狠地瞪着苏联海军中将："假如有一名苏军士兵未经我同意开进日本，我就把包括你在内的整个苏联代表团投进监狱！"

"不行，如果受伤或被打死了怎么办？全部烧了！"毛泽东一直看着他与斯大林的往来电报全部被师哲烧成灰烬才肯离开。

斯大林因为一个强大的中国即将屹立在俄罗斯南面而忧虑不已……他知道自己的手里又欠了中国不少新债……

麦克阿瑟要消灭日本人最多的中国将领、抗日名将孙立人当汉奸："请孙将军负起保卫台湾的重任，而由美国全力支持……"

粟裕突然昏倒不起。

蒋经国高喊着疯跑进来："爸爸！韩战爆发了！""天父伟大！"蒋介石罕有地失态，站起来脱口高呼。

第二章　势如破竹 / 57

周恩来毫不犹豫地告诉驻朝武官柴成文："苏军驻朝顾问团如何对待你们，你们就如何对待他们！"

南朝鲜军一败涂地，开战三天就把首都汉城给丢了。

一次有同志告诉毛泽东："佩服主席涵养好，从不发脾气。"毛泽东则回答："我不是不生气，有时几乎气炸肺，但我知道该尽量克制容忍，切勿现于辞色。"

人民军错失了在朝鲜战争中唯一一次取得战争全胜的机会。

听着广播中金日成洪亮自信、充满喜悦的声音，苏联人在狂喜，中国人忧心忡忡，而麦克阿瑟则站在东京司令部窗边俯视着日本皇宫边听边笑。这只老狐狸笑得开心极了。

第三章　硝烟滚滚 / 105

强中更有强中手，世界级的名将麦克阿瑟到死都不知道，就在他决策登陆仁川的同一天，比他还高明的中国军人已经算定他要在仁川登陆，而且登陆时间竟精确到了分钟！

毛泽东："此人（林彪）打仗谨慎有余胆略不足，身为高级将领，如此缺乏战略眼光临阵怯阵，实属不该！"林彪从此蛰伏八年，直到1959年庐山会议复出……

毛泽东眼睛都气红了："我们的战士也是人生爹妈养的血肉之躯！炸弹落下来照样血肉横飞尸骨无存！……斯大林不出兵我也不出！叫彭德怀回来！"

第四章　清长大捷 / 159

鼙鼓已动，统帅却失踪了，怎么得了！

马歇尔充满苦涩地说："我们认为什么都知道，而实际上什么也不知道。

然而，对方却一切都知道，于是，战争开始了。"

彭德怀长叹一声："唉，为什么偏偏把岸英炸死了呢？"

三十八军创造了世界步兵战争史上空前绝后的世界纪录。

十万来自中国江南水乡的将士忍受着非人的痛苦，每天靠几个冻得石头一样的土豆充饥，脚踏一层薄薄的胶底鞋，身穿一层空空的棉袄——许多人甚至是身着夏季单衣。这些身经百战的将士靠着坚强的信念和无比的意志趴在零下四十五摄氏度的雪原中……

彭德怀大闹北京城，毛泽东知道后只淡淡说了一句："大将冲冠怒，惊醒梦里人，不是坏事！"

彭德怀要通过决定性的第五次战役把"联合国军"主力吃光，其中美军达三个师。毫无疑问，彭德怀的口张得太大了，他想吃的东西超过了他的消化能力。

中国军队已经认识到，后勤是现代化战争的瓶颈，后勤部队的重要性和一线战斗部队的重要性是同等的。

一八〇师的严重损失成了中国军人心中永远的痛，整整一代中国将领都为这件事遗恨不已。

苏联口口声声要中国保卫社会主义阵营，而作为这阵营的头头，斯大林不但不出兵朝鲜，还要叫出兵打仗、蒙受了巨大牺牲的中国付军火钱。中国开始尝到跟自私的苏联结盟的苦涩之处了。

"克农同志，我点了你的将，要你去坐镇开城同美国人谈判。"毛泽东说。李克农，红色谍报之王，中共情报界"前三杰"中唯一的幸存者。

连刘亚楼都没想到，这支在一年前还是陆军独立第二〇九师的新部队横空出世，一上场就打了个满堂红，激战八十六天竟击落击伤敌机六十四架。

没有大规模的先进战机参战，人民军空军的这些胜利只能鼓舞一下士气，但地面部队和后勤线的上空是非掩护不可的，怎么办？大批中国高射炮部队入朝了。

三个日本细菌专家奉李奇微总部之命，携带进行细菌战的一切必要装备，离开东京到达朝鲜……

第七章　凯歌高奏 / 445

张桃芳有一种天生的"枪感"，据说他最讨厌使用瞄准镜，只喜欢用准星射击，他由此成为世界战史上最闻名的几个不用"枪瞄"的神射手之一。他是中国军队在朝鲜战场上的头号杀手！

六十五名中国人民志愿军人员归来，其中绝大部分是军官。他们还没有下车的时候，就撕碎了印有国民党旗帜的内衣，露出了刻满全身标记的身体。在这个大厅里，只听得见久久持续着的、渐渐变大的哭泣声。

斯大林忽然灵感泉涌，对着耿直的彭德怀说出了他一生在无数外交场合所说出的最真心的话，这句话坦率得让彭德怀都惊讶不已。

三十八军败走了麦城，全因出了个败类。

秦基伟："十五军流血不流泪，谁也不许哭！养兵千日用兵一时，为了全局胜利，十五军打完了在所不惜！国内十五军这样的部队多的是，上甘岭只有一个！"

中美两国的空降兵第一次交手。

"我许和尚打仗素来是大胆的，可是你比我还要大胆！"

这十二名中国侦察兵竟在一个多小时内消灭了两百多敌人，内含白虎团团部几乎全部军官七十余人，而他们自己竟无一伤亡。

余　绪 / 547

黄镇："你们的装备很好，但我们的人素质比你们强，所以你们打败了。"

沃尔特斯很坦率："在朝鲜时我们就已经意识到了，中国的志愿军是我

4

们美国两次世界大战以来所碰到的最强硬的对手。"

序一

尊严在勇者的剑锋之上

——终结中国近代史的一战

朝鲜战争爆发已经六十多年了。不管哪个岁数的中国人，只要朝着自己版图的右上角看一眼，很多人耳畔就会响起"雄赳赳，气昂昂"的战歌声和密不透风的枪炮声。那是年仅一岁的新中国，出于国际主义义务和保家卫国的需要，果断出兵，和世界上最强大的国家及军队殊死搏杀，并获得巨大胜利的一战。这一仗，不仅打出了新中国的国威军威，也一雪近代史上中国屡败于西方列强的屈辱。

自鸦片战争到抗美援朝战争，中国连续不断地经历了一百一十年的战争，去除国内战争的章节不说，在对外自卫战争中，鲜有独立战胜外敌的记录。但是，1950 年，这一历史都重写了。毛泽东和他那一代中国共产党人，在中华民族史上的历史功勋无与伦比。美国作家协会主席索尔兹伯里在评价长征时说："人类的精神一旦被唤起，其威力是无穷无尽的。"上甘岭上再一次展示了那一代中国人的冲天豪气。

经此一战，不仅傲慢的美国人颜面尽失，连几年前十分不服气地在中国放下武器的日本人，也真的相信中国人确实站起来了。这一战，让世界华侨扬眉吐气，大批海外英才百川归海般回归祖国；这一战，让世界许多国家纷纷伸出手来拥抱新中国。这一战，有太多的奇迹写在世界近代战争史和国际关系史上。因此有无尽的启示供今天和未来的人们回味。

因此，当我读到李峰先生所著《决战朝鲜》的时候，心中犹如万马奔腾。

1

关于这一仗的故事，20世纪60年代出生的中国人，大都耳熟能详。我一直认为，作为中华民族置之死地而后生的一仗，中国人应该以超过教徒般的虔诚，熟记它的每一个细节。李峰先生此书，在我看来正是从细节解读、记忆历史的。虽然它不是唯一一部这样的著作。本书从《雅尔塔协定》落笔，全景式记录这场战争，这就有了纵深感和立体感，也有了现代史学的某种价值。

但最重要的，我以为还是作者隐含在字里行间的，对于当今中国和未来时代的深情寄托。和平不是靠退让得到的。新中国成立之前的晚清和民国，自1840年鸦片战争以来，连续对世界大大小小的列强退让了一百多年，结果让了琉球丢了台湾，让了东三省丢了北平城，几乎亡国灭种，也没有换来统治者一直幻想中的和平。最后还是拼死一战，才死里逃生。新中国刚刚成立，以美国为首的十六国，又循着八国联军的惯性思维，气势汹汹地兵临中国家门口。但是，这一次它们遇到的不是只会点头哈腰签订不平等条约的中国人，而是毫不畏惧敢于用"大炮、机关枪去辩论"的新中国人！新中国赢得了抗美援朝战争的胜利，顺手也把绞索般的各类不平等条约付之一炬，和平的阳光第一次照在中国人灿烂的笑脸上。

尊严在勇者的剑锋之上。一个真正的剑客，可以倒在对方的剑下，但决不能跪在对方的剑下。一个国家和民族也必须敢于亮剑，在这个丛林法则盛行的世界上赢得起码的尊严和生存权利。

朝鲜战争已经过去了六十多年。今天的中国一如既往地爱好和平，但今天中国的周边环境依然被一条由敌意的军事基地、军事联盟、核武、赌场和毒品以及恐怖主义等连续的"破碎地带"所包围。日本评论家宫崎正弘利用一年时间，跑遍了中国的周边邻国，深入调查后发现：中国是一个"完全被地缘政治包围的国家"。一些国家公然侵占中国领海、岛礁；一些国家肆意武装挑衅，辱杀华侨；民族分裂分子气焰嚣张。在经济领域，正掀起针对中国的"暴徒般"的世界性贸易攻击；连海盗也跟着凑热闹。

外患严重，而内忧堪虑。官场弥漫腐败之风，而民间盛行拜金主义。经过三十多年改革开放，中国积累了一点财富，但相当多的国民却沉浸在歌舞升平中不思进取，曾经使新中国昂立于世界的尚武精神，几乎湮灭殆尽。

此时此刻，回忆并沉思那场惊天动地的战争，回味能战才能有和、敢战方能言和的历史启示录，或许会有稍许清醒剂的作用。新中国之所以昂着头，那是因为黄继光站在中国人的前头。

今天的中国，满世界提倡和平和谐，但仅靠两千多年前孔子重新周游列国和在各种场合只念"和"字经恐怕是不行的。一个没有勇武精神的民族，不要说什么崛起和复兴，连获得别国起码的尊重、保卫自己最基本的合法权益，事实上也难以做到。有的学者还宣扬中国发挥什么"软实力"。是力就一定是硬的，把软和实力拼接在一起，只能自欺而不能欺人。软的就是软的，软实力是硬实力的影子。老牛处处求和而时时危急，老虎一声不响而不求自安，谁的"软"更有力量？大道至简，自然界的规律不仅存在于人类的历史中，在现实和未来也依然隐伏运行着。

历史如果不能昭示未来，那不过就是一堆陈年旧事。相信读过李峰先生这部呕心之作后，21世纪的中国人，或许会有一些崭新的感受。

信笔写来，算是一个没有打过仗的老兵对前辈的追思、对后人的寄语吧。同时，也谢谢李峰先生，让我在相当长的时间里，遥想激情燃烧的岁月。

——戴 旭

（本文作者系著名军事战略专家、空军大校，主要研究中国新型军队建设，美国全球战略与对华战略，自言甘为中华鹰犬，为国请命。

著有《盛世狼烟》《20世纪世界空战》《海图腾》《C形包围》，以见解独到、思想敏锐、观点尖锐、文风犀利、语言生动见长，引发各界热烈反响）

序二

尊严不是无代价的

李峰的《决战朝鲜》令我感慨万千。

我们无法计算抗美援朝战争对中国的意义。

每当谈到抗美援朝战争，现代社会的舆论就充满复杂。我们为何而战？长眠在朝鲜冻土中的中华儿女，国家的利益和战略缓冲，进入中国台湾海峡的第七舰队，今天朝鲜对我们的态度，赢得世界的尊重，铁幕下的饥饿，军人的忠诚与勇敢，韩国的繁荣，军队转变为国防的象征，价值观的转变，出色的战术，千变万化，令人无法评价。

而在那万花筒般的文字深处，我所看到的只有两个字——尊严。

在日本，我阅读了大量关于甲午战争的史料。出乎意料的是，战争爆发之前，日军不但没有打到山海关的思想准备，甚至没有打过鸭绿江的作战计划！对中国这样一个大国，日本人虽然知道它的软弱，几百年前丰臣秀吉在大明的炮声中忧病而死留下的恐惧，依然使日本迈不开侵略的步伐。

是谁让日本军队杀进了中国？

日本人的记载有些荒唐——因为在平壤缴获了叶志超丢弃的大量装备，日军士气大振。清军陆军的行营炮和连发枪比日军的装备还要先进，却一触即溃，令日军对中国有了"新的认识"。然而，他们还是遵令在鸭绿江停了下来，并没有敢轻易渡江。

这时，对岸却来了一支清军骑兵——这就是所谓的"八旗铁骑"了。日军只有三十人的先锋部队隔江开枪射击，并且就地准备掘壕防守。不料清军几百人的马队立即蜂拥而逃，丢盔弃甲！于是日军小队长就自作主张渡江追

4

击，后续的日军随即跟上。

违抗命令如何？胜利者是不受责备的。确切地说，这些违抗命令的日本兵只是发现了一个事实。

从那一刻，中国的尊严，在日本人的心中已经荡然无存了。

从那一刻，九一八事变和七七事变的种子已经发芽。只要中国稍有反抗，日本就要"膺惩支那"，因为，在日本人眼里，那个时代的中国人根本不配有"尊严"二字。

在日本人眼中是这样，在作为盟军的美国人眼中又是如何？电影《海鹰》里面有一个美国兵用手电筒在国民党军官脸上照来照去的情节，那完全真实。在兰姆迦的军营里，中国的将军受到的就是这种待遇。包括中国军队的统帅蒋介石，史迪威都可以毫不在乎地称他为"花生米"。中国台湾的朋友讲，美国人的骄横跋扈，使民族自尊心很强的蒋介石也无法忍受，乃至派蒋经国砸了美国在台北的办事处，然后托词暴民所为，赔钱了事，为的就是出一口气。

也只能出一口气，还是要赔钱的。蒋老先生并非不爱国，他没有办法，谁叫国民党的军队一个师让日本人一个营追着跑呢？

那个时候，中国人没有尊严。

有人说，尊严有什么用？为了这个尊严在朝鲜失去了几十万人命呢。

没有正常人喜欢战争，特别是中国人，中国人从来不是一个好战的民族。尊严，不是一种轻飘飘的感受，不是一种帝王的享受。尊严是用事实宣告，中国，真的不再那样轻易被征服了。

没有尊严的国家，就是在引诱他人入侵、蹂躏的国度。古人云，"天与之财，不取不吉"。这是历史上不能改变的事实。抗战前中国不是没有军队，几百万呢。中国也不是没有爱国者，毛泽东是巨人，孙中山也是，甚至袁世凯在死去的时候也自负地哀叹——"为日本去一大敌"。但是，人家还是来了。因为知道你中国好欺负，大好河山，你看不住你的家。

我们尊重为自由而牺牲的勇气，而我们也知道，平等自由这回事，是有尊严的人、有尊严的国家之间的事情，所以，在朝鲜这块土地上，我们宣告的，就是我们有这样的权利。

美国人在朝鲜战争结束之后，立了一座朝鲜战争纪念碑，在纪念碑上写的话是"自由不是无代价的"，它的含义是：在朝鲜战争中牺牲的或者在越南战争等各地战死的美国兵，包括"二战"中在欧洲、在太平洋各岛战死的美国兵，他们是为自由而牺牲的，也就是说，美国今天能有一个自由的社会是得益于这些人的。

抗美援朝战争打完之后，再没有任何一个国家敢到中国来侵占一个县城。跟中国讲条件。抗美援朝战争为我们赢得了尊严，也让我们拥有了享受和平的权利。从那以后，直到今天，对中国动武就成了一件令人疑虑重重的事情。

为我们这些普通人赢得了和平的权利，志愿军的牺牲，得利的不是一家一姓一个政府，而是所有的中国人——甚至包括那些可能因为对中国发动战争而死的外国人。志愿军的血，为我们这些普通人而流。

中国人民志愿军的牺牲者，与青山同碧。

我们应该感激。

人们常常忽视已经到手的东西，那么，为了不让我们在得到之后忘记，也许有一天，我们也可以修一座碑，不单纪念朝鲜战争的死难者，也纪念抗日战争和历次卫国战争中的牺牲者，那碑文或许就应该是：

"尊严不是无代价的！"

这部《决战朝鲜》，我以为，就是为这些牺牲在朝鲜的中国军人，在我们心底树起这样一座纪念碑。感谢作者的辛勤劳动。

——萨苏

（本文作者系著名军事评论家，其新浪博客点击量近亿，人称"文坛外高手""会讲故事的人"。旅居日本多年，为中国人全方位了解日本人民做出了自己的独特贡献，堪称中国的本尼迪克特。

著有《中国厨子》《京味九侃》《梦里关山走遍》《北京段子》《与"鬼"为邻》《那些中国人》《尊严不是无代价的：从日本史料揭秘中国抗战》等书，其中《与"鬼"为邻》被喻为中国版《菊与刀》）

序三

《决战朝鲜》是一本好书

我刚刚看了一本好书，题目叫《决战朝鲜》。我为什么看这本书呢？原来，在 2010 年"两会"期间，全国政协委员、军事科学院世界军事研究部原副部长罗援在接受中国网和网易的采访时提出，要隆重纪念抗美援朝战争。我本人一直对抗日战争的话题很有兴趣，有了这个新闻后，也开始关注抗美援朝战争了。

我注意到，军事科学院的罗援提出了一些"要隆重纪念抗美援朝"的理念：

其一，忘记过去就意味着背叛，而且应该用新中国成立六十周年的机会弘扬我们革命英雄主义和爱国主义的精神。这些老同志说得非常好，说我们不怕死亡，但是我们怕被遗忘。

其二，罗援说，俄罗斯有《军人地位法》，德国有《军人地位法》，美国有《军人福利待遇法》。我觉得不管是现役军人、预备役军人还是退役军人，以及其家庭成员，他们在社会上处于什么样的法律地位、他们应该享受什么样的待遇、应该得到什么样的福利，这些还没有一个非常规范的法律上的界定和保障。

因为军人是一个特殊的群体，《中华人民共和国宪法》规定我们军人要无条件地服从国家的召唤，要用我们的鲜血和生命捍卫国家的主权和领土完整。由于这一种特殊的义务，那么就要享受一种特殊的待遇。

其三，罗援说，参加过抗美援朝的老兵健在的不多了，当我谈六十周年的时候，我们就设想这些老同志当时是十五岁参军，那么现在也七十五岁了。抗美援朝六十年，就看我们当时的志愿军、小战士，他去的时候如果是十五岁，现在也都是七十五岁，也都是老人了。

可能再往下的时间对他们也是非常珍贵的，我觉得应该抓紧时间给他们一种褒奖，对他们的历史给予一种肯定。特别是抗美援朝，我觉得这场战争是我们中国共产党人独立自主地领导的一次对外战争。而且这场战争打出了我们的国荣、打出了我们的军威，大长中国人志气。当时我们面对的是谁？我们面对的是比八国联军多出一倍的十六国联军，我们把十六国联军打败了。在这场战争中，我们中国人民志愿军体现了我们中国人民的志气，形成了一种志愿军的精神。

我查询了一下新华社的报道：

今年10月25日是中国人民志愿军抗美援朝出国作战六十周年纪念日。正如胡总书记所说，这场战争，是一场伟大的反侵略的正义战争。在朝鲜民主主义人民共和国处于危急关头，我国安全受到严重威胁的情况下，党中央和毛主席做出了"抗美援朝，保家卫国"的英明决策，以彭德怀同志为司令员的中国人民志愿军跨过鸭绿江，百万中华优秀儿女先后入朝作战，创造了震惊世界的英雄业绩。刚刚获得解放的中国人民，万众一心、节衣缩食、全力以赴支援前线。经过两年零九个月的浴血奋战，终于同朝鲜人民一起赢得了这场战争的胜利。抗美援朝战争的胜利，粉碎了侵略者侵吞朝鲜民主主义人民共和国的图谋，保卫了新中国，维护了亚洲和世界和平，不仅极大地振奋了中国人民的民族精神，增强了我们的民族自信心和自豪感，而且大大鼓舞了世界上一切爱好和平的国家和人民，在世界反侵略战争历史上写下了光辉的一页。

以上都是官方的报道。我看了李峰先生的著作后，对抗美援朝有了更深刻的认识。

原来，我对抗美援朝是有误解的。1991年，我在日本留学的时候，看过一本日本人写的图书。他们分析："中国如果不出兵朝鲜，美国人不会打到中国去。中国出兵朝鲜，给本国经济造成巨大损失。而且，是在帮助苏联与美国争夺在亚洲的势力范围。"

看了李峰先生的著作，我完全改变了看法。李峰写的《决战朝鲜》一书以恢宏的气势、凝练的语言、饱满的激情、翔实的史料，全景式再现了中国人民志愿军抗美援朝的历史。而且，作者李峰为了写《决战朝鲜》参考了大量图书，这种认真做学问的态度令人钦佩。

我非常喜欢这本图书，我固执地认为："书如其人。"这个意思就是：书写得好，作者必是一位德才兼备的好人。我父亲是卢沟桥事变后参加八路军的，新中国成立后他就在中国青年出版社工作。我从小见过的作家多了去了。陈智富先生告诉我："确实'书如其人'。李峰是一个隐士，淡薄名利，为人低调。这次《决战朝鲜》有作者的自序和简介，便于读者对作者及创作情况有进一步的了解。"这就很好。

——方军

（本文作者系中国作家协会会员，著名抗战口述历史研究者。1997年从日本留学回国，出版畅销书《我认识的鬼子兵》，获得中国图书奖、优秀图书奖。该书由吕正操将军作序，迟浩田将军发来贺信，引发中国人的深沉思考。2005年出版图书《最后一批人》，引发各界热烈反响。

多年来，致力于采访亲历抗日战争的"最后一批人"：老八路军、老新四军、国民党抗战将士、侵华日军老兵、被日军强掳的劳工、强掳为性奴隶的老妇、当年归国参加抗战的华侨、东北抗联战士、美国援华空军等老人。他认为："亲历中日十五年战争的最后一批人，就是战争巨著的最后一页，亲历者自然消亡了，这本巨著就放回人类文明发展历史的文库之中了。"）

自序

不是我写得好，是先辈们打得好

曾经有这样一个国家，在最黑暗的时期，皇太后和皇上被不到两万人的八国联军在自己的土地上赶得团团乱转，这个国家的人民在以后的整整五十年间被世界称为"东亚病夫"，这个国家被全世界蔑视。而在一场伟大的战争中，这个民族在邻国的土地上粉碎了为数上百万人的十六国现代化联军，全世界都开始对她肃然起敬，都开始重新衡量这个民族的分量和价值。

曾经有这样一个国家，她被其近代的死敌日本蔑称为"支那"。而在一场战争之后，"支那"这个词迅速从日本的口语中消失。连满手血腥的日本战犯也在这场战争后开始真心接受改造。

曾经有一场伟大的战争，一个百年积弱、饱受殖民凌辱的大国，在三年的激战之后，使"资本主义世界最大工业强国的第一流军队被限制在他们原来发动侵略的地方，不仅没有越雷池一步，而且陷入日益不利的困境。这是一个具有重大国际意义的教训。它雄辩地证明：西方侵略者几百年来只要在东方一个海岸上架起几尊大炮就可霸占一个国家的时代，一去不复返了"（彭德怀语）。

这就是堪称新中国"立国之战"的抗美援朝战争对于我们这个国家的意义。

每一场重要战争，除了物质上的损失与收获外，都会给当事国的人民留下一点什么。这种留下来的东西往往会渗透进一个民族的精神、气质乃至于传承民族文化传统的思想基因之中。新中国刚成立就进行的波澜壮阔的抗美援朝战争，就是这样一场给中华民族留下了享用不尽的精神财富的伟大战争。

历史是不应被遗忘的，文学作品就是传载历史的主要手段之一。抗美援朝战争是一场值得无数作品去描述、去反思的战争，因为它对于我们民族的现代化进程有着太重要的意义。据说，在西方有三万多种著作从不同的角度记叙朝鲜战争和中国人在那场战争中令整个西方世界为之震颤的壮举。我们中国人应该推出更多、更好的作品，让我们及后人去铭记那场战争，因为，我们才是那场战争真正的主角和胜利者。

如果说这本书与国内其他同题材作品有什么区别，我想有两点：一是这本书全景式地再现了抗美援朝战争的全过程，令人信服地再现了志愿军越战越强的真实面貌，揭示了中国军队各军兵种在抗美援朝战争中进行现代化奠基的全过程，场面比较宏大，而其他几本有影响的同类书多是摘取这场战争的一些片段。我想，这是《决战朝鲜》的第一个特点。

二是我自信写出了前辈们真正革命英雄主义的精神风貌，我想这和我的家庭背景有关系。我出生在湖北红安，那个小小的县城为中国革命奉献了二十多万烈士，我家里的直系亲属从红军、新四军一直当到解放军，而这种情况在红安大大小小的山村里比比皆是，所以我了解那一代人，因为我是在一个崇敬英雄、盛产英雄的环境里长大的。中国很多关于这场战争的作品，都从武器和物质的角度把中国人写得有点凄凄惨惨切切，可我知道，那场战争中的中国人不是那样的，那一代人并不像有些书写得那么惨，他们活得非常充实，他们相信自己是正义的，他们的幸福感不比我们当代人差，虽然他们中的许多人活得非常短暂。不理解这一点，就根本无法理解那一代人，就根本无法理解那一代人为何能做出邱少云、黄继光那样的壮举；就根本无法理解那个激情燃烧的火红年代；乃至根本无法理解我们这个国家是怎样打下来的。他们牺牲的时候，懂得为之牺牲的这场保家卫国的战争的意义，他们知道他们的牺牲是值得的，所以他们敢于牺牲。虽然沧海桑田，虽然当代人不能理解，但他们确实曾经那样真实而崇高地战斗和生活过，当代人或者沉迷于物质的享受，或者为物质的缺乏所困，和他们谁活得更有意义、谁更充实，很难说。

或许，在我们中的某些人嘲笑那些历史硝烟里的伟岸身影时，他们也在云端冷冷地鄙视我们这个时代的许多浅薄和低劣。正因为我深深地理解那些云空中的英灵，所以我能写好他们，这也就是《决战朝鲜》得到广大读者认可的根本原因吧。

一个人，一个集体，一个民族，一个国家，乃至一个时代，要想被人看得起，总还是需要一点精神的。

真的，不是我写得好，而是先辈们打得好！

是为序。

——李峰

朝鲜战争妙语录

◎美帝国主义愿意打多少年，我们也就准备跟他打多少年，一直打到美帝国主义愿意罢手的时候为止，一直打到中朝人民完全胜利的时候为止！

——毛泽东

◎朝鲜战场是我军同美军较量的练兵场。通过这场血与火的较量，美军现在签字停战还算明智的，不然，就要被我们赶到临津江里喂王八去了……在经过三年的激战之后，资本主义世界最大工业强国的第一流军队被限制在他们原来发动侵略的地方，不仅没有越雷池一步，而且陷入日益不利的困境。这是一个具有重大国际意义的教训。它雄辩地证明：西方侵略者几百年来只要在东方一个海岸上架起几尊大炮就可霸占一个国家的时代，一去不复返了。

——中国人民志愿军司令员　彭德怀　元帅

◎严格地说，我们是从抗美援朝战争中，才充分认识到后勤工作在现代战争中的重要性的。

——聂荣臻　元帅

◎我们和我们的敌人都把它（上甘岭）作为一种象征，谁也不会忘记它。

——中国人民志愿军副司令员　杨得志　上将

◎谁打得好，第一师番号给谁！

——中国第一任空军司令员　刘亚楼　上将

◎范弗里特啊范弗里特，老子把你打尿了吧？哈哈哈！

——中国人民志愿军三兵团副司令员　王近山　中将

◎十五军流血不流泪，谁也不许哭！养兵千日用兵一时，为了全局胜利，十五军打完了在所不惜。

——中国人民志愿军十五军军长　秦基伟　上将

◎中国人使用了大量的军队向我们进攻，而这种进攻仍然在继续进行。结果联合国部队大部分被迫撤退。目前，战场上的情况是不稳定的，我们可能要节节败退。

——美国总统　杜鲁门

◎（美国是）在完全新的情况下，和一个具有强大军事力量的、完全新的强国进行一次完全新的战争。

——美国五星上将、第一任"联合国军"司令官　麦克阿瑟

◎我们认为什么都知道，而实际上什么也不知道。然而，对方却一切都知道，于是，战争开始了……中国共军是一个幽灵，连个影子也没有。他们的主要秘密——实力、位置和意图——保守得非常完善，所以他们的力量就增加了一倍……我们如何体面地离开朝鲜？

——美国国防部长、五星上将　马歇尔

◎中国人是坚强而凶狠的斗士……敌人通常在夜间行军，而且比我们熟悉地形情况。他们习惯于这里的气候条件和清苦生活……中国人在夜间进攻特别神秘莫测，不可思议……中国人是勇士，他们常常不顾伤亡地发起进攻……（南朝鲜军）往往对中国军队有非常大的畏惧心理，几乎把这些人看成天兵天将。脚踏胶底鞋的中共士兵如果突然出现在南朝鲜军队的阵地上，总是把许多南朝鲜的士兵吓得头也不回地飞快逃命……他们只有一个念头——逃得离中国军队越远越好。

——美国四星上将、第二任"联合国军"司令官　李奇微

◎朝鲜半岛的战争，是我们美国在一个错误的时间、错误的地点，同一个错误的对手，打了一场错误的战争。因而我成了历史上签订没有胜利的停

战条约的第一位美国陆军司令官……我感到一种痛苦……我们失败的地方是未将敌人击败，敌人甚至较以前更强大、更具有威胁性。我说更为强大的意思，是指共产主义的亚洲陆军已学会如何打近代的陆地战争。

——美国四星上将、第三任"联合国军"司令官　克拉克

◎以个人而论，中国士兵是一个顽强的敌人。中国军人在驻北韩两年半中，他们发动许多次进攻，并作长距离推进……

◎他们没有防弹背心，没有钢盔……他们所携带的数枚制造粗劣的手榴弹，爆炸力不及美军的一半。粮食是用米和杂粮磨成粉状而成的，装在一条长管形布袋里，必要时可维持十六天。中国军队医疗设备简陋，万不能和我们的医疗队、前线救护站以及完善的后方医院相比拟……但是，他们永远是向前作战的，奋不顾身……

——美国第八集团军司令官、四星上将　范弗里特

◎闻到中国饭菜的味道就撤退。

◎中国军队肯定在一个什么地方等着我们。

——美国第八集团军司令官、四星上将　沃克

◎敌人是非常狡猾的，他们很会运用战术，以降低我们的火力优势……当他们与我们紧缠在一起的时候，又会像鼬鼠一样到处挖地洞，在许多地方掘开许多泥土，使我们根本不知道去哪里寻找他们……他们有无限的耐心和勤劳……

——美国第八集团军司令官、四星上将　泰勒

◎在朝鲜时我们就已经意识到了，中国的志愿军是我们美国两次世界大战以来所碰到的最强硬的对手。

——美国中情局局长、准将　弗农·阿·沃尔特斯

◎我当了一辈子步兵，同德国步兵、中国步兵打过仗，也看过美国步兵、苏联步兵打仗。德国兵很优秀，但最优秀的我认为还是中国步兵。

——北约北欧军队总司令、朝鲜战场上中国军队抓获的
英国俘虏　法勒·霍利克　上将

序　幕

1944年9月23日　莫斯科

人类历史上空前惨烈的大战已经进入到第七个年头了，在浩瀚太平洋上的许多个岛屿、在古老欧洲的无数个城镇、在大西洋的狂风恶浪中、在北非黄尘蔽天的沙漠、在东方中国的山丘平原湖泊、在东南亚潮湿的热带雨林、在蓝色无垠的天空，甚至在北极海冰冷的水下，几千万军人分成两个敌对的阵营拼命厮杀。他们向对手疯狂地倾泻着炮弹、子弹、炸弹、鱼雷，钢铁和炸药用完了就用刺刀捅，刺刀捅弯了就用牙咬、用手扼，用人类竭尽所有的智能与体力去置对手而实际上是自身于死地。在军人们的身后，是几十个国家里早已将全部生活、生产统统纳入战时轨道的近二十亿人民。飞机大炮代替了面包黄油，铁锅耕犁甚至下水道铁盖都熔铸成了机枪坦克，温顺的妇女成为慰安妇，善良的老人成为战士，花季少年成为杀手。战神之翼覆盖着大地，宝贵的生命比垃圾更不值钱。现在，当血终于流得够多的时候，地球上的任何人，甚至是正在拼死反扑的对手也不怀疑同盟国即将取得战争的胜利了。但此刻，即将取得胜利的英国首相丘吉尔却没有一丝轻松的感觉。

身躯肥大的丘吉尔深深地陷进沙发里，经历了战争初期不堪回首的惨败，苏联、美国相继陷入战争成为盟友，依靠自己的睿智与狡诈，在综合运用了从光明正大到卑鄙龌龊的种种手段后，他驾驶的英国航船即将驶向胜利的彼岸。丘吉尔本应感到欣慰与快乐，但他没有，相反，他满怀深重的无力感，他的帝国老了、病了。丘吉尔比谁都更清楚，英国狮子虽然还能咆哮，但它已是精疲力竭、遍体鳞伤，连尾巴都生满了脓疮，快摇不动了。雄踞世界之巅两百年的大不列颠帝国再也不会有昔日的荣光了，它将不可避免地衰落成二流国家。伟人无限的抱负与所能支配的力量的衰败使丘吉尔感到无限的悲凉与痛苦，特别是当他侧过脸看着茶几对面那个正抽着烟斗的格鲁吉亚人时就更是如此了，德意志帝国的废墟上即将站立起这个人的新帝国。

丘吉尔放下口中叼着的哈瓦那雪茄，看着正大抽烟斗的斯大林那掩在缭绕烟雾后显得有些朦胧的脸，不禁感到有些恼火。当今之世，能在他面前如此肆无忌惮抽烟的人没几个了，但哪怕只剩一个也会是斯大林。坦率地说，丘吉尔内心深处非常仇恨斯大林，那是一种天敌间的仇恨，经过第一次世界大战的各大国没有一个不仇恨俄国，英法恨俄国突然退出战争，德国恨俄国在战事最紧张的时候突然在背后插了它一刀，而他们又共同仇恨俄国的共产主义制度。就在第二次世界大战前不久，丘吉尔还在谩骂俄国人是丑恶的大猩猩，英国对俄国只有两个字——消灭！

没有永恒的敌人，也没有永恒的朋友，只有永恒的利益。彻底的实用主义者丘吉尔在俄国对德作战后立刻忘了他诅咒苏联的污言秽语，马上以诗一般的语言歌唱："俄国的危险就是我们的危险，俄国人为保卫家园而战的事业，就是世界各地自由人民和自由民族的事业！"

丘吉尔此行面晤斯大林是为战后世界的安排开始与斯大林进行初步磋商，他内心再仇恨斯大林，却不能不正视斯大林麾下苏联红军的巨大实力。上千万苏联红军已席卷捷克斯洛伐克、保加利亚、罗马尼亚、匈牙利、南斯拉夫等中东欧国家，目前，苏军已攻至波兰首都华沙城下，而他的英国军队和罗斯福的美国军队却还在法国中部和意大利的亚平宁山脉苦战。他和罗斯福害怕极了，苏联人再这样打下去，整个多瑙河流域和大半个欧洲就全被斯大林拿去了，形势逼迫他与斯大林立刻展开一次会谈，以商讨欧洲胜利果实瓜分问题。简单地说，就是如何划分西方世界和俄国在欧洲的势力范围，后来的历史学家就说得更简单了，他们说这就是一次"分赃性质"的会谈。

丘吉尔微笑着看着斯大林："我们有我们的利益，你们有你们的利益，如何才能使我们双方共同确保我们的各自利益不受损害呢？"

斯大林同样微笑着看着丘吉尔："你的意见呢？"

斯大林压根儿就不信任丘吉尔，他曾教训他的部下："罗斯福只会拿走你的卢布，而丘吉尔会偷走你裤兜里最后一个戈比！"

丘吉尔随手拿出半张纸写道：

罗马尼亚
俄国…………百分之九十
其他国家………百分之十

希腊

英国（与美国一致）………百分之九十

俄国………百分之十

南斯拉夫…………百分之五十——百分之五十

匈牙利…………百分之五十——百分之五十

保加利亚

俄国……………百分之七十五

其他国家………百分之二十五

丘吉尔把字条递给斯大林，他后来回忆："斯大林拿起蓝铅笔一勾表示同意，然后把字条递回给我们，一切就这样解决了，比把它写下来还快。"

欧洲十来个国家几亿人民的命运就这样被这半张薄纸所代表的强权所决定，基本原则就是一条，谁的军队能占领什么地方，什么地方就是谁的势力范围，就建立什么样的社会制度，他人不能问津。

似乎会谈双方都受到了某些良心方面的责备，双方都羞涩地沉默起来。铅笔画过的字条还放在桌子中间，丘吉尔终于打破沉默："似乎我们在处理这些与千百万人生死攸关的问题上，用这种草率的态度，这不至于被人说是玩世不恭吧？让咱们把字条烧掉算了。"

"不，你保存着。"斯大林说道。

斯大林同意这样的势力划分并非因为丘吉尔，老实说，以丘吉尔的实力已经不配做他的对手了，但是丘吉尔的背后坐着跛子罗斯福撑腰，虽然他此次并没有来。谁都知道，"二战"打掉了两个老帝国，又崛起了两个新帝国，德国的废墟上是苏联，英国的废墟上是美国。斯大林可以忽视丘吉尔，却不能无视罗斯福。

欧洲的战后问题基本上就是这样被解决了，现在就剩东方对日作战和如何在亚洲划分势力范围的问题了。但麻烦的是，亚洲战局还未见最后分晓，苏联还未参加对日作战，还有大得谁都头痛的中国问题，讨价还价的余地着实不小，况且还有位主角未上场，那就只好等下次的雅尔塔会议再解决吧，好在分赃原则已经确定，问题也就不难解决了。

1945年2月4日　苏联克里米亚半岛雅尔塔

　　说来很奇怪，美国唯一连任四届总统的富兰克林·德拉诺·罗斯福竟在三十九岁得了一场小儿麻痹症，这场疾病使他下半辈子只能坐在轮椅上纵横捭阖。现在他已垂垂老矣。罗斯福为美国拿到了胜利的桂冠，而胜利也耗干了他的精血。他身体虚弱，脸色蜡黄，双目无光，他的生命即将走到尽头，但谁也不敢因此而轻视他。

　　此刻，神困力乏的罗斯福却充满了自信，他的自信来源于美国强大的实力和对手的衰败。法国早在1939年就被打败了，德国马上就要完蛋了，英国已经虚脱，日本连首都都被炸成废墟，意大利垮了，东方的中国已经打了一百年仗了，谁都不知道拿破仑眼中的睡狮还能不能醒过来，而有两洋保护的美国，两次大战都未涉及本土，都是别人拼得精疲力竭时再参战夺取胜利果实，可谓尝尽了战争的甜头。此时，美国已拥有全球一半的工业生产能力，仅钢的年产量就达八千万吨（一直到五十年后，中国的钢产量才达到这个能力），放眼全球，谁还能与美国比肩？老实说，罗斯福现在仅仅高看斯大林一眼，毕竟他现在拥有一支一千一百三十六万人的军队，特别是他在对德战争中锻炼出来的世界最强大的陆军更让人不能小视。

　　但是，罗斯福并不畏惧斯大林，他看透了斯大林的虚弱。大战四年，苏联死了二千七百万人，占国民总数十分之一还强。战后，苏联每一个家庭的餐桌上都空出了一两个位置，连斯大林的大儿子都在战争中死了！被战火烧得满目疮痍的苏联国民经济更是几欲崩溃，工业生产能力仅达美国的五分之一，钢年产量仅有一千二百万吨。回想在雅尔塔环城公路上见到的苏联警卫部队的情景……那些部队几乎全是未成年的孩子和姑娘，军服单薄，连手套都没有配发，持枪敬礼时身体在寒风中不住地颤抖……罗斯福的嘴角不禁露出一丝冷笑，苏联的人力物力已匮乏到极点……斯大林只能拿到他的实力所能允许拿到的东西！

　　罗斯福咧嘴笑道："希望我们此次会议能奠定一个和平安宁的战后格局。"

　　斯大林、丘吉尔一起点头。

会议进行了七天，反法西斯同盟三巨头——苏联部长会议主席斯大林、美国总统罗斯福、英国首相丘吉尔举行了具有极大历史意义的会议，史称"雅尔塔会议"。雅尔塔会议奠定了战后世界，特别是欧洲的基本战略格局，直到 1989 年东欧剧变、苏联解体，雅尔塔体制才宣告彻底完蛋。

雅尔塔会议的内容分为两大板块。第一块是美苏英三国战后如何处理德国和划分欧洲势力范围。第二块是美苏两国如何处理日本和划分远东势力范围。谈到这个问题时，丘吉尔就被撇到一边了，他和他行将崩溃的帝国已经不够级别处理这个问题了。令人慨叹的是，真正坚持对日作战时间最长、出力最多、牺牲最大的中国在如何处理日本的问题上被完全排斥在外；不仅如此，作为战胜国的中国还将被迫同意切割掉一块一百五十多万平方公里的土地以满足美苏达成交易的条件。两次大战中国都是名义上的胜利者，但一次胜得比一次屈辱。"人为刀俎，我为鱼肉。"后世一位中国历史学家如是评价雅尔塔会议。

美苏达成交易的基本内容是苏联对日宣战。条件是它将得到库页岛（俄称萨哈林岛，它也曾是中国领土）南部以及千岛群岛；还可以使用中国"不冻港"大连和中长铁路；外蒙古正式独立。战胜国中国的合法利益竟被美苏盟国做了交易，中国对此却毫不知情，连战败国都不如！

美苏会议的内容还涉及朝鲜问题。是时，朝鲜已沦亡于日本三十年了，美苏双方商定"朝鲜应由国际托管"，罗斯福提出"朝鲜要出一个苏联代表、一个美国代表、一个中国代表托管，托管期也许要二十年到三十年"。斯大林则表示"托管期越短越好"，并主张战争一结束，就让朝鲜独立。这次会谈对于朝鲜问题的处理双方都很模糊，毕竟战争还在继续，到底打成什么样谁都不清楚，朝鲜问题还不是很急迫，更多的大事还在等巨头们去处理呢！

1945 年 2 月 11 日，雅尔塔会议结束，三巨头在高级将领和贴身保镖的簇拥下坐在老沙皇的避暑行宫利瓦吉利宫前面对着黑海谈笑风生。

"雅尔塔真美！"丘吉尔向斯大林感叹，"雅尔塔会议更是伟大！"（在来雅尔塔之前，丘吉尔向罗斯福偷偷写信大发脾气："雅尔塔只有斑疹、伤寒和臭虫，在哪儿开会都比雅尔塔强。"）

斯大林笑着响应："希望战后的和平能永远保持下去。"

沉默着的罗斯福看着波涛翻滚的黑海，想起了他在太平洋上的陆军统帅麦克阿瑟。极端反共的麦克阿瑟坚决反对拉苏联参加东方对日作战，他认为日本崩溃已成定局，美国完全可以依靠自己的力量打垮日本，根本就不需要借助居心叵测的苏联的力量。如此一来，整个东方的战后问题就简单多了：美国将独吞亚洲对日作战的全部胜利果实！

尽管一点儿也不喜欢甚至讨厌麦克阿瑟，但罗斯福不得不承认他讲得有道理，但问题是麦克阿瑟不懂政治。美国什么都不在乎，就是死不起人。日本虽已穷途末路，但美军最高军事机构参谋长联席会议估算，如果直接进攻日本本土，美军至少要付出一百万人的伤亡代价。那个据科学家们说威力甚至可以毁掉地球的原子弹还在研制中，虽然罗斯福亲自启动了"曼哈顿计划"（美国研制原子弹的工程代号），但只有上帝才知道那玩意儿炸不炸得响，那些异想天开的科学家们最后只能弄出个超级大土豆也未可知。罗斯福可不敢把宝押在这个上面！战争即将结束，美国政治和美国人民都不允许在战争的最后阶段死掉这么多美国子弟，所以非得拉苏联入局共同参加对日作战不可，即使明知这是饮鸩止渴。再说……罗斯福侧身看着斯大林，嘿，再说这个格鲁吉亚人你不邀请他他也会主动参战大捞一把的，否则他就不是斯大林了！与其如此，不如顺水推舟做个人情。无论如何，苏联参战总是会大大减轻美军太平洋部队的压力的。

"总统先生在想什么呢？"沉思的罗斯福忽然发现斯大林正高深莫测地凝视着他。罗斯福大笑："雅尔塔会议成功奠定了战后国际体制的基础和基本国际格局，它将永垂史册！"

三巨头得意的笑声回荡在黑海海滨，似乎世界已按他们安排好的轨迹运行。按他们的设想，世界将被划分为几个不同的层次，数量最多的发展中国家、殖民地国家，当然还有战败国将成为最底层部分，它们的作用是提供资源和市场，英法等传统西方强国将成为第二层次，而美苏将雄踞金字塔塔尖傲视全球。

可惜历史的变迁超出了三巨头的预料，他们忽略了大时代的变化。残酷的战争已敲响了第三世界觉醒的钟声，民族主义和反殖民主义大潮即将在全世界范围内风起云涌，三巨头充满帝国主义思维的战后安排将埋下新的反殖民主义战争、反帝战争的种子。罗斯福马上就要死了，他看不到了。斯大林活得长一些，他将看到中国人民推翻了帝国主义、殖民主义和封建主义，在东方率先打破了雅尔塔格局，尽管这超出了他的预料。但他没办法改变那个固执的中国共产党领袖的决心，那个人在关乎民族主义的问题上比他还倔强。斯大林还将看到为了社会主义阵营的整体利益，中国毅然投入抗美援朝战争，这场战争终于改变了他的中国共产党人"只不过是些土地改革者"的错误看法，让他对中共和中国人民重新充满敬意。丘吉尔活得更长，他不但看到中国人重新站起来，看到被欺压了上百年的中国人在朝鲜第一次主动杀出国门迎战他引以为豪的西方军队并取得了胜利，因为他的高寿，他还会看到他为之奋斗一生的大英帝国彻底崩解。充满帝国主义和种族主义思想，极端蔑视中国人、仇恨共产党的丘吉尔到死都没弄明白两个问题：大英帝国为何会解体？几十年前两万人的八国联军可以毫不费力地打到北京，同样是中国人，使用与西方相比同样劣质的武器，为什么近二百万人的十六国联军会被东方的野蛮人从鸭绿江边杀退四百公里，直至被迫丢脸地退出战争？

其实这一切都与一个人有关，从某种历史意义说，这个人比三巨头加在一起还更有魄力、更聪明、更大器。

第一章／风云之初

当三巨头在黑海海滨谈笑风生的时候，在中国西北黄土高原的一眼窑洞里，身材高瘦、一头长发、衣服上打满补丁的毛泽东正在和他的战友们一起展望中国的前景。

此时，美国的原子弹正准备吊上洛斯阿拉莫斯的铁塔，苏联的装甲集群洪水一样向德国猛冲，因战争而催生的各种新技术即将为全人类打开一个甚至都没有梦想过的世界，全新的时代已经来临。而穷困的中国共产党人却还在为让解放区人民吃饱肚子，让正与日寇作战的前线部队每人能有一支步枪奋斗。

"夫天，未欲天下平治也。如欲使天下平治，当今之世，舍我其谁也？"毛泽东还在长沙第一师范求学时就将孟子此语端端正正地抄在自己的课堂笔记上。

"为中华之崛起而读书！"周恩来十岁就立誓明志。

眼前的困难又怎能挡得住中共群英的万丈雄心？

"墨索里尼被吊死了，意大利退出了战争。苏联红军的坦克都快开到柏林了，希特勒的下场可能还不如墨索里尼。三个侵略成性的法西斯国家现在就剩日本一个孤家寡人了，借用老乡的一句话——日本人是秋后的蚂蚱——蹦跶不了几天了。"

毛泽东越说越兴奋，他急促地在狭窄的窑洞里来回踱步，"我们和日本人血战了八年，马上就要取得抗日战争的胜利，那么我党的下一步工作重点是什么呢？是不是打败了日本鬼子就万事大吉、天下太平了呢？"

毛泽东的几个战友周恩来、朱德、刘少奇、任弼时等人坐在炕边聚精会神地听着毛泽东的构思。尽管他们自己都是不世出的英杰，但他们还是为这个不修边幅的中年男子深深折服。

毛泽东此时已在党内树立了牢固的威信，他的威信不像王明那样靠莫斯科的命令维持，而是靠实践检验出来的。

1936 年，他把一支只剩几千人的军队带到陕北，结果在他领导下，仅仅几年时间，这支曾狼狈不堪、连生存都困难的队伍掌握了一个包括九千五百万人口、九十一万军队、二百二十万民兵的强大解放区。

毛泽东是中国革命自己打出来的领袖，他的战友们深深地信任他。

"现在的时机很好。"

毛泽东吐出嘴边被口水浸湿的香烟屁股，又续上一支陕甘宁边区自产的"大生产"，劣质的烟草呛得他狠狠咳嗽了一阵。他接着说道：

"在欧洲，小胡子希特勒就要被打倒了，那里的战争很快就要胜利了，那是苏联红军努力的结果。在东方，打倒日本帝国主义的战争也接近胜利的时节。胜利以后怎么办呢？"

毛泽东环视他的战友们："在中国人民面前摆着两条路，光明的路和黑暗的路。有两种中国之命运，光明的中国之命运和黑暗的中国之命运。或者是一个独立、自由、民主、统一、富强的中国。就是说，光明的中国，中国人民得到解放的新中国；或者是另一个中国，半殖民地半封建的、分裂的、贫弱的中国。"

毛泽东激动了，他把手用力一挥："党的七大就要召开了，中国共产党已经是一个拥有一百二十一万人的大党，那么，我们的工作应当怎么做呢？我们的任务是什么呢？我们的任务不是别的，就是放手发动群众，壮大人民力量，团结全国一切可以团结的力量，在我们党的领导下，为着打败日本侵略者，建设一个光明的新中国，建设一个独立的、自由的、民主的、统一的、富强的新中国而奋斗。我们应当用全力去争取光明的前途和光明的命运，反对另一种黑暗的前途和黑暗的命运！"

"我要写一篇文章在七大开幕式上宣读，名字就叫'两个中国之命运'！"毛泽东把手重重一挥。

就在中共中央政治局召开会议的同时，在中苏朝边境的密林中，一个英俊魁伟的中年男子审视着他的游击队员们。他的祖国已被日本侵略者灭亡了三十五年。祖国的躯体虽然落入侵略者的魔掌，但祖国的魂魄没有死，祖国的优秀儿女们一直在战斗。他出身于一个贫寒但充满民族主义情感的佃农家庭，自幼就受到强烈的爱国主义教育，十四岁就立誓朝鲜不独立永不回家乡，十八岁就组建了朝鲜革命军，未及成年就拿起枪在中朝边境的雪山密林里、白山黑水间同日本侵略者最精锐的陆军部队关东军做殊死搏斗。以他为首的朝鲜共产主义者们，是为朝鲜重新独立战斗得最坚决、最英勇，同时也是牺牲最惨烈的一群人。此时，他们已坚持打了十五年艰苦卓绝的游击战了，他也从少年长成中年，并在血腥的战斗中成长为朝鲜共产主义者的领袖。他，就是朝鲜人民尊称为"瀚别尔"（朝语：一颗星）的金日成。

同莫斯科保持着密切的联系，在苏联远东军中服过役的金日成知道日本就要完蛋了，难以抑制的激烈情怀冲击着他。望着远处祖国那苍翠的山岭，金日成大声地向他身边的游击队员们宣告：

"赶走了日本侵略者，我们要建设一个独立、民主、强盛的新朝鲜！"

1945年8月8日午夜

中国东北松花江平原上空大雨倾盆，闪电在夜空中不断劈出道道刀锋般的光芒，惊雷声震撼着大地，似乎预告着侵略者末日的到来。

此刻，在中苏边境大兴安岭一线，上百万苏联红军已进入冲击线，等待着攻击信号的降临。

苏联红军的最高统帅斯大林此刻并没有守在苏军总参谋部，他在看电影。

大战在即，斯大林却非常轻松，对日作战的具体事务根本就不需要他操心，那是胜券在握的事，有远东总司令华西列夫斯基元帅坐镇指挥就行了。虽然眼前银幕上"波将金战舰"上的水兵在暴动，斯大林却仿佛看到半个月前波茨坦会议上美国总统杜鲁门对他发出的核讹诈。

老实说，斯大林看不起杜鲁门，就连许多美国人自己都看不起因罗斯福暴卒而接任的这位原美国副总统。想想看——在波茨坦会议上，杜鲁门居然告诉斯大林和丘吉尔，像他这样的密苏里乡里娃能跟元帅和首相两位大人物在一起，真是不胜愉快。杜鲁门说出这句话后，斯、丘二人一起向杜鲁门微笑，当时斯大林还觉得这密苏里乡里娃真是可爱极了，至少比老奸巨猾的罗斯福可爱。没想到波茨坦会议散会那天，杜鲁门一下子就破坏了他在斯大林心中的美好形象。

想起那天的事斯大林就窝火极了。当时杜鲁门踌躇满志、得意扬扬地告诉他：

"我想告诉你一个秘密，我们美国制造出了一种新型的炸弹。"

斯大林记得自己装聋作哑不做答复，而杜鲁门却以为是他没有领悟其中的含义而继续趾高气扬地炫耀："这种炸弹具有不同寻常的、难以想象的破坏力！"斯大林故作不懂，敷衍了两句就离开了。

杜鲁门一定认为自己是个什么都不懂的傻瓜！

想到这里，斯大林不禁发出两声冷笑，杜鲁门才是傻瓜呢！

早在 1941 年美国刚开始研制原子弹时，苏联就得到了情报。老实说，斯大林比杜鲁门知道原子弹这玩意儿的时间要早得多。或许出于轻视，罗斯福在世时根本就没把研制原子弹的事情告诉他的副总统，罗斯福死后美国陆军部长史汀生才迫不得已将曼哈顿计划告诉了继任总统杜鲁门。

苏联情报人员早已将美国原子弹于 7 月 16 日爆炸成功的消息告诉了斯大林，克格勃也已经弄到了美国核弹的关键性技术情报。有了这些情报和贝利亚的鞭子，库尔恰托夫院士一定会尽快搞出苏联的原子弹的。

斯大林举起一杯格鲁吉亚红葡萄酒一饮而尽。杜鲁门竟敢对他进行人类史上的第一次核讹诈！如果换了罗斯福和自己就绝不会这样干，国之利器，岂可示人？杜鲁门比罗斯福那狡猾的老狐狸差远了！

前天，8 月 6 日，美国已向日本广岛扔下了一颗原子弹，据说广岛烟火弥漫高达四万英尺，全城生物化为灰烬。看来日本人已经撑不住了，得快点儿出兵对日作战以获取自己在雅尔塔和波茨坦会议上为苏联争得的利益。

电话铃响了，斯大林起身接过电话。那是朱可夫元帅的亲家、身材像个水桶的华西列夫斯基元帅打来的：

"部队已全部就位，就等最高统帅的命令了！"

"开始吧。"斯大林放下电话。

1945 年 8 月 9 日 0 时，中苏边境线上，成千上万颗信号弹一起飞上天空，两万六千门火炮齐声怒吼，苏联红军由十一个合成集团军、一个坦克集团军、三个空军集团军、一个战役集群编组成的三个方面军以排山倒海之势向盘踞中国东北四十年之久的日本皇军之花——"关东军"发动猛攻。苏联对日宣战！

当日，一百五十多万经受过对德战争考验的苏军将士伴随着五千五百辆坦克、三千八百架战斗机越过大兴安岭的山岳丛林和中蒙边境的沙漠地带向日军发动极其凌厉的攻势。无论是战略战术还是武器装备，苏军均比日本军队超出整整一代。已将红旗插上德国国会大厦的红军在士气上也远远超过了惶惶不可终日的日军官兵。曾经称雄一时的日本关东军顷刻土崩瓦解，武士道精神被绝对优势的苏军坦克机械化集群碾成齑粉。

与此同时，苏军太平洋舰队开始轰炸朝鲜北部港口并大量布雷。同日，又一朵载满死神的蘑菇云在日本长崎升起。8月10日，彻底绝望的日本政府开始乞降，日本军队和政府崩溃之快完全出乎美国人意料之外。

苏军攻势如潮，美国人见状大惊。此时，美军还未进入日本本土，待运朝鲜的部队还在上千公里外的冲绳岛。眼看太平洋上四年的血战成果要被苏军拿去，出身低微又爬上高位、性格自卑又自大的杜鲁门急得乱骂："愚蠢的罗斯福，麦克阿瑟是对的，根本就不应该让苏联参加对日作战！"

后来，一个美国历史学家痛苦地写道："在对日战争中实际上并没有什么作为的俄国人，竟成了日本战败的主要受益者。美国在对日作战中提供了百分之九十五的人力、物力、智力，却失去了大部分胜利果实，并为共产主义的扩张开辟了道路。"

美国人从此极度仇视苏联，并对臆想中的共产主义扩张产生了病态的多疑、恐惧和乖张的举措。

急红了眼的美国人为防苏联人独占朝鲜，于苏军开始对日作战当晚，由美国国务院、陆军部、海军部协调委员会召开紧急会议，商讨如何不让苏联在远东战果上占到便宜，以及如何确保美国利益。

此时，美国的首脑们才认识到了朝鲜的重要性。此前，美国对朝鲜的认识一直是模糊和摇摆不定的。美国总统杜鲁门在回忆录中承认，美国曾想独自占领全朝鲜，可惜兵力展开速度跟不上，登陆朝鲜就不能及时登上全日本。

其实这是托词。杜鲁门不愿说的真实原因是日军在太平洋诸岛屿的防守战中打得极其凶狠，全员"玉碎"死守，给美军造成重大伤亡。

美军攻击部队在塞班岛死伤两万，在硫磺岛又死伤两万，冲绳更惨，死伤四万，连进攻部队司令官布克纳尔中将都被日军一门残存的独炮炸得粉碎。美国兵想为司令官报仇，那个开炮的日本兵更干脆，打完了这一炮就自杀了！

日本兵的顽强凶悍让美国人头痛不已，美国人实在不知道再这样打下去还要死多少人、还死得起多少人。仅仅马歇尔将军搞的登陆日本九州的"奥林匹克作战计划"预计伤亡就达一百万！而朝鲜和中国东北又是日本人经营了几十年的坚固壁垒。仅在朝鲜，日军就部署了一个方面军二十万正规军，这还没有算上日本在朝鲜的几十万预备役人员。日本人甚至打算放弃本土，迁国满洲与朝鲜，血战到底。让美国军人去打这种血流成河却不讨好的仗，美国老百姓会造反的！所以罗斯福才想到要拉苏联参加对日作战承担伤亡，自己坐收渔利，这才有雅尔塔会议斯、罗分赃。

美国人曾经认为朝鲜对于美国没有多大的战略价值。他们认为只需占领日本就够了。但是，他们却认为在苏联的势力范围边缘必须要有美国的力量遏制，所以美国要涉足朝鲜的官方理由听上去很可笑——"希望朝鲜成为阻止俄国进攻日本的缓冲地带"。

仅仅在不到半个月前的波茨坦会议上，美国人还根本没有认真考虑过朝鲜军事占领问题，当时美国人只是准备提出一个军事分界线。美国陆军作战训练处处长约翰·C.赫尔中将与其参谋人员在地图上看来看去，提出了一个原则性意见——美军至少应在朝鲜拥有包括两个港口的区域。

寡言少语的赫尔要的这两个港口是朝鲜最南端的釜山和中部首都汉城的港市仁川——两个将会在五年后的朝鲜战争中起决定性作用的港口。

美国军官的素质与眼力可见一斑。

只是美国人千算万算，就是没算到日本政府和日军会突然崩溃。他们原来甚至预计日军及其政府即使失守本土，也会迁都朝鲜或中国东北继续抵抗，而此时事实却大相径庭。日本政府匆忙乞降，最精锐的关东军在苏军进攻首日即一溃千里，而苏军伤亡却极其轻微，简直是如入无人之境，很少遇到真正抵抗，美国人这才意识到自己大大失算。在当晚的紧急会议上，美军高级将领们清醒地认识到，已不可能在苏军之前抢占朝鲜，遂命令两名上校参谋到会议厅隔壁休息室，在半小时内搞一个既能满足美国政治意愿又能符合军事现状的折中方案。

这两名参谋中其中一人名叫腊安·腊斯克。腊斯克上校望着面前的朝鲜地图发呆。他从未到过朝鲜，却要在三十分钟内决定一个文明史比其祖国历史悠久十倍都不止的古国命运。腊斯克找来找去，找不到划界的依据。时间到了，非得向上司交代不可了，满头大汗的腊斯克只好用红铅笔在横贯朝鲜中部的北纬三十八度线上画了一道直线。

就这样，三八线——世界战争史上最有名的纬度线诞生了。

一个美军上校参谋在三十分钟内决定了有三千年文明史、几千万人口的朝鲜的命运。

对于朝鲜人民来说，这是一条泪线、分裂线。统一的国度、无数的血缘亲情都被这条怪胎线隔断，这就注定了三八线将是一条血线！

美国人立刻将朝鲜划分方案提交给斯大林。苏军马上加强攻势并开始抢占朝鲜北部，几个师的地面部队越过中国东北、跨过鸭绿江，急速冲进了朝鲜北部的崇山峻岭。可怜的苏联步兵们腿都快跑断了，一个个叫苦不迭，不过他们要是知道了海军兄弟的遭遇，一定会认为自己真是太幸福了。

两艘老掉牙的护卫舰和八条小小的鱼雷艇艰难地颠簸在波涛汹涌的日本海上，船上的九百名苏军陆战队员吐得昏天黑地，痛苦得恨不得跳海。他们的任务是登陆朝鲜雄基港。

用鱼雷艇充作登陆艇，查遍世界海军史也仅此一例。斯大林疯了吗？

没有，斯大林清醒得很，不过他确实病了。他得了红眼病。此时不抢势力范围更待何时？

不要说鱼雷艇，如果可能，必要的时候，斯大林会毫不犹豫地命令部下即使是坐澡盆也得划到朝鲜海岸。

在苏军涌进朝鲜的时候，美国人也来了。

向朝鲜海岸疾驶的苏联海军发现，一群群漆着白色星徽的美国轰炸机从军舰头顶掠过，军舰上的苏联步兵们举着"波波莎"冲锋枪对着飞机欢呼——美国盟友助战来了！

过了一会儿，苏联士兵们糊涂了，他们明明白白地看到，那些美国轰炸机飞到自己马上就要到达的港口上空，投下了一溜溜炸弹，但地面上却见不到火光也听不到爆炸声，怎么回事呢？

等苏联军舰驶进港口才明白——几艘军舰被水雷崩了个底朝天，可怜的苏联登陆兵们在即将结束晕船的痛苦时，又被炸得满天乱飞！

老天爷，美国盟友不是往日本人头上投炸弹，而是往苏联军舰航道上投水雷！

这样，美军"依约"积极配合盟友苏军兄弟的行动，在苏军登陆水域布撒水雷五百多枚，炸毁苏军舰艇多艘。苏军恨极，却无话可说，因为此时港口还在日军手中！

无可奈何的苏联人只好向美军索要布雷图和水雷资料，结果可想而知——美国陆军搪塞不知布撒坐标，美国海军则答复水雷由陆军航空兵布撒，不知性能。斯大林痛骂一顿杜鲁门后，只好命令苏联海军自己想办法保障进攻。

24日苏军占领平壤。在苏军进攻序列之中，金日成率领的朝鲜人民武装起到了极其重要的作用。

苏军占领平壤后继续攻击，南进占领了三八线以南的仁川、汉城并与美军会师。在苏军占领平壤当日，美军第七步兵师开始登陆仁川北进。9月初，苏军依约全部退回到三八线以北。随同南进的朝鲜人民武装实力不够，又受制于苏共的大国政治，只得含泪随苏军北撤。朝鲜分裂！

美国人为斯大林居然同意这一条无理画线欣喜不已，又惊奇万分，难缠的斯大林这次怎么这么好打交道？

他们不懂历史。那条线刚好是1905年日俄划分朝鲜势力范围的分界线。三八线在朝鲜地图上几乎就是中线，它太醒目了！而斯大林脑袋里的老沙皇残留物又太多了！

此时正大占便宜的斯大林不会想到，他的大俄罗斯沙文主义态度已引起世界人民的反感，给世界社会主义运动留下严重隐患，也为日后苏联称霸并最终瓦解埋下了导火索……

一不做二不休的斯大林趁强大的美国海军还未到达之际，抓紧时间在北太平洋上攻岛掠地，连夺南库页岛、北千岛群岛，最后干脆抛掉美苏关于美国独占日本的虚辞，把战略位置重要、日本自己的北方四岛也拿了过来，日本政府直到现在还在为此大伤脑筋。

以后不久，苏联驻日联络官杰列维扬科中将向美国驻日司令官麦克阿瑟五星上将提出让苏军占领日本北海道时，傲慢的麦克阿瑟当即拒绝。骄横的苏联海军中将骂起来，并叫道："不管麦克阿瑟批不批准，苏军都要开进去！"

老大惯了的麦克阿瑟恶狠狠地瞪着苏联海军中将："假如有一名苏军士兵未经我同意开进日本，我就把包括你在内的整个苏联代表团投进监狱！"

杰列维扬科看着麦克阿瑟凶狠的眼光惊叫："老天爷，我相信你真的会这么做的！"

此事遂不了了之。苏军此举若成，日本肯定将像东西德、南北朝鲜一样分裂。

苏军终于罢手，不是不想进驻北海道，而是海军实力不允许。美军吐出北朝鲜，不是不想独占全朝鲜，而是陆军实力不允许。在大国政治和强权势力划分势力范围的过程中，实力决定一切，而那些弱小民族、弱小国家将不可避免地成为他们的牺牲品。正因为如此，我们更感到新中国开国元勋在如此严酷的国际环境下取得全国胜利的艰难与伟大。

1945年8月9日上午　延安杨家岭中央大礼堂

　　苏军出兵东北的消息是突然传到延安的，很难说毛泽东此时有什么感想。苏共是中共的兄弟党，又一直有电台联络，如此大事却毫不通气，未免……

　　毛泽东是中共的建党党员，他是深知两党关系的。中国共产党从成立之日起，长期在以苏共为首的共产国际帮助下开展工作，中国共产党一直是莫斯科共产国际组织系统的一个支部，接受过苏联宝贵的援助，建党最初几年的经费大多由共产国际拨给，还有干部的培训……

　　毛泽东深知老一代苏联共产主义者曾以真正的无私精神援助过中国革命，但他更知道苏共骨子里的那股子"老大"思想。他比谁都清楚苏联对中国革命的态度中那越来越私利至上的一面，苏共"老子党"的一面让中国共产党人流的血太多了，那个王明……

　　毛泽东知道，自己的领导地位是中国共产党自己在最危急的关头确立的，斯大林肯定自己，是尊重现实。但是，正是由于自己坚决维护中共自身利益，在一些事情上已让斯大林非常不满。

　　虽然不愉快的气氛在两党间不断增长，但毛泽东深知两家毕竟都姓"共"，苏联出兵东北一事虽未通知延安，战略奇才毛泽东却立刻嗅到了隐隐约约的巨大机遇。中国共产党人老早就盯上了拥有旧中国最发达工业体系的东北。早在1942年毛泽东就设想日本战败后整个八路军及新四军"须集中到东三省去，方能取得国共继续合作的条件"。现在机遇到来，毛泽东当机立断，立刻通知在延安的所有中央委员和有关部门负责人召开七届一中全会二次会议。这是以后四年间中央委员人数最多的一次会议，会议不久高级干部们就开赴全国各战场领导战斗。

　　毛泽东铁了心要打破雅尔塔格局。跟半心半意的老大哥说话得隐晦一点儿，跟美国人他就说得比较坦诚了，唉，反正也不指望美国人帮什么忙，不帮倒忙就谢天谢地了。

美军驻延安观察组负责人耶顿上校威胁毛泽东："你们最明智的办法，就是解散自己的政府，到国民党蒋介石政府里去做官，否则是没出路的！"

一直对美国人客客气气的毛泽东闻言立刻面沉似水："你再说一遍！"

不识趣的美国人居然真的又重复了一遍。

毛泽东挥掌猛劈，怒吼："那么我告诉你，蒋介石是王八蛋！"

都说毛泽东发火时不拍桌子不骂粗话，只是言辞尖刻、态度严厉。

这是可以查证到的毛泽东唯一一次骂粗话。

大家都在抢时间。

刘少奇在窑洞大呼："这是千载一时之机。"

他明白，在这种战略机遇期，每一秒钟都有巨大的价值。

中共五大书记都明白。

毛泽东、刘少奇、周恩来的工作立刻紧张到了疯狂的程度。

延安枣园树荫下的一张乒乓球桌上，一侧堆满了瓜果和馅饼，另一侧摆满了一堆堆文件。毛泽东就坐在桌边，在桌前几米处，一排排长木椅上坐满了高级将领和党政干部。还在不断赶来的干部已经无椅可坐，只好或蹲或站，队伍越排越长。

毛泽东一个接一个地召见干部交代任务，口没空手也没闲，一只手不停地书写各式各样的命令、委任状、文告、声明，另一只手抓起瓜果风卷残云般往嘴里塞，他已经顾不上吃饭喝水了。那些等饿了的干部也到毛泽东的办公餐桌上抓东西吃，办事员们不断往桌上添加瓜果。接令的干部则立即立正敬礼，然后背上一副破旧的行李，骑着蒙古马、毛驴、骡子等一切能找到的交通工具，离开延安，跨过黄河，千里迢迢地往华北、华东、山西等各处根据地赶。

年长的朱德不失沉稳，他的工作干得井然有序、不慌不忙，只是总也没个休息的时候。

只有在国民党监狱里失去健康的任弼时躺倒在床，他一次又一次想挣扎着爬起来工作，一次又一次不得不躺下，只好在一边看着忙得不可开交的战友干着急。他的血压已经高到可怕的地步了……

为了争取时间，胆略非凡的毛泽东干脆走了一步让人心跳不已的险棋……

一批敌后跳伞的美军飞行员被中共游击队护送到了太行山八路军总部，

美军赶紧派出一架运输机去接他们，毛泽东告诉关系良好的美军观察组，希望这架飞机能顺道在延安停一下，送几个干部到八路军总部去。蒙在鼓里的美军飞行员爽快地答应了。

一架破破烂烂的美军旧飞机停在延安那个用牛拖石碾子建造的机场上，二十多个人背着降落伞悄然登上了这架老得连舱门都关不严的C3运输机，路过机场的黄华无意中看清了这些人的面容，惊得差点瘫倒在地。

这些人是刘伯承、邓小平、陈毅、林彪、薄一波、陈赓、杨得志、邓华、滕代远、陈再道、陈锡联等二十多位将要决定战争胜负的战略区主帅。在一架普通货机上集中如此之多的高级党政领导和军事指挥员，这在中国共产党的历史上是空前绝后的！

吓呆了的黄华顾不得请示就跳上了飞机。他毕业于燕京大学，精通英语。这批将帅无一人能与美军飞行员交流，黄华自告奋勇当翻译，以防万一出事时他能与飞行员沟通。这架飞机真要掉下来，黄华也不打算活了。失去了这批人，共产党怕是要输掉天下的。

当毫不知情的美军飞行员驾机起飞后，留在延安的所有高级干部都如坐针毡，叶剑英两眼发直喃喃自语："马克思在天之灵保佑啊！可别让那架飞机出事啊！那上面可全是我党我军的精华啊！"

直到飞机安全落地的消息传来，中共的高级干部们才擦去一身冷汗，毛泽东虽不露声色却也感到浑身发软。

毛泽东行险成功，一举为这些将要决定战争命运的各大战略区主帅和共产党最能征善战将领的战略性输送节约了两个多月的时间。在这种每分每秒都宝贵无比的时刻，两个多月意味着什么？

意味着刘伯承、邓小平、陈赓、陈锡联、陈再道一下飞机就指挥了正打得不可开交的上党之战，取得了内战首役的胜利。要是用马驮，他们至少要一个多月才能赶到。而对辖区更远的陈毅、林彪来说，战略价值就更大了。胖乎乎的陈毅及时赶到山东，接替了坐渔船赶往东北的罗荣桓，开始统一指挥山东、华中两大野战军。眯着眼睛拢着手的林彪也终于抢在杜聿明之前，晃晃悠悠骑着毛驴进了东北，将八仙过海一般各自跑到东北的十多万互不隶属的部队组织起来展开统一作战。

一句话，这次行险意味着共产党将问鼎天下。

但要让毛泽东再来这么一次，大概他也是万万不敢的。争天下不就是争人才吗？丢了这批人，怕真是只有去莫斯科逃难了。

就这样，中共在延安八年苦苦经营培养的大批干部很快如洪水般漫遍北中国，直到四年后取得全国胜利，才各路群雄大聚北京城！

三巨头雅尔塔协定在中国划分势力范围的决定，立刻受到以毛泽东为首的中共进军东北的挑战。此后尽管斯大林只从苏联利益出发颠三倒四反复无常——时而表示要将东北交给国民党，甚至逼毛泽东去重庆与国民党谈判（中共将此事引为家丑，很多年间一直没有透露），威胁中共不能打内战，否则中国将会毁灭，明里暗里压迫中共接受雅尔塔协定三巨头的远东计划安排。时而默许八路军出关抢占东北各要地，将关东军库存十万枪支"抢走"。时而又要用坦克驱赶东北局，气得彭真大骂"一个共产党的军队，用坦克来打另一个共产党的军队，这倒是从来没听说过的事"；恨得黄克诚大将要用武力抵抗苏军；冀中过来的"土八路"们甚至要对毛子大哥掏出匕首。时而又允许联军在自己前脚撤出城外时后脚冲进城内，喜得"土八路"高喊"毛泽东斯大林，斯大林毛泽东"……

虽然毛泽东至死可能都不知道斯大林此时正告诉马歇尔："那些所谓的中国共产党人只不过是些土匪，我跟他们毫无关系，但我可以代表他们讲话，中共今后只参加蒋政权的中央政府，而在其他级别的政府中并无席位。"但他知道法国共产党人在斯大林和美国人的共同压力下已经被迫交出了最后一支枪。毛泽东可不会那么傻，人民的枪一支也不交！

真要向蒋介石交出武装，中国共产党人包括少奇、恩来、朱德和自己就算不被老蒋鼎镬油锅，也会被剥皮抽筋的。嘿，毛泽东可是太了解中国、太了解蒋某人啦！

作为全世界第一个敢挑战雅尔塔体制的人，毛泽东知道自己会遇到多么可怕的压力，他嘴里不说，暗地里却做了最坏的准备。

撤离延安在即，毛泽东在窑洞里转来转去。还有什么事没处理妥？哎呀对了，这么大的事怎么忘啦？

毛泽东赶紧找来了专门负责保管同斯大林来往密电的师哲：

"同'远方'往来的电稿和密码等保存在哪里？"

"全部保存在我手里。"

"马上全部烧掉！"毛泽东重重地命令。

仗要真打输了，这些电稿要落在国民党手里，老蒋那是非给自己脑袋上扣个"汉奸卖国贼"的屎盆子不可的。

"可否清理一下，把最重要的文件挑出几份，妥善保管，行军时我自己随身携带？"

师哲实在舍不得把这些珍贵的历史文献付之一炬。

"不妥。"

毛泽东斩钉截铁："如果受伤或被打死了怎么办？"

毛泽东亲自清点了中共与苏共多年往来的文电，确信那些东西都在这里，才让师哲将文电全部扔进了火炉，还一直看着文件全部烧成灰烬才肯离开。

最坏的准备都做了，那还有什么不敢干的呢？

不要说蒋介石，就算是美国人、苏联人一起出面也拦不住中共的决心。以毛泽东为首的中共不放过任何一线有利之机，抓住了甚至是不可能有的机会，摒弃了一切教条主义，发挥了罕见的灵活性，甚至不惜改名换姓抢东北——林彪一会儿当"东北人民自治军"司令，一会儿又当"东北民主联军"司令，说来说去就是"土八路"的司令（直到1948年关东大决战都快打响了，林彪才当上"东北野战军"司令）。共产党人就这样干共产党的事却不打出共产党的旗号，终于利用坚持敌后抗战换来的地利，将大批干部、十万精兵抢在用美国飞机、轮船运送的国民党军之前冲进了东北，并随之初步建立了根据地。躲在大后方的蒋介石只得眼睁睁地看着自己的军队因为消极抗战躲在大西南和大西北，现在即使有美国人的现代化交通工具相助也跑不过"土八路"的大脚板了。

于是，在东北占据了先机之利的林彪、高岗、陈云、彭真等人，虽被装备优势的国民党军赶出大部分城市，却扒下了从日军仓库里抢出来的大头皮鞋长大衣，穿上补丁衣服破布鞋，拿出看家本领跑到农村去搞土改、发动农民建立了稳固的根据地，随后以此为依托同国民党军展开大规模作战。

结果，在蔫耷耷的林彪嚼着黄豆的"嘎嘣"声中，国民党最精锐部队三年不到就被全歼于东北。

现在，毛泽东开始微笑了。关内战场捷报频传，关外旧中国经济基础最好、工业最发达的东北已尽属共产党所有了！毛泽东看着燕赵大地、江南水乡、苍翠南粤、天府川国在微笑，蒋介石已经顶不住了，而他手中光在东北就有整整一百二十万野战精锐可以动用，那可是人民解放军装备最好、战术最强、人员最多的虎狼之师！

"林彪壮得很哪，林彪壮得很哪！"

毛泽东一遍又一遍地说。

他兴奋极了——一向穷极的中国共产党已经史无前例地拥有了一支战略预备队！这只铁拳一旦砸向关内，人民的江山就要归人民所有了！

1949年1月　中国河北西柏坡

毛泽东在西柏坡微笑着对战友们说："原来预计五年打垮蒋介石，现在看来可以大大提前了，可能再有一年人民就可以坐江山了！"

这时，他可能真有些后悔，不该在撤离延安前和师哲两个人烧掉了他和斯大林所有来往文电。要能留给后人，那该是多么珍贵的史料！

"没想到老蒋这么不经打呀！"毛泽东边笑边摇头。

兴致极浓的毛泽东随即说出了一句因为太精辟又太深刻，以至于许多年后才为人所知的话，这句话也正是中国革命胜利的国际原因：

"现在国际形势总的看是两只老虎对峙，一只红老虎，一只白老虎，我们正好利用这个间隙夺取中国革命的胜利！"

列强企图用雅尔塔协定控制中国，反被大战略天才毛泽东利用列强的矛盾夺取了中国革命的胜利！正如此时奋战在淮海战场的邓小平所说："没有毛主席，我们中国人还不知道要在黑暗中摸索多久！"以不世出的军政天才领袖毛泽东为首的中国共产党终于在鸦片战争一百年后，实现了百年间无数仁人志士的梦想和浴血奋斗的目标——彻底争回中国的独立主权和自由。仅此一条就足以使他名列中国伟大的民族英雄榜首。

豪情满怀的毛泽东眼望北国云天。他看透了斯大林的私心。斯大林在东北问题上的摇摆是因为他还是想维护雅尔塔协定中划给其在东北的权益。在蒋介石彻底投靠了美国人的情况下，他不能不考虑在中国东北支持一支抗衡美蒋的力量，而这支力量只能是中国共产党……

应该说，毛泽东真是看到斯大林骨子里去了。现在实力不够，他不会把那些心里话说出口。好多年以后，他终于流露出了自己的真实感情，当粗俗得脱下皮鞋敲桌子的赫鲁晓夫要求搞"联合舰队"时，毛泽东当面怒斥圆头圆脑的赫鲁晓夫："怎么斯大林的大国沙文主义那一套又来了！"

不过，虽然毛泽东对斯大林有许多不满，但他还是深深地感谢斯大林。斯大林虽然出于自己的利益限制中国革命，但毕竟还是继承了十月革命的一些传统和理想，还是同情中国革命的，还是给了中国革命许多的援助。如果是美军进入东北，共产党还有插足的余地吗？中国革命的胜利不知还要拖到何时。

现在，经过二十八年苦斗，无数先烈血沃华夏大地，中国革命胜利的日子就要来到了。那个人又怎么想呢？

1949年1月11日　莫斯科克里姆林宫

斯大林这一段时间喜怒无常，苏共政治局委员们个个胆战心惊，害怕碰上"主人"发脾气讨霉头。

感谢苏联历史学家留下的宝贵证词。他们告诉我们，在1948年中国解放战争的捷报雪片般飞到莫斯科之际，斯大林虽因中共即将取得全国胜利和美国在远东的全面失败高兴不已，同时又因为一个独立自主、统一强大、不服从他指挥的中国即将屹立在俄罗斯南面而忧虑不已。他因为唯我独尊的大俄罗斯沙文主义忧虑，他因为担心出现又一个比老铁托还要强大得多的新铁托忧虑，他还因为历史而忧虑。他再清楚不过俄罗斯欠中国多少债了，他理论上的导师马克思、恩格斯知道，他的战友和老师列宁也知道，他更知道在自己手中又欠了不少新债……

由于这种种忧虑，斯大林再次做出了不明智的选择。在穷途末路的蒋介石向几大强国同时发出希望列强调停国共内战以图划长江而分治中国的呼吁时，唯有他表现出了极大的但又极不该有的兴趣。但是，那个从未见过面的毛泽东在1月1日元旦立刻发表了一篇《将革命进行到底》的文章！文中居然引用希腊寓言《农夫与蛇》的故事，还说"中国人民决不怜惜蛇一样的恶人，而且老老实实地认为：凡是耍着花腔，说什么要怜惜一下这类恶人呀，不然就不合国情，也不够伟大呀等等的人们，决不是中国人民的忠实朋友……"

这到底说的是谁呢？

斯大林又摸出烟斗开始烦恼。

抽了两斗莫比尔斯克的黄花烟草后，斯大林再次仔细看了一下报告，报告说毛泽东已于今日向苏共说明南京政府必须无条件投降，夺取中国无须再用曲折方式。

这么说，毛泽东虽然很委婉但又很坚定地回绝了我的要求了。

这个毛泽东到底是个什么样的人呢？他可是仅有的从未朝拜过莫斯科的知名共产党领袖呢！

斯大林掏出烟斗，再次开始沉思。

1949年4月20日夜8时　北京香山双清别墅

在没有进中南海之前，毛泽东在此暂住。

看着墙上的作战地图，毛泽东凝神沉思。百万大军再过几个小时就要横渡长江直取江南了，第二野战军、第三野战军已枪上刺刀弹上膛，江堤上战炮千门森然列阵，江岸边万条渡船升帆待发，只等自己一声令下了。

毛泽东离开地图走到门边默默沉思，工作人员远远地围成一圈鸦雀无声。谁都不敢在毛泽东思考和睡眠时打扰他，毛泽东的思考事关国家兴衰安宁，毛泽东的睡眠太少太难了。

望着夜空中高悬的明月，毛泽东知道此战必胜，过江之后再无大战，蒋介石的实力已经消灭得差不多了，可能就是一路穷追到海边了。只要，只要那个国家不插手，是的，只要美国不插手……

美国……

毛泽东陷入了深深的思索。

中国共产党曾经衷心希望和美国人民、美国政府建立友好关系。美国人民好啊！把性命抛在脑后潜入苏区向全世界人民第一次公正地介绍了中国共产党、中国工农红军和自己的埃德加·斯诺不是美国人吗？第一个在全世界写作出版了朱总司令传记的女记者史沫特莱不是美国人吗？那个敢随八路军闯到华北敌后的卡尔逊中校不是美国人吗？那个仗义执言要给八路军援助得罪了老蒋被赶回美国的史迪威将军不是美国人吗？他回国后还在日记中说恨不得放下锄头到中国和朱总司令一起扛枪打老蒋呢！好汉哪，他可是四星上将！还有调停国共冲突的马歇尔将军，别的不说，这位在美国五星上将中排名第一的将军人品可是相当好啊！他和恩来也有很好的私交。还有那么多牺牲在青藏高原驼峰航线的美军飞行员，那条航线可是世界上最艰险但又是抗日战争中中国接受外援的最重要航线哪。

毛泽东皱皱眉头……可美国政府又是多么坏啊……当初，中国共产党可是一片真诚地、满怀友好地与美国官方交往。

那是 1944 年 7 月 22 日，第一批美国官方的代表美军观察组到了延安，恩来可是亲自去接了几个校尉军官哪，8 月 15 日中央机关报《解放日报》专门为此发表社论，我还在修改时亲笔在美军观察组一词后加了"战友们"三个字呢！让我毛泽东称呼这三个字容易吗？……可你们为什么马上就变得那么坏了呢？抗战还没结束，你们就开始敌视中国革命，拼命支持你们自己都骂腐败透顶、毫无希望的蒋介石反动政府，你们还不断干涉中国内政，派了六万军队登陆中国沿海控制要地，帮国民党将几十万部队运到华东、华北、华南抢占地盘，否则这些地方都会落入人民武装手里，那中国老百姓会少受多少罪啊！你们派军事顾问团，给了老蒋那么多现代化武器，把中国人投入空前残酷的大内战。没有你们的军援，蒋介石打得起内战吗？你们让中国死了多少人？你们为什么要这么干？你们就是要捞取你们所谓的利益，哼，那中国人民自己的利益呢？你们要搞帝国主义，那我们就要驱逐帝国主义侵略势力出中国！只有这样中国才能有独立，才能有民主，才能有和平，才能有自己的合法利益！

如今，中国人民就要胜利了，你们再不干涉可就晚了，你们下了那么大血本会甘心输个精光吗？我看是不甘心的。可你们不敢哪，中国人民的力量已是今非昔比了！再说，你就是干涉我毛泽东又会怕吗，陶勇不是轰瘫了敢干涉解放军渡江的四艘英国军舰吗？你美国人敢来，我叫你更难看！

恩来说过："美军若真敢侵略到中国来，占领我们的大城市，我们就用乡村包围城市，叫他们什么军需品都要从美国运来，包括大便纸和冰淇淋，还要背上大城市这样的包袱，负责供养！" 跟你们美国佬打仗的决心我们都下了！

只不过，我希望你们识时务一些，抛弃国民党政府，与我们友好交往……国民党政府已迁往广州，美国大使司徒雷登却留了下来，"中华民国""代总统"李宗仁再三再四求他到广州他却坚决不走！嘿，苏联大使罗申却随同国民党政府一起迁馆到了广州……

毛泽东思考成熟，转头说道："开始渡江，向全国进军！坚决、干净、彻底、完整地全部消灭一切敢于抵抗的国民党反动派，解放全国人民，保卫中国领土主权的独立和完整！"

千里长江上立刻万帆竞渡，炮火春雷般震撼着大地，人民解放军百万雄师渡长江！国民党兵败如山倒，弃守南京，解放军挥师三日，南京即克，渡江仅半月就向南追出了近两千里之遥！

5月25日，陈粟三野兵进上海。如果美国要出兵干涉中国革命，上海是最后一个爆发点了，再不出手，美国将在中国大陆上永远丧失出手的机会。

5月26日，八一军旗飘扬在整个上海城。同日，一直游荡在吴淞口外的美英军舰全部拔锚起航驶向外海……

全国战局胜利虽成定局，但为防美军干涉，原定入川的刘邓二野仍一直在长江中下游停留到当年9月才西向攻击。

1949年4月　日本东京麦克阿瑟公馆

如果不是因为他的战功、经历和年龄，曾取得西点军校二十五年间最优成绩的麦克阿瑟真的就像个小丑，而且越到老年他性格小丑的一面就越明显。是年麦克阿瑟已经七十岁了，而他不但没有他这个年龄的人应有的稳重成熟，表演欲和骄横狂妄反而比年轻时更强了。虚荣已浸入这个赢得了无数荣誉的老军人的每一个细胞。他每讲一席话，"至少需要踱步五英里"；他去迎接罗斯福时排场比总统都大。他毫不留情地将烟圈喷在不吸烟的杜鲁门脸上，让其深感侮辱。麦克阿瑟曾回忆父亲对他的教诲："有两件事必须终生禁忌——永不说谎，永不惹是生非。"然而后人评论："麦克阿瑟一世的两个禁忌是不去撒谎，不惹是生非。"连美国总统艾森豪威尔在谈到自己以前在麦帅手下工作的收获时都感叹："我从他那儿学到了不少表演的艺术！"

上帝是老大，麦克阿瑟是老二！如果你用这种话恭维麦克阿瑟，他会愤怒的，因为他认为这个次序应该颠倒过来。直到一年后，一个农民出身的极其朴实的中国元帅才让威风了一生的麦克阿瑟知道了自己的分量，并使他的一生从此发生了翻天覆地的逆转，开始进入凄凉的风烛残年。

美国军政高层没有多少人喜欢麦克阿瑟，但谁也拿他没辙。麦克阿瑟在美国政界有极大的影响力。"二战"中，澳大利亚总理去看罗斯福时告诉罗，麦不会与他竞选总统，罗竟高兴得打着响指转动轮椅画圈！麦克阿瑟还是美军中资历最老的统帅，他打过的仗比美军中任何人都多。在担任彩虹师师长打第一次世界大战之前，他就在墨西哥单枪匹马打过西部牛仔式的战争。谁都厌恶麦克阿瑟，但谁都承认他是极为优秀的军人。巴顿那么狂，却唯独佩服麦克阿瑟。

麦克阿瑟及其父亲一生的事业和命运都悬系太平洋和亚洲。现在，在太平洋和菲律宾扯落了太阳旗的盟军总司令麦克阿瑟达到了一生的顶峰。他是日本的总督和绝对统治者，是幕府时期的将军，是沙皇！但是，彻底的帝国主义者、反共分子麦克阿瑟的权力和视野可不仅仅限于日本那些总面积不过三十七万平方公里的岛屿。只要是亚洲的事他都想管、他都要管，人们因此给他起了个完全东方色彩的绰号——"亚洲太上皇"。

麦克阿瑟一生中可能只略微忌惮罗斯福。罗斯福一死，他就没有任何忌讳了。现在，他言辞的赤裸程度就让这位被他请到东京来的国民党将军紧张乃至害怕不已，尽管这位中国将军是美国人自己一手培养出来的。

被英国人誉为"东方隆美尔"的孙立人将军和麦克阿瑟同为美国著名军校优等生。抗战中消灭日本人数量最多的中国军级将领孙立人看着麦克阿瑟那滔滔不绝的大嘴巴强作笑颜，竭力不让内心的惊恐表现出来。麦克阿瑟的意思是让他这位抗日名将、现任国民党台湾新军编练司令当汉奸、当卖国贼！

"华盛顿对共产主义太软弱了，只经过一击，海约翰（美国 19 世纪末国务卿，曾要求中国实行门户开放政策）时期苦心经营的一切就都丧失了。这是我们的力量在亚洲崩溃的开始，也是那个遭人奚落的'纸老虎'的诞生之日，其后果将影响几个世纪，而且对自由世界命运的最后灾难性影响，现在还没有显露出来。"

麦克阿瑟向坐立不安的孙立人大肆倾吐其帝国主义思想，全然不顾忌孙立人是否还有一点儿民族自尊心！接下去，他开始向孙大谈台湾的战略重要性：

"台湾落在一个敌对国家的手中，就好比一艘位置理想、可以实施进攻战略的不沉的航空母舰和潜艇支援舰。与此同时，还可以挫败冲绳和菲律宾友军的防御或反攻行动……"

在弗吉尼亚军校系统学习过被西方国家奉为圭臬的马汉海权论的孙立人当然知道台湾的重要性，他更知道美国所有陆海空高级将领都被中国那片杏叶状的宝岛迷住了心窍，美国人千方百计想把它弄到手中。如果成功，在东亚大陆沿海，上有日本列岛、中有中国台湾群岛、下有菲律宾群岛，一长串岛屿就可以绞住亚洲大陆上任何潜在竞争对手的脖颈，并以此为基地向其发动进攻。拿到台湾，整个太平洋和亚洲的命脉就全在美国人手中了！孙立人已经预感到麦克阿瑟想说什么了，而麦克阿瑟果然也就说出来了：

"大陆即将失陷，国民政府势必垮台，美国对它已不抱多大希望，但美国不能让台湾这艘不沉的航母被夺去，所以有意要请孙将军负起保卫台湾的责任，而由美国全力支持，要钱给钱，要枪给枪……"

抗日名将孙立人听得眼珠子都要跳出来了，他的美国老师要他这个中国人搞"台湾独立"！孙立人当然不会知道，还在"二战"进行中，美国就开始策划从盟友中国的领土中撬出台湾了，美国情报机构在本土已培养了一大批"台独分子"整装待发。如今老蒋失败在即，美国人就开始挽起袖子亲自跳到前台来了，麦克阿瑟找孙立人的目的就是要让手握台湾兵权的孙立人成为搞"台湾独立"的傀儡。在他们的计划中，决不允许蒋介石撤到台湾，以免招来中共，如实在要来也只能以政治难民的身份赴台。

还有不少民族自尊心的孙立人知道利害，而且即使搞"独立"也不可能成功，台湾还有陈诚盯着他呢！孙婉拒了麦的要求，他回到台湾立刻向陈诚报告，并请其转告蒋介石。心情极其沉重的孙立人已预感到他前景不妙了……

六年后，在台湾红极一时的孙立人将军因为一场说不清的兵变案，被极端多疑的蒋介石解除了兵权，勒令反省了一辈子。他的一大罪状是"参加美国占领军政权"。

1949年5月　北京香山双清别墅

毛泽东极其秘密而又隆重地接待了一位远方客人，这次会谈许多年以后才被人们所知晓。

毛泽东会见的是朝鲜民主主义人民共和国首相金日成的密使。

朝鲜和中国有着两千多年的友好史，熟谙历史的毛泽东对朝鲜有着美好的感情，而现在的朝鲜民主主义人民共和国与中国共产党的渊源更是非同一般。

20世纪初日本侵占朝鲜后，许多朝鲜革命者来到中国与中国共产党人并肩战斗。红三军团第一次攻打长沙时，参加红军的朝鲜人武亭和军团长彭德怀一起操起山炮轰击洞庭湖上的日本军舰，那可是全红军的第一门山炮！当时全军就这么两个人会使炮。长征中张国焘闹分裂，星夜传送紧急情报的也是武亭。

"向前向前向前，我们的队伍向太阳……"那首唱得敌军丧魂落魄的《中国人民解放军军歌》是谁谱的曲？是朝鲜人郑律成在延安写的！

到了解放战争时期，几万在华朝鲜人参加了中国人民解放军，林彪的东北野战军干脆就编了两个以朝鲜同志为主体的独立师！东野的不少伤员都是转到朝鲜治好的。1946年东北战场最危急的时候，南满解放军的家属都到了朝鲜，连东北局都打算迁到朝鲜避风头呢！

毛泽东曾评价："我们中华人民共和国灿烂的五星红旗上，染有朝鲜革命烈士的鲜血。"两国两党可谓是铁打的交情、血凝的情谊！

特使向毛泽东转交了金日成的亲笔信，介绍了朝鲜的近况：朝鲜虽被美苏两军和三八线分为两半，但朝鲜人民一直谋求统一。金日成也一直想摆脱雅尔塔会议强加给朝鲜的锁链，让朝鲜成为一个独立统一的国家；而美军则希望把朝鲜营造成能在"冷战"中发挥重要作用的军事基地，为此就不断破坏朝鲜统一进程。亚洲太上皇麦克阿瑟找了个长期流亡美国的傀儡李承晚，不顾南北朝鲜人民的共同反对，于1948年7月12日强行成立了"大韩民国"，把李承晚推为总统。北朝鲜迫不得已，于一个多月后成立了朝鲜民主主义人民共和国，金日成成为首任内阁首相，朝鲜正式分裂。

谈到这里，特使语气沉重地说："美国人和李承晚根本就不想和平解决朝鲜问题。为了准备战争，1947 年美军动用八十五万人，拓宽汉城至仁川、汉城至釜山以及横断三八线的战备公路，扩充以金浦机场为中心的飞行基地群，花巨资改建仁川、浦项、丽水等港口，在木浦、墨湖兴建海军基地。沿三八线构筑几百公里的战壕和交通壕。1947 年美国总统特使魏德迈将军视察南朝鲜，将南朝鲜扩军计划推到高潮……"

听到这里，毛泽东冷冷地插了一句："又是魏德迈这个战争瘟神！他为中国的内战可立了不少功劳呢！我军要取得全东北时，他还报告美国政府建议联合国托管东北呢！连美国政府都不敢公布他的报告，那是个疯子。"

特使继续介绍："南朝鲜李承晚政府是个极为反动的政府，无数次拒绝北朝鲜政府和平解决朝鲜问题的建议，扬言'南北统一必须用战争解决'，在美国人支持下疯狂扩军，两年时间就建立了十五万国防军。他的兵役法规定从十七岁的少年到六十岁的老头都在服役范围内。为准备内战，他向美国要钱要物，胃口之大连美国人都感觉到受不了。"

"1948 年年底，朝鲜人民会议要求苏军撤出朝鲜，希望以此迫使美军同时撤军。苏联撤军之后，朝鲜半岛形势骤然紧张，李承晚仗着美国人撑腰，不断挑衅，向前线秘密调集了四万一千人，三八线上枪声不断，几个月就发生军事冲突三十七起。目前苏军已撤走半年了，而美国人才刚开始撤军，并向李承晚移交大批武器装备，仅火炮即达两千门之多。"特使说到这里时沉重地强调："我们估计李承晚发动战争的日子已经不远了。"

毛泽东神色凝重地问道："你们依据什么做出这个判断？"

特使回答："今年以来，李承晚在美国顾问团指挥下，已经在南朝鲜杀了十四万人'安定后方'。我们的情报侦知，上个月，他给南朝鲜驻联合国特使赵炳玉去信说，'为了统一，除了缺乏武器和弹药外，我们在其他方面已准备就绪'。战争已是一触即发了。"

毛泽东沉思片刻后问："你们的准备呢？"

特使说道："我们的准备不足，我们没有那样的美援。李承晚有六个师，我们现在能够作战的部队只有武器装备不足的三个师。为了确保国家安全，金首相两次向斯大林提出缔结《朝苏友好互助条约》，并要求苏联给予军事援助。前两个月，金首相在访问苏联的时候直接提出了北朝鲜的安全问题。"

毛泽东急问："斯大林怎么说？"

特使摇摇头："斯大林只说给予必要的军事援助，要我们用硬通货购买苏联武器（几个月后，朝鲜用九吨黄金、四十吨白银和一点五万吨其他矿石换取了苏联价值一点三九亿卢布、可装备三个步兵师的武器装备）。其他的没有明确答复。"

毛泽东沉默半晌，仔细阅读金日成的信件后说道："我同意金首相信中'朝鲜半岛的冲突在所难免'的看法。对你们来说，持久战是不利的，因为即使美国不干涉，也会唆使日本提供战争的援助，但你们没有必要担心。"

毛泽东毅然表示："中国和苏联站在你们一边，一旦情况需要，中国会派军队和你们一起并肩作战。就是现在，我们也会向你们提供力所能及的援助。中国人民解放军里不是有两个朝鲜师吗？我们将这两个师连同全部武器装备都移交给朝鲜。告诉金首相，我们一分钱也不要！"

这是毛泽东第一次向金日成表示，如果朝鲜战争爆发，中国可以出兵参战。

与此同时，毛泽东又明确表态："我们不希望朝鲜发生战争，一是国际形势不允许；二是我们还不能有效地援助朝鲜，我们自己也还在打仗。但是，"他再次强调，"一旦我们完成了统一中国的任务，情况就有所不同了！"

送走了满意而归的朝鲜特使，毛泽东陷入了深深的沉思。作为一个真诚的共产主义者，他对朝鲜同志有着一种天然的感情；作为一个民族主义者，他对和中国一样遭受帝国主义者殖民统治残害的朝鲜有着深深的同情；作为一个出类拔萃的历史学者，他对朝鲜与中国的安全关系了如指掌——唇亡齿寒、户破堂危啊！

但大陆还未完全解放，台湾还孤悬海外，还有海南岛……国民党杰出的战略学家、曾任国民党陆军大学校长的杨杰将军专门给他来信，提出现在大陆上的蒋控区已是囊中之物，应先集重兵攻下台湾和海南以打破美日可能的海洋阴谋，让蒋介石成为瓮中之鳖，以防国际变局，彻底断绝蒋介石的后路，再攻取大西南大西北。值得考虑呀！

只有彻底消灭了蒋介石，解决了中国统一问题，我们才有余力帮助朝鲜同志，在此之前，朝鲜可千万莫要打起来哟，否则国际变局……

毛泽东内心深处对彻底完成中国统一的计划开始产生第一丝隐忧。

由于物质条件的限制，杨杰将军先定台湾、海南，再下四川、新疆的战略构思终于没有实现。第一届政协委员、爱国民主人士杨杰将军因为这个杰出的战略计划引起蒋介石极大的恐惧与仇恨，在他赴北京参加开国大典前夕被国民党特务暗杀于香港，而时局亦不幸如杨杰将军所言，台湾一直到今日都还是中国人民的伤痛。

不久，中国人民解放军建制序列的三个独立师神秘消失，三万多和中国人民一起浴血奋战多年的英勇将士带着中国人民解放军能挑选出来的最好的武器装备洒泪挥别第二故乡。他们回到朝鲜成为新建人民军的骨干，在朝鲜战争中发挥了极为重要的作用。

1949年6月29日　台湾桃园大溪镇

1949 年是蒋介石极其痛苦的一年，惨痛的失败像一个残暴的拳击手不停地左右开弓痛击着他，他几乎要撑不住了。但每当想到他的对手毛泽东，蒋介石内心就生出一股狠劲儿。当年毛泽东与张国焘草地大分裂，后路断绝，前途杳杳，手下仅有不到八千人。只有打到还有上万里之遥的中苏边境才能求得生存。一群残兵疲将还要再征伐五千公里，远赴漠北才有生路，那是何等渺茫而又凄凉的梦！就这样毛泽东居然又走了一个月，这才从一张旧报纸上得知前面陕北还有块根据地落脚。不过十五年，毛泽东就要一统中国大陆了，自己现在比毛泽东当年不知强哪儿去了，至少还有块台湾。他毛泽东能撑，我凭什么不能撑？这几天离开大陆到台湾一为定定心神，让疲惫不堪的灵魂稍稍松弛。二为斩断美国人伸向台湾的黑手，以求息风暴于青萍之末，为以后退往台湾预留伏笔。听人说驻韩大使邵毓麟有救国良策，蒋介石便召之一问。蒋介石知道邵策必与南朝鲜有关，他蒋介石也是朝鲜问题专家呢！

1919 年朝鲜爆发"三一"反日大起义，一批爱国志士流亡中国并于上海成立"韩国临时政府"。这个政府在华驻扎二十六年之久，直到抗战胜利。孙中山护法时期就已承认韩国临时政府，中华民国政府一直对其进行支持，黄埔军校三到六期还招收了不少朝鲜青年以为其培养军事人才。蒋校长可是有不少朝鲜弟子呢！

1931 年九一八事变，中国暗杀大王王亚樵策划朝鲜死士尹奉吉在上海虹桥公园用伪装成热水瓶的白金外壳炸弹炸死了侵沪日军司令白川义则大将，重伤以后的日本外相重光葵，让他十四年后只能拖着条木腿上"密苏里"号战列舰代表日本向麦克阿瑟签字投降。

朝鲜死士刺杀事件后，蒋介石为此亲自召见了朝鲜流亡领袖金九，开始大规模有计划有组织地向其提供援助。1942年还专门制定了《扶助韩国复国运动指导方针》，协助筹建了韩国光复军和朝鲜义勇军，至1945年已发展到两千多人，为现在的南朝鲜军队建军提供了基础。在财政上，韩国临时政府的所有财政完全由国民政府供给（直到20世纪末，韩国总统金泳三仍感叹："本世纪初，韩国受日本侵略，中国成为韩国独立运动的根据地。当时中国国民所表现出的深厚友谊，所提供的无私支援，我们韩国国民至今记忆犹新，难以忘怀！"至今，韩国政要访问上海时，必到他们的流亡临时政府遗址凭吊一番，缅怀先辈义烈，感谢中国人民对朝鲜独立运动的同情与帮助。韩国独立运动领导人一部分趋附英美，成为以后韩国建国核心；一部分靠拢共产国际，以后随金日成回国）！ 1945年美苏划界，南北朝鲜分治，金九偕南朝鲜流亡政府回国与长期住在美国、受美国扶持的傀儡李承晚会合，成为新的南朝鲜政府核心。1948年5月10日南朝鲜大选。8月15日成立了以李承晚为"总统"的"大韩民国"。尽管李承晚因勾结日本人当朝奸坐了八年牢才去了美国，以后又贪污朝鲜独立基金弄得名声极臭，蒋介石不太瞧得起他，但中华民国在朝鲜可是很有影响力的呢！

自己对南朝鲜如此了解，邵又能出什么好主意挽救就要彻底崩溃的败局呢？蒋介石有些疑惑。权当病急乱投医吧。

不到四十岁的邵毓麟被誉为国民党外交奇才，人送外号"小鲁肃"，陈诚称许他是"本党杰出的外交人才"。邵甚至早在1944年就看出美苏"冷战"的先兆。

奉召而来的邵毓麟一见蒋介石就用别人都不敢说的大实话"整个大陆的沦陷，只是时间的问题"镇住了蒋介石。须知此时以面积论，大西南、大西北和不少的沿海地区，还有西藏名义上都在蒋介石手里，老蒋手里几乎还有半个中国，嘴里还在高喊"依托大西南，反攻大中国"的口号以鼓舞士气呢！

蒋虽知邵言为实，却仍如遭雷击。邵是第一个敢当着他的面说出他不愿承认的现实的人。

邵以后献言更加古怪，其中心思想是南北朝鲜必将开战，国民党退却后，保命之地台湾将因此得救。蒋闻言大震。

邵毓麟在回忆录中详细记叙了对蒋介石的献言："就战略形势论，由于我国东北及大陆沿海均已被共党占领，南韩已成亚洲大陆半岛上之唯一突出地区，极形险恶。如果共党在大陆沦陷后先攻台湾，那我们不堪设想，而南韩在国际共党的政治渗透和武装部队的夹击下，迟早亦必遭殃。反之，如果共党先攻南韩，南韩既有国际声望，而麦帅总部又近在咫尺，焉有坐视不救之理？南韩果能得救，那我们台湾，在各国制止共党侵略南韩声中，就有可能有一线希望，转危为安。"

蒋介石顿时如雷轰顶，看到一线生机。当时他最关心美军能否立刻对华参战以解在大陆的燃眉之急。邵再分析道："美国重欧轻亚……而美国军备重整，既尚未成，民众备战心理亦未成熟，故本年内美国绝不能作战，也不能避战，其对外政策，对于南韩与中国，则避免因军事援助而卷入战争，着重外交、经济援助。"

抛开政治立场不提，国民党外交奇人邵毓麟预料国际局势发展丝丝入扣，与一年后的实际局势发展如出一辙，其剖析美军是否敢加入中国大陆战局的问题与中国共产党高层的分析和实际情况完全相同！我中华神土奇才异能之士多矣，若有一日能全民族团结一心，何愁不能重归汉唐盛世，再显中华神威。

蒋介石随即向邵提出第三个问题：为打开外交困境，能否以"中华民国"、大韩民国、菲律宾组成反共三角联盟以壮大声势、争取外援？

邵沉思片刻，答曰："总裁远大构想极为正确，不过，我恐怕这个联盟的建立不是很短时期内就可完成的，所以我建议，一面在外交上努力，一面似乎还应该用非常手段配合运用谋略，以求局势有利于我的展开……"

蒋介石若有所悟，默默点头。

当日送走邵毓麟后，蒋介石仔细翻阅了一大堆有关朝鲜的战后材料：

苏军进入朝鲜后，宣告："朝鲜已经成为一个自由的国家，苏军将在和朝鲜的一切反日的民主政党广泛合作的基础上，帮助朝鲜人民建立自己的民主政府。"

显然，苏军的这个承诺得到了渴望独立自由的朝鲜人民的极大拥护。

而与此同时，美国驻太平洋地区陆军总司令麦克阿瑟布告："对朝鲜北纬三十八度以南以及该地区居民的一切政府权力，目前暂由本人行使。"这是赤裸裸的殖民地语言，此举无异于宣布"日本总督走了，美国国王来了"，顿时引起朝鲜人民的极大反感。

麦克阿瑟还宣布原日本殖民政府人员继续留职履行公务。蒋介石看到这里不禁苦笑，他是深知此举会引起朝鲜人民多大愤怒的。老实说，抗战胜利后，蒋的声望在中国老百姓心中达到了顶点，多少人举着他的画像喊"委员长万岁"！但为与共产党抢地盘，他委任大批伪军汉奸人员维持本地治安，此举立刻使他大失民心。麦克阿瑟任用朝奸维持统治，还能在朝鲜老百姓心中留下什么好印象？

蒋介石再往下看去，不禁连称荒谬——麦克阿瑟居然还规定："在军事管制期内，英语为通用的官方语言！"

他连朝鲜人民使用自己语言的权利都剥夺了，这和日本人有什么两样呢？

美军进入南朝鲜后，立即解散了当地人民已经建立起来的人民委员会，在原日本"总督府"的基础上成立了南朝鲜军政府，宣布以前日本殖民政府的一切法律继续有效，各级官员由美国军官担任，利用破旧的日本殖民机器来维持美国新的殖民统治。

除以上政治措施之外，美国占领军还把日本殖民政府的一切财产攫为己有。麦克阿瑟把日本东洋拓殖会社改为新韩公司，由军政府管辖，还霸占了二十一万町步（一町步等于一公顷）土地。这样一来，南朝鲜工农业总资产的百分之八十都落入了美国腰包！看到这里，饶是蒋介石见多识广，也仍不禁为美国人的贪婪狡诈咋舌不已。蒋介石不禁摇头用宁波话低声叹息：

"美国佬掏糨糊，朝鲜会乱的。"

果如蒋之所言，美国人实施的殖民统治使南朝鲜乱成了一锅粥，麦克阿瑟自己也说"这是一场灾难"。连李奇微那样固执的美军将领都不得不在回忆录中承认："美国的军事占领政策、措施不得人心，失掉了朝鲜人民的信任与合作。"南朝鲜老百姓拼命反抗美国人的统治，工人罢工、学生罢课天天不断，群众集会游行示威时时都有。1946年9月一次罢工就有二百二十八万人参加，最后一直发展到武装起义游击战争。当年10月2日，大丘爆发武装起义，南朝鲜各地蜂起响应，一时之间起义人民竟控制了南朝鲜二分之一还多的国土，一直闹了两个多月后才被美国人镇压下去，这就是朝鲜现代史上有名的十月抗争。

"共匪奸谋、惑乱人心。"老蒋看到这里低声嘟哝了一句。

再看下去还是南朝鲜政局一团糟、经济要崩溃的乱账。只有一条消息让蒋介石震惊不已。

因为金九主张和平统一，李承晚竟连金九都给暗杀掉了。

金九与蒋介石有极好的私交，是朝鲜的右翼民族主义者、传奇式的人物，一生都奉献给了朝鲜独立事业，暗杀爆破，投毒纵火，成立流亡政府，干过无数让人瞠目结舌的反日大事。蒋介石非常敬重他，无论南北朝鲜都把他看成英雄，没有金九，李承晚根本就当不了总统。在朝鲜独立运动中，金九享有极高的威望，是公认的领袖级人物，麦克阿瑟在朝鲜问题上也不能不听取金九的意见。麦克阿瑟以前连李承晚这个名字都没有听说过，李以欺骗手段取得金九信任，金九遂向麦克阿瑟推荐了李承晚，否则哪有李承晚出头之日？没想到李承晚竟敢杀了金九！

想起好友金九慷慨豪迈的神情，蒋介石不禁黯然："英雄好汉总为小人所害。"

蒋介石再也懒得翻南朝鲜的乱账，便翻阅起朝鲜的资料。

朝鲜实际上是由金日成为首的朝鲜共产党领导，朝共长期坚持反日斗争，深得朝鲜人民拥护。1946年，朝共与朝鲜新民党合并成朝鲜劳动党，扩大了统治基础，成立了北朝鲜临时人民委员会，它是一个彻底的共产党领导的社会主义体系的政权。

在经济上，北朝鲜进行了大规模的土地改革，七十万贫苦农民无偿得到了梦寐以求的土地，金日成仅感谢信就收到三万多封，其中不少以血写成。同时，重要企业被全部国有化，由此极快地恢复了战争创伤，振兴了破败不堪的经济。朝鲜人民委员会还颁布了一系列社会改革的法令，比如男女平等法、八小时工作制等，国家政治经济景象一片朝阳。一句话，朝共领导的朝鲜政通人和、经济兴旺，与美国人和李承晚领导下的南方形成鲜明对照（今日远比朝鲜发达的韩国也公开承认当时远远不如北方）。

看完朝鲜的材料后，蒋介石陷入了久久的沉思。他从中共和朝鲜搞的土地改革中学到了不少东西，以后退到台湾一站住脚跟，他就让陈诚主持了国民党特色的台湾土地改革，由政府出资购买地主的土地分给农民，再让地主将出售土地所得资金投资于工商业而变身为资本家，从而稳住了台湾。

经过熟思之后，蒋介石于两天后的 7 月 1 日再次召见了邵毓麟，并随即开门见山地问道："我想知道南北韩最近情形如何？"

国民党驻韩大使邵毓麟对朝鲜情况精熟，立刻如数家珍娓娓道来：

"如前日所述，南韩既已突出，突出者，必先遭打击。南北韩情势实已接近爆炸，美军撤完以后，如在政治上、军事上再加一二因素，南北情势必随时可能发生变化。"

"从本月开始，三八线业已发生了一系列小规模的冲突事件，这些事件将会出现得越来越频繁并越来越激烈。"

搞了一辈子政治军事的蒋介石知道什么东西能决定一切，他直截了当地问道："双方实力对比如何？"

"从经济上看，苏军进入朝鲜后，北韩共党实行土地改革，没收日本人和朝奸财产，工业由苏方直接管理，恢复引人注目——苏军在北韩并不像在我国东北一样，把工业设备当战利品，拆开装箱搬回苏联。而南韩粮食不足，又因为电力和煤这些资源工业都在北部，南部工厂几乎无法开工。平均工业生产力尚未达到正常能力的百分之二十，通货膨胀迅猛，经济状况是悲惨的。"

邵对南北韩经济现状的看法与各方情报完全一致，蒋默默点点头，又问道："那军事上呢？"

"从军事力量上看，苏军在 1948 年撤走时，把自己的武器装备留给了训练好的北韩军队，并不断提供大量现代化的武器装备。北韩每个师配备十五个苏军顾问，北韩军据说包括五千名曾参加过斯大林格勒保卫战的官兵，师以上首长都由大战中曾在苏军中担任过军官并立过功的共党分子担任——抗战时苏联在远东设立了特别旅，训练在游击战争中撤入苏境的中共及北韩共党分子。而且必要时，北韩可以从中共军队召回韩籍的官兵约三万到四万人，这些都是富有实战经验的军事骨干。

"最近北韩开始军事动员，第一批增征的士兵已经进入兵营。北韩军拥有装甲部队一个旅（或师）约一百五十辆坦克，有一百五十六门一二〇榴弹炮，一千门迫击炮，六百五十门三六野战炮，一个飞行师团约二百架飞机，三十艘中小战艇。如果准备完毕，估计可拥有二十万左右的兵力，其中十三万左右的陆军，主力是编成七个师的九万人（注：邵在回忆录中混淆视听，将一年后人民军的实力情况充作1949年情况）。

"南韩军则缺乏武器，缺少受过训练的军官，这是一支美国人甚至不敢把它称为军队的可怜的部队。步兵武器是大战遗留的，没有坦克，没有战斗飞机，只有五十门一〇五榴弹炮，十几架教练飞机，一半的战斗营没有完成营一级的战斗训练，许多部队分散在各地剿匪——南韩有众多的共党游击队。1949年3月，美国决定援助完成六万五千人的保安部队的装备，南韩军总动员后，大约能拥有十四万人兵力，其中九万陆军编成八个师。"

在比较完双方实力后，邵做出了决定性的结论：

"南北韩力量对比悬殊，而更为奇特的是美国军方大大低估了北韩的实力。南韩方面更是大弹'北进统一'的高调，无时不在刺激北韩，三天两头公开声言'挥军北上''灭共统一'，贻北韩以南侵的合理借口。李承晚曾有这样的考虑，就是趁中共在中国未站住脚之前，必须去掉划分朝鲜的三八线，发动先发制人的打击。兵力不足他并不担心，相信美国人到时会援助他。北韩金日成受中共胜利影响，凭己方的实力地位必然也会跃跃欲试，发动统一战争。所以，朝鲜战争必然爆发。"

在蒋邵会谈中，邵做出了与时局发展完全一致的判断，蒋对此判断深信不疑，他自己也从所阅材料得出了完全相同的结论。已经穷途末路的蒋介石本来就把爆发第三次世界大战当作最后一根救命稻草，希望美苏火并，自己借机反攻中共。从此以后，蒋就更是四处宣讲国民党与中共的斗争并非中国内部的事情，而是国际共匪邪恶势力与整个自由世界的事情，所以大陆的失败不能怪蒋某人，也不能怪任何人，要怪国际"共匪"的阴谋太厉害。而"自由世界"总有一天会站出来的，第三次世界大战肯定会爆发的，那一天就是国民党大反攻的一天。

蒋介石开始天天祈祷世界大战爆发，世界大战虽然一直到蒋介石死亡时也没有发生，但在一年后，当即将面对粟裕大将统率的攻台军的最后一击时，蒋介石终于盼到了朝鲜战争的爆发。

被宋美龄讥笑为"背着孔夫子进礼拜堂"的虔诚教徒蒋介石当时竟激动得高喊："这是天父圣灵与我同在之象征！"

蒋介石兴奋而又万分真诚地认为，天父仍旧宠爱他的表示就是赐给了他朝鲜战争。他也竭尽全力抓住了这次机会，让美国人再次看到了他的价值，不得不承认他在台湾的地位。而作为交换条件，在烽火连天的朝鲜战场上，蒋介石使尽了阴谋手段……

1949年9月11日晚　莫斯科奥斯特洛夫斯卡娅街八号公寓楼

秘密访苏的中共代表团团长刘少奇望着莫斯科的万家灯火，心潮澎湃难以自已。今天晚上，斯大林终于明确向他表示，新中国政府一成立，苏联就将予以承认。他和同志们浴血奋斗出的成果终于得到了国际共运领袖斯大林的承认，而斯大林的背后站着一个庞大的社会主义阵营啊！新中国不会陷入孤立无援的境地，新中国的建设事业将能从这个阵营中得到多大的助益啊！有了斯大林的表示，他这趟莫斯科之行可以向中央做出圆满的交代了！

现在，想起斯大林见到他时说的那句话，性格敦厚沉稳的共产主义者刘少奇仍然非常感动。

斯大林说："我们妨碍你们了吗？"刘连答"没有没有"，斯大林则说："妨碍了，妨碍了！"

刘少奇明白，斯大林这是在变相地向中国共产党人道歉。而要知道，斯大林在国际共运、在社会主义阵营、在世界历史上是什么地位呀！

刘少奇此次秘访莫斯科，主要的目的有两个：一个是求得苏联在外交上对即将成立的新中国进行支援，解决一些国民党政府与苏联之间的遗留问题，联络双方感情。另一个目的则是希望斯大林能派出空、海军援助解放军攻击台湾。想起这件事，兴奋中的刘少奇又叹了口气。

上个月，中央军委已成立由三野副司令员粟裕领导的攻台军司令部，粟裕司令员已拟订出台湾战役计划，准备第一步先攻下江浙闽三省，为攻台打下坚实的基础，再扫清金门、厦门等沿海岛屿作为攻台出发地，接着拿下澎湖等台湾外围岛屿以彻底孤立台湾，最后发起台湾登陆总攻，彻底消灭蒋介石！

台湾战役计划正在顺利进行中，粟裕在中国东南沿海地区攻城略地如入无人之境，很快就要对沿海岛屿进行攻击了。但台湾与大陆之间有一百多海里汪洋相隔，没有必要的海空军支援，即使惯打险战恶战的粟司令也下不了仅靠几十万步兵和少量炮兵乘帆船攻台的决心。中央热切希望老大哥能帮一把，派海空军支援我军攻占台湾。但当刘少奇向斯大林提出苏军援助的要求时，斯大林只是爽快答应提供两百架飞机并帮助中共培训驾驶人员，却明确拒绝派飞机和军舰支援中共攻打台湾。

斯大林说："整个苏联从西部边境到伏尔加河的国土已成一片废墟，如果苏联从军事上支持对台湾的进攻，那就将意味同美国的飞机和舰队发生冲突，也就意味着将成为新的世界大战的借口！要是我们干这种事，俄罗斯人民是不会原谅我们的，他们会把我们赶下台！因为我们无视他们战时和战后所经历的痛苦和所付出的努力，因为我们的轻率……"

此刻的苏联确是虚弱已极，胜利的第二年就爆发大饥荒，不少逃过德国人枪弹的老百姓被活活饿死，连中共代表团访苏也常啃黑面包，招待会上摆上香烟都属奢侈行为。

斯大林现在不敢也实在无力直接去同膘肥体壮的美国对抗。但更重要的是，每当社会主义家庭大家长的国际主义义务同苏联利益冲突时，斯大林总是要选后者的。

"看来攻台战役只有延期了，只好等待自己培养出的飞行员去保护粟裕的登陆船队了！"刘少奇有些遗憾地叹了口气。

第二天晚上，斯大林在自己的孔策沃别墅二楼款待了中共代表团，这是给中共极大的面子了。斯大林的女儿斯韦特兰娜以后叛逃到西方后回忆：这次宴会是斯大林第一次也是最后一次在孔策沃别墅的二楼召开宴会。

晚年的斯大林极端害怕孤独，几乎夜夜都将苏共政治局常委们召到别墅一楼狂饮到天亮，苏共好多年都不召开党代会、中央常会，连政治局会议都不多。当时苏联几乎所有重大决策都是在孔策沃的餐桌上做出的，苏共的政治生活已经极不正常了。但起码这个晚上斯大林不会感到孤独。

华丽的水晶吊灯光华齐放，宾客们欢声笑语，白衣侍从来往穿梭，孔策沃二楼气氛热闹非常。

当各式各样的名酒端上来时，气氛达到了顶点。

毛泽东年轻漂亮的妻子江青首先举杯站起来，背诵精心准备的祝酒词：

"斯大林的健康就是我们的幸福！我祝愿斯大林同志永远健康！请大家和我一起为斯大林干杯！"

斯大林开怀大笑："我第一次听到这样的说法，我的健康居然是大家的幸福！哈哈！哈哈！"

所有与会者都开怀大笑，举杯一饮而尽。

又喝了一阵后，斯大林兴高采烈又颇为动情地说："……我说的中国马克思主义者是成熟的，苏联及欧洲人要向你们学习的话，并不是奉承你们，不是客气话。西欧人由于骄傲，在马克思、恩格斯死后，他们就落后了，革命的中心由西方移到了东方，现在又移到了中国和东亚……今天你们称我们为老大哥。但愿弟弟能赶上和超过老大哥。这不仅是我们大家的愿望，而且也是符合发展规律的，后来者居上！请大家举杯，为弟弟超过老大哥，加速进步而干杯！"

说完，斯大林向刘少奇高高地举起了酒杯。

出乎在场所有人意料的是，刘少奇竟拒绝接受斯大林的敬酒！这是极不礼貌的行为！

热烈的气氛立刻冷场，全场瞬间静寂无声，大家都不知道发生了什么事。原来，生性严谨的刘少奇按东方的传统习俗认为，他若接受这杯敬酒就等于是承认了斯大林所说革命中心移到中国、弟弟能够超过老大哥一说将成为现实。这杯酒他哪里敢喝？

刘少奇到底喝了斯大林敬的这杯酒吗？1958年毛泽东才告诉大家：

"僵持了一二十分钟，最后少奇还是喝了。先生教了学生，学生超不过先生就是不争气。要争气，要喝这杯酒！"

当刘少奇终于在众人的劝解下喝掉这杯酒时，早已不耐烦的苏共政治局的酒桶们都皱着眉头将自己的伏特加一饮而下，欢乐的气氛就此消失了……

其实，当时在场的在苏联生活多年、深知俄罗斯习俗的师哲认为，斯大林那番话没有任何用意，只是俄罗斯人在敬酒前都要说的一些热烈的语言罢了。

仅仅东西方习俗的差异这一点就决定了中苏双方合作的道路绝不会平坦。

在刘少奇离开莫斯科之前，斯大林请刘少奇看了一场电影。当银幕上苏联第一颗原子弹的蘑菇云冉冉升起时，中共代表团惊呆了，这可是苏联军力发展绝密中的绝密！

看着中共代表团的表情，斯大林满意地笑了，他终于洗雪了杜鲁门在四年前波茨坦会议上给他的耻辱，苏联终于有自己的原子弹了！而刘少奇也终于明白了为什么5月苏联大使馆还在随国民党政府迁到广州，7月斯大林就敢表示将同中共建交了……

1949年10月1日　北京天安门城楼

当毛泽东用浓重的湖南口音喊出"中国人民从此站起来了"时，广场上百万群众立刻山呼海啸般回应："毛主席万岁！"

激动的毛泽东也不断举臂高呼："人民万岁！"

步履匆匆、满脸喜气的周恩来从观礼的人群中挤了过来，他手里挥着一张薄薄的电报纸："主席，好消息，苏联来电祝我建国，他们将在三天后正式承认我们！"

亢奋的毛泽东接过苏联的贺电，满意地笑了。

接着，南斯拉夫、波兰、民主德国……社会主义阵营各国的贺电纷纷而至，他们都承认了新中国。毛泽东高兴地看完贺电后低声问周恩来："美国和西方国家有什么表示？"

周恩来摇摇头："我以总理和外长的名义发出了希望和世界各国建立正常外交关系的公函，这一公函也送交了美国驻北平领事馆，他们的反应是宣布继续承认国民党政府。"

周恩来没有再说其他西方国家的情况，毛泽东也没有再问。没有美国点头，他的小兄弟们敢有什么其他的表示呢？

毛泽东的视野越过狂欢的人群朝远方的天空望去，他并不想和美国把棋走死，他也曾以为美国人不会将棋走死。早在6月间，美国驻华大使、那个著名的"中国通"司徒雷登就通过民革陈铭枢与中共接触，向中共转达了五点意见，提出干涉中国外交政策的条件，要求新中国继承国民党政府的"国际义务"。中共当然不能接受，但中美间的联系渠道一直是畅通的。

司徒雷登还表示愿以前燕京大学校长的身份访问北京，他的学生黄华代表中央通知可以。可就在此时，华盛顿来电通知司徒雷登："最高层决定，你不能去北京。"杜鲁门认为不能向中共示弱。而老练的外交家兼中国通司徒雷登却通过观察得出结论，中共采取双重立场，思想正统外交灵活，毛、周都不希望只与苏联绑在一起，他们愿意同美国建立外交经济关系以平衡与苏联的同盟。

遗憾的是，不了解中国、病态反共的杜鲁门束缚住了司徒雷登，8月初，这位深谋远虑的外交家终于离开了中国，不向任何人低头的毛泽东随即发表《别了，司徒雷登》一文。由于美国政府内部反共鹰派的阻挠，中美之间的线断了。

看着远方越来越晴朗的天空，浮想联翩的毛泽东微笑起来："恩来，我就不信这么大的中国非靠他美国才站得住，我倒要看看最后到底是谁求谁！"

果然如毛泽东所言，二十二年后，尼克松不得不主动握住周恩来的手。

1949年10月28日夜　厦门海滩

三万将士静静地趴在海滩上倾听着几公里外金门岛上传来的枪炮声。它们已经响了三天三夜了。曾经响得很激烈很远，然后响得更激烈却越来越近。现在，枪炮声终于微弱得要听不到了。当最后一声枪声响过之后，三万条大刀阔斧从山东一直杀到福建、凶猛若虎的汉子跳起来狼一般大声号哭，他们朝着对岸跪着哭，他们冲到海水里哭，他们捶打着自己的武器、擂着自己的脑袋哭。他们眼睁睁地看着对面离自己仅仅几公里的九千兄弟奋战至死却无能为力！只要他们能迈过这几公里，他们就不但能救出九千兄弟，还可以轻而易举地摘下胡琏的脑袋喂狗！他们能走几千公里，能从山东走到福建，谁挡他们谁死，可这几公里他们走不过去，这是几公里的海面！他们只能坐船过去，而船没有了，被飞机炸沉了，被军舰轰沉了，所以他们只能眼睁睁地看着九千名兄弟在咫尺之地去战死……

三万条枪对着夜空疯狂地射击，无数条火龙呼啸着冲上天空为岛上那九千英灵送行！

1949年10月28日，金门战役结束，二十八军失利，丧师九千，是役为解放战争以来我军最大失利。三年血战中，我军没有被对方成建制地吃掉过哪怕一个团，而这次却在仅仅一百二十四平方公里的大金门上丢了三个团，渡海登陆作战的残酷性显露无遗，消息传出，全军震惊，粟裕被迫重新修改攻台计划。

现在，谁都明白了，没有强大的海空军掩护和足够的输送船舶，几十万陆军贸然攻台只能是去血染海峡！全军开始血红着眼睛拼命做准备，只待来年杀上台湾岛彻底复仇……

1949年10月30日下午　北京，空军大院礼堂

自从中国共产党人揭竿而起，美丽的天空就是他们的噩梦。死神随时都会从头顶宽广的蓝色中猛扑出来，夺走同志们的生命。

因为敌人有空军，他们没有。

共产党人有着无比远大的眼光。早在延安时期，中共就派了四十三名宝贵的干部去新疆学航空，解放战争时又在东北利用捡来的老得可怜的日本飞机组建了第一所航校。但由于空军的复杂性，真正建立空军只能是在夺取全国政权之后。

这个人是厉害得让部下和敌人都要发抖的将军，连毛泽东都规劝他："你不要锋芒毕露，锋芒半露行不行啊！"但毛泽东偏偏选择了这个雷霆般的人组建人民空军。

刘亚楼，林彪四野原参谋长、第十四兵团司令，现任中国空军第一任司令员。他将成为共和国的开天人。他的功绩如此巨大，以至于一年半以后，美国空军参谋长范登堡上将向世界惊呼："几乎一夜之间，中共就成了世界空中强国！"

此刻，刘亚楼是真正的"空"军司令，除了几千个人、几十架日本人和国民党留下的破飞机、几个烂厂之外一无所有。"空"军司令正在召开人民空军历史上一次划时代的会议。这是人民空军第一次干部会，参加者是空军领导和负责培训飞行员的六所航校的校长和政委。这些校长、政委和刘亚楼一样也只有个空头职衔，他们的学校除了他们自己之外一无所有。

从无半句废话的刘亚楼对他的部下，六所航校的校长、政委开门见山地说：

"解放台湾和沿海岛屿急需空军。党中央、毛主席殷切期望空军培训战

斗机飞行员，越多越好，越快越好！从今天你们受命办航校到全部正式开学，你们只有一个月时间，一天、一小时也不能后拖。也就是说，一个月之后的12月1日，你们这六所航校要同时全部开学！"

在场所有的与会干部都震惊了，这可是逼着刚会睁眼睛的小鸡下蛋哪！刘亚楼扫视全场：

"一个月内，在几乎一无所有的条件下，使每所近千人的现代航校开学，困难很多。困难如山啊！但是，我们是第一代开天人、空军的创业人，是有铮铮铁骨的共产党人，因此我们就应有勇气、有魄力，创造世界空军建军史上第一流的速度！12月1日能否开学，是对你们每一个航校负责干部的考验！12月1日按规定开学的是英雄，拖延开学日期，是狗熊。你们到底是英雄，是狗熊，我们12月1日见分晓。散会！"

震惊中的干部们回过神来，开始为他们气魄非凡的司令员拼命鼓掌。

此刻疯狂鼓掌的人们没有想到，他们的第一个对手不是蒋介石，而是拥有三万多架飞机、近五十万人员、世界上最强大的美国空军。他们绝不会想到，一年后，他们的学生就要在朝鲜的天空和美国人战斗，而且只能在空战中学习如何空战。他们更不会想到，那些穿上空军军服不过一年的陆军战斗英雄们竟在朝鲜的天空打败了美国空军的王牌们，并用短短三年的时间将自己发展成空战实力位居世界第三的强大空中力量！

1949年12月16日下午6时　莫斯科克里姆林宫斯大林会客室

毛泽东比约定时间早到了三分钟。斯大林办公室的门紧紧关着，毛泽东和随从人员坐在那里静静地等待。此次访苏是毛泽东一生中第一次离开中国。他此行是为了给百废待兴的新中国争取援助，也是为了给斯大林庆贺七十寿辰。为此，他带了江西竹笋、祁门红茶、湖南湘绣等中国土特产做礼物。好出风头的江青还硬带了一车皮她家乡山东的大白菜、大葱、大萝卜给斯大林尝鲜。如果不是实在没办法保存，江青还要挂上一车豆腐呢！

6时整，门开了，毛泽东走了进去，门口处以斯大林为首，莫洛托夫、马林科夫、贝利亚、布尔加林、卡冈诺维奇、维辛斯基等苏共政治局常委在

46

斯大林背后一字排开，这是给毛泽东很大的礼遇了。斯大林是从不站在门口迎接客人的。

斯大林快步上前紧紧握住毛泽东的手，端详着毛泽东的脸："你还很年轻嘛，很健康嘛！红光满面，容光焕发，很了不起！"

两个历史巨人的手紧紧握在了一起。

当时唯一在场的中国翻译师哲回忆：

斯大林非常激动，对毛泽东赞不绝口："伟大，真伟大！你对中国人民的贡献很大，你是中国人民的好儿子！我们祝你健康！"

毛泽东此刻百感交集，说了这样一句话："我是长期受打击排挤的人，有话无处说……"

毛泽东正想抒发一下感慨，斯大林却把话头接了过去，说了一句让毛泽东啼笑皆非的俄罗斯谚语："胜利者是不受谴责的，这是一般的公理。"

师哲就此评论：斯大林这句话堵塞了毛主席的言路，但他并不自知。毛主席的心里话，始终没有说出来。

由于巨大的文化差异，两位伟大的革命领袖初次会面不算太顺利，这似乎预示了今后两国关系的曲折。

毛泽东此行是为签订中苏友好同盟互助条约而来。初次会谈中，毛泽东即幽默地提出了这个问题："恐怕要经过双方协商搞个东西出来，这个东西应该是既好看，又好吃。"

毛泽东万万没有想到苏联人竟完全不能理解东方语言的幽默和含义，此语一出，在场的苏联人全部目瞪口呆，根本就不知道毛泽东在说什么，大特务贝利亚竟当场笑出了声，大概他以为毛泽东突然跑题谈起怎么做中国菜。

不得要领的斯大林继续婉转地询问，但毛泽东却不肯明说，大概他按照中国的习俗认为苏联应该主动提出帮助中国，否则是不诚恳的。另外这还涉及西方永远都不能理解的东方面子问题，毕竟是毛泽东有求于斯大林，而向人求助无疑是刚强一世的毛泽东最不愿做的事。

再不肯多说什么的毛泽东提出让周恩来总理来一趟，解决具体问题。斯大林这一下彻底糊涂了，如果他和毛泽东这一级别的人都解决不了问题，周恩来又能来干什么？

斯大林内心打算，不管中苏之间要签订什么条约，都得由他亲自签署，而对方必须是毛泽东才门当户对，他怎么也不理解毛泽东为什么一心要将周恩来请到莫斯科来解决问题。他哪里知道长于战略筹划的毛泽东一生不治细务，而严谨精密的周恩来才是党内专管具体实施的大总管！莫名其妙的斯大林要追问到底，毛主席却不再回答。从此两位伟人就开始沿着各自的思路考虑问题。

会谈就此结束，忧心忡忡的斯大林不停地派人打听毛泽东的真实想法，甚至屈尊亲自给师哲打电话。可师哲又能说什么呢？而这边厢毛泽东又大发脾气，对前来摸底的柯瓦廖夫大吼一通："你们把我叫到莫斯科来，什么事也不办，我是干什么来的？难道我来这里就是为天天吃饭、拉屎、睡觉吗？"

吼走了柯瓦廖夫的毛泽东挺高兴地对师哲说："我教训柯瓦廖夫，目的是让他向斯大林反映情况。"

深知苏联习俗的师哲却有话难言——苏联和中国的习俗是两回事。中国人的传统想法是对你下级的态度，就是对你上级的态度，所谓打狗欺主。而苏联的下级在外面受了气，只说明你不会办事，上级会对你更不满意。柯瓦廖夫是绝对不敢让斯大林知道他被毛泽东训了一顿的。

果如师哲所料，柯瓦廖夫回去后当真胡扯了一份长篇报告给斯大林交差，而并不那么好糊弄的斯大林居然又把这份无稽之谈交给了中国方面并挖苦道："柯瓦廖夫是个技术人员，他不懂政治，却还要往政治里钻，他要钻到政治里，就像老鼠钻进了风箱……"这形容是再贴切不过了，柯瓦廖夫真正成了夹在两大伟人之间两头受气的老鼠。

日子就在两个巨人的僵持中一天天过去了，斯大林始终不肯开口让周恩来到莫斯科。毛泽东则一步不让，天天去看欧洲和俄罗斯历史人物的传记片。无可奈何的斯大林向师哲叹道："毛泽东很聪明哪，有空就看人物传记片，这是了解历史的最简捷的办法……"紧接着，一个惊人的消息由英国通讯社传遍了全球："毛泽东被斯大林软禁在莫斯科！"中苏双方这下都急了，毛泽东带到莫斯科的智囊王稼祥赶紧用毛泽东答记者问的方式发表了一篇文章。谣言不攻自破，世界为之震动，政治空气焕然一新，斯大林也终于同意周恩来访问莫斯科。1950年1月2日晚11点，毛泽东立即电报通知周恩来总理北上苏联。

好事双至，正高兴的毛泽东又接到了准备进军西藏的彭德怀的电报。拿着彭德怀的电报，毛泽东眼前浮现出那个敦实朴直的大将军的威严身影。

"谁敢横刀立马，唯我彭大将军。"毛泽东喃喃自语。

三年来，人民解放军副总司令、西北战神彭德怀两万人陕北起兵，奇迹般地打垮了西北地区百余万国民党军，夺下了占中国版图五分之二的土地。毛泽东仔细阅读着彭德怀的电报。彭的电报希望毛泽东改变以西北一野为主从青海攻夺西藏的决策，指出从地形等各方面因素考虑，进军西藏应以刘邓二野从四川出发为宜，西北方向只能起辅助作用。

"老彭敢说真话呀！"毛泽东看着电文微微点头，复电同意彭的意见。

不久，彭德怀兵分两路，一路从青海入藏与刘邓十八军会合于拉萨，另一路以精选出来的团级干部李狄三率一个精锐骑兵连从新疆于阗出发夺取藏北。这个任务非西北莫属。西藏地形复杂，从拉萨到藏北比从新疆到藏北还难。

骑兵连一出发就冻死九人，在连地图都没有的情况下，边走边在沿途起下中华人民共和国现在还在沿用的地名，最后靠一个破旧的指北针翻过了喀喇昆仑大雪山六千公尺高的冰山绝壁，历尽千辛万苦后爬上了藏北高原。此后又在大雪封山、后援断绝、粮盐全尽、藏兵滋扰、高原病极严重的情况下靠打猎坚持了整整半年，终于等到了后援的到来，此时骑兵连已减员到一半以下，李狄三也在看到增援部队时咽下了最后一口气。被人们永久保存下来的烈士遗物、李狄三生前所穿的兽皮衣竟重达二十余斤！而就是这几十个人为中国抢先保住了整整三十万平方公里的藏北阿里地区！一百三十五条好汉、两百七十匹战马勇夺阿里的故事从此成为史诗般的军中传奇。西北统帅彭德怀在入朝作战前浓墨重彩地写完了其在国内军事史上辉煌的最后一笔。

1月20日，周恩来到达莫斯科，没有任何问题难得倒的周恩来迅速解决了会谈中所有问题。2月14日，《中苏友好同盟互助条约》签署，至此，中苏同盟和中美在远东对立的战略格局终于形成。

毛泽东虽然为有了外援而高兴，却仍有一丝遗憾留在内心。他不愿同美国闹翻。美国公开反对中共无疑极不明智，但却可以理解；苏联的态度使他大为不悦，他却无法正面反对。美国鹰派疯狂敌视新中国，短期内根本看不到改善关系的可能。但打了一百年仗，经济破败不堪，几乎处于19世纪状态的中国不能没有外援，除了宣布"一边倒"，同苏联结盟让其安心，还有其他路好走吗？

签字仪式上，斯大林突然对毛泽东说："你们的翻译工作没有做好，耽误了贸易协定文本的印制，否则，今天在这里可以同时签署贸易协定，那多好啊！"被手下欺骗了的斯大林根本就不知道中国人早已完成自己的那一半翻译任务，是苏联人自己的工作没有做完。

深明缘由的毛泽东马上对师哲说："错误和缺点总是中国人的。"

斯大林追问师哲毛泽东说什么，师哲连忙搪塞："这是我们之间的私话。"

无论两位伟人之间曾有什么不快，历史已经告诉我们，毛泽东和斯大林开创了中苏友谊，在新中国成立初期那些最艰难的日子里，苏联给了中国宝贵的援助，他们援助的工业项目为一片废墟的中国奠定了工业化的基础，使新中国仅用三年时间就初步恢复了百年战争的创伤，开始了经济生活的全新时代。直到今天，他们援助的一些工业项目仍是中国国民经济中的骨干支柱企业。而利益是相互的，中国同样给了苏联许多经济帮助，特别是在即将爆发的朝鲜战争中，用鲜血捍卫了以苏联为首的整个社会主义阵营的利益与荣誉。

到了晚年，毛泽东诙谐地告诉尼克松，他这一辈子谁也不欠，斯大林给了中国一些援助，他在斯大林生日时还回去许多大白菜。

1950年2月17日，毛泽东在苏联待了六十二天之后启程回国。望着列车外飞逝而去的苏联国土，毛泽东满腔兴奋：雅尔塔体制在中国彻底完蛋了，国民党政府同苏联政府之间的许多不平等条约已废除。自从杜鲁门宣布对蒋介石撒手不管之后，斯大林胆子大了许多，已同意大力帮助组建尚在襁褓中的中国空军。五百多架苏联飞机将很快装备给人民解放军，十一个苏联空军师和一个混合空中集群将帮助新中国守卫领空，而且，国人一百多年的梦想就要实现了——新中国大规模的经济建设就要开始，我们要独立、自由、民主，我们还要富强起来，与此同时还要彻底解决台湾、西藏问题，完成中国统一……

新的蓝图已在毛泽东眼前铺开，他兴奋地夹着一根香烟望着窗外的景色憧憬着。

1950年4月15日夜 南方某地四十军司令部

侦察科长郑需凡走进司令部，他发现广东军区第一副司令员兼十五兵团司令员邓华和十二兵团副司令兼四十军军长韩先楚这两位四野名将一起铁青着脸恶狠狠地瞪着他。

邓华劈头就是一句："你敢保证谷雨前有北风、东北风？错了杀你头！"

郑需凡"咔嚓"一个立正："我敢保证谷雨前没有南风,这个错了杀我头！"

郑需凡知道他保证的分量,他若错了,解放军一个王牌军就要血染琼州海峡,他就算长了一百个脑袋也不够军事法庭砍的！

邓华,军政双全的名将,新中国成立初期中国军界最明亮的一颗新星。这位以后朝鲜战场上的志愿军代司令员此刻深感责任重大。他的老战友韩先楚执意要在谷雨前发起海南岛登陆作战,为此,倔强的韩先楚甚至以一个兵团副司令员的身份把自己的意见捅到了中央！他是专门前来审查韩先楚的作战计划的。

身材瘦小的韩先楚认为五天内,即谷雨前再不发起海南登陆战,攻打海南就得往后再拖整整一年！我军渡海工具基本是没有动力的风帆船,非得依靠谷雨前的季风期过海不可。他已决意发起海南战役,为此他打电报给中央："如果兄弟部队四十三军没准备好,我愿亲率四十军主力单独渡海作战！"

韩先楚知道自己立的是或者胜利或者死亡的军令状。他比谁都了解金门失利给全军带来的震撼和心理上的阴影,他清楚现在连四野最能打的"旋风纵队"的战士们心里也犯嘀咕,那些如狼似虎的将士们现在都在流传"革命到底要革到海底""今天咱吃鱼、明天鱼吃咱""听说海里王八乌龟都在开会,要会餐哩""打了这么多年仗,弄来口乌龟王八鱼棺材"之类的泄气话,连他的军参谋长宁贤文都用大石砸脚自伤以逃避渡海作战！谁都没怕过的虎贲之师四十军这次心里发虚了,金门那个离大陆只有几公里的屁大个小岛都没拿下来,现在要攻打的是远离大陆一百多公里的中国第二大岛！

基于对战争天才韩先楚的信任,他的海南作战计划被批准了。

1950年4月16日19时30分,一代名将韩先楚置个人生死和军事荣誉于度外,在没有海空军配合的情况下,冒着丧师琼州海峡的极大风险亲率四十军、四十三军四个师几万关东子弟乘坐四百多艘风帆船从雷州半岛灯楼角起渡,跨海进击海南岛！

1950年4月17日凌晨3时,四十军在用木船战胜了国民党炮舰拦截后,胜利抢滩海南临高角,开始冲击国民党滩头阵地,韩先楚随先头部队一起在敌火下涉水抢滩，一个连的战士急得冒着炮火冲过来把他死死按在一块巨石后不许他再往前冲，用身体给他堆了一个人体碉堡……

当日凌晨6时，在北京总参作战室的代总参谋长聂荣臻打断一名处长的战斗报告焦急地问："先楚在什么位置？"处长回答说已经上岛，通宵站在作战地图前的聂帅重重地坐在椅子上："有这一句就够了！"韩先楚这种统帅上岛就等于是胜利！

果然，国民党名将薛岳苦心经营近一年的"伯陵防线"顷刻间土崩瓦解。仅仅三天，被侵华日军惧称为"长沙之虎"的薛岳就被经常写错别字的韩先楚上将撵出了天涯海角。

打下海南后，人们发现，有一天，将军独自面对大海坐了一夜。谁也不知道他在想什么……

仅仅三个月后，朝鲜战争爆发，人们这才知道将军的战略眼光。如果不是他力排众议，用自己的一切做抵押，利用最后可以利用的三天时间打下了海南，中国就将有两个台湾，而失去最后一个出海口！

一位作家写道：中国人民解放军的骄子、从中国将军县红安走出来的开国上将韩先楚，是从士兵、副班长、班长、副排长……一个台阶不落地一直干到了大军区司令员、军委常委的。打下海南后，他积极准备参加台湾战役。但是，一直到他1986年去世，他也没等到解放台湾。在临死前的昏睡中，他仍在高喊："台湾！台湾！"

命中注定，中国人民志愿军副司令员韩先楚上将将在朝鲜战场上写下更辉煌的军事华章。

1950年6月初　青岛某疗养所

长期紧张的戎马生涯使这位瘦小的将军积劳成疾，在中央一再催促下，攻台军司令员粟裕只好放下军务开始疗养。

人虽然走进疗养院，心却还在战场上。这天，粟裕强撑病体，倒坐在一条高背板凳上，将手肘撑在椅背上托住脸颊，全神贯注地研究着墙上的五万分之一台湾军用地图。这是他的习惯性姿势。将一生都献给了军事和国防事业的粟裕随时都在准备战争，为了利用行军时间商讨问题，他甚至练就了倒着骑马的独门绝技！粟裕看地图时，任何人都不敢打扰他。他的老领导和老战友陈毅元帅为此还专门给三野司令部下了命令："粟司令看地图的时候，任何人都不得打扰，包括我在内！"除了看地图，名将粟裕一生没有任何个人爱好，晚年他的女儿问他为何如此酷爱地图，粟裕答道："不谙地图，何以为宿将？"

看着墙上的台湾地图，粟裕陷入久久的沉思。

粟裕领命攻台之初，形势是相当有利的。当时台湾只有七个军十四万残兵败将，粟裕拟以八个军二十万攻台军发起攻击，攻台计划尚在报批途中，攻台军已在浙江天目山、胶东沿海和长江口开始大规模渡海登陆和台湾山地作战演习。蒋介石很快觉察台湾空虚，情急下竟由冈村宁次等大战犯从日本买了两万雇佣军帮助守台！与日本军队血战八年的粟裕熟知日兵战斗力，一个日兵可顶三个蒋军，那么岛上就相当于有二十万敌军了。粟裕只好第一次改变作战计划，决定将攻台兵力增加到十二个军五十万人。不料韩先楚攻取海南，因无海空军封锁，薛岳率七万余人从海南撤逃到台湾。同时，蒋介石在痛苦思考后，决定集中全部兵力确保台湾这个最后的保命之地，于三天内突然将舟山群岛的十二万守军撤到台湾。台湾岛内蒋军短期内骤增一倍，达四十万人。除此，蒋介石还将全部海空军也都集中到台湾！粟裕只得二改计划，决定将原定登陆第一梯队的四个军增至六个军。不久情报又侦悉，台湾正加紧补充，短期内可达五十万人，海空军亦有加强。粟裕遂报告，论兵力我已不占优势，不过只要能上陆也能胜利，为确保必胜，最好能再增三个至四个军做预备队。但问题的关键并不是兵力。粟裕就再要八个军毛泽东也能给他。真正的问题是没船！粟裕计算，为保证胜利，在登陆之初五小时内必须船运第一梯队十五万人上岛，还得确保相当数量的二梯队船只。而他手上所有的船加起来还不到一梯队所需的一半！

在陆上打仗，粟裕认为只有六分胜率就值得打，甚至谁都以为不能打的仗他都敢打，而且还能打赢。孟良崮战役他在敌人的包围圈里吃掉敌人的王牌，淮海战役他用六十万人干掉了对方八十万人。而现在，面对这种冷酷的现实，一生决策犯险履难如行平地的粟裕犹豫了。思之再三，粟裕下了决心，推迟台湾战役时间，进行更充分的准备。以后曾有高级将领私下议论，如果当时破釜沉舟赶在朝鲜战争爆发前举兵攻台，台湾也可能就拿下来了。粟裕回答说："不行！金门失利的教训太深刻，不重视血的教训就要流更多的血……隔着一片大海作战，六七分把握绝对不行，八分九分也不行，非十分不可……大海平平，一览无余，未来的攻金攻台之战无巧可讨，就是磨盘碾秤砣，硬碰硬。不但要有数倍于敌的火力、数量优势，而且要有足够的船只，保证第一、第二甚至第三梯队的船只。还要懂得潮汐、风向、登陆点的选择。我们攻坚野战是行家里手，但越海作战是外行，凭老经验想当然不行，要吃大亏。几十万人马上去了，可能一鼓作气一胜到底，也可能上不去，叫人家反下来，那就是无路可退全军覆没……"

粟裕开始抱病加紧工作，不久突然昏倒不起。攻台军司令员、抗美援朝战争统帅候选人之一粟裕，这一病就是整整一年才算勉强痊愈，从此，他留下了两大终生遗憾。

1950年6月25日　台北士林官邸

蒋介石目光呆滞，味同嚼蜡地吃着早餐。他已不知道他还能吃几顿早餐了。六十万残兵和几百万难民一起跟他仓皇逃到台湾，小小的台湾立刻物价飞涨、百物奇缺，美国要"弃台"和解放军要进攻的消息，更使本已一片混乱的台湾更加风雨飘摇。

人心已经崩溃了，达官显贵们纷纷外逃。一级上将刘峙竟跑到菲律宾去当了华文小学教师！败逃到海岛上的士兵衣衫褴褛，肚子都吃不饱，亲人全在大陆，军心一片浮动，真正的作战计划都是如何缴枪逃命。

蒋介石有气无力地动了动汤勺，舀着半勺鸡汤不动了。他已不知还能做些什么。他已下令封闭全岛，任何人没有特许不得离岛半步。他已下定死在台湾岛的决心，要完蛋就一起都完蛋！他能做的实事已经全做了，该吹的牛也吹过了，现在只能坐等末日的来临。他的情报人员告诉他解放军正加紧筹建空海军，已在华中腹地和华南沿海修复了几十个机场，至少有四百架苏联援助的战斗机可以投入渡海作战，还在香港、澳门加紧购买各式船只、登陆艇，沿江沿海的造船厂则日夜开工。

蒋介石心里很清楚他最后的结局,他得出了和麦克阿瑟完全相同的结论。十天以前,麦克阿瑟向杜鲁门提出备忘录,指出台湾将在一个月内被中共占领。蒋介石知道只要解放军一进攻,台湾立刻就是一堆劈柴。但他还没有绝望,他坚信只要再撑一天,再多撑一天,再多一天……美国人就会伸手救他的。他不相信国务卿艾奇逊的话:"台湾在美国国防圈外!"虽然美国人只派了一名大使馆秘书到台湾,虽然美国人给他的所有外交文件都吝啬得只肯称其为备忘录,连"照会"这个词都舍不得用。不,他还是不相信,他太了解那些贪婪的美国人了,他们口里说的一套,做的又是一套!他知道美国人虽然对他蒋某人已经不感兴趣,但他们对台湾感兴趣。

情报已经告诉他,以麦克阿瑟为首的美军将领和以杜勒斯为首的美国政府鹰派们早已决定"保卫台湾",只是何时出兵尚待借口,麦克阿瑟在那份备忘录中已以美国远东最高司令的名义指出不让共产党占领台湾的重要意义。

你美国人要"保卫"中华民国的台湾却不通过蒋某人,娘希匹,这可能吗?这就是我的牌!你美国人可以用台湾做美国人的文章,我蒋某人也可以用台湾做我蒋某人的文章,那一天我们就又可以相互利用了。但是,你们再不来可就晚了……

就在老蒋茶饭不思的时候,蒋经国高喊着疯跑进来:

"爸爸!韩战爆发了!"

"天父伟大!"蒋介石罕有地失态,站起来脱口高呼。

鸡汤泼了他一身……

第二章

势如破竹

一

朝鲜大部分是山区，景色秀丽宜人，绝大部分人口和其他东亚国家的人民一样从事农业，一个个小村庄仿佛未经雕琢的璞玉，散布在绿色的田野风景线上，四周围绕着布满树林的高山，有一种让人心动的质朴无华的美。一位朝鲜作家曾动情地写道：千百年来，人们的衣食居住和风俗都没有改变，村民们一直都过着愉快的生活，从山上流下的溪水是他们中唯一走得较远的漫游者。

雨已经淅淅沥沥下了一整天，整个朝鲜中部都笼罩在如丝如雾的雨雾中，号称三千里锦绣江山的朝鲜更显美丽。它本就是一个田园诗般的国家，谁也没有想到，这般美丽的景色中已潜伏着一场将要历时三年、夺走几百万人生命、注定要改变世界格局的战争。

入夜的时候，雨转大了。后来无论谁提到那场战争，首先都会提到这场豪雨。

雨越下越大，雷电轰鸣声不绝于耳。就在这时，瓢泼大雨中突然闪出一片橘红色的火花，紧接着就是巨大的爆炸声。

那是炮火！

瞬间，枪炮声就响成一片，大群大群湿淋淋的军绿色身影在火光中闪动，坦克履带将泥土卷得四处飞溅，各种火炮不断喷钢吐火，无数条飞旋的弹道将夜空映得通红，战争仿佛电流一般顷刻激活了三八线。从翁津半岛开始，战线随着信号弹延伸，一个小时后，三八线沿线各处都在激战中。

1950 年 6 月 25 日拂晓，朝鲜战争爆发了！

谁打响的第一枪是再也无人说得清楚了。南北双方都说是对方先开的火，各方有关的档案至今都没有解密。更奇怪的是，以后双方各自的盟友又都有人说是自己一方先挑起了战争。赫鲁晓夫在回忆录中说："北朝鲜人想用刺刀尖捅一下南朝鲜，金日成说这一捅会在南朝鲜内部引发一场爆炸！"

赫鲁晓夫甚至说连毛泽东都知道朝鲜的开战意图并支持金日成发动战争，但连美国人都认为这不可能。他们说毛泽东此刻最怕朝鲜打起来，影响中国收复台湾的计划。而甚至在战争进行中，就有美国著名记者报道是李承晚先挑衅，因为他要借战争拖美国人下水，夺回自己在国内政坛上已经失去的权力。纷纭繁杂的史料万花迷眼，但人们都肯定地说，那是一场在美苏"冷战"背景下南北方都想要的战争。

战争爆发的真相永远都没人弄得清了。人们唯一确知的是，战争爆发七天前，外号"不祥之鸟"、走到哪里哪里就会发生战争和动乱的美国国务卿杜勒斯（此时任杜鲁门的外交顾问）亲临三八线，审定了南朝鲜的北进计划，并留下了一张以后传遍全世界、被朝鲜作为罪证的照片。

"不祥之鸟"美国国务卿杜勒斯审定"北进计划"

只是，照片上正全神贯注研究朝鲜军用地图的杜勒斯怎么也没有想到，这场被美国人认为会很快结束的战争竟会延续三年，最后以美国抛尸五万屈辱求和、打了建国以来第一场败战而告终！杜勒斯更不会知道，这场战争还将使他最仇恨的共产党中国以在邻国的土地上击败十六国联军的最简洁方式洗刷了百年国耻，并通过战争胜利这种最无可置疑的手段宣告了一个新的强国在世界舞台上的崛起。

二

  战争爆发第二天，在维维安农场吃了兄弟准备的一场家宴后，被麦克阿瑟称为"密苏里乡下佬"的美国总统杜鲁门立即赶回华盛顿，欣喜若狂地命令美国海军第七舰队开赴台湾海峡，阻止中国军队进攻台湾。紧接着，矮胖的杜鲁门微笑着来到白宫新闻发布厅发布了一项声明。这项声明是如此出尔反尔，以至于中国共产党从此失去了对美国政府哪怕一丝一毫的信任；而它的逻辑又是如此荒谬，以致许多美国人自己都为之摇头，中国人干脆称它是"20世纪世界外交史上最无耻的声明"。

  中国人的指责一点也不过分，因为就是希特勒也不敢像杜鲁门那么干。杜鲁门昭告全世界：因为朝鲜爆发内战，美国要出兵侵占中国台湾。

  杜鲁门对世界各国记者说："……我已命令美国的海空部队给予朝鲜政府部队以掩护及支持。

  "对朝鲜的攻击已无可怀疑地说明，共产主义已不限于使用颠覆手段来征服独立国家，而且会立即使用武装的进攻与战争。

  "因此我已命令第七舰队阻止对台湾的任何进攻。作为这一行动的应有结果，我已要求台湾的中国政府停止对大陆的一切应有攻击。第七舰队将监督此事的实行。台湾未来地位的决定必须等待太平洋安全的恢复、对日和约的签订或经由联合国的考虑。"

  在这份厚颜无耻的声明中，杜鲁门为显示公正，表示将阻止蒋介石对大陆的攻击，此举又狠狠恶心了一下愤怒至极的中国共产党人——穷途末路的蒋介石有能力攻击大陆吗？

  就这样，杜鲁门以朝鲜内战为借口完成了美国鹰派们蓄谋已久的战略策划，一夜之间完全否认了台湾是中国领土这一国际公认的事实，推翻了"二战"中一切有关台湾问题的国际文件，违背了他几天前还信誓旦旦不介入台湾问题的亲口承诺，无耻到让人瞠目结舌的程度。连当代美国陆军权威历史学家、曾亲自参加了朝鲜战争的贝文·亚历山大都承认美国的邪恶："不论我们要做什么，不论这件事有多么严酷，多么不公正，或多么前后矛盾，却总要设法披上一件合法的外衣。杜鲁门关于台湾的声明可能是由艾奇逊代为捉刀，堪称这种类型的大手笔……（中国共产党人）也不理解美国有何必要来为伤害他国人民制造合法的口实。在这种情况下，共产党中国的领袖们一定会感到，他们所面对的国家是一个既无信用又不可靠的国家。难道这还有什么奇怪吗？本来红色中国就没有派出过一兵一卒，中国共产党政府也没有说过一句威胁的话，然而共产党中国却被扣上了侵略者的帽子，而且第七舰队又被安插到中国大陆与台湾省之间。……（红色中国人）把它看作对中国主权的直接挑衅，并且担心，这只是美国帮助国民党阴谋夺回大陆的第一步。"

从此，台湾开始成为中国肌体上久久不能愈合的溃疡。而中国人也开始对美国人刻骨仇恨，当时机成熟时，他们是会毫不犹豫地向美国人报复的。

杜鲁门此举也犯下了他政治生涯中的最大错误，当美国陆军惨败在中国陆军手下后，他本人将因他这个愚蠢的决定而被迫结束他的政治生涯并从此黯淡无光。而在中国，杜鲁门将因成为中国政治家们最痛恨的美国总统而声名远播。他是如此闻名遐迩，以至于不久后中国人民志愿军的那些农民士兵将他唱进了许多战地小调，把他比作臭虫和各国士兵们都讨厌的东西——虱子！而在中国国内，在中国共产党马上就要开展的爱国卫生运动中，连目不识丁的老人在追打苍蝇蚊子时也拗口地喊道："打死你这个杜鲁门！"中国的孩童唱的儿歌则是"老虎不吃人，专吃杜鲁门……"

三

杜鲁门发表侵台声明第三天深夜，一辆黑色轿车悄无声息地驶入中南海。坐在车中的是新中国成立初期那批"将军大使"之一的柴成文。

中央已内定柴成文为驻民主德国大使。

这一段时间，柴成文正为学习那些烦琐的外交礼节头痛不已，每当想起毛泽东召见他们这些临时改行的军人外交家时所说的话，他就不禁莞尔。毛泽东笑哈哈地对被西服弄得浑身不自在的大使们说："派你们出去至少有一点可以放心，你们不会跑啰！"

"总理这么晚还召见我，估计是要交代出使民主德国的任务了。"柴成文暗自思忖。

西花厅到了，这是总理办公室的客厅，也是一个小会议室，陈设极其简朴，一条长桌边摆着罩了布套的靠背软椅，墙上挂着中国地图和世界地图。

惯于夜间工作的周恩来戴着两只袖套从办公室走出来，一开口就让柴成文吃了一惊："朝鲜打起来了，美国杜鲁门政府不仅宣布派兵入侵朝鲜、侵略台湾，而且对进一步侵略亚洲做了全面部署，他们把朝鲜问题同台湾联结在一起，同远东问题联结在一起。所以我们需要派人同金日成同志保持联系。倪志亮大使还在武汉养病，一时去不了，现在要你带几个军事干部先去。"

对别人的人格极为尊重的周恩来询问柴成文："你有什么意见没有？"

戎马二十年的柴成文以标准的军人语言回答："坚决服从组织决定。"

在接受一系列指示后，柴成文询问了一个敏感问题：

"据说朝鲜人民军里有一个苏联顾问团，苏联驻朝大使史蒂科夫是总顾问，工作中总会有接触，对待他们应持什么态度？"

周恩来毫不犹豫地回答："他们如何对待你们，你们就如何对待他们。"

不久，以柴成文代办为首的中国驻朝大使馆成员抵达平壤，当即受到金日成接见。是年，金日成三十八岁，正是年富力强的时候，胜利的喜悦使这位朝鲜领袖更加神采焕发。

双方寒暄　阵后，金日成告诉柴成文："朝鲜战争爆发后，我就曾请周总理派军事干部来这里，你来了，很好，欢迎你！感谢毛主席、周总理发表的谈话，义正词严，态度明朗，这是对我们的鼓舞和声援。"

柴成文随即转达中国党和政府对朝鲜人民过去对中国人民的援助的感谢，特别提到了临行前周总理讲的1947年南满解放军大批家属撤退到朝鲜北部时，给朝鲜人民增加了很大麻烦一事。

金日成爽朗地笑了笑："那是我们应该做的，只是因为我们刚解放，我们的同志也不会安排，让一些同志吃了苦。"

双方会谈融洽诚恳，充满了同志间的信任。

最后，金日成告诉柴成文："有事随时找我，我将指定总政治局副局长徐辉与你们联络，定期向你们介绍战场情况。"又当即命令通信兵为柴成文架设一部直通电话。至此，中朝两党和领导人之间便架起了一条快速便捷的信息通道。正事谈完，金日成设宴款待柴成文，柴成文将周恩来特意准备的礼物——一件貂皮筒子大衣交给金日成，金日成双手接过大衣连声道："请向周恩来同志转达我的谢意！"

当日，中国大使馆开始工作，大批朝鲜战场的军事情报从周恩来精心架设的红色通道开始源源不断地发回中国……

四

在美国纽约长岛成功湖畔，有一片面积十八英亩的土地。这片位于美国疆域经济政治中心的土地却不属于美国，并且也不属于任何国家。从1946年起，这里成为联合国总部永久驻地。

联合国总部门口，一排排旗杆上飘扬着五彩缤纷的各会员国国旗。1950年6月25日，这些旗帜中的一面分外刺眼，那是被中国人民称为"狗牙旗"的"中华民国"国旗兼中国国民党党旗。这面旗帜让人如此生厌，以至于苏联驻联合国代表马立克从当年的1月13日就拒绝出席任何联合国会议，他要以此抗议蒋介石的"中华民国"继续窃据新生的中华人民共和国在联合国的席位。

大错就此铸成。

趁苏联代表不在，无人反对，在世界上第一个提出"联合国"设想的挪威人赖伊——联合国首任秘书长——违规操作，听任美国操纵主持了安理会。结果，"谴责北朝鲜侵略行为"的当年第八十三号决议顺利地通过了。这个决议可笑地违反了国际常识，因为世界公认一国内战只有革命与反革命之分，还从没有国内一部分人民侵略另一部分人民的说法。

两天后，苏联代表错上加错，竟然又不到会，第八十四号决议案又通过了。决议要求"联合国各会员国向大韩民国提供为击退武装进攻并恢复该地区和平与安全所必需的援助"。

如果说第八十三号决议可笑，那么第八十四号决议就是可耻了，它彻底违反了联合国不得干涉各国内政的《联合国宪章》，开始给美国的侵略战争披上了一件合法的外衣。会后，赖伊又立即电告各成员国，询问他们打算为武装干涉朝鲜提供什么援助。首任联合国秘书长赖伊成了美国人最得力的帮凶。

其实这并不奇怪，赖伊的祖国挪威在北欧，而北欧诸国对苏联都有一种根深蒂固的厌恶感。挪威在"二战"中又被德国人打得千疮百孔，现在也得靠美国"马歇尔计划"的经援过日子呢。赖伊可不敢忘记自己是挪威人！美国就这样将"联合国军"这件最漂亮的战袍披在自己的身上了。

从此杜鲁门就铜口铁牙、振振有词地称朝鲜战争为"警察行动"，他开创了一个被以后各届美国总统都遵循的先例——避免让美国国会宣战，使美国陷入整体战争的危局，而尽可能地拉联合国当虎皮，用盟友当枪杆。

以后中国参战，越是打得杜鲁门鼻青脸肿，他就越是高呼"在朝鲜进行的是联合国授权的警察行动"，甚至美国人自己都讽刺他像把脑袋埋进沙子的鸵鸟一样可笑。

7月7日，安理会上还是看不见不可理喻的苏联代表马立克的身影。老谋深算、诡计多端的英国人推测，马立克不到会行使否决权是斯大林的策略，他要借此机会彻底将中国和朝鲜隔绝于铁幕之后，斩断它们与其他国家的联系，使之除了依附苏联之外无路可走！或许这是干了太多此类阴险勾当的英国佬以小人之心度君子之腹，那就姑妄听之吧。不过，斯大林为此大骂了马立克倒是真的，苏联的外交家和历史学家们也公认这是苏联的重大外交失策。

由于拥有否决权的苏联不在场，安理会又通过了以"联合国军"名义让美英等国军队到朝鲜作战的决议。美国的小兄弟们为捞取美国经援，纷纷赤膊上阵，英法等另外十五个国家同意派出战斗部队参战，还有印度等四个国家要派出医疗队进行卫勤保障。麦克阿瑟又升官了，他当上了第一位"联合国军"司令官。他这官位算是顶天了，地球上已不可能有比他的职位更高的军事指挥人员了。只是，这位只听命于美国政府的"联合国军"司令官目前的日子并不太好过。朝鲜人民军在击退了南朝鲜军的挑衅后大举南下，兵锋势如破竹，攻势锐不可当，麦克阿瑟派遣的美军顾问们一手训练出来的南朝鲜军一败涂地，开战三天就把首都汉城给丢了！

五

美国《生活》杂志记者传神地描绘了麦克阿瑟得知朝鲜战争爆发后的精

神状态：

"麦克阿瑟精神抖擞，两眼闪闪发光，就像我看见过的高烧病人的面孔。"

他兴奋极了，战争，除了战争，还有什么更能体现麦克阿瑟的价值、更能让他越来越强的虚荣心得到满足、更能让他的表演欲得到发泄呢？

战争爆发十二个小时后，麦克阿瑟叼着烟斗、跷着二郎腿告诉杜勒斯："如果华盛顿对我不碍手碍脚的话，我可以把一只手绑到背后，只要用一只手就可以对付。"

接着，麦克阿瑟又开始了习惯性的踱步演讲，老奸巨猾的杜勒斯不动声色，内心却得出结论："一头让人捉摸不定的、狂妄的、难以驾驭的公牛。"

麦克阿瑟孤芳自赏的表演没有赢得杜勒斯的好感。回到华盛顿后，杜勒斯立即向杜鲁门建议撤掉那家伙的职务，他预感到麦克阿瑟会带来大麻烦的。杜鲁门深有同感，可他怎么敢呢？

就在麦克阿瑟妄自尊大的时候，朝鲜人民军已如决堤洪水般冲垮南朝鲜军一道又一道防线，李承晚决定迁都逃命了！

哪支军队能自称"亚洲之雄"呢？给三个答案恐怕也轮不到南朝鲜军队。直到"八一五"日本投降，这支军队中的绝大部分军官还挎着日本军刀呢！连日本人都承认南朝鲜军队的人员构成极为复杂：有从日本陆军士官学校毕业的，有出身日军志愿兵的，有些则是日军学员兵出身。以上总称为日本派。其中从日本陆军士官学校毕业的刘升烈、蔡秉德等七八个人是南朝鲜军队中的核心力量。此外，还有像白善烨等出身伪满洲国的将军等。下级的一般官兵有应征在日军中服过役的，有原来日据时期的警察，大部分军士都是应征在日军中当过兵的人。北朝鲜骂这支军队是支"朝奸"军队是一点儿也没错的。但这支由朝奸当骨干、以强拉的壮丁组成的军队，偏偏当仁不让地给自己戴上了"亚洲之雄"这顶帽子，更奇怪的是连一手将他们训练出来的美国人都这样认为。

与南朝鲜军队毫无理由的自大相比，是他们更加危险地低估了人民军的力量。是时，朝鲜人民军野战部队共编有十个步兵师、一个坦克旅和一个摩托团，兵力虽然不多，却是一支装备现代化、斗志高昂的精锐之师。据日本人说，人民军的骨干是金日成从苏联带回来的五百名抗日老战士，以后又补充进了大批从中国战场归国的人员和自己培训出来的职业军官。

日本史料称，人民军最早组建的主力步兵一师中的一个团全是中国归国战士，其军官大部分是中国人民解放军的归国军官。此外，二师师长崔贤少将、参谋长许波上校，三师参谋长张平山少将，六师师长方虎山少将，七师师长崔仁少将，十六团团长崔仁德上校都出身于中国共产党的八路军。而第五、第六两个主力师就是从中国人民解放军编制中神秘消失的一六四师和一六六师，第七师则是由中国军队四个师中的朝鲜人回国集中编成。第十师、第十三师也是由中国东北回国的部队为基础编成的。

　　日本人还称，在人民军担任进攻任务的七个师中，有三分之一的兵员是经历过抗日战争和中国解放战争的老兵，还有许多曾与金日成一起在苏军中服过役的老游击队员。毫无疑问，在政治素质上朝鲜人民军占据了绝对优势，绝非南朝鲜军可比。在军事素质上人民军也大占上风，其中高级军官几乎都在战场上度过了整个青年时代，连大多数兵员都在烽火连天的中国抗日战场和解放战争战场上接受过实战锻炼。这样，虽然人民军只是一支建军时间不长、人数仅有十三万五千人的新军，却称得上是一支从上到下都有丰富实战经验和高度凝聚力的老部队。而且建军后它又受到了苏联军官的严格训练。这样一支军队是谁都不敢轻视的，但美国人和南朝鲜军却无知地称它为"金日成的泥腿子村夫部队""乌合之众"，以这样狂妄自大、既不知彼又不知己的心态去投入战争，南朝鲜焉有不败之理？更何况金日成手上还有一张真正的王牌——在当年曾横扫过整个欧陆战场的秘密武器呢？

　　在击退了南朝鲜军进攻后，人民军立刻转入全线拉开的大反攻。

　　6月25日清晨。南朝鲜十二团的五名美军顾问之一，约瑟夫·达里格上尉被射向办公室的枪炮惊醒，他连鞋子都没顾得上穿就开着吉普车逃到开城的大街上。盛产人参的开城是朝鲜古都，类似中国的西安，其战略地位极其重要，这里是北方通往汉城的必经之地。开城制高点松岳山位于三八线以北，人民军六师一个团从山上蜂拥而下，对开城正面发起了进攻，达里格上尉就是被从松岳山上传过来的枪炮声吓醒的。

　　到哪儿去呢？

　　上尉想了想，决定立刻撤向汉城。另四名顾问昨天都到汉城开会去了，赶紧会合同仁再说。至于十二团，让他们先打着吧。

　　达里格上尉下了决心后立刻将吉普车开向汉城。

达里格上尉的决断是正确的，他刚到开城南郊通往汉城的路口，背后的开城火车站方向就射过来一阵密集的弹雨。上尉吃惊地扭过头，两个到三个营的北朝鲜人正从火车站涌出来。

这是不可能的事！京义铁路早在三八线处被拆毁了，北朝鲜军队怎么可能坐火车跑到开城的背后来！

吓呆了的上尉猛轰油门，总算捡了条命。据守开城的南朝鲜十二团在前后夹击下自然全军覆没，逃掉的只有团长和两个连。开城立刻落入人民军之手。

人民军确实是坐火车来的，六师师长方虎山少将出身八路军，对中国军队出其不意的战术自是烂熟于心。方虎山在攻击之前搞了一个胆大包天的计划，他悄悄命人秘密修好了京（汉城）义（新义州，位于中朝边境）铁路在三八线段被破坏的路轨。进攻发起后，他用一个团从松岳山正面攻击牵制住了南朝鲜十二团主力，另一个团则直接乘火车向南突进到开城车站，一下就打了个南朝鲜军措手不及，极其顺利地完成了第一步进攻计划。

让南朝鲜军魂飞胆寒的地点不止开城一处。人民军的进攻使南朝鲜军前线部队几乎顷刻间就陷入了崩溃状况，因为人民军拿出了秘密武器——一百五十辆T-34坦克！

六

第二次世界大战是坦克和飞机的战争，坦克在地面战场的决定性地位早已被无数战斗所证明，这个集防护力、火力、机动力于一身的装甲怪物是"二战"的"骄子"。而T-34更是"骄子"中的明星。苏军就是靠它赢得了战争的胜利。

这种1940年定型的坦克是世界公认的现代坦克先驱，大号"莫斯科保护神"。连T-34的敌人都承认，它是"二战"中最优秀的坦克。

"二战"后，苏军对其进行了改进加强，主炮换装成一门八五线膛炮，炮塔前部装甲加厚到九十毫米，防护力和火力都堪称当时的"超一流"。苏联军队更是公认的坦克战术大师。深受苏军影响的朝鲜人民军自然把眼光投向了这种能主宰地面战场的武器。在朝鲜人民军中编有一个装甲旅和一个独立装甲团，共有一百五十辆 T-34 坦克。这两支装甲部队的大部分人员都是从苏联回国的坦克兵，尤其独立装甲团的成员都是毕业于苏联哈巴罗夫斯克坦克学校的朝裔苏联人。这批不会讲朝鲜语的坦克兵被称为"苏朝人"，个个训练有素，而且都在苏德战场上磨炼出了非凡身手。不过连人民军和苏联人都没想到，这区区一百五十辆坦克竟在朝鲜战争初期起了决定性作用，美国的军事专家们更是被打得目瞪口呆。

朝鲜战争开局时，双方装甲力量对比是彻底失衡的。由于美国顾问的愚蠢，南朝鲜军连一辆坦克都没有。战前南朝鲜军曾多次要求美国人提供坦克，但美国人武断地认为"南朝鲜的地形道路网特别是桥梁不适于使用坦克"，拒绝了南朝鲜军的要求。

当南朝鲜军侦察到人民军已装备 T-34 后，南朝鲜"国防部长"申性模再次要求得到一百九十三辆美制 M-26 中型坦克，美国人却主观臆想"人民军的坦克是'二战'日军的老坦克"，最后给南朝鲜军装备了一百四十门五十七毫米反坦克炮和一千九百具火箭筒了事。

战争一开始，美国人就知道犯了天大的错误。金日成将一〇五装甲旅的三个坦克团分别配属在向汉城进攻的三个师中，沿着通往汉城的各条公路突击前进，这一百二十辆坦克立即成为人民军地面进攻力量的核心。

面对隆隆开来的 T-34，南朝鲜士兵震惊万分，那钢铁怪物刀枪不入，五十七毫米反坦克炮弹打上 T-34 的钢甲后就被弹飞，火箭筒更是毫无作用；相反，T-34 的大炮和两挺机枪倒是不断喷吐出伤人夺命的火舌，将反坦克手打得前仰后合。

后来，西方史料纷纷用"泰然自若"这个词来形容遭受攻击的 T-34，而对南朝鲜军的描写则是——"南朝鲜兵从道路两侧的山上，无能为力地俯视着在眼前的道路上勇往直前的初次见到的坦克"。

少数勇敢的南朝鲜兵组成爆破组，拼命冲近 T-34 试图炸毁坦克履带，这种战术的结果可想而知。

当这少数勇敢者像朝坦克发起冲锋的波兰骑兵一样被打死之后，南朝鲜部队就开始溃散了，一时间，T-34 在朝鲜战场竟像德国坦克在"二战"初期的西欧战场上一样横冲直撞，成了决定性的力量。

《韩国的动乱》一书做了血腥的描写："国军的青年官兵为阻止可怕的

苏制坦克的前进，进行了肉搏攻击。但是，坦克中的野兽们却一边听着用履带压碎同胞骨肉的声音，一面向汉城突进。坦克乘员是不懂朝语的朝鲜人。"

在东豆川，得到数十门火炮和坦克支援的人民军十六团在原中国军队团长崔仁德上校率领下一举突破了南朝鲜军第三团的防线，开战第一天就突进了八公里。

直通汉城的"议政府走廊"是多山的朝鲜少有的一块平原走廊，说是平原，其实宽度也只有五百米到一千米，但这几乎已是朝鲜最适合展开坦克进攻的地段。金日成将最精锐的第三师和一〇九坦克团放在这里向汉城冲击，在师长李英镐少将和八路军出身的参谋长张平山上校率领下，三师仅仅一天就突进南朝鲜军纵深十公里，当夜即进到通往汉城最关键的抱川公路。

只有东线的南朝鲜军六师在春川暂时顶住了人民军二师的进攻。

南朝鲜六师师长金钟五上校是南朝鲜军队中一员相当能打的将领，他接手六师的时间只有四个月。在此之前，六师在南朝鲜军队中以战斗力差和军心不稳而闻名。一年前这个师一下子就跑了两个营投奔金日成，半年前师部高级副官宋少校又因准备"叛乱"而遭揭发。只是南北双方都没有料到，战争开局，南朝鲜军队竟是这个师表现最好，金钟五的指挥能力由此可见。金钟五在战前数日已嗅出了不祥的味道，他下令所有官兵禁止外出休假，齐装满员进入阵地，提前做好了作战准备。

春川地形易守难攻。据说春川是朝鲜最美丽的城市，号称"朝鲜的京都"。可是最美丽的城市多半是些山城，这里无法使用坦克，人民军只能使用步兵攻击。南朝鲜军利用城市周围山头上的钢筋混凝工事死战不退，一次又一次打退了人民军二师的进攻。二师两个主官师长崔贤少将和参谋长许波上校都是中国八路军出身，这两名能征善战的将领率部攻击一天却寸土未进。

但是，南朝鲜军六师也仅仅在春川守了两天，人民军二军军长金光侠中将已调回了正势如破竹南进的七师掉头夹击春川。

在开战第一天，人民军向南突进最远的就是七师，西方史料说这个师的一万二千名官兵全部在中国军队中当过兵，师长是八路军出身的崔仁少将。这支从中国回来的锐旅在开战当日就差点攻到三八线以南近三十公里的洪川，如果他们继续攻下防守薄弱的洪川，金钟五就成了瓮中之鳖。

紧要关头，因为二师攻击失利，金光侠中将只好命令七师掉头回攻春川，与二师一起夹击南朝鲜六师。

虽然春川终于被夺下来了，但南朝鲜六师却趁机逃到了洪川南侧的阻击阵地，还掩护了在东海岸被打垮后退下来的南朝鲜八师。此役后，南朝鲜军六师从此号称"春川的磐石"，被誉为"显赫的六师"。应该说，金光侠中将召回七师是个错误，不久后，他因此受到了金日成的惩罚。

日本人说："人民军总的作战方案是金光侠军长战前任人民军作战局局长时制定的，所以，这个方案的成效，即由春川突进的成败，是军长最关心的问题。"

二十六日拂晓，汉城已经开始听到炮声，街头到处是从前线逃回来的溃兵、伤员和难民，他们四处惊叫："坦克！坦克！可怕的坦克开过来了，我们没有坦克！"

在粉饰了仅仅一天的太平之后，南朝鲜军大败的消息就隐瞒不住了。战争的第二天，前线的败报终于在汉城的居民中传开，南朝鲜总统李承晚和毕业于日本陆军士官学校第四十九期的南朝鲜军总参谋长蔡秉德上将已经被打得要迁都了。

汉城居民们惊恐万分，纷纷准备加入街头难民的行列。接着，老百姓们开始直接感受到战争了——人民军的几架战斗机飞临汉城扫射了总统府。一名南朝鲜空军飞行员驾驶没有武器的教练机升空，在汉城市民注视卜撞向人民军的一架苏制雅克战斗机，与其同归于尽。

这时，汉城的门户——议政府已经被人民军突破了，大批南朝鲜军潮水般溃向汉城。首批到达战场的记者之一，伦敦《每日快报》记者西德尼·史密斯传神地描绘出了南朝鲜军队的狼狈：

"我看见一些卡车上的高级指挥官坐在士兵中间，戴着雪白的手套，一只手握着佩剑，另一只手擎着树枝做雨伞。离奇的现象到处可见：一些南朝鲜人在前线骑着军马逃跑，牲口被枪炮声吓得挣脱缰绳或者扬蹄踣脚；南朝鲜士兵用枪逼着老百姓脱下衣服，穿在自己身上遮住军服，以便混杂在逃难的人流之中，军官则站在一边无动于衷。

"但是，前线的美国军事顾问们偶尔也用无线电发回振奋人心的报告。南朝鲜部队在议政府附近的几个营正在组织反击。少数韩国部队依据坚固的阵地，已经设法阻遏了北朝鲜的进攻。预备队正奔赴前线，按照预定的计划，正在破坏道路和桥梁。韩国陆军能否顶得住以便重整旗鼓，或者根据美国顾问一再坚持的方案，使美国来得及派遣作战部队援救他们，这还是个谜。"

七

在一片惊恐中，美国驻南朝鲜大使穆乔来到了总统府。虽然对"吹毛求疵，反复无常"的李承晚很了解，但穆乔还是被李承晚的贪生怕死惊住了。军队还在前线抵抗，总统先生已经决定要逃跑了。

李承晚要逃跑的理由很充分，他说一旦自己被俘，他毕生为之奋斗的朝鲜独立事业就会化为泡影！

李承晚的这个借口真是冠冕堂皇得令美国人都叹为观止。

穆乔后来回忆："我一抵达，李总统就对我说，内阁刚刚开过会，认为如果他落入共产党之手，对于朝鲜的事业将是一场灾难。"

震惊的穆乔虽然极为鄙视这个怕死的傀儡，却不得不用他稳住军心。穆乔费尽心机先大吹了一顿李承晚的军队如何英勇——连一支放弃抵抗的部队都没有——后来连穆乔自己都承认这是在夸大其词。

为了达到让李承晚留在汉城的目的，穆乔软硬兼施，哀求哄骗全用上了。

他表示理解李承晚的想法："在这个世界上，最糟糕的事莫过于落入共产党之手。我们面临棘手的时间问题，也就是尽可能留在汉城，以激励我们的部队，同时不要被敌人掳去。"可穆乔关于不要被共产党掳去的高论起到的效果显然适得其反，李承晚闻言浑身乱抖，逃跑的决心更坚定了。

穆乔只好拉下脸皮告诫李承晚，如果你敢跑，消息一传开，就不会有一个南朝鲜士兵抵抗朝鲜的进攻。

穆乔又错了。靠投机钻营和阴谋诡计起家的李承晚给日本人当朝奸的事都干过，南朝鲜的安危又怎会真放在他心上？这世界上真正重要的只有李承晚自己的利益和安全，大不了再到美国当流亡总统嘛！反正流亡总统也当惯了。

穆乔说得白沫横流，李承晚却执意不从。穆乔的耐心终于到了极限，他用极蔑视的口气告诉李承晚："要走你走，你自己拿主意，反正我不走！"

被震慑住了的李承晚只好可怜巴巴地答应当晚不走。

因为取得了论战胜利而兴高采烈的穆乔离开总统府后，又兴冲冲跑到汉城中央广播电台发表了安慰人心的讲话。等他忙到深夜回到大使馆时，一个坏消息惊得穆乔半天说不出话——27日凌晨2点，李承晚偷偷坐专列带着大批金银财宝和几名亲信往大田方向逃跑了，而这时离开战还不到五十小时！那一刻，穆乔脾气再好，怕也要咬牙切齿骂一句"狗崽子"的。

严格地说，李承晚此刻已经没有资格当南朝鲜"总统"了，他逃跑一个小时后，南朝鲜内阁才召开"非常国务会议"，决定迁都水原。"国防部"更吵得一塌糊涂。"国防部长"申性模、"总参谋长"蔡秉德主张放弃汉城，一批少壮派将领则坚决反对。吵闹一番后，申性模、蔡秉德害怕承担"弃都"的责任，只好同意打打再看。

27日是汉城最悲惨的一天，这天早晨6点，惶惶不安的汉城市民惊恐地听到广播："敌人已侵入汉城郊外，政府和国会将临时迁往水原。"汉城立刻就混乱了，上百万难民蜂拥奔向火车站。可铁路老早就瘫痪了。这些人只好或者徒步，或者用自行车、货车、牛车、汽车带着可以带走的行李通过汉江桥南下，汉城的公路立刻就堵塞得水泄不通。后来据统计，这一天逃出汉城的难民达四十多万！陪伴这些可怜难民的除了惊恐之外，只有北面越来越近的炮声。

从清早开始，人民军以坦克为前导，沿着议政府至汉城公路猛烈突进，南朝鲜士兵徒劳无功地从两侧山上向T-34扔去不痛不痒的爆炸物，T-34则掉转炮口，反将南朝鲜军爆破手炸得四分五裂。

面对越来越近的T-34，南朝鲜军事首脑们的意志崩溃了，他们在早晨就将"国防部"迁到了汉城以南七英里的始兴里。始兴里与汉城之间有汉江相隔，这多少让南朝鲜军事首脑们有了一些安全感。他们逃得如此匆忙，以至于把美国人都丢下不管了，美国驻南朝鲜军事顾问团司令官赖特上校甚至连撤离通知都没拿到。

当终于明白过来的赖特也准备坐上吉普车逃掉时，车载无线电收到了从东京美国远东司令部直接发来的电讯：

麦克阿瑟个人致赖特："回到你们原来的地方，重要决定即将做出。不要懊丧。"

美国参战了！

八

在赖特上校收到电讯时，四架美国远东空军F-82喷气战斗机将三架人民军雅克3螺旋桨战斗机击落在金浦和水原上空，晚些时候，F-82又击落了四架雅克，结果一天之内，美国战斗机就打掉了人民军空军战斗力量的六分之一，据说这是F-82这种过渡时期的战斗机第一次也是唯一一次取得空战战果。当击落第一架雅克式的消息传回华盛顿时，杜鲁门笑着说："我希望这不是最后一架。"

麦克阿瑟终于得到了梦寐以求的战争。

在送回国的杜勒斯到机场时，麦克阿瑟的机要参谋匆匆赶到，请他立刻回司令部参加参联会电传打字机会议（类似今天的电话会）。从不把华盛顿放在眼里的麦克阿瑟极不耐烦："告诉他们，我正忙着为杜勒斯大使送行呢。如果我赶不回去，就让我的参谋长与他们通话好了。"

可巧这时杜勒斯所乘飞机又坏了，至少要三个小时才能修好，无奈的参谋只好偷偷与机场经理和杜勒斯耳语一番，一会儿机场播音室通知乘客登机，多情的麦克阿瑟将杜勒斯送上飞机，再次热情话别后，才驱车返回司令部参加会议。麦走后，杜勒斯立即走下飞机，跑到贵宾室等待飞机修好。

麦克阿瑟回到司令部后就收到了杜鲁门的指示："动用海空力量支援撤退的南朝鲜部队。"

"为什么不动用陆军？"这是麦克阿瑟收到杜鲁门指示后的第一反应。

虽然心有不甘，但麦克阿瑟还是"眉飞色舞，得意扬扬"地命令第五航空队司令帕特里奇："运用一切可供支配的手段，狠狠揍朝鲜人，让他们尝尝美国空军的厉害。"

麦克阿瑟恨不得立刻就让远东空军往朝鲜倾泻炸弹，他告诉帕特里奇："就现在，立刻！用猛烈的轰击，让朝鲜人在他们今天晚上的餐桌上，就能尝到我们美国空军的味道！"

空军的大规模行动可不是那么简单的事，26日一整天远东空军都被战场侦察、燃料、弹药这些必不可少的琐事缠住了手脚。27日，轰炸机群终于出动了，但厚厚的云层遮住了目标，两批满载炸弹的轰炸机被迫折返日本。只有掩护美国侨民撤退的战斗机击落了人民军的七架雅克。

南朝鲜军等不来美国飞机，却等来了T-34。

27日下午，人民军三师九团连同三十多辆坦克一起突入到了汉城东北角，南朝鲜毫无经验的低能"国防部"惊慌失措地做出了一个极其愚蠢的决策。突进来的只是一支威胁不大的人民军小部队，南朝鲜主力二师、三师、五师、七师和首都师这些还有相当战斗力的部队都在汉城外围防线坚持抵抗，南朝鲜"国防部"却决定炸掉这些部队唯一的退路——汉江大桥。

这傻瓜般的一炸不但差点将美国驻朝军事顾问团全部送给人民军，还险些将整个"大韩民国"和南朝鲜军全部送上西天。

绰号"肥仔"的南朝鲜军总参谋长蔡秉德顾不得通知美军顾问团，就将陆军部迁到了始兴里的步兵学校，赖特拿着麦克阿瑟"不要懊丧"的电报赶过去，好说歹说才让蔡秉德等南朝鲜军首脑于当日下午6点返回了一度被抛弃的汉城。赖特怎么也没想到他劝回来了一堆瘟神。

夜里，赖特从始兴里返回汉城后，命令一部分美国顾问去休息。格林伍德中校也是奉命睡觉的人之一。格林伍德刚倒在床上，派驻南朝鲜陆军部作战局的顾问塞德贝利惊恐地打来电话："南朝鲜军要炸汉江大桥了！"

已经两天没睡觉的格林伍德吓得睡意全无。汉江桥一炸，不但南朝鲜军队主力无路可逃，连他们这些美国顾问都插翅难飞。

格林伍德匆匆忙忙跑到"陆军部"。在南朝鲜人称"悍将"、毕业于伪满洲国军官学校的作战局长金白一少将告诉他，凌晨1时30分将准时爆破汉江大桥。格林伍德急得恨不能给金白一磕头。匆忙跑回来的二师师长李亨根也哀求不要炸桥，他的部队还全在汉城市内，桥一炸他就成光杆司令了。这时下令炸桥的蔡秉德又向始兴里方向跑了，金白一经不住格林伍德和李亨根的两面夹击，只好命令副局长张昌国准将停止爆破。

张昌国急忙驱车在难民群中挤出一条路前往汉江大桥，当离大桥还有一百五十米时，张昌国目瞪口呆地看着汉江桥上闪起了一颗巨大的橙色火球，紧接着巨大的爆炸声响起，大桥上从天而降的难民残骸几乎将张昌国砸死。

十分钟后，28日凌晨2时15分，又是一声巨响，汉江桥被彻底炸毁了。

汉江大桥被炸毁时，桥上正有三列车辆和无数难民混杂南下，桥北的大道上则是排成八列等待过江的车辆和炮车，溃军和难民挤得"连身体都转不动"，这次爆炸的损失可想而知，据说最少也有五百至八百名难民、车辆、军队和两节桥梁一起飞上天空。

美国当时最负盛名的《时代》周刊的记者弗兰克·吉布尼在大桥上侥幸捡了一条命，他写道："我和我的同事坐在一辆吉普车上，用了很长时间才从被难民和车辆塞满的汉城街道上挣脱出来，然后在公路上和头上顶着包裹的难民中艰难地往前走。最后我们的吉普车终于上了大桥。在大桥上，吉普车寸步难行，前边是一队由六轮卡车组成的车队。我下了车，想看看到底是什么原因走不动，但我发现桥面上被难民挤得水泄不通，没有我下脚的地方。我回到车上等候，猛然间，天空被一大片病态似的橘黄色火团照得通亮，前面不远的地方传来一声巨大的爆炸声，我们的吉普车掀起有十五英尺高。"

连眼镜都给炸飞了的吉布尼醒来后发现自己似乎躺在屠宰场里……

爆炸声响过，汉江北岸的美军顾问团慌了，他们飞奔向汉江边，用几梭子子弹镇住了南朝鲜船工，靠几条木船逃离了汉城。连美国顾问都如此狼狈，在前线抵抗的南朝鲜军就不用说了，一直到这天上午，蒙在鼓里的南朝鲜军前线部队还在汉城外围与人民军血战，汉江大桥被炸的消息传来后，守军立刻丧失了最后的斗志，哗的一下全垮了，他们扔下阵地、火炮、枪支，争先恐后地跑到汉江边。许多人是靠游泳逃生的。一些绝望的难民甚至举家投水自尽。

所有的西方战史都认为，从汉江大桥被炸开始，南朝鲜军队的主力便以令人难以置信的速度土崩瓦解了。其原因固然是受到北朝鲜军队的强大压力，但是，自己过早地切断退路则起了决定性作用。

这样一来，战前拥有九万八千人的南朝鲜军队，在战争爆发的第四天，全部人马只剩下二万二千残兵败将，而且这两万多人几乎丢掉了所有装备。曾在议政府血战过一场的南朝鲜七师残余一千二百人的全部装备竟只有四挺机枪。现在，如果美国人不插手，南朝鲜肯定是要换旗帜了。

这天下午，人民军三师、四师和一〇五装甲旅的官兵已经遍布全汉城，以后三师和四师被金日成冠以"汉城师"的称号，装甲旅则改称"汉城第一〇五装甲旅"，至此，人民军已经攻占包括南朝鲜首都在内的汉江以北广大地区，朝鲜史称这一阶段作战为"汉城战役"，是役为人民军南征五战中的第一战。

南朝鲜一师年仅二十八岁的上校师长白善烨曾当过伪满洲国军队的军官，他以后成为南朝鲜军队第一位上将。人民军攻占汉城时，白善烨带着残部逃向汉城西北二十公里的金浦机场，准备在此南渡逃命。部队正亡命奔向汉江大堤时，天空中突然传来巨大的轰鸣声。看清了那些重型轰炸机上的白色五角星后，南朝鲜士兵欣喜若狂："美国飞机，美国飞机来救我们了！"

的确是美国飞机，但翘首以盼的南朝鲜军不但盼来了美军飞机，还盼来了飞机上装得满满当当的炸弹！

四架绰号"空中堡垒"的B-29不辨敌我，将炸弹扔到已经集结完毕、开始渡江的南朝鲜一师的头顶上，大批逃过了人民军子弹的南朝鲜士兵倒在了美国盟友的炸弹下。侥幸逃生的白善烨用尽了污言秽语，恶狠狠地诅咒了美国人后，伤心地告诉身边的参谋："不要认为美军会来救我们。正像现在所看到的，我们必须自己保卫自己。"

其实白善烨真的错了，虽然发生了令人遗憾感伤的误炸，但美国人真的来救他们了，不但飞机来了，连麦克阿瑟本人也来了。

九

29日清晨，麦克阿瑟已在飞往朝鲜水原机场的途中，陪同前往的远东空军司令斯特拉迈耶中将在飞机上要求获准攻击朝鲜机场。斯特拉迈耶中将昏了头，麦克阿瑟哪有资格下令轰炸三八线以北地区？这是杜鲁门的活计！

但麦克阿瑟就敢越俎代庖。他一面对空军中将发牢骚："如果我批准你轰炸三八线以北地区，华盛顿还不把我绞死？"一面毫不犹豫地向东京的远东空军副司令帕特里奇口授电令：

"斯特拉迈耶致远东空军副司令帕特里奇：立刻摧毁朝鲜的机场，不要声张。麦克阿瑟已批准。"

用中国俗语，麦克阿瑟这叫先将生米煮成熟饭再说。

帕特里奇立刻出动B-29越过三八线，将二十多架人民军的雅克式摧毁在朝鲜首都平壤的飞机场上。这样一来，麦克阿瑟在朝鲜战争刚打响第五天就逾越了杜鲁门政府将空军攻击范围严格控制在三八线以南的底线，擅自扩大了战争。麦克阿瑟实实在在是个战争狂，他是有意这么干的。说句实话，你若认为麦克阿瑟想挑起第三次世界大战也不为过，他在私下谈话中明明白白地暴露了内心的真实想法："如果袭击导致了同俄国人的战争，那就去打好了！"

麦克阿瑟的座机"巴丹"号很快就抵达水原机场上空，驾驶员斯托里对正顶端燃烧着两架C-54运输机的跑道落去，那两架飞机是被人民军的雅克击毁的。

"巴丹"号放下轮子时，天空中突然冒出一架雅克式。这架人民军战机正对着麦克阿瑟座机俯冲下来，机上所有人员都惊叫起来，只有麦克阿瑟冲到舷窗口兴奋至极地高叫："看，我们的飞机正在揍它！"

几架护航的P-51野马式算是救了麦克阿瑟一命。

麦克阿瑟走下飞机后抱住李承晚，温柔地安慰了饱受惊吓的南朝鲜"总统"，回头看到"脑满肠肥"的南朝鲜总参谋长蔡秉德上将时顿时心生厌恶。

"韩国部队应该有一位新的参谋长。"他直截了当地告诉李承晚。

可怜的蔡秉德立刻一落千丈，南朝鲜部队"总参谋长"几天内就沦落成美国步兵营的一名翻译官。

听完了前线战局汇报，麦克阿瑟和美军驻朝顾问团的丘奇将军等人逆着难民潮北上。他们一直跑到汉江边上的一座小山上，这里能清楚地看到江对岸烟火冲天的汉城，那里已被人民军占领了。

麦克阿瑟有名的马屁精副官惠特尼将军回忆："天空中，回荡着跳弹的尖啸声，到处散发着恶臭，呈现着劫后战场的一片凄凉。所有的道路挤满了一群群备受折磨、满身尘土的难民。这场面足以使麦克阿瑟相信，南朝鲜的防卫潜力已经耗尽……"

看着被击败的南朝鲜溃散军队形成的可怕逆流，站在小山上的麦克阿瑟久久无语。他明白了，除非直接动用美国地面部队挽救局势，否则南朝鲜马上就会完蛋。据说麦克阿瑟在这座小山上足足站了一个小时，这一个小时他只指着汉江残桥说了三个字：

"炸掉它！"

这一小时其他的时间麦克阿瑟都在望着汉城沉思。据麦克阿瑟后来说，就是在这座小山上，他找到了反败为胜、彻底扭转战局的灵感。

从朝鲜回到东京后，麦克阿瑟又开始给杜鲁门惹麻烦了，他召开记者招待会说："给我两个美军师，我就能守住朝鲜。"

这是在逼宫。华盛顿此刻还在是否动用地面部队的问题上犹豫不决呢。

说完了这句话，麦克阿瑟又直接在杜鲁门屁股上放了把火："我会向总统建议出动两个美军师，但不知道总统是否会采纳我的建议。"

脑袋上长了反骨的麦克阿瑟赤裸裸地向杜鲁门较劲了。

这还没完。惹是生非一番后，麦克阿瑟干脆去了一个让全世界包括美国人自己都大吃一惊的地方，狠狠出了一番风头。

十

战争打起来了，有个人比麦克阿瑟还高兴，说他此刻欣喜若狂，那是一点儿也不夸张。

蒋介石身披随风飘扬的黑色大氅，一扫几年来的晦气，满面春风地到机场迎接麦克阿瑟。尽管杜鲁门说"台湾地位未定"使蒋介石的民族自尊心受到小小的伤害，但他没有理由不狂喜，朝鲜战争使他彻底摆脱了撤台后四面楚歌的外交困境。朝战爆发第二天，蒋介石就向美国人提出派遣自己最精锐的五十二军三万人入朝援李，部队可统归麦克阿瑟指挥，美国人只用负责运输和装备就行了。哈哈，现在又轮到美国人来求他了！

"尊敬的大元帅，我们现在又站在一条战壕里共同战斗了，而早在上次大战，我就是蒋先生的老搭档了！"

麦克阿瑟笑容满面地紧紧握住蒋介石的手，亲热得就像他是蒋介石的拜把兄弟，尽管不久前他还在策划如何将蒋介石干掉以控制台湾。

以美貌著称于政坛的宋美龄立刻向蒋介石做了翻译。

"有美国盟友的支持，我们一定能赢得对共产主义战争的胜利。"

蒋介石微笑着回答。事实上他此时此刻才与麦克阿瑟初次见面，而此前他还一直在绞尽脑汁地对付这个人的阴谋诡计。

麦克阿瑟此行台湾充分显示了他的桀骜不驯，也暴露出了美国军方鹰派们的真实想法。麦克阿瑟自作主张地说他要到台湾视察防务，美国参联会建议他另派一名高级将领，但在电文的最后却说："请便，这是你的职权。"

麦克阿瑟阅电后得意地敲了敲他的标志物——一支永不离手的玉米芯烟斗，笑着告诉副官惠特尼："我理解这有两层意思，是国务院而不是参联会主席对我此行有保留意见，但参联会巧妙地告诉我：放心去吧。"

麦克阿瑟访台受到蒋介石的热烈欢迎，不久以前还互相视同水火的两个老狐狸达成了一连串秘密交易。蒋再次提出派兵援朝，甚至夸下海口，可派五十万军队！此时手中兵少将寡的麦克阿瑟当然大喜过望，两个人一起愉快地徜徉在台湾面对大陆一侧的海滩上，指点着对岸的大陆欢声笑语。

根本未把杜鲁门放在眼里、对其外交政策充满鄙视的麦克阿瑟回到日本后，敷衍了一份毫无内容的访台报告交给华盛顿，只字不提同蒋介石达成的各种交易，气得杜鲁门够呛。麦克阿瑟的台湾之行还在全世界掀起轩然大波，弄得美国政府好不尴尬。艾奇逊在回忆录中记述，他和杜鲁门都是从报纸上才知道麦克阿瑟突然访台的。

勃然大怒的杜鲁门内心一直痛恨这个牛皮哄哄瞧不起人的老家伙，他狠狠诅咒了一句后来被广为传诵的名言："美国怎么没叫麦克阿瑟在'二战'中当烈士呢！"与此同时，麦克阿瑟也在东京痛骂杜鲁门"不重视亚洲"，美国历史上还从来没有过像杜鲁门和麦克阿瑟如此不合的将帅。

但杜鲁门也只能无可奈何地骂骂，他甚至还得去讨好麦克阿瑟。麦克阿瑟能打胜仗，麦克阿瑟是美国的战争英雄，麦克阿瑟是全国最受追捧的公众明星，麦克阿瑟是最反共最好战的美国国会的宠儿，连罗斯福都害怕他竞选美国总统。据说罗斯福活着时每晚都要看看麦克阿瑟是否在自己的床下躲着，否则就睡不着觉。跟麦克阿瑟过不去，就是跟杜鲁门自己的政治前途过不去。

暂时先忍下这口气吧！

密苏里州农民出身，还当过服装店小老板的杜鲁门看着麦克阿瑟的报告恨恨地想。

但有一件事他可不会答应麦克阿瑟那个疯子。蒋介石绝对不许赴南朝鲜参战！他要有能力出兵保卫南朝鲜，我何必派第七舰队保卫台湾？那全世界都会把我当疯子看的！再说蒋介石到朝鲜，中共不会跟着去吗？不行，绝对不行！

就这样，蒋介石第一次派兵入南朝鲜计划胎死腹中。但杜鲁门和麦克阿瑟万万没有想到的是，不管蒋介石的军队去不去朝鲜，被彻底激怒的中国共产党人已经开始厉兵秣马，准备在朝鲜同美国人打一场大仗了！

十一

一次有同志告诉毛泽东："佩服主席涵养好，从不发脾气。"毛泽东则回答："我不是不生气，有时几乎气炸肺，但我知道该尽量克制容忍，切勿现于辞色。"毛泽东此刻就处于这种被克制的狂怒状态中。

"朝鲜南北双方解决民族内部分歧是他们的内部事务，苏美是分裂朝鲜的祸首，三八线是他们划分势力范围的分界线，没有朝鲜的分裂就不会有朝鲜的战争。你美国这个罪魁祸首凭什么去干涉别国的内政？最无辜的是中国，你美国以朝鲜爆发内战为理由侵占我国的台湾，你们凭什么把与朝鲜战争毫不相干的中国拖进去，美其名曰要阻止蒋介石对大陆发动战争！司马昭之心，路人皆知啊！"

面对朝鲜战争突然带来的国际变局，中共中央迅速做出了反应，毛泽东已对全国人民发表了讲话：

"杜鲁门在今年1月5日还声明说美国不干涉台湾，现在他自己证明了那是假的，并且同时撕毁了美国关于不干涉中国内政的一切国际协议。"

对外，周恩来也代表中国政府向全世界声明——杜鲁门的讲话和美国海军的行动是对中国领土的武装侵略。

周恩来昭告世界：

"我国全体人民必将万众一心，为从美国侵略者手中解放台湾而奋斗到底！"

深让毛泽东满意的是，刚刚站起来的中国人民已表现出百年来从未有过的空前团结，全国各民主党派、各政治团体、无党派人士、知名人士、各行各业人民群众纷纷发表声明和谈话，举行了新中国第一次全国规模的群众抗议示威活动，声势之浩大堪称前所未有。

对内对外该说的都说了，抗议示威也搞过了。不过帝国主义侵略者可不是靠讲话和抗议就能赶走的。

坐在中南海菊香书屋院子里的毛泽东慢慢用手狠狠捻碎了手中的香烟。下一步采取什么对策呢？

"扫帚不倒，灰尘照例不会自己跑掉的！"毛泽东从藤椅中站起身，"通知恩来和政治局各位同志，准备开会！"

许多年以后，人们惊奇地发现，在1950年6月29日至7月6日因朝战爆发而国际局势瞬息万变的那些紧张日子中，共和国日理万机、没有片刻闲暇的第一位总理的工作日历上竟是一片空白！

那些天，全中国刚刚得到解放，还在欢天喜地中的老百姓又沉浸在对美国的愤怒情绪中，抗议浪潮在中国大地上汹涌澎湃，而中国的政治神经中枢中南海却反常地宁静，党中央、国务院的各种会议都取消或推迟了，中共中央表面是一片反常的宁静景象。

只有真正的老兵才知道这是一种大战前特有的宁静，这种宁静中正积蓄着雷霆。在宁静中，重大的决策在酝酿、在成熟，新中国的国防战略重点方向开始九十度的转弯，从东南方的台湾悄然移到了东北方的朝鲜。

空军组建了，海军也组建了，从紧张万分的财政资金中抽出很多去购买飞机军舰、培训人员，从2月到6月，不知打了多少电报给斯大林，催促海空军订货尽快交运。正当解放台湾的准备工作加紧进行时，朝鲜战争爆发了，美国人上了台湾，现在怎么办？

如果在东北备战，准备介入朝鲜，用于解放台湾的机动兵力就得抽出来，解放台湾非推迟不可，老蒋就会喘过气，再打台湾就难了。

如果要尽快解决台湾问题，人力、物力、财力、军力非得集中到东南沿海不可，一旦朝鲜局势恶化，那可就远水救不了近火，再调就来不及了。

以新中国当时的各项条件，两个战略方向只能选择一个做重点准备。到底选南还是选北？一着不慎可是要满盘皆输的啊！这步棋可是事关中国的国家利益与安全，牵扯到整个世界局势的变化！

如山的重负压在新中国那些身经百战的领袖们身上，这对他们来说是全新的课题。以前他们的舞台只是在国内，一夜间，历史将他们第一次逼上了世界舞台最中心的位置，而他们也就开始了让人赏心悦目、让全世界目瞪口呆却又是艰难无比的顶级政治军事表演。

美军进占基隆、高雄，美军在台海开始巡逻，美军用飞机炮舰轰炸人民军，杜鲁门下令美驻日地面部队投入朝鲜地面战场⋯⋯

海潮般的信息传来的同时，中南海内，无数的辩证、无数的肯定与无数的否定，面红脖子粗的争吵、风和日丽的研讨⋯⋯

八天后，以毛泽东为首的中共中央做出了一个关系到世界命运和中国命运的重大决策。这个决策如此英明，以至于任何一本研究抗美援朝的书籍都要浓墨重彩地将它大写一笔。而它又是如此重要，以至于后人重新审视那段历史时发现，这个决策已经决定了整个朝鲜战争的结局，并对中国的安全和整个世界历史都产生了极为重大和深远的影响。

1950 年 7 月 6 日，中共中央主席毛泽东一举拍板——调整国防战略部署，推迟解放台湾，组建东北边防军。

在交通工具和各种物资都极为匮乏的新中国成立初期，正是此举使中国人赢得了三个月时间进行战争准备，也使中国的军队赢得了战机。三个月后，当朝鲜人民军一败涂地，斯大林要金日成到中国东北组织流亡政府时，秘密组建的东北边防军几十万人马突然汹涌入朝、山呼海啸般杀出。当取得了第一次战斗胜利后，人们才后怕地发现，由于百年积弱的困窘，三个月的准备时间是远远不够的⋯⋯

"路线确定之后，干部就是决定的因素。"

毛泽东想起自己的那句名言不禁笑了，又到用人的时候了。

他环视着与会众人，这些人中任何一个都是在血火中锻炼出来的、可以独当一面的治党治国治军的英才。到底选哪一个？

毛泽东看看周恩来，浓重的湖南口音重重响起："我看让恩来去组建东北边防军！"

世人皆知周恩来是杰出的革命家、政治家、外交家、军事家，但只有少数人了解他是中国共产党在军事问题上觉悟最早的人（也是最早从事军事工作的领导人）。

周恩来是一位真正的大军事家，不过他总是躲在胜利的影子里默默工作。而更少人知道，他还是杰出的情报大师。只要周恩来愿意，他可以成为任何一个领域的最顶尖人物，他就有这个天赋和能力。

毛泽东深知周恩来的军事才华和他在人民解放军那些让世人震惊的战役

里所起的作用，而同志们显然也很清楚，没有任何异议，全体一致通过。

雷厉风行的周恩来立刻领衔受命。第二天，即 1950 年 7 月 7 日下午 2 时，周恩来在中南海居仁堂主持召开保卫国防问题会议。

居仁堂内将星闪烁，人民解放军总司令朱德、代总长聂荣臻、四野司令林彪及副政委谭政、总政主任罗荣桓及副主任萧华、总参情报部部长李克农、总后部长杨立三、作战部长李涛、军训部长萧克、空军司令刘亚楼、海军司令萧劲光、铁道兵司令滕代远等在京将帅齐聚一堂，在三个小时内就解决了东北边防军所辖部队、人数、领导机构设置、领导人选、配置、政治动员、后勤保障、车运计划与兵源补充等一系列问题。

周恩来当日夜里即整理出会议报告送交毛泽东，毛泽东立刻审阅报告，一字不改随即批复："同意，照此实行。"回复时间竟是当日 24 时。开国领袖们的非凡魄力和工作效率可见一斑。

7 月 13 日，中央军委《关于保卫东北边防的决定》（下简称《决定》）正式形成，决定攻台军司令粟裕改任为东北边防军司令兼政委，萧劲光为副司令，萧华为副政委，李聚奎为后勤司令。

毛泽东当天审阅了这个《决定》，又是一字未改，批复："同意。"

当日，《决定》下发，号令到处，万马千军应声而动，人民军队历史上空前规模的大运兵开始了！

十二

后人评说，那是一场军队与战争的赛跑。在千里铁道线上，兵车开始日夜奔驰，几十万大军从全国各地同时向东北进军。

最先动起来的是十三兵团。兵团司令黄永胜是林彪的爱将，打起仗来又猛又刁，却有个"击鼓冲锋，鸣金嫖妓"的坏毛病，对同志也好勇斗狠，人品相当不好，连林彪自己也认为他"不行"。

聂荣臻遂提议让军政双全的十五兵团司令邓华换掉他，此举可谓临阵换将。

邓华随即率自己的十五兵团司令部组成十三兵团司令部，唯独兵团副司令兼参谋长洪学智被叶剑英强行留下。黄永胜调走后任职广东军区副司令，不几日老毛病发作，竟带一部下私自溜到香港大玩三天，惹得老成持重、宽厚待人的罗荣桓元帅大怒。

邓华走马上任后当即提出调洪学智随同就职副司令，可洪学智是走到哪里哪里就不肯放手的虎将，广东军区司令兼政委叶剑英是决不肯放掉自己的副司令的。

邓华正急得不行，洪学智却自己送上门了。

原来，洪学智奉叶帅之令上京汇报广东军区工作，闻讯大喜的邓华当即赶到火车站。时当暑热难耐，洪学智生了一身白疱疮，走下火车正感难受时，邓华大笑着走过来将还蒙在鼓里的洪学智直接带到林彪家中，吃饭时林彪方告诉洪学智其已调到东北。洪学智大吃一惊，他可是上京汇报广东军区工作的，甚至连换洗衣服都没带，叶参座还等着回话呢！

林彪见状哈哈一笑："衣服你到东北找吧，大疱疮你也到东北去治吧。"

邓华也笑道："不能让他回去，他跑了，不回来怎么办？"

哭笑不得的洪学智只好借用林彪的电话向叶剑英汇报，叶帅一听就急了："你先回来再说！"

见已不可挽回，叶剑英顿足长叹："早知这样，我就不让你去北京了。"

当日下午1时，邓华、洪学智已坐在前往东北的列车上，洪学智没有想到，他这一去就要改行了。这位百战百胜的军事干部将要成为志愿军的后勤司令员，他将亲手创立起中国军队的现代化后勤体系，他还将成为新中国唯一被两次授衔上将的将军。

在烽火连天的朝鲜战场上，洪学智将要率领几十万后勤官兵与美国空军奋战，在空袭强度超过第二次世界大战的情况下，他和广大官兵粉碎了美国空军的绞杀战，建立了一条打不烂、炸不断的钢铁运输线，为前方源源不断地输送粮草弹药。他的功勋如此卓著，以至于彭德怀元帅开玩笑地夸奖他："都说我彭某人仗打得好，其实我是靠了两个麻子打垮了美国人，前面我靠个洪麻子，后面我靠个高麻子（高岗，负责抗美援朝东北后勤）……"

在邓华、洪学智的前方，以后被彭德怀誉为"军中诸葛亮"的志愿军参谋长、此时的十三兵团参谋长解方已到达鸭绿江边。在他们后方，以后的志愿军又一副司令——名将韩先楚也正收拾行装，准备启程。

　　在这共和国几员虎贲上将军出征的同时，大批身经百战的将士也正急如星火地赶向前方。

　　邓华主帅的东北边防军十三兵团下辖三十八军、三十九军、四十军共三个军，这是中国军队的三支超级王牌军。三十八军是四野的"天下第一纵"，四十军被国民党部队称为"旋风纵队"，三十九军也是打起仗来呱呱叫的精锐之师，民间俗称其为"林彪三只虎"。不久，四十二军又划归十三兵团统辖。

　　这个超级兵团原已确定作为中央军委的战略预备队驻扎河南，东西南北哪里有事就到哪里去。但是，当时大陆已经解放，三十八军、三十九军的主力都在大搞生产，一派"刀枪入库，马放南山"的和平景象，多年征战的战士们都准备复员回家娶老婆了，打光棍的军官们自也心痒。四十二军更在东北四处开荒种地。部队骤然接令免不了忙乱一番，正在养猪种地开作坊的干部战士们重新拿起武器，这才发现枪膛里都生了一层红锈，有的炮筒里麻雀竟做了窝！

　　从这时起，初生的共和国开始懂得了随时保持一支纯军事意义上的高素质职业军队的重要性。

　　好在干部战士们都是些战火里炼出的好汉，刚刚打完仗，休息生产的时间不长，多年来国民党军队射向他们的美国子弹，早已使他们对美国人充满仇恨，台湾被侵占更使他们怒火万丈，一听说要去打美国佬，英雄又有用武之地了，部队没费多大劲，思想观念就转到了临战状态。

　　7月10日，刚打下海南的四十军从广州登车直扑中朝边境的安东（今丹东）。15日，三十八军、三十九军从河南信阳、驻马店、漯河和广西柳州同时拔营。

　　三十八军——四师在湖南完成剿匪任务路过武汉时，武汉监狱监狱长、已转业的三十八军战斗英雄曹玉海找到师长翟仲禹、团长孙洪道，坚决要求重新参军入朝作战。这位十六岁就参军、由嫂子抚养大的孤儿在战场上立下了无数战功，三十八军军长梁兴初、政委刘西元亲自给他签了嘉奖令，为照顾他弹伤累累的身体，组织上让他转业武汉。其时，东湖疗养所的一个年轻美丽的护士已与他深深相爱，但一切都阻挡不了真正的军人要卫国参战的决心。

　　曹玉海恳求师长翟仲禹："首长，我是一名孤儿，如果牺牲了，牵挂少，批准我入朝参战吧！"

师政委李伟默默地解开曹玉海的上衣纽扣,二十多块伤疤让人目不忍睹。

几个首长凝视着这个英雄战士,同时庄重地回了一个军礼:"玉海同志,有你这样的战士,我相信我们一定能打败美帝侵略者,我们同意你重新入伍!"

三十八军军师首长立刻向中南军区交涉,曹玉海如愿以偿,重回原部队任三十八军一一四师三四二团一营营长,无畏的勇士就这样又重新投入到纷飞的战火中去了。

壮士再也没有回来。他将成为抗美援朝几位最知名英烈中的一员……

就这样,一批批钢铁部队开始冲向中国东北边境。到了8月上旬,十三兵团四个军、三个炮兵师和大批附属部队已分别在靠近中朝边境的第一线部署备战,第二线、第三线的七个军也开始纷纷做准备。在中国军队厉兵秣马的同时,朝鲜人民军开始直接同麦克阿瑟派遣的美国地面部队交手了,锐气正盛的人民军出手就给了麦克阿瑟一个下马威,全歼了他的"史密斯特遣队"。

十三

6月30日夜,曾是日本骑兵军营的九州熊本兵营一片寂静,美国第八集团军二十四步兵师二十一步兵团一营所有官兵都已入睡。一阵急促的电话铃声突然响起,刚入睡两个小时的营长查尔斯·B.史密斯中校——整个第八集团军公认最优秀的营长——被吵醒了。

中校拿起电话,是团长史蒂芬上校打来的:"立刻穿上衣服,前来指挥所报到!"

"出了什么事?"

中校放下电话后立刻着衣,这位从"二战"珍珠港一直打到战争结束的职业军人边整装边皱眉头。

曾任过二十五师作战科长、美国陆军部情报参谋的史密斯不知道,尽管收到了美军驻朝顾问团的报告:"虽然美国航空兵进行了猛烈轰炸,但南韩地面部队在人民军面前仍显得软弱无力,照此下去,很难达成目的,为此,美军部队必须尽快参战!"但他的最高统帅——美国总统兼武装部队总司令杜鲁门仍认为:"人民军不过是一些农民村夫,没有现代武器,缺乏正规训练,岂是世界上最强大的美国军队的对手？"

杜鲁门汲取顾问班子的意见，立刻决定让麦克阿瑟就近组织一支拳头部队"歼灭敌人"！

此时麦克阿瑟的远东司令部已是美国最大的海外军事机构，拥有美国陆军总数的六分之一以上，主力均驻扎于日本，主要作战部队是美国第八集团军，下辖第七、第二十四、第二十五步兵师和第一骑兵师。

眼睛长在头顶上的麦克阿瑟比杜鲁门还瞧不起人民军，接电后定下决心，从驻地离朝鲜最近的二十四步兵师抽调精兵强将组成一支特遣队，任务是"以迅雷不及掩耳之势消灭朝鲜人民军的村夫们"。经验丰富的史密斯中校被选为特遣队指挥官。

史密斯中校迅速赶到团指接受了命令，马上以他的第一营为主力组建了一支"史密斯特遣队"，旋即乘车奔赴板付空军基地，听取师长迪恩少将的训话。

迪恩少将告诉特遣队官兵："你们马上飞到南朝鲜釜山，到达后立即去大田，把朝鲜军队阻止在釜山以北尽可能远的地方，封锁尽可能靠北的交通道路。"

迪恩将军对部下自负地说道："我相信，朝鲜的军队将不堪一击，中校，祝你好运，上帝保佑你和你的部下。"

听完训话，史密斯中校立即率部登机起飞，一路上美国士兵们七嘴八舌：

"我们一到那里，朝鲜人就会被吓跑。"

"我们几天就打完仗回到伍德兵营，就像警察执行任务一样。"

美国第八集团军最优秀的营长则发表了出征以来第一次激动人心的演说："金日成那些乌合之众的农民一见到我们美国人就会逃得连影子都看不到，我们一到就会把他们打得落花流水！"

7月2日，特遣队到达大田，找到了美国在朝鲜的最高地面指挥官邱奇将军，邱奇见到踌躇满志的史密斯也似见到了阴雨连绵后的阳光：

"人民军已经占领汉城并继续向南推进，很快就要攻到水原，我们在那里所需要的是像你这样看见北朝鲜坦克而不害怕不逃跑的人！"

史密斯中校受命后先到预伏地点看地形，结果看到连串奇景——四架澳大利亚野马式战斗机猛烈攻击一列列车，半个小镇都炸上了天，而那列车是南朝鲜军队向前线输送弹药的军火列车！美国空军持续不断地猛烈空袭南朝鲜一支部队，南朝鲜军气极用步枪打下了飞机，逮捕了跳伞美国飞行员。南朝鲜军队总部也连吃了好几枚美国炸弹。下午，四架美国战斗机创造了辉煌战果，在乌山公路一举炸毁三百辆南朝鲜军卡车，击毙二百多名士兵！这一天，就连邱奇将军的美军顾问团也一连遭到美国空军五次空袭！

整个战场混乱到无以复加的程度。

看完地形，中校再度率军乘坐南朝鲜运货卡车北上。开车的是南朝鲜人，意识到是在往北行驶时便纷纷开溜，特遣队的官兵只得自己驾车。他们沿路用污言秽语大骂潮水般溃退下来的南朝鲜军队和拖儿带女的难民们，中途又得到一支美国炮兵分遣队的支援，队伍里增加了一百零八人、七十三辆车和六门一〇五榴弹炮，这下他们更是觉得光靠自己也能杀到平壤活捉金日成了！

7月5日凌晨3时，特遣队进入乌山以北阵地，以公路为轴线，公路西边山上部署了B连一个排，东面山上放了B连两个排外加一个无后坐力炮排，这样一来，公路就被锁死了。

中校伸着短粗肥硕的手指对着地图指指点点，连排军官们围着他站了一圈。C连两个排和剩下的所有无后坐力炮摆在最东面小山上，对付右翼可能从铁路线上进攻的人民军，C连最后一个排放到前两个排后面，以防人民军沿铁路路基从东面冲上来。

"除非人民军长翅膀才能飞得过我的阵地，不过那些没见过世面的农民部队飞上天也会被美国飞机打下来的。"

中校摸摸下巴笑出了声。

对了，还有炮兵没摆。这更好办，两门大口径迫击炮放在B连背后做支援，四门榴弹炮摆在更后面准备猛轰，第五门放在步兵和炮兵中间准备用高爆弹药打坦克，还有一门炮因为牵引车出了故障留在后面的乌山，不去管它了。打土包子还用得着六门炮吗？五门足够了！

排兵布阵完毕，中校得意地笑了，就是他的校长麦克阿瑟也摆不出更好的阵形了，所有的西点战术教员都会给他的这个作战方案打上十分的。此刻，中校是多么盼望人民军那些乌合之众前来让他立下赫赫战功啊！

人民军果然来了！

十四

人民军打下汉城后，李承晚和南朝鲜行政当局逃到大田行使职能，他们得到了美国操纵的联合国的支持，以此维系着民心军心，否则早完蛋了。金日成则决心抢在"联合国军"到达之前攻到朝鲜半岛最南端的海港釜山，拔掉敌军上陆据点，尽快结束战争。人民军立刻发起了第二次战役，朝鲜史称"水原战役"。

水原战役一开始就是残酷的。人民军要攻占水原，必须渡过汉江占领永登浦，永登浦是汉江南岸的交通中枢、通向水原的必经之地，因此就成了南朝鲜军汉江防线的核心。

南朝鲜军首先依麦克阿瑟之命炸毁了汉江大桥残骸，人民军所向无敌的T-34围在江边焦急而又无奈地转圈，步兵只好乘船强渡汉江。南朝鲜军守在汉江南岸拼命射击，一些从苏联回来的人民军军官按苏军强渡江河的战斗条令部署攻击，一批又一批人民军步兵口喊"金日成万岁"倒入汉江，江面上浮尸一片，仅第四师就丢了两千人，伤亡极其惨重。激战后，不屈不挠的人民军步兵虽在多处过江，南朝鲜军却死守不退，战局陷入僵持状态。直到第三天早上，人民军工兵修好了一座铁路桥，让四辆T-34冲上南岸，南朝鲜军这才弃地南逃。7月5日，人民军夺下了水原，四师和一〇五装甲旅的一个坦克团过江后由T-34开路，轻松夺下水原机场，7月5日夜就马不停蹄朝乌山扑过来。

登高北眺的史密斯中校发现水原方向有部队运动，他仔细地调了调望远镜焦距——坦克！T-34！

"开炮，马上开炮！"中校立即发出命令，美军炮兵随即发射出了美军在朝鲜消耗的数千万发炮弹中的第一发。

7月5日晨7时，朝鲜人民军与美军的地面作战开始了！

一群群炮弹呼啸着落在坦克群中间爆炸，但那些钢铁怪物似乎根本就不在乎，不管炮火如何猛烈，仍在滚滚向前，中校目瞪口呆不敢置信，美国武器会不起作用？

所有的美军士兵都开始猛烈地射击，有效射程四百米的无后坐力炮竟在七百米处就开始发炮。

榴弹炮射击，不起作用！

无后坐力炮射击，不起作用！

康纳少尉朝距离自己只有十四米远的两辆坦克打了二十二发火箭弹，还是不起作用！

只有当那门发射反坦克炮弹的榴弹炮开始吼叫时，人民军领头的坦克才停止前进开到公路边上，让其他的坦克继续前行。被打坏的坦克中跳出三名人民军战士，他们端着一挺苏制转盘机枪猛烈扫射，当场击毙特遣队一名机枪副射手，这个无人知晓姓名的特遣队员是朝鲜战争中第一个被打死的美国人。

美军乱炮轰来，三位人民军战士一起倒地。

中校高兴还没几分钟，人民军坦克又冲上来了，其中一辆一炮就干掉了美军那门反坦克用的榴弹炮，美军防线被突破了。

一辆接一辆T-34猛冲过防线，一边射击一边互相掩护着高速前进冲向南方，根本就不与中校恋战，饶是如此，几分钟内，还是有二十个美国兵变成了死尸。

回过神来的中校眼睁睁地看着那些碾碎了自己防线的T-34朝后方跑没了影，情知大事不好，战前的自负顷刻间无影无踪。惊魂未定的美军士兵更是呆若木鸡，这就是长官们嘴里所说的"金日成土包子"？

一些年轻的美军士兵开始逃跑了，那些开往特遣队后方的T-34则沿路引爆中校贮存的弹药，碾碎中校的电话线，该死的无线电又被淋湿受潮，中校与后方的所有联系都断了！

厄运还未结束，人民军的步兵随着又一批坦克杀过来了，枪炮声在美军防线上响成一片。中午时分，人民军四师十六团、十八团分别包抄了中校的两翼，开始围攻中校的核心阵地。在士兵逃掉后，特遣队的军官们亲自操炮与T-34展开决斗。2时30分，中校向残存的部下发表了出征以来的第二次演说，调子相当悲壮：

"为保持实力，我决定立即撤退，只有撤退才能保住大家的性命！"

许多年以后，美军战史记载，"史密斯特遣队"的撤退变成了溃退、逃跑，杜鲁门和麦克阿瑟亲自组建的拳头部队出尽了丑。美军官兵们蹚着稻田的泥水往南飞跑逃命，同伴的死尸丢了，伤员丢了，最后连逃起来太碍事的大皮鞋都丢了。人民军甚至都没有追击，只用机枪火力追杀了大批美国特遣队员，整个特遣队死亡率达到百分之三十五。

美军在与人民军第一次交手中丢尽了面子。它败得如此之惨，连美国军政要员们自己也称特遣队为"失败的吓唬人的东西""傲慢的实力显示"。美国人非常忌讳提起这次战斗，二十年以后在日本出版的《时代》周刊才详细介绍了美军这次战斗的惨状。

在东京，麦克阿瑟开始向美国总统惊呼："人民军可以和上次大战中任何最优秀的军队媲美。朝鲜战局很严重……北朝鲜军队装备的装甲车辆性能良好，具有类似过去德军那样的能力。步兵的素质也是第一流的。朝鲜军队今后可能进一步采取苏联式的领导方式、技术和中国式的战法相混合的那种战略和战术。不能认为朝鲜军队是非正规部队而过低估计他们……除了已经要求的兵力外，我进一步强烈要求紧急增援由四个师组成的一支部队。情况正在发展成为大规模作战。"

仅仅两天以前，麦克阿瑟还提出两个师足够用，现在他却把数字翻了一番。参谋长联席会议无法摆脱这种基本战略数字：如果满足麦克阿瑟的所有要求，美国陆军将全部投放到朝鲜作战，而西欧和美洲大陆就不会有任何士兵进行防守。

但是，生米已经做成熟饭，参谋长联席会议也无可奈何。朝鲜战局的困境被麦克阿瑟描述得如此严重，参谋长们认为除了替他尽量搜罗兵员，并尽快空运到朝鲜以外，别无选择。

麦克阿瑟开始指挥他的上级们了。

朝鲜史籍则充满自豪："我军在不到两个小时的战斗中，几乎全歼美军步兵和炮兵一个营，使其陷入瘫痪状态。"

人民军的初战胜利自然也使毛泽东和斯大林高兴不已。朝鲜同志若能只靠自己赢得胜利，那肯定是这场战争的最佳结局，中苏之间也会少掉许多难言的尴尬。

十五

在中国大军向东北出动的前后，电波也在莫斯科和北京之间来回穿梭，中苏两个结盟国开始统一协调军事上的动作。

还在酝酿成立东北边防军之时，中共就向苏共做了通报，斯大林立即复电，告知非常同意中国同志的想法，美国人只要越过三八线，苏联空军将为入朝支援的中国军队尽力提供空中掩护。这是斯大林最初向中国政府做出的苏联也将介入朝鲜战争的承诺。中共当然非常高兴，斯大林的承诺肯定对中共中央决策东北边防军的成立有相当大的影响。

不料毛泽东刚下令成立东北军第三天，斯大林又来一电，言辞很热情，一边询问毛泽东是否已经决定在中朝边境部署九个师，一边提出为这九个师提供一个拥有一百二十四架喷气式歼击机的苏联空军师做掩护，电文的最后斯大林却说他们考虑让这个师用两三个月的时间教会中国飞行员，然后将这个师的全部物资都交给中方，在上海的苏联空军部队也将照此办理。细心而敏锐的周恩来立刻在这封电报里看出了中国空军难得的发展机遇，但同时也看出了毛病。斯大林的说法跟上封电报有微妙而明显的区别，这次斯大林没有再提直接派苏联空军掩护中国地面部队的事，他改主意了吗？

中共当然不好拉下脸要斯大林说个明白，善做实事的周恩来抓住电文中斯大林主动提出帮助建设中国空军的明确承诺，首先指示刘亚楼和苏联驻华军事顾问团详细研究实施方案，又主持起草了毛泽东致斯大林的复电。复电和斯大林来电一样热情客气，对斯大林帮助中国空军的想法表示欢迎和感谢，但同样微妙而明确地坚持中国军队若是出兵朝鲜，则请求苏联出动空军。

斯大林迅速回电完全同意中国空军建设的具体实施方案，却还是只字不提苏联空军是否出动的问题，中国共产党自然再不好多问，正好朝鲜同志连战连捷的消息传来，中苏双方干脆心照不宣地搁下中国出兵和苏联空军提供掩护的问题，不再做关于朝鲜战争的一般性磋商，转而把目光投向加强中国的战备问题上去了。

十六

人民军 6 月 30 日发起的水原战役只打了七天，到 7 月 6 日人民军不但占领了水原，还先后解放了西线的平泽、安城和重要港口仁川，攻克了中线和东线的原洲、中洲和三陟，旌旗所向，南朝鲜军望风而逃，急红眼的南朝鲜前线司令官下达了必杀战令："只要看见南朝鲜的游兵散勇，如果不上前线，格杀勿论。"

面对一片大好的战场形势，金日成将指挥部移到了汉城。金日成深知时间对他的宝贵，他只有一鼓作气狂胜到底，到达朝鲜南端的釜山港，才能阻止源源而来的"联合国军"继续登陆朝鲜。如果拖下去，美国人会越来越多的。

二次战役虽然胜利，但金日成并不十分高兴。部队应该攻得更快一些！为此，他撤换了一批前进不果敢的高级将领以示惩罚。他不但撤了七师师长的职，还将七师更名为十二师，再重新组建了一个新七师，这种惩罚对于任何一支部队都是罕见的耻辱。为加强指挥，人民军成立了方面军司令部，统一指挥人民军一军团和二军团。7 月 10 日，原二军团军团长金光侠中将被降级为军参谋长，金武亭接任军团长。

金武亭即与彭德怀一起打出了红军第一发山炮炮弹、在长征中张国焘分裂事件中立下大功的武亭，抗战中在八路军历任要职，日本人说他是经过中共长征的三十名朝鲜人中仅存的一人，敬畏地称其为抗日勇士。

赏罚完毕，金日成决定亲临前线，发起新的战役，尽快打到釜山去。

自"史密斯特遣队"溃散后，美军也大为惊恐，开始拼命向南朝鲜增兵。

美国人已经不知不觉地陷进东北亚朝鲜那个大泥潭里去了，而它的战略重点却是在欧洲；麦克阿瑟向国内要求增兵四个师，而美国全部陆军也只有十个作战师。这不是中国人说的舍本逐末吗？莫斯科的斯大林握着烟斗笑出了声。

依靠强大的机动能力，美国驻日第八集团军第二十四步兵师主力开始迅速进到了南朝鲜临时首都大田，二十五师也随后开到釜山，连美国国父华盛顿亲手组建的"开国元勋王牌师"——骑兵第一师——也在浦项登陆。

13 日，美国"二战"名将巴顿的爱将——绰号"虎头狗"的第八集团军司令沃克中将——在大丘正式成立了美军司令部，大战在即！

7 月 7 日，水原战役的第二天，人民军百炮齐发，第三次战役又开始了。人民军从东线、中线、西线同时向南猛攻，试图一举拿下大田。朝鲜史称这次战役为"大田战役"。

谁也没想到，大战一起，美国军队的表现竟和南朝鲜军一样糟糕，同样被人民军打了个落花流水。第八集团军这支"二战"太平洋战场上骁勇善战的精锐之师已经被日本女人柔软暖和的手掌抽掉了脊梁骨，被醇美的清酒蚀掉了强健的肌肉。有位随军牧师曾有不祥的预感："他们（美国士兵）感兴趣的只有三件事——找女人睡觉、偷喝白兰地酒和等下一班船回国。"可是美军将校会把一个卑微牧师的忠告当真吗？

而美军的糟糕也超乎了牧师最不好的设想。当史密斯特遣队几名死里逃生的幸存者跌跌撞撞地来到下一道美军防线提前报警后，又过了好几个小时人民军才衔尾而至，但这道防线最前方的两个排足足用了十五分钟才有组织地开火，开火的士兵居然不到一半，大部分子弹都是由班排长发射的。这件事使美国高级将领大为震怒，后来美军专门抽查了一个步兵排的枪支，结果三十一支步枪中居然有十二支步枪被搞断、弄脏或装错，真不知道这五年间第八集团军除了钻日本女人被窝还干过什么？

以这样的战斗素质上战场，还有什么可说的呢？继特遣队失败后，两个美军连被打垮了；接着，随着人民军 T-34 的轰隆开进，成营的美军也垮了，团作战参谋邓恩少校当了三十八个月的俘虏。7 月 8 日晨 8 时，二十四师三十四团团长罗伯特·K.马丁上校在天安城的巷战中为鼓舞士气扛着火箭筒与六米处的 T-34 对轰——马丁成了朝鲜战争中第一位获得"优质服务十字勋章"的美国烈士。

现在，轮到二十四师另两个团倒霉了。

面对坦克突击，美军节节败退，在南朝鲜军蔓延的"T-34 恐惧症"开始传染到美军中了。美国人终于明白人民军战斗力的核心是坦克了。麦克阿瑟先后三次紧急向国内要求空运反坦克武器，可笑的是，自大的美军将领到此时还不承认是自己的反坦克兵器不行，反而认为是士兵对火箭筒操作不当和缺乏勇气才导致反坦克战失败，而且自信只要自己的坦克一露面，人民军坦克必败无疑。

7月9日，迪安将军命令在迟泽阻敌的三十四团出动八辆轻型"霞飞"坦克反击 T-34，这是美国装甲兵第一次在朝鲜作战。

一阵对轰之后，刚失去了马丁团长的三十四团又丢了七辆以"一战"法国名将命名的"霞飞"，T-34 只损失了一辆。壮志满怀的美国装甲兵被人民军当头一棒打得垂头丧气，从此对"霞飞"失去信心。

但是，对人民军不利的征兆也越来越明显。7月10日，美国空军一次空袭就干掉了堵在一座断桥边上的三十八辆 T-34、一百一十七辆卡车和七台半履带车辆，这是人民军在整个战争中损失坦克最多的一次。美国空军使用的是最新研制出的一○二毫米空对地火箭弹和凝固汽油弹，美国人终于找到了最合适的反坦克兵器。美国强大的综合国力开始起作用了，新研制的巴祖卡火箭筒迅速下发部队，7月8日新型火箭筒在加利福尼亚装上飞机，12日二十四师的美军士兵就扛着它对 T-34 开火了，威力巨大的一五五榴弹炮也在源源不断地运往朝鲜……

惨遭这次空袭后，人民军再也不敢在白天大规模使用坦克集群。失去了最厉害的拳头后，人民军的力量和效率开始大减。而后勤供应也因为空袭和战线的拉长越来越困难了。但是，连战皆捷的人民军将士还有足够的能量给美国人几个狠狠的教训。

7月9日，人民军在乌致院战斗中打垮了迪恩将军的二十一团。苦撑到7月10日，二十一团士兵纷纷逃跑，团长史蒂芬斯上校在向军官们怒吼"把那些高价士兵弄回阵地"后，随即同部下一起逃命。

7月13日，人民军星夜强渡锦江，又打垮了迪恩将军的第三个团十九团，一支部队又绕到十九团逃跑路线上设伏，击杀了大批溃逃美军，参加这次战斗的三千四百名美军士兵战死战伤近一半。现在，终于轮到迪恩将军自己遭殃了。

心急如焚的迪恩眼睁睁看着自己的部队一支支被打垮，大田眼看就要被包围，他却不敢离开大田一步。

大田是联结中部朝鲜和岭南、湖南地区的战略要地。迪恩必须死守有五条公路通过的交通枢纽大田，以确保后方正大批增援而来的美军部队沿洛东江组织一条新的防线而后反攻。如果他顶不住，人民军再打破洛东江防线，那么南朝鲜铁路和公路运输中心大邱也必将落入人民军手中，美国人真就只有一条路可走了——退回他们登陆朝鲜的釜山港。

7月19日下午，几路人民军终于打碎了迪恩所有的阻击线，包围了大田。心情沉重的迪恩把所有能动的部队全派出去堵口子，每支部队出发前他还要说些"增援部队就要上来了"之类的大话，以后他在回忆录中说："任何陆军军官经常得有一副铁石心肠，其中一项工作就是把士兵派到你认为他们无法生还的地方去。做到这一点绝非易事，可当时你不得不用士兵的生命换取片刻喘息之机，这实在是一桩冷酷无情的差事。"

大批美军士兵的生命只换来了迪恩一个通宵的安宁，第二天早上6时30分，人民军已冲进大田，整个大田一片混乱。一辆坦克在一条胡同里停了几个小时却没人管，它没油了。一个人民军战士壮着胆子从坦克里钻出来走到一个美国士兵面前要柴油，而那稀里糊涂的美国兵居然真给了他十加仑。等那没油的坦克重新启动时，美国人才发现那是T-34！而迪恩发现自己的师长位置现在中士都能坐上去，T-34已冲到他的指挥部门口！

一辆T-34冲进大院，并列机枪狂扫一阵竟打死了一百五十个美国兵！怒火万丈的迪恩气得师长不当了，他扛起新型火箭筒当了反坦克班班长，这位五十一岁、身高六英尺的美国老头可谓神勇，指挥着十来个美国兵狂赶T-34整整一个小时，最后终于击毁一辆（该坦克残骸至今仍被南朝鲜保存在大田市内，车体上大书：1950年7月20日，在W.F.迪安将军的监督下摧毁）。

刚出了一口恶气的迪恩回过头来，又一辆坦克横向从离他二十码处隆隆而过，气极了的迪恩居然掏出手枪"砰砰砰"向那辆坦克打完了所有的子弹……整整一天时间迪恩就带了几个人满大田城打坦克。在迪恩的鼓励下，美军在大田防御战中用新的八十九毫米火箭筒在近战中击毁了八辆T-34。"巴祖卡"火箭筒开始重展雄风，T-34对步兵的威慑渐渐消失了……

到了这天傍晚，坚持到了最后一刻的迪恩终于发泄完了所有的怒火和精力，开始逃跑。

"在徘徊的三十六天内，共进餐十二次。"迪恩在回忆录中一想起那段生活就无限心酸。

三十六天后，游荡在朝鲜荒山野岭的迪恩终于被两个自告奋勇要将他送过战线交回美军的朝鲜老百姓送给了人民军，其时这个原为八十六公斤重的大块头饿成了五十八公斤重的排骨。

美国陆军第二十四步兵师师长迪恩少将是整个朝鲜战争中被中朝方面俘虏的美军最高级将领。战争结束后，当迪恩终于回到家中时，他发现杜鲁门和美军为对美国人民掩盖真情，在他家中挂上了一个刻有"光荣战死"的铜质大奖章。

人民军在大田取得的胜利却是战术性的。人民军不得不马上发动新的洛东江战役。就在这次战役中，人民军错失了在朝鲜战争中唯一取得战争全胜的机会。

1950 年 7 月 20 日，朝鲜人民军第三次战役——大田战役——虽以获胜告终，攻下釜山的战役目的却还是没有达到，金日成又得到前线督战了。

人民军不得不马上发动新的洛东江战役。战役中由于中线人民军攻势锐利，首批入朝的美军三个师和几乎所有南朝鲜军队被迫全部布置在中部战线与人民军主力对峙，而东西两翼则极为空虚，如果人民军从东西海岸进行翼侧包抄，不顾一切迅速西进端掉釜山，战争就结束了。

可惜东海岸沿线的人民军部队由于担心敌人从后方攻击，消耗了许多时间对横在大海与朝鲜腹地之间荒无人烟的太白山脉进行侦察。如果东线部队果敢推进，本来可以一直打到浦项底，包抄美韩军中部防线的背后，经庆州直下釜山。结果良机一失，南朝鲜军迅抵盈德，从此东线人民军每前进一步都要付出血的代价，仅在盈德就打了整整三个星期血腥的拉锯战，打残废了一个主力师，付出了几千人伤亡的代价。

西线，人民军王牌六师更有一次难得的战略机遇。当时在这里的美韩军只有几支毫无战斗力的南朝鲜警察部队维持治安，六师实际已突进到无人防守的区域，美军情报部门甚至都不知道六师在哪里，几十年后，美国战史家们仍恐惧地将其称为"幽灵之师"。

六师南进途中只与南朝鲜警察部队发生了一些轻微摩擦，一直没有暴露身份，第八集团军根本没有料到人民军会通过朝鲜西南部发动进攻。如果六师倾全力南进，空虚至极的釜山也就拿下了，那么美韩军队就非得从东海岸那些小小的渔港登船逃命。可惜六师却花了几天宝贵时间去占领朝鲜西南部所有的港口。

美国战史学家心有余悸地写道："此举既无必要，又令人费解，当时人民军甚至不敢相信西南部没有敌人防守，由于担心敌人从海上发动的进攻，他们踏遍了西南部所有乡村去搜索敌人，使得第六师的推进耽搁下来，却正好为混乱不堪的第八集团军赢得了时间。"

好几天后，发现情况危急的第八集团军赶紧调兵堵住了缺口，人民军就此错过了最后一次取胜的机会。还在战争中，人民军许多将领包括金日成都为此做了检讨，认为六师没有将后方置于脑后而破釜沉舟向釜山挺进是一个不可原谅的错误。

错失了这两个战略机遇后，面对美国纠集的"联合国军"所代表的西方强大势力，南征人民军所有的胜利都注定了只会是战术性的，而一旦失败则是战略性的全局失败。

十七

人越死越多，仗越来越难打了。

在忠州小白山麓的永安堡召开军事会议后，金日成回到平壤。第二天，他面容凝重地告诉中国代办柴成文："我们有些同志总受外国正规战术的束缚，只知道沿着公路正面堂堂正正地平推，不敢大胆地利用山路迂回敌人的侧背，包围歼灭敌人；在我们没有制空权的条件下，不善于发挥我们夜战的特长，也不善于使用炮兵，所以大田战役后未能更多地歼灭敌人，进展迟缓。"

柴成文问道："美军战斗力如何？"

"美军的战斗力如何，也始终是我们关心的一个问题。"金日成摇摇头，"但是，前线指挥员的看法也不尽相同，他们告诉我，美军的战斗力还不如伪军，伪军越来越不愿缴械，而美军则容易缴械，举手投降。"

中国代办提出希望得到一份大田战役的详报，金日成当即同意，不久战局急转直下，中国永远也看不到这份详报了。

金柴会谈时，人民军的第四次战役已发起十多天了，这次战役是在大田战役结束第二天发起的，朝鲜史称"洛东江战役"。

人民军的战役部署是以一、二两个军团并肩向金泉、大邱方向实施主要突击，企图进抵洛东江流域并解放西南全境，建立最后攻克釜山的前进基地并大量歼敌。但战局越来越不妙了……

依靠强大的运输手段，大批美军已源源不断地从釜山涌上朝鲜，其人员数量、武器质量和火力都已大大超过人民军。美国因锈蚀而暂时运转不灵的战争机器转入正常运行后，其威力将是惊人的。人民军此时的上策是就地转入防御或干脆退守汉江防线，可惜苏联驻朝大使史蒂科夫和苏军顾问团大意轻敌，仍在执意让人民军南进，人民军一步一步迈向了火坑……现在，人民军最怕的是美国人无休无止的空袭和补给缺乏。朝鲜是个狭长的半岛，南北向公路就那么几条，人民军南进部队的补给原准备海运解决，美军参战使船运补给不可能，大批军需物资只能通过公路铁路缓缓运往前线。而且人民军越往南进，两侧需要防御的海岸线就越长，后方也就越空虚……美军的空袭越来越猛了。据美国史料记载，到7月底，美韩军所得到的空中火力支援甚至已超过布莱德雷五星上将十二军团在诺曼底登陆战中得到的支援架次。

遮天蔽日的美军机群日夜轰炸人民军前线部队后方的铁路、公路桥梁，北朝鲜的工厂、企业、矿山、城市、学校也开始遭到美军空袭。炸弹落下处，朝鲜的军需生产急剧下降，直至被全部摧毁。人民四处奔逃，将士血肉飞溅，其状惨不忍睹。据日本人统计，从开战到7月底，人民军伤亡已超过五万八千，几乎达到南进部队的一半，战死战伤的人员绝大多数都是军队中不可或缺的经验丰富的老兵和指挥人员，人民军的战斗力在急剧下降，已经显示出难以承受旷日持久的大战的不妙趋势。通往前方的道路桥梁也只能是炸了修修了炸，支撑战争所必需的各种物资始终不能顺利到达前线。美国远东空军成功地掐断了金日成向前线部队输血的主动脉，正与敌血战的人民军前线部队开始缺粮缺弹缺人缺药品，他们可以依赖的只有高昂的士气和为祖国统一不怕一切牺牲的精神。就凭着这股精神，骁勇的人民军将士仍不顾伤亡，奋勇南征，一路长驱直入，摧垮了美韩军一道道防线……

在汉釜公路上，一百二十辆T-34沿大田至大邱的公路猛冲，六个师的人民军步兵紧紧跟着坦克前击，取得许多战术胜利。7月23日，三师在汉釜公路上与美国头号王牌军骑一师展开血肉横飞的肉搏战，用刺刀杀垮了一个营的美军。至7月29日，人民军主力同其他南下部队相配合，在永同、黄洞一带击溃骑一师和二十五师的阻击，乘胜追到金泉界线，接着又打了一个极漂亮的夜战，一路正面攻击天险秋风岭，一路从南部迂回挺进。攻击秋风岭的前卫坦克侦察队突然于夜间发起突击，碾碎了骑一师直属部队指挥部，主力部队随即发起猛攻，一举攻占了天险秋风岭。通往洛东江的大门打开了！

随即，人民军西翼包抄攻击，围歼了金泉敌军。另一支人民军也成功砸碎了锦山等地守军，攻下陕川。沿西海岸向西南方向迂回进攻的人民军联合部队则在新任司令员金光侠将军的统率下一举攻克广大的湖南地区，杀入晋州东北。在河东，一阵猛烈的迫击炮弹爆炸后，前南朝鲜军参谋长，现已沦为美军步兵营翻译官兼向导的"肥仔"蔡秉德一命呜呼。美军这个营也被打得支离破碎，仅在河边的一块稻田里就扔下了三百一十三具尸体。人民军劲旅、从中国回来的王牌步兵六师开始直接威胁釜山门户马山。

另一个以中国返朝战士为主体组成的十二步兵师也一雪前耻，通过大胆迂回，歼灭两千敌军，于8月1日攻克安东，金日成马上授予其"安东荣誉师"称号以振士气。洛东江右岸防御阵地纷纷落入人民军手中，至8月3日，各路人民军终于看到了洛东江奔腾翻滚的江水，这是釜山前面最后一道江河屏障了，胜利在望！

历经惨败，美军临战征召的人员士气已极为低落，陆军下士史蒂芬·齐格向记者怒吼："为了我的祖国，我是愿意打仗的，为了这个鬼地方打仗，他妈的我可不知道为什么！"一名美军少尉排长则在日记中写道："……我们弹药告急，伤亡惨重……全排只剩六名士兵还能战斗……这时一颗子弹击中我的下巴，鲜血直往喉咙里灌，连气都喘不过来……又一颗子弹击中我的右肩，在子弹冲力推动下，我顺着山势滚了好长一段距离才停下来……战争，残酷啊！残酷啊，战争！"

面对前线危局，麦克阿瑟亲率远东司令部大批高级将领飞往大邱督战，严令第八集团军司令沃克不得再后退半步。美军已退无可退，再退下去就只有跳进波涛汹涌的日本海了。被麦克阿瑟训斥了一顿的虎头狗沃克马上下部队大骂了他的两个师长。沃克中将先狠狠责骂了骑一师师长盖伊少将，然后来到第二十五师司令部，对师长基恩少将发布了一道美国人在朝鲜三年战争中最著名的命令，要求第八集团军必须死守洛东江防线。几小时后，美国第八集团军将士无不对这道命令感到震惊。

"我们进行的是一场争取时间的战争。不能再后退、后撤或调整阵地以及可以想象出来的任何措施。我们已无路可退！"

"各部队必须反击，使北朝鲜人陷入混乱状态。不能有敦刻尔克的再版，也不能有巴丹的再版；退守釜山会使那里成为历史上最大的屠场之一！"

"我们必须战斗到底，被北朝鲜人俘虏比战死更糟糕。我们必须同生死共患难，谁丢失阵地，谁就将对数千名同伴的罹难负责！"

"我要求你们把这一命令传达到全师所有的人。我希望人人都明白，我们决不后退，我们必胜！"

十八

美国人的空中优势和火力太凶了！人民军的将士们飞蛾扑火般一批批倒在美国人的火网中！

由于连遭美国人火力急袭，人民军主力三师几天内伤亡近两千，最后仅剩两千五百人，被迫退出战场。在镇东里北面，一个营的步兵在下车时被美国炮兵捕捉，铺天盖地的炮击后，几分钟之内就有四百官兵殉国。五师遭美海军舰炮杀伤，两天损失一千二百名战士。王牌步兵四师在一次尝试渡过洛东江的战斗后，三个团每团只剩下三四百人。精锐十二师在攻击安东的战斗中仅在空袭中就牺牲了六百人，三十辆坦克被炸掉十一辆，连师长崔春国少将也遭炮击牺牲了，被撤换的崔仁少将复职。南征中一直冲在最前面的尖刀一〇五坦克旅残废了，事实上它已全军覆没，人民军在前线的所有坦克只剩四十辆了。前线所有十一个师只能凑出六万多人。

沃克感激涕零地告诉美国海空军——"多亏了海空军的支援，如果没有他们的支援，第八集团军无论如何也守不住釜山！"

人民军的血快流干了。

实在令人难以置信，此刻被精疲力竭的六万人民军攻击包围的"联合国军"竟达十四万之众！人民军与敌军兵力对比是一比二，火力对比则不成比例。美军直接用于战场支援的飞机有一千多架，人民军是零；人民军王牌四师只有火炮十二门，美军一个师就有数百门；人民军前线全部坦克只有四十辆，还不及刚抵朝鲜的美军第八十九坦克营一个营的坦克多，而坦克质量优势也悄悄转到了美国人一边，装有九十毫米高速火炮的中型M26"潘兴"式坦克到了，五十四辆在"二战"太平洋岛屿战中沉没的中型"谢尔曼"式坦克也被日本人紧急修好后送到了前线，各型能与 T-34 一较高下的优秀坦克很快增至五百辆。

面对如此优势敌军，人民军各部竟强渡成功，一举突破了号称"铜墙铁壁"、沃克命令死守的洛东江防线，重创了骑一师和二十五师。二军团则由东海岸一直攻到浦项，其勇悍让人肃然起敬。

为了掩饰本国部队战斗力的虚弱，美国人一直对世界撒谎说向其进攻的人民军主力至少是其四倍，美国《时代》周刊报道：朝鲜部队"如波浪般一浪接一浪"向骑一师发起进攻，"双方的比例至少是四比一"。全世界都被美国人蒙蔽了几十年。似乎美军在那段血肉横飞的日子里，在洛东江沿岸抵抗占绝对优势人民军的人海攻势，当战争的尘埃终于落定的时候，美国陆军权威战史学家贝文·亚历山大充满赞叹地说出了真话："虽然已被战争拖得精疲力竭，许多情况下甚至没有食品，但是北朝鲜人面对令人难以置信的力量差异，仍然挺了下来。果敢勇猛、充满必胜信心的战士所产生的力量错觉，从来没有像北朝鲜军队在 1950 年夏天里表现得那么充分！"

1950 年 8 月的南朝鲜是充满了血腥、残酷得让人发疯的人间地狱。那一年的 8 月，南朝鲜降雨量只有正常年份的四分之一，炮火的硝烟和着满天的尘土飞扬，气温高得让人难以忍受。在这死亡的屠场上，精疲力竭的士兵在遮天蔽日、让人喘不过气的烟尘里，靠着原始的本能厮杀，大批美军增援部队赶到釜山。英国二十七旅也到了，这是除美军外第一支进入朝鲜的所谓"联合国军"部队。8 月 7 日晨，美国海军陆战队三十五团二营率先发起了美军在朝鲜战争中的第一次反攻。肚子都吃不饱的人民军顽强防御，仅靠单兵轻武器就阻住了武装到牙齿的美军装甲部队。8 月 12 日，人民军在凤岩里给了美军中路攻击主力海军陆战五团战斗队狠狠一击，被打得落花流水的美国人伤心地将该地称为"流血之谷"。

到 8 月 20 日，双方都没劲再打下去了，疲惫至极的部队急需休整，人民军的洛东江战役遂告结束。

这是人民军惊天动地的南征最后的辉煌，是美丽天鹅炫人心目的最后绝唱。

遍体鳞伤的人民军又开始拼命舔舐伤口，尽一切可能往前线调集兵员物资，竭力准备在自己倒地前先将已被打得摇摇晃晃的美国人赶出釜山。新的第五次战役又在筹备中。

此时，朝鲜人民军已解放了朝鲜百分之九十以上的土地和百分之九十二的人口，解放区已经实行了广泛的民主选举和土地改革，建立了社会主义制度。而美、李军已被压缩到洛东江以东的只有一万平方公里的狭小地域。金日成终于认为胜利在握了。喜不自胜的金日成发表演说：

8月将成为完全解放朝鲜国土的月份！

听着广播中金日成洪亮自信、充满喜悦的声音，苏联人在狂喜，中国人忧心忡忡，而麦克阿瑟则站在东京司令部窗边俯视着日本皇宫边听边笑。

这只老狐狸笑得开心极了。

第三章 / **硝烟滚滚**

一

固执的麦克阿瑟对两栖登陆战有一种发自内心的偏爱，他尝到过太多登陆战的甜头了。

麦克阿瑟有极其丰富的登陆战经验，在同据守太平洋各个岛屿的日军作战时，麦克阿瑟靠着绝对优势的海空军做掩护，避开日军防守严密的正面，迂回登陆日军侧背，从背后给守岛日军致命一击，许多日本劲旅就这样栽在麦克阿瑟手里。登陆战给虚荣心极强的"道格"带来过无数荣誉，他本人组织过数十次大小登陆战，亲自指挥的就达十一次之多，他是世界公认的两栖战大师。

在人民军占领汉城的那天，满腔悲愤的麦克阿瑟站在汉城南面的小山头上久久凝望着硝烟翻滚、火光冲天的汉城和雪崩一样溃退下来的南朝鲜败军，后来他在回忆录中写道："在这座山上，在我脑子里描绘着能对付现在绝望情况的唯一办法就是投入美国陆军，转败为胜的唯一战略机动——仁川登陆方案，并且分析了具体实施的可能。"

仁川，南朝鲜首都汉城的港市，距汉城仅四十公里，有些类似中国的北京和天津之间的关系。仁川位于朝鲜国土最狭窄的中部地带，这里俗称朝鲜"蜂腰部"。从仁川登陆占领汉城就可以将整个朝鲜从中部切为南北两半。

敢想敢干的麦克阿瑟一回到东京就提出了作战方针："首先阻止朝鲜军队的南进，然后在仁川登陆，切断其补给线，南北策应，一举将其击破。"并命令其参谋长阿尔蒙德中将研究登陆的具体方案。

7月4日麦克阿瑟就对驻屯日本关东的美国骑一师下达了准备仁川登陆的命令，不料人民军突击太过凶猛，很快把第八集团军打退到釜山，彻底打乱了麦克阿瑟的战略部署。如果釜山失陷，即使胆大如麦克阿瑟者也不敢登陆仁川，那会被人民军各个击破的。

于是麦克阿瑟一面加紧增援釜山，一面狠抓仁川登陆的准备工作。为了补充登陆战所需兵员，麦克阿瑟甚至实施了一项美军军史上最古怪的实验，他把南朝鲜士兵补进美军作战师，甚至还搞了个"帮对体制"——一个美国兵负责帮教一个南朝鲜兵。连美国人自己的战史都颇为不好意思地说："第七师补充了八千六百名南朝鲜人，他们中许多人都是从大街上稀里糊涂拉来的平民。"

8月15日，人民军与美李军开始胶着在釜山外围，麦克阿瑟感到守住釜山已经没多大问题了，当日他就成立了登陆部队司令部。第一次世界大战就当上了机枪营长的阿尔蒙德将军向他报告："我认为已经到了必须决定登陆部队司令官的时候了。"

麦克阿瑟敲了敲烟斗，凝视着自己的参谋长："就是你了，阿尔蒙德。"

看着瞪大了眼睛的阿尔蒙德，麦克阿瑟自信地微微一笑："我亲爱的阿尔蒙德，战争只需要几个星期就会结束了，打完了仗，你还回东京当我的参谋长。"

当一切都在顺利进行时，麦克阿瑟的计划在华盛顿卡了壳。

本来赞同登陆战的华盛顿的军事首脑们，一听说麦克阿瑟要把登陆点定在仁川，立刻大惊失色。

仁川几乎是世界上最不适合登陆的海港，只有一条窄窄的"飞鱼航道"进港，哪怕一条船被朝鲜击沉，整个航道就要被堵塞，涨潮时水位有时高达三十五英尺，退潮时海滩上几公里宽的淤泥陷得死人。在仁川登陆太冒险了！

五角大楼几乎所有的高官都反对登陆仁川，连以后让彭德怀头痛过一阵的李奇微都说登陆仁川是"一比五千的赌博"。陆军参谋长柯林斯上将和海军参谋长谢尔曼上将则竭力主张在仁川以南一百公里的群山登陆。参联会主席布莱德雷则称："我得说这是我曾听到过的最冒险的军事计划，这是个空中楼阁方案，仁川很可能是进行两栖登陆最糟糕的地方。"

祸兮福之所倚，从诺曼底打到柏林的参联会主席布莱德雷五星上将只知道打仗一线平推，怎么也理解不了长期生活在东方的麦克阿瑟使用的东方式的狡诈战术。他们只看到了危险，却不知道真正的战略机遇都是潜伏在危险中的。

8月6日，杜鲁门派自己最得力的政治助手、亿万富翁哈里曼到东京与麦克阿瑟会商美国对台政策。哈里曼带上了自己精通七国语言的助理、十九年后在巴黎同黄镇秘密会谈两年、为基辛格访华铺路的弗农·沃尔特斯。借此机会，参联会派陆军副总参谋长李奇微中将和空军代理副参谋长诺斯塔德中将一起前往东京，以便了解麦克阿瑟的登陆计划和部队具体需要。

哈里曼、李奇微、诺斯塔德都是见过大世面的人，可东京的三天还是让他们眼花缭乱大开眼界。麦克阿瑟使出浑身解数殷情接待远方的客人，毫无倨傲之色。当麦克阿瑟有求于人的时候，这位伟大的表演天才可以让你认为他上辈子就是你的至爱亲朋（粗鲁的巴顿也干了不少这种活计，他称这是去舔别人屁股）。

仅仅三天，三个人都对麦克阿瑟的烙铁计划（仁川登陆战代号）点头称是了，李奇微彻底忘了"仁川登陆是一比五千的赌博"那句风凉话，甚至同意立刻派出国内仅有的两个步兵师之一的第三师前来增援。哈里曼则偷偷告诉李奇微："应该摒弃政治因素和个人意见，政府应该把麦克阿瑟像国之瑰宝一样看待！"而李奇微回到华盛顿则用"不同凡响"一词来形容麦克阿瑟的冒险计划。

麦克阿瑟的登陆计划开始取得初步的支持了。

8月21日，东京机场将星云集，麦克阿瑟热烈地迎接了从国内飞来的柯林斯上将、谢尔曼上将、爱德华兹中将等大员，整个仁川行动都将取决于他们带回国内的报告。

8月23日，美军太平洋总部的所有头头脑脑都聚集到麦克阿瑟的司令部东京第一大厦，听取"烙铁计划"详情。

远东司令部作训处处长莱特少将首先概述了基本计划："由第一陆战师和步七师直接对仁川港发起登陆攻击，并一举占领位于仁川正东、汉江和永登浦南面的金浦机场；然后越过江去，占领汉城及其北面的高地。之后南面釜山第八集团军冲出北朝鲜军包围圈北上与仁川登陆部队会合，将人民军主力全部切断在朝鲜南部歼灭。"

道尔上将和柯林斯上将听完计划后立刻强调登陆仁川的困难，道尔的结论是："仁川行动并非不可能，但我并不推崇。"

柯林斯上将干脆提出另一个登陆地点："我建议，应考虑在群山登陆，而不是在仁川登陆。群山没有仁川自然条件上的缺陷，穿过群山和大田便可接近敌人的主要补给线，并且可以确保在大田附近与第八集团军迅速会合，谢尔曼将军也赞成我的建议。"

麦克阿瑟微笑着听完了两名上将的话，手端烟斗从容地站起来。

"麦克阿瑟依然是那副沉着冷静的样子，像往常那样，他一边信心十足地侃侃而谈，一边来回踱步。他总是给人这样一种印象：似乎不只是对着眼前的听众讲话，而是对着不在眼前的一大批听众讲话。"尽管早有耳闻，柯林斯仍对麦克阿瑟的姿态惊叹不已。

麦克阿瑟超凡的自信已经开始让这些持反对意见的将军们动摇了。接着，麦克阿瑟长达四十五分钟的雄辩终于彻底征服了他们：

"敌人忽视了他们的后方，而且完全依赖于一条纤弱的补给线；迅速占领汉城，夺取那条穿过汉城或汉城附近的交通线，即可切断敌人的补给线；朝鲜军几乎把所有的兵力都放在了攻击南部的第八集团军上，根本没有受过训练的后备部队来抵御登陆，也难以从他们面对的第八集团军的打击中缓过气来；在仁川以南一百英里处的群山登陆，那未免过于浅薄，难以切断北朝鲜的补给线……"

当陶醉在自己演说中的麦克阿瑟清醒过来后，他发现尽管自己已经停止了演讲，在场所有的将军们却还是鸦雀无声地看着他，现在，麦克阿瑟相信自己已经得到了所想要的东西……

8月26日，负责仁川登陆的美国第十军编成，下辖美国军队中战斗力最强、声名最显赫的海军陆战一师和曾驰骋太平洋战场的劲旅步七师及一些南朝鲜部队。阿尔蒙德任十军军长，同时兼任麦克阿瑟的参谋长。

仁川登陆开始进入具体实施阶段。

美国军史学家一直很奇怪，为何杜鲁门、哈里曼这些政府文职官员都赞同麦克阿瑟的冒险，五角大楼靠打仗起家的军官们却一再因恐惧失败而反对。从这一点就可很明确地看出西方军事思想过于注重物质因素的褊狭缺陷，正如美国人自己所说，西方军人重技术，中国军人重谋略。麦克阿瑟确实是能吸收东方军事思想的美国少有的帅才，他的仁川登陆战的确是指挥艺术和军事锐势的杰作。

但是，强中更有强中手，世界级的名将麦克阿瑟到死都不知道，就在8月23日，他做出仁川决策的同一天，比他还高明的中国军人已经算定他要在仁川登陆，而且登陆日期就是他决定的9月15日，预测登陆时间竟精确到了分钟！

二

中南海居仁堂门楼里面有一条小径，小径左侧是以后彭德怀居住和办公的地方。右侧有一排戒备森严堪称共和国之最的平房。

伟人用人多靠直觉。总参作战室主任雷英夫中将就是毛泽东凭直觉发现并亲自培养的人才。

雷英夫所走过的道路跟中国军队在战场上打出来的大批优秀将领不一样。1938年，雷英夫还只是投奔延安抗大参谋训练班的一名普通学员，在一次授课时毛泽东注意到他，认为他是个可造之才。这次机遇决定了雷英夫的一生。

不久，毛泽东开始亲自拔擢雷英夫，将他派到第一线工作。雷英夫也没有辜负毛泽东的期望，在重庆他为叶剑英撰写了一份经典名稿，使叶剑英在蒋介石准备向十八集团军下手的作战会议上舌战群儒，赢得了国民党高级将领的广泛同情，挫败了蒋介石的阴谋。此举在七大时被毛泽东称为叶剑英两大功劳之一（另一件是叶在长征途中将张国焘武力解决一方面军的电报先交给了毛泽东），叶剑英从此进入中央委员会。

奉调回延安担任军委参谋长的叶剑英将雷英夫又从重庆带回延安总参作战部，从此，雷英夫除解放战争主动要求挂职到陈毅元帅部带兵打仗外，绝大部分时间就在中央那些大战略家、大军事家们身边工作。长期的耳濡目染，再加自身超群的天赋，雷英夫已经成长为中国军队一名极有战略头脑的少壮将领了。

凝神默看朝鲜地图的雷英夫望着釜山周边密密麻麻的人民军和美韩军的队标思考，美军已在一万平方公里的釜山滩头阵地布下了二十多万重兵，前沿地带每八平方公里就有一个师防守，创造了世界战史兵力密集之最。人民军的所有精锐也聚集在这里与美军对峙。奇怪的是美军既不后撤又不反攻。

再看人民军后方，从平壤到汉城再到洛东江一带全空了，只有稀稀落落几个新建师团在各地防守，情况不对呀！而在日本，美国两个最精锐的师却一直按兵不动,这是为什么？金日成宣传说形势一片大好，从表面看确实如此，可美韩军全部集中到釜山，釜山可是难啃的硬核桃。

雷英夫本能地产生了一个真正军人所必有的警惕和戒备。

身后几个参谋的小声议论让沉思的雷英夫霍然一惊。

"人民军主力全跑到了釜山一带，后方全空了！"

"美国驻日本的陆战一师和步七师显然是预备队，可是至今未动。"

"朝鲜的地形很不利啊，像个长长的冬瓜，如果美军往中间拦腰一切……"

雷英夫回过头来说道："看来，美国人是要有大的阴谋和行动了。"

总参作战室里紧张的分析研究延续到下午，中国军队统帅部的参谋人员归纳出了六点意见：

一、麦克阿瑟把美伪主力十几个师都摆在釜山的滩头阵地，平均每八平方公里摆一个师，釜山的解放指日可待，可美国二十几万部队既不撤退，也不往一线支援，从战略上看，是为了把朝鲜人民军的全部主力吸引到南线来。如果这种判断能够成立，这其中便隐藏着极为险恶的战略意图。

二、美国驻日本的两个师是作为战略预备队部署的，战斗力很强。眼下南朝鲜部队处于险境，可靠情报证实，这两个师却没有去南朝鲜增援的迹象，而这两个师中就有一个海军陆战师。

三、麦克阿瑟和他的第八集团军在"二战"中是以善于登陆作战而著称的，麦克阿瑟素来敢冒险，当年他的许多登陆战五角大楼都认为太冒险而反对，但他每次都坚持己见完成登陆。

四、朝鲜半岛南北长约一千公里，而东西最窄处仅有两百公里，最利于分割。可供登陆的地点很多，比如，元山、镇南浦、仁川、群山。

五、西海岸的仁川是美军最佳登陆地点，这里人民军部队少，既是汉城的外港，又是战略要地，这里潮水落差大，地势危险复杂，很可能为人民军所忽视，而麦克阿瑟又恰恰是一个善冒险常有惊人之举的人物，选择仁川完全符合麦克阿瑟的个性。

六、眼下无论朝鲜还是苏联，都沉浸在胜利的气氛中，好像明早朝鲜就会统一，表面看形势一片大好，其实在这大好形势里潜藏极大危险，一旦人民军被切断退路就会陷入绝境，美英最近又从地中海和太平洋抽调海空军到朝鲜，这又是登陆作战的一个明显征候……

拿着归纳报告，一向坚定果敢的雷英夫犹豫了，这份报告一送上去，中国军队总参谋部的职能就会发生战略性转变。

一直在中国军队统帅机构工作的雷英夫知道，从红军时期起，决定战略战术的是统帅人物和指挥官，出谋划策具体指挥都由统帅和指挥官完成。参谋人员从未参加过决策和指挥，只为决策提供情况和意见，做一些具体工作，比如，收发电文、统计数字、整理资料等，而作战室的意见一提出，就意味着总参将要开始参与决策指挥。

一直思考到天黑，雷英夫终于下了决心，从现在起，总参应该按现代化、正规化建设的要求负起自己的责任。创建国家和建设国家是两回事，统帅们再也不能像战争时期那样只盯着作战。

雷英夫拿起意见归纳书到西花厅去见周恩来，他兼任着周恩来的军事秘书。

三

战争爆发以来，中国的首脑人物们对形势的估计从来没有像金日成和苏联人那样乐观，虽然他们也为朝鲜同志的胜利感到由衷的高兴。

无论世界哪一个国家的领袖都不像中共开国的领袖们打了那么多的仗、打了那么多年的仗。他们打过许多胜仗，最后终于赢得了政权。他们也打过许多败仗，牺牲了无数亲如手足的同志。经验告诉他们战场是瞬息万变的，有时败仗能打成胜仗，有时绝对有把握的胜仗却会因为各种因素的变化而逆转。

仔细分析了朝鲜的战情，中共领袖们更加冷静了。朝鲜人民军虽然节节胜利，却一直没能围歼敌军的重兵集团，美李军的有生力量还保存着，美国及其盟友向朝鲜增兵的速度又远远超过打败仗的消耗速度。打仗一向不讲究一城一地得失的中国军事家们敏锐地看出了问题。

早在7月初，周恩来就对身边的工作人员说："你们对朝鲜战争有何看法，8月份能结束得了吗？"

不等回答，周恩来自言自语："不经过反复较量，不消灭美军的力量到不能支持的时候，朝鲜战争是不可能轻易结束的。这个战争将是一个持久复杂的斗争，至于持久到什么时候，是一年、两年、三年甚至更长，要看各方面情况才能确定。反正一两个月、一两个战役是不行的。我们宁可把情况估计得复杂一点。"

　　当苏联驻华军事总代表沙哈罗夫大将眉飞色舞地夸口朝鲜几天就可最后胜利时，周恩来紧锁双眉不发一语。

　　向来不打无把握之仗的毛泽东也是清醒的："现在朝鲜人民军应该做短暂休整，调整军队部署，然后再接再厉，最后一鼓作气，解放整个朝鲜。越是在这时候，越是要预防不测。"

　　8月23日那天，天气非常炎热，西花厅门口大树上的叶片都给烈日晒得蜷缩起来，晚上天气才开始渐渐凉爽。气温的变化似乎影响不了周恩来，直到雷英夫前来报告才打断了他一整天的工作。

　　晚上10点，雷英夫向周恩来报告了总参作战室对朝鲜战局的预测，雷英夫的报告与周恩来的战略思考完全合拍。周恩来当即带上雷英夫和长期不为人知的中国军界幕后人物、一直在军委总参工作的"胖子将军"李涛，到不远处的菊香书屋晋见毛泽东。

　　毛泽东聚精会神地听着雷英夫的报告，一句插话都没有，听完后，毛泽东只说了六个字——"有道理，很重要"。

　　雷英夫继续预测了美军登陆时间。这位刚刚三十出头的中国将军说道："我们对9月至11月的朝鲜西海岸海潮做了研究，发现有三个日期可供选择：9月15日、1月11日和11月3日。这三个最佳日期里，各有二天至三天的好时机。仁川海岸可供靠岸利用的时间，每十二小时内只有三小时。如果以9月15日为登陆日，那天的涨潮最高时间共两次，一次是上午6时59分，一次是下午日落35分钟后的19时19分。9月15日比另外两次时间相对更为可能。所以我们认为美军极有可能把登陆时间定在9月15日。"

　　历史将永远铭记这一时刻，就在麦克阿瑟决定仁川登陆的同一天，中国军人已算出了自以为天下无敌的麦克阿瑟二十三天后将展开的登陆战的地点，而登陆具体时间甚至精确到了分钟，与麦克阿瑟的绝密计划可谓毫厘不差。

　　不但雷英夫，连站在鸭绿江边的邓华、在朝鲜的柴成文都向各自的上级部门提交了美国登陆的预测。历经二十二年不间断建国血战的中国将领素质可谓高得令人叹服！

　　毛泽东听完汇报后当即指示："立即通知情报部门严密注视朝鲜和英、美、日。立即把我们的看法向斯大林和金日成通报，提供他们参考，希望人民军有后撤和在仁川防守的准备。"

"立即通知东北的十三兵团要加紧准备，八九两个月一旦有事，能立即行动。"

　　战争是智慧与勇气的角逐、速度与力量的较量，在即将到来的大战中，中国又领先了美国一局。

　　不久，总参作战室的预测成为残酷的现实，毛泽东、周恩来认识到"小参谋能起大作用"，从此，中国军队总参的职能开始从执行机构向决策机构发生悄然变化。

　　周恩来立刻部署落实毛泽东的指示。他通过病愈返朝的倪志亮大使向金日成通报了中国总参的预测，毛泽东也会见朝鲜特使紧急转达了情况，可惜，此刻正沉浸在胜利喜悦中的金日成和斯大林都忽视了这个情况。

　　8月27日上午10时7分，鸭绿江边中国临安城的老百姓正宁静地生活在日常的节奏中。邻国的战火是很遥远的事，中国不是参战国，老百姓有什么好担心的呢？

　　天空中传来一阵轰鸣，临安的老百姓抬头向天上望去，四架飞机从鸭绿江对岸的朝鲜上空飞过来。老百姓们还未回过神来，这四架飞机突然冲向地面，机身上圆圈中的白色五角星清晰可见，机翼下冒出阵阵火光，美国飞机在扫射！

　　地面上立刻升起阵阵烟云，中国的老百姓们立刻四散奔逃，有的已经倒地不起……

　　同日，在辑安，在安东，共有五批十三架美军飞机侵入中国领空侦察扫射，中国和平居民死伤二十三人，大批房屋车辆被击毁，美国人将战火烧向了中国！

　　东北人民政府主席高岗、东北军区副司令贺晋年立刻报告周恩

美机轰炸中国边境，中国人民饱受其苦

来，周恩来愤怒得浑身发抖。中国领导人立即向美国政府发表强烈抗议，向联合国递交了声明。

第二天，《人民日报》发表社论《四万万七千五百万人的抗议》，中国大地上又掀起了新的反美抗议浪潮……

可美国人根本就不在乎，两天后，又是四架美国 P-51 战斗机扫射鸭绿江上悬挂中国国旗的渔船，十一名中国渔民血染鸭绿江。

消息传来，中国举国愤怒，美国的疯狂举动激起了全中国人民同仇敌忾的心理，以后，当抗美援朝战争开始时，不需要中央政府任何动员，中国人民就全力投入支援战争的行动中。

当日，周恩来再度致电联合国。面对如山铁证，美国政府理屈词穷，狼狈不堪，美国新闻发布官则将责任推到了联合国身上——"由于在朝鲜与共产党作战的部队包括美国部队，全在联合国指挥下，抗议实在是一种要由联合国处理的事情"。

在外交上以诚信为本的中国人更加觉得美国人无耻至极，高度警觉的中国领袖们则认为美国人大规模军事行动前的战略试探已经开始，引爆中国出兵援朝这个震动世界的炸药包的导火索被美国人自己悄悄点燃了……

四

1950 年 9 月 12 日午夜，麦克阿瑟披挂整齐，他戴上了大墨镜，佩上了父亲老阿瑟将军留给他的象牙柄手枪，枪里只有两颗多年前惠特尼将军在马尼拉费尽心机才搞到的同型号老子弹。那根不可稍离须臾的烟斗更是紧紧叼在嘴上。这副打扮在"二战"中传遍了全世界。这是麦克阿瑟最风光的行头，他要以此唤醒世界对他这位老战争英雄的记忆。

威风凛凛的麦克阿瑟率领司令部全体人员在日本佐世保登上了"麦金莱山"号旗舰。登舰前，深知出风头诀窍的麦克阿瑟叫来了许多记者："我要去进行一次小小的战斗，我愿意让你们这些小伙子一起去，如果你们愿意的话。"

麦克阿瑟矫揉造作地边说边挥舞着他的玉米芯烟斗。

就这样，麦克阿瑟带着一大帮记者登上了旗舰，也登上了他一生辉煌军事生涯的巅峰！

舰队拔锚起航，驶向仁川。

麦克阿瑟迎着海风环顾四面，多么壮观！二百多艘大小舰只在海面上排成阵势破浪向前，仅航空母舰就有六艘。眼见此景，麦克阿瑟为美国强大的国力深感自豪。仁川登陆充分显示了美国与朝鲜的力量差距。人民军只有十九架螺旋桨式飞机，而美国的喷气式飞机数量如此之大，以至于仁川战场上空竟没有足够的空域容纳它们。

看着这壮观的场景，麦克阿瑟又不禁深感疑惑。他百思不得其解，金日成的村夫军队怎么还有力量猛攻被包围在釜山滩头环形阵地的沃克？要知道沃克手上已有二十多万人了，而攻击他的村夫只有六万多人。

在麦克阿瑟就要发起仁川登陆时，釜山战场上还打得血肉横飞。从8月30日起，人民军就发动了第五次战役（釜山战役），开始向釜山猛攻，一度竟打到了北纬三十五度线，第八集团军连连告急。可惜，失血过多的人民军已是强弩之末了。

战役发起时，人民军只补充到九点八万人，还不及沃克的半数，突破重重火网运来的食品只够士兵一天吃一顿饭，食不果腹、衣不蔽体、缺枪少弹的人民军全线出击，不屈不挠地向强大的美李军杀去。两个师朝南面的马山向美二十五师攻击；两个师沿洛东江中段攻击美二师；三个师在大邱突破美骑一师和南朝鲜一师的防守；两个师朝着永丘和大邱东边的走廊突破了南朝鲜六师、八师的防线；最后两个师试图突破东海岸南朝鲜首都师和第三师的防线，以便打开直达釜山的庆州走廊。

金日成和人民军将领们都认识到时间对自己不利，寄望于此役取得最后胜利，迅速结束战争，他们挤出了人民军身上最后一滴血去孤注一掷。战斗如此之惨烈，以至于以后活着回到北方的人民军将领们发明了一个在朝鲜妇孺皆知的名词——"洛东江岁月"。

人民军再次向世界证明了自己的战斗力，就凭着一股子蛮劲和拼命精神，居然又取得了重大战果。到9月3日，虎头狗沃克慌了，人民军在五个方向上都突破了他的防线！第八集团军和南朝鲜军又遭惨重损失。

但沃克关于釜山失陷的噩梦至此为止了。人民军的进攻力量彻底衰竭了，前线再也得不到任何补给，所有的优势都转到了美国人一边，美军常常用几千发炮弹和几十架飞机攻击哪怕只有一个人民军战士在活动的地方。

9月3日，沃克稳过神后开始反攻。第五陆战团一马当先，人民军防御阵地一片火海。第二天，九师司令部被美国人摧毁，人民军吐了口血后又从地上挣扎着爬起来给了美军一拳，再次把美国人打退。这是人民军回光返照的一击。到了9月5日，手握二十万重兵对付六万人民军，火力更占尽优势的沃克居然研究起是否该撤到最后一道防线的问题，第八集团军甚至拟定了9月6日清晨撤退的命令。但清醒过来的沃克终于下决心撤掉了这个命令。

从那天起一直到仁川登陆为止，沃克再也没有发起大的反击，只用不间断的小战斗吸住人民军主力。被人民军锁在釜山笼子里的第八集团军准备在第十军仁川登陆后一举突破人民军包围圈，两路人马会师后彻底围歼人民军主力。而杀红了眼的人民军则只要恢复了一丝力气就爬起来冲向美国人，全然不知巨大的危机已经降临。

"他们也是好样的军人。"回顾着惨烈的釜山之战，骄傲的麦克阿瑟终于在心里对人民军感叹了一句。

9月14日，麦克阿瑟抵达仁川港外时，仁川早已被炸成了一片火海，被炸得最惨的是仁川屏障月尾岛。从9月10日起，月尾岛就遭到不间断的轰炸，美国海军航空兵一次就朝小小的月尾岛上扔下了九千五百磅凝固汽油弹，驱逐舰七十五分钟内射出一千七百三十五发大口径炮弹。战后朝鲜统计，这个小小的岛屿平均每平方米吃了四颗炸弹炮弹。

一名美军飞行员则报告说："整个外岛就像从头到尾犁了一遍。"

9月15日凌晨2时，麦克阿瑟率"麦金莱山"号舰一马当先，引领舰队冲入飞鱼航道。

麦克阿瑟带着一大堆头戴钢盔、身绑救生衣的将军们登上舰桥观战。兴高采烈的麦克阿瑟指着航道上八尾岛上明亮的航灯塔说："那是金日成给我们的见面礼！"他在回忆录中写道："我们给敌人来了个冷不防，他们连航标灯都没关掉。"麦克阿瑟哪里知道，这是美国海军特种兵尤金·克拉克上尉干的好事！

克拉克上尉，绰号"夜盗贼"，有极其丰富的个人经历，隶属美国远东司令部情报部，他受命侦察仁川地形和水文，为登陆行动做准备。

上尉发挥了非凡的勇敢精神和想象力，彻底查清了飞鱼航道和人民军的布防情况。临近登陆这天夜里，他甚至潜入登陆滩头，点亮了被人民军破坏的灯塔和航标灯。

麦克阿瑟看到灯塔的时候，克拉克上尉也看到了急速驶来的登陆舰队，他后来回忆说："我不知道登陆成功了，只知道'麦金莱山'号到了，似乎是上帝的保佑，我经历了一生中的最大惊险。"

克拉克上尉的行动是美军在朝战中最重要的一次特种作战行动，他为仁川登陆的成功立下了奇功，因此荣获了美国海军最高荣誉"海军十字勋章"。而他的使命如此机密，甚至连麦克阿瑟都不知道此事。

登陆前最后的火力准备开始了，在短短四十五分钟里，二千八百四十五发炮弹被倾泻到月尾岛上，每艘火箭船则同时齐射一百发五英寸火箭弹。月尾岛上除了几根骷髅架子一样的树干外，似乎什么也没剩下。

15 日晨 6 时 30 分，美国海军陆战队第五团在中国总参谋部预测的时刻，开始趁高潮登陆月尾岛。奇迹发生了，被打得和月球一样荒凉的月尾岛上又响起了炮声，还有朝鲜士兵活着！

《朝鲜战史》记道："李道勋上尉所指挥的海防炮连指挥员们，直到炮身烧弯曲或被敌弹炸断为止，坚持进行火力战，击沉和击毁了敌人四艘舰艇……"

美国人则承认，五艘冲入飞鱼航道的驱逐舰被击伤三艘。

上午 10 时，炮毁弹绝的月尾岛守军端起刺刀高喊"万岁"，向美国人发起了最后一次冲锋……

现在，通往仁川的大门打开了，七万美军从海上将仁川仅有一千六百人的人民军守备部队包围了。为防万一，在落潮期间，麦克阿瑟出动了三百架次以上的舰载机，攻击以仁川为半径四十公里内任何移动目标，海军则以其大口径舰炮封锁通往仁川的所有道路。

金日成终于明白过来了，中国同志说对了，美国人真的要在仁川登陆！

驻扎汉城的八师二十二团被紧急调往仁川，晚了，美国人的飞机和大炮打成了一面火墙，人民军被炸得连最基本的集结都无法完成。

此时，仁川港已是人间地狱，随同登陆的美国记者玛格丽特·希金斯写道："月尾岛好像刚刚被一场森林大火洗劫了一遍，前面是红海滩，我极目望去，想看得更清楚些，这时一枚火箭击中了一个圆形储油塔，接着一股巨大、可怕的环状烟云腾空升起。靠码头一边的建筑物被火焰照得通亮。透过熊熊大火望去，好像整个城市在燃烧……"

在猛烈的炮火掩护下，美国海军陆战队开始换乘小型登陆艇趁晚潮抢滩。海滩上的淤泥深可没膝，登陆部队被迫搭乘两栖装甲车进行战斗。人民军的抵抗异常薄弱，力量对比太悬殊了。一辆人民军的装甲汽车自杀性地冲上滩头阻击，瞬间就变成了一堆熊熊燃烧的废铁。

毫无战斗经验的人民军四十二机械化团九辆 T-34 好不容易开到登陆地点，立刻像射击场上的靶子一样被打得千疮百孔……

下午 5 时 31 分，第一名美国海军陆战队员登上仁川，到当日晚潮结束时，一万八千名美国海军陆战队员、上百辆坦克和机械化车辆，上千吨物资都已上岸，人类军事史上迄今为止最后一场大规模登陆战成功了。

麦克阿瑟赌赢了。

五

全世界震惊了。

仁川一战使麦克阿瑟的头上罩上了战无不胜的神圣光环——"麦克阿瑟的巧妙一击改变了战争的进程"！

四面八方对麦克阿瑟赞誉不绝，包括曾反对过他的参谋长联席会议的夸奖，饶是麦克阿瑟虚荣心之强举世罕有，这次他也满足了。现在他的声誉在整个西方世界达到了顶点，全世界的镜头都在向他聚集，他的名字上了所有国家、包括敌对的共产主义国家报纸的头版头条新闻。他再次证明了：麦克阿瑟一个脑袋就胜过了美国军事总部的所有脑袋。李奇微将军则不无痛苦地写道："仁川登陆的胜利带来了一个更加微妙的后果，人们对麦克阿瑟将军的一贯正确性几乎发展到迷信的地步，就连他的上级也好像开始怀疑自己对麦克阿瑟的任何决定提出疑问是否应该了。"

如果说以前麦克阿瑟对命运的可把握性还曾有过哪怕一点点怀疑，现在他就真的认为自己是上帝。本来就自认一贯正确的麦克阿瑟再也听不进任何意见，他开始给自己的军事生涯挖坟墓了……

仁川登陆次日，麦克阿瑟挥师北上，直取汉城，准备拿下汉城将朝鲜截为两半，然后南下与从釜山滩头冲出的沃克第八集团军前后夹击，围歼人民军主力于南方，再北上攻占全朝鲜。麦克阿瑟向全世界宣布：他不仅能夺回南朝鲜首都，而且还可以向东横扫整个朝鲜半岛，把北朝鲜军队困在南方——"予以全歼"！

　　人民军大难临头了。

　　金日成派去阻止美军攻击汉城的部队全部被打垮了，第四十二机械化团、第四十三坦克团全军覆没。麦克阿瑟在大批高级将校和新闻记者的陪同下察看了几辆还在燃烧的 T-34，又围着几具人民军战士的尸体转了几个圈，他再次向全世界做了一次"勇敢无畏秀"。

　　麦克阿瑟的行动取得了完全的突然性，而人民军的疏忽竟到了这种地步，整个仁川到汉城一线所有兵力只有两万人。

　　9 月 17 日夜，美军攻占富平时竟发现，以前他们留下的两千多吨弹药纹丝未动，美国兵狂喜地高呼："这是上帝保佑的补给品！"

　　接着，金浦机场也被攻下来了，防守这个巨大空军基地的四百名人民军竟没有在跑道上布上哪怕一枚地雷！

　　大批美军运输机开始川流不息地将兵员、武器和弹药补给运到金浦。有了稳固的海空立足点，从 21 日起美军开始攻击汉城，直到这时，他们才遇到了真正的抵抗。以身经百战的中国返朝老兵组成的独立二十五旅死守汉城，从城外打到城内，从阵地战打到巷战，竟把七八万美军整整拖了半个月，他们的壮举为南方的主力撑开了一道能撤回北方的口子。

　　南方人民军主力部队已经垮了。美军登陆仁川后，金日成采取了一个绝对必要又绝对无情的措施，他向釜山前线部队严密封锁美军已在后方登陆的消息以防军心动摇，人民军主力还在抱着必胜的信念与沃克战斗。

　　9 月 16 日晨，在得知仁川登陆已获成功的情况后，沃克转入全面反攻。

　　沃克精选了一支装甲部队做前锋，这支突击部队以其指挥官林奇上校的名字命名。"林奇特遣队"迅速突破人民军防线，一路击溃人民军抵抗，以极快的速度夺占了洛东江渡口。第八集团军其他部队则跟在"林奇特遣队"之后突击。人民军前线司令官金策大将指挥所部整整抵抗了一个星期，其战斗之英勇非语言所能表述。

9月21日至23日，仁川登陆的凶信终于在人民军前线传开。在南朝鲜补充到部队的新兵首先动摇了，纷纷逃跑。至此，流干了血的人民军主力訇然倒地，终于崩溃，一万多人死伤，一万多人走进了美军战俘营，连曾任二军团作战部长、年仅二十八岁的李学九上校也被俘了。

人民军损失极为惨重，总参谋长姜健遇空袭牺牲在安东。

23日，金日成元帅饮泣下达全军撤往三八线以北的命令，此时，无疑是金日成一生中最痛苦的时刻。

26日夜，北上的"林奇特遣队"与南下的第十军坦克营会师于水原。27日，第八集团军第一骑兵师与第十军步七师也在水原附近会合，铁锤终于砸上了铁砧！残存的人民军主力见势不妙，立刻化整为零，扔下重武器分散钻入大山向北撤去。那些差一点儿就把胜利桂冠拿到手的勇士们掩埋好同伴的尸体，忍饥挨饿、倔强无比地要回到北方重新战斗。他们一路上留下两万多人的游击种子，剩下的人边打边走。其中一支一千余人的部队竟然还突然消灭了南朝鲜第二军司令部，美国人黯然神伤地写道："他们杀死了许多南朝鲜大兵。"

靠着顽强的信念，两三万人终于活着回到了北方，金策大将、金雄军团长、金武亭军团长、方虎山师长等大多数高级将领幸免于难，以后，他们终于和势如破竹高歌南进的中国人民志愿军会合，成为新建人民军的骨干力量，又同共同战斗了十多年的中国兄弟再度战斗在同一面旗帜下……

不过，他们能活着回到北方，竟然首先要感谢麦克阿瑟的愚蠢。

六

镁光灯闪得麦克阿瑟睁不开眼睛。望着无数疯狂涌动的记者，刚从仁川飞回东京成田机场的麦克阿瑟感到了极大的幸福和满足。

"麦克阿瑟将军，您的下一个军事目标是什么？"一个抢到了话筒的幸运儿激动地问道。

"我已向北朝鲜金日成发布投降令，如果达不到预期效果，那么我的部队将越过三八线，进抵鸭绿江，直至肃清朝鲜北部的任何抵抗。"

麦克阿瑟还当真大言不惭地要金日成投降！那份劝降书言辞刻薄态度高

傲，打游击出身、带几十个人在日本关东军重压下都能坚持十多年的金日成恐怕连冷笑都不会给麦克阿瑟的。

"中国人民决不能容忍外国的侵略，也不能听任帝国主义者对自己的邻人肆行侵略而置之不理。"1950年9月30日，周恩来总理代表中国人民发出严正警告，抗议美帝国主义侵略

"您认为苏联或是共产党中国不会介入朝鲜战争吗？中国外交部长周恩来已发表声明，一旦美军越过三八线，他们将参战。"

记者问了一个极其敏感的问题，所有的人都静了下来，看看麦克阿瑟会怎么说。

麦克阿瑟轻蔑地一笑，他取下墨镜，鹰隼一样的眼光凝视着灰蒙蒙的天空，仿佛只有上帝才配和他交流：

"我认为周恩来的声明更多的意义在于实现一种政治恫吓。中共没有发动战争的能力，他们不具备相应的工业实力，而三八线没有什么军事意义，它不过是一条纬度线，没有什么力量能阻止联合国军跨越它。"

麦克阿瑟怎么会把中国人放在眼里？

"请问您构想的下一步作战计划,是否还会有您所擅长的两栖登陆作战?"

"这是军事秘密,无可奉告。不过我可以告诉诸位,这个作战计划已经成熟,它的核心主旨是:进攻!"

就因为这个记者的问话,就为了让两栖登陆战那宏大的场面再让世界震惊一次,就为让自己再大出一次风头,已经被荣誉和虚荣心冲昏头脑的麦克阿瑟开始犯蠢了。他认为他的战争艺术已经举世无双(麦克阿瑟一生中只对成吉思汗这个比他早生近一千年的统帅有过敬意),战争这种人类最残酷的血腥竞技对于他来说只不过是儿童游戏罢了。他也就当真在残酷无比的战场上玩了一把,结果纵虎归山,让吃到嘴里的人民军主力又逃了出去,从而犯下了他在朝鲜战争中的第一个战略错误。

此时在战场上,美国第十军和第八集团军在南朝鲜军配合下已经咬住了被阻隔在南方的人民军主力,他们眼看是一个都活不成了。麦克阿瑟为满足表演欲,竟毫无意义地又搞了一次两栖登陆,他让从仁川登陆不久、锐气正盛的第十军撤回海上在元山登陆,截住现在已被包围的人民军;让从釜山一路打出来,疲惫至极、补给缺乏的第八集团军又去驱赶人民军,再来一次铁锤加铁砧的表演。此举就像反复放掉嘴里的老鼠然后又咬住的猫一般无聊,中国人称这种把戏叫画蛇添足。麦克阿瑟竟然就搞了这样一个作战计划,而美国参联会竟然也批准了!

朝鲜战争结束后,参联会主席布莱德雷五星上将狠狠地挖苦:"假如提出麦克阿瑟元山登陆计划的是指挥学院的一名少校的话,那名少校一定会在哄笑中被赶出课堂的。"

布莱德雷似乎忘掉了,正是他亲手批准了这个荒唐的计划,但这确实怪不了他。他连巴顿都管不住,还能管住麦克阿瑟?仁川登陆后,美国所有的人都把麦克阿瑟当神灵一样看待,神灵的想法凡人怎能理解?

只有正在一线作战的虎头狗沃克不服,他飞回东京晋见麦克阿瑟:"司令官,韩国第一军正沿朝鲜东海岸所向无敌向北推进,第十军还在海上航行时,他们肯定就攻下元山了,第十军的行动将毫无意义,不如第十军与第八集团军合成一股全力推进。"

如果沃克的意见被采纳,以后中国军队的仗会难打得多,可麦克阿瑟一句话就让虎头狗成了哑巴狗。"参联会已经批准了我的计划，就按我的意见办吧。"麦克阿瑟淡淡地说道。

呆若木鸡的沃克走了以后，情报处长威洛比少将又给麦克阿瑟送来了一摞情报，全是有关中国的。

麦克阿瑟随手拿起一份，漫不经心地看了看：

"中共部队正在满洲集结，估计有四十五万人。在满洲计有中共部队三十八个师，其中九个到十八个师正集结在鸭绿江沿江的各个渡口，中共部队的调动应被看作进入朝鲜战场前的必要部署……"

麦克阿瑟摇摇头，又拿起一份情报：

"中共军队代总参谋长聂荣臻约见印度驻华大使潘尼迦，聂表示中国人民不会袖手旁观，让美国人一直打到中朝边境。毫无疑问，聂的表态是说明中国军队的态度。而且，没有中共最高层的同意，聂不可能这样说，因此，这也可视为中共当局的态度。"

"我亲爱的威洛比，中共有空军吗？"

麦克阿瑟摇摇头，微笑着将那两份情报扔进报告堆。

"没有，不过据说正在组建，将军。"

威洛比少将以情报人员的严谨回答。

"他们有海军吗？"麦克阿瑟笑得更欢了。

"也在组建。"

"他们的陆军有坦克吗？"麦克阿瑟笑着举起了烟斗。

"微不足道。"

"陆军的火炮怎么样啊？"麦克阿瑟笑着点燃了烟丝。

"同样微不足道。"

"那就行了，我们的谈论可以结束了。"麦克阿瑟笑着抽了一口烟斗。

"只要中国人敢参战，我将让只靠步枪作战的中国人尸横遍野，将整个战场变成屠场，坦率地说，我是多么盼望他们参战啊，不过威洛比，"麦克阿瑟说出了自己的战略判断，"我认为中国人的目标是台湾，他们只是虚张声势好让我们陷在北方的朝鲜，然后突然在南方攻打台湾。"

麦克阿瑟突然敛住笑容目光炯炯：

"一旦中共发动对台湾的进攻，我将立刻赶去亲自指挥对中共的反击，我会让他们血染海峡，惨遭失败！也许中共会因此而总崩溃。"

麦克阿瑟大步走到窗前凝视天空：

"我天天在睡前祈祷，希望中共会这么干。要真是那样，上帝可就再一次成全我了！"麦克阿瑟迫不及待地又开始了祈祷。

威洛比少将满怀崇敬地退出了司令官的房间。

七

麦克阿瑟的元山登陆计划开始实施了。正像沃克所担心的那样，井然有序的战场立刻混乱到无以复加的地步。

正在作战的第十军从前线紧急撤出，赶回仁川登船。本来就因承受过度补给任务而不堪重负的仁川港立刻就瘫痪了，而第十军的登船属于最优先任务，仁川港只好停止第八集团军的补给，卸货去装运第十军。这一下又导致战场上已经补给缺乏的第八集团军更加捉襟见肘，被迫放慢攻击速度。而第十军在如此拥挤的仁川也不能迅速登船。麦克阿瑟拆东墙补西墙，居然又命令已到仁川的第十军中的第七步兵师南下开到釜山上船。这就更加乱套了，可怜的第七师被迫在本来就堵塞严重的汉釜公路上行军三百多公里，到了釜山后登船出航，又要优于第八集团军的补给工作，结果，麦克阿瑟的荒唐计划在仁川、釜山和汉釜公路上造成一片混乱，本用来输送进攻补给的仅有的两个港口及其附近公路、铁路挤得水泄不通，沃克第八集团军补给缺乏日益严重，被迫放慢向北进攻的速度，而第十军被迫置身战斗之外达好几周之久。

等第十军终于乘船赶到元山港时，南朝鲜一军早已攻下此地。更可笑的是，第十军眼望着岸上的南朝鲜战友进不了港，几千颗人民军的水雷在等着他们。情急之下，麦克阿瑟竟极其机密地让刚投降五年的日本投入朝鲜战争。

日本海上保安厅长官大久保随即在当时极度贫穷的日本用高薪秘密招募了一批旧军人，组成日本扫雷队赶赴元山。

10月17日，一名名叫中谷板太郎的日本水兵在扫雷中被炸死，他是日本"唯一公开的战后阵亡者"。

出现伤亡后，日本扫雷总指挥不顾美军司令部的命令，带着扫雷队匆匆返回日本。麦克阿瑟大为光火，竟要求日本严惩责任者。阴险狡猾的日本首相吉田茂赶紧派出第二支扫雷队到元山。这样，在两个月时间中，战败才五年的日本就出兵一千二百人、四十六艘扫雷艇跑到朝鲜。

这是日本政府第一次违反刚制定两年的宣布永远放弃国家交战权的《和平宪法》出兵海外，到了20世纪70年代日本人才大致知道这次机密行动的内情。而日本战后的新海军也因此次行动获得美军信任，开始了重新武装。

半个月后，元山港的水雷终于扫清，第十军这才上岸，麦克阿瑟的此次行动成了各国军人的笑柄。本来已经陷入绝境的南方人民军主力借此机会，分成小股纷纷乘机往北溜之大吉。

美韩军击溃人民军主力后，朝鲜北方已无人民军有力部队驻守，美韩军遂于10月8日越过三八线悍然北进。挨了几个月打、饱受责难的南朝鲜军高叫"饮马鸭绿江"向北猛扑，一路见人即杀，遇房则烧，如入无人之境，其好战言辞甚至让美国人都感到不好意思。面对极端不利的战场形势，金日成向中国求救了！

八

9月16日，仁川登陆战第二天，满脸焦急的朝鲜次帅、内务相朴一禹匆匆渡过鸭绿江来到中国安东，紧急约见中国东北军十三兵团几位将领。朴一禹也曾是中国军队的一名老兵，在八路军邓华支队工作过，还任过平西抗日根据地县长，中国名字叫王巍。

曾长期战斗生活在中国的朴一禹满口流利的中国话，双方的交流不存在任何问题。但朴一禹甚至都不能向老战友邓华介绍朝鲜具体的战况。他和金日成都已和前线部队失去联络，只知道美韩军正向北方疾进，公路、铁路全被敌机破坏，人民军部队正沿山区小道后撤。

听完了介绍，几员能征善战的中国将领心里有谱了，人民军招架不住了，朝鲜危急！果然，朴一禹代表朝鲜党和政府恳请中国出兵援朝。

几员将领虽然早已做好出国作战的心理准备，但一切行动只能听从中央命令，也只能泛泛安慰朴一禹："我们一定把你们的情况和你们的要求向我们党中央报告，只要党中央一声令下，我们立刻出兵！"

心急如焚的朴一禹只待了一个晚上就又赶回了朝鲜，这是朝鲜政府第一次正式向中国政府请求出兵援朝。

朴一禹一走，几位将领立刻向毛泽东和党中央做了详细报告。接着，邓华、洪学智、赖传珠、解方、杜平又开了一个会议，按《孙子兵法》，这次会议可称出师前的战术"庙算"。这都是些身经百战的优秀将领，虽然没跟美军交过手，但凭着极其丰富的战争经验，怎么跟美军打仗的谱还是有的。

几个脑袋一合计，就分析出了美军和我军的优缺点：

美军有现代化装备，机动性强，陆军地面火力强，海空军绝对优势。我军装备明显劣势，步兵就那么几门迫击炮，重一点好一点的炮都是缴获国民党的，还靠骡子拖马匹拉呢，火力绝对劣势，海空军没有，主要就靠步枪手榴弹了。

怕不怕？嘿，从红军当到解放军，什么时候我军装备强过敌人啦？当初拿着菜刀不也砍出了一个新中国？打仗若就靠武器还要将领们干什么？干脆量量谁的炮筒粗，数数谁的飞机多就行了！

几个人算完了美军长处又合计起了我军长处。我军为反侵略而战，师出正义，士气必高，政治上绝对优势；美军为侵略而战，出师无名，必遭世界反对，士气低落，政治上劣势。光这一条就可一战！外行才知道只靠武器打仗，武器是要人操纵的，打仗先就打个精气神，打胜仗最主要的一条我军占优了，能战！

我军战斗经验之丰富可谓举世无双，从建军那天起哪天不是在枪炮声中度过的？几十年又是一贯以劣胜优，再厉害的敌人我们都能找到对付他们的办法。特别是我军作战机动灵活，善于侧面迂回包抄，又善于分散隐蔽，总之一句话，怎么能打胜仗就怎么打。而美军一切行动均按作战条令规定，死板得很。以活对死，能战！

我军指挥员英勇善战，牺牲精神和吃苦耐劳的劲头敢说哪个国家都比不上。美军连喝的水都从日本拉来，少爷兵喝朝鲜水泻肚。他们就靠个优势火力，论士兵的素质他们根本就和我们没得比，能战！

我军背靠祖国，补给方便，美军什么东西都得从本土远涉重洋运过来，它的装备现代化，车多炮多飞机多消耗也多，我军装备差，车少炮少消耗也少，打仗打后勤，能战！

还有朝鲜的地形，当地百姓人心向背……

几个人越合计胜算越大，越合计信心越足，美国佬没什么了不起，只要中央下令，照样揍它个屁滚尿流！

几员战将随即根据敌我优劣确定了作战原则：

战略上持久，战术上速决，集中优势兵力穿插迂回分割包抄。美国佬飞机厉害，我白天就分散隐蔽睡大觉。夜里你总看不到地面吧？我就大打近战夜战白刃战，跟你的步兵贴在一起，让你的炮兵航空兵干瞪眼！你炸坏了公路铁路，我不走不就得了！我就靠步兵的两条腿走山路往你背后钻。你不正猖狂北进吗？我就布好阵势以逸待劳等你进圈套。

不久，战争就打响了，几员虎将的妙算与实际情况几乎如出一辙，可称神算！只是后勤一条彻底算错了。由于美国空军的轰炸，我军背靠东北却没吃没喝缺枪少弹。美军有强大的现代化运输能力，虽然远涉重洋却什么都不缺，闲着没事还运来几千万个避孕套！

那场即将发生的战争在很多方面超出了几位扬威国内战场的将领的想象，他们将在当时世界现代化程度最高的战场上进一步走向成熟，深刻地了解制空权、火力、后勤等现代战争要素的重要性。正是由于有了在朝鲜战争中的亲身历练，他们都将成为中华人民共和国成立之初中国军队现代化建设中的英才，直到1959年彭德怀上庐山……

朴一禹来后，经高岗同意，四十二军军长吴瑞林带着军作战处长和情报处长化装成火车司机入朝看地形。他从安东出发经新义州、平壤再回到中国辑川，历时七八天，在朝鲜北部转了一圈。每到一地，吴瑞林就口述该处地形、能展开何种军事行动等情况，随行情报处长赶紧记录，作战处长则拼命画图，将沿途村庄、桥梁、涵洞等有军事意义的地点记画下来。这样，吴瑞林抢在"联合国军"到来之前搞出了一份朝鲜北部的兵地要志，这份报告以后帮了彭德怀大忙。吴瑞林这位智勇双全的名将将在朝鲜战场给西方留下极深的印象，直到四十年后的90年代，一名在美国最高军事学府深造的中国留学生还被校方的一名三星将军叫去问道："你知道中共的吴瑞林将军吗？吴瑞林是位了不起的将军，我十分敬佩他。你回国之后，在战术上、战略上要向他好好学习！"原来，他在朝鲜曾当过吴瑞林的俘虏，甚至还被吴瑞林亲自审问过。

鸭绿江边的中国将领们开始更加狠抓部队战备，同时焦急地等待着中央的答复和军事统帅的到来……

九

苏联一位军事将领曾感慨万分地说："决策的过程是一个极为艰难和痛苦的过程。"毛泽东现在就在经历这种痛苦。

到底出不出兵？中国打了一百多年仗了，现在中华人民共和国成立才一年，整个国家千疮百孔、一片废墟，经济上一塌糊涂，国内土匪猖獗，蒋介石还占着台湾岛，堆积如山的内部问题都处理不过来。现在要去同世界上最强大的国家和其十多个仆从国作战，打得赢吗？打天下时可着劲儿造反无所谓，现在坐了江山，那些坛坛罐罐都是人民的了。一旦打输，政权崩溃，蒋介石反扑都不是没有可能的！历史上有多少功败垂成的事啊！

不出兵吧，民主朝鲜一垮，社会主义阵营将威信扫地，将会在东方被

战火燃烧到鸭绿江边

打破一个缺口，美国人和李承晚几十万人马往你家门口一摆，你还想过安生日子？几十万东北边防军将被吸在中朝边境动弹不得。长期战备要多少钱？东北是旧中国唯一还算完整的重工业基地，在即将到来的国民经济建设中是要起大作用的，让侵略者逼到家门口，多少企业要搬迁？损失之大只怕还要超过一场战争。生产建设还会拖后多少年？再说你不反抗就没事啦？未必！仁川登陆成功，美国又开始轰炸中国边境了，安东一次就吃了十二颗炸弹，连山东外海的中国商船都遭到美国海军射击。它这是战略侦察呀，你越让步它会越嚣张的。到时候它从北面逼入东北，第七舰队支援蒋介石反攻华南……

在领袖身边工作的人们回忆，决策出兵援朝的那段时间，毛泽东陷入了新中国成立后最痛苦的状态。他整夜不能入眠，两三个小时就得给他倒满满一缸烟蒂。往日和蔼的毛泽东不见了，现在他时常大发脾气，工作人员都尽可能离得远一些，不去打扰他，毛泽东身上的压力太大了。将失一令，军破身死。而现在，一个毛泽东为之骄傲无比的五千年文明古国的安危就在他一念之间，决策虽然由政治局共同做出，但是最后定下决心的却只能是他毛泽东一人。君失一策，那可是国破家亡啊！

经过反反复复极其痛苦的思考，毛泽东终于下定决心出兵。毛泽东告诉自己，无论从道义上还是从保卫中国自己的角度上，中国都要出兵。

因剧烈思考激动得满脸通红的毛泽东站起身，看着窗外婆娑摇曳的斑竹问自己：我难道还不如中国古代的君主吗？哪一朝的中国君主在朝鲜被侵略的时候不援朝？唐高宗就援朝抗日，那么昏庸的明神宗也知道援朝抗日，他们尚且能打出去御敌于国门之外，我毛泽东难道坐等美国人打上门来？

出兵！

十

最痛苦的是毛泽东，最忙的是周恩来。他身边的工作人员证实，抗美援朝时期是周恩来一生中最忙的时期，甚至超过了以后让他焦头烂额的"文革"时期。他每天都要会见上百号人、开十几个会、批阅如山的文件。毛泽东在菊香书屋为决策痛苦万分，周恩来在西花厅里为具体事务劳心伤神，他开始为万一朝鲜出现最坏情况做极其细致的准备。

东北边防军早有一个报告，建议出兵之前派一个四人先遣小组前往朝鲜熟悉情况、勘察地形，做战场准备。战场指挥员的心情可以理解，但鉴于时机不到，周恩来一直没有批复。朴一禹到安东求援第三天，周恩来当即召见奉召回国的柴成文，让他再带五名武官入朝。

兵马未动，粮草先行。这五名武官中职务最高的是东北军区后勤部部长张明远，其余四人分别是十三兵团侦察处长崔醒龙、三十九军参谋处副处长何凌登、四十军一一八师参谋长汤敬仲、军委炮兵司令部情报处副处长黎非。五个人两个做参谋两个搞情报，还有一个搞后勤，很明显，这五个人是大军先行官。

柴成文一行数人离开北京，首先在沈阳见了高岗。高岗也急得很，如果大军真的入朝，他坐镇东北要为几十万军队提供后勤保障，任务重得很哪。

高岗把柴成文找去，询问中央有何具体交代，还特意拿出毛泽东给他的一封信，信中说：看来不出兵是不行了，必须早做准备。高岗是想先摸摸底，可毛泽东此时都还不能确定是否出兵，柴成文如何能知？

翌日，柴成文一行分乘五辆吉普赶到平壤拜会了金日成。金日成一听这几人的职务高兴极了，久经战阵的金日成当然知道这几个人入朝目的所在，立即给五名新武官各开一个亲笔签署的"信任状"，要求朝鲜有关党政机关沿途给予协助。这可是朝鲜最高级别的通行证，有了这几张"信任状"，五个人在整个北朝鲜都可畅通无阻。出了首相府，五人立刻前往各地看地形搞情报，为大军入朝做准备。

送走了柴成文一行，周恩来又与毛泽东协商，以个人的名义向金日成提出建议，希望其采取自力更生、持久作战的方针，集中兵力与火力的绝对优势，围歼被分割的少数敌人，逐步削弱敌人，以利长期作战。

金日成收到建议后深表感谢，表示希望中国同志经常提出建议。可惜建议虽好却当不了饭吃也救不了急，金日成已经没有实力完成建议了。

9月30日，南朝鲜军第三师在"竞赛"中取胜，先于其他部队越过了三八线，抢了头功。

10月1日，麦克阿瑟给金日成下了最后通牒：

"我，'联合国军'总司令，要求你和你指挥的军队，接受由我委派下的军事监督，无论在朝鲜什么地方，立刻放下武器，停止敌对行动。"

当日夜里，金日成笑着告诉中国大使倪志亮：

"麦克阿瑟要我举手，我们从来没有这个习惯。"

说完，金日成以他和朴宪永（朝鲜外务相）的名义联名向毛泽东提出派兵援朝的要求。当危急中的金日成向毛泽东求救时，正在黑海克里米亚度假的斯大林也急得团团乱转。他是社会主义家庭的大家长，金日成的失败就是社会主义大家庭的失败，就是斯大林的失败！

高傲的斯大林决不能容忍这种情况的发生。可是直接出兵去跟美国人打仗，搞不好那可就是第三次世界大战，真要苏联为其他国家做出如此重大的牺牲，去冒让整个苏联毁于一旦的危险，能这样干也就不是真实的斯大林了。

在房间转来转去的斯大林突然停住脚步露出笑容。他终于想起还有中国同志呢！

两封电报同时摆上了中国共产党人的案头，一份是金日成的求救电：

目前战况是极端严重的。我们人民军对上陆的敌人进行了顽强的抵抗，但对于前线的人民军，已经造成了很不利的情况……

我们决定克服一切困难，不让敌人把朝鲜殖民地化与军事基地化，我们一定要不惜流血牺牲，流尽最后一滴血，为争取朝鲜人民的独立解放民主而斗争到底！……

在目前，敌人趁着我们严重的危机，不给予我们时间。如果继续进攻三八线以北地区，则只靠我们自己的力量是难以克服此危机的。因此，我们不得不请求您给予我们特别的援助，及在敌人进攻三八线以北地区的情况下，急盼中国人民解放军直接出动，援助我军作战……

一封是斯大林通过驻华大使罗申转过来的密电：

北京

苏联大使：

请立即转告毛泽东和周恩来：

我正在远离莫斯科的地方休假，对朝鲜局势不甚了解。但是，从今天莫斯科给我的报告中，我得知朝鲜同志陷入了困境。

……

我考虑，根据眼下的形势，如果您认为能为朝鲜人提供援军，哪怕五六个师也好，应即刻向三八线开进，从而使朝鲜同志能够在你们部队的掩护下，在三八线以北组织后备力量。中国部队可以志愿者身份出现，当然，由中国的指挥员统率。

我没有向朝鲜同志谈过这件事，而且也不打算谈。但我并不怀疑，当他们得知此事后将会高兴。

等候您的答复

此致

敬礼

菲利波夫

1950 年 10 月 1 日

朝鲜同志求救了，社会主义家庭大家长也来求援了，刚成立整整一年的年轻共和国立刻站到了世界舞台的中心。现在，考验中国共产党人的历史性时刻终于到了。

十一

10 月 2 日 3 时，中南海颐年堂，讨论出兵援朝问题，中共群雄济济一堂，畅所欲言。

刚刚经历胜利，党内政治气氛是非常民主的。会前，毛泽东和周恩来交换过意见，二人一致力主出兵。前一天的 10 月 1 日夜间会议中，中央几个主要领导已达成了出兵的一致意见。

周恩来本想先发言，毛泽东见状阻止："让大家放开说。"

毫无疑问，毛泽东此举便于吸收群众智慧，丰富决策依据。中华人民共和国成立初期取得的那些巨大的政治经济军事成功，无疑与党内的这种民主风气有极大的关系。

中南海，中共群雄济济一堂，讨论出兵援朝问题

会议一开始，毛泽东就幽默地说："这是个诸葛亮会，请大家来，谈谈对出兵援朝的看法，摆一摆出兵的不利条件和困难。"

出乎毛泽东意料，问题一拿出来，便出来两种意见，有的坚决主张出兵，有的却不愿出兵，大多数人都认为不到万不得已，最好不打这一仗。

更关键的是，最不同意出兵的竟是与抗美援朝成功与否有重大关系的两个人物。这两个人一个是出兵的前方主帅，另一个是保障大军后勤供应的后卫。

高岗满脸涨得通红："打仗要打实力，出兵援朝，保卫新生的共和国，反对帝国主义霸权，道义上没错，可苏联比我们力量雄厚，武器不知比我们好到哪儿去了，他们都不打，为什么要我们打？以我们这么一点力量去跟美国人打仗，即使打胜了，要付出多大代价？"

东北是出兵部队的直接后方，高岗是东北人民政府主席，他还是中央政府副主席，无疑，他的意见是很有影响力的。

更让毛泽东吃惊的是，他亲手从连长提拔起来的爱将林彪也反对出兵，而且反对态度比高岗还强硬。要知道，林彪可是已经内定的出兵统帅啊！

东北边防军司令员粟裕重病在身，没有年把时间起不来，一直不能到任，出兵的事情又越来越急，毛泽东和周恩来商量后，决定让声威赫赫的四野司令林彪统率部队进朝鲜。一直到这时为止，毛泽东对林彪还是非常满意的。

抗战中林彪被友军误伤，痛得在延安惨号连连，毛泽东闻声热泪横流。他一生流过几次泪呀！

红军时期林彪立了多少战功？抗战第一仗就在平型关打出了八路军的威风；三年解放战争，把出关的十万部队打成入关时的百万雄师，不容易啊！自己还亲口夸过："林彪打仗又狠又刁！"没想到林彪竟是这种态度！

林彪说话和口沫横飞的高岗不一样，说起话来慢条斯理，可还特别有说服力："美国人一个师有大炮几百门，我们一个军才有三十几门。他们有空军，我们没有。他们有海军，我们又没有。这仗怎么打啊？再看看国内，从红军打到解放军，二十几年就没停过，人心厌战哪，极度厌战，没有一个老百姓不厌战，没有一个战士不希望和平。现在遍地土匪多如牛毛，老百姓连肚子都吃不饱。以前，为了过上好日子，他们拿起枪跟我们走，现在解放了，又要他们拿枪，他们愿意吗？"

林彪说到这里，周恩来插了一句："抗美援朝，保家卫国嘛，把思想工作做透，人民会跟我们走的。"

林彪立刻不再作声，耷下肩膀，恢复了那副郁郁寡欢的旧模样，一句话也不说了，会场立刻沉闷了。

毛泽东没想到会有这么大分歧，只好说道："既然这样，先散会吧，明天再开。"

毛泽东说完就离开会场，余下众人面面相觑，各自离开不提。

客观地说，高岗、林彪反对毛泽东的意见是难能可贵的。作为高级干部，面对领袖能坦率说出自己的意见和看法，这无疑是值得嘉许的，只是林彪反对出兵也确实有那么一点儿不便说出口的"活思想"，他害怕打败仗影响自己的威信。而历史却再一次证明了毛泽东的远见卓识，包括毛泽东自己也没有想到，抗美援朝竟取得那么多那么大的胜利，一百多年来犹如一盘散沙的中国人面对强敌焕发了空前的团结。因为战争的胜利，国内民族凝聚力空前高涨，外交上国际威望空前提高，军事上则一扫人人可欺的百年弱国形象，打出了一个世界军事强国。连经济上也因为人民奋发图强，友邦大力支援而迅速恢复。毛泽东若能知道如此结局或许老早就出了兵，林彪、高岗恐怕也绝对不会反对。历史又一次证明毛泽东比别人都高明，许多同志由此相信毛泽东超过了相信自己和政治局的集体领导。毛泽东的自信也更高了，这却又为他晚年的错误埋下了伏笔。

散会后回到菊香书屋，毛泽东还在思忖自己是否错了、林彪是否有理，内心很不舒服。就在这时，周恩来进来了：

"主席，明晨1点约见印度大使潘尼迦，原定说明变不变？"

"不变！"

毛泽东斩钉截铁地说。

中华人民共和国成立初期，印度奉行不结盟政策，是不结盟运动的领袖，中印关系相当友好。印度第一任驻华大使潘尼迦非常热爱中国，这条线实际是当时中共唯一能跟西方国家直接传递信息的通道。10月1日夜间开会后，已商定让周恩来通过潘尼迦向西方转达中国最后的警告："美国正企图越过三八线，扩大战争。美国军队果真如此做的话，我们不能坐视不管，我们要管！"

这个信息实际上是告诉西方中国外交努力已到尽头，你要再不听警告就只有到战场上比谁的拳头厉害了！周恩来没想到2日的政治局扩大会议中央内部分歧如此严重，不知道毛泽东决策是否因此改变，故有此一问。

周恩来又问道："主席，斯大林还在等答复呢，电报怎么发？"

抗美援朝史上的一个谜团出现了。在世界所有有关中国抗美援朝的史料中，不管是东方还是西方，都如实记载了这封电报，这封电报是中共中央关于抗美援朝决策的总说明：

我们决定用志愿军名义派一部分军队至朝鲜境内和美国及其走狗李承晚的军队作战，援助朝鲜同志。我们认为这样做是必要的。因为如果让整个朝鲜被敌人占去了，朝鲜革命力量受到根本的失败，则美国侵略者将更为猖獗，于整个东方是不利的。

……

这份电报充分表现了中国人要在朝鲜与美国人一决雌雄的无畏气概，也说明了中共中央已形成出兵决策。国内许多研究抗美援朝的著作都认为它是毛泽东在10月2日中央政治局会议后起草的，这封电报的真实性从来无人质疑。

没想到苏联解体，大批历史绝密档案被披露，但在俄罗斯联邦总统档案馆和对外政策档案馆中都找不到这份电报，而只有另外一份内容完全相反的电报，电报落款时间是"一九五〇年十月二日"，苏联收件时间为"一九五〇年十月三日十二时十五分"，由苏联驻华大使罗申转发，电文节录如下：

菲利波夫：

呈上毛泽东对您第四五八一号电报的答复如下：

一九五〇年十月一日来电收悉。我们原先曾打算，当敌人向三八线以北进攻时，调动几个师的志愿军到北朝鲜帮助朝鲜同志。但是，经过慎重考虑后我们现在认为，这一举动会造成极为严重的后果。

……

当然，我们不出兵援朝，这对于正处在如此困难境地的朝鲜同志来说，是十分不利的，我们自己也于心不忍，但如果我们出动几个师，随后又被敌人驱赶回来，并由此引起美国与中国的公开冲突，那么我们的整个和平建设计划将被全部打乱，国内许多的人将会对我们不满（战争给人民带来的创伤尚未医治，人民需要和平）。

因此，目前最好还是克制一下，暂时不出兵，同时准备力量，这样做在有把握与敌作战的时机上会比较有利。

由于暂时的失利，朝鲜应该换一种斗争方式，进行游击战。

我们将召开党中央会议，中央各部门负责同志都将出席。对此问题尚未作出最后决定。这是我们的初步电报，我们想同您商量一下。如您同意，我们准备立刻让周恩来和林彪同志飞到您休养地，同您讨论这件事，并报告中国和朝鲜形势。盼复。

毛泽东

一九五〇年十月二日

毫无疑问，这是两份内容截然相反的电报，一说出兵，一说不出兵，怎么回事呢？

如获至宝的一些西方学者立刻指责："中国版的10月2日电报不可靠"，"中国当局为了表现他们认为的在意识形态和政治上更正确的历史看法，改动或歪曲了文件的内容"。

中国历史学家迅速查证，这份文稿确有其事，毛泽东手稿且存。《建国以来毛泽东文稿》和《毛泽东军事文集》收入时均已证明。文献具体时间应该是 10 月 1 日夜会议之后和政治局扩大会议之间所写，不可能在 10 月 2 日会议之后所写；该电并未发出。一般说电报稿上都有发出时间而该电没有，估计是因为会上有分歧，所以未发；该电显然根据 10 月 1 日夜里会议精神起草，它反映了毛泽东周恩来等中央领导人出兵援朝的决心，这是一份完全真实的历史记录。那么为什么会有那份不出兵的电报呢？

估计是会议上分歧太大，毛泽东也想再看看斯大林的反应，了解苏联对解决朝鲜危机介入的程度有多大，以更清晰地了解中国出兵所面对的国际环境。无论如何，毛泽东、周恩来抗美援朝的决心没有动摇，否则志愿军不可能跨过鸭绿江（见《周恩来与朝鲜战争》一书）。

拟完电报后，周恩来忧虑地询问毛泽东："林彪如此态度，看来得换个人挂帅了。前一段柴成文回国述职，我让他向林彪报告，让林彪早点摸清情况好挂帅，没想到他问柴成文，金日成是否做好了上山打游击的准备？"

毛泽东愤激地说："是要换了，他就是私心重，怕打不赢影响他林总的威信！朝鲜同志前一段打胜仗的时候，他的情绪很高嘛！现在人民军要失败了，他就身体有病啦？我看他是有心病！为将者都没有必胜信念，怎么带兵打胜仗？临阵换帅吧！"

"你看换谁呢？"周恩来问道。

毛泽东看来是胸有成竹："谁敢横刀立马……"

周恩来眼睛一亮，立刻接上去："唯我彭大将军！"

十二

彭德怀永远都忘不了抗战时期西北那位老农。他过黄河时那老农帮他做了点事，他回请老农吃了一顿肉，没想到那憨厚的老人竟涕泪横流。这是老人一生中吃的第二次肉。上次吃肉是四十多年前清朝的一个县太爷让他挑行李，看他辛苦赏了一碗菜，菜里有几片香香的肥肉。

彭德怀永远忘不了自己当时心里是何等刺痛，他自己的出身也很苦，童年时除夕还出去讨饭，可中国西北农村的赤贫还是让他震惊。从那时起，他就立志打完天下后投身经济建设，为让西北这块他战斗生活过多年的土地摆脱贫穷而奋斗余生。

中华人民共和国成立后，彭德怀已几次向身边的秘书流露出退出军队搞建设的念头，那么多战友壮烈牺牲不就是为了让老百姓过上好日子吗？自己仅仅是一个幸存者而已，作为一名幸存者应该去完成牺牲同志的心愿。

扫平西北土匪后，中央军委副主席、西北局书记彭德怀的工作重心发生了彻底变化，西北军事没什么大事需要他操心了，边境外是苏联，友好着呢。边境内只余几股不成器的土匪，委屈王震王胡子大材小用就是了，连西北野战军都要大裁军，改编成生产建设兵团从事生产活动（一年后，西北七个军裁得只剩一个第一军）。现在，彭德怀这位西北战神是一心扑在西北地区的国民经济建设事务上了。

10月4日早上，彭德怀正召开西北厅局级以上干部会，商讨大西北经济发展问题。临近中午，秘书杨凤安突然领进一位中央办公厅的同志，来人举手敬礼："彭总，中央正在开会，毛主席让立刻把您接到北京，他要马上听听您的意见，昨天飞机就备好了，天气不好，总理怕出事，拖到今天才让我们来接您。"

党性极强的彭德怀立即宣布散会，回到办公室收拾了一摞有关西北经济发展规划的材料，啃了两个冷馒头喝了一杯开水，就赶往机场。直到这时，他还以为是去出席中央的经济发展会议。彭德怀这一去就将挂帅出征，忙得跟西安的妻子告别的机会都没有，他的妻子浦安修好几个月都不知道自己的丈夫去了哪儿。

在飞机上，彭德怀突然感到此行可能与经济问题无关，经济问题不会这么急。军人的直觉告诉彭德怀，多半是朝鲜问题。

等彭德怀赶到颐年堂时，当天的会议已近尾声，会议上争论仍然十分激烈，两种意见依旧相持不下。彭德怀看看会场上的气氛就明白了，毛泽东急如星火地请他来是搬救兵呢！在出不出兵的问题上，他这个军委副主席、政治局委员、西北局书记的一票将是决定天平倾向哪一面的决定性一票。

果然，毛、周在散会后留下了彭德怀，三人在菊香书屋畅谈一番。作为一个军事家，彭德怀虽远在西北，却也早已关注朝鲜战局。快人快语的彭德怀当即表示："如果战争非打不可，晚打不如早打！"

毛泽东闻言哈哈大笑："看来我这救兵搬对了。"

彭德怀以后在牢狱中记下了他当时剧烈的思想斗争：

"听别的同志告诉我，当毛主席让大家着重摆摆出兵的不利情况以后主席讲了这样一段话：'你们说的都有理由，但别人处在国家危急时刻，我们站在旁边看，不论怎么说，心里也难过。'我刚到，未发言，内心想是应该出兵，救援朝鲜。散会后，中央管理科的同志把我送到北京饭店。当晚怎么也睡不着，我以为是沙发床，此福受不了，搬到地毯上，也睡不着。想着美国占领朝鲜与我隔江相望，威胁我东北，又控制我台湾，威胁我上海、华东。它要发动侵华战争，随时都可以找到借口。老虎是要吃人的，什么时候吃，决定于它的肠胃，向它让步是不行的。它既要来侵略，我就要反侵略。不同美帝国主义见高低，我们要建设社会主义是困难的。如果美国决心同我作战，它利速决，我利长期；它利正规战，我利于对付日本那一套。我有全国政权，有苏联援助，比抗日战争时期要有利得多。为本国建设前途来想，也应当出兵。常说，以苏联为首的社会主义阵营强大得多，我们不出兵救援朝鲜，那又怎能显示得出强大呢？为了鼓励殖民地、半殖民地人民反对帝国主义、反对侵略的民族民主革命，也要出兵；为了扩大社会主义阵营威力也要出兵。'你们说的都有理由，但如果不把它同朝鲜处于危急时刻联系起来考虑，那就是民族主义而不是国际主义者。'我想到这里，认为出兵援朝是正确的，是必要的，是英明的决策，而且是迫不及待的。我想通了，拥护主席这一英明决策。"（见《彭德怀自述》第257页）

第二天下午，中央继续在颐年堂开会。这是一次决定性的会议，中央决策层领导基本到齐，毛、朱、刘、周、任五大书记，陈云、康生、高岗、彭真、董必武、林伯渠、邓小平、张闻天、彭德怀、李富春、林彪等中共群星济济一堂，今天要决策了，这一决策可是关系到共和国的生死存亡的！

林彪无精打采地继续发言，还是困难一大堆，最后结论是加强东北边防军守住边境，以免引火烧身。

毛泽东越听越气。古今中外，国家安全受威胁，哪一国的军方不主战？林彪太不争气！

周恩来替他开口了："等到美军打到鸭绿江时它会得寸进尺，侵略者是

不会止步的！麦克阿瑟又会说鸭绿江不是边界！"（后来，麦克阿瑟果然如此说了）

彭德怀站出来了，一开口就语惊四座："出兵援朝是必要的，打烂了，等于解放战争晚胜利几年，如美军摆在鸭绿江岸和台湾，它要发动战争，随时可以找到借口！"

毛泽东趁热打铁："彭老总说得好，我们出兵参战的困难确实很多，但是，朝鲜是中国的友好邻邦，中国人民不能眼看着美国侵略者肆意践踏而置之不理；唇亡齿寒，户破堂危，我们应当参战，必须参战，参战利益极大，不参战损害极大！"

一锤定音，决策出兵！

10月6日，周恩来再次主持政治局扩大会议，研究出兵援朝有关问题，毛泽东因事未能赴会。

会议中林彪突然激动起来，声音变得又尖又细，语调也急促起来："打仗打仗，我们打了几十年仗了！十年内战，八年抗战，四年解放战争，人心思和！现在出兵打仗，不得人心！国家刚解放，国内经济这么个烂摊子，军队破枪旧炮还没有改装，还有土匪在活动，自己顾得过来吗？还出去打！再说，和国民党作战有把握，打美国的现代化，还有原子弹，我们行吗？我看中央要慎重考虑，稳妥行事。"

一向温和的周恩来发火了："现在不是讨论出不出兵的问题，而是讨论怎么办、怎么落实和理解毛主席的决定！"

林彪难堪了。作为一个久经沙场的指挥员，如此瞻前顾后胆小怕事，实在影响形象，他涨红了脸嘟哝起来："出而不战行不行。把兵派出去，但不打。"

周恩来和许多人都忍不住笑起来："别人隔岸观火，你过江观火，行得通吗？"

林彪再也不作声了。

开完会，周恩来回到西花厅，路上正好遇到毛泽东，毛泽东问："会议开得怎么样？"

周恩来摇摇头："大多数同志意见都统一了，只有少数同志还在反对，尤其是林彪同志。"随即将林彪发言向毛泽东做了反映。

毛泽东真的发火了："此人打仗谨慎有余胆略不足，身为高级将领，如此缺乏战略眼光临阵怯阵，实属不该！他有他的一千条道理、一万条道理，驳不倒我们的一条道理，那就是我国和朝鲜都是共产党领导下的社会主义友好邻邦，不论就国际主义来说，还是就共产主义来说，我们都不能见死不救。中华民族几千年来有个光荣传统和美德，见义勇为，舍己救人，我们应该发扬它！林彪怕美国的原子弹，那有什么了不起？它有它的原子弹，我有我的手榴弹！手榴弹一定可以打败原子弹，归根到底不是原子弹消灭人民，而是人民消灭原子弹！我坚信原子弹无非是个纸老虎！"

林彪从此蛰伏八年，直到 1959 年庐山会议复出……

十三

10 月 8 日，在美国军队越过三八线第二天，毛泽东提议，政治局一致通过彭德怀统率大军入朝作战！

会议毕，所有与会众人一一列队，挨个与挂帅出征的彭德怀握手。他们人人面容严肃，个个不发一语，只是使劲儿握着彭德怀布满老茧的大手狠狠摇动。彭德怀深受感动，这都是几十年朝夕相处、一起穿枪林闯弹雨、比兄弟还亲的同志啊！这握手是寄托、是信任，更是战友情深。

散会后，高岗在南海畔看着彭德怀："看来还不服老哟！"

彭德怀哈哈大笑。

当晚，毛泽东设家宴为彭德怀饯行，长子毛岸英作陪。

毛泽东向来不沾白酒，但当服务员摆上红葡萄酒时，他一摆手：

"撤下去，这是出征酒，来真的，上茅台！"

服务员欲待斟酒，毛泽东又是一摆手："我来斟。"

朴实的彭德怀连道："主席，这可不敢当哦！"

"什么敢不敢当，老彭，我斟酒是有道理的啊！"

"愿闻其详。"

"我们相识多少年了，老彭？"毛泽东动情地问。

彭德怀脱口而出："1928 年冬，我带红五军上井冈与你会师，到现在快二十三年了。"

毛泽东眼眶湿润了："二十三年，不容易啊！历史上，你支持我多哦，井冈山被八面包围，让你带几百人守，明知守不住，你也守了。三军团那么多干部反对过赣江，你一言九鼎也就过了。长征人少，你为照顾一军团的历史，把自己的部队三军团编散进一军团。八年抗战你挺进敌后，在太行山吃尽了苦。解放战争你的战区最穷，连黑豆都吃不上；部队最少，只有两万人，装备最差，尽是些烂枪；让你堂堂解放军副总司令带这么一点部队，你却任劳任怨消灭了上百万敌人，解放了整个大西北，不容易啊！林老（林伯渠）说得好，德怀，德怀，有德可怀，有威可畏啊！如今天下红了，我毛泽东在北京享福，却又要把你派到朝鲜吃苦受累，我心中不安哪，你说这一杯该不该敬啊？"

拙于言辞的彭德怀眼睛也潮了："共产党员嘛！党叫到哪里去，就得到哪里去，应该的。你给我敬酒，我不敢不喝，干！"

一杯酒下肚，毛泽东连脖子都红了起来：

"德怀，你要出征，我没有别的可送，只有一言一物相赠，一言嘛，是你一定要注意安全，美国人的制空权很凶哪，战略上藐视，战术上一定要重视，我毛泽东和共产党不能没有彭大将军这个人哪！"

彭德怀深受感动："主席言重了，我彭某不过是一介农民而已，还有什么宝贝要送给我啊，主席？"

毛泽东哈哈一笑："我老毛和你一样穷哩，宝贝没有，宝气倒有一个。"他手指作陪的毛岸英用浓重的湘音说道：

"我要把这个大儿子送给你，让你带他一同去朝鲜打仗！"

彭德怀举杯的手放下了。他怎么也没想到毛泽东要让儿子上战场！他是了解毛岸英的，岸英苦啊，十岁就带两个弟弟在上海讨饭，以后到苏联又遇上"二战"当了中尉。残酷的苏德战争中，中尉的生命比飞蛾还短暂，能活下来算他命大！一回国毛泽东又让他当农民种庄稼了解国情，进了北京又下工厂熟悉工业，总之就没过上一天享福日子！彭德怀知道毛泽东另外几个儿子丢的丢、残的残，这岸英是主席的心头肉啊！可战场上谁能说得准怎么回事，他这个统帅的命要说没有那也就是一忽儿的事（彭总几个亲属回忆，那几天，彭总情绪很不稳定，他将家中几个读书的小辈个个叫来叮咛一番，赠送些小礼物，他是做好了牺牲准备才上战场的）。

彭德怀思虑片刻，看着等待答复的毛泽东连连摇头："主席，那是战争！"

毛泽东站起身来："我毛泽东号召中国人民抗美援朝，我的儿子就该第一个去打仗！"

彭德怀深为毛泽东的人格力量所震动，他猛然站起身："好，既有主席此言，我就带！"

毛岸英也激动了，他也站起身说道："彭伯伯，我打仗可不怕死，不会给你丢脸的，我本来就是军人！"

彭德怀笑了，他从内心里喜爱这个纯朴的年轻人："你想干什么啊？"

毛岸英豪气冲天："我当近卫军中尉副连长，从莫斯科一直打到柏林，快十年了，该升到师长了吧？"

彭德怀仰头大笑："好好好，算条好汉，不过你老实点，你就在我司令部里当个俄文翻译，不许离我左右……"

……

名震世界军事史的中国人民志愿军诞生了。

以后当美国惨败时，美国军政首脑一起高叫他们遇到的是"中共正规军"，根本不是"志愿军"！但由于害怕战争扩大，他们在行动上和谈判中也承认了志愿军的名义，并以此下台阶，没有向中国宣战。英法等仆从国更说自己反对并且没有同中国交战。

10月8日，周恩来飞赴莫斯科。斯大林曾承诺只要中国出兵，他就出飞机出武器，周恩来此去就是去要枪要炮要飞机的。

就在周恩来起飞的同时，彭德怀携毛岸英一行也飞赴沈阳执掌帅印……

十四

彭总挂帅！

消息传出，十三兵团司令部立刻一片欢腾。

两天前，邓华和洪学智站在鸭绿江边，眼睁睁看着对岸的朝鲜新义州市在几分钟时间内被上百架美军飞机炸平，既义愤填膺又焦虑无比，中央怎么还不下令？再不出兵美国人就要打到鸭绿江边了，那时就被动了！现在彭总来了可就好了！

洪学智看着毛泽东任命彭德怀为志愿军司令兼政委的电报欣喜地说："彭总来当司令，这可太好了，有咱们解放军副总司令指挥，那还不把美国人打得稀里哗啦！"

乐得合不拢嘴的邓华突然一板脸："老哥，你可要小心脑袋！我了解彭总，他事业心强，打仗要求严格，责任感极高，作战中稍出纰漏他就大发脾气，要把他惹火了，他还要杀人哪！"

天不怕地不怕的洪学智毫不在乎："彭总脾气大没关系，咱们认真按原则办事。反正脑袋只有一个，拿掉拉倒！"

爽朗的洪学智以后果然成了挨彭总批评最多的将军，不过他得的表扬也最多。

工作人员赶紧为彭德怀收拾住处，别的都不要紧，千万不能有蜘蛛。勇冠三军的彭德怀对蜘蛛有种很奇特的畏惧感，后来他的一名部下说这种心理可能与其幼年经历有关。彭德怀下飞机后来到下榻的大和旅馆，推开房门不由一怔，朴一禹在客厅里等着呢。

这位朝鲜次帅连声道歉："彭司令哪，实在失礼啊，火都烧到我们的眉毛了。"

彭德怀一挥手："都是同志，客气什么！"

朴一禹道："美国人就要打到平壤了，希望你们尽快打过去呀！"

彭德怀刚毅地说："我赶过来就是要带兵跟美国人见仗！"

看到彭德怀到达沈阳，朴一禹心里有底了，中国真要出兵了，来的可是中共中央军委副主席，中国人民解放军的副总司令！中国的盘子肯定是定下来了，他饭也顾不上吃就赶回朝鲜报喜去了。

这边厢朴一禹刚走，那边彭德怀已经把各路人马的头头脑脑召集起来开动员会了。

邓华赶到后兴奋地握住彭德怀的手："欢迎老总，有老总统率，我们的仗更好打了，我们的信心更足了。"

邓华的喜悦发自内心，中国军队的绝大多数将领与彭德怀都有过隶属关系，他们在彭德怀麾下南征北伐东讨西杀，打过无数胜仗。

彭德怀微笑："那好，我们一起打美国人，不过，我可不算志愿军啊！"

洪学智问道："那你怎么来的？"

彭德怀答道："我是主席点将点来的，本来该林彪，可他病了，主席命令我来了。"

洪学智心道，邓华还说彭德怀严肃呢，他也开起玩笑了！接话道："彭总，那我也不算志愿军，邓华把我鼓捣来时，我连换洗衣服都没带。"

彭德怀大笑："你只不过没带换洗衣服，我从西安出发时连洗漱用具都没有，还以为是去开经济开发会呢！"

邓华乐了："你们说的都不是真心话，其实，你们都是最志愿的志愿军了，让你们来，你们谁含糊啦？谁讲价钱啦？不都是高高兴兴来啦？"

众将帅一起大笑，对于久经战阵的职业军人来说，保卫国家、打击侵略者是他们最大的幸福。

动员会上，高岗首先发言，他说出兵中央有不同意见，他原先也不赞同出兵，但中央既已决策，大家就该齐心协力把工作做好。

一边的彭德怀心里有些不悦，这高岗在这种时候说这种话干吗？当夜，彭德怀大会诸将齐饮出征酒。酒过三巡，彭德怀动情了：

"从井冈山到朝鲜，还是咱们这些人。说咱们是志愿军，其实我也不是志愿的，要不是美国军队压到了鸭绿江，我也不会志愿的，现在他打到咱们家来了，我志愿挂帅出征，你们志愿不志愿？"

"志愿！"

将领们的怒吼声势若奔雷。

第二天，彭德怀开始下部队检查战备，一个干部冒冒失失地问他："彭总，怎么东北书记不主张打，西北书记倒要打？"

彭德怀眼一瞪："什么东北书记西北书记，都要听党中央的，党中央叫打就打，而且非打好不可！"

众人肃然。

部队情况深让彭德怀满意，战士们个个小老虎似的，随口询问几个战士愿不愿意抗美援朝，人人胸脯挺得老高，还都讲得出一番保家卫国的道理来。

彭德怀暗暗点头。看将先看兵，战士们军事素质不错，思想工作也做得好，十三兵团的几员将领是几把好手。

一个战士还给彭德怀背了一首自己写的诗："美帝好比一把火，烧了朝鲜烧中国。中国邻居快救火，救朝鲜就是救中国！"

彭德怀听罢开怀大笑，这位士兵出身朴实的中国统帅最快乐的事就是与士兵们在一起欢笑。

志愿军战歌

走到一面黑板报前，彭德怀停下脚步，他看到一首快板"诗"：

雄赳赳

气昂昂

跨过鸭绿江

保和平

保祖国

就是保家乡

中华好儿郎

齐心团结紧

打败美帝野心狼！

147

彭德怀激动地大声念了一遍，连称写得好。"哪个秀才写的？"他问道。

"是炮一师二十六团五连政治指导员麻扶摇。"陪同干部回答。

唱得几代人热血沸腾的《中国人民志愿军战歌》诞生了！

就在新中国从领袖、将帅到士兵万众一心准备出兵援朝时，杜鲁门也飞到威克岛会见了麦克阿瑟，美国军队总司令当了五年，杜鲁门还是第一次看到他的这个部下呢！

十五

麦克阿瑟已经离开美国本土十四年了，他当时是负气离开的。

十四年前，麦克阿瑟退出美军现役，跑到菲律宾向菲总统奎松讨了个菲律宾元帅的位置。他太想过元帅瘾了。

无可奈何的奎松只好修改宪法，让他当上了当时并不存在的菲律宾军队的陆军元帅。麦克阿瑟为了让自己的元帅身份名副其实，还亲自动手设计了一套夸张到极点的元帅服，他甚至还为自己设计了一个沉甸甸的元帅金杖！

当麦克阿瑟手提金杖回到美国时，被华盛顿社交界好一顿耻笑，一位参议员甚至在宴会上看着麦克阿瑟自己设计的白底红边，饰满了金线、花边和勋章的大翻领元帅服，煞有其事地讲了个故事：

"华盛顿经常有些下级军官，比如少尉吧，被派到南美洲那些只能产香蕉的小国的军队去当顾问。他们一去呢，马上就会连升好多级，最低也会是个准将。有这么一个准将，回到华盛顿办事，因为所在国关系，他也被邀请参加了外交宴会。这位受宠若惊的准将在宴会上偷偷问一位美军少校：'像我这种身份的准将在华盛顿通常和谁吃饭？'少校斜着眼看着准将说：'在华盛顿，像你这样的准将通常只配到厨房里和厨子吃饭。'"

听完了这个故事，参宴的名媛贵宾们看着麦克阿瑟身上戏服般的元帅服和罗马式的金杖都要笑昏了，只有麦克阿瑟气得咬牙切齿。

当"香蕉国元帅""吕宋拿破仑"及其元帅服的故事传遍华盛顿社交界时，麦克阿瑟含羞重返菲律宾，当时他甚至发誓一辈子也不回美国了。这一走就是十四年。

这十四年间，麦克阿瑟仅在 1944 年飞到夏威夷珍珠港同罗斯福进行过一次会晤，商定反攻日本的战略方向，其余的时间就在东方称王称霸，为扩展美利坚帝国在亚洲的利益效尽犬马之劳。不过若能在东方自成一统，他会更高兴的。

10 月 14 日，麦克阿瑟飞到太平洋上的威克岛等待杜鲁门的到来。还在飞机上他就笑个不停，密苏里乡下佬要他到珍珠港会晤，偏不！选威克岛可以让杜鲁门多飞好几千英里，虽然自己也不太方便。威克岛可没珍珠港那么好的条件，大概自己也只能住海军提供的瓦楞铁活动小房屋，不过值！得给乡下佬个厉害看看，中国人管这叫什么？对，下马威！待会儿还有杀威棒呢！麦克阿瑟想着想着禁不住笑出了声，随从们还以为他是为能见到杜鲁门而兴奋不已呢！

这天晚上，麦克阿瑟只睡了一个小时。他起床后刮了脸，穿上平时的便装咔叽布裤子、敞领衬衫和软帽，连勋章也没戴，只随意地在领子上佩了五星领章。他的副官惠特尼写道："他看起来像睡了十二个小时一样精神焕发。"不过，他的这位精神焕发的上司忘了穿上礼服去见美国军队总司令，而且还违反了晋见总统的一切礼仪军规。连新兵都不会这么做的。

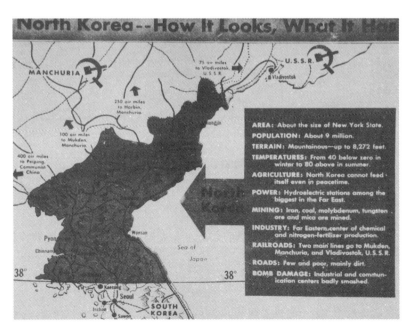

朝鲜战争爆发后，美国妄图吞并朝鲜，继而侵犯中国。

图为 1950 年 10 月 13 日《美国新闻与世界报道》杂志上公开刊出的地图

麦克阿瑟在一大队开道车的陪伴下来到机场，许多见过大场面的记者都惊叹道："这很像不同国家元首的会见。"

杜鲁门到了。直到他走下舷梯，麦克阿瑟才走下吉普车迎上前去伸出手。

杜鲁门一怔后笑道："我很早就期望见到您，将军！"说着就握住了麦克阿瑟的手。

麦克阿瑟点点头："我希望下一次见面不会等得太久。"

只有一个人注意到了杜麦会面时的微妙之处，这就是随同杜鲁门前来的、精通七国语言的弗农·阿·沃尔特斯，这位十多年后在巴黎与黄镇秘密谈判三年，为尼克松、基辛格访华铺路的美国语言学家（他以后还任过美国中央情报局副局长）在回忆录中记叙：

杜鲁门先生慢慢走下舷梯，向将军走去，我有些惊奇地注意到，麦克阿瑟将军没有向杜鲁门总统行礼。美国宪法明文规定，总统是武装部队总司令，不管麦克阿瑟将军信仰如何，像他那样老资格的军人竟然不向美国总统行礼，在我看来是令人奇怪的。

后来，沃尔特斯在杜鲁门晚年时，专门飞到独立城去看他。沃尔特斯鼓起勇气问杜鲁门："总统先生，我能向您提一个轻率的问题吗？"杜鲁门说："沃尔特斯，不存在什么轻率的问题，只有轻率的回答，在这方面我倒是个专家，所以，你就问吧。"沃尔特斯吞吞吐吐："总统先生，您到达威克岛后下飞机时，是否注意到……"不等他问完，杜鲁门就打断他："我是否注意到麦克阿瑟没有向美国总统行礼。你完全正确，我注意到了，我当时感到遗憾，因为我知道那意味着我同他打交道时将遇到麻烦。后来果然如此，我解除了他的职务，我早就应该这样做了。不管正确与否，他就是不了解如何治理美国。"

那边中国举国上下万众一心，这边美国将帅钩心斗角，战争之神开始向美国人狞笑了。

杜鲁门此行相当急促，虽然讨厌见到麦克阿瑟，但战争形势的发展迫使他非会见这个瘟神不可，他写道："我想会见麦克阿瑟将军的最重要和最简单的原因，是我们从未有过任何私人的接触，我认为他应该了解他的总司令，而我也应该了解在远东战场上的高级指挥官……"

其实杜鲁门所说非实，第二个原因恐怕才是最重要的："中共在北京发出威胁，要在朝鲜进行干涉的消息，是我渴望同麦克阿瑟将军会商的另一个

150

原因。我想从他的第一手情报和判断中吸取益处。"

印度驻华大使潘尼迦早在 10 月 3 日当天就将周恩来的最后警告忠实地转给了美国。

可惜，麦克阿瑟现在要犯第二个致命错误了。面对大量中国可能出兵朝鲜的情报，他居然大言不惭地告诉杜鲁门："可能性很小。假如他们在第一个月或第二个月进行干涉，那可能是具有决定意义的。我们不再害怕他们的干涉了，我们也不用毕恭毕敬了。中国人在满洲有三十万部队，其中很可能不超过十万到十二万五千人部署在鸭绿江边，只有五万到六万人能够渡江作战。他们没有空军。既然我们的空军在朝鲜有了基地，"麦克阿瑟说到这里把手恶狠狠往下一劈，向杜鲁门做了一个不久后让中国人笑掉大牙的结论，"如果中国人试图前进到平壤，那将会出现一场最大规模的屠杀！"

会谈中，麦克阿瑟忽然慢悠悠地拿出他的烟斗，装上烟丝，把烟斗叼在嘴上，并取出一盒火柴。当他准备划燃火柴的时候，发现了什么似的停下来，装模作样地问杜鲁门："我抽烟，你不会介意吧？"

傻瓜都看出来了麦克阿瑟又在故意嘲弄杜鲁门，他已做好了抽烟的准备，如果杜鲁门回答介意，那只会显得美国总统粗鲁霸道。

心知肚明的杜鲁门狠狠盯了麦克阿瑟一眼："抽吧，将军。别人喷在我脸上的烟雾要比喷在任何一个美国人脸上的烟雾都多。"

会谈结束，杜鲁门笑容满面地将一枚橡叶勋章挂在麦克阿瑟的胸前。他发表了评价极高的演说："联合国要求我国为'联合国军'提供第一位司令官，这也是我们莫大的光荣。我们有这么一个适合的人选来完成这个使命真是世界的幸运。这个人就是道格拉斯·麦克阿瑟将军，一位非常伟大的战士。"

说这话的时候，受尽了侮辱的杜鲁门大概在心里骂遍了麦克阿瑟的祖宗。几个月后，杜鲁门撤掉了麦克阿瑟的职务，大骂他是个"浑蛋"。有人用"非常伟大的战士"这句话来提醒他，并问他对于撤掉麦克阿瑟职务一事有何遗憾，杜鲁门回答："我唯一的遗憾就是几个月以前没有及时撤掉这个浑蛋。"

不过杜鲁门没有想到，替他报复麦克阿瑟，帮他出了这口恶气的竟是不会说半句花言巧语、朴实得像石头一样的中国统帅彭德怀。他更想不到，他的蝉联总统之梦也要被彭德怀打破。但此刻，只待一声令下就要统兵出战的彭德怀也是满腹烦恼。几十万大军已箭上弦，刀出鞘，迅雷击出之时，毛泽东突令暂缓出兵，并命彭德怀立刻回京。出了什么事呢？

斯大林出尔反尔，苏联的许诺变卦了……

十六

周恩来是和林彪一起飞往莫斯科的，林彪说是要去治病，中央各位领导自然知道他这是在找台阶下，个个都装糊涂由他去了。林彪这一走就在中国的政治舞台上消失了八年。

周恩来前往莫斯科的目的是告知斯大林中国决意出兵援朝，要求苏联给中国军事援助和派空军进驻东北及沿海大城市帮助防空。他在黑海海滨的度假胜地阿德列尔见到斯大林时吃了一惊，仅仅半年时间，斯大林苍老多了，眼袋鼓鼓地凸出，脸上的皮肉全松了。斯大林一开口更让周恩来吓了一跳："苏联出动空军配合中国地面作战有困难，我们不能出兵。"

奉诚实守信为美德的周恩来几乎不相信自己的耳朵。朝鲜同志向苏中求救后，苏联说好中国出人出地面部队，他们出武器出空军配合，中国才同意出兵的。怎么如此出尔反尔，不守信用！

斯大林漠然地看着周恩来，他内心想什么是再也不会有人知道了。在真要同美国人真刀真枪干起来时，斯大林确实害怕了，他真的害怕为此再打一次世界大战。肃反扩大化，集体化农庄运动……他在国内犯了多少错误他自己很清楚，他不敢再冒险了。

长期与苏共打交道，深知斯大林其人的周恩来一瞬间就从最初的震惊中回过神来："我们中央本来就有两种意见，一种出兵，一种不出兵，分歧很大。现在好不容易达成出兵共识，我们只要求苏联出动空军掩护，只要求苏联援助我们援朝所需的武器弹药,提供陆军轻武器的蓝图供我们仿制。斯大林同志，我们中国人的要求并不过分。我们没有高射炮，没有飞机，没有坦克，我们整个军队全部使用缴获的旧杂式武器。为了应急，我们只好在各个军进行武器调配，比如让三十八军全部使用日本武器，这一个军的战士都在用日本的三八枪；四十军全部用缴获的美式武器，全部用汤姆枪。只有这样才能勉强保证统一供应。我们甚至连步兵用的子弹都不够，国内各部队各兵工厂掘地三尺，连翻修旧子弹在内才搞到了一点二亿发子弹，只够援朝部队六七个基数的轻武器弹药。您难道让我们用刺刀跟美国人拼命吗？"

斯大林心知周恩来所说全是实情，他稍稍松了一点儿口："可以满足中国抗美援朝所需的飞机、大炮、坦克等装备，但苏联空军尚未准备好，须待两个月或两个半月才能出动空军支援志愿军作战。你们要实在不愿意出兵，就让金日成到东北搞个流亡政府。"

斯大林又在要滑头了，他要先让中国人去打，看看美国人反应如何再决定进退。

周恩来见再说也是无益，当即返回莫斯科，发电向中央政治局和毛泽东汇报。

十七

接到电报，毛泽东眼睛都气红了："我们的战士也是人生爹妈养的血肉之躯！炸弹落下来照样血肉横飞尸骨无存！我们一出就是几十万部队，他却几百个飞行员都不肯出。说好的话又不算数，这不是釜底抽薪吗？你不出我也不出！叫彭德怀回来！"

毛泽东当着朱德、任弼时的面大拍桌子，茶杯都跳了起来。

老成持重的朱德、任弼时一时也沉默了，他们同样气愤。过了片刻，朱德说道："主席，慎重行事啊，急躁不得呀！"

任弼时强忍高血压带来的剧烈头痛也劝慰道："是啊，斯大林不守信义，虽是意料之外却也是情理之中的呀，唉！"

在共产国际工作多年，对斯大林领教多多的任弼时长叹一声。

毛泽东望着中南海碧绿的湖水，良久说道："百年积弱呀，我们中国人一定要争气，要争气，要争气！以后一定要好好想个法子，把我们的实力一下子就抓上去，越快越好，再也不用仰人鼻息！"

13日一早，彭德怀、高岗飞回北京，中央政治局再次召开紧急会议。此时美英空军正在朝鲜北部狂轰滥炸，地面部队则观察动静，准备一部向平壤进攻，一部由元山向鸭绿江推进，朝鲜的覆亡已是旦夕之事。

狂怒过后的毛泽东已平静下来："我们不能见死不救。"

大会热烈讨论，终于达成决议："即使苏联暂缓出动空军，我们中国人也要克服千难万险，出兵援朝！"

开完会，彭、高又飞回东北，准备17日出兵。

在莫斯科一夜未睡，焦急等待回电的周恩来终于等到了毛泽东的答复：

"我们不出兵，让敌人压至鸭绿江，国内国际反动气焰增高，则对各方不利，首先是对东北更不利，整个东北边防军将被吸住，南满电力将被控制。

"总之，我们认为应当参战，必须参战，参战利益极大，不参战损害极大。"

斯大林得知消息，混浊的眼睛顿时湿润了，两颗泪珠顺着他的鼻梁悄悄流了下来。他喃喃说了一句："中国同志好啊！"

斯大林这次是彻底震惊了，太意外了。中国人竟真的要用那么原始的武器独自去对付美国人！

"他们是些真正的共产党人，不是土地改革者，不是人造黄油共产党人，那个毛泽东是个马列主义者！"

斯大林又流下了两滴眼泪。

眼泪流过了，钱还是要的。中国出兵援朝是为整个社会主义阵营打的一场前哨战，以后牺牲的十几万战士，消耗的巨大军费，贫穷的中国全部独自承担，所有的民族牺牲和对朝鲜的人力物力援助都是无偿的，没让朝鲜出一分钱。而中国去打仗，苏联却贷款让中国买军火。抗美援朝期间，中国为此总共欠下了三十亿人民币军火款。以后在三年困难时期，中国咬着牙全部还清。

斯大林除同意卖军火外，还答应提供十六个团的空军两个月至三个月后参战。

周恩来迅速在两三天内与苏联谈妥了庞杂的军援项目，连物资的运输、接管和集中的办法和手续都商定妥当，其效率让人叹为观止。深受刺激的中国共产党人由此下决心建立自己门类齐全的国防工业。周恩来趁朝鲜战争的机会，让类似原始手工作坊的中国兵器工业，从仿制苏造武器入手，利用苏联的援助，一手建立起了新中国强大的兵器工业基础，为今天中国的国防现代化奠定了基础，他是中国兵器工业公认的奠基人。

就在周恩来谈判完毕要起程回国时，斯大林又变脸了！那十六个团的空军两三个月后也不能进朝鲜，只能在鸭绿江边掩护中国领空。

154

　　这下，永远都是那么温文尔雅的周恩来也愤怒了，他语调平静却言辞尖刻地告诉苏联人："我们中国人也可以不管别人的事，关起门过自己的小日子！刚决定的事，怎么又推翻了呢？不行，不管你们怎么样，我们中国已经决定了，是一定要出兵的！"

　　斯大林只当没听见，他算定了纯朴的中国共产党人非出兵不可。站在他身边的莫洛托夫涨红了脸，连这位老资格的外交家都感到不好意思了。周恩来拂袖而去，他根本就不想再谈下去了，16 日，周恩来将武器装备的项目落实好飞回北京。

　　由于斯大林第二次变卦，准备 17 日出兵的彭德怀也只好带着一肚子火气再回到北京，如此一拖再拖，是会影响部队士气的。

　　18 日，风尘仆仆的周恩来满脸疲惫地参加了又一次政治局会议，汇报了赴苏谈判经过。

　　满怀国际主义精神、对共产主义事业无限忠诚、充满了正义感的中国共产党的开国领袖们一致举手，不管斯大林出不出空军，我们中国人自己去救朝鲜同志！出兵时间就定在第二天，1950 年 10 月 19 日！

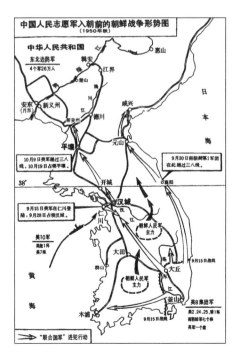

志愿军入朝前朝鲜战争形势图

许多年以后，毛泽东、周恩来、金日成促膝长谈。当时中国与抗美援朝时的盟友苏联反目为仇，苏军刚在珍宝岛被中国军队惨败，中苏大战已是一触即发，但伟人们评论这段历史时仍然十分客观。

毛泽东：虽然摆了五个军在鸭绿江边，可是我们政治局总定不了……在那个时候，因为中国动摇，斯大林也就泄了气，说算了吧！后头不是总理去了吗？是带了不出兵的意见去的吧？

周恩来：两种意见，要他选择。我们出兵就要他的空军支持我们。

毛泽东：我们只要他们空军帮忙，但他们不干。

周恩来：开始的时候，莫洛托夫赞成了，以后斯大林又给他打电话说，不能用空军支持，空军只能到鸭绿江边。

毛泽东：最后才决定了，国内去了电报，不管苏联出不出空军，我们去。我看也还要感谢苏联，它总帮助了我们军火和弹药嘛，算半价。还有汽车队呀！

这份朴素的历史记录充分体现了中国共产党人的气魄和中国人民不可侮的决心，却也是出兵朝鲜艰难决策的最真实写照。

十八

10月19日，彭德怀飞赴鸭绿江边的安东告诉部下："再不会变了。"

这位中国统帅把手狠狠地捶在桌子上，政治家们该干的事都干完了，剩下的事就该让我们中国军人在战场上去干了。

十三兵团的几位领导正围在彭德怀身边商定各部队入朝路线时，朴一禹又赶来了，他已经得知彭德怀回到安东。

朴一禹一见面就问："彭总司令，你们出兵的日子定下来没有？"

彭总刚毅地说："已经定下来了，时间就在今天晚上，四个军三个炮师一齐出动。"

朴一禹顿时泪流满面："这就好了，这就好了！你们再不出兵，朝鲜就完了！"

接着他长叹一口气："平壤的陷落，也就是一两天的事，美伪军正发疯似的全速向中朝边境扑过来。"

形势之严峻、战况恶化之快完全出乎中国将帅们的意料。

彭德怀思虑片刻："敌进甚急，我跟朴一禹同志立刻进朝鲜去找金首相，你们马上负责组织部队过江，决不能出半点纰漏，明白吗？"

几位将领一起肃然立正："明白了，彭总，请你放心先走吧。"

彭德怀神色凝重，注视众将良久后毅然转身坐上朴一禹的小车冲入了夜色，他身边仅带了四个警卫员和通信处长崔伦、秘书杨凤安和一部电台车。

车到鸭绿江桥头，彭德怀命令停车，他走到桥头警卫战士身边严肃地问道："就要跟美国人见仗了，怕吗？"

那战士才十七八岁的模样，个儿虽小却豪气冲天："怕他个鸟，美国人不是肉长的？老子一刺刀上去照样俩眼儿！"

彭德怀仰头大笑。这是什么？这是士气！带着这样的士兵去打仗，打不赢只能怪我彭德怀无能！

他重重地拍了一下那小战士的肩膀："好样儿的！"说完转身上车：

"给老夫开车，入朝！"

这位中国统帅就这样先于他的百万大军只身冲进了战火纷飞的朝鲜战场。

在他身后，在夜色的掩护下，一队队撕去了军装上所有中文标识的中国士兵肩扛武器、弹药、被装、土工作业工具和十天干粮，从安东、长甸河口和集安等地跨过了鸭绿江，迎着那炮火连天的战场义无反顾地冲过去……

在大军扑进朝鲜的同时，中国军队代总长聂荣臻走进了毛泽东的卧室："主席，部队已经开始进朝鲜了。"

正来回走动的毛泽东拉开床上的被子只说了两个字："睡觉。"

工作人员说，多少天来，他第一次睡得很香很香。

第四章

清长大捷

一

多么壮观的场景！

入夜，白天空无一人的鸭绿江边千军齐发、万马奔腾。

志愿军政治部主任杜平到晚年回忆起当时的情景仍是激情难抑："鸭绿江边，兵士成海，兵器成河，马蹄嘚嘚，炮车隆隆，部队源源不断往上涌。骠健的战马，嘴里喷着气，威武的大炮，炮管伸向天空……鸭绿江沸腾了。"

跨过鸭绿江

20日，五个师的人马冲入朝鲜。到23日，三十八军、三十九军、四十军、四十二军共四个军十二个师和炮八师高炮一团均已过江。大批后续部队还在奔向中朝边境。所有援朝部队昼伏夜出，过江行动每天黄昏开始，拂晓结束。所有战士头上都顶了一顶用树枝树叶扎成的防空圈，手臂上都按中国军队夜间行动传统缚上一条白毛巾便于辨识，毛巾上绣着的"将革命进行到底"七个红色中国字已被剪去。

部队过江后立刻潜入朝鲜山林，白天休息防空，夜间迎着正向鸭绿江疯狂冒进的美李军疾射而去。几十万部队过江整整一个星期，敌人竟未有丝毫察觉，无数盘旋在中朝边境上空的敌机从未发现那正向南奔涌的铁流。当时部队为预防被发现遭空袭，规定了铁的纪律——白天凡敌机临空，所有官兵均须原地不动，以牺牲小我保住全体，哪怕炸弹正朝你头顶落下来也不得移动半步，以免暴露目标使部队遭受更大损失！一些干部甚至要求战士们不要大声说话，"以免被天上的飞机听见"。朝鲜战争结束后，西方军队对中国军队投入朝鲜战场时的隐蔽性和突然性叹服道："中共军队强行军的能力是非凡出众的。根据可靠情报，中共三个师从鸭绿江边的安东出发，用十六天至十九天的时间行军二百八十六英里（1英里约等于1.6公里），到达了北朝鲜东部的一个集结地域；一个师在十八天里，在崎岖不平的山路上平均每天行军十八英里。中共士兵的'白天'开始于夜幕降临的时候，大概在晚上7时左右，直至翌晨3时。拂晓时，即5时30分，他们要挖掩体，伪装所有的武器装备，然后吃饭。在昼间，只有侦察部队在行动，以寻找第二天的宿营地。主力部队都静止不动加以伪装；以航空照片和空中观察是无法看到的。如果一名中共士兵在白天去掉了伪装，飞机来时他必须在留下他踪迹的地方一动不动，军官有立即枪毙违令者的权力。"

正是靠着这种铁的纪律和高度的自觉性，入朝部队终于达到了毛泽东反复要求的初战"突然性"，他要求彭德怀利用这种突然性给骄狂自大的麦克阿瑟致命一击。

此时，一些美国特工已将志愿军入朝的情报传给了麦克阿瑟，但麦克阿瑟和其他美军将领对这些情报嗤之以鼻。有麦克阿瑟坐镇东京，中国的农民军还敢进朝鲜？再说强大的美国空军不是什么都没看到吗？洪学智只用四个字就说清了麦克阿瑟此时的心理状态，他已因为骄狂而陷入"思维盲区"。美国的特务们则哀叹："我们把情报送进了聋子的耳朵。"

西方军事家一致将志愿军入朝时的隐蔽性视为"当代战争史上的奇迹"。但是，这场奇迹的导演者——十三兵团的几位将领正焦急万分。他们入朝快两天了，一直得不到先期入朝的彭德怀的消息。鼙鼓已动，统帅却失踪了，怎么得了！

邓华、洪学智和已从后方赶来的韩先楚面面相觑，虽然心里都在打鼓，但谁也不敢说出那句话："彭总不会出事了吧？"

彭德怀确实险些被南朝鲜军队捉去。按照当时敌我位置，彭德怀已插入敌后了。此时，"联合国军"甚至以营连为单位，分成无数小股往鸭绿江猛窜。他们认为人民军已经完蛋了，现在不过是扫荡而已。南朝鲜六师七团就在彭德怀前进道路侧面的一条公路与其擦肩而过，彭德怀处境可说是危险万分！

高度的责任感使彭德怀甘冒所有军事统帅都不敢冒的大险——在风云莫测的战场，一个统帅竟然孤身跑到了侦察兵前面为大军寻找战场。

彭德怀急呀，现在敌情和人民军情况均不明，沿途到处是向中朝边境逃难的老百姓和溃散下来的人民军战士，不管问他们什么都只能得到同一个答案："上头命令，一律到满浦（紧靠中国的一个朝鲜边城）集合。"

两眼抓瞎怎么打仗？非得尽快找到金日成不可！偏偏越急越出事，他和朴一禹坐的"华沙"小车跑得快，跑了一阵回头一看，糟，装电台的大卡车落没影了！彭德怀暗暗叫苦，没有电台和通信处长崔伦，他这统帅现在是又瞎又聋又哑了。现在不但敌情不明，连自己统率的大军情况也不能知道了。刚毅的彭德怀心一横，先找到金日成再说。可连朴一禹都不知道金日成在哪儿——金日成躲起来了，他已在准备打游击了。

彭德怀长叹一声："唉，这打的什么鸟仗，前线在哪儿都不知道，身上连枪都没一支，真要让敌人捉去可真是天大的笑话。"

孤独的统帅只好在煎熬中耐心等待金日成联络员的到来。

二

中国驻朝武官柴成文此刻出的冷汗比彭德怀更多！他和倪志亮大使撤出平壤后想跑到熙川，不想途经朝鲜五大名山之一妙香山脚下时，倪志亮哮喘复发，呼吸艰难，一行人只好躲在一个小农庄的地炕上休息。屋漏偏逢连夜雨，人刚躺下，一颗美国炸弹跟着落下来，看护大使的警卫员顿时被炸成重伤，幸好大使没事。

没法子了，重病的中国驻朝大使只好带着自己奄奄一息的警卫员撤回国内。大使走了没几天，仍在忠实履行使命的柴成文接到急电："速告金日成首相，彭德怀司令员入朝后，赴金首相处会晤，望做具体安排。"

柴成文带着这份电报和一个随从，借着美国夜航机扔下的照明弹亮光驱车四处寻找金日成。柴成文估计金日成可能在德川，到达后才发现德川已成一座鬼城，偌大的城市一个人都没有，老百姓全跑光了，除了远处越来越近的炮声，街上静得让人发毛。饶是柴成文久经沙场，见此奇景也禁不住汗毛直竖。幸亏不久遇到一个郡党委委员长，才知道真找对了地方，金日成就藏在附近一个铁道隧道里的火车上。

见到柴成文和他带来的好消息，金日成高兴极了："朝鲜人民盼望已久，中国不愧是我们的可靠后盾。彭将军的到来，给极端困难的朝鲜人民带来了力量和鼓舞。"

当日傍晚，金柴二人趁着落日余晖，各乘一辆小车离开德川，驶上了弯弯曲曲的山间公路，终于在 21 日凌晨 2 时到达已经废弃的著名金矿大榆洞。这个金矿洞口有一间宽敞的木板房，原是采金工人的工具棚，木板房后面就是金矿，洞口直径有十多米，里面大洞套小洞，极利防空。

凌晨 4 时，彭德怀终于在朝鲜联络员的引领下来到了大榆洞。柴成文连忙迎了上去，他很熟悉彭德怀，抗战时他就是太行山八路军总部的情报股长，几乎天天和彭德怀见面。

彭德怀见到柴成文，一句寒暄都没有就问起了人民军的情况和敌情，直到这时，他的电台车还没找到。二人一直谈到天亮，又一起出来散步，清晨的寒风将彭德怀棉衣袖口磨开的布条线头吹得胡乱摆动，这件棉衣还在转战陕北时就穿在这位朴素的中国统帅身上了。

"有剪刀吗？"彭德怀向柴成文伸出手。他想起毛泽东对他说了一遍又一遍的叮嘱："要尊重金首相，要尊重朝鲜人民，要爱护朝鲜的一针一线一山一水一草一木。"

"小国事大国难，大国事小国更难，国家越小民族自尊心往往越强，何况朝鲜同志正处危难之时，越是这种时候越要尊重别人，一个人的仪表就代表了他是否把别人放在眼里。衣服不好，但得整洁。"彭德怀暗想。

柴成文掏出一把指甲剪尽量替彭德怀剪齐了袖口。9 时整，金日成派专人来请彭德怀。在敌军压境的战场上，朝鲜元首和中国援朝军事统帅历史性的会晤开始了。

双方的会谈极其亲切友好。二人彼此闻名已久，他们都是著名的抗日勇士，彭德怀奋战在太行山时，金日成和好友——中国著名民族英雄杨靖宇正奋战在中国东北边境的雪山密林里（杨靖宇牺牲时，身边最后一个警卫员就是金日成送给他的朝鲜战士）。可惜经过屡次奋斗，八路军和东北抗日联军的联络通道始终未能打通，两个英杰直至今日才能见面。

金日成再三感谢中国人民在朝鲜人民最困难的时候前来援救,彭德怀则严肃而谦逊地表示:"你们的斗争不仅是为了你们自己,你们已经付出了重大的民族牺牲,我们理应支援。"

随即彭德怀告知金日成中国军队已经出动——第一批入朝参战部队有四个军十二个步兵师、三个炮兵师,大约二十六万人;作为预备队随后还有两个军约八万人,近日也将入朝。为了防止意外,中国还计划抽调二十多个师作为第二、第三批入朝参战部队,总计将达六十余万人。

金日成高兴万分。

彭德怀又谈了与毛泽东在北京共同商定的作战方案。志愿军打算在平壤、元山线以北至德川、宁远线以南打防御战,争取保住一块根据地,半年内敌军来攻则依托阵地将进犯之敌分割歼灭,敌不攻则我不动,半年后利用苏联运来的新型武器换装部队,空中和地面均具有压倒优势后再打出去。

彭德怀坦言这个计划能否实现让人担心,因为美李军前进速度太快,希望人民军能尽可能迟滞敌军前进,为志愿军进入阵地构筑工事争取时间。

金日成苦笑,人民军主力被隔断在敌后,都在忙着撤退,连联络都困难无比,送信得靠人提着脑袋越过战线用腿跑,出去的人连一个都没有回来,全部消失在残酷的战争旋涡里了,谈何迟滞哟!

彭德怀又问道:"现在手上能作战的兵力有多少?"

金日成摇头:"这我对别人不说,只能告诉你彭司令,我手上只有不足四个师的兵力,一个工人团。一个坦克团在长津附近,一个师在德川、宁远以北,一个师在肃川,还有一个师在博川,我们将尽一切努力抵抗。"

实际上,金日成还是有所保留,他说的这几支部队都是新编部队,武器、人员少,兵员都未经过多少训练,可说毫无战斗力,他已经失去抵抗能力了。

彭德怀慨然说道:"毛主席和我们党中央下这个决心不容易……现在咱们面临的问题是部队过江了,究竟能不能站得住脚。我看无非有三种可能:一是站住了脚,歼灭了敌人,争取朝鲜问题合理解决;二是站住了脚,歼灭不了敌人,僵持下去;三是站不住脚,被打了回去。我们力争第一种可能。"

言毕已近中午,金日成倾其所有,弄了瓶葡萄酒,就着一只炖小鸡、几筒罐头招待彭德怀,宾主频频举杯,融洽无间。

吃完午饭,彭德怀登上一座可以眺望公路的小山,焦急地等待掉在后面的电台车。据说彭德怀当时焦躁万分："狗娘养的，两手空空又聋又哑叫我怎么打仗！"金日成苦笑："现在咱们两个都成光杆司令了。"

谢天谢地，电台车终于来了。彭德怀对通信处长崔伦和机要战士们露出了自己入朝以来的第一次笑容："安全就好，快发电报。"

毛泽东当即收到彭德怀入朝后发回的第一封电报，电文报告说：人民军情况混乱，能用部队全系新兵，只能寄望于志愿军能迅速前行至妙香山、杏川洞线以南，控制交通枢纽熙川和长津，主力即可自由调动，可集中绝对优势兵力打击东西线或西线一路之敌。

这个电报实际上是要改变原订坚守防御作战计划而打运动战。

此时，在大榆洞，在北京，彭德怀和毛泽东都在紧张地察看军用地图。身经百战的领袖和统帅根据目前的敌我态势得出了相同的结论：改变作战方针。敌既分兵冒进，人民军已失去阻止美李军北进的战斗能力，而志愿军又不能及时赶到原定防御地区，干脆改打运动战，吃掉分散北进之敌。

电波在大榆洞和北京间几乎来回飞了整整一夜，毛泽东一夜连电三次："放弃原订计划，改取运动中歼敌的作战方针……"

天亮不久，彭德怀大喜。在南面温井方向的敌军炮声越来越近之时，一彪志愿军人马终于从北面杀到，这支冲在西线志愿军部队最前面的人马是邓岳率领的四十军——一一八师。

彭德怀非常熟悉邓岳。这是个十二岁就当了红小鬼，在军队和战场上度过了整个少年和青年时期的战将，战争是他的全部生活。

危急关头来了这样一员虎将，彭德怀高兴至极，他紧紧握住邓岳的手："总算把你们盼来了，我这光杆司令听着敌人的炮声干着急没办法，你们来得太好了，太好了！"

邓岳被彭德怀的热情感动得心里热乎乎的，他报告道："彭总，我师共有一万三千多人，先头部队已到大榆洞，现在只能听到温井炮声隆隆，但与军部无法联系，前线情况一无所知，请彭总指示我师行动方向。"

彭德怀哈哈一笑："过江前，我已命令各军在与敌交战前一律保持无线电静默，你当然联系不上了，你看，"彭德怀手指温井方向，"人民军都撤了，敌人跟踪追击，非常危险，你赶紧继续往前走，在温井以北找个好地形埋伏起来，做个大口袋把温井开过来的敌人装进去猛打，马上大部队就要上来了，你师要顶住敌人，掩护大部队展开。"

邓岳得令而去，临走前不顾彭德怀一再拦阻，留了一支精干小部队给彭德怀做警卫。彭德怀只带四名卫士闯入敌后，邓岳一生都觉高山仰止。

好事连连，邓岳刚走，邓华、洪学智也赶到了大榆洞。直到见到彭德怀，邓华、洪学智悬了两天的心才放了下来，将帅之间好一番寒暄亲热。彭德怀把与金日成会晤经过略谈，并就改变作战方针一事询问二将。二将完全同意彭德怀的看法。邓华道："具体打法我同老洪研究过了，东线顶西线打。东面伪首都师、伪三师正向长津攻击，背后是元山登陆的美十军，这一线全是山路，地形崎岖，让四十二军利用险要地势挡住他们，西线则集中三个主力军作战，分别以伪六、七、八三个师为攻歼对象。"

彭德怀连连点头。

三

彭德怀和十三兵团几员将领正在商定作战方针时，入朝各个军的军长都在骂人。部队开进速度太慢了！朝鲜就那么几条等级不高的公路，还被南方退过来的人民军和逃难的老百姓塞得死死的。白天又不能行动，满天空的敌机扫射目标不分大小，见人炸人，见物炸物，志愿军毫无防空力量，唯一的三十六门七五高炮还留了十二门保卫鸭绿江渡口，天可怜见，剩下的二十四门高炮能起什么作用？而且这些老掉牙的高炮全是日本人留下的，连膛线都磨得精光，那炮弹打得准吗？只有躲着。

好容易熬到晚上，部队却在堵塞的公路上蜗牛一般蠕动。这怎么得了！彭总的命令是要尽快赶到预定防御地区，军令如山，这不是闹着玩的。

骂得最凶的是三十八军军长梁兴初。他的部队原定作为预备队，所以跟在四十二军屁股后面入朝，但是一入朝命令就变了，四十二军赶赴东线阻击，三十八军却奉令迅速集结熙川，现在只有军先遣队和两个团靠近了熙川，其余部队都在路上爬，急得梁兴初亲自去指挥交通。

梁兴初刚站在路口挥了两下手又有参谋来报告，司令部又翻了一部车，军作战科长牺牲，其余各科科长全部负伤。

梁兴初这下连脾气都没有了："出师未捷，先折大将，唉！"这位长征时期的红一方面军第一任骑兵连长长叹一声。

叹息未过，夜空中传来一阵轰鸣，瞬间山野四处升起信号弹，那是遍地都是的南朝鲜特务在指示轰炸目标。信号弹升起，照明弹落下，现在连梁兴初自己都只能趴在路边草丛里不能动弹了。

四架美国"黑寡妇"夜航机借着照明弹惨白的灯光，俯冲下来对着公路好一通轰炸扫射才飞走，又有几辆车被炸了，梁兴初气得两颗大门牙将下嘴唇咬出了两排血印。狗日的，三十八军总共才一百辆车，这样下去经得起几下折腾（二十天后，三十八军全军被炸得只剩六辆车）！这位绰号"梁大牙"的虎将烟瘾极大，每早醒来第一件事就是躺在床上神仙一番，此时怒极，不由得又抽出一支烟，火柴还没掏出来，政委刘西元中将把烟抢过去扔了："马虎不得，小心防空，刚死了王科长别又死了梁军长。"梁兴初只有望着老搭档苦笑："命令部队，想尽一切办法加快行军速度，注意防空，小心翻车。"部队如黑色的长蛇缓缓向前蠕动……

四

24日，韩先楚、解方和十三兵团机关都赶到了大榆洞，与各军、师之间的联系迅速沟通了，彭德怀这才能开始指挥入朝部队作战。

当晚，彭德怀在那个工具棚里召开了一次极其重要的会议。昏黄的灯光下，彭德怀环视着几员名将。

邓华——军政双全的将才。

洪学智——脑袋里的点子多，干什么是什么，打仗、政工、后勤都是一把好手。

韩先楚——别看这个瘦小的将军满脸病容，可是不管是敌军还是我军，没有一个人敢轻视他，那可是个独当一面的人物。

解方——精通几国外语，对外军情况了如指掌。记得有同志认为他是东北军出身而轻视他，真是不该。朱总、伯承、贺龙、剑英包括我，解放军多少将领是从旧军队出来的？干个参谋长绰绰有余！

杜平——从红军时代起就搞政工，能把干部战士们煽动得热火朝天，好角色呀！有他们相帮，何愁不能打败美国人。

彭德怀讲话了，在座几人顿时官升一级，从兵团领导升为志愿军领导了：

"现在是战争时期，我这个志愿军的司令兼政委，虽然已经开始下命令，可手下连个指挥机构都没有，怎么指挥作战哪！现在临时抽人组织志愿军司令部来不及了，我向主席请示了一下，主席也同意，干脆把你们十三兵团的司令部改为志愿军司令部，你们几位也同时改为志愿军领导，这样我们就融为一体了，指挥也方便了，你们看怎么样？"

在座的将领们当然是服从毛主席和彭总的决定了。彭德怀挺高兴："好了，形势严峻，不多说了，现在不是军事民主会，军情紧急，不跟你们商量了，我来独裁一下司令部的分工。"

"我呢，司令兼政委，抓总、分管作战。邓华，第一副司令兼副政委，分管干部工作和政治工作。洪学智，第二副司令，分管司令部工作、特种兵和后勤工作。韩先楚，第三副司令，不具体分工，到部队督促检查作战问题。解方任参谋长，杜平任志愿军政治部主任。"

彭德怀扫视一下众将："志愿军党委的组成，经党中央、毛主席批准，彭德怀任党委书记，邓华任党委副书记，洪学智、韩先楚、解方、杜平任常委。为便于工作，我们志愿军领导中要有一位朝鲜同志，经与金日成同志协商后，确定朴一禹同志任志愿军副司令兼副政委，同时任我们党委的副书记。"

就这样，在隆隆的炮声中，中国人民志愿军司令部匆匆成立了。几十万大军已展开行动几天，才成立了总管全局的司令部，这在整个世界军事史上是绝无仅有的。但这个匆忙成立的小小司令部效率之高却绝对是军事史上存在过的最佳司令部之一。

作战会议立刻就开始了。

参谋长解方指着挂满整整一面墙的五万分之一军用地图说道："目前，敌军正分东西两线向鸭绿江疯狂推进。"

他指着东面密密麻麻的等高线说："美十军在元山登陆后，由朝鲜东海岸向北推进，打头的是伪首都师和第三师，这一带山高林密，只有一条山间公路，特别是黄草岭地区有一条蜿蜒四十公里长的狭谷地带，公路从中通过，两侧有烟台峰、松茸洞、黄草岭等制高点俯视公路，公路爬上黄草岭就是盖马高原。这一地区不利于敌军机械化部队展开，而利于我方居高临下对其阻击。东线敌军为阿尔蒙德少将指挥的第十军和伪一军，美十军下辖步七师和陆战一师，伪一军下辖首都师和第三师。"

解方指挥棒一转："西线为沃克中将指挥的美第八集团军和伪二军，共六师一旅附加一个空降团，伪二军在前，其六、七、八师正由成川、破邑、阳德等地区向中朝边境的楚山、江界进犯；美第一军所辖骑一师和空降一百八十七团位于平壤、肃川地区为预备队。"

解方指着东西两线敌军中间的位置："现在，东西两线敌军都在冒进，而两线之间却间隔八十余公里，其间有狼林山脉、太白山脉等大山系阻隔，两线之间根本无法联系。这给了我们各个击破的机会。而且，现在麦克阿瑟骄狂得很，我军入朝已经五天了，敌人还根本没有发现，几百个人拖两三门炮就敢在前线乱窜。而我军士气极其旺盛，各军都反映，入朝后战士们看到美韩军杀人极其凶狠；尤其是南朝鲜组织的一个'马斯由美党'最为残酷，这个组织类似于我国解放战争时期地主搞的还乡团，所过之处烧杀奸淫，北朝鲜老百姓男女老幼尸体不绝于途，引起我军将士极大愤怒，各部队普遍求战心切，要为朝鲜百姓报仇，以我之士气，完全可以一战！"

彭德怀怒道："我要是杜鲁门就要撤麦克阿瑟的职！分兵冒进，两翼分隔，这打的什么仗，仗还没打先摆出挨打的架势。"

一屋人都笑起来，韩先楚道："他要是我的部下，我非毙了他不可，一个连长都不会这样干。"

麦克阿瑟破绽太明显了。将帅们很快达成一致意见，东顶西打，四十二军立刻飞兵抢占黄草岭，阻击美十军、伪一军北进，三十八军、三十九军、四十军准备围歼西线冒进突前的伪六师、七师、八师。

"第一仗一定要打好！"彭德怀一拍桌子，众将肃然。

此时在北京，知道出兵内情的上层人士也都是焦灼无比。二十多万大军过江都快一个星期了，朝鲜战场却毫无动静，疑虑、焦灼、恐惧，各种心绪一绷即断。

毛泽东外表很平静，丝毫不动声色。他知道战斗就要打响了，他甚至将刚收到的一封电报看了又看。那是一份捷报。

电报是刘邓二野十八军从昌都打来的。

1950 年 10 月 24 日，中国大陆上的最后一场战役——昌都战役——胜利结束了。军长张国华所率十八军在彭德怀出国前派出的西北玉树骑兵支队的配合下，围歼了达赖集团的藏军主力，解放了昌都，打开了进军西藏的大门。

"西藏传檄可定。"毛泽东满意地想。

他站起来遥望北方，现在就等朝鲜的消息了。

"一定要首战告捷。"毛泽东自言自语。这位大军事家极为重视首战。打好第一仗，军心民心可以立振。他看三国时，认为马谡失街亭的责任人是诸葛亮自己，那么重要的首战孔明应该亲自去打！

毛泽东久久看着北方的夜空，不肯回屋。

历史的衔接竟是那么奇妙，中间竟连一天间隔都没有。昌都战役——中国国内解放战争最后一场战役结束的第二天，朝鲜战争打响了！

五

10 月 25 日凌晨 2 时，一阵急促的电话铃声在志愿军司令部作战值班室响起，正守在那里的解方参谋长抓起电话。是被堵在温井方向的一一八师师长邓岳打来的，年轻的师长语调沉稳得很：

"我们的正面发现敌人，看起来不像美国鬼子，是伪军，我的侦察员已经听到他们说话了，讲的全是朝鲜语，可能是伪六师的。"

洪学智也惊醒了："是伪军就再往里放一下，等敌人进了口袋一网打尽！"

眨眼工夫，志愿军的统帅们都来到了值班室。他们哪里睡得着，多年的战场经验告诉他们，该打响了，他们都在等着呢。

几个人一看地图，立刻命令四十军的另一个师一二〇师马上用一个团占领云山东北的间洞、朝阳洞、玉女峰一线。那是几个要点，堵在那里塞住云山城的敌人，使其不能北进同温井敌人会合，温井的敌人就暴露出来了。

9 时，一二〇师三六〇团先打响了！

三六〇团团长徐锐何许人也？他就是电影《大决战》中辽沈战役那个带了一个营深入厉家窝棚，端掉了廖耀湘兵团指挥部的副团长。这样一个团长所率团队的战斗力可想而知。接到志司电报后，徐锐率军乘夜色疾进，抢占了云山城北的一溜儿高地。战士们连气都没喘匀就挖起了工事。四十军的战士可不是等闲之辈，这可是威风凛凛的"旋风纵队"，四野头等主力。三六〇团的士兵们三下五除二刚挖好工事，一大片雪亮的灯光就照亮了漆黑的天幕，那是南朝鲜第一师的部队开进了山下的云山城。徐锐高兴极了："嘿，总算赶到敌人前面了。"

天渐渐亮了，战士们趴在战壕里从长长的干粮袋里倒出剩得很少的炒黄豆慢慢嚼起来，这是他们的早饭。他们看到，山下云山城的敌人也在开早饭哩，而这时，麦克阿瑟正亲临平壤检阅部队。

7时整，城里的敌人吃饱了肚子开拔了，城外山上只能用干粮垫垫肚子的中国战士握起了枪。徐锐伏在草丛中看着耀武扬威毫无防备的敌人冷笑："尖兵放过去，打大队。"几分钟后，卡车上正得意的南朝鲜第一师士兵忽然听到一阵越来越近的啸叫，有经验的老兵立刻白了脸，天哪，迫击炮弹正对着头顶落下来！跟着机枪也响了，一枚枚炮弹又准又狠地落在南朝鲜军大队中，机枪吐出的火舌仿佛长柄镰刀一样割倒了大批南朝鲜士兵。眨眼工夫，南朝鲜的坦克和自行火炮都退回了云山，公路上已经横七竖八躺满了南朝鲜步兵的尸体。

徐锐哈哈大笑："这就是最精锐的南朝鲜第一师？比蒋秃子的部队差远了！"

此后，徐锐率部在此整整坚守了三天，他们扛住了美军战斗机的轰炸、大群坦克的冲击和无以计数的猛烈炮火，仅靠手中的步兵轻武器，将素称精锐的南朝鲜第一师顶在云山城内寸步难行。一位名叫石宝山的战士在阵地危急时抱着一根爆破筒冲入敌阵，这是志愿军首位与敌同归于尽的英雄。就是靠着战士们这种大无畏的战斗精神，三六〇团终于坚持到了主力的到来，为取得中美两军首次交战的胜利立下头功。

一二〇师三六〇团徐锐团长打响惨烈的阻击战之后一个小时，一一八师邓岳师长吃了一块肥肉，从温井北犯的南朝鲜六师一个加强营被他连皮带骨头一口吞下肚去，甚至连嚼都没嚼一口。

当看到山脚下公路上的敌人大摇大摆行走时，伏在温井以北公路两侧山坡草丛里的战士们都感叹师长找了个伏击的好地点。敌人只能看到随风摇曳的枯草，他们却听得到敌人的说话声。双方距离如此之近，中国士兵们却连一丝汗都没出，这些中国老兵打过的仗恐怕比这些南朝鲜兵一辈子听说的都多，打这种必胜的伏击太小儿科了。

不过，南朝鲜兵也让见多识广的中国士兵们大开了眼界，他们居然用汽车拖着十二门一〇五榴弹炮在前开路，而步兵则跟在炮兵后面行进。世界哪国的陆军战斗条令都不会有如此荒唐的行军队形的。

"狗日的真狂！"三五四团团长褚传禹看着南朝鲜军的队形瞪大了眼睛不敢相信。

"这些王八蛋大概以为前面就剩行军了。"政委陈耶摇着脑袋也感到不可思议。

南朝鲜军往邓岳的口袋里越钻越深，谁也没想到几辆炮车速度快，竟突然开到了邓岳的师指挥部，跟着就是一阵扫射。身经百战的邓岳猝不及防，差点吃了大亏。幸亏带在身边的侦察连的小伙子善战，一阵狂射压住了南朝鲜军火力，掩护师指挥部上山抢占了阵地。气恼的邓岳刚要发火，前方的枪声爆豆似的响起来。当南朝鲜军步兵营全部钻进伏击圈时，忽如狂飙怒卷，三五四团全团将士一起开火，无数条火舌在公路上的南朝鲜兵身上舔出一个个血窟窿。神炮手何易清一发迫击炮弹就干掉了南朝鲜军压尾的卡车，堵死了敌人的退路。这门在抗美援朝第一天就立下功勋的战炮以后被专门护送到北京中国人民革命军事博物馆永久珍藏。

几分钟火力急袭后，中国战士们端起上了刺刀的步枪，杀向还侥幸活着的南朝鲜兵。仅仅二十分钟，这个加强步兵营便彻底完蛋了。一名不知名的美军顾问被打死，另一名顾问格伦·C.琼斯负伤后被活捉，美国人说他在战俘营屈服了，中国人说他因伤死在战俘营。不管怎么说，这两个美国人分别是这场战争中被中国军队打死和俘虏的首个美国人。

在伏击战打响后，一个连的中国战士在伏击圈的袋口部顽强阻击前来救援的南朝鲜后续部队，在激战中，仅一个班的战士就消灭了整整七十个南朝鲜兵。

等天色一黑，趁敌机不便于行动，邓岳率部反攻，杀进了温井，打垮了南朝鲜军又一个营。南朝鲜一师二团就这样彻底垮了。而那支与彭德怀擦肩而过的南朝鲜部队——径直冲向鸭绿江的六师七团——的后路也被截断了，它成了中国人所说的"瓮中之鳖"。

邓岳打响温井伏击战的同时，南朝鲜六师七团居然未与中国军队几十万部队遭遇，穿插到了中朝边境的楚山。美国人战后说他们"奇迹般穿过了针眼"，其实它是傻头傻脑地钻进了棺材。七团顾问美军少校弗莱明兴奋至极，走上鸭绿江冰封的江面狠跺几脚，大笑着说："哈哈，我成名了，我是第一个到达鸭绿江的美国人！"

那些曾被人民军打得晕头转向的南朝鲜兵更疯狂，他们唱啊、跳啊，然后在弗莱明指挥下架起机枪、大炮，对着江对岸的中国境内猛烈射击！一串串子弹射向中国领土，一发发炮弹在中国境内爆炸！

日本东京的报纸立刻发出号外：《"联合国军"向中国境内进行火炮试射》。

上帝要谁灭亡，必先使其疯狂。这支居然向中国境内射击的疯狗部队的死期就要到了。他们将成为朝鲜战争期间第一支也是最后一支抵达中朝边境的南朝鲜部队。

邓岳的捷报一个又一个传回距战线不到十公里的大榆洞志司，初战告捷！

喜讯飞快地传遍了司令部，众将帅都非常高兴。总算接了火，第一个回合打得不错，对付南朝鲜军心里有底了。

彭德怀挥挥手："来呀，给老夫传令嘉奖，通电表扬四十军一一八师，开战第一天连胜两战，赏！"

在北京，毛泽东、周恩来等人手握告捷电长长地舒了口气。这一天，从此被正式定为抗美援朝纪念日。

六

在西线打响的时候，四十二军的两个师正拼死拼活地往黄草岭、赴战岭赶。人民军总部将一切能弄到手的炮车、运输车及民运车等运输工具全部集中起来，结果也只够运载两个营，四十二军的官兵们只好用两条腿飞跑。

打前站的一二四师副参谋长郭宝恒驱车直赴长津，找到了设在一间草棚里的人民军总部。人民军总司令崔庸健迎了出来，他的左臂负伤，用绷带吊在胸前。这位在中国待过多年的朝鲜总司令单手抱住郭宝恒，连连道："毛主席好，朱总司令好，彭总好！"欣喜之色溢于言表。

郭宝恒当即向崔庸健介绍了战场形势，告知志愿军主力在西线，东线只有四十二军两个师，任务是到黄草岭堵住美十军和南朝鲜一军团向北推进，保证西线作战的胜利。崔庸健立刻回头命令手下军官："将坦克团、炮兵团所有步兵全部转给他们，由他们统一指挥。"

接着崔庸健告诉郭宝恒："敌人预计三天内打到江界，我估计明天敌人会再次发动猛攻，从元山、高原、咸兴到辑安有条公路，海拔一千多公尺的黄草岭，正是这条公路的咽喉地带。"

郭宝恒立刻预感到一场恶战在等待着四十二军。

出了门，郭宝恒询问一位人民军军官转隶给四十二军的人民军实力情况，不由暗暗一惊，坦克团仅有九辆坦克，炮兵团只有十三门火炮，步兵团只有六个连五百人。移交完毕，人民军负责后勤的朴相又将能找到的所有粮食——三千斤土豆、两千斤稻谷和一头受伤的牛留给了志愿军。

带着人民军送的给养，四十二军的战士们拼命往黄草岭跑。四十二军军长吴瑞林，一条腿在战争中被打跛，人送外号"吴瘸子"，连美国人很快都会熟悉这个外号。二十多年后，基辛格秘密访华，吴瑞林中将陪同周恩来接见，当周恩来向基辛格介绍吴瑞林时，基辛格说："不用了，美国对吴将军并不陌生，我甚至知道吴将军还有一个别号！"三人顿时一起会心地大笑。

此时，吴瑞林当然不会有以后与基辛格会面时的闲情逸致。这位将要打得美国人闻风丧胆的虎将心急如火，南朝鲜首都师已经抢占了与黄草岭仅一河之隔的摩峰山，照现在的速度就来不及抢占黄草岭了。

"慈不掌兵。"吴瑞林狠狠下令，"命令部队把每夜行军一百三十里的速度提高为每天一百八十里！"

四十二军的战士们拖着肿得像包子一样的脚往前跑，一路狂奔到柳潭里的时候，终于看到了人民军派来的十八辆汽车，立刻，这些汽车上除了车轮实在不能站人外，连司机楼盖、车门、车头上都挤满了急切赴战的勇士们。人民军的司机和志愿军的将士们都将生死抛在脑后，一阵狂驰后终于抢到了先机。

当23日就占领了摩峰山的南朝鲜首都师还在拖拖拉拉地整队前进时，四十二军的前锋将士于25日爬上了黄草岭的顶峰和前哨阵地烟台峰，随即就击退了南朝鲜军的一次进攻，这样，西线邓岳打响温井伏击战时，东线也开始交火了。四十二军主力随即纷纷赶到黄草岭、赴战岭完成了展开，占领了防御阵地，开始同北进的南朝鲜一军、美十军展开激烈交战，东线就这样被吴瑞林稳住了，彭德怀可以安心在西线打仗了。

中国军队打响抗美援朝战争第一天的早上，麦克阿瑟正在平壤检阅部队："我命令，第一批到达朝鲜的美国士兵向前一步走。"

回答麦克阿瑟吆喝的没几个人，史密斯特遣队早就打得差不多了。麦克阿瑟十分扫兴地回到日本。这时，他终于得到了中国人出兵朝鲜的人证。一名中国战士在云山附近被南朝鲜十五团俘虏，他被编为"战俘一号"，这名中国战俘立刻被空运到平壤第八集团军前敌指挥部审讯。第二天，又有三名中国战俘被送到了平壤。同日，西线四十二军发生了一起小灾难，十多个连步枪都没配全的运输战士误入南朝鲜军阵地，大部分被俘。南朝鲜第一军军长金白一见到这些中国人时大吃一惊，他和吴瑞林打了两天了，还一直以为与他作战的是人民军。金白一马上把这批战俘送到东京，以后麦克阿瑟亲自审讯了这些战士，后来还将他们作为"中国侵略朝鲜"的证据送给联合国，由情报官员撰写的《审讯报告》被立刻送到华盛顿和美国远东军司令部。

"不可能。"麦克阿瑟耐着性子把《审讯报告》看了一半就随手一扔，"没有确切的证据表明进入朝鲜的中共军队是有组织的。"到这种时候，麦克阿瑟竟还不肯相信中国军队已经进入朝鲜。

华盛顿比麦克阿瑟高明不到哪里去，中央情报局对《审讯报告》的来源和内容做出了最低等级的评估。美国军政要员们到此时还不相信中国已出兵朝鲜，他们认为贫穷懦弱的中国佬不敢！以后，美国国防部长马歇尔五星上将充满苦涩地说了一句绕口令一样的话："我们认为什么都知道，而实际上什么也不知道。然而，对方却一切都知道，于是，战争开始了。"

彭德怀现在最希望的就是美国人继续陷入这种狂妄自大的状态中。他如愿以偿了。

七

志愿军与南朝鲜军队接战已经两天了，彭德怀等将帅又喜又忧，喜的是敌军还在大意轻敌，而且初战就摸到了南朝鲜军的底：南朝鲜部队战斗力很差，虽然全是美式装备，但火力还并不很强，每个师只有一个一〇五榴炮营，其士兵都是强征入伍不到半年的新兵，战术技术水平极低，只要精心组织，志愿军完全可以歼灭他们。忧的是部队运动缓滞，迟迟不能到位，恐怕完不成原订一举消灭伪六师、七师、八师这三个师的作战计划了。

10月27日晚上，在那个被遮得严严实实的工棚司令部里，就着一盏昏暗的油灯，几天没合眼的志愿军将领们紧张地研究敌情。

彭德怀站在地图前冷笑。地图上代表敌军的许多个蓝色箭头还在向鸭绿江延伸，"麦克阿瑟还在分兵冒进，伪第六师主力已进到熙川，伪第一师还在攻击云山以北我军阵地。美二十四师、英二十七旅已分别窜到了泰川、定州。整个西线敌军右翼全是伪军，目前他们已被我阻击在温井、云山一线动弹不得。左翼的美、英军因未遇我军阻击，已开始突前。我要先集中三十八军和四十军两个师，再加上四十二军一个师共六个师兵力全歼熙川之敌——伪六师主力和伪八师两个团。同时用三十九军至云山西北地区，阻击伪第一师北进及向熙川的支援，让六十六军准备阻止美英军的前进。我要用三十八军做'拳头'，一举摧垮西线敌军的右翼，打开缺口后插向敌军左翼背后，将西线敌军包围消灭在清川江以北！现在就要看三十八军的了"。

但三十八军的老底子是彭德怀平江起义的红三军团一部，他相信自己亲手培养的红军部队那种不怕千难万苦的战斗精神一定能在三十八军生根发芽，所以他把最艰巨的任务交给了三十八军。

但三十八军让彭德怀失望了。奔波在通往熙川道路上的三十八军将士们不要说跑，连走路都迈不开腿，一到夜间整个公路上全是北撤的朝鲜老百姓和人民军。到了27日夜，他们离目的地还有六十公里！

当邓华告诉彭德怀这一消息时，彭德怀有些愠怒了："梁大牙怎么搞的？如此慢慢吞吞，小脚女人一般，要误大事的。"

解方介绍战况："三十九军一一七师和四十军一部已到达云山以北与南朝鲜第一师进入战斗，一二〇师到达温井以东与伪六师两个营进入战斗，东线四十二军主力将要到达黄草岭，敌人正从东、南、西南三个方向向温井运动，企图合击我温井部队，熙川之敌似已撤出。"

彭德怀立刻瞪起了眼睛："要跑了不是？"

洪学智站起来了，他随手就拿出个围点打援的作战方案："彭总，建议马上放弃首歼熙川之敌的计划，用四十军坚决阻击向温井进攻之敌，不使其与那个向我国开炮的伪六师七团会合，对这条困在鸭绿江边的疯狗围而不歼，留着它引诱熙川、云山敌人六个至七个团来援，而后，集中三十八军、三十九军将赴援之敌围歼在云山以北。"

邓华、韩先楚一致同意这个意见。

"都是些将才。"彭德怀暗暗点头，随即说道，"就这样定了。"

可是敌人没有上钩。

第二天整整一天，敌我双方主力都在对峙。倒是那只疯狗部队要逃跑了，这时连毛泽东都急了，又一封电报到了志司："一、确定抓住古场楚山之伪七团，不使逃跑，如此则伪一、六、八非增援不可，有仗可打；二、我三个军全部到齐并完成战役展开，如此则我攻击时迅猛有力，保证歼敌。"

彭德怀看着毛泽东的电报紧张地思索："再不能这样对峙下去了。拖下去我大军入朝的情况必将暴露，敌人一旦警觉收缩，仗就难打了。你不敢打过来我就杀出去，还是抓住西线敌军右翼狠揍，打伪军总要省力一些，对左翼美军放它一马，让它继续北进分散兵力……"

片刻思索后，彭德怀下令："四十军主力迅速歼灭向温井进攻之敌，而后向南突击，四十军一一八师迅速回师协同五十军一四八师迅速消灭伪六师七团，这条疯狗敢向我国开炮，一定要全歼！三十九军让开通往龟城的道路，让敌军左翼的美二十四师继续北进，集中兵力先将云山伪一师围起来，以后待机歼灭。三十八军迅速攻占熙川，而后向球场军隅里方向突击，截断敌军南逃退路。"

在彭德怀磨刀霍霍时，南朝鲜第二军军长俞财洪少将正痛骂部下："你们给我向温井进攻，一定要把丢在温井的车辆和大炮抢回来。"

他非常心疼邓岳首战缴获的那些大炮。

两个团的南朝鲜军果然争气，一下子就攻上了彭德怀的砧板。在他们终于看到了遗弃的大炮和卡车时，又把自己新带来的卡车和坦克全部送给了山呼海啸杀上来的中国军队。

这时继续留着那只疯狗部队对中国军队已经没有任何价值了。10月29日夜，刚刚打完出国第一仗的一一八师以积雪充饥，在海拔两千多米的山林里靠双脚用两天时间走完了三百公里，其先头部队三五三团向南逃的南朝鲜七团迎头杀去,漫山遍野都响起中国军号嘹亮的声音,战士们怒吼着冲向敌人:"杀光这帮疯狗。"

这支南朝鲜部队的疯狂行径激起了中国军人极大的仇恨,在一一八师的狂攻下,南朝鲜七团顷刻间灰飞烟灭,战斗时间短暂极了!

"悲痛哉!曾在鸭绿江畔洗刷刀枪的英勇将士们,最终也未能从这狂风恶浪中冲出来!"南朝鲜战史悲痛欲绝地记叙。为了替他们的"勇士"遮丑,他们又称:"如上所述,我军在中共军采用人海战术进行作战的最险恶情况下,为了消灭敌人,宁死不屈,英勇献身。"

倒是美国人讲了真话:"据后来缴获的一幅手绘地图显示,只有一个营的中国军队执行了这次伏击任务,他们摧毁了南朝鲜第七团。"

战斗结束,中国军队打死、活捉了南朝鲜第七团二千七百人,指挥南朝鲜军向中国领土射击的美军少校弗莱明被生擒,其时身中十五弹。除他之外,随七团到达鸭绿江边的美国人全部被消灭了。

这时弗莱明倒想起了自己是个文明人:"我是个大学生,是文明人。"

奄奄一息的弗莱明以此为借口乞命。

三年后,他活着回到了美国。

邓岳年轻的声音又一次在志司总部响起,他又在报捷了。彭德怀大笑:"这邓岳是好样的,不枉了陈赓用马尾巴把他拖出草地救了他的小命,来呀,给老夫特电嘉奖一一八师!"

各部队行动都很顺利,四十二军两个师在东线黄草岭顶得十万敌军寸步难行。三十九军已经三面围住了云山韩一师,准备再来一个围点打援,引诱敌军援救云山。只有三十八军第二次让彭德怀失望了。该军一一三师于 28 日进至熙川后,迟至 29 日黄昏才开始攻击,当一一三师冲进熙川时,韩八师早就逃得没了影,两个团的战果是毙伤俘敌军十九名!

这下彭德怀火了:"梁兴初啊梁兴初,你误了老子的军机,老子饶不了你,追,继续给老子追,向球场军隅里攻击前进,切断敌军退路,不让敌人撤到清川江南面去!"

彭德怀大骂军长梁兴初,梁兴初也在大骂一一二师师长杨大易,攻击熙川延误全怪杨大易。杨大易更是有苦难言,他率部向熙川开进途中路遇一个退下来的人民军军官。偏巧,这位朝鲜同志是一一二师的老兵,打过天津战役,不久前才回到朝鲜。回到老部队自然说话全无顾忌，先把美国飞机的厉害之处狠吹了一通，弄得杨大易不得不用饭菜塞住他的口，以免影响士气。偏这吃饭的时候那老战友又知道了一一二师要去打熙川，结果这位万事通同志一开口又让杨大易吃了一惊："熙川让美国黑人团给占了！"美国人？还是黑人！有鼻子有眼，不是说熙川全是伪军吗？这可是重大军情！杨大易赶紧急电上报梁兴初，梁兴初不敢怠慢又急电志司，同时令一一三师去保护熙川以北人民军的一个大军火库。待弄明白了真实情况也晚了，战机全丢了，气得梁兴初在电话里对提供情报的杨大易痛骂不已：

"你谎报军情，好大的胆子，你给老子找个黑人团出来，老子就要这个黑人团！"

痛骂一阵，梁兴初也觉自己责任不小，杨大易上报军情是对的，但自己为什么不抓个俘虏亲自审一下？他捶捶自己的脑袋，现在只有将功补过了：

"杨大易，不要再找客观，这一仗丢尽了三十八军的脸，再丢人连裤子都没有穿的了！你给我立刻向飞虎山攻击，拿下飞虎山马上攻击军隅里，切断西线敌人的退路。告诉三三五团范天恩，让他主攻飞虎山，拿不下飞虎山提头来见！"

一一二师是三十八军的主力师，三三五团又是一一二师的拳头，这是钢刀的刃口、利剑的剑锋。团长范天恩外号"范老虎"，原任三十八军军作战科长，朝鲜战争一起，他军作战科长说什么也不干了，非要带兵打仗不可，梁兴初只好让他当了团长。对这个团队和这个团长，梁兴初是信得过的。

八

彭德怀的大规模攻势已经展开，麦克阿瑟还在犯傻。他的西线右翼南朝鲜部队已经被彭德怀打出个大窟窿，左翼美英军却还在向鸭绿江猛进。彭德怀只希望西线美英军进得越远越好，到时候从被打垮的南朝鲜军方向兜过去截断美英军后路，他们跑都跑不及。

30日，美英军对侧翼竟不管不问，还在一门儿心思去"饮马鸭绿江"，中朝军一发炮弹落在赶来参战的澳大利亚营营长格林中校身边，《澳洲军司令牺牲》——日本报纸又刊出了头条。格林中校是朝鲜战场上除美军之外第一个死亡的"联合国军"军官。

11月1日中午，那个在乌山打响美军侵朝第一枪的特遣队指挥官史密斯中校终于率部突进到距离鸭绿江仅仅十八英里的清固洞，这是美国第八集团军在朝鲜战争中距离鸭绿江最近的时候。这天夜里，七辆人民军T-34坦克和十多辆美军"潘兴"式坦克对射，五辆T-34坦克被击毁，这个时刻是美国第八集团军在整个朝鲜战争中达到的胜利顶峰。

刚刚取得坦克战胜利的史密斯中校正憧憬着明天在鸭绿江边该举行何种让人终生难忘的庆祝仪式，一个惊人的命令传来了："立即撤退！一分钟也不能耽误！"

史密斯中校惊呆了，明天他就能进抵鸭绿江中国边境，胜利结束这场战争，这种时候竟然撤退？沃克将军是不是疯了！

沃克没疯，他受惊的程度比史密斯中校要严重得多——中国人参战了！西线右翼崩溃了！美国王牌军骑一师居然在云山被中国人打得头破血流了！

九

在彭德怀还没有大举出击时，整个战场上只有一个南朝鲜军官确信中国军队的大部队已经投入战场。

南朝鲜第一师师长白善烨曾任过日本军队的下级情报官，他在中国东北和中国共产党的抗联作战多年，非常了解中国人。自从25日徐锐团长在云山打响，他一直怀疑阻击他前进的是中国军队。打了三四天，他出不了云山城一步，下级的报告如是说："敌人在云山周围急促地前进，敌人的军队在山上移动时，看上去好像是整个山在运动！""敌人通过巧妙伪装的深堑进行极其顽强的抵抗，第十五团和第十二团主攻的高地一夜之间变成了蜂窝一般的要塞，尽管遭到反复的炮击和轰炸，敌人仍然毫无畏惧，南朝鲜军队每逼近一步，都有下雨般的手榴弹劈头盖脑地抛来。"

天哪，这不是中国人是谁？

白善烨立刻向美国第一军军长米尔本中将报告："所有的尸体都是中国

人的，我前方所有的军队（我估计有一万人）都是中国人，而不是混在朝鲜军队的个别中国人。"

沃克接到米尔本转交的报告后一笑了之，这些南朝鲜兵战斗力弱就谎称遇到中国人！

沃克立刻命令驻扎平壤的第八集团军预备队——美国骑兵第一师赶往云山，具体任务是穿过南朝鲜一师的防地继续向鸭绿江进攻。

骑一师第八骑兵团10月29日上午从平壤出发，当天夜里到达集结地。第五骑兵团紧跟其后，准备穿过云山后帮那些没用的南朝鲜兵完成进攻任务。而此时，通过各方情报汇总，志愿军总部已判定窜到清川江以北的敌军只有五万人，且处于分散孤立状态。而中国军队则可以集中十二万到十五万人投入作战，彭德怀遂决定发起总攻了。他给三十八军的任务是拿下飞虎山后向价川、军隅里攻击，切断敌军逃跑的退路；三十九军的任务是攻击云山，从正面向敌突破，中美两军的较量已经不可避免了。

这将是一场王牌与王牌的较量！

美国陆军第一骑兵师是美国军队历史最悠久的王牌部队，由美国国父华盛顿亲手创建于独立战争时期，大号"美利坚开国元勋师"。它在两次世界大战中战功显赫，作战中总是充当开路先锋，从没吃过败仗，享有"常胜师"美誉。虽然此时它早已改编为重型机械化步兵师，但为保持传统，该师一直保留"骑兵师"番号，官兵人人佩戴一个马头图案的臂章。现任师长霍巴特·盖伊也是大名鼎鼎的人物，虽然军衔只是个少将，但他却是"二战"中巴顿将军的参谋长，是美军公认的"装甲干才"。

南朝鲜一师受阻云山，沃克立刻打出这张王牌，他向霍巴特少将下令："我要用你这个王牌杀开一条血路，饮马鸭绿江。"

10月31日，骑一师先头部队——第八骑兵团级战斗队冲入云山。这是一支装备极其先进、具有极强火力和机动力的合成部队，它以一个机械化步兵团为骨干，配属一个炮兵营，一个坦克营和工程、通信、运输分队，火力远远超过了中国军队一个军。

第八骑兵团团长帕尔默上校一进云山就更加鄙视南朝鲜人了，被打得惊慌失措的南朝鲜部队竟要求他立即接防。接防？帕尔默嗤之以鼻："我从来不知道什么叫防守，我只知道进攻！"双方一阵争吵，最后议定："一旦南朝鲜军收复失地，美军立即接防，向鸭绿江攻击。"白善烨看着无知的帕尔默摇摇头："云山周围肯定已经布满了中国军队，他们的战斗力很强，你们应该小心些。"

帕尔默一笑，"中国人？那些黄种人也会打仗？"

听着这句夹枪带棒的话，与中国人同为黄种人的白善烨只感觉碰了一鼻子灰。

一个美军小参谋听到这番对话，要求向师部汇报这一情况，帕尔默耸耸鼻子："枪声未响，先打报告，这不是第一骑兵师的风格！"

帕尔默要冲出云山城饮马鸭绿江。云山城外，中国王牌——第三十九军——也在虎视眈眈磨牙齿，打算用云山城里的敌人打牙祭。

三十九军前身是被毛泽东誉为"为中国革命立下大功"的"徐老虎"徐海东大将统率的红二十五军，在这支部队中走出了中国人民解放军数百员将领，名将韩先楚就是其中的代表之一。这支部队在红军时期就以战斗力强悍闻名全军，在参加长征的四支红军部队中，红二十五军这支从湖北红安走出来的铁军创造了几项历史纪录。作为一支仅有三千人的偏师，这支铁流出发时间最晚，到达陕北时间最早！三路主力红军一路减员大半，唯有这支孤独的铁流一路血战同刘志丹会合时，人数居然比从湖北出发时还多出了好几百人。不仅如此，他们在长征路上还留下了一个陕南根据地。

这支部队为中国革命立下过非凡的功勋。毛泽东率领红一方面军缩编的陕甘支队到达陕北时仅剩三千人，实力还没有先期到达的红二十五军强，而红二十五军这支隶属于张国焘四方面军的部队毫无私心杂念，从仅有的七千块大洋军费中拿出五千块送给穷到极点的中央红军，又整建制编入中央红军，改称十五军团，毛泽东这才有实力重建了拥有两个军团的红一方面军。抗日军兴，这支部队编为八路军一一五师三四四旅挺进太行，主力又由黄克诚大将率领南下创建了苏北根据地，编为新四军王牌主力第三师，杀得日寇闻风丧胆。解放战争硝烟一起，三师三万五千将士挺进东北，成为共产党进入东北最早、人数最多、战斗力最强的主力部队，为共产党占领全东北立下大功，以后终于被整编为第三十九军。这是一支深得所有中共领袖和解放军将领喜爱珍视的王牌部队。大概只有嫉妒徐海东的林彪除外，但他也不得不重用三十九军。美国骑兵团团长帕尔默竟敢轻视这样一支部队，那结果除了吃败仗还有余路可走吗？

十

"老子要用云山城里的南朝鲜一师下酒。"三十九军军长吴信泉恶狠狠地在指挥部里捶着地图上的云山城说道。能当上三十九军军长的人只能是身经百战的良将，吴信泉的指挥能力可想而知。

吴信泉憋得太久了，三十九军这支王牌部队也憋得太久了。云山是朝鲜云山郡首府、朝鲜北部交通枢纽，也是朝鲜北部山区的入口。这个小小的山城战略地位极其重要，一旦打下来就可以俯冲清川江平原，必然惊动美军，所以当兄弟部队捷报频传之时，早就将云山三面包围的三十九军只能看着云山城里的敌人咽口水。现在终于可以动筷子了，三十九军的将士憋足了劲儿要一口气将南朝鲜第一师生吞活剥，没想到碰上了美国人！

11日早晨，云山地区大雾弥漫，连日激战引发了森林大火（以后美国人、韩国人都称是中国军队点燃了十多处山林以躲避美国空军袭击），浓雾火烟一起升腾，能见度只有十多米远。只能靠目视侦察的三十九军根本就没有发现美骑八团已达云山。吴信泉刚决定当日晚7时30分向云山南朝鲜军发起总攻，就收到总部电报，称第一骑兵师已经向云山开去。他立刻派出由以后中国军队最年轻的将军王扶之率领的团队南下抄云山敌人后路，阻击美军北援。

儒将王扶之当即率三四三团以强行军赶往云山敌人的主要补给线——由龙兴洞通往云山的公路。

正午时分，浓雾渐消，三四三团的行动被美国空军发现，一架美国侦察机的飞行员向地面惊呼："这是我所看到的最奇怪的情景，有两大队敌军步兵在云山西面明当洞附近东南的小路上行走，尽管我们的炮弹直接落在他们的队伍中，他们仍然不断前进。"

骑一师师长盖伊闻报大惊，敌军要截断云山骑八团的后路！他立即命令骑八团背后的骑五团马上沿公路向北巡逻，而云山的骑八团则要保住后撤要地居仁桥。

三四三团这个老红军团队冲破了美军飞机和炮火的重重封锁，抢先一步卡断了公路。野战工事都还没做好，骑五团团长约翰逊上校派出的北上巡逻队就到了，那还有什么好说？中国军队初次与美军交战就打了个满堂红，一出手就消灭了五十多个美国兵。猛打几分钟，坐在吉普车、卡车上的六十个美军士兵就剩了几个命大的跑回去向团长约翰逊报信。

约翰逊上校一听就急了，他意识到了问题的严重性，冲到云山城的第八骑兵团后路断了！

"第一营出击，立刻击溃堵在公路上的敌人，打开通往八团的道路。"上校立刻下令。第一营刚走，他又亲自率领二营出发。

血战开始了。

坦克炮弹、重炮炮弹将王扶之团的阵地打成一片焦土，几十架美军战斗机随后又飞过来投下炸弹，还洒下倾盆大雨一般的汽油，三四三团阵地立成一片火海。当觉得差不多了的时候，约翰逊命令冲击开始，一波又一波美国步兵在重型坦克配合下向三四三团阵地冲去。中国军队一个副营长当了懦夫逃了，剩下的所有将士从火海中冲出来打得美国兵落花流水，一次小小的反击，四十多名美国兵就成了军装到处冒烟的中国兵的俘虏。

被俘虏的美国士兵

184

美国兵一次又一次冲上去，然后一次又一次留下遍地死尸退回来。他们实在不敢相信自己的眼睛，没有人能在凝固汽油弹那种地狱烈焰中生存下去的！

他们哪里知道，以农民为主体组成的中国军队的土工作业能力堪称世界之最。三四三团的士兵顶着炮火猛挖防火沟保证自己的生存。直到战斗结束后，王扶之惊奇地看到打疯了的战士们还在发狂似的挖沟。更让美国军人不敢相信的是中国军人的战斗精神。五个美国兵痴痴地看着一个中国兵勇不畏死地举着手榴弹冲上了一辆正在猛烈射击的五十五吨重的坦克，随着坦克炮塔里发出的沉闷爆炸声，坦克边上被吓呆了的五名美国兵一齐向这个名叫王友的中国战士举了手。

三四三团越战越勇，直打到黄昏时分夜幕降临，骑五团仍不能前进半步。眼看敌军飞机在夜色中不敢投弹，美国兵越斗越疲，王扶之遂令第一营出击。猝不及防的约翰逊上校被揍得连退不止，第一营大获全胜，其中第一连全歼美军B连，创造了以一个连歼灭美军一个连的模范战例。彭德怀闻讯大喜，统率百万大军的统帅专门传令嘉奖这个一百人的连队："从此次作战中，可看出我军指战员的战斗素质和作战精神比敌人强。我以一个连即能歼灭美军一个连。"

王扶之打得救援云山城的骑五团溃不成军，成功地截断了骑八团的退路。可笑被困在云山城里的骑八团团长帕尔默这时还要北进鸭绿江。

十一

在得知有一支敌军部队抄了自己的后路时，帕尔默居然只命令第三营回头守住要地居仁桥保护后方，异想天开地要求其他部队继续做冲向鸭绿江的准备。被连连痛揍的南朝鲜人觉得情况不对了，他们与帕尔默的协议是先夺回失去的阵地再向骑八团移防。在鼓起勇气又送给中国军队几百具尸体后，南朝鲜人推开拦阻的美国人向南跑了。帕尔默气得咬牙切齿却又无可奈何，只好命令骑八团提前接防，云山城里顿时人声鼎沸，车辆如梭，混乱至极。这幅景象让城外的中国军队发生了错觉。

"敌人要跑了！"一一六师师长汪洋亲自爬上前沿阵地抵近观察，他得出了敌人要逃跑的结论。

"狗日的要跑，老子的下酒菜不就没有了！"军长吴信泉立刻命令提前向云山发起总攻。

15时30分，三十九军炮兵和配属的两个炮团又一个营向云山猛烈炮击。4时整，八个步兵团向被炸得晕头转向的美国人发起了总攻！

震耳欲聋的枪炮声和漫山遍野的中国军号声吓得美国人目瞪口呆。美军营长米利金中校是参加过"二战"的老兵，可谓见多识广，此时也不知所措，半天才下令重机枪开火。浑身发抖的机枪手请示射击目标，米利金大叫："往哪儿打？哪里有喇叭声，就往哪儿打！"

仅仅几个小时，三十九军旋风般席卷了云山外围阵地，美军战史凄凄惨惨地说："午夜刚过，南朝鲜十五团就不再是一支战斗建制部队了，大部分战死或做了俘虏，侥幸逃脱者极少。"南朝鲜十二团此时也已化为乌有，连美军自己的阵地也丢了不少。中国士兵们勇猛到了极点，两个冲上美军机枪阵地的战士动作太凶，连开枪都来不及，干脆一合力，连机枪带美军射手一起掀到了悬崖下面……

一阵激战过后，美国人丢了城外所有阵地，开始向云山城内狼狈逃窜。

直到这时，三十九军才发现打的是美国人，而且是美军王牌骑一师。吴信泉略一沉思，告诉政委徐斌州："吃肉碰到块骨头，怪不得火力这么强，原来是美国人的王牌军，继续进攻，老子才是王牌！"

徐斌州激动了："我们军出国第一仗就与美军王牌交手，这是我们军的幸运，应该告诉战士们，发扬三十九军近战夜战的特长和大无畏的革命精神，首先从气势上压倒敌人！"

彭德怀的电报来了，吴徐两将立时肃然，电文只有一句话："坚决消灭美军王牌师！"

彭德怀的命令立刻传达到每一个战士，战士们英雄豪气更盛，一个个嗷嗷直叫："它是王牌，老子就是王中王，专克狗日的王牌军！"

打到23时，云山城外所有高地都装进了三十九军的口袋，现在就剩云山城了。

师长汪洋叫来了预备队三四六团团长吴宝光："看到脚下的云山城了吗？

老子偏爱你们团，你们团去主攻，别给老子丢脸！"

"谢谢师长喽，我要给他来个中心开花！"吴宝光乐滋滋地回答。这个悍将亲自挑了一个尖刀连第四连："师长偏爱咱们团，老子偏爱你们连，不许恋战，不顾一切冲进云山城中心开花，为主力打开通路，不许给老子丢脸！"

第四连的战士没有给师团首长丢脸，他们的机智壮举甚至被敌方每一本记叙那场战斗的书籍宣扬。

在夜幕中，勇士们摆成整齐的战斗队形向云山城走去。美军果然迷惑了，以为这是一支退下来的南朝鲜部队。在进云山的必经之地三滩川大桥，胆大包天又机智无比的中国战士还满面笑容地同严密设防的美军士兵握手，让美军士兵深深感受了美韩友谊的温暖。就这样，一整个中国连队迈着正步昂首阔步走进了云山城。

"一个连的士兵纵队沿着通往龙山洞的干道上严肃而整齐地接近南面。警戒该桥的美军士兵可能认为他们是南朝鲜军队，没有查问就让其通过了，因为他们是堂堂正正、十分肃静地走过来的。"美军战史心酸而又不无赞扬地写道。

过了桥四连干了些什么呢？美军战史继续写："纵队通过桥之后一直在干道上北进，不久接近了营部，突然吹起了军号，开始一齐向营部袭击。中国人胡乱开火，不断向车里扔手榴弹、炸药包，车被打着了。可指挥所周围有些分队还在狐洞或隐蔽工事里呼呼大睡……其中一个士兵后来回忆说，醒来时仗早已打响了……有人叫醒我后问我有没有听见一群马在奔腾嘶鸣……转眼间我们的驻地就被打得千疮百孔……当我听见远方的军号声和马蹄声，我以为我还在梦乡。敌人仿佛腾云驾雾，从天而降，人影模糊不清，他们见人就开枪，甚至用刺刀捅！"

就这样转眼之间，拉下伪装的四连变了脸，把云山城变成了美军的屠宰场。一颗手榴弹飞进美军营部，营长奥德蒙德少校立刻重伤，浑身上下插满了弹片。有个战士气鼓鼓地冲进美军指挥所院内，面对一群不知所措的美国兵大叫："老子才是王牌！服不服气？不服气再打！"说完对天就是一梭子，这群美国兵听不懂中文，听懂了枪声，连忙举起了双手。一个名叫赵子林的副班长看着被他炸毁的美军重坦克笑弯了腰，他看到那辆坦克被炸毁后，由于惯性又前冲压扁了一辆吉普车，车上几名美军被冰冷的钢铁挤成了肉酱。

随着四连中心开花，三十九军主力部队一齐从四面八方拥进了云山城。三四八团神兵天降，一举攻占了西迁洞路口，封锁了美军南撤通路。他们还攻占了云山机场，开创了朝鲜战场上中国军队唯一的战例——缴获了四架美国飞机（天亮后又被炸没了）！

到凌晨时分，美军第八团战斗队全面崩溃了。第八团的士兵们有的逃向深山，有的往南飞跑。但噩梦还没有结束，到处都有堵截他们的中国士兵。在云山以南十五公里的公路口，一支志愿军分队冲到美军车队中展开了惨烈的肉搏战，一个名叫赵顺山的战士对着击伤自己战友的美国兵就是一镐头。

"敌人用两手抱住脑袋也救不了他，我的洋镐穿过他的手背，整个刨进他的脑袋里！"赵顺山晚年回忆起当时的血战仍是热血沸腾，"这就是我的出国第一仗，这一仗我真正试了试美国人的斤两，所谓的'王牌'不过如此，胜利永远是我们的！"

眼看着骑八团被歼，被王扶之堵住的骑五团拼命进攻，以图救出兄弟团队。美第一军军长米尔本和骑一师师长盖伊均亲临前线督战。骑五团团长约翰逊上校精神大振，亲自披挂上阵指挥冲锋，当即被一颗中国迫击炮弹撕得四分五裂。

米尔本军长久久凝视着几公里外的志愿军阵地，铁青着脸下令："我命令部队放弃进攻，立即向南撤退。"

盖伊师长大惊失色，欲待争辩，米尔本摆摆手："我明白你要说什么，我和你们一样痛恨这个决定，但我对此承担责任，这是我一生中做出的最让我心碎的决定。"

米尔本军长说完就扬长而去，留下不停拭泪的师长盖伊。眼泪流干后，盖伊呜咽着说："执行命令，让第五团撤出战斗，愿上帝保佑他们！"

历史记下了这一刻，这次战斗是中美两军第一次交手。在中国王牌军三十九军和美国王牌军骑一师的决斗中，三十九军大胜。他们毙伤俘美军一千八百人，击落飞机三架，缴获飞机四架，击毁缴获坦克二十八辆、汽车一百七十辆、火炮一百一十九门。这次战斗是美国骑一师在其辉煌的军史上第一次惨败，其骑八团第三营被全歼。11月6日，美国陆军被迫撤销了这个营的番号（被撤销番号是任何国家、任何部队最害怕的耻辱）。几十年后，一个参加过云山之战的美国军官在接受采访时仍心有余悸："云山？我的上帝，那是一次中国式的葬礼！"

主导此次"葬礼"的彭德怀哈哈大笑："从没吃过败仗的美国常胜师——骑一师——这回吃了败仗，败在我们三十九军的手下！"

云山之战是中国军队首次以极端劣势装备打败美军的一个模范战例，它被日本陆军自卫队干部学校专门收入《作战理论入门》一书，具有国际性的影响。

十二

在三十九军打响云山之战的时候，四十军也发起了凶猛的反攻。他们捉住了美国二十四步兵师的少校情报科长，还缴了两件洋玩意儿：一根圆溜溜又短又粗的铁管子和一根屁股像个喇叭、炮弹身上长了许多眼的怪炮。这两样东西从团、师、军，逐级送到志司总部都没人认识，只好送回四川绵阳一家兵工厂。专家们认出来了，这就是"巴祖卡"火箭筒和无后坐力炮。这两种新型反坦克兵器立刻被大量仿制并迅速装备志愿军部队。很快，中国的新型八九火箭筒和无后坐力炮在朝鲜战场上大显神威，击毁了许多美军坦克，为一年后在文登里粉碎美军"坦克劈入战"立下大功。

在三十九军、四十军的胜利消息让志司将帅兴奋不已的时候，三十八军又一次让彭德怀失望了，这支王牌军居然第三次误了军机，又没有切断美军的退路。

10月31日，三十八军攻占了新兴里、苏民里，在三十九军云山打响时，他们向球场方向冲去，力图从侧面插入第八集团军身后。只要他们能冲到军隅里、价川，整个清川江以北五万敌军就会被彭德怀包饺子。可惜由于地形生疏，馋慌了的干部、战士们又恋战，直到11月2日三十八军才赶到了军隅里，而此时沃克发现右翼已全部被击溃，中国人已向左翼美英军背后抄去，吓得于11月2日凌晨开始全线撤退，三十八军终于未能完成断敌后路的任务。彭德怀闻讯勃然大怒："梁兴初哇梁兴初，我绝对饶不了你！"三十八军是在他的老部队底子上发展起来的，这就令治军极严的彭德怀更加恼火，"告诉三十八军，继续给老子往前打，拿下飞虎山，攻击军隅里！"

彭德怀气得连"老夫"都不称，改称"老子"了。

十三

　　范天恩，1950年任团长，率部参加抗美援朝战争。第一战役中，指挥仅有短兵器的一个团（政委赵霄云）穿插到联军第九军后方，抢占飞虎山，威胁第九军补给总站军隅里。后受联军南朝鲜第七师及美五团一部在大量空炮战车支援下的反扑，坚守五昼夜，主动脱离敌军，于是成名。

　　日本人在《朝鲜战争名人录》中如是记载了一名中国团长。2002年1月12日，前中国军队总参作战部副部长范天恩去世，享年七十九岁。接受命令拿下飞虎山时，范天恩正是年富力强，可这位以作战凶悍、足智多谋闻名三十八军全军的虎将也感到累得受不了。他在接受杨大易师长命令的时候唯一的一个要求是："让我睡一会儿！"杨大易惊奇地看到范天恩说完这句话就站着睡着了。范天恩已经四天四夜没合过眼了！杨大易含着眼泪摇醒了范天恩："把对面的飞虎山立即给我拿下来！"

　　双眼血红的范天恩亲自侦察了飞虎山敌军部署，于11月4日拂晓，带领几天没吃过一口粮食的三三五团官兵们借着雨雾击垮了南朝鲜七师，拿下了飞虎山。

　　范天恩一登上飞虎山山顶便立刻下令："派一个营向前面的军隅里攻击！"飞虎山是军隅里和价川的最后一道屏障。价川和军隅里是交通枢纽，军隅里还是"联合国军"北进的补给总站，拿下军隅里，"联合国军"的后路就被截断了。

　　撞向军隅里的一个营立刻就被弹回来了，守卫军隅里的敌军比攻击部队要多得多。沃克已经发现了这个巨大的缺口，一边向清川江以南撤退，一边调来美二师掩护军隅里。

　　攻击的失利让范天恩怒气冲天，他立刻命令加派一个营攻击军隅里，队伍还没有出发，师部的新命令到了：停止攻击，就地防御。

　　志司指挥所里，彭德怀痛心疾首。"联合国军"仗着机械化跑得快，一两天时间就全部逃到了清川江以南，范天恩的行动已经失去了意义。

　　现在，一个新的战略计划开始在他脑海里构思，那将是一个能彻底扭转朝鲜战局的构思，这个构思还需要范天恩团死守飞虎山顶住敌军，以赢得重新部署时间。

范天恩率全团官兵以血肉之躯顶住了美韩军数百门大炮、上千架次飞机狂轰滥炸和两个师敌军的无数次攻击，饿得啃石头充饥的中国士兵们整整五天五夜没让敌军前进一步。阵地上，一位战士牺牲之前不是念叨家人，而是反反复复说着一句话："我们是志愿到朝鲜来打鬼子的，我们是志愿到朝鲜……"

打到最后一天，飞虎山全线进入肉搏战。团队不但人没饭吃，而且连枪炮也没弹药了，现在只有刺刀、工兵锹、石头和牙齿了。欺负三三五团没有弹药，两个师的敌军肉搏一阵就退到二十米外喘口气再冲上去，就这样还是没有撬动三三五团的阵地。

这时师长杨大易下令："撤出飞虎山阵地，后退三十公里！"

杀红了眼的范天恩怒吼："再退就是鸭绿江，拼死拼活没让敌人前进一步就撤退！不干！"

"立即执行命令！"杨大易也开始怒吼。他也愤怒极了，美国飞机空袭了他的司令部，在这次空袭中，他牺牲了整整二百三十名官兵，他的心里也在流血，"为什么要撤退？为什么要撤退？"

十四

就在西线血战的同时，四十二军两个师在东线利用险要地势，打得南朝鲜首都师抱头鼠窜。云山之战开始的前一天，第十军指挥官阿尔蒙德少将命令战斗力比骑一师更强的美国海军陆战一师接替南朝鲜首都师继续进攻。

"等你们把这一带扫荡完毕，南朝鲜军队就会接替你们，然后我们就把美军撤出朝鲜。"

美国海军陆战一师，这支以后被中国军队认为是朝鲜战场上战斗力最强的美军部队的军官的确素质极高，听了阿尔蒙德一番大话，军官们竟无一人应声，阿尔蒙德深感不快。

陆战一师的军官们是清醒的。师作战处长看着地图不寒而栗，他们与西线第八集团军之间相距八十公里，相互之间连地面巡逻联络都没有，而前进道路上只有在无数险峰峻岭中穿过的一条山间公路，公路两侧尽是高耸入云的悬崖峭壁。阿尔蒙德居然命令他们就这样一头钻进耗子笼！

固执的阿尔蒙德听不进任何意见。长期当麦克阿瑟的参谋长，阿尔蒙德变得和麦克阿瑟一样可恶！陆战一师的军官们相对叹息。

陆战一师师长史密斯见军长的决心不可动摇，只好退而求其次："那么让我们在下碣隅里修一个机场，好得到补给，撤出伤员。"

阿尔蒙德非常惊奇："怎么会有伤亡？"

"他甚至不承认会有伤亡，这就是你面临的局面。"师长史密斯战后悲伤地回忆。

这个机场以后撤回了四千五百名伤员，救了陆战一师的命。

奉命打前锋的是陆战七团，团长利兹伯格上校是个人物，在美军中号称"飞毛腿利兹伯格"。他非常警觉，在出发那天晚上，他居然耸人听闻地告诉本团军官："伙计们，我可以预料肯定会遇到中国军队，我们很快就要参加第三次世界大战的序幕战了！"

不过警觉也没有用，黑夜是中国军队的。云山打响的当夜，第七团遭中国军队夜袭，利兹伯格成了往回跑的飞毛腿，美国人自己也称："他们四处逃命的速度是惊人的。"

可惜天亮得太快了，白天是美国人的。太阳一出来，利兹伯格又在空军掩护下重新集结夜里被打散的部队，然后靠着强大的空地火力掩护攻击四十二军的阵地。只是除了饱尝一顿中国手榴弹外，什么也没有得到。四十二军军长吴瑞林刁钻古怪，居然拿对付日本人的一套对付美国人，他发现那些套路很管用。

吴瑞林命令工兵在公路两侧的山缝里塞上几百公斤烈性炸药，等美国人来了后用电话机起爆，结果一气炸掉了美军五辆坦克，炸伤八辆（以后在第四次战役中，四十二军工兵引爆的炸药掀垮了半座山，几十万吨碎石压扁了二十多辆美军坦克，还有二十多辆被炸毁炸伤，死掉的美军士兵不计其数）。吴瑞林就靠这些以后得到毛泽东当面表扬的稀奇古怪的战法和志愿军官兵高超的战术战技，搅得美国最精锐的陆战一师日夜不得安生。

11月2日，打仗老鬼一般的一二四师副参谋长郭宝恒出了个主意："陆战一师就是靠着炮兵火力厉害，傲慢得很，工事不挖不说，还在驻地打扑克酗酒，连放哨的都时常溜进屋子赌两把，夜袭打炮兵去。"

师长苏克之、政委季铁忠、军长吴瑞林都点了头。

当夜，郭宝恒指挥四个营分三路向陆战一师几处炮兵阵地摸过去。

两路打了夹生仗。

一营太贪，不等二营跟上就冲上去抢了十多门炮，可惜美军人多又抢回去了，天快亮的时候气恼不已地溜回了阵地。

二营碰到了鬼，耽误了战机。尖刀班摸到前沿时看到三十多个美国兵横七竖八躺在睡袋里打呼噜，千载良机呀！尖刀班扑上去就要动刀子，忽然全部吓呆了，露在睡袋外的美国人脑袋是黑色的！

"有鬼啊！"一个迷信思想还挺重的中国士兵呆立半晌后，扔下刀子边叫边往回狂奔，一个班都跟着跑回去了。副营长赵继森大怒："就是真的有鬼，也得给老子拿下高地！"

再扑上去鬼已经醒了，虽然这伙美国黑人士兵真的成了鬼魂，但天也快亮了。中国士兵们用毛巾沾上雪水去擦那些黑鬼的脸，研究那黑色是不是涂上去的，开了眼界之后也赶紧溜回去了。

只有一路杀了个白刀子进红刀子出。

三营营长邢嘉盛率部直扑美军纵深。他亲自过河侦察敌情，发现美军一个炮兵营将二十多门炮、十多辆坦克扔在河滩上不管，都躲在帐篷里睡大觉赌博。几十个帐篷连在一起不说，还都点着电灯。几个懒洋洋的游动哨居然人手一瓶酒，时不时灌一口。邢嘉盛气得笑起来："有这样打仗的狗杂种吗？"

那还有什么可说？整个营全部进了美军警戒区都没被发现，瞬间手榴弹声响成一片，接着一个班扑一个帐篷，几十顶帐篷瞬间一起飞上了天，二十多门炮和十多辆坦克都成了火球，侥幸活着的美国兵死的死逃的逃。邢嘉盛正准备全歼敌人时，又一个营的敌人坐汽车开坦克赶来了，三营反被截断后路，双方混战一阵，天也亮了。邢嘉盛率部抢先占了一个高地固守，顺手还带了三十多俘虏上山。趁美军包围圈还未合拢，这个虎胆营长又派了一名战士带口信冲破火网回到团部，请示郭宝恒固守还是突围。师作战参谋曹大林带了十多名精干的战士一路打了六次小仗，从美军一个仅有三十米的间隙中穿过去找到三营。他不但给邢嘉盛送去了突围的命令，还送去了三名新俘虏。

三营正要突围，又有两个营的美军乘一串汽车赶到。邢嘉盛窥破敌军破绽，趁增援美军还未下汽车，竟在包围圈中率两个连旋风般扑下山去，杀上公路，一阵猛冲猛打，二十多分钟又捉了三十多个俘虏，击毁两辆吉普车、四十台卡车，毙敌一百三十人，缴枪六十支，还背回两部电台。打完这一仗，邢营长又冲回山上固守。接连吃亏的陆战一师恼羞成怒，派出几十架飞机在三营头上盘旋。可美军飞行员却不敢投弹，敌我兵力已是犬牙交错，只能无奈地看着地面上双方杀来杀去。一旦离开空炮火力，美国军队的缺点暴露无遗，最精锐的陆战一师的步兵和中国一个普通步兵营的战士的单兵战斗力差了不止一个级别。

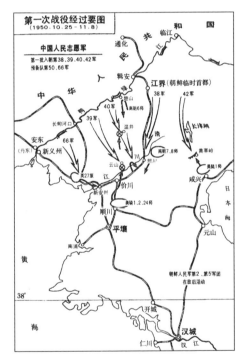

第一次战役经过要图

打到中午，四个营的美军仍对三营无可奈何，被师长苏克之称为不好惹的人物——邢嘉盛——非常机智，他知道只要一撤，和美军步兵脱离接触，天上几十架美机就会扔炸弹，于是干脆给美国步兵上起了战术课。推来杀去打到下午3点钟。天快黑了，美国飞机也看不到了，邢嘉盛一顿军号一吹，集中火力往东猛打。美军四个营一窝蜂扑过去，那里却只有中国军队一个排！

194

三营主力偷偷从西南方向撤出了战场。

大怒的美国兵回头要追，这个担任掩护任务准备牺牲的排赶紧也溜了。

三天以后，邢嘉盛率部返回，一个大功正等着他呢！

就这样，四十二军连续激战十三个昼夜，白天顶晚上攻，十万敌军被他们磨得没了脾气。仗正越打越过瘾的时候，11 月 7 日命令来了，阵地交给刚上来的华东宋时轮九兵团，四十二军撤到西线去。

11 月 7 日，志愿军第一次战役在打了十三天后胜利结束，中国军队以一万人伤亡，不成建制地消灭了敌军一万五千，大部分是南朝鲜兵。

取得抗美援朝第一次战役胜利的中国军队莫名其妙地开始全线后退了。只有两支由中朝联合组成的小部队除外。这两支各有约两个营兵力的部队正拼命钻向敌后。不久又会到热带雨林去帮助越南人民军打法国人的一二五师副师长茹夫一领导其中的一支游击队，他们的主要任务除了破坏敌人后方、收集情报外，就是找到从南面退回来的人民军主力部队。两支部队在敌后创造了无数惊心动魄的战斗故事，最后终于找到了人民军北撤回来的二军团两万多人。会师时，又发生了一件传奇：茹夫一惊喜地看到，他苦苦寻找的这支人民军英雄部队的指挥官——人民军二军团参谋长，正是他在国内曾经同生共死的老战友、中共党员芦哲。而芦哲甚至在如此艰难的环境中还保存着他与茹夫一的合影。两个人顿时紧紧拥抱在一起放声大哭……

朝中战士敌后胜利会师

消息传回，金日成和彭德怀惊喜万分，两万多人民军主力呀！

全线后撤的志愿军将士们都迷惑了，彭老总葫芦里卖的什么药啊？打了胜仗干吗要撤？

中国人为什么会后退？只有麦克阿瑟"聪明"，他知道"答案"。

"中国人不是一支不可侮的力量。"

面对彭德怀挖下的巨大陷阱，他神气活现地做出了自己的判断。

十五

许多年后，美国陆军战史学家贝文·亚历山大痛心疾首地写道："中国军队第一阶段攻势已向麦克阿瑟以及参谋长联席会议发出了极其严厉的警告，其攻势迅猛果断，规模之大令人惊讶。中国人曾威胁说，如果美军向前推进的话，他们将给予迎头痛击。他们已经将这种威胁付诸行动，美军统帅部竟然无视这一警告再入虎穴，这实在让人难以理解。"

中国军队入朝第一仗就给了美国人一个痛击，而美国人居然无动于衷，他们认为只是有几千名中国的民间志愿者在帮金日成打仗而已！所有的美国军政要员很快就要为这个判断痛悔不已了。

在汗牛充栋的回忆录中，美国军政要员们一致指责是麦克阿瑟导致他们判断失误，以致美国陆军吃了有史以来最大的败仗。参联会主席布莱德雷眼泪汪汪地说："他总认为我们是一群毛孩子。"但说句公道话，麦克阿瑟固然眼睛长到头顶上，美国的要员们却也是瞎子，他们闭起眼睛拒绝承认中国出兵这个残酷的现实，比他们后来痛骂的麦克阿瑟也好不到哪里去。

贝文·亚历山大同样把他们也讽刺了一顿："尽管他们一个个说得头头是道，但没有采取任何行动以避免灾难的发生。"美国作家约瑟夫·格登则挖苦得入木三分："五角大楼的主要罪过是胆小怕事，参谋长联席会议在麦克阿瑟面前就像学校的男孩子在城里遇到街头恶霸一样怕得发抖。"

英国人和法国人比较清醒，面对中国出兵的事实，他们警告："局势有爆炸性的危险。"美国人充耳不闻，美国的军政机器就这样一步步向彭德怀的陷阱里迈去……

11月4日，中国军队在战场上有意减缓攻势时，麦克阿瑟在致参谋长联席会议询问有关中国干涉的复电中信誓旦旦地担保："有许多合乎逻辑的理由证明这样的事情不会发生，而且还没有得到足够的证据说明（中国出兵）这种可能性在目前是站得住脚的。"

麦克阿瑟最后的结论是："我建议不要仓促得出不成熟的结论。我认为应等到掌握了更全面的军事事实后再做最后的结论。"

麦克阿瑟的情报处长、无可救药的乐观主义者兼中国通威洛比将军则自信地说："我早就看穿了他们的手法，我预料他们会这样做的，我早就说过，北京无非是虚张声势。"

有了麦克阿瑟中国没有出兵的保证，杜鲁门和华盛顿的要员们放心了。他们不喜欢麦克阿瑟，但绝对迷信麦克阿瑟的军事才能。但仅仅一天后，麦克阿瑟把他们眼珠子都气红了。麦克阿瑟甚至都不报告就又要去招惹中国人，他要去炸鸭绿江大桥！

11月5日，麦克阿瑟招来了远东空军司令斯特拉迈耶中将："乔治，去把鸭绿江大桥干掉，把你的全部能飞的东西都派上北朝鲜的天空，狠狠地炸上两个星期。只要战斗机组飞行人员一息尚存，就得飞行！去摧毁敌人的全部交通运输和一切设施，工厂、城市和村庄。"

这位美国空军中将知道参联会已有禁令——绝对禁止轰炸靠近满洲边境五英里之内的一切目标。他谨慎地向麦克阿瑟提到了这一禁令，结果得到的是麦克阿瑟的怒吼："我是战场指挥官，我是'联合国军'总司令！对于我的任何下属，我所有的要求只有四个字——执行命令！"

斯特拉迈耶中将知趣地敬了个军礼。

到了第二天，麦克阿瑟才儿戏般向五角大楼提到了这一计划，此时，远东空军的一千多架战斗机已经装油载弹要升空了。可怜的斯特拉迈耶中将仅仅在机群起飞前三小时，才敢向华盛顿的空军参谋长范登堡上将做了报告。

华盛顿接到麦克阿瑟的报告立刻一片混乱，轰炸鸭绿江大桥不是闹着玩的，那桥从国际法上讲有一半是属于中国的，它是一座界桥！

电话铃声在华盛顿响来响去，艾奇逊甚至一直把电话打到正在老家密苏里州独立城度假的杜鲁门那儿。两个小时后，参联会的答复到了麦克阿瑟手中，麦克阿瑟看到参联会重申了五英里禁令，还询问他炸桥的原因。

"这帮蠢货，我当初就不该让他们从西点毕业。"麦克阿瑟边看电报边摇头。

接着，或许是脑中的梅毒病菌又发作了（麦克阿瑟私生活紊乱，身患严重的梅毒，雅号"梅毒司令"。他死后，一些崇拜者认为可能是梅毒病菌侵入他的脑部才使其晚年如此乖张），麦克阿瑟脑后的反骨大动了。

他先慷慨激昂地向记者们发布了一项公告："共产党不宣而战，让异国共军跨过鸭绿江进入朝鲜，犯下了有史以来最令人生厌的违反国际法的罪行！"

鸭绿江大桥

接着，他立刻又以"火一般的激情，像大学生一样"，向华盛顿提出了最严重的抗议："大量的人员和物资正经过鸭绿江上的所有桥梁从满洲源源不断地运来，这一行动不仅危及了我指挥的部队，而且使我面临着被全歼的危险……制止敌人这一增援的唯一办法就是摧毁这些桥梁，并使支援敌人进攻的所有北部地区的设施受到我空军的最大破坏……在我提出最严重抗议的同时，我将暂停这一袭击，并执行你们的指示……由于我认为你们的指示很可能导致一场大的灾难，我希望应立即提请总统注意事态的发展。"

麦克阿瑟已经全部忘记了他两天前向华盛顿做出的中国没有也不会出兵

198

的担保。仅仅两天，他就改口说不会出兵的中国人居然要全歼他的部队！

当麦克阿瑟需要的时候，他是可以毫不犹豫地说出太阳是方形的这一类话！身为高级统帅，如此颠三倒四出尔反尔实属不该。

这份抗议电立刻炸翻了华盛顿。"大兵上将"布莱德雷在回忆录中记述："谁都没有想到麦克阿瑟反应这么激烈，而且他完全改变了自己在11月4日对敌军力量所做的估计，这在华盛顿引起极度震惊。"杜鲁门看着"抗议电"气得浑身发抖，这个保持着密苏里农民粗俗底子的美国总统破口大骂了一阵后，只好同意麦克阿瑟的轰炸计划。他的鼻子完全被麦克阿瑟牵住了，他负不起由于不轰炸大桥而使麦克阿瑟部队被全歼的责任。

堂堂总统居然被前线指挥官命令干这干那！杜鲁门都快气哭了。

"麦克阿瑟胜利便罢，真有什么事，他绝对会把责任推到我头上的，是你不允许我轰炸才会失败——他会这样说的，他肯定会这样说的，这个狗崽子肯定会理直气壮这样说的！"

杜鲁门一阵心酸，"我和麦克阿瑟的关系绝对是美国政治史上空前绝后的奇景。"

杜鲁门一边哆哆嗦嗦地签署轰炸令，一边咬牙切齿，他确实拿麦克阿瑟没辙，不过他很快就会被麦克阿瑟逼到绝路上。

参联会不得已做了折中，他们给了麦克阿瑟一个天方夜谭式的答复："允许轰炸鸭绿江大桥靠朝鲜一侧。"

美国空军一个活宝在上飞机前故作惊奇："你怎样轰炸桥的一端呢？"

这道命令成为以后美国全空军的笑料。

11月8日，大规模的轰炸开始了。一千多架美军飞机不停地轮番升空，向北朝鲜所有值得轰炸的东西，包括连接中朝两国的鸭绿江大桥扔下了难以数计的炸弹，属于中国的那一半桥梁当然也给炸断了。麦克阿瑟目的达到了，方形的太阳就又变圆了。

11月9日，他又乐观了，他告诉华盛顿他能够"阻止具有足够力量的增援部队跨过鸭绿江"，因而中国人不会对他的部队造成任何真正的威胁。实际上，此时鸭绿江已经封冻，几百公里的江面上到处都可以走车过人，麦克阿瑟用空中轰炸封锁地面战场的计划成了一纸空谈。

十六

大轰炸开始那天，发生了一件很小但又是很重要的事，美国空军一架F-80战斗机在鸭绿江上空击落了一架苏制米格-15战斗机，这是历史上第一次喷气式飞机之间的空战。从此，螺旋桨飞机时代结束，全新的空战时代到来了。但对那场战争来说更重要的意义是，那架飞机是苏联的！斯大林又改变主意了，他同意苏联空军进行有限作战，介入朝鲜战争。

11月7日，斯大林精神抖擞地登上了红场检阅台，观看传统的十月革命节红场阅兵式。正步踢到胸前的苏联小伙子们走到阅兵台前便大喊"乌拉"（俄语：万岁），一阵阵雄壮的"乌拉"声让斯大林心潮澎湃，豪气顿生。中国同志们已经把美国人打退到清川江以南，看来美国人也没什么了不起，老大哥再不出点力会被人瞧不起的。

几天后，在莫斯科郊外机场，一队从全苏联空军精选出来的尖子飞行员整装待发，准备前往朝鲜战场。率领他们的是"二战"击落了六十二架德机的苏联空军头号王牌、三次"苏联英雄"获得者阔日杜布。阔日杜布是苏联最有名的英雄之一，整个苏联只有三个人荣获了三次"苏联英雄"这种全苏最高荣誉，阔日杜布就是其中之一。另两位和他同享此等殊荣的是另一王牌飞行员波克雷什金和给苏联奉献了苏德战争胜利的朱可夫元帅。

苏联空军加入朝鲜战争曾是苏美两国高层之间公开的绝密，双方都心知肚明却又各装糊涂。直到20世纪90年代，俄罗斯才公布了这方面的材料。

为了保守秘密，许多志愿军军官穿上了人民军的军服，而苏联参战空军则又穿上了志愿军的军服。他们作战有一系列禁令，不准出海，不准追击，不准进入距战线六十英里以内的地区，谨慎的斯大林甚至命令飞行中必须用中文。

很快，美军飞行员发现在鸭绿江上空开始有敌机攻击他们了，空战中，他们惊呆了——那些敌机飞行员和他们一样也是高鼻子、蓝眼睛的白种人！

而苏联人即使想保守秘密也不可能，在瞬间决生死的空战中，苏联飞行员怎么顾得上斯大林必须用中文通话的命令而低头去看绑在膝盖上的中文卡片呢？

美苏空战仅开始两个星期，苏联飞行员们便决定集体违命，在电台中用俄语通话。师长阔日杜布多次为此痛骂率队升空作战的团长佩利亚耶夫上校。上校终于火了，当面臭骂了师长一顿："他妈的，你自己去干一仗看看！"

这样，美军的监听机里面很快出现了许多俄语声音，中国人为掩人耳目，称他们是"中国俄罗斯族"！

可笑的是，斯大林怕，杜鲁门也怕。所有曾与俄军飞行员交过手的美军人员一下飞机就受到最严重的警告——如果把空中遇到的事情说出去就军法制裁！这大概就是中国人所说的"麻秆打狼两头怕了"。由于美苏两国都不愿意由此引发大规模的正面冲突而导致战争升级，因而双方都秘而不宣。

在这场不能公开的战争中，苏联空军损失了三百四十五架飞机，二百多人阵亡。1992年，叶利钦在给美国参议院中的信中称击落美机约一千三百零九架（其实只有九百八十架，另三百三十架是中国空军击落的）。此外，苏联空军还打出了一个喷气式空战时代至今无人能超越其战绩的王牌——苏联英雄佩利亚耶夫上校击落了二十三架美机，他还击伤迫降了美军一架最新型的F-86战机。这是苏联在朝鲜战场上最珍贵的战利品。而阔日杜布没能再创辉煌，由于他威名赫赫不容有失，斯大林亲自下令不许他本人升空作战。

苏联空军区区上百架飞机的参战对彭德怀来说只能是杯水车薪，何况此时苏联空军还只能出动几架在鸭绿江上空偷袭一下美机，他们的作战空域也极为有限。以后志愿军推进到三八线，他们也不能飞越平壤，兵力最多时也只有两个师，不超过三百架飞机。他们的作用更多地还是在于鼓励中朝两军的士气——斯大林也参战了！

毛泽东曾专门致电斯大林："苏联飞行员在空中表现出了英雄气概和强大威力……为此，我向他们表示谢意。"老实说，这话固然是现实，更多的却是客套。

而李奇微以后则很坦率地说："我们在北朝鲜战场上空几乎未遇抵抗，而且，除地面火力外，我们可以不受阻碍地攻击敌补给线。在头一年，对方甚至连防空火力还击也没有。"

彭德怀真正能够依靠的还是在战火中千锤百炼出来的中国陆军。

远东空军的大轰炸一直持续了两三个星期，麦克阿瑟"新的最后总攻"就要开始了。就在这时，美国的铁杆盟友英国跳出来施加压力，要求美军放慢进攻速度，最起码也应该在"联合国军"和边境之间成立一个缓冲地带。老奸巨猾的英国人比美国人聪明，他们在长江上已经吃过新中国军队的苦头。约翰牛是彻底的现实主义者，这时英国已经在香港同中国进行利益巨大的贸易（由于英国人最终做出了明智的选择，在1997年以后中国人仍然让他们保住了在香港的许多经济利益）。同时，英国明智地看出，西方世界的战略重点在欧洲，在远东陷得越深斯大林越高兴，所以他们实在不愿意再去刺激中国（以后，在两年多的战争中，英法都公开宣布他们从来没有和中国打仗，他们只是奉联合国命令和北朝鲜打仗）。

美国参联会把英国人的意见转给了麦克阿瑟，麦克阿瑟则不但气势汹汹地驳斥了这个意见，还尖刻地请英国人回忆一下"慕尼黑"。英国人只好硬着头皮继续跟着美国人干下去。

战场上的消息越来越让麦克阿瑟高兴，各部队在到达攻击出发线时根本未遇抵抗，那些仿佛从地下钻出来的中国人在扔下了大批破枪烂炮后，已经逃得无影无踪，甚至连被他们俘虏的一千多名"联合国军"士兵都吓得放了回来。

"那几千中国人肯定吓得逃回了满洲，当然，更大的可能是被威力无比的美国空军炸死了，中国人不是一支不可侮的力量。"麦克阿瑟满意地想。现在，他确信全面的空中进攻已经达到了目的，剩下的事不过是让地面部队一路行军到鸭绿江罢了。

麦克阿瑟来到平壤告诉"虎头狗"沃克："11月23日让小伙子们好好过个感恩节，一定要让每个人都吃上火鸡。11月24日发起最后的总攻。"接着，他说了一句将要被全世界耻笑的话："我将在圣诞节把孩子们送回家！"说完意犹未尽，他又发表了一份兴高采烈的公告："如果成功的话，这应该说在实际上结束了战争。"

麦克阿瑟训完话后登上飞机命令飞往鸭绿江口，他要亲自侦察中国军队的动静。副官惠特尼和随行记者都表示抗议，这太危险了。

麦克阿瑟一笑，"大胆行动就是最好的安全"！

飞机抵达鸭绿江后，麦克阿瑟命令转向东飞，一直飞到俄国边境。麦克阿瑟沿途极目下望，惠特尼写道："展现在我们眼前的是广阔无垠、十分荒凉的乡野，起伏不平的山丘，张着大口的裂谷，鸭绿江满江碧绿的江水被无声无息的厚厚冰雪所覆盖。"

麦克阿瑟什么也没有侦察到。

一直对麦克阿瑟心怀不满的沃克得知麦克阿瑟飞往鸭绿江后低声嘟哝了一句："胡闹！"结果不小心被无孔不入的记者听见，沃克在记者要求他重复时立刻矢口否认。

在冰天雪地里吃火鸡的美国士兵听到这个消息后讥讽地说："这老头儿还不错，他的飞机要掉下去，中国人会捡到他的烟斗的。那斯大林可高兴了，因为他也抽烟斗。"

因为这次无效的侦察，麦克阿瑟获得了美国空军"飞行优异十字勋章"。

在打了败仗的麦克阿瑟骄狂无比时，打了胜仗的彭德怀却在总结教训狠批失职将领。

彭德怀只会让麦克阿瑟出最后一次风头了！

十七

"梁兴初，都说你是员打铁出身的虎将，鸟，鼠将！"彭德怀痛骂着没有切断敌军后路的梁兴初。

梁兴初来开会时见彭德怀不与其握手便心知糟糕，但万万没有想到彭德怀骂起人来这么厉害！在上司和同僚面前，彭德怀竟一点儿面子都没有给他留。他的双腿不由得颤抖起来，眼睛盯着裤脚不敢抬头。这个从来都只得到表扬的名将又羞又怕，满身大汗淋漓，两只大暴门牙支在下唇上打哆嗦，臊得恨不能一头钻到地下。没想到彭德怀却还是不依不饶："三十九军在云山打美国人打得好，四十军在温井打南朝鲜人也打得好，四十二军在东线也打得漂亮。只有你三十八军，我让你往熙川插，你为什么不插进去？啊，为什么不插？一个黑人团就把你们吓尿啦？三十八军是主力？主力个鸟！"

连腮帮子都被骂得发抖的梁兴初再也忍受不住了。骂梁兴初可以，骂三十八军不行，这是一支多么光荣的部队！军人的荣誉感使梁兴初自己不由自主地低声进出一句："不要骂嘛……"

声音虽低，此刻鸦雀无声的会场却人人都听清了梁兴初这一句顶嘴，邓华心想完了，这下彭总可要发大火了，还敢顶嘴！果然治军极严的彭德怀雷霆大怒：

"不要骂，老子就要骂！"

"啪！"彭德怀一掌狠狠击在桌面上，笑傲沙场的众将个个噤若寒蝉。

"你打得不好，我彭德怀就要骂你梁兴初的娘！我彭德怀要打得不好，你梁兴初可以骂彭德怀的娘！"

彭德怀不是虚言。他对部下严格，对自己更严格。陕北战场西府大败后，他曾在干部总结会上当众扯掉自己的军帽痛骂自己："彭德怀呀彭德怀，你这个狗娘养的把马列主义学到什么地方去啦？"

这样一个人是有资格骂人的。他继续恶狠狠地盯着不敢抬头的梁兴初：

"你延误军机按律当斩！骂你的娘算是客气！老子别的本事没有，斩马谡的本事还是有的！"

梁兴初再也不敢吭气了。

骂过一阵，彭德怀火气渐消。

"军令如山倒，令下如刀下！不坚决执行命令打什么鸟仗？现在，我们要给麦克阿瑟下个圈套。麦克阿瑟很狂妄，到现在还不承认我们的主力部队过江。他先说感恩节前占领朝鲜，这个计划被我们的第一次战役粉碎。现在他又说圣诞节前结束战争，让部队回日本过圣诞节。骄兵必败，老子要的就是他这股狂劲！"

彭德怀大步走到地图前："麦克阿瑟的计划是首先以地面部队进行试探进攻，这已经开始了。同时他要用空中轰炸摧毁鸭绿江上的桥梁渡口，打断我东北部队和物资进入朝鲜的通道，这也开始了。"

邓华插话："他没那本事，我宋时轮九兵团十二个师正源源不断地涌入朝鲜呢！"

彭德怀继续说："麦克阿瑟的最终战略意图是让美十军阿尔蒙德从长津湖西进，让第八集团军沃克由清川江北犯，最后在江界以南的武坪里会合成一个口袋，把我军和人民军装进这个口袋围歼，消灭我军主力后向中朝边境推进，抢在鸭绿江冰封前占领全朝鲜。他在做梦！"

参谋长解方站了起来，"敌军为实现这个计划，正向前线大量增兵，目前敌军前线地面部队已达五个军十三个师、三个旅和一个空降团共二十二万

204

人，比第一次战役增加八万余人，且主要是美英军，敌空军也增加了两个新式喷气战斗机联队，共有飞机一千二百架。目前我九兵团主力已从辑安、临江入朝，担任东线作战任务。这样我军在朝兵力已达九个军三十个师三十八万人，为敌人前线地面部队数量的一点七倍。东线我十五万人，敌九万人，为敌之一点六六倍。西线我二十三万人，敌十三万人，为敌之一点七五倍，东西线我兵力均占优势"。

洪学智插话："麦克阿瑟的情报太不灵了！"

彭德怀笑了起来："敌人不是要进攻吗？那好啊！我们就把他诱进布置好的口袋，各个击破。敌人如果不来，我们就打出去。总之，今年非得再打一仗不可，一定要再消灭敌人六七个团，将战场推到平壤、元山地区，以便我军将来举行反攻。不过……"彭德怀沉吟片刻，"麦克阿瑟一定会来的。他夸下海口，不来会失他这个所谓'世界名将'的面子的。我们安排好香饵，大鱼会上钩的。毛主席和中央军委已经批准了我们的方案，现在要坚决诱敌北上。待敌北进后，刚上来的华东宋时轮兵团利用地势将东线敌军切成数段后歼灭。四十二军两个师调往西线，集中六个军对敌西线第八集团军反击。敌后人民军主力在铁原南北开展广泛游击战，破敌交通，配合正面作战，具体部署待定。下次哪个军再打不好，军长就不要干了，散会！"

一直正立在会议桌旁的梁兴初这才得到解脱。此刻，他恨透了让他丢脸的美国佬，下定了雪耻复仇的决心。三十八军政委刘西元也是一员骁将，抗战初期，就是他带着一个连与三千日本兵血战四小时，救了国民党五虎上将之一卫立煌的命。刘西元想安慰梁兴初两句，又不知从何说起，二人收拾行装连饭也不吃就要走。刚坐上吉普车，志司作战处处长丁甘如赶来告诉梁兴初，"彭总要我告诉你，会上批你批重了些，他说他就是这么个脾气，要你不要背包袱，下一仗一定要打好"。

梁兴初心头一热，"不怪彭总，他骂得对，下一仗我要拧下美国人的脑袋当夜壶。开车"。

彭德怀心情复杂地站在远处的窗边看着远去的吉普车。三十八军是从他率领的威震八方的红三军团发展起来的，越是好钢越要多打几锤子……

十八

　　战场上，中国士兵开始玩起了看家本事，打打退退，沿路四处扔下破衣烂帽、旧枪烂弹，完全是一副大溃退的样子。为了把戏演真，连第一次战役中捉住的一千多个美韩军俘虏，都在教育一通后给放掉了，放走的时候还灌了许多迷魂汤：

　　"我们把你们放了，你们再也不要用凝固汽油弹炸我们了……"

　　"我们没多少人，只想保护鸭绿江上的几个水电站，没有它们的电力，我们东北的工厂就不能开工了……"

　　这次放俘行动是中国军队实施的一次极为成功的心理战，既通过俘虏向敌军指挥官传递了错误的信息，又用事实打破了敌军编造的"中国人杀光俘虏"的谣言，让敌军广大士兵了解了中国军队的俘虏政策。到第二次战役打响后，许多美国兵在形势无望时不再顽抗，自愿做了俘虏。而美国中央情报局的文件则指出，由于中国人优待俘虏，三分之一的俘虏对美国的制度产生了怀疑，三分之一的俘虏在战俘营犯下了大大小小反对美国的罪行，还有百分之一的战俘改变了信仰，这是对自由世界的沉重打击！连李奇微这个坚决维护美国霸权利益的将领都感叹地说："中国人是坚强而凶狠的斗士……但是，我们发现，较之朝鲜人他们是更加文明的敌人。有很多次，他们同俘虏分享仅有的一点食物，对俘虏采取友善的态度。"这次放俘行动以后编入了中国军队的心理战教材。

　　为配合彭德怀的诱敌行动，第一次战役胜利后，毛泽东也仅仅让新华社以"朝鲜北部某地"的名义在国内发了一条简短的消息："在中国人民志愿部队参加下，朝鲜人民军获得重要胜利，十一天歼敌六千，收复广大地区。"

　　为了迷惑麦克阿瑟，不让其发现中国的出兵意图和参战实力，连这份为鼓舞国内人民而发的新闻都大大缩小了战果。

　　一连串的欺敌措施采取后，志愿军的将帅们焦虑地观察着麦克阿瑟的反应。

　　"太慢了，进得太慢了。"彭德怀看着地图摇头。

　　"是啊，11 月 6 日敌人开始进攻，东西两线十天仅分别前进九公里至十六公里，距我预定歼敌地区还远啊！"解方点点头。

"可能是一一二师在飞虎山把沃克顶得太狠了，吓住他了。"洪学智分析。

将帅一合计，彭德怀断然下令："电令各军，再主动后撤十几公里，放弃一切形式的阻击、反击，大步后撤，注意，不要露出破绽！"

麦克阿瑟上钩了！

中国军队一退再退，杰出的乐观主义者、情报处长威洛比更加乐观了，"来的只是义勇军，已经证实的中国师，实际战斗力相当于一个营"。有人当即问他，"云山周围已证实有三个师，按你的估计其实际兵力可说是三个营。那么，为何第八骑兵团失败得那么惨"？威洛比神气活现地解释："因为该团缺乏警惕！为少数敌人果敢的奇袭所压倒，在暗夜中陷入溃败……"

麦克阿瑟傲慢地宣称："（中国人）不是一个不可侮的势力，兵力最多不过六七万人。"他自以为所实施的空中战役已使中国支援部队不能进入战场，已入朝部队则被炸得支离破碎彻底溃散了。

错误的判断导致了错误的行动，麦克阿瑟又开始盲目冒进了。11月21日，西线"联合国军"已进至"攻击出发线"，完成了战役展开。

22日、23日，麦克阿瑟继续大举北进。他是如此轻敌，以至于中国军队甚至仅靠收听美国、日本、南朝鲜的广播，就可以大致知道哪支敌军进到何方，目的地是何处。而中国的保密工作做得如此之好，以至于直到三十年以后，美日军界的主流看法还认为率军入朝作战的是林彪、黄永胜！

24日，彭德怀在地图前微笑着做出了最后的战役部署，彻底扭转朝鲜战局的大战要开始了。

"兵者，诡道也。故能而示之为不能，用而示之为不用。"彭德怀使出中国兵学几千年积淀的精髓，对麦克阿瑟利而诱之、卑而骄之。西方军界巨擘麦克阿瑟不识厉害，终于一头钻进彭德怀东方式战略战术的陷阱。现在彭德怀就要对他乱而取之了！不过，就在此时，彭德怀遭遇了一次个人感情的沉重打击。

11月25日清晨5时，大规模的反攻就要在当夜开始，彭德怀挤出时间睡了两个小时后就醒了。他知道非睡一觉不可，以后的六七天恐怕都睡不成了。

醒来后，他在自己的小房子里手举一支蜡烛，习惯性地走到亲手勾画了无数遍的那张军用地图前，结果吃了一惊：地图不见了！彭德怀火气顿时就上来了。他唯一的心爱之物就是这张已经非常熟悉的地图，打胜仗就得靠它提供思想的舞台。哪个胆子这么大，竟敢取走他的地图？

彭德怀吼起来："警卫员，我的图呢？"

"图拿到上面防空洞里去了，都挂好了，火也烧好了，大伙都等着你去研究下一步作战计划呢！"警卫员没来，洪学智倒跑进来了。

昨天，几架敌侦察机就在志司上空转来转去，多年的战场直觉告诉几位将军这里一定有名堂。几个人商量了一下，都觉得第二天必须疏散防空。邓华几个都怕彭德怀发脾气，哄着要常与彭德怀开玩笑的洪学智去拉彭总进洞。洪学智吃软不吃硬："去就去！"他想了个歪招，先趁彭德怀睡着拿走他心爱的地图，到时候由不得彭德怀不走。

"大麻子你怕危险你走，我看这里好得很。"彭德怀果然发火了。

洪学智笑着说："你不去，怎么行呢？出事就晚了，走走走。"说着就使个眼色，和跟上来的几个警卫员生拉硬拽把彭德怀拖进了防空洞。

彭德怀进洞不久，忽听空中一阵尖啸，赶到洞边一看，嗬，几架敌机从南边直飞过来，连圈子都没绕一个，就对着彭德怀刚离开的房子扔下了许多在清晨阳光照耀下闪着银白色光芒的"钢蛋"，我的天，那是连钢板都能烧出窟窿的凝固汽油弹！眼看着那些钢蛋落地便腾起一阵火海，分把钟不到，那房子就烧没了。

彭德怀看看那房子残骸又看看洪学智，不禁一阵歉疚，正想开口说点什么，一个烧得半边脸焦黑的参谋冲上山来大叫："毛岸英在里面！高瑞欣在里面！"

彭德怀仿佛被电流击中，愣怔了一秒钟就血红了眼睛，他高喊着："岸英你快出来！岸英你快出来！"拼命往洞外冲，几个警卫员见状死死把他抱住，彭德怀暴怒了："放手！不然老子毙了你们，放手……"

几个警卫员全吓哭了："你把我们毙了我们也不放手……"

站在两具没剩下多少的焦黑残躯面前（以后，靠辨认德制手枪和手表残骸才确认了毛岸英遗体），彭德怀心头一阵茫然。岸英死了，高瑞欣这个自己非常欣赏、特意从西北调来不久的年轻参谋也死了，两个才华横溢的年轻人哪……

一阵清薄的泪雾蒙住了彭德怀的眼睛，彭德怀低声重复了一句毛泽东要送岸英上前线时他回答的话："这是战争……"

"把毛岸英同志与高瑞欣同志合葬一处。"彭德怀说完这句话后整整一天再没开口，一个人坐在防空洞里沉默不语。谁也不知他在想什么……（毛岸英牺牲的电报当天就传回了国内，细致的周恩来担心影响正指挥作战的毛泽东情绪，一个星期后才让杨尚昆告诉毛泽东。杨尚昆在日记中记下了毛泽东当时的反应："牺牲的有成千上万，无法只顾及此一人，事已过去，精神伟大，而实际的打击则不小，这是没有办法的事，唉。"无情未必真豪杰，毛泽东终于抑制不住丧子之痛，意态萧索又说了一句："有下乡休息之意。"）

那天一直到晚上，彭德怀依旧站在防空洞口发呆。洪学智悄悄走到他的身边："彭总，该吃饭了。"

彭德怀转过身，一把抓住洪学智的手，"大麻子，我看你这个人是个好人哪"！

洪学智："我本来就是好人，不是坏人。"

彭德怀依旧拉着洪学智的手："今日不是你，老夫休矣。"

洪学智想用玩笑冲淡彭德怀的忧伤："早上我要警卫员把你的被子搬出来，你偏不搬，说没关系；你不搬出来，今天晚上不是没被子盖吗？"

"老夫今天算是捡了一条命。"

洪学智赶紧抓机会劝说："以后再挖防空洞，你不要骂了。"

此语又让彭德怀陷入沉思，他松开手又待了半晌才长叹一声："唉，为什么偏偏把岸英炸死了呢？"

洪学智正不知何语劝解，彭德怀低沉缓慢地继续说道："我要捏死麦克阿瑟。"

十九

瘦小的韩先楚拄着一根手杖，亲临三十八军。最重的任务又给了这支刚挨了批的部队。这支部队打得如何，将影响整个战役的结果，他要在这儿设个前指，坐镇指挥三十八军、四十二军断敌退路，配合正面四个军一举摧垮西线敌军。

梁兴初头蒙大衣倒在炕上，听到韩先楚来了，站起来便道："老韩，你说怎么打就怎么打吧，我到前面去了。"

梁兴初想和美国人去拼命。

韩先楚深知老战友的性格，他只冷冷地说了一句："我可不是来给你当军长的。"说完后冷冷地凝视着梁兴初。不善言辞的韩先楚在用心同这员虎将、这支英雄部队交流。

面对老战友冷冷的眼光，梁兴初站直了身板："让四十军该干什么就干什么去，德川三十八军包了。"

韩先楚就等着梁兴初这句话。美第八集团军不知死活地拼命北进，将掩护右翼侧后的南朝鲜二军两个师远远地扔在德川、宁远。如果两个军互相配合，先下德川，再取宁远，可握全胜，但拖延时间必长；如果一个军包打一个城，那向敌后进攻的速度快得多。但这是一着险棋，如果分兵导致力量不足打成僵持，整个西线计划就会毁于一旦。

韩先楚拍板了："行，你去打德川南朝鲜七师，四十二军同时打宁远，这样粉碎南朝鲜军的防线会利索得多。"他立刻打电话报告彭德怀，彭德怀回应一句："梁兴初好大的口气！告诉他，我要的是歼灭，不是赶羊！"这是很明显的激将法了。

梁兴初精神大振："我要包南朝鲜七师的饺子！"

"张魁印，打日本人、打蒋秃子你没尿过裤子，不知道打南朝鲜人、美国人怎么样啊？敢到敌后去吗？"梁兴初问军侦察科长张魁印。

"照打不误，有啥不敢的？"张魁印大大咧咧地说。这是个胆大如虎却又心细如发的老侦察兵。

"好，带个先遣队马上出发，越过战线，偷渡大同江，潜入德川南面的五陵里，把公路桥给我炸了，让伪七师的王八羔子没地儿跑！"梁兴初咬牙切齿。

"军长，完不成任务我也不见你了。"张魁印胸脯挺得老高。

24日夜，在大战爆发的前一天，三十八军侦察科长张魁印、一一三师侦察科长周文礼亲率三百二十一条好汉身背炸药摸过了战线。他们在南朝鲜军眼皮前大摇大摆地走过了大同江水下桥，一路创造了几十个传奇故事，终于在26日上午7时50分，将德川敌人逃跑必经的武陵里大桥炸上了天。这次杰出的特种行动以后被拍成了家喻户晓的电影《奇袭》。

梁兴初发狠的时候，四十二军军长吴瑞林也在对政委周彪发狠："梁兴初要捞回面子包伪七师的饺子，露脸的事别让他一个人占了，老子要挖伪八师的心！战斗一打响，先派个尖刀营钻进宁远城，把伪八师主力十团指挥所给抄了，没指挥所我看狗日的能顶多久！"

在担负侧翼包抄任务的三十八军、四十二军摩拳擦掌的时候，准备正面突击美国第八集团军的三十九军、四十军、六十六军、五十军的战士们躲在山林里磨利了刺刀、装好了弹药，用工兵锹烙好了一张张面饼，用脸盆炒熟了一盆盆黄豆。他们准备用这些美军认为当饲料都不配的食物吃出浑身力气，用美军认为扔进炼钢炉都不值的武器打出中国人的威风！

二十

1950年11月25日下午4时，德川城外那些大大小小的山头上，一串串信号弹突然飞上天空。南朝鲜第七师的官兵正呆头呆脑地观看那些还未上升到最高点的信号弹的炫目轨迹时，猛烈的炮火已经落下来了，许多人当即飞上天空。接着，伴着映红天空的炮火，刺耳的军号声从四面八方响起，中国军队冲锋时喊出的"杀"声更是震天动地。

"敲着锣，吹着在寒风中发出撕裂声音的军号，潮水般的大军包围了德川，喊声大作、蜂拥而至。"美国人干巴巴地记叙了当时的景象。改变世界历史进程的清长之战就这样打响了。

三十八军三个师分头对德川守敌南朝鲜七师发起了攻击。

疲劳至极、未得到一天休整，在一次战役后完成诱敌深入任务的一一二师，又顺着撤回时的路线翻山越岭地打了回来。误报黑人团的师长杨大易带着部队拼命插向德川守敌西部后背，一路上根本不与敌恋战。他们顺手打垮了一支敌军补给队，缴了上万只活鸡，入朝以来就没吃过油水的战士们咽下口水扔了；俘获的一大堆南朝鲜兵，随他们去，也不要了；逮到的美军顾问不能扔，这些家伙又死不肯动，拿几条麻绳从头到脚一捆，抬猪似的往前扛着跑！凌晨5时，一一二师按时占领了德川西面的云松里，切断了南朝鲜第七师的西逃退路。

上次战役没有完成任务的一一三师这次负责向德川之敌南面穿插。雪耻心切的一一三师从一开始就摆出决战的架势，每个团同时展开两个营做前锋冲击，一路劈出一条血胡同，到晚上9时就闯到了大同江边，把巡江烤火的南朝鲜兵全部消灭。其时天寒地冻，师长江潮、政委于敬山默默地将鞋袜棉裤脱下来缠在背后，率先跳进冰透骨髓的大同江中，向对岸冲去。战士们热血沸腾，跟着师长、政委一起下水冲锋，当后勤的女兵也冲下冰水时，一个南朝鲜步兵营赶到直冲渡口，神话般的情景将这个营的南朝鲜士兵吓呆了——零下二十多摄氏度的酷寒中，一群群光着屁股浑身结冰的中国人从江面上溅起一路冰花，端着刺刀呐喊着冲向他们！有的人竟然举着菜刀抡着扁担往上扑，那是中国军队的炊事兵！

这不是人，这是天神！巨大的恐惧瞬间就击垮了这个营。除了被打死的，一一三师的将士们几分钟之内就抓了一百四十多人。

打了这一仗，一一三师的勇士们你扶着我，我拖着你，不停地向目的地飞跑。责任和荣誉使他们不能停下脚步，严寒也使他们不能停下脚步，只要想歇口气，从大同江中徒涉过来的战士就会立刻被冻成冰人。

一一三师就这样又打又跑，直到占领德川南面的遮日峰、葛洞时，师长江潮才顾得上看看手表——8时整，赶到了！南朝鲜七师又一条退路被斩断了。

在一一二师、一一三师向南朝鲜七师背后冲去的同时，一一四师从正面对伪七师发起强攻，副军长江拥辉亲自上前督阵，当头第一棒就把伪七师砸晕了，仗打得十分顺利。打到凌晨5时，南朝鲜七师回光返照，用炮兵向四周乱轰。江拥辉一不做二不休，派了一个营又捅了伪七师炮兵一刀，一下就缴了五十辆汽车、十一门炮。

战役发起仅仅十几个小时，梁兴初就将德川围得铁桶似的。26日下午3时，三十八军的总攻开始了。四个小时后，南朝鲜七师灰飞烟灭，配属该师的八个美国顾问连一个都没跑脱，成建制地走进了中国军队的战俘营。该师全部一百五十六门火炮、二百一十八辆汽车都落入三十八军手中，不少中国士兵端着日本三八式开始冲锋，结束战斗时已肩扛美国汤姆枪了。

入夜，韩先楚在军长梁兴初、政委刘西元陪同下走进了燃烧着的德川城，火光映照着韩先楚冷厉的面容，他脸上一丝喜气都没有：

"真正的考验在后面哪。"韩先楚告诉梁兴初、刘西元。

在三十八军围歼南朝鲜七师的同时，吴瑞林也对南朝鲜八师下了手。四十二军一个尖刀营偷偷摸摸地爬进南朝鲜军的阵地，用匕首割断了南朝鲜士兵的喉管，接着就扑向宁远城外的屏障五六六高地。睡眼惺忪的南朝鲜兵抵抗得相当顽强，双方展开一场白刃战，这就吃了大亏。刺杀是弹药从未充足过的中国步兵的看家本领，在同日本人作战时，连朱德、彭德怀、刘伯承这样的统帅都参与了刺杀教程的编写，中国军队自己在战场上用血总结出来的刺杀术让被俘的日本军官都叹为观止，南朝鲜军士兵如何吃得消？

五六六高地上，南朝鲜兵往往两三个人围刺一个中国士兵，韩鲜语"杀"声更是喊得震天响，久经白刃战阵的中国兵却根本不做声，战斗时喊"杀"是会惊动敌人、耗费体力的。

一阵白刀子进、红刀子出的肉搏战后，大喊大叫的南朝鲜士兵纷纷惨叫着倒在了地下，不声不响拿着刺刀狠捅的中国老兵们又冲下五六六高地，打垮了另一个南朝鲜连队，跟着就闯进了宁远城。

进城一看，哎哟，城外打得热火朝天，城内一片寂静，带尖刀连的副营长孙光山笑了，真是钻进敌人肚子了！

二话不说，孙光山一脚踹开南朝鲜八师十团指挥所的房门，包括副联队长在内的三十多名十团军官一起举起了手。三连还捉了十七个美国兵，内有几名美国女兵，这可能是志愿军唯一一次俘获美国女兵。到了天亮，连逃跑的十团团长也被迂回部队抓住了，这个南朝鲜多情种子到此时还不忘一手牵一个老婆。

"怎么样啊，不比梁大牙差吧？哈哈哈！"吴瑞林瘸着腿边走边问政委周彪。

"是啊，咱四十二军虽然是四野最年轻的军，可也不能让老大哥们看小了。"周彪也高兴极了。

夜战结束时，美国广播公司播音员播发了一条震动全世界的新闻："大韩民国军队第二军团被歼灭，在中国军队的猛烈攻击下，在不到二十四小时之内业已完全被消灭，不复存在，再也找不到该部队的痕迹了。"

麦克阿瑟的西线右翼第二次被彭德怀砸垮了。只是这一次中国的将领们再不会像前一次那样放过他了。彭德怀下死命令，要梁兴初、吴瑞林从砸开的窟窿继续往里钻，彻底截断麦克阿瑟西线左翼美英军的退路。将军有将军的胃口，梁兴初只想包韩七师的饺子。统帅有统帅的胃口，彭德怀打定主意，他要包麦克阿瑟的饺子。

二十一

直到此时，麦克阿瑟还没有清醒。26 日至 27 日间，西线左翼的美一军还在向定州和泰州北进攻击。见此情景，在志司指挥所紧张关注战局的彭德怀等人连大牙都快笑掉了。

虎头狗沃克还算聪明，这次圣诞节攻势发起前他曾叮嘱前线军官："闻到中国饭菜的味道就撤退。"他还曾满怀不安地猜测："中国军队肯定在一个什么地方等着我们。"但总统都拿麦克阿瑟没辙，沃克敢对自己的司令官说什么呢？更何况麦克阿瑟对自己不满是众所周知的事。

不过，沃克自信凭自己的指挥能力和那么优秀的武器装备，中国人也别想打败他，最多也就能动动南朝鲜人的脑筋。在右翼崩溃后，沃克仅仅派出了骑一师一个团和土耳其旅堵缺口。就这样，沃克轻率地用掉了自己最后一支预备队。仅仅两三天后，他就会为这个决定后悔得浑身发抖的。不过这事也确实怪不了他。在三十八军、四十二军向沃克的背后捅刀子时，三十九军、四十军、五十军、六十六军又在他的左翼正面对他拳打脚踢。

沃克此刻也只能头痛医头、脚痛医脚了。在侧翼迂回两军对右翼南朝鲜军动手后仅仅十个小时，四十军对左翼美二师、三十九军对美二十五师当头狠狠抢了一棒子。五十军、六十六军也开始对宁边、价川实施突击。

四十军一出手就不同凡响，首先在新兴洞吃掉了美军三个连，接着跑到苏民洞又吞下了二百人，然后转向球场、价川进攻，打算切断美二师的退路，协同三十九军吃掉美二师。

三九○团在夜色中奔跑十公里后，官兵们连被汗水浸透的棉裤都来不及脱就跳进了清川江的冰水中，大汗淋漓的火热躯体突遭冰水一激，中国士兵们一个个都瞪大了眼睛。他们强忍着刺骨的痛苦，默默向对岸走去。走在最前面的黄国忠副师长个子矮，到江心就没了顶，幸亏警卫员将他捞了出来。

黄国忠脑袋一出水，脸上和头发上就立刻结了冰。

在美军火力阻击下，不断有中国士兵倒在江中顺水漂走，活下来的人一冲上江岸就折断身上有碍行动的冰块，披着一身冰甲就对美军开始冲锋。与美二师师部宪兵队遭遇的两个排的中国战士牺牲后，收尸的同伴们看到，几十名中国士兵的遗体满身冰霜，持枪卧地前仆，全部保持着战斗姿态……

打到26日，美军第二师在四十军凶狠的打击下，已面临着全线崩溃。

在上草洞，美军二十五师二十四团C连一百四十八个黑人被迫向三十九军三四七团投降，这是朝鲜战争中向中国军队投降的唯一一支整建制的美军连队。直至今日，所有的美军、日军、南朝鲜军战史都绝口不提这件事。三个月后，全部由黑人组成的步兵二十四团被解散，此役后，美军不再将黑人士兵单独组队，所有的黑人和白人开始混合编组。

27日，被日本人惧称为"著名虎将"的黄埔一期生宋时轮率九兵团在东线也转入进攻，潜伏在狼林山脉的九兵团将士们冲出来立马横刀，一下就将美十军的陆战一师步七师砍成五段。

眼看东西两线都要崩溃，终于明白了中国人胃口的麦克阿瑟又干了一件大蠢事。

28日，总要亲临前线出风头的麦克阿瑟竟将在前线忙得焦头烂额的沃克和阿尔蒙德等人召到东京开会。这是朝鲜战争中麦克阿瑟唯一一次将前线将领召到后方开会。这次会议以后被美国和日本军史学家共称为"最奇怪的会议"。前方崩溃在即，指挥官居然跑到后方清谈！足见被彭德怀一巴掌从天堂扇到地狱的麦克阿瑟已经方寸大乱了。

会议的结论终于出来了："目前，中国第四野战军的五个军在对付第八集团军，第三野战军的二个至三个军在对陆战队进行袭击。中国以其正规军的精锐部队正式参战了，集团军有必要后退到平壤至元山一线，在稳定战局后另作他图。"

会议期间，乐观主义者、情报处长威洛比少将始终一言不发，摆出一副死猪不怕开水烫的架势。

麦克阿瑟做出决定之后，即向华盛顿报告并发表了内容相同的声明,高叫："爆发了全新的战争。"

翌日的《朝日新闻》报道：

"越境中国军队二十万，麦将军声明面临新的战争，早期结束的愿望落空。"

二十万这个数字整整比此时中国已入朝兵力少了一多半。

就在麦克阿瑟那个没起任何作用的会议进行时，真正的打击临头了。三十八军的英雄们创造了步兵攻击史上的奇迹，一夜行军一百四十五里，穿插到了军隅里，一举截断了西线美军的最便捷的撤逃通道，麦克阿瑟的主力第八集团军面临被全歼的危险。

二十二

韩先楚一进妙香山降仙洞前指驻地，马上命令挂起地图。他神情异常严峻地告诉梁兴初、刘西元："找你们来，就是要当面讲清，三十八军下一步的任务异常严峻。四十二军负责外层迂回，你们要负责内层迂回。一是一一三师要在今夜明晨插向三所里，二是一一二师要火速抢占戛日岭，但是，关键是三所里。三所里南有大同江天堑阻敌北援，北有兄弟山卡住公路阻敌南逃。一一三师卡住三所里后，从那里南逃的将有美军三个师，骑一师是美国'开国元勋师'，美二师是'二战'欧洲主力。美军三个师有三百多辆坦克、四百多门火炮，一一三师只有十几门迫击炮和少量反坦克手雷。但是，你们不但要插得进去，还要卡得住敌人！"

韩先楚边说边在价川、戛日岭、三所里三地画上三个大大的红圈。

"给我要一一三师指挥所。"

一一三师师长江潮接起了电话。韩先楚沉静冷峻的话音立刻使他肃然：

"你们都是老兵，这次任务的分量你们都清楚，但我还是必须对你们讲几句，这个任务太重要了，西线成败在此一举。这个任务太艰巨了，你们将四面受敌，要承受几倍敌人和几十倍火力的攻击。所以，我必须对你们说清楚，你们一定要以党性做保证，不打折扣，坚决完成任务！"

"是！"江潮师长手举听筒立正。

韩先楚开始一句一顿地口述命令。

"一、你们必须保证在今天上午6时前，从现地出发，向三所里穿插迂回，

216

听清楚没有？"

"清楚！"

"二、路上不管有多大困难和伤亡，你们都只能向前，向前，无所畏惧地向前！剩一个人也要插到三所里！听清楚没有？"

"清楚！"

"三、到了三所里，无论付出多大代价，你们必须坚决截住敌人！这次战役能不能取得大胜，彭总的计划能不能成功，全部取决于你们，听清楚没有？"

"清楚了！"

"打完仗，我就按这三点检查你们的战斗作风，出发吧！"

江潮听到韩先楚在电话里擂了一下桌子。

"我们走！"江潮提起手枪告诉副师长刘海清。

"边走边吃饭，边走边下达任务，不准一人掉队！"一一三师先头团团长朱月清告诉他的营长们。

"跑，跟着大队跑，跑到三所里就是胜利！"连长、排长、班长们拼命地鼓励从打德川起就没有休息过的战士。

——三师箭一样向三所里飞射。

二十三

"我们也走吧。"

韩先楚和梁兴初、刘西元登上了几辆吉普，他们将分别随同三十八军主力向价川方向沿公路突击。

韩先楚的吉普车很快超越了一一二师部队，直冲戛日岭垭口。戛日岭位于德川以西二十公里处，有道十余米宽的险峻垭口穿过岭背，一条东西走向的公路穿过垭口，这是通往军隅里的必经之地。

几阵轰鸣，韩先楚的吉普冲上垭口，他下车一看，岭下平原漠漠，雪野茫茫，一串汽车迎面驰来，敌人！

韩先楚两步跳上车，志司情报处长崔醒农立刻命令往回开。见到正奔跑过来的部队，崔大喊："韩司令命令，立即抢占山垭口！敌人上来了。"

部队立刻红了眼睛，向着山垭口一阵猛跑，沃克调来堵缺口的土耳其旅一个连被先到一步抢到制高点的中国军队全歼。

跟上来的韩先楚步测了被击毁的八辆汽车与山垭口的距离，三十八米！

审俘得知，来堵缺口的是土耳其旅。情报迅速被传给彭德怀，彭德怀问解方："这土耳其旅何物？"

解方说："他们有五千多人，属于'联合国军'，据说打仗极野蛮，崇尚白刃冲锋。"

彭德怀轻蔑地一笑，"靠野蛮是打不了胜仗的，要三十八军全歼这个土耳其旅"。

入夜，戛日岭的主峰燃起堆堆篝火，土耳其人先到了。

围坐在火堆旁烤火的土耳其人兴奋不已。他们一上前线就打了一场胜仗，打死打伤无数"敌人"，还抓了几百个俘虏。他们现在是打心眼里瞧不起美国人。根据他们自己的经验，打中国人简直比捉羊还容易，真不明白美国人为什么会被打败！中国人能打败世界上最强大的美国人，土耳其人又打败了中国人，那土耳其人该排什么位置？土耳其人大捷的消息传回美二师，军官们又惊又喜，没想到土耳其人这么厉害！赶紧派几个翻译官去审俘，两句就明白了：他妈的，土耳其人打的是退下来的南朝鲜溃兵！现在这些土耳其士兵还不知道打的是自己人。不过，他们很快就会了解真正的中国兵是怎么打仗的了。

梁兴初、刘西元赶到一一四师指挥所，这里距离戛日岭主峰只有两公里。翟仲禹师长和江拥辉副军长正在商量作战方案。

偷袭！主官们下了决心。

三四二团团长孙洪道、政委王丕礼带着战士们脱去了缴获的美国大头鞋，中国官兵一双双光脚板静寂无声地踩在一尺多深的冰雪里向戛日岭主峰攀登。

近了，更近了，连烤火的土耳其士兵说话的声音都听得清清楚楚！孙洪道一挥手，成群的手榴弹立刻飞向一堆堆篝火，烤火的土耳其兵随着被炸散的火堆四处飞溅。仅仅二十分钟，戛日岭主峰便落入中国军队手中。

"这是真的中国军队！"土耳其军官们沉着镇静地边说边扔下自己的帽子，高喊："以此为界，后退一步者杀！"

土耳其人拿出同沙皇俄国打仗的蛮劲凶狠反扑。彭德怀说准了，靠野蛮

218

是打不了胜仗的，天亮时，五千多人的土耳其旅只剩下两个连不到的残余。

消息传回志司总部，彭德怀笑了。

二十四

在三十八军主力猛打土耳其旅时，一一三师的官兵们已经要熬干身上的最后一丝精血了。他们边打边跑，击垮无数股南朝鲜散军，一步也不停地向三所里狂奔。一些战士跑着跑着就倒在地上就此不起。一些战士疲倦到极点就躺在路中间，让战友将自己踩醒后接着跑。最苦的是炮兵，沉重的部件和炮弹压得他们腰都直不起来，却一步都不能脱离步兵。现在，支撑一一三师前进的已经不是体力，而是纯粹的精神力量了。在翻越海拔一千二百五十米的长安山时，所有的军官冲到前面开路，战士们结成一长串人链互相拖拉前进，一一三师已陷入疯狂的状态。那时候，上到师长下到炊事员，一一三师所有的人思维都凝固了，疲倦至极的大脑里只有"三所里"三个字，所有的脚掌已经不是靠体力往前迈动，而是靠非凡的意志力在推进。在这个惊心动魄的晚上，一一三师的官兵们正在悄悄创下一项至今没有任何军队能打破的世界纪录。任何语言在他们的壮举面前都是苍白的，也许只有邓华所说的四个字能形容——奇迹、神迹！

天越走越亮了，一一三师翻山越岭下了公路，前面离三所里只有三十里，天空开始布满盘旋的敌机。

"把所有的伪装全部扔了，不许采取任何防空措施，不许躲进山林，沿公路堂堂正正地前进！"一一三师首长们一边和战士们奔跑一边下令。

美国空军上当了，只有中国人才伪装防空，退下来的一定是南朝鲜部队。

充满战友深情的美军飞行员用无线电要求三所里的南朝鲜治安军给撤退的国军准备米饭、开水——"多备一些咸鱼，他们的体力一定缺乏盐分"，周到得像家庭主妇。可惜，米饭和咸鱼全落到中国士兵肚子里去了。

到了，终于到了！

"打开电台发报！"前卫团团长朱月清要求随同前进的师报务主任张甫向军、师报讯。

彭德怀、邓华、洪学智……已经六天六夜没睡觉的志司将领都血红着眼睛围在报务间，几十部电台都调在一一三师的频率上，一一三师失踪已经整整一夜了。三十八军军部，韩先楚、梁兴初在雪地里团团打转，烟蒂在地上围了一圈……

"他们跑到哪儿去了？娘的，整整一夜都没消息了。"彭德怀焦虑地问道。

"问问三十八军。"邓华急了。

"不用，三十八军也不知道一一三师去哪儿了。"彭德怀说道。

谁也不知道，机警的一一三师指挥员们为预防美军测向，实施了无线电静默。张甫打开电台五分钟，大把南逃敌军就拥过来了。这无疑是中国军队一次极为成功的电子战。

突然，志司的报务员们一起大叫："通了，通了！找到一一三师了，他们到了。"

志司的将领们齐声长叹，彭德怀一屁股坐在椅子上，"哎呀，这下放心了，总算出来了，总算出来了"！

邓华高喊："这是奇迹、神迹！十四小时用双脚边打仗边行军七十二点五公里，那还是地图上的直线距离，这是奇迹、神迹！"

是的，一一三师的壮举的确是神迹，战神一般的中国士兵们创造了神迹。他们走的全是山路，实际距离比地图上的七十二点五公里这个数字要长得多。但是，就是这个数字，也创造了世界步兵战争史上空前的纪录。这个纪录至今没有任何国家的军队能打破。1990年，震惊世界的海湾战争中，极其现代化的美、英军重型装甲部队在平平展展的伊拉克沙漠上，面对已经一败涂地的伊拉克军队，每昼夜的进攻速度也只有五十公里到六十公里！

"我部先敌到达三所里！"

"敌人企图经三所里撤退。"

"请示我部任务。"

一条条信息雪片般飞到彭德怀手中，彭德怀边听汇报边看地图。

"糟！"彭德怀愣住了。三所里以西还有一条公路由北向南贯通，一个小镇龙源里卡在那儿。敌军在三所里被阻，肯定会改道龙源里南逃。彭德怀立即命令一一三师还得堵住龙源里。志司心急的报务员将龙源里打成了龙泉里，但那已经不要紧了，精明的一一三师的指挥官们已经发现这个漏洞，一个团已经赶过去了。不但如此，极富主动精神的一一三师指挥官们还派了一个营炸掉了通往安州的公路大桥。

"立刻回电，"彭德怀下令："给我像钢钉一样钉在那里！"

永垂中国军队征战史的三所里、龙源里阻击战开始了。

那是一场中国军队用十几门迫击炮、几百挺机枪、几千支步枪和刺刀，同美国军队几百架飞机、几百辆坦克、上千门大炮展开的决斗！

从西线溃退下来的美军急红了眼，美第二师、第二十五师土耳其旅残部，和美国骑一师、南朝鲜一师都陷入了三面包围。打不开三所里、龙源里，就是死路一条！只有在被噎死前吐出两根卡在喉咙里的骨头才有救！炮弹带不走了，全部打出去！美军一个支援炮兵营二十二分钟发射三千二百零六发炮弹，创造了单炮射弹每分钟八发的世界最高纪录！步兵都滚下车来，冲锋去！被逼到绝路的美国人居然搞起了"人海冲锋"，成百上千地对着一一三师阻击阵地猛攻！美国远东空军能动的飞机全来了，几百架飞机轮番对一一三师阵地狂轰滥炸……

美国人不敢相信他们的眼睛。那地狱火海般的高地上不可能再有人类生存，但每当美国兵要去占领那些似乎已空无一人的高地时，中国士兵又开始了疯狂的射击、刺杀。

"中国人似乎根本就不会受到炮火的伤害，美国士兵对于能在那种情景下生存下来的中国士兵突然怀有一种本能的敬畏的宗教情绪！"

中国兵不是打不死的神，他们同样是能够被炸弹、炮弹、子弹烧得浑身焦黑，炸得四分五裂，打得浑身是洞的凡人，但是，这是一支由中国人民最优秀的儿女组成的英雄军队，这支军队充满了大无畏的革命精神和庄严朴素的正义感，只要这支军队有一个人还活着，他就会去战斗！

打得最惨烈的是三三七团三连龙源里阻击战和范天恩三三五团三连松骨峰阻击战。从天上到地面的炮犁火耕，几十辆坦克掩护成团的步兵冲锋，美军使出了所有招数。但在这两个中国连队的阵地前，六个多小时美军竟未能前进一步。最近的时候被围美军已经能够看到北上前来救援的骑一师坦克上的白色星徽，但就是这短短的几百米却冲不过去，因为那里有中国的战士。

分别有几百具美国人的尸体倒在这两处阵地前，两个连队的中国战士也快死光了。子弹早就打完了，美国人又上来了。

"早就够本了！"松骨峰上最后的九个中国战士互相说道。幸存的战友们彼此道一声别——来世再见吧，好兄弟！然后分别端着刺刀，举着工兵锹，带着满身的烟火最后一次扑向冲上来的美国兵。刺刀捅弯了，工兵锹举不动了，那就用石头砸用牙咬，用胳膊死死搂住美国兵让烧遍自己全身的大火也烧死你。

这是在和魔鬼战斗！美国人的神经终于崩溃了，他们再也不敢向这两个空无一人的阵地攻击了。战斗结束后，一个名叫魏巍的中国作家登上了松骨峰，他用笔记下了所看到的让几代中国人血脉贲张的情景，那是中国中学语文教材名篇之一的《谁是最可爱的人》。

入夜，中国军队的总攻开始了。三十八军副军长江拥辉登上山头，眼前的情景让征战几十年的江拥辉都感到惊心动魄：

"我站在高处，放眼南望，冷月寒星辉映的战地，阵阵炸雷撕裂天空，'轰隆隆，轰隆隆'连绵不断。几十公里长的战线上，成串成串的曳光弹、照明弹、信号弹在空中交织飞舞，炮弹的尖啸，手榴弹、爆破筒、炸药包发出的闷哑的爆炸声，在峡谷回响不息。敌我双方在公路沿线犬牙交错的激烈战斗，那是我从戎几十年，从未见过的雄伟、壮阔的场面。敌人遗弃的大炮、坦克、装甲车和各种大小汽车，绵延逶迤，一眼望不到头，到处是散落的文件、纸张、照片、炮弹、美军军旗、伪军'八卦旗'以及其他军用物资……"

美军坦克残骸

在这场大战中，美第二师完蛋了，逃回去的兵力只不过是编制数的百分之二十。该师丢掉了所有的上百辆坦克、数百门大炮和上千台车辆。美国人说这个师受到印第安人的笞刑，那条山谷被取名为印第安的笞刑场。凡事讲求认真的日本人在史料中居然弄了一幅印第安人的笞刑示意图——两长排印地安人挥舞鞭子猛抽从行列中穿过的罪人——这幅图的确能简洁明了地说明这个师遇到的一切。

美二十五师、美骑一师也均遭重创。更让麦克阿瑟心惊的是，又有一支中国部队正插向肃川、顺川，美国骑兵一师正在拼死阻击他们南进。那是四十二军连鞋子都没有的勇士们在攻击。四十二军真要插到顺川、肃川，那第八集团军就彻底完了，除了跳下中国黄海外无路可走！

美国第九军见在三所里突围无望，背后又遭到三十九军、四十军猛攻，吓得丢弃了全部两千辆汽车和几百辆坦克、上千门大炮，轻装掉头向西会合美一军，整个第八集团军于12月1日沿肃川一线沿海公路亡命南逃，光俘虏就送给中国军队三千人。

"美国历史上路程最长的退却"（艾奇逊语）开始了。十天之内，美军溃退三百公里，第八集团军沃克中将也在逃跑中翻车身亡（朝鲜史料称他被人民军游击队击毙）。几天前还趾高气扬的麦克阿瑟现在"看见北朝鲜山坡上的狗尾巴草都发抖"，第八集团军一直退到三八线才收住脚。12月6日，三十九军冲入沦陷四十九天的朝鲜首都平壤。中国军队大胜已成，朝鲜战局被彻底扭转！

看着三十八军的战报，六天六夜不眠不休的彭德怀默念："这是一支钢铁部队。"

邓华是员自尊心极强的将领，作为三十八军的老上司，彭德怀痛骂三十八军也使他极其难受。三十八军此战扬威，邓华喜气洋洋地问彭德怀："怎么样啊，彭总，三十八军还行吧？"彭德怀乐得合不拢嘴："不错不错，的确是支好部队！"他叫回了拿着三十八军嘉奖令要走的参谋，提笔在电报稿最后那句"中国人民志愿军万岁"后又加了一句"三十八军万岁"！

几个副司令都惊住了。虽然彭总治军赏罚分明，但在中文中"万岁"这两个字可不是能随便喊的。彭德怀见几个副司令都不吭声，笑了，"不表态，就是同意了，拿去发了，通报全军，上报军委"！

发完电报，彭德怀情不自禁地用沙哑的喉咙唱起来了："一马离了……"

"西凉界……"一个同样沙哑但唱得有板有眼的喉咙接了上去，那是中国军队有名的京戏迷邓华，他甚至把当军长时捉到的国民党军一个京戏团鼓捣到了朝鲜为战士们唱戏。

他们唱的是《得胜令》。

梁兴初接到嘉奖令时惊呆了，大滴的泪珠从这员虎将眼眶里滑落……

从此"万岁军"美名传遍华夏……

四十九年后，在中国中央电视台，两群北京孩子举行猜歌名大赛，当相持不下时，其中一群孩子突然站起来齐声高唱：

钢铁的部队　钢铁的英雄

钢铁的意志　钢铁的心

平江起义上井冈　铁流向北方

大战平型关　敌寇心胆寒

南征北战　艰苦又顽强

跨过鸭绿江　碧血洒邻邦

血染战旗红　威名天下扬

……

跟着伟大的共产党勇猛地向前进

他们赢了！

当主持人和另一群孩子追问这是首什么战歌时，这群孩子用稚嫩的童声响亮地回答：

"第三十八集团军军歌！"

二十五

"冷啊！"

在东线，敌我双方官兵的血液都快要凝固了。

　　在西线大战的同时，东线以高寒的盖马高原长津湖畔为中心，中国军队第九兵团同美第十军展开了一场在极其恶劣自然条件下的血战。在零下三四十度的气温下，人类不要说打仗，就连生存都困难，双方都为此受足了罪，都发生了不少英勇卓绝、坚韧不拔的行为。

　　11月中旬，美国海军陆战一师和美七师十万余人沿着咸兴、江界公路，开始向金日成的临时首都江界推进。

　　美国陆战一师师长史密斯是个非常谨慎明智的将领。四十二军前一段的阻击战已经让他很警觉了，当那些挡在路上的中国人莫名其妙地消失后，史密斯率部越往北行心情就越沉重，脚下一条崎岖不平的碎石公路，蜿蜒伸进险峻的狼林山脉沟壑，弯弯曲曲地一直向北面的中国爬过去。要是在美国，这条路连乡间公路都算不上！而自己和步七师四万多部队、两百辆坦克、六百辆汽车竟沿着这唯一的一条乱七八糟、徒有其名的公路拉开了一百公里！仰望公路两侧那些险峻的山岭，史密斯心内在颤抖。死鹰岭、剑山岭、荒山岭、雪寒岭、德洞关……只用听听地名就知道这里有多么险恶了！中国人只要从山上冲下来掐断任何一段公路，最负盛名的陆战一师和横扫太平洋的劲旅步七师就非得全部冻死在长津湖畔不可。史密斯下定了决心，见到中国人就撤退！

　　步七师师长戴夫·巴尔也是个很聪明的将领。11月21日，他的十七团终于冲到了鸭绿江边的惠山镇，得意地在面对中国的江边升起了星条旗，军长阿尔蒙德专程飞来为十七团授勋，这是战争中唯一到达鸭绿江边的美军部队！连麦克阿瑟都发来贺电："仅在二十天前，第七师才在利原滩头实施两栖登陆，在崎岖陡峭的山地中前进了两百英里，并在严寒中打败顽敌，这件事将作为一件出类拔萃的军事业绩载入史册。"

　　接到贺电的巴尔却一点儿也不兴奋。阿尔蒙德在宴会上大讲第七师的光荣，师长巴尔却在嘀嘀咕咕地和史密斯开小会："是他逼我不顾一切前进的，没有侧翼的保护，天气极其恶劣，我身上的补给从来没有超过一天的用量，好像占领鸭绿江边的一个前哨阵地，就他妈的赢了这场该死的战争。这真让人弄不明白。在这个根本没有路的鬼地方，咱们还是小心点儿为好！天哪，我已经有十八个士兵冻掉双脚了！"

　　又一场寒流来了，每天的最低气温已经达到零下四十五摄氏度到五十摄氏度，美军所有的机械化车辆每两小时必须发动十五分钟，否则它就再也不能动了。那些卡宾枪冻得和干树枝一样一碰就断，连钢铁都受不了，更别说人了。

从来没有在高寒地区打过仗的美国兵受足了罪，尽管有暖和的睡袋，想穿多少就有多少的衣物，不限量的食品，但是所有的人还是患上了冻疮，手脚冻得发黑。一个幸存下来的陆战队员回忆："为了保暖多穿衣服是不可能的，你被手套、风雪大衣、长内衣、头兜和所有的东西捆得紧紧的，在爬山的时候肯定会出汗，结果是，一旦你停止前进，汗水就会在你该死的衣服里结冰。唉，你想和一支 M1 式步枪或老卡宾枪和睦相处简直是异想天开，那钢铁的家伙是冰，你的手会被它粘住，甩掉它的唯一办法就是舍去一层皮。我的嘴张不开，我的唾液和胡子冻在一起了。耗费几百万美元研制的特制冬季缚带防水鞋，在严寒中几个小时不活动，就让你难受，汗水湿透的脚慢慢肿起来，疼得要命。我相信每个人都在想，我们为什么要来到亚洲的漫天风雪之中？"

"就是这等情况，阿尔蒙德还在要求进攻，进攻！"史密斯师长对愚蠢的军长充满愤恨。

11 月 25 日，西线打响了，东线却毫无动静。就在这一天，陆战一师抓到了三个衣着单薄严重冻伤的中国俘虏，他们的口供让史密斯大吃一惊，中国军队二十军、二十七军两个军正埋伏在第十军两侧，随时准备向其发动进攻。很了解中国人的麦克阿瑟对此事的反应是："不可能，普通士兵不可能知道那么多！东方人是很狡猾的，他们黑色的小眼睛里总有一种嘲弄对方的神情，他们喜欢吹嘘自己的强大以便让对手做噩梦！"

史密斯实在放心不下，便坐上直升机巡视战场，希望发现点儿什么。他失望了。看看温度计，零下四十五摄氏度！史密斯又有些放心了，这样的酷寒，趴在地上十分钟就吃不到下一顿饭了。御寒设备如此优良的美军都冻得受不了，那些衣着单薄、缺吃少穿的中国兵能在这些铺满积雪的崇山峻岭里生存下去吗？阿尔蒙德要进攻就进攻吧，谁让他是军长呢？

史密斯错了，十万来自中国江南水乡的将士忍受着非人的痛苦，每天靠几个冻得石头一样的土豆充饥，脚踏一层薄薄的胶底鞋，身穿一层空空的棉袄——许多人甚至是身着夏季单衣。这些身经百战的将士靠着坚强的信念和无比的意志趴在零下四十五摄氏度的雪原中，冻得和雪一样白的双手紧紧握住手中的钢枪，随时准备给史密斯和巴尔致命一击！

二十六

九兵团十五万人是在 11 月 7 日、12 日、19 日三天之内巧妙而又神速地渡过鸭绿江的。司令员宋时轮十七岁就从黄埔一期毕业,副司令员是揍过英国军舰的虎将陶勇,两员骁将对自己统率的三个军充满信心。

二十军是在坚持了南方三年游击战的红军独立师基础上发展起来的铁军;二十六军是跟日本人一招一式练出来的雄师;二十七军是在解放战争中威震孟良崮、抢渡大长江、雄踞上海城的名军。而且作为原定攻台军的主力,三个军甚至一反中国军队三三制的编制传统,超额编制到每个团都是四四制甚至五五制加强营,结果三个军竟有十五万人。有这样三个军在手,任何敌人都不在话下!

只有气候和供应让两员猛将忧心。这三个军都是三野部队,一直转战在气候温暖的华东华南战场。接到开赴东北的命令前,确定为攻台军主力的九兵团一直在为中国台湾那个亚热带岛屿伤脑筋,可现在却变成到寒带去打仗。

更可怕的是,入朝太仓促了,部队还是在开往东北的火车上才得到通知的。二十军开到山海关时,总参几名高级参谋乘汽车赶到前面拦住军列,直接上车宣读"紧急入朝"的命令,部队这才知道去向。前方军情如火,彭老总急盼增援,原定在辽阳、沈阳换冬装的十几万将士只好直接开到鸭绿江边入朝。临时停车的时候,东北边防部队看到九兵团衣装如此单薄都吓呆了,赶紧动员干部战士脱下身上的衣帽送给九兵团,可就连这么一点临时脱下的衣帽都还有很多没来得及送上军列。一下火车,十几万只穿着华南温带冬装的官兵就开始控制不住地发抖,连宋时轮、陶勇都在不停地打哆嗦。九兵团团以上干部的棉衣都还没有发放呢!

入朝第一天,两将就心知不妙。居然冷到这个程度,第一天就冻伤七百人!他们以后才知道,1950 年的冬天是朝鲜五十年间气温最低的一个冬天!地上积雪盈尺,白天气温最高时也只有零下二十摄氏度,夜间就更不要提了吧!而他们所在的长津湖战场则是朝鲜北部最苦寒的地区,平均海拔在一千米到二千米之间(和中国避暑胜地庐山相似),林木茂密,人烟稀少,只有些山间小路可以通行。

仓促入朝的九兵团每个班十多人只有一两床棉被,到了夜间,战士们只好将这一两床棉被摊在雪地上,十多个人挤在棉被上互相搂抱用对方体温抵御零下四十五摄氏度酷寒的侵袭。不要说御寒,不被冻僵就万幸了,每到早上点名,队伍就又要短上一大截……

最让部队痛苦的是后勤供应跟不上。东线只有一条山间公路可以勉强走车,但天上到处是美国飞机,二十七军四十多辆满载物资的卡车一下就给凝固汽油弹烧了个精光,部队只好亡命徒一般轻装前进。如此酷寒,猛吃高热量食品都难以顶用,可部队连能充饥的冷土豆和炒面都供应不上。有的女同志为了扛一袋粮食上山累得吐血(后来到战斗打响时,投入战斗的中国部队少则两天、多则九天没吃过一口热食),为了防空,火也不能生,饥寒交迫的战士们连热水都没得喝。

武器装备也很惨。东线是高寒山区作战,每一发子弹、每一口干粮都得靠人肩扛背驮运上去。二十军的步兵每人都只带了八十发子弹,大口径火炮由于地势险峻,运输困难,全部扔在鸭绿江以北,部队只能扛上中小口径的

大雪之中往高山人力送粮

228

迫击炮上山。可炮弹又带不了多少，八二迫击炮只能带弹九十发，六〇迫击炮只能带六十发，手榴弹居然成了重武器。这仗是真难打了。

英勇的朝鲜人民在"为了祖国，支援志愿军"的口号下，夜以继日地战斗在运输线上

宋时轮、陶勇无奈，只好把二十六军留在二线，开上去的两个军连吃的都供不上，怎么上去三个军？现在，现代化战争又向中国的将领们提出新课题了，从建军之日起就一切取之于敌的中国军队，开始领悟到现代化后勤体系的极端重要性。

11月25日，西线反击开始。彭德怀本来让东线同时反攻，但宋时轮这员执行命令从不打折扣的虎将也无法按时进攻，部队太苦了。在一两尺深的积雪中不可能按时赶到进攻位置。考虑到东线是一个独立方向，推迟进攻无损大局，彭德怀同意宋时轮拖后两天进攻。

11月27日夜10时，狼林山脉的山林中忽然传出惊天动地的军号声和呐喊声，宋时轮、陶勇指挥二十军、二十七军八个师向美十军发起猛攻，十万快被冻僵的中国将士扑下山，一夜之间将美七师和陆战一师砍为五截。分割包围进行得十分顺利，但是消灭被围之敌却艰难无比。

被围之敌应变神速，立刻用二百余辆坦克在三处主要被围地域组成环形防线。中国军队每个团只有八九门老式火箭筒，很难冲破坦克防卫圈。用于火力突击的大炮一门都没有，只有中小口径的迫击炮试图掩护步兵冲锋，可是万没想到，连迫击炮的钢铁炮管都受不了如此酷寒，收缩得炮弹根本就放不进去！炮兵们急了，用火烤热水淋，好容易能塞进炮弹了，那些神炮手们瞄得准准的，一发炮弹打出去，不炸！再打，还不炸！后来统计，由于酷寒，三分之二的炮弹不能爆炸！

炮兵们望着打出去的哑弹放声大哭，这些炮弹都是步兵大哥们用命背上来的呀！连迫击炮这种轻炮火力的掩护都得不到，步兵大哥只能用步枪、机枪去冲击敌人的钢铁堡垒了！

中国军队那些世界公认最优秀的步兵发挥了一切想象力，使用最佳的战术去打破敌人的环形防线。但是物质力量的巨大差异不是靠精神力量和战术就能彻底弥补的……

志愿军在高寒山区进攻

230

　　整连整连的钢铁战士在冲锋时突然倒地而死，他们饥寒的身体已经承载不了超过极限的生存环境了……连物质条件那么优越的美国兵也惨极了。美军的卫生兵们只有把急救血浆塞进羊毛衫里的胳肢窝里，把吗啡针剂噙在口中，才能保证这些急救品不凝固。在这极限的环境下，许多美国兵面对中国军人凶猛的进攻和酷寒而神经失常，也有许多美国军人也表现出了超常的英雄气概。在柳潭里，中国军队突入阵地，与美军展开血腥的白刃格斗。菲利浦斯连长满眼血红，捡起一支步枪往雪地里一插，怒吼："我他妈就守在这儿。"吼声未毕即被乱枪打死。在德洞关，一些中国士兵将两枚一组的手榴弹塞进袜子里对着美国阵地猛甩，美国陆战队则在雪夜里借着月光狂舞工兵锹，像打垒球一样在空中猛挡手榴弹，虽然被炸死不少人，倒也守住了阵地。

　　后来，在中国军队权威战史中，客观公正地称陆战一师是"美国战斗力最强的部队"。但是美国陆战一师无论如何顽抗，战场形势已经决定他们打的是一场必败之仗。接战仅仅一天，28日，见势不妙的麦克阿瑟命令他们向南突围。为鼓舞士气，史密斯师长瞪着眼睛告诉部下："退却？见鬼去吧，我们不过是换个方向进攻！"

　　史密斯虽然要面子，但他讲的确实是实话。向南撤退的确是向南进攻，因为他们的退路早就被中国军队切断了。

　　美十军开始拼命往后收缩，企图先聚集到有个临时飞机场的下碣隅里，然后再往南逃。成群的美国飞机猛炸逃跑道路上的每一个山头。在一次战斗中，轰炸机对志愿军占领的一条山脊整整轰炸了二十五分钟，使之"成为世界上最无用的地皮之一"。但仍有不屈不挠的中国士兵从山脊上射出致人死命的子弹。坦率地说，即使是美国最精锐的海军陆战队，单兵作战能力也不如中国兵，如果不是不成比例的物质力量压制了中国军队战斗能力的发挥，美国海军陆战一师任何人都根本不要想活着逃回去，连美国人自己都承认这一点。在下碣隅里发生的事情，尤其深刻地反映了事情的本质。

　　在下碣隅里，史密斯师长决定修个简易机场接受从日本运送过来的物资补给。高度现代化的美国陆战队工兵用三天时间就拓宽了一条可以通行坦克的道路。仅仅十来天时间，一座可以起降C-47运输机的临时机场就在下碣隅里这个四面环山的小谷地里建成了。在工兵部队修建机场的同时，军需官兵和卡车队在建设供给基地，医疗部队在兴建野战医院。随即，美国空军就给史密斯运来了大量急需的弹药、食品、药品、防寒服装、油料……史密斯需要什么他们就隔海从日本运来什么。运输数量如此之多，以至于美军最后逃离此地时，开动推土机、坦克破坏了以千吨计的各种物资。与此同时，与中国本土仅隔一条封冻得到处可以通行的鸭绿江的中国军队却连保证基本生存所需的物资都不能得到，正参加围攻下碣隅里的中国著名英雄杨根思，在投入战斗前，只得到两小担地瓜给他的一百多战士充饥……

百年积弱，中国军队在用人力打仗；国力雄厚，美国人在用机械力打仗。

面对如此悬殊的物资对比，中国军队作战气贯长虹，威震敌胆，其勇敢精神和战斗力远远超过了世界上任何一支军队。

二十军五十八师困住了一股向下碣隅里增援的美国分队，生擒了美联社记者弗兰克·诺埃尔，这支美英混合部队是注定要覆亡了。一个中国军官带着一名被俘的美军中士从容走进了英军阵地。英军指挥官麦克劳林少校居然摆出一副绅士派头："是来投降的吗？"麦克劳林少校大概以为他面对的还是1840年的中国人，他手下的士兵弹药最多的也只有八发子弹，重伤员已经一大堆了，他在打肿脸充胖子。

中国军官轻蔑地咧咧嘴角："是来要你们投降的！不过可以同意一个条件，允许你们的重伤员返回古土里。"

麦克劳林想拖延时间等待援兵，中国军官冷笑："清醒一点儿，不投降马上消灭你们。"

少校投降了。

五十八师的士兵们立刻不顾一切地冲向公路上的卡车抢夺物资，吃的，穿的，打的，他们什么都需要……

后来美国人逻辑混乱地写道："中国人并没有信守让重伤员撤离的诺言，不过他们的确同意把重伤员转移到一间朝鲜房屋内，而当共军返回山丘的一天时间里，伤员有机会撤到了古土里。"

美国人死也不肯承认中国军队的骑士精神，却又不得不屈服于事实，这些自大狂根本就不知道中国军队的武德传统可以追溯到两千年以前。

仅在这场激战中，中国军队就打死了总共九百二十二名增援部队中的三百二十一人。美国军史伤心地写道："阵亡者中有六十一名皇家别动队员，四十八名第一陆战团 G 连的官兵，一百六十九名陆军第三十一团 B 连的士兵，五十名陆战师指挥部的官兵和四十三名坦克、卡车和通信部队的官兵……另外还损失了七十五台车辆。"美国人不愿提起还有二百四十人当了俘虏。

美国人和英国人给这条充满死亡气息的山谷起了个响亮的名字——"地狱之火谷地。"

二十七

在"地狱之火谷地"血战正酣的时候，刚在北京出席了中国战斗英雄代表会议的五十八师一七二团三连连长杨根思带着一个排接下了 1072 高地。这是一个可以俯瞰下碣隅里的要地。

上阵地以前，杨根思心如刀绞地看着战士们。这些生龙活虎的汉子全饿蔫了，有的扎鞋带，有的扎手榴弹袋，谁也不做声，谁也不说笑。

杨根思要调动情绪："歌是个好东西，唱起来，什么困难都跑了。"

战士们不唱。唱歌代替不了吃饭，越唱越饿。

"今天没有粮食，咱们不要吃了，今天跟昨天就这样连起来吧！对我们来说，这不是第一次，也不是最后一次，这是家常便饭。"

营部通信员来救急了，他挑来两只小筐，"报告杨连长，这担地瓜蛋是团部批准给我们前卫营全营的。营长说三连是前卫连，应该给三连"。杨根思亲自分给每个战士三个地瓜蛋，然后带领战士们走上了阵地。

整营整营的美国海军陆战队员们向 1072 高地上猛冲，连坦克都出动了八辆。冲上来被打下去，再上来，又丢下一大片尸体往回跑，杨根思甚至亲自带了一个战士用炸药包炸毁了一辆重型坦克……

血战从清晨一直打到中午，杨根思已经不知道打退美军多少次进攻了，只知道几百具美国人的尸体已经铺满了小高岭。剩下来的战士们看着不远处飞机场上来来往往的美军飞机惋惜不已，唉，连重炮都不需要，只要用一门迫击炮吊上几发炮弹，那机场就完了，这个包围圈里上万的美国人就完了！

可没有……不但连队没有，营和团也没炮了……

巨大的轰鸣声从天空传来。杨根思抬起头，他从未见过这么密集的敌机，上百架飞机密密麻麻分几层猛扑过来，竟只为轰炸十几个中国战士！地面上一百多门重炮也开始向阵地猛轰。美军非要拔掉杨根思的阵地不可。这儿不但可以俯视机场，还卡住了公路！美军的狂轰滥炸不知持续了多久，当炮火终于停止后，杨根思告诉从土里拱起来的战士：

"只要有我们的勇敢，就没有敌人的顽强！"

这句话以后成为中国军队人人皆知的一句名言。

"敌人凶，我们要压住它，子弹拼光了拼枪托，拼断了枪托再拼铁锹。阵地不能丢，丢了阵地是一件可耻的事。"

杨根思发出了最后的誓言："就是剩一个人也要守住阵地！"

打退又一次进攻后，阵地上只剩了三个人。杨根思叫过来打光了子弹的重机枪排长："带着负伤的射手撤下去，赶快撤下去，告诉指导员……"

排长等着下一句话，杨根思却说："不用说什么了，指导员会把三连带好的……"

现在，阵地上就剩杨根思一个人了，天色已近黄昏了，带一个排杀了几百个美国兵还留了俩种子，够本了，赚大了！

杨根思整整四处冒烟的军装，巡视了空无一人的阵地，将所有能找到的TNT炸药块收集起来捆了一个重达几十斤的炸药包，然后找了个能躲避火力杀伤的地方躺了下来……

又一阵铺天盖地的炮火过后，一名美国海军陆战队员举着蓝色的军旗引导着几百名美军大摇大摆地走上高地，他们认为这个阵地上的中国人已经死光了。

杨根思站起来，一把拉燃导火索，直冲向那面美国军旗，那儿的美国人最多！看着那个猛扑过来的中国人，美军旗手慌了，扔下军旗回头就跑，几百个美军陆战队员也慌了。面对这个中国死士，他们爬的爬，跑的跑，杨根思一脚踏过那面美国海军陆战队军旗，对着蜂拥下山的美国兵飞奔过去……

上万名美国兵从此再也没有敢向这座已空无一人的高地踏上一步，这是千真万确的史实。

杨根思是英雄如云的中国军队中第一个荣获"特级英雄"殊荣的军人。只要中国军队存在，杨根思的名字和战斗精神就会永远存在。他的连队被中国军队最高统帅部命名为"杨根思连"。以后几十年间，他的英勇事迹在中国大地广为流传。

在他牺牲的地方，朝鲜人立了一座碑，以志永远不忘这位中国英雄。

二十八

面对极其悬殊的物质条件，为避免战斗胶着，宋时轮、陶勇决定改变打法，集中力量先啃掉一个美军环形阵地。

11月30日，二十七军集中两个师的兵力和全军炮兵，围攻新兴里的美七师三十一团。兵力四倍于敌，连火力都略优于敌，这次成功了！

二十七军的战士浑身挂满手榴弹，边投弹边前进，一举突破了美军环形阵地外围防线，跟着就冲到美军团指挥所和炮阵地，一阵乱枪打死了团长麦克莱恩上校，炸得美国炮兵四处奔逃。美军阵地一片混乱。史密斯派了一队人马来救，给当头一棒打了回去，他只有眼睁睁地看着第三十一团覆没。

战后，美国军队终于承认大号"北极熊团"的三十一团被歼灭了——"第三十一步兵团三营原有兵员一千零五十三人，现在官兵和配属的南韩兵总计起来只剩一百八十人，其他各营的损失也和这个营差不多"。战斗结束后，一个中国步兵营长看到有个战士用一块捡来的花花绿绿的布片当包袱皮，他对这块包袱皮发生了兴趣，今天，"北极熊团"的团旗成了中国革命军事博物馆的展览品。

这是朝鲜战场上中国军队中唯一一次成建制歼灭美军一个团。

12月4日，柳潭里的陆战一师五团、七团终于撤回了下碣隅里，他们用三天时间才走完这二十二公里，一路惨遭中国军队层层截杀，平均一小时只能走三百米，二十二公里道路上有一千五百人伤亡。这是一段通往地狱的道路。

这只不过是个开始。

12月5日，守在下碣隅里的史密斯接到阿尔蒙德军长只有一句话的命令："尽快撤退到咸兴地区。"

史密斯知道后撤道路上必定是尸山血海，而且逃得越晚越糟，但他现在动弹不了。他手里有五千名伤员拖着后腿，怎么办？空运！这时候，美国兵怕死的一面就暴露出来了——一个军医感到奇怪，他所管的帐篷里有四百五十名伤员，当天却运走了九百四十一人。到了天黑，军医从机场回来，帐篷里还有二百六十个人！史密斯大怒，当即宣布，由军医鉴定谁具有上飞机的资格！

靠着远东空军强大的运输能力，史密斯很快运走了五千名伤员，甚至还运走了两百多具尸体。包袱终于卸掉了，现在，他也要跑了！

12月5日晚，下碣隅里所有的美军火炮开始向两侧山地猛轰。12月6日清晨，大撤退开始。下碣隅里彻底毁灭了。美军先用炸药炸，然后用推土机碾一遍，最后将堆积如山的食品、衣服、弹药泼上汽油烧掉。干完了坏事，美国人跑了。

整整一天才逃出去五公里，公路两侧的山林里到处都在飞来子弹。天黑的时候，宋时轮的预备队二十六军赶到了，又是一顿狠揍，美国五十七炮兵营营长卡罗·D.曾顿斯中校后来一回忆起当时的情景就感佩万分：

"陆战队员们从来没有见过如此众多的中国人蜂拥而来，中国人一次次顽强进攻，尽管陆战队的炮兵、坦克和机枪全力射击，但是中国人仍然源源不断地拥上来。他们视死如归的精神让陆战队肃然起敬。"

"中国士兵的身影浮现在照明弹青白色的光亮下，如此顽强的进攻从来没有见过。"

从下碣隅里撤到十八公里外的古土里，美国海军陆战一师用了三十八个小时，这支当时世界上机械化程度最高的部队平均每小时只能行走五百米，每公里伤亡三十四人。

在这最关键的时刻又来了一场该死的寒流！美国兵冻得痛骂，中国军队的许多官兵们已经骂不出来了，有些高地上整连的战士全部冻死了……

在古土里，一万四千名美国兵互相传递着一个令人恐惧的消息，撤退道路上必经的水门桥被中国人炸掉了！

整个西方世界有关朝鲜战争的书籍都要在水门桥上大书特书一笔，中国的史料则很少提到它，即使提到往往也是一笔带过。这座桥太能说明问题了。

那座桥是架在长津湖引水管道上的悬空单车道桥梁，桥下是万丈深渊，水门桥一旦被炸，往咸兴逃跑的美国兵除了上天没有第二条路可走。

12月1日，二十军炸掉了水门桥，美国陆战队工兵用木桥代替通车。12月4日，中国军队第二次炸毁水门桥，美国工兵又修建了一座钢制的车辙桥。

接着中国士兵炸得更狠，老桥再也修不好了。这一次，美国空军干脆从日本一举空投了八套每套重达 1.1 吨的车辙桥组件。就这样，凭借强大的综合国力，美国人在远离本土上万公里的北朝鲜悬崖上仅用两天不到的时间就架设了一座载重五十吨、可以通过撤退部队所有车辆的桥梁。美军现代化装备的优越作战能力在这座桥上凸显无遗。

通过了水门桥，史密斯率部继续逃向咸兴，二十军的将士们仍在不顾一切地顽强截杀。这里距离后方更远了，守在这里的中国士兵补给早已完全断绝，美国兵不断看到有光着脚的中国士兵向他们冲杀，看到这种情景，他们甚至有种梦幻般的感觉。

9 日，黄草岭南逃之敌和真兴里北援之敌全力夹击 1081 高地，这是最后一道关口了。六十师三百名官兵在粮食早已断绝、御寒服装极少的极端恶劣环境下拼死报国，全部光荣牺牲。

"这些中国士兵忠实地执行了他们的任务，没有一个人投降，顽强战斗到底，全部坚守阵地直到战死，无一人生还。"美国人充满尊敬地记录了这些中国将士的英勇事迹。

二十军杀红眼了，史料记载：10 日 17 时，突围之敌全部逃过黄草岭，二十军虽然冻饿伤亡减员极大，但仍积极组织第五十八师、第六十师可以战斗的一百余人，由第六十师参谋长率领，经祥在洞向直洞方向实施平行追击。

两个师只剩一百余人能战斗，却还要杀下去，这就是中国的军队！

"逃到咸兴的陆战队官兵困顿疲惫狼狈不堪，从钢盔到胡子、大衣、皮鞋上都挂满了冰霜，轻伤员互相搀扶，龇牙咧嘴地迈着沉重的步伐，M1 步枪七歪八斜地吊在身上。随行的汽车装满昏迷不醒的重伤员，有的人干脆被绑到汽车散热器上，冻得像一块块坚硬的木板，身上满是还未凝固就冻成一团的粉红色血块。"

"陆战队历史上，从未经历过如此悲惨的艰辛和困苦，这简直是一次地狱之行。"

12 月 24 日，不屈不挠的九兵团官兵在人民军配合下将美第十军撵到了兴南港，美军远东空军所有战机全部集中到兴南港上空掩护陆战一师撤退。美国海军舰炮对着城市周围猛射，在这道钢铁火力圈掩护下，美军从兴南港运走了十点五万人、一万七千五百辆汽车、三十五万吨物资。

史密斯师长在军舰上看着人员实力统计表发抖。从元山登陆到撤回咸兴，陆战一师战斗减员四千四百一十八人，非战斗减员七千三百一十三人，这是这支美国军队最能打的部队受过的最具毁灭性的打击。他们撤出兴南的最后一天刚好是圣诞节，麦克阿瑟宣称的将会结束朝鲜战争的"圣诞节攻势"，终于在圣诞节这一天以可耻的失败而告终。

继西线胜利后，东线部队也取得了辉煌的战略性大胜利，但彭德怀看着东线战斗报告，心情却极其沉重。东线伤亡四万多人，其中冻死冻伤就有三万多人（冻死一千多人），这是我军战史上最惨重的一次冻伤教训。九兵团有的部队冻伤减员竟达百分之二十二，而希特勒进攻莫斯科时冻伤减员仅达百分之三就认为失败是因为天气……

第二十七军的战斗报告写道："战斗中，士兵在积雪地面野营，脚、袜子和手冻得和雪团一样白，连手榴弹的拉环都拉不出来。引信也不发火，迫击炮管因寒冷而收缩，迫击炮弹有七成不爆炸，手部皮肤和炮弹和炮身粘在一起了。"

战斗结束后，整个九兵团成了突击治疗冻伤的战地医院，一些没有经验的卫生员用火烤伤员冻伤部位，又有许多人因此而截肢。

太难为宋时轮，太难为战士们了！

毛泽东、彭德怀都给东线部队发去了褒勉有加的慰问电。

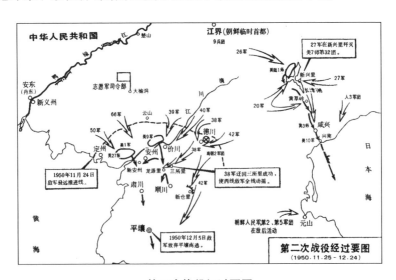

第二次战役经过要图

238

被冻得失去元气的九兵团未能参加第三次和第四次战役。中央军委本来要调九兵团回国休整，九兵团的将士们坚决不干，第五次战役中又出现了九兵团的战旗。

1950 年 12 月 24 日，抗美援朝第二次战役胜利结束。中国军队胜利进抵三八线。战役歼敌三万六千，其中美军两万四千。美国第八集团军司令沃克中将败退途中车祸身亡。中国军队作战伤亡三万零七百，冻伤五万。在这场震撼世界的大战中，彭德怀给自诩了解中国的麦克阿瑟教授了一堂战役学课程，用中国军队传统的穿插迂回战术给麦克阿瑟开了眼界。"一种新奇的战术，往往比一种新式武器更能发挥威力。"中国著名战史学家徐焰如是评论。经过这场在清川江边和长津湖畔的殊死较量，中国人民志愿军彻底扭转了朝鲜战局，收复了三八线以北除襄阳之外的全部地区。这就是永垂共和国史册的"清长大捷"。

二十九

整个世界，包括中国人自己，都被这巨大得令人难以置信的胜利震惊了。

"这是一支伟大的军队，彭德怀是东方杰出的统帅。"

斯大林看着战报流下眼泪："必须迅速在 1951 年 3 月前完成中国同志三十六个步兵师的全部装备订货，还要立刻送过去三千辆汽车！"

整个苏联社会都对中国军队能用那么简陋原始的武器打败"联合国军"感到钦佩。

从此，中苏关系开始有了一些微妙的变化，苏联开始比较真心实意地援助中国……

是时，中国著名经济学者马寅初正在东欧参加保卫世界和平大会，直到晚年马寅初还激动地回忆起当时的情景——志愿军收复平壤的消息传来，几千名世界各国与会代表边鼓掌边高呼"毛泽东万岁""新中国万岁"，时间竟长达十余分钟，实为国际会议中极其罕见的景象……

中国军队入朝时，大多数朝鲜同志都说："你们的计划很好，但装备太差，恐怕打不赢美军。"悲观得很。

第一次战役中国军队主要打的是伪军，朝鲜同志又说："你们打伪军行，打美军不行。"还是底气不足。打完了第二次战役，志愿军威信在朝鲜人民中空前高涨："毛主席伟大，朱总司令伟大，朝鲜有救了！"

从鸦片战争开始就没有正眼看过中国人的日本人受到的震撼可能最大。"支那"这个蔑称从清长之战起一夜间在日本大众的口语中消失，连沈阳战犯管理所的日本战犯也是在此之后才开始真心实意地接受改造。

各民主党派发表联合宣言，拥护全国人民抗美援朝保家卫国的正义斗争

整个西方世界也震惊了，打败十六国联军的国家竟是不久以前的"东亚病夫"！

美国人说得最直接："美国传统的理想和正义观被中国的大军粉碎了，美国人大概从未受到过如此严重的创伤和挫折！"东方通麦克阿瑟沉痛地发现自己的中国知识旦夕间全部过时了，"必须从这样一个观点来看待这个问题，在完全新的情况下，和一个具有强大军事力量的、完全新的强国进行一次完全新的战争"！

美国从此承认新中国是一个巨人。

对这场大捷评价最精当的是英国牛津大学大战略学家罗伯特·奥内尔。战争结束几十年后，他在自己所著的《清长之战》中写道："中国从他们的胜利中一跃而为一个不能再被人轻视的世界大国——如果中国人没有于1950年11月在清长战场稳执牛耳，此后的世界历史进程就一定不一样。"

这是一场改变世界历史的战役，中国人大胜！

中国人民最兴奋。出兵的消息终于不再保密了，大捷的喜报让无数中国人流下了热泪。天安门广场上人们彻夜狂欢，中国举国上下都在狂欢。中国人没有理由不狂喜——仅仅五十年前，两万多人的八国联军打败了拥有两百万军队的清政府，闯进中国首都，逼得中国的皇帝、太后"北狩西安"；仅仅五年以前，日本军队还在横行中国本土大江南北……

一百年间饱受各式各样强盗欺凌、被别人闯进家里狠揍的中国人民简直不敢相信，新中国成立才一年，中国的军队竟能主动迎战，杀出国门，十来天就在邻邦的土地上将十六个国家的几十万"联合国军"杀退了四百公里！普通人民彻底信服了毛泽东在天安门城楼上所说的"中国人民站起来了"那句宣言不是一句空话，中国人民的民族自豪感和爱国主义精神空前高涨。从此，曾是一盘散沙的中国人民高度凝聚在中国共产党的旗帜下，向着无数个新的目标发起冲击，国内的反动势力则偃旗息鼓。无论在国际还是国内，中国共产党的执政地位再也无人能够撼动……

这场战役一举打出了一个全新的中国！

颜阏齐王各命前
多年矛盾廓无边
而今一扫新纪元
……

喜不自胜的毛泽东挥毫泼墨，为一向敬重的柳亚子写下了这首《浣溪沙》。他一点儿也没有夸张，随着清长大捷的枪声平息，中国的新纪元开始了。

三十

中国人在狂欢，美国人在惊慌。11月30日，杜鲁门在记者招待会上的讲话让全世界万分惊骇："一直在积极考虑使用原子弹……"

这是美国人第一次对新中国进行核威胁，此举大大激发了新中国领导人搞出自己尖端武器的决心。很快，中国就开始了研制核武器的人才准备。杜鲁门没吓倒中国人，倒把欧洲人吓晕了。

杜鲁门考虑使用原子弹讲话一结束，许多欧洲驻联合国大使就围住美国大使奥斯汀，许多人"眼泪汪汪"地询问奥斯汀美国是否有机会避免战争的扩大。此时，欧洲还徜徉在"二战"留下的废墟中，他们实在害怕爆发新的战争。而且他们认为，不可调和的意识形态敌人——苏联才是对欧洲的真正威胁，现在美国人不顾在东欧陈兵数百万的苏联的巨大威胁，还要在"一个不可思议的时间和可能出现最困难的战略条件下，把他们拖进亚洲战争的泥潭"。

老谋深算的英国人急了，一百多名英国议员在交给艾德礼首相的抗议信上签名，坚决反对在"任何情况下使用原子弹"。连最有名的反共主义者、前首相丘吉尔也站在反对者行列。丘吉尔认为，扩大亚洲的战争会削弱欧洲的防御力量，威胁美国的安全。

面对空前巨大的压力，艾德礼飞赴华盛顿与杜鲁门会晤。

这次会晤是美英这对铁杆兄弟少有的公开针锋相对的时刻。

艾德礼认为，联合国除了谈判撤出朝鲜外没有出路，甚至连中国台湾占据的联合国中的中国席位也可以让给北京。杜鲁门则坚决不放弃南朝鲜和台湾或是让北京取得联合国的席位——"除了教训一下中国，什么都不欠他"！

会议吵了三天，艾德礼这位被美国人又骂了一遍"披着羊皮的狼"（第一次是丘吉尔骂的）的英国首相飞回了伦敦。他得到了杜鲁门"不使用原子弹"的承诺，同时他与杜鲁门在朝鲜问题上勉强达成共识："在军事上被赶出去之前，要驻留在朝鲜，而且在局势好转之前，不同中国进行谈判。"

这时，杜鲁门已恨透了麦克阿瑟。这个败将不但不反省自身的指挥错误，还在不停地打电报给华盛顿告知自己"面临灭顶之灾"，要求大批增援，同时却不断颠三倒四地召开记者招待会说："华盛顿的官僚们惊慌失措是没有道理的，我的部队不是失败，而是进行一次巧妙的撤退……"

杜鲁门已对麦克阿瑟恨到咬牙切齿的地步，但他还不知道用什么办法才能对付这个老家伙。出身寒微的杜鲁门对麦克阿瑟之类的名门世家之后总有一种内心深处的无力与自卑感，换上同样名门出身的罗斯福，恐怕老早就对麦克阿瑟下手了。

权衡左右，美国军政首脑虽然被中国人打得恼羞成怒，却还是不敢扩大战争以免与整个世界敌对。杜鲁门、艾奇逊已经在力求寻找一种既能保住面子又能停止战争的办法，美国军政首脑们得出了继续战争的几个原则：战略重点在欧洲；不能卷入亚洲的持久战争；不向朝鲜增派军队；保持三八线的稳定；恢复三八线战前的状态……

12月7日，印度驻华大使潘尼迦突然向中国外交部转交了一份由十三个国家联合倡议的备忘录。该倡议提出，作战双方先在三八线停火，然后谈判和平解决朝鲜问题。

潘尼迦解释："这是所有非欧美国家第一次联合起来提出的建议。因此，如果中国宣布不超过三八线的话，则将得到这些国家的欢迎和道义上的支持。"

备忘录被立刻送到周恩来和毛泽东的案头。怎么办？要求中国不超过三八线的是中国共产党最注意团结的第三世界中间力量，不过毛周也看得出来，这肯定是美国人放的试探气球。

要求中国不过三八线，这不是给美国人喘息的机会吗？毛泽东思忖，可是这毕竟是中间势力提出来的。伤害了中间势力就增加了敌人的力量。

12月8日，中国外交部亚洲司司长约见印度大使馆参赞，向他提出了四个问题，其中之一是：为什么在美国打过三八线的时候，十三国不讲话？

12月11日，周恩来会见了老朋友潘尼迦，诚恳至极地说，问题的关键在美国，到目前为止，还没有看到美国和联合国有希望和平解决朝鲜问题的具体表现。

开国领袖们都是从九死一生的战场上打出来的，长期的战争生涯使他们磨砺出了现在很难被人理解的超凡警惕性。他们有过马歇尔调停中国内战时上美国人大当的教训，他们早已对不断背信弃义的美国人失去了最基本的信任。史料记载，毛泽东此时已经做好了至少打一年持久战的准备。既是持久战，什么时候过三八线并不是一件很重要的事。但十三国提案让他警觉了——这是缓兵之计吗？

应该说，中共领袖的猜测是有道理的，此时，美国参联会已经提出："在达成协议之前，麦克阿瑟司令官在作战上不受三八线的限制。"这就是说，如果朝中一方接受协议，中朝军队则不能超过三八线打击敌人。"联合国军"却可以趁机休整，待休整结束后再寻找适当时机和借口向北进攻。

苏共中央政治局也评论说："正如所见，所有这些让人想起，侵略国政府在准备第三次世界大战时做了什么。它们表明英美准备新战争计划走得有多远。"

一生最恨低头的毛泽东告诉秘密来访的金日成："既然美国人敢于诉诸武力，那么中国志愿军就要奉陪到底。打第一次战役，第二次战役，但还不够，还要接着打。你敢超过三八线北进，那我为什么不能越过三八线南进？"

对国家统一求之不得的金日成兴奋地回答："对，要乘胜前进！"

两位领袖都要打，可是，无惧任何艰难困苦、敢向百万军中取上将首级、在中国军队中绰号"张飞"的彭德怀却罕见地不想打这一仗……

第五章

战局转旋 （一）

一

彭德怀和志愿军众将都不想马上打过三八线去。这些身在前线的将帅太明白中国军队是在怎样的物质条件和战场环境下打仗的了。通过亲身体验，他们对美军的现代化优势不抱任何幻想，都做好了打持久战的心理准备。他们认识到了，中国军队无与伦比的大无畏革命精神、极其高昂的斗志、很高明的战略战术方法和不可比拟的指挥灵活性，都不能彻底弥补双方在物质力量上极其悬殊的差距。

天空和白天全部是美国人的，哪怕一辆马车被敌机发现，马上就会有成群结队的敌机飞来轰炸扫射。入朝部队全部汽车只有一千三百辆，仅仅一个月就给炸掉了一千辆，平均每天就有三十辆车被美机炸上天。三十八军入朝配了一百辆车，入朝仅二十天就只剩了六辆可以跑。二十七军四十五辆车，七天后损失三十九辆……

美国的飞机从东海岸炸到西海岸，从鸭绿江炸到汉江，轰炸时间没日没夜，扫射目标不分大小。为了寻找目标，有些凶悍的飞行员拼命降低飞行高度，撞山挂线时有发生，仅志愿军副司令员洪学智就亲眼看到两次——一架美机示威性地钻过高压线，结果竟被挂掉了尾巴；又一架美机飞得太低，竟将大树撞成两截！在国内战场一切取之于敌，可蒋介石哪有这样的空中力量？在朝鲜战场此法根本行不通。一次战役结束，志司总部参加打扫战场缴获六十多辆汽车，彭德怀正愁损车无法补充，闻讯高兴得不得了。

战士们将车开入一条山沟再堆上草捆隐蔽起来，洪学智还亲自督促检查，没想到一架美机超低空侦察，强劲的气流竟将伪装草捆全部掀掉，几十架敌机马上蜂拥而至，一阵狂轰滥炸就损失了三十多辆车，气得彭德怀大发雷霆要追究司令部的责任。能怪谁呢？国内战争不都这样伪装的吗？

二次战役更惨，一下缴了两千多辆汽车，还全都是从美国本土汽车厂直接运来、只跑了一两百公里的新车。全军上下都为此欢呼不已，可刚刚动员俘虏开出来了二百辆，几百架敌机就飞来将剩下的炸了个精光，心痛得躲在树林里的战士眼睛滴血却毫无办法。

　　一句话，美军拥有战场的绝对制空权，连志司总部都三天两头挨炸，堂堂总部竟保不住一个毛岸英，更不要说被全线压制的后勤补给线了。

　　中国军队的后勤物资从鸭绿江前运几十公里都要付出极大的代价。公路不敢走，铁路炸断了，只能靠原始的人力背送。不要说弹药，连战士吃的炒面、穿的棉衣都供不上。东线三个军除了一线的战斗员，上到军师长，下到唱歌跳舞的文工团员、烧水煮饭的炊事员，都动员起来往山上扛粮食，就这样还有上千名钢铁战士没有牺牲在敌人的火网下，而是活活冻饿而死（后来计算，东线的粮食只能满足部队最低生存需要的二分之一），许许多多的战士都是穿着草鞋，甚至打着赤脚，饿着肚子在零下四十摄氏度的雪地里向敌军冲锋。

　　在西线，四十二军一个班，上级发下一双棉鞋，战士们决定，谁站岗谁才有资格穿上这双宝贵的棉鞋。整整一个冬天过去，从鸭绿江打到三八线以南，这双棉鞋竟丝毫无损，然后又被完好地移交给接防部队……

　　现在，志愿军主要的物资运送方式就是用人往前背，但这样原始的方法能支撑起一场现代化的大规模战争吗？

　　第一、第二次战役时，后勤线只有百把公里长都应付不了，现在离鸭绿江已有四百公里，情况更糟了。战士们缺枪少弹，部队弹药储备基本没有。人员则天天处于半饥饿状态，为躲避空袭只能钻山越岭走小道，可这是要付出只有食物才能支撑的极限状态的体力的，这样下去铁人也会完蛋的！还有那大大落后于现代战争的后勤体制。美军十三个后勤兵供养一个战斗兵打仗，志愿军一个后勤兵供养几百个战士作战需要！甚至一套系统的后勤供应体制都没有。没有专门的后勤部，司令部里仅设了个后勤科。负责整个志愿军后勤的是远在沈阳的东北军区后勤部，而朝鲜前指十几个人要负责几十万大军的吃住穿用！现在离鸭绿江四百公里已是窘迫如此，再往南打如何供得了？

　　反观美军，地面上仅仅一个军就有七千辆汽车跑运输，海上有成百上千艘大型海船往来穿梭于美国、日本、朝鲜之间，空中还有数不清的运输机随时提供应急机动保障，虽远离本土两万公里却毫无物资匮乏之虞，连饮水都从日本运来……志愿军是在用陆军一军对付别人陆海空三军，别人是四面围攻志愿军一面啊！

　　还有战场上那根本不成比例的火力对比。美军一个军有坦克四百三十辆，志愿军六个军一辆都没有！美军一个步兵师配属炮兵有四百三十二门大口径榴弹炮、加农炮，还可以得到大量附加更大口径火炮支援；而志愿军一个师只有一个山炮营，装备十二门别国军队老早就淘汰的中口径山炮。山炮？美军甚至都不知道这个词！通信指挥，美军一个师有电台一千六百部，无线电通信可直达班排。志愿军入朝之前在全军到处搜罗，才让入朝的每个军配了几十台无线电，勉强装备到营，营以下就全靠两只脚、哨子、军号和信号弹了，甚至信号弹都少得不敢多用！即使是中国军队引以为豪的步兵，他们手上的家伙也快老掉了牙。像三十八军这样的王牌主力竟有百分之九十的战士还在使用日本1905年设计定型的三八式枪……

爱兵如子的彭德怀看到部队报上来的战士们的英勇事迹，既感动又心如刀绞，志愿军是在用生命换胜利啊！

"拿这样的战士一个去换两个、三个不值钱的美国少爷兵我也不干！"彭德怀不止一次说过类似的话。

打仗固然打的是人的智慧、勇气、体力，可那也是打的钢铁、炸药和各种物资啊！

彭德怀已经看出来了，这场战争估计要打成持久战，中国军队精神力量和战斗力虽强，却受限于极度贫弱的国力不得施展，连他精妙指挥艺术能达到的战争效果，在美国人的雄厚实力面前也得大打折扣。彭德怀作为统帅，感到极人的痛苦！

不但彭德怀，志愿军众将领在胜利面前，对于局势的发展都有着清醒的认识。一直奔波在一线的"旋风司令"韩先楚就是代表之一。韩先楚认为第一、第二次战役的胜利是抓住了敌人不知虚实、轻敌冒进这个弱点，现在敌人开始谨慎起来，甚至高估志愿军实力时，志愿军绝不能过分乐观、头脑发热。

身经百战的韩先楚在前线看到美军的火力和物资供应，不禁感到一种极大的冲击和震撼。志愿军饿着肚子在零下三十多摄氏度的雪地里赤脚追击，在冰冷如铁的堑壕里据守；对面美军阵地上，直升机飞来卸下弹药、食品、睡袋、药品，还要接走伤员，步兵则在雪地上铺条毯子趴在上面射击……志愿军战士靠挎在脖子上的一条长长的米袋子救命，而美军一个五公斤的铁盒打开，一个班饱饱地吃一顿，营养成分计算好了不说，里面还有香烟、火柴甚至手纸……

那时候还没有"综合国力"一词，韩先楚自己发明了一个词，他称美军表现出来的这种东西叫作"整体国家实力"。

上过朝鲜战场的每个中国军人都受到了"整体国家实力"这个东西的冲击，尤其是那些驾驭战争的将领们。由于有了在朝鲜的切身体会，入朝将帅回国后都成了积极推动中国军队现代化的干将，这批将领基本上都没有在"文革"中犯错误。朝鲜战场使他们对物资与精神的关系有着极清醒的认识，豪言壮语很难让他们头脑发热到失去理智的程度。可惜1959年庐山风波，许多英才都跟着彭德怀倒了霉。接替彭德怀的林彪把中国军队在朝鲜战场上取得的宝贵经验教训扔了个一干二净，似乎只要手拿红宝书、大背语录就可以战无不胜。到了20世纪60年代末，没到过朝鲜的林彪居然还让儿子林立果研究，如何将两辆自行车并在一起运输物资对付苏联……

他的这一套使中国军队的现代化建设不但止步不前，还大大退后了一步，直到对越反击战才彻底暴露出恶果。那时，在"文革"中幸存下来的入朝将领们又成为新时期中国军队建设的元老。

二

反复思考后，彭德怀认为还是不要越过三八线为好。部队实在太疲劳太苦了，入朝个把月连打两个战役，兵员尚未补充，粮弹均已不足，最好先休整一个时期，补充兵员，运输物资，整顿部队，待来年开春天气转暖再打过三八线。彭德怀一面打电报向毛泽东汇报自己的意见，一面将自己的司令部前移到成川郡西南五公里的君子里。这时彭德怀的司令部已经不仅是志愿军的司令部了，而且还是"中国人民志愿军和朝鲜人民军联合司令部"。这个机构统管朝鲜作战范围和前线的一切活动，简称"联司"，对外不公开。

12月初，中国军队乘胜追击时，与敌后人民军主力胜利会师，人民军收拢回来的部队已有三个军团，经过补充后刚刚恢复了战斗力。受二次战役胜利鼓舞，在朝鲜南北打了个来回的人民军主力求战情绪很高，中朝军队要正式并肩作战了。两军作战，谁指挥谁呢？这个问题是非解决不可了。由于指挥不统一，两次战役中都有一些血的教训。三十八军因听信人民军部队误报，派一一三师去保卫熙川以北的军火库，导致延误了断敌后路的时机。人民军的坦克部队向三十九军误击，让被围的美军二十四师一部借机南逃，这些情况让毛泽东和金日成都很痛心。但解决这个问题并不简单，时间拖了好长，从第一次战役一直到第二次战役快打完才正式解决。

第一次战役时彭德怀希望人民军开辟敌后战场。金日成同意，苏联驻朝军事顾问瓦西列夫不同意，苏联驻朝大使史蒂科夫又认为可以。这么个小战术问题解决起来都如此困难，更别说高度敏感的指挥权问题了。统一指挥问题牵涉到朝中两党、两国、两军之间的关系，甚至苏联也夹杂其中。但这个问题又非解决不可，部队连听谁的都不知道，怎么打仗？

毛泽东、周恩来、彭德怀商量来商量去，最后让周恩来主持起草了毛泽东致斯大林电，提议中苏朝各出一个人组成党的三人小组，三方联合指挥。但斯大林此时对苏军驻朝军事顾问极为不满，没有他们的瞎指挥，人民军不会大败于南方。更主要的是，斯大林考虑到苏方不宜参与指挥，同时中国军队高超的战略战术让其深为钦佩，遂复电赞成中朝两军统一指挥，并提出中国指挥员负主责的意见。

老大哥同意了，中朝自然好办。12月4日，二次战役大胜已成定局之时，"联司"成立了。彭德怀任司令兼政委，邓华和人民军猛将金雄任副司令，朴一禹为副政委。金雄奔赴东线组织金雄指挥部，指挥东线人民军二、三、五共三个军团，朴一禹则驻志司负责联络。"联司"下命令给人民军就以联司名义，给志愿军下命令仍用志司名义，可以说，这是一个既能确保指挥统一又能兼顾中、朝两军不同特点的富有东方色彩的统帅机构。

彭德怀焦虑地在君子里司令部等待毛泽东的回电。12月13日，毛泽东的回电到了，明确指出，从国际形势来看，必须打破美英利用三八线整军再战的阴谋，非打过三八线不可！

马上就打新的战役，彭德怀陷入极大的矛盾，军事上不能打，政治上却必须打。

彭德怀是个视党性军纪如生命的人。他一方面下定了超越任何军事学说去打仗的决心，开始积极准备；另一方面他再次向毛泽东进谏。他的谏言充分显示了彭德怀的军事才华和实事求是的严谨作风：

"据我看，朝鲜战争仍是相当长期的、艰苦的。敌人由进攻转入防御，战线缩短，兵力集中，正面狭小，自然增加了纵深，对联合兵种作战有利。……

我军目前仍应采取稳进。对部队不要太伤元气，目前虽未到顶点，但已两个月不能安全休息，物资不能及时补充，加之气候寒冷，是值得严重注意的。……因为上述种种原因，我8日给你的电报中，提出暂不越三八线作战。得你13日复电后，现已遵示越三八线作战。如无意外变化，打败仗是不会有的，但攻击受阻胜利不大的可能性是存在的……"

毛泽东的复电很快就到了，他不但坚持越线作战，还憧憬着"只要能歼灭南朝鲜军大部或全部，美军即陷入孤立，如能再歼灭几个美军师，朝鲜问题更好解决"呢！

毛泽东毕竟身在后方，对战场的真实情况只能通过电文了解，不可能有以彭德怀为代表的前线将领那样的切身感受，此时，他还在想"如能歼灭几个美军师"，这已大大超出了中国军队的能力。整个朝鲜战争三年期间，中国军队也只是凭借东线的特殊地理条件歼灭过美军一个团。接连的捷报使他高估了自己的实力，过低地计算了美军现代化作战装备的威力。这位大军事家有些轻敌了。

不过，就此时他与彭德怀的分歧看，两个人都是对的。彭德怀前线统兵，必须从军事家的角度看待问题；毛泽东坐镇北京，必须纵览国际风云，从政治角度看问题。

三

一队队疲惫至极但被胜利鼓舞得战意十足的战士们向三八线开去，除留下九兵团三个军治疗冻伤外，中国军队六个军二十三万人和人民军三个军团七万余人浩浩荡荡直逼朝鲜南方……

为了保证几十万大军的补给，全中国都动员起来了。周恩来专门赶到沈阳主持召开了"炒面煮肉会议"，鼓动大家一定要完成炒面煮肉的指标。

炒面是一种极具中国特色的方便食品，它由一定比例的小麦、大豆、高粱米或玉米经炒熟、磨碎加食盐制成。打仗时，志愿军战士随身挎条炒面口袋，饥饿时抓把炒面往嘴里一塞，再吃上几口雪，照样可以打仗。它肯定是那个时代的中国军队能找到的最好的野战食品。

东北作为志愿军的战略后方，全民投入到了炒面、煮肉工作中去，家家户户炉火熊熊，面香扑鼻，但是高岗尽了最大努力也保证不了彭德怀的需求——援朝军每人每月按定量的三分之一供应，也需要一千四百八十二万斤炒面。东北使出了吃奶的劲儿也只能解决一千万斤！于是，在那个火热的年代，中国大地上掀起了一个男女老少齐动员，家家户户忙炒面的热潮。

在北京，包括周恩来在内的党政军领导人，在繁忙工作之余也挥起了锅铲，连监狱里的杜聿明等国民党战犯都投入这项工作中去。这些被共产党人关进监狱的国民党将军们干得非常卖力。他们也是军人，都尝过在战场上饿肚子的滋味，而且，战争的胜利也使他们的民族自豪感大增。

值得一提的是，中国军队参战之前，毛泽东曾让有关部门询问与美军打过交道的杜聿明等人对战争前途的看法，当大多数崇美的国民党将军都对前景感到悲观时，国民党名将杜聿明等几个对美军比较了解的将军都在汇报中指出，只要抓住美军的弱点，是可以打败它的。

一袋袋炒面送上了朝鲜前线。听到国内连周总理都炒面的消息，中国军队的将士们激动不已。以后，炒面这种食用方便的食品伴随着战士们打了许多胜仗，战士们感谢炒面解决了大困难，甚至喊出了"为炒面立功"的口号。

但主管志愿军后勤的洪学智也沉重地回忆：炒面这东西，长期作为军队的主食不行，其营养成分太过单一，缺乏维生素，长期吃下去影响战士的体力和健康。由于含水分少，长期吃容易上"火"，许多战士得了口角炎，而且肚胀。有的战士开玩笑，把炒面挂在树上，飞机都不打。以后，缺乏维生素的炒面让志愿军的夜老虎们得了夜盲症。洪学智只好集益广思，开动脑筋解决新问题。解决办法既简单有效又让人心酸，一是煮松树叶子喝；二是闭着眼睛喝摇头摆尾的活蝌蚪。贫弱的国力让英勇善战、堪称举世无双的中国军队吃足了苦头。

这时，洪学智的脑子里已经开始酝酿着中国军队后勤系统的划时代改革了。他已经快被逼到绝路上了。打现代化战争是非得改变"小米加步枪，仓库在前方"的原始后勤体制了。他是分管后勤的副司令，两次战役都吃了后勤的大亏。部队牢骚满腹，韩先楚所反映的部队的困难使洪学智深感不安。他向彭德怀提出让四处督战的韩先楚与他对换角色，干脆他上前线去，韩先楚管后勤。彭德怀起先同意了，可洪学智去辞行："老总，我出发了，你还有什么指示？"

彭德怀却吃惊了："你出发，出发到哪里去呀？"

"不是党委定了，让我到前面去吗？"

彭德怀把脸一板："说是这样说，做不能这样做，韩先楚讲的困难我们都知道，后勤还是你管，还是韩先楚到前面去。"

原来，彭德怀和邓华交换意见，认为还是不对调的好，再说这种战场条件，后勤让谁管都难尽如人意。

洪学智无法卸掉身上的重压，索性把心一横："一定要想个办法把志愿军的后勤搞好，让前线将士吃饱穿暖，打垮美国人……"

第三次战役作战计划确定了：中国军队六个军、七个炮兵团和朝鲜人民军三个军团分左、右两个突击集团，左翼三十八、三十九、四十、五十军和六个炮兵团、朝鲜人民军一军团以伪六师、伪十一师为攻歼目标，并相机夺取汉城，这是主攻方向；右翼四十二、六十六军附加一个炮兵团是助攻方向，保障右边主力的突破并向加平、春川突击，还要策应更左面的人民军五、二军团南进，并切断春川与汉城的交通。第三次战役发动日期是 12 月 22 日。大战又要开始了，不过，敌方马上要换个相当能打的前线统军将领了。

四

12 月 23 日晚，时年五十五岁的美国陆军副总参谋长李奇微中将正在和朋友们一起喝酒。李奇微 1917 年毕业于西点军校时，校长正好是麦克阿瑟。不过对这位校长李奇微不太"感冒"，麦克阿瑟"夸大其词和自吹自擂的恶习""把子虚乌有之事归功于自己的癖好"让李奇微敬而远之。李奇微深知麦克阿瑟干过多少贪部下之功为己有的丑事。许多年轻的军官将自己新颖的思路报告给麦克阿瑟，麦克阿瑟当面不露声色，转脸却对自己"新的天才的战略构思"大吹特吹，让那些被剽窃的没见过世面的小军官们目瞪口呆……在回忆录《朝鲜战争》中，李奇微一针见血地指出了麦克阿瑟的致命伤："麦克阿瑟好出风头……他有意培养清高孤傲之情，仿佛这是天才的特征，直至它变成一种格格不入的东西……使他失去了一名司令官从他的部属那里需要得到的批评意见和中肯评价。他刚愎自用的性格……有时使他不顾浅显的逻辑而坚持一意孤行。他对自己的判断坚信不疑，使他产生一种一贯正确的预感，并最终导致他抗命不从。"

在西点军校时，军校生李奇微已经表现出自己具备了成为一位优秀职业军官的一切素质。他相貌堂堂，严峻简朴，是军校橄榄球队队长，那位置可不是随便什么人都能干的。橄榄球是美国最狂热的运动，西点的橄榄球队是美国陆军的招牌，坐上这个位置的人很多都成了大器，成长为陆军的栋梁。西点的经历为李奇微铺就了青云之路。

军人的机会在战场。少尉李奇微苦苦熬了二十五年才因"二战"当上了八十二空降师师长。从那时到现在只有短短十年，他就干上了陆军副参谋长的差使了。李奇微也以卓越的个人才干证明了自己爬得如此之快是有道理的，他在美军中以"坚强意志和指挥才能"著称。同僚公认迟早有一天李奇微会攀上美国陆军的权力顶端。在任何国家的军队中，像李奇微这种锋芒毕露、精力充沛、正处上升期的将领，都是最难对付的角色。

一阵电话铃声打断了美酒带来的兴致。李奇微接过电话，柯林斯将军语调急促："马特，出事了，沃克死了，立即到五角大楼开会。"

来到五角大楼，李奇微才知道，甚至在沃克还活着时，麦克阿瑟就已把他列为沃克的继任人。

回家匆匆和妻儿照了一张以后在战场上给李奇微带来无数慰藉的合影，写了一份遗嘱，李奇微就登上了去日本的飞机，他的朝鲜战争开始了。

到东京的第二天，李奇微晋见了此时威信已一落千丈的麦克阿瑟。他的感情很复杂。他虽然讨厌麦克阿瑟却也崇拜麦克阿瑟的才华和勇气。但是麦克阿瑟一开口，李奇微的厌恶之情顿时狂涨。

"马特，我想你一定明白，我们在朝鲜遇到的是什么？战争！战争中最宝贵的是什么？胜利！不用说，军事上的胜利可以加强我们在外交上的地位，可令人担心的是，我们在战场上无所事事，而听任一些政客在外交途径上寻求出路，那还要我们这些军人干什么？"

"又来了，又来了。"李奇微虽不露声色，内心却极度反感。胜利总是自己一人的，失败了永远都有无数的借口，如果事情都是政客们搞糟的，那仗又是谁打输的呢？

麦克阿瑟咆哮着喋喋不休，根本就不管李奇微做何反应，在他眼里，李奇微不过是又一个沃克那样的道具罢了。

"谁都知道，共产党中国南部的大门敞开着，如果让台湾的中国军队向大陆发起进攻，会大大减轻我们在朝鲜的压力。我曾多次就此向华盛顿提出过建议，但是，他们都不予采纳。"

是时，蒋介石已第二次向麦克阿瑟提出派国民党军入朝作战，国民党特务在麦克阿瑟默许下已遍布朝鲜战场。杜鲁门权衡左右，当然不敢放蒋介石出笼，麦克阿瑟却认为这导致了他的失败。

骂得精疲力竭后，麦克阿瑟才开始授命。他让李奇微一定要坚守阵地尤其是汉城，然后又痛骂在朝部队一片混乱，美国空军尤其饭桶，骂完了又哀叹一声："我一定支持你，我对你完全放心，阿尔蒙德的第十军交给你统一指挥，你的前任沃克从未有过此种权力。"

早就不耐烦的李奇微站起身说："谢谢总司令对我的信任，今天下午我就飞到朝鲜去。只是有几个问题想请示您。"

"当然，我应该回答你的任何问题，特别是有关作战方面的，请你提吧！"

李奇微厌恶地看到麦克阿瑟又摆出了一副校长的臭架子，老天爷，请教军事问题会在战场上倒霉的！李奇微问的是政治问题：

"将军，假设发生苏联军队参战的情况，那么，您会命令第八集团军采取何种行动？"

"嗯，我想这不大可能，"麦克阿瑟沉吟，"如果发生那种情况，我将命令第八集团军撤回日本。"

"如果中国军队继续南进，南朝鲜人是否有背叛我们的危险？"李奇微不信任南朝鲜人。

"会有这种危险的，不过，马特，现在还谈不上这种危险。"麦克阿瑟同样不信任南朝鲜人。

"还有，如果我发现战局于我有利，您是否给予我向敌人发动进攻的决定权？"李奇微要指挥权了，他就怕麦克阿瑟遥控。

"马特，第八集团军是属于你的，你认为怎么好就怎么干吧。"麦克阿瑟不放手也不行了。

听麦克阿瑟啰唆这么半天，李奇微要的就是这句话，现在目的达到就可以走了。可麦克阿瑟觉得自尊心受到伤害了，马特为什么不请教校长军事问题呢？他又开始教育人了：

"千万不要小看黄皮肤的中国人，他们常常避开大路，利用山岭丘陵渗透，习惯于夜间行动和作战，他们是最危险的敌人。稍一不慎，就会铸成大错。"

李奇微赶紧离开东京直飞南朝鲜大邱机场。

舱门打开，记者们惊呆了。天哪，又来了一个牛仔版本的麦克阿瑟！一顶古怪的毛边帽歪戴在李奇微头上，空降战斗服衣领上三颗将星和伞兵徽章闪闪发亮，一件马甲随意套在战斗服外，恰到好处地露出李奇微挎在腰间的大号左轮。还有更玄乎的，两颗黑不溜秋的瓜形手雷被李奇微吊在脖子上，每当微风吹来，李奇微脖子上那俩黑家伙就让人提心吊胆地晃两下。这是李奇微的"光荣弹"！这两颗手雷一直在李奇微脖子上陪着他度过了朝鲜岁月。

唯恐天下不乱的记者们知道以后的新闻少不了，从好出风头这个角度看，李奇微和麦克阿瑟并无二致。当然，他也和麦克阿瑟一样从不承认这是演戏。每当有人就手雷的必要性问他时，他总是怒吼一句："他妈的这是战争！"

李奇微开始整治患了精神阳痿病的第八集团军了。他干的第一件事是扔掉了铺在第八集团军司令部餐桌上的肮脏床单和盛饭的瓦罐。经常有世界知名人士前来访问的司令部居然用这种东西凑合着招待客人，足见部队已失去了最基本的荣誉感。

接下来，李奇微就要跟所有的人和事过不去了。吉普车上的帆布车篷首先碍了他的眼："把所有的车篷都给我拆下来！在战场上乘坐有篷的汽车，是在封闭的车厢里骗取一种自欺欺人的安全感和没有根据的舒适感。篷布挡不住子弹，这你们知道，这是一种同走投无路的鸵鸟把脑袋钻进沙子里一样的心理状态。"

第八集团军的官兵们不可思议地倾听着新司令官的篷布无用论，从此，美军军官在零下三十摄氏度也得坐在光秃秃的吉普车里来回奔跑。

李奇微到处视察，和宪兵一起用手枪逼着南朝鲜兵返回前线，南朝鲜兵走了后，他又告诉宪兵："一会儿他们就会以更快的速度开回来的。"

部队的状况让李奇微深感沮丧，第八集团军已丧失了所有的信心，士兵不相信指挥官，指挥官不相信还能打胜仗，所有人一门心思就想着回家。

李奇微决定首先洗洗军官的脑子，他发表了一通极其慷慨激昂的演说，这的确是一篇好文：

"你们大家听着，美国步兵的老祖宗要是知道第八集团军现在这副样子，准会气得在坟墓里打滚儿！"

李奇微语出惊人，军官们瑟瑟发抖。

"你们再看看中国军队，他们总是在夜间行军，他们习惯过清苦生活，甚至吃的是生玉米粒和煮黄豆，这对你们来说，简直是饲料，简直是不可忍受！他们能用牛车、骡马和驴子来运送武器和补给品，甚至用人力肩扛背驮。可我们呢？我们的军队离开了公路就打不了仗，不重视夺占沿途高地，不去熟悉地形和利用地形，不愿离开汽车，结果连汽车带人一块儿完蛋！"

李奇微对美军弱点有相当清醒的认识。

"我要你们记住，你们是步兵！你们必须学会走路！要知道中国军队并不是什么天兵天将，他们也是人，靠的是两条腿和步兵武器作战。他们的坦克和大炮数量少得可怜。他们没有制空权，他们的粮食和弹药供给几乎都是靠人力和畜力运送的，这必然会影响他们连续作战的能力。由此看来，第八集团军不能采取一味退却的战术，而是应代之以进攻。一旦实力允许，就应该使第八集团军转入攻势。当然，这种攻势必须协调一致，不能重复分兵冒进的错误。"

李奇微已经窥破了志愿军的弱点。

接下来，他说话的口气简直就像中国步兵连的指导员在做战前动员了：

"打仗除了靠武器外，还必须靠一种精神。这种精神就是不怕苦，不怕死，顽强战斗的精神，最近几个月敌我在朝鲜战场的较量，很好地说明这一问题。我方装备虽好，但节节失利；敌方装备虽差，但却连占上风，原因就在这里。因此我要大家必须克服失败主义情绪，必须重振军威。要记住美国陆军的格言：找到他们！咬住他们！打击他们！消灭他们！"

最后，李奇微要求美军指挥官像中国指挥官那样身先士卒：

"为了恢复第八集团军的荣誉，我要求全军军官必须以身作则，在战斗时刻，我希望师指挥官们和他们的先头营在一起，我还希望团指挥官们和战斗最激烈的连在一起。如果你们有文字工作要做，可以晚上再做。在白天，枪炮大作之处，才是你们应去的地方。"

李奇微到处发表类似的演说，他甚至要求陆战一师"把赤色中国血洗成白色"！

发表演说还感不足，李奇微又一口气撤了五个师长，几乎换光了美军师一级指挥官，提拔了一批愿意跟着自己卖命打仗的少将。

李奇微像只热铁板上的猫一样到处跳来蹦去鼓舞士气，但彭德怀根本就没给他多少时间，他也得照吃败仗。不过时机成熟时，他是会反击彭德怀一拳的。

五

1950 年 12 月 31 日黄昏 17 时，中国的炮兵终于派上了用场。在连遭敌机空袭损失惨重的情况下，三个炮兵师尽了最大努力赶到前线，集中一百多门火炮在主突方向进行了火力准备，一发发炮弹猛烈地轰击着敌军阵地，火光映红了天际，敌军阵地上烟火升腾，泥土、钢筋夹杂着人体的残肢四处飞溅。伏在战壕里准备冲击的步兵们兴奋得跳起来高叫："我们的炮兵，我们的炮兵！"

这是抗美援朝战争中中国军队第一次大规模使用炮兵，只可惜火炮太少，三个师的大部分火炮要么被美机炸坏，要么还在冰冻的公路上打滑。炮弹也太少，每门炮只有一百余发炮弹。尽管这样，饱尝美军炮火的中国步兵们仍然高兴无比。

志愿军某部战士越过高山，涉过河流向"联合国军"发起进攻

短暂的炮击一结束，顶着刚到的寒流带来的零下三十摄氏度严寒，中国将士扑出战壕、闯过雷场，徒涉临津江，英勇地杀向敌阵，抗美援朝第三次战役开始了，这一天刚好是新年前夕。

彭德怀站在指挥部的地图前焦急地等待着前线的消息。今天是新年前夕，副政委朴一禹次帅已派代表两次请他过去吃晚饭了。哪里吃得下去哟！地图上密密麻麻的等高线在彭德怀眼里是立体的地形，他仿佛看到无数的英勇将士们正在上面前仆后继地冲杀……

四野公认，其三十六个师中最厉害的是五师，五师改编后的番号是三十九军一一六师，他们在闯过临津江时打出了战术上的奇迹。

一一六师师长汪洋是抗战时从军报国的知识分子，抗战干部能打到他这一级的并不多，这是个足智多谋的儒将。他的政委石瑛是四野有名的虎将，走到哪里都要说了算，宁可不当副军长也要干师政委。这两个人非常合得来。

进攻之前，汪洋和石瑛鼻子拱着雪地在前沿爬来爬去，将地形看了个清清楚楚，回去后一合计，决定兵行险着，将突破点选在临津江对岸易守难攻、弯向敌方的地段，理由是地形对我不利，敌必防范疏忽。

这还不算，二人还决定提前一天一夜，将七千五百人和七十门火炮潜伏在距敌阵地前沿仅一百五十米至三百米的地段，真是胆大包天。连惯出奇招的军长吴信泉都给这个作战方案吓了一跳。

吴信泉原拟用两个师并肩突破临津江，没想到二将不但要出奇兵，还要求自己一个师单独主突，这不连军长都指挥了吗？

好在吴信泉军事思想很民主，激烈争吵后，见二将确实说得有道理，遂拍板同意。

战斗一打响，一一六师七千五百名将士仅用五分钟就渡过临津江，将南朝鲜一师打了个措手不及。呆若木鸡的南朝鲜士兵眼睁睁地看着江对面空无一人的雪原上忽然腾起无数只猛虎，未及反应就被打了个落花流水。一一六师这次成功的突破，以后被极其苛刻的中国军神刘伯承元帅打了满分；中国军队总参谋部则将这次战斗作为师进攻的典范，印发材料供院校和部队学习。

突破临津江后，一一六师继续向南猛攻一百多公里，一直打到了三七线附近的水原，成为朝鲜战争中国军队往南攻得最远的一个师。

在三十九军突破临津江的同时，三十八军仅用十分钟就在汉川滩上架起了一座浮桥。放着武汉监狱长不当，一心要到朝鲜打美国人的曹玉海率部作为尖刀营突击成功，放倒一片敌军后才发现这批尸体的鼻子特别大，是美国人。原来还以为全是南朝鲜兵守第一道防线呢！

志愿军在炮火下涉渡冰河，向江对岸进攻

这一下曹玉海更加来劲，一举攻克了号称"固若金汤"的敌阵地不说，竟又以一个营孤军插入敌后四十多公里。第二天，这支由一头猛狮率领的英雄营又冒着零下二十多摄氏度的严寒泅渡汉江，奇袭敌人老巢，一路所向披靡，光美国鬼子就杀了三百三十多个，缴获大炮四十多门、汽车三十多辆，都够装备中国军队当时的两个炮兵团了。在国内战场立过无数大功，入朝后屡克强敌的曹玉海此役后得了个美称"钢铁营长"，他所率的三十八军一一四师二四二团一营被誉为"铁军"。

在三十八军、三十九军两侧，四十军、五十军也全线突破临津江，左翼的四十二军、六十六军同样进展顺利……二百公里宽的战线上，二十万中国士兵蹚过雷场，涉渡冰河，冒着如雨的敌弹奋勇向前，与敌军展开了世界战争史上罕见的艰苦搏杀。一批批战士在奇寒中倒下，尸体立刻冻得铁一般僵硬，受伤者则扭曲着身体在雪原上翻滚。十多万随军前进的东北民工寻遍战场，将他们抬上担架，把用火烤过的热石头塞入棉被为他们保住体温再拼命往后方抬。在死伤者的身边，更多的战士在向前猛冲。

1950年新年前夕是战神的节日，仅仅一个小时，志愿军就全线突破了李奇微的防线。这次战役企图的隐蔽性和中国军队出色的伪装技能，在世界军事史上都是有名的，连李奇微都叹为观止：

"真没想到中国军人在这片毫无生机的荒原上发起了元旦攻势。"

全线突破的消息迅速报告给了彭德怀，彭德怀这才离开指挥所去吃朴一禹招待的年夜饭——一锅炖得滚烫的狗肉。

六

韩先楚又跑到前方去了，他带着抗美援朝战争中著名的"韩指"——就他自己和志司作战处副处长杨迪外带一名参谋，统一指挥右翼的四个军向前猛攻。韩先楚作战一直提倡机关必须精干高效，从长白山打到海南岛，他的指挥所也就十几个人；打到朝鲜竟越发少了，现在是三个人指挥四个军。不久，他调任西海岸指挥所司令员，统辖七个军，他的指挥所竟只增加了一个警卫员、一个炊事员，人称"五个人指挥七个军"。

韩先楚跟着四十军司令部一起过了三八线，公路上到处是敌人的地雷，"咚咚"响个不停，一会儿炸翻了韩先楚的开路车，一会儿炸翻了韩先楚的尾车，尾车上坐了四十军十来个指挥所的主官，个个都被从卡车上炸飞到雪地里哼哼。

这位红安将军只好亲自下车指挥抢救伤员。

志愿军的女卫生员在抢救伤员

"真是邪乎，前面也炸了，后面也炸了，怎么就没炸到中间自己坐的车呢？"韩先楚对着老部下四十军军长温玉成直摇头。

刚救完伤员，好消息来了，继A防线之后，李奇微的B防线也被突破了，而且部队还包围了十八处至二十处美军的营，好家伙，够两个师了！

韩先楚很高兴地对杨迪说："可能也就高兴一会儿吧，等天亮了，还不知怎么样呢？"

果然，被围美军晚上用坦克围个圈，躲在里面不出来，中国步兵手中的轻武器打不动铁乌龟，炮兵又跟不上来，只好望着瓮中之鳖叹气。到了天一亮，大批飞机过来低空扫射轰炸，掩护美军突围，地面上的铁乌龟也爬起来了，汽车也动起来了，躲在山上防空的中国士兵只好大眼瞪小眼地看着敌军逃跑，只有少量美军被歼。唉，手中的家伙太差了！

在中国军队右翼四个军向南猛攻的同时，左翼的两个军也在奋勇争先。四十二军先用一二五师一举突破天险道城岘，又用一二四师顺着突破口向南猛插。吴瑞林要占领交通枢纽济宁里，堵住南逃的伪二师、伪五师退路，与正面进攻的六十六军会歼这两支南朝鲜部队。

三七二团二营教导员王恒一和十连连长王清秀带了一个重机枪排、两个步兵排，从南朝鲜溃军中开出一条血胡同向济宁里猛插。打到赤木里时，距目标还有六十里，教导员和连长商量了一番。

连长口气大得不得了："敌人不打我们，我们不管他，敌人若打我们，还得看值不值得还手。"

教导员更是壮志冲天："对，不与敌人纠缠，沿路值得一打的敌人多着呢，只要不挡路就不打好狗，只要插到济宁里，就会堵住很多很多的敌人！"

这位教导员边说边吞了口涎水。

疯狂的追击开始了，沿路的南朝鲜兵"像只猴子一样打几枪"又缩回去了，这支一百人都不到的中国小部队倒仿佛自己有千军万马似的，向几千敌人的腹心冲去。

跑到巨林川逮着个毛衣仓库，教导员这才动了心："一人拿一套毛衣御寒，拿完再跑！"

毛衣还没拿完，一个战士跑过来报告："有一个营的敌军从山沟里冲过来了！"

志愿军夜间越过铁丝网发起攻击

教导员连步兵都不摆，命令三挺重机枪一字排开。送死的来了，山坡太陡不能爬，敌人只能挤在沟底，这么密集，一颗子弹可以穿倒几个人！不到一百米不打，谁敢先开枪纪律处分！

愣头愣脑的五六百南朝鲜军跑到沟口，只听见一阵重机枪的狂啸。十分钟之内，三百多南朝鲜士兵被打了活靶，死尸叠了一米多高，中国军队的仗都打成精了。

这边厢正在机枪点名，那边五个中国战士看到两个美国军官要炸桥，五个中国士兵想也没想就冲上去高喊："抓美国军官！"两个美国人跳上吉普车就跑，五个战士沿着公路狂追下去，教导员害怕他们人少吃亏，连忙收队跟了下来，那五个战士已经跑没影了！

这五个中国士兵跑了一阵消灭了五个南朝鲜兵，放火烧了一辆汽车又向前冲，把后面的教导员落下了五华里。教导员后面，营主力、团主力又在追他们，一长溜儿中国士兵向前狂奔……

跑在最前面的五个人实在是虎胆，居然对有上千敌人据守的一个大村镇猛攻上去。一个名叫冷树国的战士眼尖，瞅到一个块头极大的美国军官跳上了吉普车，一下冲上去抱住美国军官往车下猛摔。他用力如此之大，以致十个指头竟全部插进了这个美国人胸前的肥肉里去了！摔背过气的美国军官睁开眼，黑洞洞的枪口已经顶在他的脑门心了——"美国军官举着双手，胖脸上露出快要昏过去的神色"。这是南朝鲜二师的美军上校顾问。

远远看到教导员那几十号人跟上来，五个人又跑了，他们下了决心非立个大功不可!

五个中国步兵跑得粗气喘得比坦克车还响,手上的血管涨得筷子一般粗。终于跑到了济宁里,想也没想就打了进去。首先就看到辆吉普车,猛扫一梭子打死了司机,细细一看,正是那要炸桥的美国军官坐的车,美国人的四个轮子竟让中国人的两条腿给撵上了!

团长张景耀赶到,一拳头砸在冷树国胸前,"好样的"!上下一打量,这个士兵竟是光着脚跑过来的,"给英雄找双鞋穿"!

冷树国被中国军队授予了"追击英雄"的光荣称号。在猛士如云的中国军队里,能被授予个人荣誉称号比登天还难……

打到这时,全线的敌军都已崩溃,整个"联合国军"只有一个人固执地逆流而上,对着冲过来的中国军队迎上去。这个人是李奇微,他要阻止"雪崩"一样的溃军。

李奇微在回忆录中记下了那个绝望的时刻:

"……在元旦拂晓,我乘吉普车想去找这支溃退的部队。要是可能的话,我想方设法阻止它一个劲儿冲到后方去。在汉城北面几里路,我碰上了第一批败兵,他们想尽快南逃到汉城去。他们把武器抛掉了,只有几个人还带着步枪。我把吉普车横在路中心,阻止这条人流,然后设法找出他们的长官来。以前我从来没有这种经验,我希望以后再也不做这种事,因为要设法拦住一支败军,就等于拦一次雪崩一样……他们的现任师长,其经验还不及一个连长那么多。"

李奇微的讽刺挖苦伤了南朝鲜人的自尊心,美国人每当打了败仗就将责任推到南朝鲜军头上,这使他们深为不满,所以南朝鲜史料对盟友也没客气:"'联合国军'的士兵扔掉了所有的重炮、机关枪等支援武器,爬上卡车向南疾驰,车上的人挤得连个小孩子都不能挤上去了,甚至携带步枪的人也寥寥无几。他们只有一个念头:把那可怕的敌人甩掉几英里,拼命跑哇!跑哇!控制不住的后退狂潮蔓延开了。"

试图用铁锹铲土挡住尼亚加拉大瀑布的李奇微放弃了努力。汉城以东南朝鲜部队的溃逃,使汉城地区的十余万"联合国军"处于被中朝部队从右翼实施深远包围,在汉江以北背水作战的危局,他只好跑回去准备放弃汉城。

七

3日上午，志司无线电侦听部门截听到了一个极重要的机密：李奇微不守汉城了，美军要跑！

彭德怀立刻命令三十九军、五十军和人民军一军团攻击汉城。

在碧蹄里，冲向汉城的五十军打垮了美军一个营的阻击，除了死的伤的，这个营的美国兵全部溜了，把他们的兄弟部队扔下不管了。五十军当即围住傻乎乎留下的敌军一打，哈，是英国人！

英国军队仿佛是为了替他们曾横行中国土地的前辈们偿债，在朝鲜战场上吃尽了败仗，没打胜过一次。缺德的美国人老拿他们垫背，不是当替死鬼掩护美军撤退，就是充炮灰打先锋。这不，掩护李奇微逃跑的英国二十九旅被五十军截住了。虽然大部分英军在坦克飞机掩护下逃跑，但还是有一支分队永远回不了英国了。英国军队的一支王牌装甲部队——二十九旅皇家重坦克营和皇家阿尔斯特来复枪团第一营被五十军死死围住了！

皇家来复枪团团长阿尔斯特曾扬言，皇家来复枪团的战斗力可以打中国军队一个师或一个军，但被围的皇家来复枪团一营先后大规模冲锋六次，却无论如何也突不破志愿军五十军一个连八十七名中国战士的高地防线，在英国士兵第六次突向小高地时，这个中国连队只剩下司号员郑起和六名战士据守山头，而他们已打光了所有的弹药！看着黑压压拥上来的英军士兵，七名中国战士端起上好刺刀的步枪，司号员郑起举起小喇叭，最后一次吹响了决死冲锋号，没想到离山头只剩十几米的英军士兵早已在多次战斗中被中国军号声吓破了胆，在凄厉决死的中国军队冲锋号声中抱头鼠窜溃下山头，七个只剩刺刀的中国战士终于奇迹般守住了阵地，等到了大部队的到来，基本围歼了英国皇家来复枪团一营。今天，这支英国部队的"绿老虎"军旗和吹出中国战士决死冲锋号的那把军号一起陈列在中国人民革命军事博物馆。现在，中国军队接下来就要围歼皇家重坦克营了。

毕竟同胞同种，一千多英军拼死回头援救重坦克营，却被阻击得尸横遍野。眼见美国人越跑跑远，再不走主力都要搭进去，二十九旅的官兵纷纷开始在胸前画起十字，为坦克营的兄弟们祷告，然后也溜了。

　　入夜，五十军围歼皇家重坦克营的战斗开始了。山道上，到处都有中国士兵提着爆破筒、扛着炸药包冲向五十吨重的英国坦克，有些战士离炸点太近，竟被震得吐血。一个名叫李士禄的士兵扛着炸药包干掉了一辆五十多吨重的"百人队长"式重坦克，自己也被炸晕。醒来后又冲上了一辆巨型喷火坦克，炸得这个庞然大物当真四处喷火。这还不算，第二次醒过来的李士禄居然挣扎着爬过去炸掉了第三辆装满汽油的小坦克……一夜下来，皇家坦克营三十一辆坦克都被五十军用最原始的手段干掉了！

　　此战，成为朝鲜战争中"联合国军"装甲部队最惨重的一次损失，在世界上最早发明、最早使用坦克的英军，它的一支王牌装甲部队皇家重坦克营被中国军队全歼，这也是中国军队迄今为止歼灭的外国成建制最大的一支装甲部队。

　　五十军是一支起义改编部队，前身是国民党六十军，属滇军系统，被蒋介石嫡系蔑称为"六十熊"，后由军长曾泽生率领在长春起义。五十军大破英军的消息传到北京，据说毛泽东哈哈大笑："这支部队在蒋某人手下是六十熊，在我毛某人手下就是五十凶了……"

　　听说李奇微要放弃汉城，南朝鲜"总统"李承晚急了："李奇微将军讲过，他是准备长期留在朝鲜的，可是他刚到朝鲜一个星期，就要撤离汉城，难道他指挥的军队只会撤退吗？"

　　李奇微怎会把李承晚放在眼里，这个傀儡还敢顶嘴？他的一切都是美国人给的！

　　口才极佳的李奇微马上反唇相讥："……到前线听听中国军队进攻时吹起的刺耳的军号，看看成千上万的中国军人用不堪入耳的蹩脚英语喊'缴枪不杀'蜂拥冲锋的情景，再看看南朝鲜的军队是怎么像羊群一般溃逃吧！这样的军队怎么能实施我的反突击计划？而坚守阵地就等于送死……我李奇微只是撤离汉城，并没有离开朝鲜！"

　　怒气冲天的李奇微挂上电话，立即命令帕尔默准将到汉江大桥全权负责交通管制，第八集团军几十万人就靠那座桥保命啊：

　　"你要以我的名义采取一切必要的手段，保证第八集团军源源不断地通过……从下午3时起禁止非军方以外的一切车辆和行人通过，以免堵塞交

266

通……我最担心的是，汉城的数十万难民拥上大桥，那他妈的可给中国军帮了大忙了！"

"将军，如果成千上万的难民拒绝离开汉江大桥呢？"

中国人民志愿担架队

"那就让你的宪兵向他们头上鸣枪示警，如果还不能阻止，那么就直接向人群开枪！"李奇微面目狰狞，这就是美国人为帮助南朝鲜采取的"正义行动"。

面对美国兵一排排黑洞洞的枪口，几十万汉城难民默默地看着美国兵过江。李奇微还觉放心不下，亲自赶到了汉江桥头。

一批批士兵缓缓拥过汉江桥，庞大得看不到边的机械化部队从江面上的浮桥上慢慢驰过，重型武器将浮桥压入了冰层下的江水……李奇微的心都提到了嗓子眼。"中国军只要用重炮轰几下，第八集团军就完了！"

韩先楚就站在离李奇微不远的地方，他知道敌军正在溃退，他已经下令全力追击，十几万的美军就挤在那座桥上啊！只要有大炮，哪怕一门都行，然后对着汉江桥轰上一阵……唉，一门都没有，炮兵跟不上来。他的军队只能像人类最原始的军队那样赤着脚在雪地里奔跑。韩先楚狠狠跺了跺冻得铁硬的泥土。

1951年1月4日，三十九军进入四处烟火的南朝鲜"首都"汉城，这样，中国陆军第三十九军成为解放朝鲜平壤和汉城两个首都的名军。

三四八团副团长周问樵跳进南朝鲜"总统"李承晚的浴缸里泡了个幸福的热水澡，这是他入朝后第一次洗澡。

在美国第八集团军司令部，中国士兵看到墙上钉了一件睡衣，旁边还有一行字——"第八集团军司令官谨向中国军队总司令官致意！"

这是李奇微亲手干的。

中国军队攻克汉城的消息传回国内，中国人民沸腾了，能不能打赢美国的最后一丝疑虑也消失了。最强大的都能打败，那我们是什么呢？天安门广场上祝捷活动通宵达旦……

《人民日报》发表社论《祝汉城光复》，文中最后宣誓般写道："向大田前进！向大丘前进！向釜山前进！把不肯撤出的美国侵略者赶下海去！"

志愿军前线将领的反应却完全是两回事。据说韩先楚此时在汉城评论："该适可而止了，一方钢少气多，一方钢多气少，到头来最大的可能，就是双方的决策人都明白打不下去了，就坐到谈判桌前去讨价还价打嘴巴官司！"

彭德怀得知国内的消息更是恼怒不已："解放个汉城就这样搞，要是丢了汉城，怎么交代？"

发完了火又长叹一声："要把那么多装备精良的敌人一卜子赶下海去！能赶得下去吗？"彭德怀不但不准备乘胜追击，如有可能，他还想向毛泽东建议同意美国人提出的限期停战建议呢！

八

"打过三八线，雪水拌炒面。"

从三八线到三七线一百多公里的地区，由于战争双方残酷的拉锯战，美韩方的欺骗宣传，老百姓跑了个精光。房子全烧没了，中国军队本来就脆弱不堪的补给线又急剧延长了两百公里，已经拉到要断裂的程度了。饿急眼的中国军队只好拿出看家本领，派出许多经过抗战时期的老战士组成筹粮队。这些中国士兵用步枪通条往地上乱戳，试图找到南朝鲜地主窖藏的粮食，可惜，大多数筹粮队找到的粮食还不够自己的消耗。

　　粮食这种生存最基本的物资都不能保障，更不要说御寒衣物和弹药了。大批战士连饿带冻，部队中疾病蔓延，尤以冻伤为烈。二次战役的冻伤兵员还未恢复，三次战役徒涉临津江后又增加了大批手脚发黑的战士。如果不及时治疗，他们的肢体都会坏死被截掉的……

　　彭德怀忧心忡忡。如果以国内战争中步兵对步兵的思维形式观察战场形势，认为敌人一退四百公里必定兵疲将乏，志愿军确实应该乘胜追击。但是对于拥有现代化装备的美军来说完全不是如此。美军以摩托化行军后撤，并不疲劳，又靠雄厚的后备力量和先进的运输工具得到迅速补充。反之，我方却靠两只脚板在雪地上一月追击四百公里，早已疲惫不堪了。后方运输线又由一百公里延长到五六百公里，再打下去困难重重啊！

　　而且第三次战役志愿军虽只伤亡五千八百人，人民军伤亡仅二千七百人，歼敌却也不过一万九千，李奇微的主力完整无损。美军虽在不断后退，却每夜只退三十公里，刚好是志愿军一夜行军的距离。志愿军晚上打不着敌人，白天却处在美军空地火力杀伤范围内。

　　这个李奇微不简单哪！

　　不能再打下去了！彭德怀下定了决心。

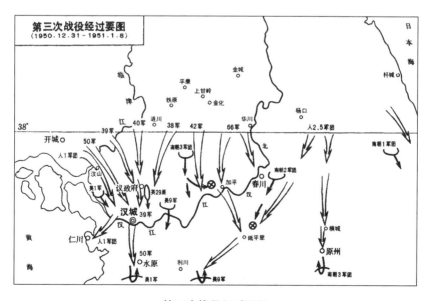

第三次战役经过要图

1951年1月8日，在侦悉美军在乌山设了个包围圈后，彭德怀断然命令五十军正向南挺进的一个团转入防御。同日，中朝部队在三七线全线停止前进。经过九天九夜的血战，中国军队向南推进了一百多公里，不但越过了三八线，而且打到了三七线，抗美援朝第三次战役胜利结束。

彭德怀停止前进的命令一下，中苏朝内部顿时吵成了一锅粥。

"哪有打了胜仗却不追击敌人的？哪有这样的司令员？"苏联驻朝大使史蒂科夫向彭德怀怒吼。

史蒂科夫实际上是朝鲜人民军的总顾问。正是由于他在帮助人民军制订计划时大意轻敌，致使朝鲜战争初期人民军长驱南进，最后大败而回。害了人民军还不够，现在他又要来害志愿军了。这确实是个头脑容易发热的庸才。

"你，彭德怀，应该马上改变主意，将第三次战役打下去，要一步不停地追击敌人，一直打到釜山去，把美国人赶出朝鲜！"

史蒂科夫摆出一副军事家的面孔，颐指气使地当面谴责彭德怀。

彭德怀虽然怒火升腾，却仍试图同史蒂科夫讲道理："我军已很疲劳，又没有制空权。敌人摩托化，我军两条腿，怎么追得上敌人？如果再将敌人压缩到朝鲜半岛东南角，敌人集中了，又有洛东江阻隔，更不利于我军歼灭敌人。"

史蒂科夫胡搅蛮缠："歼灭不了敌人，我们多占领一些地方也是好的。"

彭德怀简直觉得此人不可理喻。这史蒂科夫是怎么当上苏军高级将领的？怎么我军一个普通战士都懂的道理他却不懂呢？

彭德怀按按火气，给史蒂科夫上军事入门课："歼灭不了敌人的有生力量，占了地方也保不住，地方还会被敌人夺去的。因为我军并不占优势，又是疲劳之师，后方空虚，供应也补给不上，增援部队还上不来。"

史蒂科夫冥顽不化，口气又大又不负责任："只要你继续进攻，敌人肯定会继续败退。敌人为避免被歼灭，肯定会撤出朝鲜的。"

彭德怀终于发火了。作为一个手握数十万将士生命的统帅，他哪有时间同这等水平的家伙胡搅？话开始说得相当不客气了：

"你打过什么仗？你们认为，只要我们进攻，敌人肯定会退出朝鲜。我完全不能同意你们的意见。我认为，即使我们继续进攻，敌人也肯定不会退出朝鲜。我要对人民负责，如果错了，我完全负责。"

史蒂科夫当惯了太上皇，怎会听得进彭德怀的真知灼见？谈话后立刻打电报给斯大林告状。鉴于这场争论的结果关系到整个战争的命运，彭德怀也如实向毛泽东汇报。志愿军停下休整，本来就是中共中央的集体意见。毛泽东、周恩来当即表示支持彭德怀的意见，同时以毛泽东个人名义将彭德怀的报告发给斯大林。

斯大林看过两份电报后，用烟斗狠狠敲了敲桌子：

"彭德怀是当代军事家，朝鲜战场的一切军事作战行动都应听从彭德怀同志的指挥！把史蒂科夫调回来，撤了这个笨蛋的职！"

斯大林早就因为人民军的惨败对驻朝军事顾问团极为不满了。

刚刚搞定了史蒂科夫，金日成又找上门了。作为朝鲜领袖，金日成只盼着越早统一朝鲜越好，彭德怀停止攻击的命令让他极为难受。

激烈争论后，金日成房间灯光通宵不灭，彭德怀命令警卫员送过去两颗安眠药，可金日成的痛苦不是安眠药能缓解的。

1月9日，毛泽东给彭德怀交了底：

"如朝方同志认为不必补充休整就可以南进，则亦建议提议人民军前进击敌，并可由朝鲜政府自己直接指挥。志愿军则担任仁川、汉城及三八线以北之守备。"

毛泽东虽然对战局估计有些乐观，但作为20世纪最伟大的军事家之一，他不可能犯"美军自己会退出朝鲜"这种低级估计错误。

1月11日，君子里志司，彭、金终于爆发了一次火药味极浓的会谈。

以后被金日成定为"间谍"的朴宪永首先发言：

"只要志愿军继续向南进攻，美军一定会退出朝鲜。"

彭德怀："真的吗？如我军去追，美军一定会退吗？"

朴宪永："是的。"

彭德怀："你们的依据是什么？"

朴宪永："美国人民反对，资产阶级内部矛盾。"

彭德怀气得想笑："这是一个因素，但今天不能起决定作用。如果再消灭美军三个至四个师，五万至六万人时，这个因素就会变成有利条件。再过两个月后，志愿军和人民军的力量要比现在大得多，到那时再视情况向南进军。"

朴宪永："到那时候美军就不一定会退了。"

朴宪永敲完了开场锣，金日成就提要求了："最好半个月内，志愿军有三个军向南进攻，其余休整一个月再南进。"

彭德怀直通通发火了："你们说美国一定会退出朝鲜，但你们也要考虑一下，如果美军不退出朝鲜怎么办？希望速胜，又不做具体的准备，其结果将会延长战争！你们把战争胜利寄托于侥幸，就可能把战争引向失败！志愿军需要休整两个月，休整前，一个师也不能南进，如果认为我这个中朝联军总司令不称职，可以撤职！"

彭德怀的怒吼让站在一边的中朝干部们悄悄溜出了指挥所。

"你们如果认为只要我们一南进，美军就会退，那么，我提议由仁川至襄阳线以北的全部海岸的警备和维护后方交通线，都归中国志愿军担任。人民军五个军团十二万人已经休整两个月了，归你们自己指挥，照你们的愿望向南进攻。美军如果按你们的想象退出朝鲜，我当然庆祝朝鲜解放万岁，如果美军不退走，志愿军按预定计划南进作战！"

金日成却说："人民军没有恢复元气，不能单独南进。"

彭德怀："那么去试验试验，取得点经验教训也是宝贵的嘛！"

金日成："这不是好玩的，一试验就会付出几万人的代价。"

彭德怀："不是说我一南进，美军就会退吗？那么这种前后矛盾的说法我很难理解。"

金日成难受，彭德怀心里也不好过。史蒂科夫瞎指挥不可原谅，金日成作为朝鲜领袖，那种盼望朝鲜统一的心情却能理解。只是，他彭德怀的心情金日成能理解吗？

几年后，彭德怀在中国回忆："我打了一辈子仗，从来没有害怕过，可当志愿军打过三八线，一直打到三七线的时候，我环顾前后左右，确实非常害怕。当时倒不是考虑我个人的安危，而是眼看着几十万中朝军队处在敌人攻势的情况下，真是害怕得很。我几天几夜睡不好，总想如何摆脱这个困境。我军打到三七线后已向南推进几百公里，本来后方的物资供应线就很难维持，这时敌人又派飞机对我军运输线猛烈轰炸，使志愿军的各种物资、粮食、弹药的供应十分困难。空中有敌人飞机炸，地面对着美军的坦克大炮，左右沿海是美军的舰队，敌人不下船就可以把炮弹打过来。加之时值寒冬腊月，到处冰天雪地，战士们吃不饱穿不暖，非战斗减员日益增多。在这种严重的情

272

况下，志愿军随时有遭厄运的可能。我不能把几十万军队的生命当儿戏，所以必须坚决地停下来，不能前进，并做好抗击敌人反攻的各种准备。"

能让彭德怀胆战心惊的战局那可就是非同小可了，在美军将领中出类拔萃的李奇微不会看不到这一点。他不但不准备像金日成说的那样一打就会撤退；相反，他马上就要用坚决的反攻来结束金日成和彭德怀互相争论带来的痛苦。

九

胜利使中、苏、朝内部争论不休，失败使美国内部吵得更凶，麦克阿瑟再次向杜鲁门逼宫了！

一封又一封电报不停地从东京飞往华盛顿，麦克阿瑟吵着要扩大战争，为此哪怕打世界大战。

他要求空袭中国东北，封锁中国海岸，启用国民党军入朝作战，同时攻击中国东南沿海，为此他甚至秘密邀请国民党军头何应钦访日，策划国民党军入朝参战。

至于扩大战争会不会引起苏联参战，麦克阿瑟的看法比喝威士忌还简单——再给我四个师就行了。

反之，如果不答应麦克阿瑟扩大战争的要求，那就只有他妈的撤出朝鲜一条路了！到时候可不能怪我，有言在先，谁让你们不答应我的要求的？

华盛顿的官僚们都是政坛老手，岂会看不透麦克阿瑟的小儿科把戏，国务卿艾奇逊挥着电报尖刻地撕掉了老麦克的伪装：

"这是一份留给后人的文件，如果曾经有过这样一个文件的话，其目的不仅是在一旦事情弄糟时可以使麦克阿瑟免于指责，而且还向华盛顿尽量施加压力，以使之后退，转而接受他扩大战争的建议……无须任何证明，我完全相信这位将军正是桀骜不驯到了不可救药的程度，而且对其总司令的意图基本上不忠顺。"

老成持重的国防部长马歇尔五星上将看着电报里麦克阿瑟指责部队士气低落的那一段直摇头："一个将军埋怨他部队士气之日，便是应当检查他自己士气之时。"

杜鲁门两眼发直，他真的不知道拿这个老浑蛋怎么办才好。这个混账为了自己的面子，竟不惜要让美国打一场世界大战……你要他往东他偏要振振有词地向西跑。要知道，对麦克阿瑟来说，杜鲁门的每一句话都是命令！

咽下恶气，杜鲁门同时走了几步棋。他耐着性子给麦克阿瑟写了一篇长得让人头晕的私人电报，希望麦克阿瑟跟上美国的外交政策。同时，他派出陆军参谋长柯林斯将军和空军参谋长范登堡将军前往南朝鲜实地考察，看看战场形势是否真如麦克阿瑟所说的不扩大战争就得撤出朝鲜那么糟。最后，杜鲁门向中国求和了！

由于极其害怕中朝军队南进，美国于1951年1月13日让联合国通过了一个先停火后谈判的"五步建议"并转交中国。

对战场形势洞若观火的彭德怀立刻认为这是一个有利于中朝方的绝好停战机会。美国人发生战略性判断错误了。

志愿军本来就无力南进了，连守住现有地区都困难，美国佬没有看出我军弱点反而主动求和。

如果此时接受停战，正好把停战线置于三七线，朝鲜的经济中心、战略要地和大部分国土都将控制在我方。

如果美军以后破坏停火也不怕，正好趁谈判这个喘息阶段补兵运粮休整部队，再打起来就真的可以往釜山冲了。

可惜，毛泽东因为对自己的力量估计过高，又顾虑于总体国际形势和战略意图，终于错过了这个战略机遇窗口。

1月14日，毛泽东致电彭德怀，认为美国人接下去可能有两个动向：第一是在我军冲击下，略微抵抗便退出南朝鲜；第二是在大邱、釜山顽强抵抗，被我军打得无法立足退出南朝鲜。

毛泽东坚信战争的结局就是美国人退回日本。

后世的中国史学家们都认为这是毛泽东在战略判断上的一次失误，他对志愿军的能力估计过高了。

彭德怀虽有真知灼见，但入朝以来连战皆捷，困难似乎也不是不可克服的，他对志愿军实力也估计偏高，只要准备好了应该能打赢吧！

根据中央军委的要求，志司迅速制定了下一战役的目标："争取下一次战役开始后，连续作战，一气呵成，全歼敌人，全部解放朝鲜……"

彭德怀也明显低估了美国人的实力。如果此时他对美国人的力量有透彻的了解，以这位统帅的刚直个性来说，他必然会坚持停战的意见。

历史就是历史，开国元勋们虽然英才盖世，但毕竟同美国人面对面交手才两个月。

西方兵圣克劳塞维茨有言："大多数战略进攻只能进行到它的力量还可以进行防御以等待言和的那个时刻为止。超过这个时刻，形势就会发生剧变，会遭到自己力所不及的还击，进攻者就背上了债务。"

由于错过了这次机会，窥见了中国军队弱点的李奇微很快就要强迫彭德怀吐出他的实力不允许得到的那些地区了。

柯林斯、范登堡回来了，他们带回的消息让华盛顿欣喜若狂——麦克阿瑟在放屁，战局已经好转。

中国军队因运输线延长，补给困难，已不能有效作战了。李奇微是个好小子，已经整顿得第八集团军日见起色了。不但如此，他马上就要大反攻了！

美国政府的态度立刻就强硬起来了。

这时，日夜奔波在前线的李奇微向第八集团军补充了大批老兵，把从元山撤回来的美十军也填进了第一线，还调来了许多新型武器。

现在，李奇微在前线的作战部队就有七个美军师、八个南朝鲜师和两个英国旅共计二十五万人，而彭德怀的一线部队只有二十八万人，其中志愿军仅六个军二十一万人，兵力虽然多那么一点，火力要差多少倍？这还没算至关重要的后勤对比呢。

彭德怀已是深处劣势了。

从某种意义上说，李奇微的进攻是好事，他从此打掉了中国军队对"小米加步枪"的某些迷信，为让中国军队走上现代化之路起了相当的作用。

只是就要发动进攻的李奇微没想到，他想打彭德怀一拳，却不料同时也狠狠扇了老校长麦克阿瑟一巴掌。

十

1951 年 1 月 15 日，瘦削精干的李奇微断然下令：

猎犬行动开始！

一个加强团的美韩军在水原与利川之间开始试探性进攻，每天用汽车装上步兵跟在小群坦克的后面，在宽大正面上进行火力侦察，一旦碰上中国军队主力就立刻后退，然后用炮兵、空军猛轰中国军阵地；如果发现对方阵地薄弱，立刻强攻抢占要点。一个星期内，美军三次进出乌山里，四次进据金良场里，三次夺占利川，来来回回忙个不停。这是李奇微发明的磁性战术。

李奇微要用这种和对手贴在一起的战术，同希望转入休整的中朝军队保持接触，消耗疲惫至极的对手，同时侦察清楚对手到底布置在哪儿。

"帕特，愿意和我一起上天兜兜风吗？去看看中国军队在干吗？"李奇微打电话给第五航空队司令官帕特里奇。

"行，正好让你看看我的飞行技术。"帕特里奇很爽快。

帕特里奇少将开飞机，李奇微中将坐飞机，二人在一架 AH-6 老式教练机上用望远镜仔细侦察搜索中朝军队的阵地。两个将军整整飞行了一个下午，只看到墨绿色的松林随山势蜿蜒起伏，厚厚的白雪覆盖着大地，两个人眼睛都看花了却一个人也没发现。

李奇微写道："我们很难发现一个活动的生物，既没有篝火的烟雾，也没有车辙痕迹，甚至没有被人践踏过的积雪，以表明那里驻扎着大部队。"

李奇微赶回骊山第八集团军指挥所，再次取出一切同中国军队交战的机密战斗记录，细致地翻看思索。

一组数字使李奇微如遭雷击：

美军第一次遭到中国军队的大规模攻击是 1950 年 10 月 26 日，11 月 2 日中国军队停止攻击，"联合国军"退到清川江南岸，战斗历时八天。美军第二次攻击鸭绿江，11 月 25 日忽遭中国军队再次攻击，12 月 2 日，中国军队停止攻击，战斗历时八天。12 月 31 日，中国军队开始了第三次大规模攻击，1 月 8 日停止攻击，战斗历时八天。

为什么中国军队三次攻击都只持续了八天？李奇微激动得站起身来，他找到了答案：中国军队原始的后勤供应只够部队维持八天攻势！那些中国士兵消耗完了背在身上的粮食弹药后，就不得不停止战斗。

就是说，中国军队再凶猛的攻势也最多只能持续一个星期。

这是"礼拜攻势"！

"只要顶住中国军队七天的进攻，就可以趁其粮弹皆尽时发起反攻！"

李奇微大声地告诉自己。

抑制住激动的心情，李奇微坐下来研究第二个问题：为什么中国军队总在夜里发起攻势？

这很好理解，因为有强大的美国空军，中国军队白天基本不能活动。但为什么中国军队总集中在月头月尾那几天发起攻击呢？

李奇微缓缓站起身，走向窗边。

仰望着天空中那轮寒月，他想起一个美国士兵指着一轮满月对他说的那句话："那是中国人的月亮！"

李奇微若有所悟，回到桌边仔细翻了一下日历，明白了！明白了！中国人只能在晚上打仗，以避开强大的美国空军的攻击，发挥他们的夜战优势。但要进行大规模夜战必须要靠月光照明，所以中国人总是选择月圆期攻击。

而且是选在月圆期前几天发动攻击，因为这时的月亮会越打越圆越明亮，打到他们的礼拜攻势高潮时正好月亮最亮。

"上帝！这也是'月夜攻势'啊！"

李奇微为窥破天机而激动得浑身战栗，老天爷，美国人肯定在朝鲜站得住脚了！不但如此，我还要向北进攻！进攻！

李奇微激动得闭上眼睛享受了一下充溢全身的幸福感。他知道，在整个西方都对朝鲜战局已经绝望时，他若能一举扭转战局，他将成为新的战争英雄，通向权力和荣耀的大门都将向他打开。

1951 年 1 月 25 日，在窥破了中国军队的破绽后，李奇微断然展开了"霹雳行动"。"联合国军"在连续失败后，终于向中国军队展开了大规模的反攻。

十一

李奇微开始进攻的那一天，周恩来赶赴东北召开了后勤工作会议，中国国内大批高级将领都参加了这次会议。

严酷的事实让中国军队认识到了后勤的重要性，周恩来沉重地指出："后勤必须以新的指导思想，新的工作制度，新的工作作风，适应现代化战争的要求……"

中国军队正悄悄地进行着重大的转变，为从国内战争那种较初级的战争方式过渡到进行当时最现代化的战争方式做准备，但这一切还需要时间。

彭德怀在其军事生涯中罕见地失算了。此时，他还在召开中朝高干联席会，而入朝部队大部分的军师团长们甚至都已回到东北沈阳，参加苏联顾问主办的"联合兵种作战训练班"，为换装苏式武器进行现代化战争做准备。

中朝双方的高级干部们沉浸在一片欢乐的气氛中。

金日成、彭德怀、高岗等一百二十二位中朝干部分成六个大组，围坐在一个可以容纳一千多人的矿洞里。别看都是些高级干部，那也只能坐在两块砖头中间搭块板凑成的椅子上，甚至解决吃饭问题都很困难。

中朝两军在朝鲜最豪华的"峰会"也只能有这种条件。

大会由朝鲜方面的金枓奉致开幕词，彭德怀随即做了《三个战役的总结和今后任务》的报告。毛泽东将彭德怀原稿反复修改，犹嫌结尾不够有力，遂亲笔添改一段文字。这是以后几代中国人都耳熟能详的名篇，它诚挚地反映了那个时代中国人民和中国共产党人真诚的国际主义情感：

"……因此，一切在朝鲜的中国志愿军同志，必须认真地向朝鲜同志学习，全心全意地拥护朝鲜人民，拥护朝鲜民主主义人民共和国政府，拥护朝鲜人民军，拥护朝鲜劳动党，拥护朝鲜人民领袖金日成同志。中朝两国同志要亲如兄弟般团结在一起，休戚与共，生死相依，为战胜共同敌人而奋斗到底。中国同志必须将朝鲜的事情看作是自己的事情一样，教育指挥员、战斗员爱护朝鲜的一山一水，一草一木，不拿朝鲜人民的一针一线，如果我们能够这样做，最后胜利就一定能得到。"

当彭德怀诚挚而铿锵地讲完这段话时，大厅里掌声响成一片，许多中朝高干含着热泪相互拥抱握手，热烈的情感冲击着他们的心扉。

只有一个人静静地站在旁边微笑。不久前，他刚刚在越南北部同胡志明、武元甲经历过了这样的场面。他就是中国共产党的宠儿、中国军队的传奇将军陈赓。

除了四期学弟林彪，中共党内、军内大概没有一个人不喜欢陈赓。陈赓在黄埔三杰排名第二，连蒋介石都喜爱这个敢跟自己对着干、当面痛骂自己的学生，好不容易抓到手，最后还是睁只眼闭只眼让他逃了，换别的共产党人，有一万个也砍了。

陈赓救过蒋介石的命，也救过周恩来的命，他打仗百战百胜，所率兵力虽不多，但其实总在担任一个战略独立方向的主帅。这位性格中永远都有些孩童成分的将军出名地诙谐幽默，只要他走到哪里，哪里就会有爆笑声。新婚第二天清早，他跳出房门在八路军总部院子里大喊："昨夜老夫我爬高山下陡坎如履平地！"羞得自己的新娘傅涯一整天不敢出门。陈赓连毛泽东的玩笑都敢开，更不要提老师周恩来了。但他只怕一个人——彭德怀！

陈赓是彭德怀点将要到朝鲜来的。其时，陈赓正在越北的丛林中秘密指挥越盟游击队发起边界战役，痛击法国殖民军。不明所以的法国人惊呼："越南人一夜之间就会打仗了！"

总参告知彭德怀这一情况，让他再挑一个人选，彭德怀的回答是："谁也不要，就要陈赓！"

彭德怀深知陈赓的能力和人格，他由衷喜爱这员名将，两个人之间有一种英雄相惜之感。

陈赓接令喜气洋洋地从越北直奔朝鲜。彭德怀是他极为尊敬的统帅，他谁的玩笑都开，就不开彭德怀的。他是有过教训的。他曾对着彭德怀讲了个"荤段子"，没想到彭德怀当着八路军众多高级将领的面把眼一鼓："陈赓，你是个流氓！"弄得陈赓难堪极了。

但这件事并没有影响两个人的感情，陈赓深知彭德怀那铁石般的外表下对同志有一颗火热的心，连彭德怀的夫人浦安修都是他给介绍的。

陈赓此行是来实地考察对美军作战经验，准备率西南刘邓二野抽调出的三兵团入朝参战，同时担任彭德怀的第二副司令。可惜多年征战满身痼疾，陈赓大将匆匆前来又得急急回国养病，要到五次战役后才正式入朝领军。

陈赓正看着热烈的场面微笑，忽见一个情报参谋匆匆走到彭德怀身边递上一沓电报，彭德怀的笑容马上敛住了，脸上立刻严肃起来，陈赓走过去询问一句："老总，什么事？"

"到底是敌人，怕什么就来什么，前线侦察部队说李奇微已经开始进攻了。"

彭德怀低声告诉陈赓，这话也只能跟陈赓讲了："现在真的不好打呀，搞得不好要吃败仗的，李奇微只要大举进攻，汉城肯定要丢。"

是时，中国军队入朝连续三战，首批入朝的六个军已是兵疲马乏，伤亡减员很大。第三次战役打的都是部队的老骨干，国内原定补充六个军的四万老兵、八万新兵迟迟未到，为了应急，几个军的机关人员都给补充到了一线连队。任何一支部队都害怕这样干，拼光了维系部队战斗力的精英分子，等于打垮了一支部队的骨架，那这支部队可是要伤元气的，这不是靠补兵就能解决问题的。

一线部队不能打，后续入朝的部队暂时又上不来。十九兵团尚在东北换装苏式武器，三兵团还在出川途中，东线宋时轮九兵团冻伤减员太大了，一时半会儿缓不过气来，尚在元山、咸兴一带休整，两个月内休想投入作战。

这样，彭德怀不得不拉出仅有的疲惫不堪的六个军和人民军三个军团迎战李奇微。是役，不但技术装备上敌优我劣，连兵力对比上彭德怀也失去了优势。

"唉！"彭德怀叹口气，"本来是要把主要精力放在春季攻势的准备上，现在只好被迫打这一仗了，李奇微真会钻空子。"

彭德怀闷闷不乐地告诉总部诸将。

在阴暗的战局中，只有一件事让彭德怀晦暗的心情大为好转。

十二

1951 年 1 月 21 日中午，一封急电送到彭德怀手中，指挥所里的人全惊呆了，他们看到严肃峻厉的彭德怀失态了，只见他两手向天不断大笑狂呼：

"我们有空军了！老子们自己的空军参战了！中国的空军第一仗就打赢了，哈哈哈……"

彭德怀一次又一次催促空军参战，空军司令刘亚楼把部下都快逼疯了。可是现代化的军种哪有那么容易掌握？

志愿军入朝那一天，空军也从上海开始北上。到了天津，军列停下了，晚上又开动了，那些兴奋得很晚才能入眠的飞行员们天亮睁眼一看全傻了，怎么又回到上海了！

原来这些飞行员飞的全是老式螺旋桨飞机，现在要换装新式喷气战斗机，才能跟美国空军斗。飞行员们无奈地戏称："抗美援朝一昼夜！"

喷气式刚能起飞落地，刘亚楼又把部队拉上去了。到了安东又傻了眼，天气不好，大多数飞行员只会飞简单气象，现在上阵无异于送肉上砧板！

空军战士们在鸭绿江边听了二十天炮声，哭了整整二十天，哭完了只好又拉回来训练，部队只好续写下联："保家卫国二十天。"

12月4日，被毛泽东、彭德怀逼急了的刘亚楼终于下了决心，以空军的种子部队四师为主力，以大队为单位，进驻安东，在苏军帮助下实战锻炼。

在中国空军史上具有划时代意义的第三次北上开始了。

朱德元帅亲自送行。飞行员们惊呆了，四师礼堂里欢呼声沸腾了十五分钟。大队长李汉代表飞行员发言。这个愣头青激动异常，朝大队飞行员喊道：

"有决心没有？"

"有！"山呼海啸。

"有孬种没有？"

"有！"海啸山呼。

飞行员们因为看到朱德元帅太紧张了。

朱德、刘亚楼大笑起来。

二十八大队的飞行员一下子全站起来："有好汉，没孬种！"

怒吼声排山倒海。

会后，二十八大队给朱德、刘亚楼做飞行表演，米格－15战斗机尾喷口的狂浪直冲机场观礼台，将朱德、刘亚楼毫不客气地掀了几个跟头。飞行员们吓坏了，朱德爬起来哈哈大笑："好厉害的喷气式哟！"

彭德怀接到空军告捷电那天早上，空四师为中国空军揭开了空战之谜。

仗是率先出战的二十八大队打的。二十八大队飞行员全部毕业于解放战争时的东北老航校，又在新航校改装了当时世界最先进的苏制米格－15喷气战斗机，这个大队的飞行员是中国战斗机飞行员的精华。

1951年1月21日，大队长李汉决定甩下只顾自己单干，见到敌机就命令中国人返航的苏联空军，非和美国人过过招不可。

李汉当时是个标准的二杆子愣头青，天不怕地不怕，在喷气式上只飞了二十多个小时，就带了六架飞机去跟飞了几千小时的美国飞行员拼命。

六架中国战机猛扑正在攻击清川江桥的二十架敌机。在重围中，李汉逮

281

着一架 F-84 三炮齐发，猛扫一阵……这是历史性的一刻……

六架米格 -15 全部安全返航了，苏联人检查了李汉的照相胶卷，击伤！中国空军终于展翅蓝天！

八天后，先是李汉在定州上空高呼："奶奶个熊别跑，让老子亲你两口再走！"然后，空中所有的中国飞行员都高呼起来："打中了！打中了！"

一架美国空军 F-84 凌空爆炸！

李汉，作为中国空军第一个击落击伤敌机的飞行员永垂史册。晚年，酷爱速度的李汉还自制了一辆既非小汽车又非摩托车的动力怪物，驾着它在石家庄大街上疯跑。老人得意地将其命名为"李汉跳蚤"。

临死前，他的最后一句话是："感谢党，李汉的一切都是党给的。"

中国空军的序幕战让彭德怀对战争最终的结局更加充满信心，但是目前，他还得为这场战争中的一场战役的胜负耗尽心神。

"牛奶面包会有的，不过现在还得吃窝头。"彭德怀对洪学智叹口气。

空军的胜利只是象征性的，现在也就只能起到鼓舞士气的作用。

飞机太少，飞行员太新，只能在家门口骚扰一下敌人。米格机腿短上不了前线，朝鲜的机场又都给炸光了。再说，谁又敢为了度过眼前的饥荒而去吃掉明天的种子呢？可不能把千辛万苦培养出来的宝贝们拼光了。

空军首战胜利的兴奋平息后，彭德怀又开始埋头研究地面作战。

现在中朝双方再也不用为是否追击敌人争来吵去了。即使在充溢着战友之情的高干联席会上，中朝双方的干部仍不时拍案而起，激烈争论是否该继续南进。两天后，一切都已明了，1 月 27 日，前线部队终于证实：敌军在野牧里至金良场里正面向北发起进攻，其主力沿水原至汉城公路两侧向汉城猛烈突击，李奇微搞的是大举反攻！

朝鲜同志汗颜了，美军原来完全是有计划南撤，引诱我军上当！

当日，彭德怀不得不向部队发出了"停止休整，准备作战"的电报。那些刚要喘口气的战士们只得又开始擦拭武器。更惨的是赶回东北参加"联合作战培训班"的军师团长们，一个个风尘仆仆从前线赶回沈阳，只赶上看了一场京剧，连一堂课都没听成，又匆匆赶回几千里外的前线，疲于奔命也就这么回事吧。

彭德怀充满了不祥的预感。他相信自己的指挥能力，相信能征善战的志愿军众将领，他更相信中国战士的英雄气概和高超的战斗技能，他认为李奇微再怎么凶，也休想让志愿军吃大败仗。但是他预感到，在这场被迫进行的战役中，在敌人的现代化武器面前，疲惫不堪、武器极差的中国将士也要付出重大代价。

当夜，彭德怀从军事角度出发，向毛泽东发去一封电报：

（一）……为增加帝国主义阵营矛盾，可否以中朝两军拥护限期停战，人民军与志愿军从乌山太平里、丹邱里（原州南）线，北撤十五公里至三十公里，如同意，消息请由北京播出。

（二）……出击将破坏整个整训计划，推迟春季攻势，且目前弹药全无补充，最快亦须下月初旬，才能勉强出动。我暂时放弃仁川及桥头阵地，在国内外政治是否许可……

彭德怀此案是最现实亦是最佳的作战方案，如有必要，彭德怀是准备毫不犹豫放弃仁川、汉城的。

第二天晚上，毛泽东的电报回来了。彭德怀大吃一惊。毛泽东不但不同意后撤，而且要求立即发动第四次战役，而且战役目标是更远的三六线的大田和安东！电文中居然还说："我军没补充弹药也不是很大的困难，但集中全力向原州打下去，歼灭几部分美军及四五个南朝鲜师的力量是有的！"

充满了浪漫派诗人气质的毛泽东头脑有些发热了！

彭德怀心里暗暗叫苦，毛泽东的要求纯属空想，部队此时恨不得像古代那样挂块免战牌休整。人家已经找上门一脚把免战牌踹了，连三七线眼看都要保不住，还打到三六线去一举消灭几部分美军和四五个师的南朝鲜军！就算李奇微让路，去三六线能干什么？全军饿死在那儿吗？

彭德怀的头摇得像拨浪鼓。

毛泽东的命令是必须执行的，军事永远必须服从于政治。不过，真要盲从也就不是彭德怀了。党内最不怕毛泽东的就是他，在所有的人都改称毛泽东"主席"时，只有他一个人还坚持喊了好长一段时间"老毛"。彭德怀和毛泽东吵的架也不算少了。刚到陕北，毛泽东要东征打阎锡山，彭德怀不肯过黄河，要毛泽东担保红军能随时退回来，两个人好一场大吵，毛泽东气得大叫："你去绝对保证。我是不能绝对保证的。"东征的胜利证明毛泽东是对的，但这可不意味着彭德怀从此就迷信毛泽东，就像党内其他干部一样，该吵的时候他照样会吵的。

29日，仅仅召开四天的中朝干部联席会变成了第四次战役动员会。

毛泽东的进攻命令要执行，但如何执行就是军事艺术了。主席的话是要听的，但也必须量力而行，决不能盲从蛮干。

志愿军众将帅围着地图搔破头皮，终于策划出一个妙招。如果我军立即向北转移，势必过早放弃汉城，这在政治上对我不利。而根据毛泽东的命令立即反击，这些从血火中打出来的将领们也决不会傻到真那么干。这批将领都是可以独当一面的人物，他们非常清楚，毛泽东是非常善于吸收部下意见的，中华人民共和国成立之前多少惊天动地的大战役都是毛泽东与前线将领互相不断修正意见才取得胜利的。只不过中共党内军内从不喜欢将内部的争论公开化罢了。

邓华回国办事去了，彭德怀、韩先楚、洪学智、解方仔细地分析敌我态势。李奇微的进攻重点在西面，即汉城和汉江这一面，这条线以美军为主，进展较快。而东面以伪军为主，进展缓慢。

洪学智笑着说："这家伙是想先让美军进攻，再把伪军带起来！"

韩先楚、解方也笑起来："这就是李奇微的破绽啊！"

彭德怀一拍桌子："西顶东放！先楚再去西线组织指挥所，统一指挥三十八军、五十军和人民军一军团，在汉江南岸阻住李奇微主要攻击集团的突击。邓华回来后，立即去东线指挥三十九、四十二、四十、六十六共四个军，诱敌深入，把伪军放进来后反击！争取歼敌一个至两个师，再向敌人纵深发起突击，从东面威胁西线敌主力翼侧，以此动摇李奇微战役布势，制止其进攻！"

彭德怀说完凝视着韩先楚："先楚，你的担子不轻啊！防御纵深只有二十多公里，正面却宽达四十公里。河流封冻，美国人的坦克可以纵横无阻，你打的是阻击战，正好利于美国人发挥火力优势。你不但不能退，还得多争取一些时间，千万不能收缩太快，否则时间不够，东线部队来不及补充粮食弹药啊！"

韩先楚缓缓点头低声道："是啊，要打一场血战了……"

十三

中国军队从未打过的血战开始了。现在，中国军队才真正领教了美军现代化火力的厉害。西线的阻击战不同于前三次的运动战，这是摆开阵势进行的阵地防御战，守住就守住了，守不住就将被突破。

中国军队已经尝到过在美军强大的火力下坚守固定阵地的苦头，四十二军在第一次战役东线坚守黄草岭时，虽然守住了阵地，但自身伤亡也较大，军长吴瑞林和梁兴初一起吃过彭德怀的批评。

名将邓华已经注意到了这个问题，还专门提出了"运动防御"

志愿军防御阵地一片焦土

这一原则，提出在一地固守时间不要长于一两天，因为这一两天内，敌人对我军防御配置还没搞清，空炮火力对我危害就有限。但是，在汉江南岸我军阵地纵深只有二十多公里，许多要点只能用战士的生命去坚守。

"美国人的炮弹真他妈多呀！"五十军军长曾泽生中将喃喃骂了一句。曾泽生，原国民党六十军军长，长春起义后成为人民解放军将领中的一员。

曾泽生相貌威武干练，一看就是个典型的职业军人，虽然加入解放军才两年，但已被人民军队这座熔炉重新锻打了一遍。他的部队在改编后补入大批共产党的优秀干部、知识分子和工农成分的新兵，战斗力急剧增强，部队面貌焕然一新，随即奉命南下参加入川作战，一路迭立战功。

接令赴朝时，曾泽生正率部在湖北修筑汉江大堤。入朝后，五十军作战勇猛，屡有斩获，尤以歼灭皇家重坦克营一役名垂军史。三次战役更是一直冲到水原附近，是志愿军在朝鲜打得最远的部队之一。曾泽生一直随队靠前指挥，表现坚定果敢，极富军事素养，几次获得彭德怀表扬。在国民党饱受蒋介石中央军嫡系白眼的曾泽生由衷地感到自己的路走对了，他要用战功表白自己的忠诚。

政委徐文烈也为美国人的火力优势头痛："是啊，为攻小小一座修理山，仅仅一个美军营就得到近百门无后坐力炮、迫击炮、二十一辆坦克和十辆自行高炮的营级火力支援，这还不包括团级、师级和航空兵的火力加强。"

曾泽生捶了捶桌子："我相信我们的战士，我们一定能守住！"

五十军的官兵们没有辜负军长的信任，在漫天钢风铁雨中，他们在硝烟与烈火中坚守修理山主阵地整整七天，把美二十五师打得头破血流，再一次杀垮了土耳其旅……打到后来，美军对中国士兵的生命力甚至不敢置信。他

阻击作战

们实在不明白汽油弹烧过、炮弹犁过的中国军队阵地上怎么还会有人在抵抗。为了保障一个排的攻击行动，在反复的火力准备后，一次就有二十挺重机枪、五辆自行高射炮伴随四五十个士兵扑向中国军队的阵地。在那美国人以为不可能还有任何人生存的废墟上，奇迹般的又站起来一群中国士兵将这四五十个美国兵撂倒了一半……

2月6日，在给予美军以极大杀伤后，曾泽生奉令率部撤出修理山阵地，接着又和人民军一军团退回汉江以北。伴着纷飞的炮火，春天已经快到了，汉江在悄悄解冻，中国军队阵地离汉江很近，如果美国

286

人冲到江边，那就是背水作战了，搞不好会全军覆没的。

满身硝烟的曾泽生来到志司复命，彭德怀紧紧握住这位前国民党中将的手："五十军打得好，你指挥得好，我要给你补兵，苏式武器来了，优先给你们五十军换装！"

曾泽生闻语眼泪都快流下来了。在国民党军队混了二十多年，作为滇系部队的一名军官，他和部下受尽了蒋介石嫡系的歧视和白眼。不要说补兵换武器这种好事，蒋介石是几次要下他这支云南部队的毒手的啊！仅仅两年前，他还在率部与解放军血战东北……

曾泽生含着眼泪说："我们尽力了，我们能在兄弟部队面前抬头了！"

彭德怀闻语动情："这是什么话？就因为五十军是国民党改编部队吗？我彭德怀和你一样，也出身旧军队的杂牌湘军。彭德怀从来没有把你们当后妈养的，五十军有很多共产党员了嘛，你回去告诉部队，彭德怀向五十军的同志鞠躬致敬！"

彭德怀当真向曾泽生鞠了一躬。

胸襟博大的中国共产党人啊！曾泽生热泪横流，向彭德怀端端正正敬了一个军礼。

1955年在怀仁堂，曾泽生和那些身经百战的老红军、老八路站在一起，接受了毛泽东、周恩来的授衔。他位列中国人民解放军二百名中将之一。

十四

在友邻部队纷纷撤过汉江北岸之后，只有三十八军不但不能撤，还要将唯一没有过江的一一四师也调到江南岸。他们的阵地位于东西线敌人的结合部，为了保障东线邓华集团的反击，他们必须在汉江南岸背水作战，死死顶住西线敌军主力的进攻，隔断东西线敌人的联系。

现在，西线几乎所有的敌军都将攻击矛头指向了三十八军。骑一师、美二十四师、英二十七旅、希腊营、南朝鲜六师……一支支敌军部队向三十八军小小的防御阵地扑去。

三十八军建军史上最严峻的考验到了！

从 1 月 28 日起，三十八军的官兵们就再也睡不成觉了，空中无数敌机在阵地上空扔下成千上万吨的高爆弹、燃烧弹、照明弹……

地面上，几千根各类炮管日夜不停地倾泻装满烈性炸药的弹丸……

炮火犁松了高地上的每一寸土地，防御阵地的山头普遍被削低一米……

炮击过后，成群的坦克，无数的敌军开始发起冲锋，被打退之后再重复一次轰炸、炮击、冲锋的程序，这是李奇微的"火海战术"。

国民党在台湾岛兴高采烈："这叫火海洗人海。"

不知有多少跟日本人拼过刺刀，把蒋军从东北赶到南海，又打进朝鲜的英雄好汉牺牲在那些无名高地上。有时，美军一阵轰炸炮击后，一个阵地上被活活震死的中国士兵就有二十多个。

战局在不断地恶化，三十八军不少阵地上死得一个人都没剩下，而后方又毫无补充兵员。三十八军危机四伏！

2 月 4 日，李奇微吸取志愿军战术经验，美二十四师十九团竟夜间穿插，渗透到了三十八军防线后方。美国人也搞起夜间穿插迂回作战了！

这支美军一直插到了一一三师侧后的山中里、洗月里地区。炮弹围着一一三师指挥所爆炸，一一三师危急万分。

军指急了，命令不惜一切代价消灭这股敌军。三三八团两千多条好汉连夜奔袭反穿插，将这股敌军反包围，突进的美军无处可退，只有血战到底一条路。

两天两夜后，洗月里、山中里地区的枪声渐渐平息，美军两个营基本被歼，三三八团将士的遗体也铺满了那一带的山谷丘陵。中国军队用电台与美军联系，保证让其安全运走死尸和伤员。美军果然依约而来，直升机来来回回运了一个上午尸体，美国空军也罕见地没有对中国军队收尸人员进行攻击。

许多执行命令极其坚决的干部战士面对惨重的伤亡，奇缺的弹药、粮食，开始气愤得怒吼："还要不要三十八军啦？一定要把四野的这支王牌主力同敌人拼光吗？有这么打仗的吗？要是林总指挥，怎么舍得这样用三十八军，骨干全打没了！"

这支从彭德怀的老部队底子发展起来的铁军居然有人讲起了林总如何如何这种山头主义浓厚的牢骚话！

2月7日，梁兴初等军师团领导终于从沈阳赶回三十八军军部，连夜召开了军师首长作战会议。

梁兴初冷冷地环视众将。他知道这一切还只是个开始，今夜五十军和人民军一军团都要开始撤过汉江，汉江南岸将只剩下三十八军孤军苦战。前一段防御战还有兄弟部队共同承担压力，而现在所有的重负都将压向三十八军。

"……我已限令工兵连修复汉江大桥，把粮食弹药抢运过来。"梁兴初先告诉干部们军长知道大家的苦处，他在尽力解决问题。

"兵员我没有，志司现在也没有，但是，不久在安东集训的战士就会补充到部队，师团指挥员必须保存一部分骨干，在阵地上的兵员打光以前，尽可能从排长、副排长、连长、指导员和营长、教导员中抽一个下来，一定要保存一部分骨干，不然新兵补充来了后，没人指挥怎么打仗！"

梁兴初的这段话再深刻不过地说明了老兵对于一支部队的重要性。

安抚一番后，梁兴初斩钉截铁地下令了：

"无论困难多大，也要守住阵地！如果我军的阻击线垮了，不要说东线的反击，整个战线都要崩溃！大家不要忘了三十八军的传统！上级的任务必须完成，没有二话！为了保证东线部队胜利出击，三十八军必须血战汉江南岸！谁也不许再提撤字，谁也不许再讲山头主义的牢骚话！"

梁兴初明白，在这种时候只能把部队逼到绝境，绝不能让山头主义的毒素和能否撤退的侥幸思想涣散军心。

更加惨烈的战斗又在三十八军的阵地上打响了。

十五

坐镇志司的彭德怀急了。三十八军阻击西线美军主力的代价太惨重了，再这样打下去，即使是"万岁军"也经不起消耗！

彭德怀连电邓华，必须在2月11日向东线敌军发起反击。他明白这也是强人所难，东线各军均已退离战线一百多公里准备休整。刚到休整地又接令反击，只好匆匆忙忙往回跑。前线只有人民军金雄集团二军团、五军团节节抗击北进敌军，掩护邓华集团向前开进。

2月9日，邓集团四个军克服众多困难基本到位，人民军三军团也在迅速前调。而南朝鲜八师已被阻击在横城西北地区，南朝鲜三师、五师被阻于横城东北地区，美二师二十三团和法国营被阻于砥平里地区。从整个战线看，砥平里和横城之敌已经态势突出，侧翼暴露。这是韩先楚在指挥西线三十八军、五十军、人民军一军团在极其不利的条件下，靠着将士们尤其是三十八军将士的血战换来的东线歼敌的战机。

东线反击战就要发起，彭德怀的两员爱将、统率西线的韩先楚和统率东线的邓华竟为攻击目标发生了分歧。

砥平里位于东西线敌军接合部，横城则有大量美伪军。打横城可以大量歼敌，打砥平里敌军很少。但砥平里却是一个要点。砥平里是位于横城、汉城之间偏东的一个小村，它几乎就位于朝鲜半岛的"肚脐"位置。如果砥平里失守，西线美九军右翼和东线原州美十军左翼就将全部暴露。

彭德怀当然想同时打下砥平里和横城，可惜，这一线有美军五个团、南朝鲜三个师，还有一溜儿"联合国军"配属部队。以中国军队实力只可能各个击破。不是先打砥平里再打横城，就是先打横城再打砥平里，两者只能选一而攻。

先打谁呢？

彭德怀罕有地犹豫了。同解方研讨，没有定论，只好分别致电邓华、韩先楚。邓华说要先打横城，理由是可以有把握地大量歼敌，如果先打砥平里，东西线敌军往后一缩，我军又追不上，还是个击溃战，理由很充分。

可韩先楚也回电了，他认为要先打砥平里，如此可以一举拿下关系战役全局的枢纽，理由也很充分。

这下彭德怀越发举棋不定。8日下午，他决定先打砥平里，当天深夜又觉得先打横城更好。第二天晚上，韩先楚再次来电陈述理由，彭德怀又决定还是先打砥平里为佳。

电报发出后，彭德怀又疑虑起来。邓华指挥东线，是否他在前线看得更清楚些呢？于是只好又致电邓华，指出邓韩两方案的利弊，让其自己最后决定先打何方。

邓回电先打横城，彭德怀同意，毛泽东也来电"布置甚好"。

战役计划终于确定了，韩先楚闻讯在汉城北山指挥所里拼命吸烟。

彭德怀布置完毕，随即向毛泽东发出密电，在这场不得不打的战役中他已做了最坏的准备："……如能求得歼敌五六个团，估计可能暂时稳定战线半个月，如反击不成功，敌将疯狂追击，我军在三八线很难立稳脚……"

战役开始前要打到三六线去的毛泽东不得不面对残酷的现实，现在能稳住战线就不错了！很难理解他此时的心情。但这位巨人在内心深处，肯定在开始重新评估美国人的力量。

十六

1951年2月11日夜，在三十八军仍在血战汉江南岸的同时，邓华集团四个军向横城敌军猛扑过去。

大胜！

战斗进行得十分顺利，志愿军四个军和人民军两个军团以迂回穿插战术，在夜间利用敌空隙大胆深入，一夜间将横城地区伪军三个师打得粉碎，全歼了南朝鲜第八师，将南朝鲜三师、五师也打得稀烂。

13日清晨，打响了抗美援朝序幕战的邓岳师长麾下三五二团一下子干掉了美二师一个营。

美军军史学家流着眼泪写道："当时，美军一个炮兵连在一支护卫队掩护下，正沿着横城西北三英里一条狭窄公路北上，显然没有任何侧翼保护……接着中国人突然向美军炮兵蜂拥而来。五百多人仅三人幸存。"

这是整个朝鲜战争中美军生命损失最惨重的一仗，大约有五百三十人丧命。

美军和南朝鲜军四个炮兵营也全军覆没。

这一仗缴获火炮极多，足够装备中国军队一两个炮兵师。笔者有幸认识一位抗美援朝炮一师老兵，他回忆起横城反击战第一句话就是："嘿，大胜仗，到处是炮，我们骑在那些大炮上舍不得下来！"

南朝鲜战争史伤心地记述："2月11日夜，中共两个军和北傀军（对人民军的蔑称）的一个军团发起大规模反攻，前线国军三个师顷刻溃散。"

李奇微又开始痛骂南朝鲜人："在中国军队的进攻面前，美二师又一次首当其冲，遭受重大损失，尤其是火炮的损失更为严重。这些损失主要是由于南朝鲜第八师仓皇撤退造成的。该师在敌人的一次夜间进攻面前彻底崩溃，致使美二师的翼侧暴露无遗。南朝鲜军队在中国军队打击下损失惨重，往往对中国士兵怀有非常畏惧的心理，几乎把这些人看成天兵天将。所以，过了很长的时间才使南朝鲜军队树立起抗击敌人夜间进攻的信心。脚踏胶底鞋的中国士兵，如果突然出现在南朝鲜军队的阵地上，总是把许多南朝鲜士兵吓得头也不回地飞快逃命。"

2月13日，有名的横城反击战结束。中国军队在两天一夜的战斗中歼敌一万二千，其中俘南朝鲜兵七千一百、美军五百，这是抗美援朝战争中俘获南朝鲜军数量最多的一次。

邓华为扩大战果，乘胜向砥平里发起攻击。隶属于三个军的六个团共一万多人，在四十军军长温玉成统一指挥下向砥平里扑去。

十七

在东线大战的时候，三十八军的阻击战打到白热化的程度了，一半以上的步兵连已不足四十人，每个班只有三四支步枪还能打响，其余的战士只有手榴弹可用。

三十八军所有的官兵都打红了眼，许多阵地打到最后，都是以一个中国兵抱着炸药包、集束手榴弹冲进敌群而告终。惊天地泣鬼神的英雄壮举随时随刻都在发生。

美国军队虽有着几百倍于三十八军的火力，九倍于三十八军的兵力，却表现出极虚弱的战斗力。三十八军英勇的战斗把他们吓住了，以如此优势，李奇微一天也只能推进一公里到两公里，这一两公里路程纯粹是用炸药开出来的。

三十八军的将士们明白自己身上的职责，所有的部队都抽到东线打反击去了，西线只有三十八军这一段薄弱的阻击线。一旦三十八军被突破，西线敌军可由此缺口突贯中国军队后方，将东线邓华部队包饺子！即使东线部队能跑掉，整个战线也将崩溃。

政委、教导员、指导员将问题的严重性不停地讲给坚守战士们听，其实，仗打到这个时候，连懦夫都已变成了勇士。

牺牲是惨重的，2月12日，三十八军公认最优秀的"钢铁营长"曹玉海和教导员方新也一起倒在了阵地上。

曹玉海据守的350.3高地是整个三十八军防御阵地的要点，意义特别重大，却又特别难守。这是个突击在最前沿三面临敌的小高地。为了这个小小的阵地，副军长江拥辉亲自把曹玉海叫去谈话，曹玉海毫无畏惧地看着江拥辉的眼睛："我们营从来没打过败仗，首长放心，一定完成任务！"

江拥辉目送曹玉海离去，心头难过万分，拿这样的"钢铁营长"和这样的英雄营去跟美军拼消耗，不值啊！

面对美国精锐王牌骑一师的进攻，曹玉海和好友、营教导员方新七昼夜不眠不休，击退了敌军上百次进攻。每天，曹玉海一营人要吃美国人几万发炮弹，几百枚炸弹。在"钢铁营长"的阵地前，美国人不知扔下了多少死尸。只是，英勇的一营也消耗殆尽了。

2月12日，最后的时刻终于到了。曹玉海上阵地时就将营指设在位于主峰的三连阵地上，以示与阵地共存亡。这天拂晓，曹玉海在主峰瞪着血红的眼睛看着山下，下面是利川、水原、龙江三座城市通往汉城的三条公路的交会点，这个地方是非死守不可的。

曹玉海深深吸了一口饱含硝烟和血腥气的晨雾。估计是熬不过今天了，曹玉海心里想。

昨天二连就只剩四个战士了，今天该轮到主峰的三连了。作为一个在人民军队成长起来的孤儿，曹玉海早已下定决心将自己的一切都献给三十八军这支英雄的部队。死对于这种真正的军人来说根本算不了什么，或许只有一件事让他放心不下，那就是抚养他长大的嫂子。

炮弹的啸叫预示着骑一师的进攻又要开始。

教导员方新和战士们的宣誓声响彻整个主峰：

"……为了保卫新中国，为了保卫朝鲜人民，为了保持一营的光荣，誓与阵地共存亡！誓与阵地共存亡！！誓与阵地共存亡！！！"

又打退了敌人的七次进攻，下午3时，团长孙洪道打来电话询问战况，曹玉海很沉着："人越来越少，不过请团长放心，有曹玉海在，就有阵地在。"

曹玉海根本就没要援兵，虽然他只有三十多人了，但他知道，全团也只剩下一百多人了。

　　孙洪道被曹玉海的沉着感染，不禁感到有些宽慰，不想电话机里曹玉海的声音忽然急促起来：

　　"团长，敌人包围我的营部！我跟你告别了，团长！"

　　"曹玉海，实在不行就下来，天黑反击，不要蛮干！"孙洪道急得跌足大叫，他宁可丢掉阵地，也不能丢掉这样百里挑一的营长。

　　"来不及了，再见啦我的好团长！"

　　曹玉海扔下电话机与敌血战，两颗子弹迎面击中他的头部和胸部，他强睁着眼睛对班长徐金说了最后一句话："一定要守住阵地，有机会告诉俺嫂子，我没有给她丢脸！"

　　言毕壮烈殉国，年仅二十八岁。

　　"钢铁营长"牺牲的消息还没有传到指挥所，团长孙洪道就已经泪水横流放声大哭了。身经数百战，他太明白前面会发生什么事了，孙洪道团长一边大哭一边拼命要往阵地上跑，去替部下和战友报仇，政委王丕礼将他死死抱住。

　　曹玉海牺牲后，他的好友兼搭档、教导员方新沉默不语，只是拼命杀敌。这位政工模范干部一句鼓动的口号也不喊了，他只有一个心思，为好友报仇！

　　又打退几次反攻后，连长赵连山几次催促方新下阵地。按军里的规定，方新非下阵地不可，这是死命令。营长牺牲了，教导员必须下去。两个主官都牺牲了，英雄营以后谁带？这会伤部队元气的，只要保存一个主要干部，营的传统就能保持。

　　赵连山连长看到，方新对包括团长在内的催促都充耳不闻，只是冷静地坐在战壕里将驳壳枪子弹压得足足的。他压了一条又一条子弹，激烈的枪声又响起来了，赵连长提了两颗手榴弹大喊了一声"再见了教导员"，就冲入了硝烟中。

　　方新立刻冲上阵地，扫完了枪里的子弹后，他捡起一颗拔掉引信的迫击炮弹冲入敌群往下一砸……

　　阵地终于守住了。当晚，当另两个连队接下阵地时，阵地上只剩两个人了。

　　曹玉海和方新用生命实现了和阵地共存亡的誓言，在七昼夜的血战中，他们率领的营队消灭了六百八十多美国兵，这是志愿军营级建制歼敌最多的一次。

方新阵亡时，心里恐怕只会担心一营以后的命运。他可以放心了。战后，他和曹玉海最后战斗时所在的三连被记特等功并被授予"二级战斗英雄连"光荣称号，而一营则被中国军队总部授予了"抗美援朝英雄营"的光荣称号。以这场战争的名字命名一个步兵营，这是无上的荣誉了。在中国军队中，没有任何东西比荣誉更重要。

2000年4月，极重战友情谊的三十八军锲而不舍地追踪数十年，终于在五十年后，在山东省莒南县找到了曹玉海的嫂子王月花，偿了"钢铁营长"的心愿。这时，王月花已经八十四岁了，这位老人这才第一次知道，自己牵挂了几十年的小叔子是特等功臣、一级战斗英雄，是和黄继光、杨根思、邱少云齐名的英雄人物。

靠着官兵们惊天动地的英勇精神，三十八军拼命维持着西线那条脆弱的防线。

十八

"最关键的时刻到了！"

14日上午，梁兴初不断用这句话惊醒自己那缺乏睡眠、昏沉到极点的大脑。

电话铃又响了。梁兴初抓起话筒，竟是老虎团长范天恩直接打电话向军长要兵：

"军长，美国人的炮火太凶了，一营打光了，三营上去，没一个小时又光了，我的警卫连都上去了，求求你，再派点人过来。"

梁兴初知道，老虎团长叫苦那是真急了，这个人不到万不得已不会叫苦的，可是他也没兵。

梁兴初只好硬起心肠说出自己都不愿说的话："你范天恩要注意，不要老是叫苦，伸手求援，昨天我把军侦察连都给你了嘛！"

拿侦察连这种特种部队去守阵地，不到要命的时刻，任何指挥官都不会干这样的傻事。

梁兴初终于挤出了一个营加强给范天恩。

一一四师三四一团三营营长刘保平、教导员刘德胜率队赶到军部时，梁兴初数了一下，这个营只有五六十个人！

梁兴初不动声色，心里却难过得要滴血，这个营只够编一个加强排了，可现在连这个营的这点种子都要吃掉了呀！

他走到营长、教导员身边只问了一句话："听说你们两个作战一贯勇敢不怕死？"

刘保平、刘德胜也不多说，军长的问话已说明了一切！

"首长，明白了，人在阵地在，誓与阵地共存亡！"

送走这个仅剩几十个人的营没几分钟，一发炮弹落进了三十八军指挥所，刚刚离开地图接电话的梁兴初给炸得晕头转向。清醒过来后才发现，那发炮弹正好落在地图上，在地上炸出个一米多深的大洞！而梁兴初连卧倒动作都没有做出，竟然奇迹般的安然无恙。

在这场血腥的阻击战中，一个军长的生命和一个营长的生命是等值的。

第二天下午，刘保平营长一手搂住被打出体外的肠子，一手扣动机枪扳机向敌扫射，直至流干最后一滴血……

打到16日早上，范天恩的580高地上三个营的部队和梁兴初派上去的三十八军警卫连加起来也只有几十人了。危急关头，师长杨大易派出打光了炮弹的师山炮营一百人前来支援。范天恩本想这带了九百颗手榴弹上阵地的一百人至少可以顶个半天，不料一个小时不到，这一百人又打光了！

最后的时刻到了！范天恩心一横，派出了团部的通信班。在缺乏现代通信手段的中国军队，能入选通信班的全是最优秀最机灵的小伙子。

范天恩看着这些精干机灵、长相英俊的青年士兵，胸内万箭钻心般痛苦。铁石心肠的范天恩竟告诉他们不用勉强上阵地，为了害怕伤他们的自尊心，他甚至说出身体有病的可以留下这样的话！他的确是真心的。

通信兵们明白580高地上有什么东西在等待他们。那么多部队从团部经过后冲上高地，却没人能活着回来。他们还不到二十岁，团长说可以不去，连晃动的人都没有一个，短短的队列岿然不动。

良久，只有一个战士吼了一句："团长，把你的子弹再给我二十发！"

通信班的小伙子们没有辜负范天恩平日的宠爱，漂亮地打退了美军一次进攻，撑到了下午。

下午580高地又不行了，范天恩派出了刚刚筹粮回来的二十多名从未开过枪的文化教员。上阵地前，范天恩手把手地教他们怎样给手榴弹拉弦、投掷，然后目送着这二十多名每人腰带上插了五颗手榴弹的文化教员冲进了580高地的漫天烽烟。

580高地终于撑到了天黑。

当日晚间，不知明天日子怎么过的范天恩接到了师长杨大易的电话："东线反击战胜利结束，歼敌两万多人，阻击任务完成了，你部可以撤退。"

杨大易的电话终于击倒了范天恩，这个铁打的汉子一头栽倒在地昏倒过去。

接到撤退的消息，不只范天恩，三十八军的许多军官都当场晕倒。

朝鲜人民都说志愿军命大，三十八军最后两个营撤过汉江后的第二天，汉江就解冻了。一一三师副师长刘海清和一一四师副师长宋文洪都已经做好了一旦撤不过汉江就上山打游击的准备了。

精通战术的范天恩已经没有精力和体力去思考一个简单的问题了。师长说东线大胜，那为什么美军在东线大败，西线还敢进攻？如果东线的反击战真的达到了目的，攻击范天恩的美军只怕早几天就要往南逃命了。

以后范天恩才知道，在东线那个小小的村庄砥平里，中国军队打了入朝以来的第一次败仗⋯⋯

十九

很遗憾，在邓华属意要先打横城的时候，李奇微的看法却和韩先楚一样。李奇微认准了"砥平里是阻止中国军队前进的关键性所在"。

如果中国军队占领砥平里，西线美九军右翼会全部暴露。中国军队只要从砥平里继续打下去，李奇微的战线就会全部龟裂，西线美军将丧失进攻的据点，非大步后撤不可⋯⋯

邓、韩两案之争的关键就在于此点。韩先楚认为，西线付出那么大的牺牲就是为了给东线反击造势，而东线反击的目的是要打开缺口迂回西线美军侧翼，然后迫使李奇微全线后撤以稳定战局。从这个战役目的出发，砥平里才是转换战局的关键所在。打下横城，不管歼敌多少，都只是个战术胜利，打下砥平里才可以改变全局。先打横城再攻砥平里则我军锐气已失，而美军利用强大的机械化力量可以迅速增援砥平里堵住缺口，东线反击就达不成迫使李奇微停止进攻的目的了。

果然被韩先楚不幸而言中。横城失败后，李奇微拼命调兵增援砥平里，与此同时，中国军队围攻砥平里的部队由于分属三个军，六个团建制不一，作战时发生了一系列混乱。

东线反击战开始时，砥平里只有一个法国营在坚守。按照法国人打仗先死外国人的传统，一般对海外作战时首先派出的是赫赫有名的法国"外籍兵团"。

外籍兵团是个标准的大杂烩，既有亡命天涯的冒险之徒，也有为法国荣誉自愿参军的本国青年，还有用服兵役逃脱法律制裁的罪犯，为取得法国国籍而甘愿挨上一段军营生涯的投机分子。

但是，统率这个杂烩营的却是一个标准的悍将。

拉尔夫·蒙克拉，一个听到枪声就兴奋得发抖的老牌职业军人。他来朝鲜前是法国外籍军团监察长，军衔中将。就为了闻闻朝鲜的硝烟味，这位中将监察长自愿将军衔军职降为中校营长。

不过，如果东线先打砥平里，任这位老中校如何剽悍，估计也只能死在中国军队的乱枪中了，要不就会因成为朝鲜战场上中国军队俘获"联合国军"军衔最高的军官而出名（回国后，拉尔夫恢复中将军衔）。

拉尔夫中校率法国营坚守砥平里时真是胆战心惊，东边横城方向的炮声震天动地，可以想象那边的仗打得如何激烈，如果中国军队马上攻击砥平里，一个营如何守得住？

"挖工事，他妈的快挖工事！"

拉尔夫不断用那条坏腿踢着那些放下铁锹朝东边眺望的士兵：

"看什么看，没有工事，等你看清中国人他妈的你就已经死了！"

这位曾经十六处负伤、被打跛一条腿的营长骂起人来，既不像中将，也不像中校，活脱脱是个暴烈的中士。

　　好在拉尔夫中校的担忧没有持续多久，很快，美二师二十三团团长弗里曼上校率部赶到了砥平里。小小的砥平里一下就被美法军四个步兵营、一个炮兵营、一个坦克营共六千余人挤得水泄不通。

　　横城那边的炮声响了两天两夜，弗里曼上校也打了两天哆嗦，到第三天，侦察报告来了，四面八方都有中国军队扑向砥平里，弗里曼明白了，砥平里已被孤立，再不逃就要被包围啦，他决定赶快跑掉了事。

　　美十军军长阿尔蒙德飞来了，说了一句"同意撤退"后又飞走了，弗里曼立刻着手准备撤退。

　　就在此时，李奇微的电令到了：

　　"不准撤退，坚守砥平里！你要敢撤退，我就撤了你！"

　　李奇微看出砥平里的重要性了。丢了砥平里，不要说他的西线攻势"霹雳作战"要泡汤，搞不好连整个战线都要垮。他下了最后的结论：

　　"敌军认为攻占砥平里是绝对必要的，因此我军无论如何都要确保砥平里，不管付出多大的牺牲。"

　　无路可退的弗里曼上校在地图上画了一个直径为 1.6 公里的圆圈，把所有的部队都塞进了圆圈组成环形防线。环形阵地中央是六门一五五榴弹炮、十八门一〇五榴弹炮、十二门四管速射自行高炮，外加二十辆坦克和五十一门迫击炮。

　　在预计的中国军队进攻点，弗里曼甚至命令士兵泼水成冰，阻挡中国步兵冲锋，直升机又运来了十天的食品和堆积如山的弹药。弗里曼一番布置，对于主要依靠步兵攻击的中国军队来说，砥平里已经成了一个难啃的钢核桃。

　　2 月 13 日，西线曹玉海营长牺牲的第二天晚上，中国军队围攻砥平里的战斗打响了。那是一场残酷至极的血战。

　　指挥系统混乱极了。负责战场统一指挥的四十军——九师师长徐国夫直摇头。从受领任务起他就满是不祥的预感——地形没看，地图和实地总是有差异的；敌情不熟，东线指挥部说砥平里只有要逃命的一两个营敌军，可侦察报告说敌人不但不准备逃跑，反而大挖工事要坚守，人数也远远不止一两个营。

　　更让徐国夫师长揪心的是，围攻砥平里的部队建制混乱，前后投入三个军的八个团，有些团长的名字徐国夫都叫不出来，而且，由于通信手段落后，打起仗来各团根本不可能协同，只能各打各的。

当夜，徐国夫横下心开始攻击，军人执行命令能讲价钱吗？

一个通宵的血战过去了，徐国夫的两个团打了整整一夜竟没能占领一块敌人的主阵地，只落了一大堆伤亡，比预想严重得多。

那一夜，在砥平里其他几个方向，另几个中国团队也进展不顺。那个在云山阻敌的三十九军王扶之团长攻下一个山头后高兴得大叫："打到砥平里了！"

首长高兴极了，王扶之打开地图一核对，唉，去他妈的，这是马山……黑灯瞎火，这一带都是山岳丘陵，地形和丘陵高程都差不多。

四十二军张志超团长错得比王团长更离谱，打垮了一股美军后，他兴奋地报告："已经占领砥平里！"

天哪，这个叫田谷的地方有开阔地、房舍、公路、铁路。除了操蛋的铁路走向不一样，这儿和砥平里一模一样！田谷和砥平里是朝鲜中部几千个外观都差不多的山村中的两个……情况弄明白天也亮了。

白天是美国人的。

围攻砥平里的中国战士都是第一批入朝的老兵，美国人的飞机见得多了，可从没见过一个屁大的地方竟集中了这么多！

无数的敌机整整轰炸了一个上午，到了中午，砥平里被包围的美法军居然用坦克开路出击了！中国士兵只好固守几个攻击出发点。中国军官们急了："他妈的，攻击出发点都丢了，还打个屁的砥平里！"

志愿军战士在工事内向敌射击

西线惨烈的阻击战场面在这里重演了，一批又一批中国士兵在阵地上倒在美国人的火网下……

终于撑到了天黑，白天出击的美法兵全部缩回了环形防线。

黑夜是中国人的。

14日夜，美军飞机扔下了大批照明弹。在那刺眼的白光下，上万名中国士兵从四面八方猛攻方圆不到两平方公里的砥平里防线，美军则在中国士兵进攻的道路上用炮火织成一道火力屏障，成群的中国步兵扑倒在地。

中国的炮兵急红了眼，只要有炮有炮弹，他们完全可以用炮火将这个猪圈大的阵地轰平，把六千美法兵炸成粉末。可他们只能干瞪眼，负责火力支援的主力、四十二炮兵团马匹受惊，惨遭空袭，给炸了个一塌糊涂，赶不来了！攻击部队只有三个炮兵连十几门火炮，全部炮弹只有不到四百发，两分钟不到就全打没了。

靠着英勇无畏的精神，打到午夜时分，中国步兵在付出惨重牺牲后终于冲过了一道道炮火屏障，靠近了环形防线。

惨烈的白刃战开始了。劈断骨头的"噼啪"声在双方肉搏交战地响成一片，法国外籍兵团的亡命徒们头裹红布，一边跟中国人拼刺刀，一边猛踢躲在一边发抖的美国大兵屁股："他妈的美国佬，反正你死定了，那就翘到阵地上去……"

拼刺刀打近战法国人怎么是中国人的对手！法国营的反冲击除了留下一具具到朝鲜冒险的亡命徒的尸体外，什么效果也没有。砥平里环形阵地已经岌岌可危，就连弗里曼上校也吃了一颗子弹。眼看美国人就要顶不住了，可中国士兵最害怕的事也来了，该死的天空又他妈亮了。

15日，砥平里的战局彻底败坏了。在李奇微严令下，美国骑一师五团团长柯罗姆贝茨上校抱着必死的信念，亲率二十三辆坦克搭载一百六十多名步兵孤注一掷地冲向砥平里解围。

经过一路血战，柯罗姆贝茨上校终于突破了三十九军一一六师和四十二军一二六师的沿途阻击，带着十多辆坦克外加十名步兵十三名伤员的残余突进了砥平里环形防线，砥平里守军顿时士气大振。

环形阵地对面的中国军队弹药快耗尽了，士兵的炒面袋也空了，只能喝上一碗看得见人影的稀饭。

15 日下午，邓华命令四十军军长温玉成统一指挥围攻砥平里部队，16 日必须拿下砥平里！

可基层官兵纷纷提出"不打了"的要求。这在中国军队历史上是罕见的。能征善战的温玉成积存的不满也爆发了，这打的什么乱仗？他也建议撤出战斗。

心情沉痛的彭德怀亲自下了撤退令。

当日夜，在漫天的大雪中，中国士兵掩埋好同伴的尸体，抬上伤兵，向北方撤去。

1989 年 5 月 12 日，"联合国军"向中朝方面移交了十九具刚刚在砥平里发现的中国士兵尸体。消息传来，白发苍苍的三十九军原军长吴信泉中将泪流满面。是役，中国军队伤亡惨重。

"砥平里战斗，是美军同中共军作战中在战术上取得的第一个成功战例，鼓舞了全军的信心和希望，解除了美军决策当局对战局发展所抱的疑虑。这次胜利的意义可与英国第八军在阿拉曼取得的胜利比拟，也可以说是'第二仁川'。"《韩国战争史》如是吹嘘，"第二师在砥平里的英勇坚守后来证明是挡住共产党进攻的转折点。"

美国陆军第八集团军简史如是评价这场规模并不大的战斗。

李奇微巡察了死尸枕藉的砥平里战场，"算是幸运，总算没有被中国人整垮"。

砥平里，这个小小的山村从此载入了朝鲜战争的史册。围绕这个村庄发生的争夺战规模虽不大，却有极重大的战略意义。

中国军队虽只是小挫刀锋主动撤围，却在美军面前完全暴露了自己的主要弱点，从此，美国军方认准了志愿军火力极弱，攻坚能力太差，即使穿插突破也难以大纵深攻击。侵朝美军再也不像从前那样一遭迂回穿插即全线撤退，开始敢于固守据点了。美国政府于此役后坚定了在朝鲜打下去的决心，李奇微也以此战证明了他堪为彭德怀的对手，直上青云之路为他打开了。

砥平里战后，一代名将邓华在志司作了深刻检讨；他的挚友、喜欢大讲中国军队败仗史的名将韩先楚，则至死都认为应该先打砥平里。

砥平里的争执韩先楚讲了许多次，他一直认为志愿军弱点迟早会暴露，但先打砥平里可以扭转战局，使志愿军弱点可以暴露得晚一些。韩先楚一次又一次地重复着砥平里的教训，丝毫不顾及好友邓华的面子，哪怕是邓华落难以后。

正是因为有了这些虚怀若谷、直面失败、不断总结教训的优秀将领，五星红旗才能招展在中国的古老土地上；正是因为有了这些在军事学术上精益求精，决不因任何私人因素影响哪怕一丝一毫工作的超凡名将，共和国的军队才能在那样的环境下打败十六国联军，才有了今天的铁马金戈的钢铁长城。

历史可以逝去，开国将帅的风范永存。

砥平里的失利打破了彭德怀稳定战局的希望，东线反击未能达到破坏敌军战役布防的目的，西线的阻击也就失去了意义。1951 年 2 月 16 日，三十八军全部撤过汉江，残酷的第四次战役第一阶段结束了。

2 月 17 日，中朝联司决定，全线转入防御。

二十

几次战役均已证明中国军队在美军强大的火力下，固守临时挖掘的野战阵地将遭重大杀伤，确定以后改为运动防御，不再死守一地。但国际局势和朝鲜狭小的战场也不允许中国军队像国内作战一样大步进退。彭德怀无奈下了一个"撤退指标数"，规定每军每天只能在指标数内撤退，大致是每天一公里至两公里。志愿军的将帅准备通过防御作战争取两个月时间集结兵力，改善运输，囤集作战物资，先诱敌深入，待增援部队上来后再将敌军击于汉江之前。

李奇微则得势不让，全线越过汉江继续北进，可惜美军战斗力太差，空有那么优势的火力，一天也只能推进一公里左右。李奇微尝试了一次中国军队的穿插迂回战术，被三十八军打得惨败后，再也不敢像中国军队那样大胆突贯，只敢全线齐头并进，缓缓北推。

2 月 20 日，李奇微又发起"屠夫作战"，继续北进。踌躇满志的李奇微刚下完命令，扫兴的消息就到了——"太上皇"麦克阿瑟又要到朝鲜前线视察了。李奇微知道，这个刚刚丢尽了脸面的"联合国军"司令是来抢夺自己头上的荣誉桂冠的。

麦克阿瑟目前难堪极了。中国军队打到三八线时，为推卸责任，他已经叫嚷得全世界都知道由于杜鲁门捆住了他的手脚，所以朝鲜战局必败。没想到现在李奇微居然打退了中国人，世人会怎么看待他呢？惊慌失措，言过其实……

难道一世的英名竟成了全世界那些俗人的笑柄了吗？

为了捞回脸面，麦克阿瑟在东京向新闻界吹起了只有他才敢吹的牛，他说美军以前的后撤是"一种巧妙的战略行动""拉长了中国人的后勤线"。

似乎他不是被彭德怀打退的，而是为了取得新的战略性胜利才故布疑阵。

然后，他一下子就把李奇微的一切努力成果归功于自己这项子虚乌有的、为拉长中国人补给线而故意撤退的巧妙的战略行动。他说："现在的局势证明了我的战略的有效性！"

为了让世人看到他所称的巧妙战略行动的成果，麦克阿瑟再次提出一系列报复中国的措施。他要轰炸中国本土，要鼓励蒋介石进攻大陆东南沿海，要封锁中国的一切海上交通。最耸人听闻的是，麦克阿瑟向世界宣称，他要用核废料在中朝边境设置一条放射性废料区，把朝鲜和满洲隔开，用什么核废料他都想好了，钴！

麦克阿瑟已经发疯了。这个七十多岁的老头是给自己的虚荣心逼疯的。

美国华盛顿的高官们怒不可遏地看着这个小丑的表演，艾奇逊挖苦道："很难设想还有任何人能做出比这更可恶和更愚蠢的声明了……最明显和最傻气的企图，想硬说我们通过在朝鲜半岛上的一路撤退，真的骗过了中国人，真是荒唐透顶。"

接着，麦克阿瑟又把戏演到了朝鲜。满腔愤怒而又无可奈何的李奇微心酸地看到，这个老不死的家伙当着他的面一把抢走了他头上的荣誉！

十多年后，李奇微愤恨之情、鄙视之心依然溢于言表："在第十军的战术指挥部里，我靠着后面的一张桌子，麦克阿瑟面对十来名来访的战地记者，镇定自若地说：'我刚命令恢复进攻。'尽管没有特意强调人称代词，但言外之意显而易见：他刚从东京飞抵这里，审时度势，并就这个问题与下属进行了商讨，然后命令第八集团军发动进攻。"

麦克阿瑟就是这样当着记者和李奇微的面，将进攻的功劳归于己有的。而事实上，第八集团军所有的军官都知道，进攻与麦克阿瑟根本无关。集团

304

军败退到三七线的时候，麦克阿瑟只顾向记者发声明宣称失败与自己无关，何尝关心过部队的死活？现在倒好，要反攻了，功劳就全成他的了，连以前的败退也成了他的功劳了！

第八集团军的官兵们用不可思议的谩骂诅咒这位亲手将他们送进战争地狱的"联合国军"司令官。

麦克阿瑟表演一番又飞回了东京，机场上，强作欢颜前来送行的李奇微望着远去的飞机在心里祈祷："让这个老不要脸的自恋狂掉下来吧！"

因为虚荣心和表演欲得到满足，再次欢愉起来的麦克阿瑟愉快地接见了一批从美国国内赶到东京的贵妇。他满以为这些妇人是因为倾慕他的英姿和史诗般的经历而来，没想到这些贵妇却当面指责他不该让自己亲爱的丈夫、兄弟、子女陷入战争。美国国内的反战情绪已经上升到很高的程度了！

当一位女士指责麦克阿瑟"要为无辜青年的死负责"时，那些只见过男人温文尔雅一面的贵妇们终于见到了男人丑恶的一面。

麦克阿瑟跳起来了，他毫无绅士风度地大骂："尊贵的太太们，你们放心，我会照顾你们的亲属的，明天我就亲自上前线，我会关照你们的亲人的，也就是说，我会命令他们的长官，把你们的儿子或丈夫，统统派到第一线上去！让他们去冲锋！去踩地雷！明白吗？"

被吓得花容失色的贵妇们何曾见过这等场面，她们连滚带爬地逃离了麦克阿瑟的会客室，号啕声响彻了美国远东司令部。

一向极其注意公众形象，喜欢卖弄绅士风度、骑士精神的麦克阿瑟已经要失控了……

不可一世的麦克阿瑟并不知道，他已经成了华盛顿最讨厌的麻烦制造者，他的"英名"已经等同于"小丑"这个词了。而随着李奇微的胜利，在白宫和五角大楼看来，他的价值已经越来越低了，现在他们只关注李奇微这个新宠儿的攻击作战。

二十一

美国军史学家不知所云地写道："'屠夫行动'作战缓慢。由于敌军在联合国军进攻前早已撤退，因而在行动中很少遇到敌军……"

没有敌军阻击却进展缓慢？美国人实在是被中国人打怕了！

2月24日，美九军军长穆尔少将登上直升机飞到汉江上空，观看他的部队渡江。

"真是壮观哪！"穆尔兴高采烈。

一阵狂风吹来，直升机左摇右晃，穆尔东倒西歪……

因直升机失事，穆尔军长成为继沃克之后又一名殒命朝鲜的美国高级将领。

接着，南朝鲜名将、深得美国人青睐的南朝鲜一军军长金白一少将也在视察前线时从三千米高空坠下，落了个灰飞烟灭的下场。事后，南朝鲜军方想收殓一点金白一的尸骨为他料理后事，可惜拿着放大镜百般搜寻，都找不到金白一曾活在这个世界上的任何一点实物证明。

在李奇微"霹雳作战"进行时，又一支中国部队已悄悄进入朝鲜向前线集结。这是杨得志的十九兵团。周恩来说要三杨（阳）开泰，他要让杨得志、杨成武、杨勇三位闻名遐迩的杨姓虎将到朝鲜去接受现代化战争的洗礼。

可惜手头兵力捉襟见肘的彭德怀只能在地图上看着正在道路上奔波的十九兵团吞口水。由于原始的运输手段，杨得志至少还要两个月才能到达前线。

美军进攻正烈，中国军队的统帅彭德怀却在这紧要关头掉头回国。

急火攻心、烧得满口燎泡的彭德怀决定非回国一趟不可了。

一定要向主席说清楚朝鲜战场的真实情况，一定要为志愿军争来必需的增援，部队打得太苦了。

20日，在"霹雳行动"开始的隆隆炮声中，彭德怀恋恋不舍地告别前线，心急如焚地启程回国。

二十二

21日晨，在躲过美军数次空袭后，彭德怀的吉普车终于驶进了中国的边城安东。他沿途除吃了几口炒面外一顿饭都没吃。

尽管身为统帅，对安东的情况早有耳闻，彭德怀还是被眼前的情景惊呆了——鸭绿江边，粮食垛成山高，猪牛羊鸡成群结队，弹药箱看不到边，御寒衣被上万捆上万捆地一堆堆码在一起。彭德怀眼泪都快掉下来了，多少战士就在离这些物资一天车程内活活冻饿而死，或在端着打光了子弹的步枪冲向敌人时被枪弹扫倒……

带着满腔愤怒，彭德怀查看了东北军区一个后勤物资转运站。进了转运站大院，一阵恶臭熏得彭德怀几乎要呕吐，几十垛的猪肉全部烂掉了！

一个正在吃饭的战士一边发牢骚："又是他妈的这么肥的肉！"一边就把碗里的一大块肉扔进了泔水桶。彭德怀眼都红了，一下冲上去狠狠揪住这个战士的领口："你这个败类，前线的将士一个月都吃不到一块肉，你竟敢把肉扔进泔水桶！"

这是彭德怀十数年来第二次对一个普通战士大发雷霆。上次是在太行山最艰苦的1941年，他的马夫在饥荒中摘了老百姓的两颗柿子，随后在与班长的争执中折了两棵树枝，盛怒的彭德怀甩手打了马夫两个耳光。百姓就靠那些柿子树保命哪！

吃饭的战士们搞不清怎么回事，吓得扔下碗远远跑掉，那个扔掉肥肉的战士几乎恐惧得晕过去，如果不是彭德怀拎住他的领口，只怕已经瘫倒在地了。彭德怀拎着这个战士高叫："叫你们管事的浑蛋滚出来！"

负责干部跑过来了，看着浑身泥水、肮脏不堪的彭德怀轻蔑地说："你是谁？干什么的？竟敢在这里放肆！"

彭德怀松开那个战士："老子彭德怀！"

那个干部立刻浑身筛糠："彭总……"

彭德怀恶狠狠盯着这个干部骂道："前线饿肚子流血打仗，你们炖肉吃还嫌肥，良心喂了狗！"

彭德怀边骂边流眼泪。

那干部头都不敢抬，喃喃说道："实在没法子呀彭总，肉放在这儿送不出去，全烂了，不吃更浪费，昨天发了三十台车过江，刚过新义州全炸了，只有三辆跑过了封锁线，站里一部车都没有了……"

"唉！"彭德怀仰天长叹，一句话都说不出来了。他放弃了在这里吃顿饭的想法，饿着肚子又登上了去北京的飞机。

飞机在沈阳加油，前来迎接的军政首长们请他吃饭休息，彭德怀站在飞机边发呆，只说了一句："我不累，不要管我，我不吃也不睡。"

飞机加油后立刻起飞，闻讯赶来的高岗只看到远去的机影……

当日下午1时，彭德怀一下飞机就驱车直奔中南海，毛泽东的秘书田家英告知主席在西郊玉泉山静明园，赶到时，毛泽东正睡午觉，秘书和警卫拦住彭德怀不许进。毛泽东身患严重的失眠症，入睡艰难，睡着后谁都不敢打扰。

彭德怀急了，眼一瞪，一伸手把工作人员全挥到一边去了，"你们他妈的又不是太监！我有急事向主席汇报"！言毕不由分说，推门而入。

毛泽东已被外面的吵嚷闹醒，不由一阵恼火，可转头看见彭德怀的样子立刻就心软了。

彭德怀胡子拉碴儿，面色青黄，眼窝深陷，眼泡浮肿，嘴唇上全是燎泡，身上那件破棉衣四处开花沾满泥水，活像个刚从战壕里爬出来的班长。

毛泽东叹口气："也只有你彭德怀才在人家睡觉的时候跑进来提意见。"

听说彭德怀从指挥所到北京一路没吃一顿饭，毛泽东挥手：

"去吃饭，你不吃，我不听意见。"

彭德怀一面咀嚼着最后一口饭，一面开始向毛泽东反映战场上的严酷事实，仔细阐明了不能速胜的观点。

毛泽东听到战场上的情景动容了："身在后方总不能有前线的切身体会呀。"接着，他说出了彭德怀最想听的话："能速胜则速胜，不能速胜则缓胜，不要急于求成。"

彭德怀一闻此语不禁长出一口粗气。只要毛泽东转变观念，许多事情就好办了。但是，还有一件更为难的事得向毛泽东开口。

彭德怀语调沉重："主席，岸英牺牲了，怪我没有保护好他。"

毛泽东将香烟吸得"嗞嗞"响，长时间沉默后才叹息一句："打仗总是要死人的。"

二十三

辞别毛泽东，彭德怀找到住处，朱德闻讯前来探望，这两位在中国军队中人称"慈总严副"的元帅有着极深厚的战友情谊。

看到彭德怀满身征尘，温厚的朱德说："洗个澡吧，苦了你了。"

"洗什么洗呢，连换洗衣服都没有。"彭德怀直愣愣地回答。

朱德坐了片刻起身离去，这位十大元帅中年事最高的一位，每天晚上9点前都要按时休息，否则这一晚上就再也睡不着了。

当晚两点，彭德怀在处理了一些杂务后终于进了浴池，起身时，彭德怀伸手去拿自己那件积满汗污的内衣。缭绕的水雾中，一只手伸了过来，他拿过的是一件虽然破旧却洗得干干净净的衣服。朱德站在池子边问道："是我的，合身吗？"

彭德怀点点头："蛮好的。"

第二天，彭德怀就开始找各方领导商讨支援前线的问题，回到住处又吃了一惊，心细如发的聂荣臻元帅将他的夫人浦安修从西安接来了……

第三天，彭德怀直接找到苏联驻华军事总顾问沙哈罗夫大将，希望苏联能向志愿军提供空中支援并大规模掩护志愿军后勤补给线。

沙哈罗夫如何敢做主，重弹了一遍斯大林"苏联不宜介入朝鲜战争"的老调，彭德怀愤怒至极，大吵一顿后扫兴而去。

第四天，25日，周恩来主持召开了军委扩大会，与会的军委各总部、各军兵种和国务院有关部门的领导，共同讨论如何有效支援志愿军的事宜。在彭德怀介绍了朝鲜前线的战况后，一些领导开始强调自己部门的困难。

"后勤保障要钱，先来钱吧……"

"国内的机构才刚刚建立，困难重重……"

彭德怀拍案而起："这也困难，那也难办，你们整天干的是什么？我看就是你们知道爱国！难道几十万志愿军战士是猪？他们不知道爱国吗？你们到朝鲜前线看看，战士住的什么、吃的什么、穿的什么！这些可爱的战士在敌人飞机坦克大炮的轮番轰炸下，就趴在雪地里忍饥挨冻，抗击敌人的猛烈进攻。美国兵在雪地上铺条毯子趴在上面开枪，我们的战士赤脚在零下四十摄氏度追击敌人，脚都冻黑了，用手一扒拉，肉就掉下来露出骨头，他们不是为了保卫国家吗？"

全场肃然。只能听到彭德怀语带哽咽的怒吼："整个朝鲜由于战争的破坏，物资粮食根本无法就地解决，现在第一线的部队缺粮缺菜缺衣的现象相当普遍，其艰苦程度甚至超过红军长征时期……难道国内就不能采取紧急措施了吗？"

全场鸦雀无声。这些人全都经历过长征，现在前线竟比长征时还苦，他们被深深震撼了。

片刻后，周恩来轻咳一声打破沉寂。周恩来明白，彭德怀这番话是骂给他这个主持国内工作的总理听的。他语调严肃平静："志愿军在彭老总领导下，在那样困难的条件下，取得许多胜利，值得我们后方的每个人学习。我们后方的工作做得不够好，要继续克服改进，有些具体困难前方同志不了解，这是我们通气不够、说明不够。"

然后，周恩来从国家全局的困难讲了三总部所遇的困难、所做的努力。当彭德怀听到国家已将财政收入的百分之六十以上都用到了抗美援朝上时，彭德怀动容了。

除了讲述客观情况外，周恩来没有一丝一语责怪彭德怀大发脾气，要知道，周恩来是中国共产党建党党员之一，论职务，论资格，彭德怀只是他的小辈。

在讲完客观情况后，周恩来将彭德怀的要求逐项专人落实，然后问彭德怀："彭老总，这样安排满意了吗？"

心怀愧疚的彭德怀连声答道："我代表志愿军将士感谢大家！"

散会后，周恩来的军事秘书雷英夫回到总理办公室专门嘱咐工作人员："今天彭老总发了火，我们不要再惹总理生气，大家注意了。"

周恩来回到办公室却一切如常，工作人员悄悄问雷英夫："是不是情报不准哪？"雷英夫长叹："总理大度，宰相肚里能撑船！"

彭德怀大闹北京城，毛泽东知道后只淡淡说了一句："大将冲冠怒，惊醒梦里人，不是坏事！"

3月1日，彭德怀重返前线，他的这次回国促使中央迅速做出了一系列增援朝鲜前线的决定——补充西线部队的五万新兵、七千老兵立即前往朝鲜；补充东线的十九兵团的四万多兵员随身携带三个师的苏式武器拔营起程；杨得志的十九兵团迅速赶往前线；陈赓、王近山的三兵团立即出川赶往东北；空军到朝鲜修机场；炮兵立刻出动一个高炮师、一个战防师、三个火箭炮团和两个榴弹炮团；五千五百辆即将到达中国的苏制汽车分给志愿军四千辆；东北准备十万张病床收治伤员……

车过大榆洞，彭德怀看到大批部队和炮车将公路挤得水泄不通时，喃喃说了一句："杨得志来得好快！"

我军大批增援部队入朝，图为十五军军直在河北省邢台召开抗美援朝出国作战誓师大会

想起宽厚的周恩来，彭德怀骂了自己一句："你这个臭骡子脾气，唉！"

9日，彭德怀安抵志司，立即布置撤守汉城。他要保存实力，大踏步后退，缩短补给线，等待援军上来，待李奇微北进深入后狠狠砸他一棒子，一举拿下全朝鲜。

继"屠夫行动""霹雳行动"后，李奇微又发动了"撕裂者行动"等一系列攻势向北推进，只是进展依旧缓慢。当面的中国军队很明显是在边战边退。3月15日夜，一支南朝鲜巡逻队发现汉城已经没有中国军队了，南朝鲜第一师进入了已成一片废墟的"首都"。战争爆发九个月，汉城已是第四次易手，中国军队占领南朝鲜"首都"的时间为七十天。

汉城弃守，金日成想不通。彭德怀闻讯叹气："我也想不通，我要有飞机大炮，有粮食弹药，我会放弃汉城吗？谁叫他当初盲目乐观的。"

决战朝鲜

[白金珍藏插图版]

下

李　峰 著

中国出版集团　现代出版社

第五章

战局转旋 （二）

二十四

战线在慢慢向三八线逼近，中国军队的士兵们依旧在顽强战斗。

在四十二军，吴瑞林决定换下已断粮两天仍据守中元山的三七八团，接下来的事让吴瑞林震惊不已，这个团的干部战士全部奄奄一息地饿倒在阵地上，已经没力气下山了！吴瑞林流着眼泪把军部所有的炒面收集起来，让军作战科长侯显堂、组织部长李乐之、保卫部长曹共和率部火速送上去。吃了这点炒面后，三七八团才有劲下山，但包括吴瑞林在内的军部所有人员却为此连饿三天……

志愿军坚守阵地

三十九军军长吴信泉在指挥所把地图看来看去，发现华川有个因筑坝发电而形成的一个很大的湖。吴信泉鹰一样的眼睛死死盯住这个人工湖，良久，他召来了侦察科长蔡愚："你立刻带上联络员到华川水库去侦察，去把大坝闸门和蓄水量的情况摸清楚，然后给我立刻关死大坝的所有水闸，提高水库

314

水位！"

吴信泉要来个朝鲜版的水淹七军。

4月8日，一一五师作战科副科长沈穆来到华川大坝上，眼前的情景让他高兴不已。经过十多天蓄水，水库已经装得满满当当的，湖水都快漫到大坝顶部了。沈穆知道这湖平静的清水中蕴藏着多么可怕的能量，如果突然炸开大坝，这万顷波涛一泻而下，会给美国人造成多大的损失……沈穆恋恋不舍地放弃了这个想法，为了朝鲜人民的利益，中国军队决定只开闸放水算了，不过，即便这样也够美国人受的了。

4月9日凌晨4时，巨大的"咯吱"声在华川大坝上响起。中国军队将十个闸门一起提起，积蓄已久的华川湖水怒吼着轰鸣而下，奔流的河水瀑布一般汹涌澎湃，直扑正在渡河的美国海军陆战一师。当夜，吴信泉在军指监听机旁乐得合不拢嘴，报话机里美军大喊大叫一片慌乱，这儿被冲垮了一个炮兵阵地，那儿被冲跑了人员帐篷……

吴信泉哈哈大笑："这叫水淹美国海军陆战队！"

连李奇微都对中国军队的古老战术印象深刻："4月9日，我左翼和右翼部队抵达进攻出发地。突然，敌人打开了华川水库基部的好几个水闸……江面一小时内便上涨可达几英尺，冲垮了我们一座由工兵架设的浮桥，并迫使我们把另一座浮桥拖回岸边，以免冲垮。进攻暂时停止。我们立即派出一支特遣部队去夺取大坝、关闭闸门。但是由于能见度很差，地形崎岖，敌人顽抗，以及登陆工具不足，这次尝试没有成功……直到4月16日，范弗里特接任第八集团军司令官后，华川大坝才落入我们手中。"

中国军队的古老战术将最现代化的美国军队抵住了整整七天……

一个消息让彭德怀大为振奋。四十二军一个叫关崇贵的战士被敌机炸得受不了，举起机枪，十四发子弹就打掉了一架超低空扫射的P-51战斗机，美国飞行员跳伞时落到被自己炸断的树桩上给戳死了。作战处长为难地问彭德怀："怎么办呢？按规定这个战士要受军纪制裁。"

原来，志愿军有一条铁的纪律，不准用轻武器对空射击打飞机。这条纪律是血的教训，轻武器射击很难打下敌机，反而会招来美国空军大规模的报复。

彭德怀已经感到老是挨炸不是个办法，关崇贵的做法证明轻武器可以打飞机，那为什么不还手？

315

他皱皱眉头："规矩是死的，人是活的，这个战士立了大功，以后部队可以打飞机，只是要注意战术！"

正惶惶不安、准备蹲禁闭的关崇贵一下成了"一级战斗英雄"！

这下他的劲头更足了，在接下来的阻击战中，他带一个班掩护大部队撤退，打到最后就剩了他一个人，而大部队已经走远了。

孤独无依的关崇贵一个人在阵地上用捡来的敌军枪支作战两天两夜，上百名英军倒在了他的枪口下，美国数百架次轰炸机为这一个中国战士炸了三天三夜。军长吴瑞林听到敌军后方枪炮声不断，实在放心不下，派两个营又打回去看看到底怎么回事。

围着已经饿得站不起来的关崇贵，看着他身边堆着捡来的三十多支敌军枪支，两个营、几百个身经百战的中国英雄们也感到极大的震撼，这是真正的钢铁斗士！这是无畏勇士的楷模！

彭德怀闻讯激动了："真正的英雄啊，提拔三级使用！"

一级战斗英雄、副连长关崇贵胸前又添上了一枚朝鲜政府颁发的"一级战士荣誉勋章"。

彭德怀可以打飞机的金口一开，前线战士立刻掀起了打飞机的热潮。

其实，在前三次战役中，中国的步兵们已经用枪弹打下了十七架敌机，可是考虑到志愿军的那条纪律，打下飞机的战士算是将战功折了犯纪律的过失，不赏不罚。

现在打飞机可以立功，中国步兵们立刻展开了学技术与打飞机竞赛，竟搞起了群众性的"打飞机运动"，看到敌机就搂火。顿时，这些神枪手们就创造了一连串奇迹——重机枪手杨德贵十发子弹打下了一架中型轰炸机！

不过，耗弹最少的是高射机枪手屈秀善，他只来得及射出了三发子弹，就目瞪口呆地看着那架敌机一头栽在地面上炸成粉末。飞行员连伞都没跳，肯定是给那三发子弹打死了！这也许是一项世界纪录……

最会打飞机的野战军是刚开始入朝的三兵团十五军，这个将要名满世界的铁军的一三三团两天就打下了五架敌机，四天之内全军击落敌机十一架。到班师回国时，这个军的步兵们竟击落击伤八百八十二架敌机！

中国特色的步兵打飞机运动很快就迫使美国空军不得不拔高飞行高度，美国空军对中国地面部队的轰炸精度立即开始下降了。

高射机枪手屈秀善（左），4 月 25 日以 3 发子弹击落敌机 1 架，

4 月 30 日又击落敌机 2 架，荣立二等功

中国军队击落敌机数则开始逐日上升，整个四次战役共击落击伤四百八十五架敌机，平均每日打掉五架至六架敌机……随着李奇微的北进，战局又在开始向中国军队有利的方向转变。

就在这时，一个消息震动了世界……

二十五

1951 年 4 月 11 日，李奇微陪同陆军部长佩斯视察前线，二人正在说笑时，一个记者突然莫名其妙地询问李奇微："将军，是否接受我的祝贺？"

李奇微不知所云，那记者笑笑不再作声。

当晚雷电交加风雨大作，佩斯忽然接到一封电报，天空中又响起一阵炸雷，佩斯连吃两惊，赶紧叫来李奇微："马修，总统撤了麦克阿瑟的职，你已经是盟军总司令、"联合国军"总司令和远东美军总司令了！"

李奇微也大吃一惊："天哪，总统为什么要这样干？"

杜鲁门当然得这样干，再不撤掉麦克阿瑟，这个浑蛋就要跳到他头上拉屎撒尿了！

杜鲁门以后回忆："我从来没有忘记：美国的主要敌人是苏联，只要这个敌人还没有卷入战场而在幕后操纵，我们就决不会浪费自己的力量。"

美国的国策已经确定："美国决不可陷入亚洲的一场持久战，消耗掉原应部署在欧洲的军事力量。而这很可能正是克里姆林宫希望的。"

美国的军政首脑们忧心忡忡。朝鲜战场上打得热火朝天，唯一能与美国抗衡的苏联却按兵不动，无意卷入这场战争。美国飞行员数次有意无意地轰炸了苏联的机场，斯大林竟连气都不吭一声，这更使美国戒惧万分。英法等盟国也看出了其中的奥秘，苏联是在利用中朝和美国拼消耗，自己正好养精蓄锐休养生息呢。所以他们更加反对同中国扩大战争，主张同中国谈判。

鉴于大战略的需要，杜鲁门不想在朝鲜战场倾其所有。李奇微重返三八线，杜鲁门觉得美国已经有面子谈和了。他已经数次躲躲藏藏地表达和中国谈判的意愿了，甚至拟好了一篇既明确表示希望中朝停战谈判，但又充满似是而非外交辞令的声明。他期待这篇声明谈和的意愿能够被中国悟出，同时还希望在国际舆论上捞得几分。可就在这时，一心要把战争打到底的麦克阿瑟造反了。

麦克阿瑟先发了个声明，他在声明中称赤色中国这个新的敌人缺乏进行现代化战争的一切必要手段，中国军队数量上的巨大优势抵消不了自己陈旧的战争机器的巨大缺陷。然后，他赤裸裸地威胁道："如果联合国改变它力图把战争局限在朝鲜境内的容忍决定，而把我们的军事行动扩展到赤色中国的沿海地区和内部基地，那么，赤色中国就注定有立即发生军事崩溃的危险……"

麦克阿瑟的声明等于是向中国下了最后通牒——美国及其盟国将全力打垮中国！

如果按照麦克阿瑟的想法干，这必定会爆发成世界大战。全世界对这篇声明骂声如潮，连美国的西方盟国都称之为向共产党宣战的"战书"。

杜鲁门气得浑身发抖。参联会报告总统："这位'联合国军'司令官简直再也找不到比这更有效的办法来使总统勃然大怒了。"

艾奇逊臭骂麦克阿瑟："这是个肮脏的农夫。"

麦克阿瑟的声明彻底破坏了杜鲁门准备从朝鲜抽身的计划，愤怒的杜鲁门告诉手下："我从未低估我和麦克阿瑟之间的困难……我曾指望他能尊重总统的权力，我认识到，除了解除这位国家的最高战场指挥官外没有别的选择了。"

事情到此或许还有最后一丝转机，但4月5日，麦克阿瑟终于投出了炸死自己的手榴弹。美国众议员马丁在国会宣读了麦克阿瑟支持利用国民党军队入朝作战的来信。麦克阿瑟的军旅生涯到此为止了。

杜鲁门在当天的日记中写道："麦克阿瑟又通过马丁扔出一颗政治炸弹，这看来像是最后的致命一击，卑鄙下流地抗命不从……"

在最后的时刻，杜鲁门终于狠狠侮辱了一下麦克阿瑟，长出了一口积郁已久的恶气——他居然通过召开记者会的方式宣布解除麦克阿瑟的职务，而麦克阿瑟得知自己被解职的消息竟是因为妻子收听到了早间的广播新闻！

4月11日夜，李奇微赴东京上任，麦克阿瑟告诉李奇微："一位杰出的医学专家说过，杜鲁门脑子里有病！大概活不过六个月了！"麦克阿瑟不可思议地摇摇头："你知道那件事吗？"不知所云的李奇微当然只有摇头的份。

"杜鲁门的女儿开演唱会，乐评家保罗·休姆提出了尖锐的批评。杜鲁门为此匿名写信给保罗·休姆：'我刚才读了藏在次要版面上你所写的卑鄙下流的评论。看起来你好像是一个从来一无所成的倒霉老头，一个全身长了八个烂疮的人……我从来没见过你，如果见到了，你就需要一个新的鼻子和许多生牛排，或许下面还得有一个护裆三角带！'"

麦克阿瑟说到这儿时向不知所措的李奇微倾过身子，小声说："你瞧瞧，这就是美利坚合众国总统杜鲁门！"同一时刻，杜鲁门也在台灯下奋笔疾书当天的日记："他总是一个有争议的人物。他有过两个老婆，一个是他在四十二岁上娶的社会名流；另一个是他五十多岁时离婚后娶的田纳西姑娘。"

这两个美国政治军事顶级人物竟像泼妇一样互相攻击起对方的私生活！

4月16日，麦克阿瑟离开日本回国。他已离开美国十五年了。只是，起飞前他又一次失望了。他满以为他亲手搭救的大战犯日本天皇裕仁会来送行，可裕仁当时正在睡大觉，压根儿就没把保留了日本皇室和自己性命的麦克阿瑟当回事。

麦克阿瑟回到美国，受到了反华好战的美国国会的疯狂欢迎，麦卡锡、尼克松等右翼议员纷纷为他说话。麦克阿瑟辉煌了最后一把。他狠狠地报复了杜鲁门。他作为证人，将美国国会"变成了一所把杜鲁门政府的臭袜子、脏衬衣和带血污的内衣裤抖搂一地，让人展览的中国洗衣店"。但也仅此而已。从此，麦克阿瑟步入了凄凉的风烛残年，他很快被时代遗忘、被后世嘲笑。

1962年5月，世界名将麦克阿瑟最后一次出现在公众场合，他在戎马生涯的起点西点军校演说了一篇名作《老兵不死》，这是他最后一次出风头了。

两年后，他病逝于华盛顿陆军医院，终年八十四岁。杜鲁门的政治生涯也因为他终结麦克阿瑟军事生涯一事而大受挫折。第二年，鉴于参选必败，杜鲁门体面地宣布不再竞选连任总统，从此退出政坛。这两个人的争斗终于以两败俱伤而告终。

麦克阿瑟的最高军衔五星上将相当于其他国家的元帅。

美国元帅麦克阿瑟是被中国元帅彭德怀打垮的。

二十六

在志司的矿洞里，一盏昏暗的油灯下，彭德怀接受了二十多个中国记者的采访。

一位记者问道："不久前杜鲁门撤了麦克阿瑟的职，彭司令员对此怎么看？"

"首先是因为他打了败仗。仁川登陆后，杜鲁门怎么不撤他，还给他授勋？正是由于我们的胜利，促使美帝内部矛盾激化才狗咬狗。"

"美军能否登陆中国，战争会打多久？"

"能否登陆中国，还要看，不能肯定。我们胜利越大，敌人登陆的可能性越小……战争打多久，很难说，要立足长期，争取短期……我们没有大量飞机、坦克和炮，只能采取削萝卜的办法，一次搞掉他几万，不可能一网打尽……两年打不完打三年，两年能打完就不打三年。要稳，不冒险。如打得很疲劳，敌人来个登陆，还不是几个跟斗翻回来！咱不上当。当初汉城也是它不要才去占领的。"

"我们将来去不去釜山？"

"朝鲜是狭长的半岛，两边一夹，不能不回，我们没海军，空军也不行。

超过美国，十年八年不要做这个幻想。前途是光明的，就是现在还不大好。将来吃西餐，现在还得吃小米，不吃就饿死，还吃什么将来的西餐？”

“敌人会不会采取登陆作战？”

“有可能，但不怕！战略上没问题。在我们这一代把阶级打平好不好？美国要敢冒险，我们就有拿破仑的雄心。中国从来没有今天这么强大，内部空前团结……要中国亡国，绝不可能！……英法看到这点，怕战争扩大，陷在中国不行。苏联还摆在旁边。路透社、法新社叫得最厉害……英国看得出，进攻中国就是战略上的失败。我们要加强信心，撤出汉城。放弃三八线是为了争取主动……总之，朝鲜战争很艰苦，困难很多，但前途是光明的，胜利要靠争取，没有便宜可捡。”

记者的最后一个问题是：“第四次战役战果如何？”

“现在还没有统计上来……不过，我知道一点是准确的，四次战役歼敌数，比前三个战役加起来大得多……当然，这是我们付出代价换来的，付出了巨大的代价。”

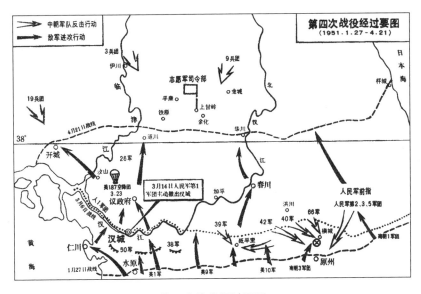

第四次战役经过要图

1951 年 4 月 21 日，在发现中国大批援军入朝后，李奇微终于停止了向北推进。中朝军队基本撤至三八线以北，惨烈的抗美援朝第四次战役宣告结束。

这次战役打了八十七天，李奇微只向北推进了一百余公里，他是以七万八千名士兵的尸体或残废为代价铺出这一百公里的，平均每天他要断送九百个士兵的性命或手脚才能前进一点三公里。他甚至没有能围歼掉中国军队哪怕一个排。连他自己都承认："主要目的在于俘虏和消灭敌军有生力量，缴获摧毁其武器装备。从这种意义上说，这次作战没有获得完全成功。"

中国军队在此次战役中损失惨重，而且损失的全是部队骨干。总计伤亡五万三千余人，敌我伤亡比为一比零点六七。从抗美援朝第一役一直不间断打到现在的三十八、三十九、四十、四十二等四个军退至朝鲜北部后方休整，五十军、六十六军奉命回国休整。

是时，中国军队最高统帅机构——中央军委针对朝鲜战场狭窄摆不开部队，敌军兵员少、武器先进，志愿军武器落后、兵员多的客观情况，决定放弃国内战争时部队打一场大仗休整一次的传统做法，实施轮番作战、轮番休整的战术，使用一批部队打完一仗后退回国内，换另一批部队入朝上阵再打的新战法。这种现代版的车轮战可长期保持充足的兵力和旺盛的士气，不断地用新锐部队发起攻击，反过来又可使敌军无喘息之机。同时，各部队又可以拿现代化程度最高的美国军队当陪练，学会打现代化战争，提高中国军队的战斗力。

这个高明的战略行动是由周恩来一手策划实施的。后来据统计，整个战争中，中国共有二十五个野战军、七十九个步兵师、十六个炮兵师、十个坦克团、十个铁道兵师和十二个空军师轮番入朝参战，再加上一些支援部队，总计有二百多万中国官兵上过朝鲜战场。除此之外，还有几十万东北民工入朝出战勤，这场并未正式宣战的战争事实上是中国历史上规模最大的对外作战。

喘过气来的彭德怀要用刚入朝的新锐部队给李奇微狠狠一击，立足长期，争取短期。他也想争取短期，他希望就用第五次战役来了结在朝美军的性命。

二十七

杨得志的十九兵团、陈赓的三兵团是第二番入朝作战部队。彭德怀打算用这两个新锐兵团和东线休整完毕的宋时轮九兵团共九个军为主力发起第五次战役，西线一直坚持了四个战役的六个军将不再参加此次战役。

　　美军向北攻得越凶，彭德怀的司令部就向前线靠得越近。四次战役还在进行时，他的司令部已经设在离战线只有几十公里的金化上甘岭的一个金矿洞里了。

　　四次战役后期，美军虽然还在进攻，但彭德怀已经不那么忧心了。十九兵团、三兵团部队都快开上来了，现在，彭德怀已经可以从极端被动的局面中解脱出来喘口气了，他又可以策划如何攻击美国人了。

　　毛泽东此时虽已有了长期作战的准备，但还是希望短期解决。以他的个性，他是决不愿意双方僵持在三八线上的。他认为志愿军应尽力避免这种情况，而应在第二番入朝部队到达后，在 4 月 15 日至 6 月底以两个半月时间实施战役反击，在三八线南北地区成建制消灭敌军几万人，然后向汉江以南地区推进。

　　领袖和统帅的意见是一致的，反攻，打出去！

　　没想到，战将们的看法竟不一致，他们更想继续诱敌北进，把敌人放进来打。几十年后，洪学智在回忆录中详细记述了这次战术分歧。

　　洪学智在作战会议上最先发言："我主张把敌人放到金化、铁原地区再打，如果在铁原、金化南面打，我们出击，敌人一缩，达不到成建制消灭敌人的目的。把敌人放进一些来，我们可以拦腰一截，容易解决问题。同时，刚入朝的部队可以以逸待劳，多一些准备时间。"

　　彭德怀摇头："我们不能再退了，把敌人放到这一线来坏处很多。铁原是平原，是很大的开阔地，敌人坦克进来，对付起来很困难。另外，让敌人打进来，物开里那里还储存了很多物资、粮食，怎么办？不行，不能把敌人放进来打，还是得在金化、铁原以南打！"

　　彭德怀态度很坚决。

　　不料，不但洪学智反对，第一副司令邓华、参谋长解方、政治部主任杜平也一起发言，都认为洪学智的打法更好一些。韩先楚副司令员当时在前线，他的意见也和洪学智是一致的。

　　彭德怀反问："那么，物开里的物资怎么办？"

　　洪学智大大咧咧地拍了胸："好办，我保证两夜之内将它全部向北搬完。"

　　洪学智现在确实有底气说这个话了。苏制的汽车已大批拥入朝鲜，汽车兵们也初步摸索出了一套对付美机的办法，高射炮也开始增加了。

　　部将们都不同意自己的打法，彭德怀不高兴了："这个仗你们到底打不打？"

众将没想到彭德怀说出这样一句话，全场静了下来。

解方思考片刻："我又想了想，觉得老总的意见是有道理的，考虑比较周到。"

解方此话决非见风使舵，彭德怀有自己的道理。当时已经传来了美军要在中国军队后方搞一次大规模登陆的情报，一旦情报属实，几十万准备正面进攻的部队掉头都困难。彭德怀想赶在美军未登陆前抢先发起进攻，粉碎美军的登陆企图，决不允许美军在自己的侧后又开辟一个战场。

洪学智开口了："老总，打还是要打的，我们是做参谋的，参谋的责任是提建议，意见是供你下决心参考的，老总是战场统帅，最后的决心还是老总下。"

邓华也道："老总，你不是让我们提看法吗？我们就是这么看，采纳不采纳由老总定。老总定了的，我们坚决执行。"

彭德怀沉默不语，邓华、洪学智再次陈述了自己的理由。

听完之后，彭德怀起身出门起草电报，还是按照自己的打法办。

邓华等人吃完午饭后都走了，只有洪学智一人陪着彭德怀继续吃。

"老总啊，"洪学智见缝插针，"当参谋的，有三次建议权，我已经向你提了两次建议，现在，我再向你提最后一次建议，最后由你决定。"

洪学智再次陈述了把美国人放进来打的好处。

彭德怀听罢，放下筷子对着饭碗发怔，半晌才说道："你的意见也有道理，我就是考虑战场狭窄，把敌人的坦克放进来不好办哪！"

洪学智道："敌人坦克放进来固然不好办，我们打出去更不好办。我们往前进，敌人就要往后退。我们是靠两条腿，敌人是坐汽车跑。我们的人又疲劳，地形又不熟，追不上敌人的汽车！另外，打远了怎么供应啊，供应线也接不上啊！"

彭德怀再不作声了，洪学智也没有再说。

这是彭德怀数十年戎马生涯中为数不多的失算之一，几年后，他说："洪学智的意见是对的。"

四次战役还在继续，五次战役的准备工作已在紧锣密鼓地进行。此时，中国国内派出了由廖承志率领的中国人民赴朝慰问团。大批国内知名人士、劳模、演员将祖国人民的慰问转达给在朝鲜浴血奋战的将士们，中国官兵的战斗意志受到极大的鼓舞。

中国人民第三届赴朝慰问团的同志们和我军部分指战员前线合影

团长廖承志将母亲何香凝——旧中国两位最杰出女性之一——专为彭德怀所绘的一幅画作交给了彭德怀。彭德怀打开画轴，一幅吊睛白额大虎正往山下猛扑。

"太夫人之作实乃无价之宝也！"

彭德怀感动不已。或许这幅画和祖国人民的期待更坚定了他要猛虎般扑向敌人的意志……

二十八

4月6日，志司的矿洞内猛将如云、谋臣似雨。南面敌军攻过来的炮声已经清晰可闻，志愿军的五次战役布置会却热火朝天，预定作战主力三兵团、九兵团、十九兵团的主官们个个斗志高昂。

九兵团司令宋时轮求战心切："我兵团入朝只打了第一次战役，狗日的陆战一师本来是手到擒来的瓮中之鳖，没想到老天爷不长眼，零下四十摄氏度冻得我们连伸手的劲都没有了，让陆战一师白捡了一条狗命。我们一直在东线休整，志司几次要调我们回国，战士们不依，都不服这口气。天气冷了没办法，天气暖和了，非替牺牲的战友们报仇不可！"

宋时轮说的是实话。九兵团入朝作战虽然把美国最凶悍的陆战一师和步七师打垮了，可是官兵们都觉得仗打得窝囊。要不是天寒地冻，肚内无食身上无衣，东线的美军一个都跑不了！

十九兵团司令杨得志也是斗志旺盛，虽然他一入朝就吓得不轻。他的兵团司令部所乘列车躲在一个向下倾斜的山洞里防空时，制动闸失灵，列车在无人驾驶的情况下向山下滑了十分钟，滑到后来速度快得车厢要散架。十九兵团司令部的高级军官们惊恐地发现前面车站里的货车越来越近，十多万军队的首脑部眼看要完蛋，幸亏一个只有十二三岁的朝鲜小男孩儿机灵地扳开道岔。就这么个小不点救了中国军队整整一个兵团司令部的全部人马！

三兵团司令陈赓足疾复发在国内养病，暂由副司令王近山带队。王近山，二野赫赫有名的人物，刘邓的爱将，绰号"王疯子"，打起仗来疯得不要命（他逝世后，邓小平为他手书"一代战将"四个字以为悼念，这可能是邓小平唯一一次为一名中将这样做）。毛泽东在抗战时就知道了"王疯子"的大名，侵华日酋冈村宁次对其更是恨之入骨。当时，带了一支小部队回延安的王近山在归途中四处找仗打，结果竟一下消灭了冈村宁次的华北日军"剿匪"观察团。这个观察团全是中队长以上的日军将佐，一共有一百八十多人。王近山扑上去把这批日本中高级军官消灭了个一干二净，光大佐（相当西方准将）就杀了六个，还将一个少将旅团长劈成了两半！

以后在解放战争时期，王近山更是显尽了英雄本色。他的指挥风格极其勇猛，是一员不折不扣的骁将，毛泽东多次表扬："王近山敢打没有命令的胜仗。"邓小平则称王近山的"疯"是革命英雄主义！王近山浑身战伤，身上都给打零碎了，左臂伤疤大得量不出脉搏，右大腿受伤骨折后短了一截，与司令员陈赓号称"三兵团二瘸"，一个左腿短一个右腿短，二人走在一起常引起哄堂大笑。此外肋前子弹穿胸透背，一前一后两个疤，头顶还有大疤三处，顶门心软乎乎的，一按就陷下去。就这样听到枪响还往上跑。

深受中国两大伟人青睐的"王疯子"说起话来也"疯得很"：

"他们有多少兵？加上李承晚的伪军，还抵不上咱们的一个军区，不够咱一个淮海战役打的！我看把美国鬼子赶下海不成问题，朝鲜有多大个地方！在三八线上尿泡尿就能滋到釜山去！"

彭德怀闻语哈哈大笑，战斗作风凶猛的彭德怀自然喜欢王近山这种悍将：

"是啊！"

彭德怀的情绪被热烈求战的将军们感染了："敌人说自己是'联合国军'，

我看我们才是'联合国军'！二野的、三野的、四野的，一野的很快也要上来，咱们一个省比欧洲的那些个国家加在一起都还要大嘛……"

这次党委扩大会开得热烈至极，会议从上到下充满了乐观情绪和轻敌思想。应该说，中国将领们的乐观是有道理的，大批后续部队正源源入朝，前一阶段青黄不接的情况再也不会发生了，很快入朝部队将达到九十五万人，加上人民军部队可达一百三十万人，这可是名副其实的百万大军。这么多部队往前一拱，美国人在朝鲜还站得住脚吗？

而且，新入朝的部队还包括新组建的大批特种兵，四个地面炮兵师，三个高炮师已经进来了。第三、第十九兵团入朝时都经过补充，每师都超过了一万人。从苏联购买的第一批三十七个师的装备已开始到达，各师都成立了炮兵团、高炮营，各团增设了无后坐力炮连、高射机枪连和美国人非常害怕的一二〇迫击炮连。志愿军的各种火炮已增至六千余门，其中大中口径火炮一千余门，火力大大增强了，中国军队的装备从未这么好过。

刚入朝的两个兵团根本就看不起美国人。十三兵团几个老部队向他们介绍经验时，都说美国人的防御是鸡蛋壳，表皮硬一点，戳破之后就是空的，这不最有利于发挥中国军队传统的穿插迂回战术吗？部队里开始盛行一瓶牙膏主义——只需要用完从国内带来的牙膏就可以胜利班师回国了……

一些小调在部队流传：从北到南，一推就完……

中国军队的盲目乐观中正孕育着巨大的危险。

中国军队力量虽大大增强，美国人却也没闲着。中国军队前一阶段所使用的战术基本被其摸透，美国人搞出了磁性战术等有效战法予以应对；中国军队入朝数量大增，特别是火炮等重装备突增数倍，随之而来的油料、弹药物资消耗也在猛增，可是洪学智手里的汽车才增加到一千四百辆。美国远东空军就已从一千架飞机增加到近三千架，袭击重点已转向中国军队后勤补给线……

兵团司令员们发表意见后，彭德怀提出了五次战役的作战计划："现在敌人在朝鲜前线兵力有十四个师、三个旅，二十四万人左右，另有伪军二、八、十一师等三万多人分布在春川、大丘、大田、马山等地。敌军在四五月份可能获得的后备兵力不下十二万。从各方面情报和各种迹象判断，敌军进占三八线以后还要继续北进，而且很可能从侧后登陆，配合正面进攻，对我造成极大威胁。"

"我们必须在 4 月 20 日左右，至迟 5 月上旬，举行战役反击，消灭敌人几个师，粉碎敌计划，夺回主动权。在打法上，由于敌人这次兵力比较靠拢，我军必须实行战役分割和战术分割相结合，从金化至加平线劈开一个缺口，将敌东西割裂，而后各个包围歼灭之。"

彭德怀想用王近山三兵团从正面突击，以宋时轮第九兵团、杨得志第十九兵团从左、右突击。王近山中央突破后往两边一分，协同两翼进攻的宋时轮、杨得志兵团包围歼灭伪一师、英二十九旅、美三师、土耳其旅和伪第六师共五个师，然后，再集中兵力会歼美二十四师、二十五师。这样，彭德怀要通过决定性的第五次战役把"联合国军"主力吃光，其中美军达三个师。毫无疑问，彭德怀的口张得太大了，他想吃的东西超过了他的消化能力。

布置完作战计划，彭德怀目光炯炯地看着洪学智："如果一两天没饭吃，再好的计划都完了。如果这次打胜了，全体指挥员的功劳算一半，后勤算一半！"

中国军队已经认识到，后勤是现代化战争的瓶颈，后勤部队的重要性和一线战斗部队的重要性是同等的。

二十九

开完会当天晚上，彭德怀的司令部开始向后方转移。美国人离得越来越近了，为防一起出事，志司总部分成好几批出发。

洪学智第二批走，刚走没多远，就碰上美国人的夜航机，司机左躲右躲一下躲进了山沟，幸亏人没事。

一部卡车把洪学智的吉普拉上来，洪学智正高兴，后面一辆吉普车黑灯瞎火地冲上来，一下子把他的警卫员撞成重伤，洪学智只好将警卫员送上那辆车后继续前行。没一会儿，公路对面过来的一部卡车因为看不清路闪了一下大灯。这下坏了，大批夜航机飞过来猛炸。卡车司机吓得关上灯拼命跑，洪学智眼看着一团黑影直冲过来，只来得及说了一声："前面车来了！"他刚缴获的美国新吉普就给撞成重伤，洪学智的腿也重重地敲在车帮上，这下弄得他跛了好多天。

一路折腾，总算到了空寺洞志司新驻地，天蒙蒙亮洪学智就瘸着一条腿去检查彭德怀的防空洞，中央指示他专门负责彭德怀的安全。洪学智刚看到防空洞就连连摇头："不行，这个洞又直又短，立刻加深，在入口用沙袋堵个三角形的隐蔽墙，得拐几弯才能进去。"

下半夜1时，第三批转移的邓华也到了。邓华不愿按安排跟彭德怀住，硬是搬了一张行军床跟洪学智等人挤到一间屋里。跟彭总住一起太拘束了，还是跟这些老兄弟睡一起自在些。

清晨5时，附近的防空哨枪声响起，洪学智、解方、杜平惊得一骨碌爬起来，再看邓华，还在打呼噜！

洪学智连吼几声，都喊不醒疲劳已极的邓华，情急之下把邓华连人带床都掀翻了。大伙一起急急忙忙往防空洞跑，刚到防空洞就看到一长溜儿屁股上冒烟的火箭弹飞过去，把彭德怀住的房子给炸平了，接着敌机又飞回来用机关炮对着几个人刚刚离开的房子和彭德怀的防空洞猛扫了一阵。

敌机走了后，几个人急急跑过去一看，哎哟，洪学智命令给彭德怀防空洞堆的沙袋隐蔽墙上被打了七十多个窟窿眼！没有这沙袋挡着，彭德怀非给打成马蜂窝不可！

再看他们自己的房子，邓华感到一股凉气直冲脑门儿，他睡觉的地方被打了好几个洞，连睡的行军床上也多了个窟窿！

"老哥，今天不是你，我早已上西天了！"

邓华还有心情给洪学智开玩笑，洪学智却后怕得一屁股坐到地上。志愿军的总司令和第一副司令差一点儿都报销了！

又过了一天，洪学智和韩先楚也遇险了。夜里，两个副司令正在一个小防空洞口点着蜡烛下象棋等电报，正在将得带劲儿时，一批敌机猛扑过来，糟啦，伙房里炉子的火星没灭完，给敌机发现了！

哥儿俩扔下象棋就往洞里跑，就听到外面五六枚炸弹响成一片，炸弹下落的刺耳啸叫激得二人浑身起满鸡皮疙瘩。韩先楚跑到洞口一看，就见一架敌机对着自己的方向俯冲下来，韩先楚一面往回跑一面叫："不行了，炸弹都对着洞口来了！"两个人挤在只有三四米深的防空洞尽头处大发牢骚。洪学智操着浓重的家乡口音骂那个厨房："老韩，这个厨房可是造孽了！"

韩先楚一口浓重的黄安（今红安）口音跟着骂："是啊是啊，害得我们两个跟着一起遭孽。"

志司的上空，敌机天天光临，中国军队的统帅们和百万大军中的任何一个战士一样，生命随时都有危险。

统帅们尚且受到敌军空中力量的如此威胁，千里后勤线上的物资损失可想而知。

汽车四团刚入朝经验不足，一次就给打毁了七十三台车，这些车可是刚通过西伯利亚万里铁道线运来的新车……

4月8日，志愿军后勤战史上最惨痛的一页翻开了——三登库区二百八十七万斤生熟粮食、三十三万斤豆油、四十多万套单衣衬衣、十九万双鞋和不计其数的其他物资被美军凝固汽油弹付之一炬。库区内豆油没膝，黑烟冲天，东线部队换季衣服全部被毁，只好穿冬天的棉衣打仗，热得受不了就掏出衣服中的棉花当夹衣穿……

面对后勤困局，彭德怀、洪学智和中国军队的老后勤李聚奎上将等人开始酝酿从根本上解决后勤问题，志愿军后务司令部开始准备成立。这是中国军队首次建立专门的战区后勤指挥机构，它是中国军队现代化建设史上的一件大事，标志着中国军队已经将后勤摆到了和作战同等重要的地位。

中国军队正在从体制上由国内战争比较原始的军队组织系统，向现代化军队结构过渡。

三十

1951年4月19日，中国军队的基层政工人员向跃跃欲试的战士们大声宣读了五次战役动员令：

"第五次战役就要开始了！歼灭敌人几个师的光荣任务，已经落在同志们的肩上！

"这次战役的意义十分重大，因为它是我军取得主动权与否的关键，是朝鲜战争时间缩短或拖长的关键。

"我们要力争战争时间缩短，因为它符合中朝人民的利益；我们要力争这个仗打胜，因为它有胜利的条件。

　　"我们向敌人出击了，为中朝人民立功的时机已到！

　　"我们的战斗口号是：全体动员起来，发扬艰苦奋斗、克服困难的精神，争取每战必胜！保持革命光荣传统！"

第五次战役前，指挥员们聚精会神地研究歼敌方案

　　……

　　中国军队企图毕其功于此役，尽快结束朝鲜战争，美军新任前线指挥官范弗里特中将可不这样想，他还想给中国军队好看呢。

　　李奇微赴东京接任麦克阿瑟职务后，第八集团军司令官由范弗里特接掌。范弗里特曾是个很倒霉的人，连他自己也承认这一点。

　　马歇尔五星上将是给美国带来"二战"胜利的人，当年，驰骋各大战场的美军将领几乎全是他提拔的。马歇尔总是随身携带着一个小本子，里面记着他认为有发展前途的军官，大概除了麦克阿瑟，美国军队没有一个军官不渴望爬上这个本子。可怜的范弗里特不在其列不说，他还被马歇尔当成了一个与其同名同姓、以酗酒闻名的军官。马歇尔将军以严谨公正、任贤选能、关怀部属闻名美军，范弗里特含着眼泪幽了一默："这比他总出差错更显得我倒霉！"

这样一来，范弗里特到"二战"快结束才是个团长。

幸亏诺曼底登陆战中这位团长发挥出色，又得布莱德雷等同班同学鼎力推荐，马歇尔才发现了自己的错误，可范弗里特的军职已经落下去一大截了。范弗里特想起这件事就伤心。几个同班同学中，只会玩橄榄球的艾森豪威尔都要当总统了，布莱德雷已经是五星上将、参联会主席了，可这俩家伙在西点的成绩远不及他！连低他两级的学弟柯林斯、李奇微、克拉克等都早已名满天下，成为战区司令一类的人物了，人比人气死人哟！

范弗里特是怀着老当益壮之心走上朝鲜的，他知道，这是此生最后一次建功立业的机会了，他暗暗发誓决不放过这次机会！他已觉察到中国军队即将发动进攻，他相信自己能打败"共军"。

4月21日，日本最有名的报纸《朝日新闻》在头版登出通栏大标题《范弗里特将军：欢迎共军进攻》。

第二天，4月22日晚17时，一轮弯月悄悄爬上天边。两百公里长的战线上，中国军队几千门火炮震碎了黄昏的宁静，无数颗炮弹将"联合国军"的前沿阵地打得粉碎，即将让中国军队痛彻心扉的抗美援朝第五次战役开始了！

开场就不顺，步炮协同出问题了！

参战的中国炮兵部队全是从一开始就入朝的老炮兵，战斗经验丰富得很，他们是按时按点实施准备的，打得又刁又准，就是没想到步兵竟然没跟上来。

许多中国步兵指挥官听到炮声时都惊呆了，他们还在按照国内战争时的运动节奏向前开进，离冲击出发线还远呢！怎么炮兵兄弟不等等步兵大哥？部队不可能及时到达冲击出发位置，怎么办？

命令下来了："冲，直接冲击！"

隆隆炮声中，许多中国官兵气喘吁吁地向冲击集结地跑去。

炮火准备一结束，二十万只猛虎一起向敌军发起冲击，只是许多老虎冲击时都已经累得两眼发直了。

当夜，中国军队左中右三个突击集团全线突破了范弗里特的防线，激烈的战斗开始了！

左翼宋时轮兵团复仇心切，一下就打穿了东线敌军阵地，主力立刻向纵深攻击，打了一天就南进三十公里，歼灭了南朝鲜六师和美二十四师的一些分队。

中央位置的王近山兵团攻入了中线敌军纵深，分割了东西线敌军之间的联系。

右翼杨得志兵团打出五次战役最漂亮的几仗，也打出了志愿军战史上的一个重大教训。

六十三军军长傅崇碧出奇制胜，利用敌军认为中国军队不敢白天行动的心理，将一八七师在大白天分多路隐蔽接近临津江，天黑后一举突破了敌人严密设伏的临津江，冲过去包围了掩护美军逃往汉城的英国第二十九旅。英二十九旅的比利时营最先被打得灰飞烟灭，中国军队的战功簿上又增添了打败一个国家军队的记录。

英国二十九旅主力虽在强大的火力掩护下逃脱，可是其格罗斯特营被一八七师死死地围在雪马里地区。

格罗斯特营是英国最著名的几支功勋部队之一，1801年远征埃及为女皇陛下立过奇功，被授予在军帽上佩戴两颗军徽的殊荣，大名"英国皇家双徽营"。

面对这支英国王牌部队，中国士兵们毫不手软，一个名叫刘光子的中国士兵顶着英国人的密集弹雨只身冲向敌阵，女皇的战士们惊恐地看到，这个中国人的裤子被子弹撕成碎片，四周被弹雨击得尘土飞扬，却奇迹般地越冲越近，他们从来没见过这样刀枪不入的拼命三郎，口喊"上帝"顿作鸟兽散。

刘光子冲上阵地后急得乱蹦，大叫道："这样不禁打，还叫什么皇家啥子鸟营？"

边叫边对着溃散英军就是一梭子，没想到这几发子弹却惊出了刘光子脚下山坳里的一大群英国兵。这群人从茅草丛中一拥，反把刘光子吓了一跳，刘光子先扔个手雷过去，然后一手端着冲锋枪一手举着手雷，直接蹦上了英军丛中的一块大石头："龟儿子都给老子站好举手，不然杀光你们！"

这群英国兵被这个天神般的中国勇士吓傻了，连反抗的念头都不敢有，全部乖乖地举起了双手……

志愿军总部授予了刘光子"孤胆英雄"的荣誉称号。他是志愿军中抓俘虏最多的单项纪录保持者，孤身活擒了整整六十三个英国人！

眼见格罗斯特营要完蛋，身在东京的李奇微竟亲自赶往朝鲜战场。这支在英国家喻户晓的荣誉军队要是栽在中国人手里，本来就很反战的英国人会闹腾得更凶，可不能再让英国盟友为难了！

在美国第三师指挥所，李奇微召集范弗里特、美四军军长米尔本和美三师师长索尔，专门开会研究如何解救格罗斯特营，临走时李奇微给索尔扔下一句话："你必须救出格罗斯特营，哪怕为此你不得不动用所有部队对优势的中共军队进行反击！"

英国二十九旅旅长布罗迪耶更是急得浑身乱抖。他在三次战役时已经丢了尤尔斯特营。如果格罗斯特营再完蛋，他这个旅长肯定当到头了。

24日上午，中国军队又打败了一个国家的军队。

菲律宾第十营级战斗队在八辆英国"百人队长"式重坦克和十多架飞机掩护下冲向雪马里，力图救出格罗斯特营。中国军队五六一团三营的战士们静悄悄趴在山头上，将敌坦克放进一处公路隘口后，突然击毁开路和殿后的坦克，然后将进退不得的敌军堵在山沟里猛打，菲律宾士兵倒下了一大片。英国坦克部队指挥官胡斯少校吓得神经都要崩溃了，他先向旅长布罗迪耶谎称公路狭窄，坦克车体庞大无法通过，然后撞开拦路的菲律宾轻坦克和卡车落荒而逃。

菲律宾指挥官奥加达中校破口大骂："连英国人都不救英国人，我们凭什么为他们送死？"骂完也率残部逃命去了。

布罗迪耶旅长现在只有将全部希望寄托在美国人身上。可美国人简直气得他要吐血。此时美三师防线已全面告急，索尔将原本用于解救格罗斯特营的六十五团主力和菲律宾营全部投入右翼堵漏，只给布罗迪耶留下了六十五团三营。但是美国六十五团团长哈里斯上校是个大滑头，他心里大打小算盘，六十五团一营、二营都在和中国军队激战，顶住的时间肯定不会长，撤退时非用第三营掩护不可。他可不会为了救英国人一个营而损失自己的两个营！哈里斯既心存不善，救援行动可想而知。从救援部队预定出发时间早晨6点半一直吵到8点钟，布罗迪耶和哈里斯连个救援方案都拿不出来，赶来督战的师长助理米德准将不知内中奥妙，自然看不过眼："现在最主要的问题是时间，两位这样吵下去，部队何时才能出发？"

正吵得怒气冲天的哈里斯眼一翻："我对自己的任务一清二楚，我和布罗迪耶足以控制一切，用不着他人指手画脚。"气得米德准将转身就走。

英国旅长和美国团长又吵了一个小时，美国团长总算做出了让步，派一个坦克连去救！

布罗迪耶急得吐血："没有强大的步兵部队协同，坦克连根本不可能靠近格罗斯特营。"

哈里斯的回答让布罗迪耶气得晕倒："是吗？那我就先派一个坦克排试试！"

这位自私的美国团长是故意要恶心一下高傲的英国旅长了。

拖到上午9点，美国救援部队总算上路了，区区一个坦克排四辆坦克慢腾腾向前爬去，中国军队只打了几枪这个排就又撤回来了，哈里斯接到报告笑着说："再派一个坦克排碰碰运气。"

又一个美国坦克排隆隆上路，这下连刚逃回来的英国胡斯少校也气得暴跳如雷。他拦住坦克："我们重装甲的百人队长坦克都不管用，M24这种薄铁皮棺材根本不管事。既然你们不是诚心救人，就请回去，英国人不需要这种可耻的把戏。"

哈里斯团长闻言不但不发脾气，反而笑得合不拢嘴："好啊，不是我不执行命令，是英国绅士自己充好汉，从现在开始，没有我的命令，不准再向格罗斯特营派出一兵一卒。"

英国功勋部队格罗斯特营的末日到了。4月25日中午，整个格罗斯特营四个步兵连、两个炮兵连、一个中型坦克连被中国军队全歼，一千余人只逃掉了三十九人。誓与235高地共存亡的卡恩营长实现了诺言，他躲在高地英军尸体堆里装死，可惜被中国人发现，卡恩只好长叹一口气，从地上爬起来脱下军帽，泪流满面地狠狠吻着上面的军徽，然后将其摘掉，乖乖地走进了中国军队的战俘营。

英国军队从此失去了"皇家陆军双徽营"这支功勋部队。

战斗结束，以后曾任中国军队副总参谋长的中国一八七师师长徐信荣立二等功。

临津江畔，英国第二十九旅惨遭重创，减员百分之五十以上，彻底失去战斗力，英国朝野为之震惊，美国人见死不救的行为更让英国人怒火万丈。李奇微尴尬无比，下令彻查，彻查的结果竟是卡恩营长举止失措，美军各级指挥官则处置得体，不负任何责任……

六十三军连战连捷之时，杨得志兵团另两个军却损失惨重。

六十四军担负着突破临津江之后向议政府穿插的重任，结果在过江之后被美军强大火力阻住不能前进。兵团司令杨得志急红了眼，连发两电催其突破，措辞之严厉实为罕见：

"……我军主力已停于江南狭小背水地区，如不坚决攻击等于死亡……六十四军各师如不猛插进到目的地完成战役任务，会遭到革命纪律的制裁！"

但是，革命纪律制裁消灭不了敌人强大的火力，六十四军军长率部不顾一切往前猛攻，最终也只有一个营和兵团侦察支队冲破了敌军防线。这两支小部队二十小时不眠不休拼命死战，一路击破美军七次阻击，在美军纵深穿插六十公里，一举夺占了议政府旁的制高点道峰山，切断了汉城以北敌军的退路。这一行动打乱了汉城以北敌军的部署，四面八方的敌人一齐拥向道峰山。这两支中国分队在不可想象的恶劣条件下整整坚持了三天四夜。在令人绝望的形势下，他们望眼欲穿地盼望着大部队马上赶到。可是，六十四军的主力此刻却在血洒临津江畔……

六十四军不惜伤亡地反复攻击，却始终打不破敌军的火力封锁线，赶来增援的六十五军两个师也跟上来了，结果，五个师五万多人马全部拥挤在临津江南岸约二十平方公里的狭小空间动弹不得，前进不能，后退不允，整整两天两夜，美国人的空地火力反复犁来犁去，中国士兵血肉模糊的尸体铺满了临津江南岸。

美军阵地

所有的中国战史都没有披露中国军队在此次战斗中的详细伤亡人数，只是用"伤亡惨重""重大牺牲"等充满了血腥的词语一笔带过。中国权威战史记述："这是志愿军战史上的一次重大教训……"

从4月22日起，震耳欲聋的枪炮声响了整整七天七夜才渐渐平息，此时，中国军队已向南突进了六七十公里，杨得志兵团已进逼汉城北郊，美军在四次战役中进攻八十七天才得到的地盘被中国军队仅仅七天的反攻夺回大半。

彭德怀在指挥所里看着战报亦喜亦忧。这七天部队打了不少战术性的好仗，也有临津江畔惨痛的教训，从总体看，中国军队无可置疑地取得了反击的胜利，不过，这胜利太不圆满，太不令人甘心了。

整个第一阶段歼敌总数才二万三千人，其中未能成建制地歼灭敌军一个团，离预定歼敌五个师的计划差得太远了！

"敌人给打狡猾了。"彭德怀暗暗思忖。

范弗里特确实没让中国军队占多大便宜。他按着李奇微的法子依方抓药，中国军队夜间穿插，他就节节撤退，每夜却最多只退二十公里，恰是中国军队一夜前进路程。结果中国军队夜间抓不住敌人，天明又进入了敌军预设阵地之前，反遭火力猛袭。而且，范弗里特一改"鸡蛋壳防御"战法，建立了兵力和火力密切配合的纵深防御，中国军队想打近战贴不上去，打夜战当夜不能解决战斗，想速决又僵持不下，又打成了彭德怀最忌讳的一线平推，虽然在加平方向曾打开过一个战役缺口，对敌翼侧形成严重威胁，却又不得不因部队缺粮而原地停留等待补充，而美军迅速以摩托化行军堵住了缺口。现在，美军连汉城也不肯放弃了。范弗里特将火炮全部推到汉城的街道上，对汉城北西东三面形成密集火网。部队携带粮弹又已用尽，彭德怀只好停止进攻。

"后勤跟不上，火力又薄弱，毫无制空权，看来这仗只有打成长期的了，唉！"

彭德怀现在已经彻底认清了战争的长期性。但是，将这场中国军队历史上规模最大的一次战役打成这个结果收场，彭德怀和志愿军官兵们全都不甘心，投入上百万军队，就这么点战果，说不过去呀！

众将帅一合计，算了，到东线揍李承晚去。我军不傻，没必要为争面子用无数战士的宝贵生命去换取美军严密设防的汉城。现在美军主力全集中在西线，东线只有南朝鲜两个军团六个师，如果把南朝鲜军队打光了，美国人孤掌难鸣，在朝鲜还待得下去吗？

中国军队又开始运粮补弹，打算发起五次战役第二阶段的战斗。前线忙得不可开交时，负责百万大军后勤供应的洪学智却跑回国内去了……

三十一

周恩来留学法国时，与几个中国同学一起相互开玩笑，评完了校花又评学校里的美男子。

青年周恩来笑着说："第一美男子就在你们旁边坐着呢！"

几位同学打趣："你吗？就是瘦了一点。"

周恩来傲然道："吾貌虽瘦，天下必肥！"

周恩来一生中最瘦的时期有三次，一次是长征得了肝胀肿后，一次是病逝前被癌症折磨时，还有一次就是抗美援朝期间。

周恩来是中华人民共和国的大管家，也是志愿军的大管家，他为抗美援朝所做的贡献几十本书都写不完。在支援志愿军的烦琐事务中，最让周恩来操心的就是后勤工作了。

"洪学智同志，你好，一路辛苦了。"

周恩来站在办公室门口紧紧握住了满身泥污的洪学智的手。他清瘦的脸庞让洪学智吃惊。几十年后，洪学智在自己惜字如金的回忆录中专门记下了他对周恩来此时的记忆——"周副主席工作很忙，他显得很憔悴"。

周恩来召见洪学智，是为了从一线指挥员那里了解志愿军后勤中存在的困难和问题，另外一个不会向洪学智透露的秘密是，他要亲自考察洪学智，观察其是否能出任即将成立的志愿军后方勤务司令部司令。这一点，洪学智此时还蒙在鼓里，只有周恩来与彭德怀知道此事。

洪学智落座即开始汇报："几次战役打下来，我们吃亏就吃亏在没有制空权，敌机的轰炸破坏使我军遭到极大损失。敌机经常一折腾就是一天，见人就猛冲下来嘎嘎地扫射，扔汽油弹、化学地雷、定时炸弹、三脚钉……晚上是夜航机，战士们叫'黑寡妇'，也不盘旋，炸弹便纷纷落下，到处是大火……"

周恩来十分严肃："美帝国主义欺负我们,疯狂到了极点,但是他们没想到,在他们的海空优势下,我们却打到了三八线。美军这是第一次在世界上吃败仗,不过,志愿军要想不吃亏,就得研究对付敌人轰炸的办法。"

接着,周恩来询问了供应问题。洪学智汇报："志愿军没有防空力量,公路运输线长达数百公里。第三次战役时,前面兵站与后面兵站相距三四百公里,形成中间空虚,前后脱节。另外,后勤高度分散,也没有自己独立的通信系统,常常联络不上……现在战士有三怕,一怕没饭吃,二怕无子弹打,三怕负伤后抬不下来……敌军参战飞机由一千余架增加到两千余架,并由普遍轰炸转向破坏我运输线,特别是凝固汽油弹对我地面仓库设施危害最大。敌人还派遣大批特务潜入我后指示目标轰炸……"

听完洪学智的汇报,周恩来心情沉重极了:

落后的后勤补给方式,组成了庞大的骡马运输队

"外国军事家说,后勤是现代化战争的瓶颈,志愿军的后勤必须加强,军委要给志愿军后勤增派防空部门、通信部队……你还有什么问题要汇报?"

洪学智立刻说道："彭总让我向你汇报关于成立志愿军后方勤务司令部的问题。从朝鲜战争中彭总和我们都逐渐认识到了现代化战争中后勤的作用。现代战争是立体战争,在空中、地面、海上、前方、后方同时进行,或交叉进行,战场范围广,情况变化快,人力物力消耗大。现在欧美国家都实行大后勤战略,五十里以前是前方司令部的事,五十里以后就是后方司令部的事。战争不仅在前方打,而且也在后方打。现在,美国对我后方实施全面控制轰炸,就是在我们后方打的一场战争。这场战争的规模,不仅决定了我们在前方进行战争的规模,而且也决定了前方战争的成败。我们只有打赢了这场后方的战争,才能更好地保证我们前方战争的胜利。后勤要适应这一特点,需要军委给我们增派防空部队、通信部队、铁道部队、工兵部队等诸多兵种联合作战,而且需要成立后方战争的领导机关、后方勤务司令部,以统一指挥后方战争的诸兵种联合作战,在保障中进行战斗。"

周恩来连连点头。

三十二

匆匆忙忙办完事,洪学智赶回朝鲜。5月14日晚,发生了一件抗美援朝历史上的大事,这件事也是中国军队现代化建设史上的一座里程碑。

彭德怀和志愿军党委常委们共同商议后方勤务司令部司令人选。洪学智预感不妙,缩在一边不作声。他实在不愿兼这个司令,他舍不得离开长期从事的军事工作转行搞后勤,还有一个原因直到晚年他才说出来:"朝鲜战争的后勤工作太难搞,我担心搞不好,搞砸了,没办法交代!"

洪学智不作声,其他人发言倒热烈得很,邓华、韩先楚、解方、杜平,你一言他一语都说老洪兼好。

洪学智终于沉不住气了:"我不能兼这个司令。"

彭德怀奇怪了,天不怕地不怕的洪大麻子今天怎么啦?

彭德怀问:"为什么?"

洪学智拼命想推掉这个差使:"前一段让我管,我没管好。现在再让我兼这个后勤司令,还不是弄不好!我什么事都干,就这事不干,让别人干吧。"

彭德怀不高兴了:"你不干,谁干?"

洪学智要邓华干,邓华说我要协助老总作战,还兼着副政委管政工,怎么兼得过来?洪学智无可奈何又要韩先楚兼,韩先楚脑袋摇来摇去:"我老到一线督促检查,怎么兼后勤司令?"

洪学智真急了："那让后面派人来嘛！"

彭德怀脸已经拉得老长了，但还是耐着性子问了一句："派谁？"

"李聚奎、周纯全都可以嘛！"洪学智所说两将都是中国军队老后勤，李聚奎还是跟着彭德怀平江起义的红五军老兵，红五军营长雷振辉叛变要枪杀彭德怀时，李聚奎冲上去将其抱住摔倒在地，救了彭德怀一命。可这两个人都是东北后勤的头头，怎么来得了？

彭德怀摇摇脑袋："后面任务也很重，他们主要管那头。"也就是洪学智有这面子让彭德怀磨牙，换别的人他老早就吼起来了。

话都说到这份儿上了，洪学智还不罢休："那还可以让杨立三派人嘛。"

杨立三是从红军起就搞后勤的中国军队总后勤部部长，草地上他为差点儿病死的周恩来抬过担架，他死后，周恩来亲自为其抬棺。

敬酒不吃吃罚酒是不？

彭德怀终于发火了，他把桌子突然猛地一拍，吓得洪学智几乎跳起来。

"你不干？行啊！你不用干了！"

洪学智知道哪有这样的好事，他小声问了一句："那谁干呢？"

彭德怀怒吼："我干！你去指挥部队吧！"

洪学智见彭德怀发这么大的火也害怕了："老总，你讲这个话，可是将军的话了。"

洪学智经常和彭德怀下象棋。

"是我将你的军，还是你将我的军，啊？"

彭德怀不依不饶。

洪学智就这样被赶鸭子上架，当上了志愿军后勤司令。彭德怀这一逼，居然逼出了以后中国军队唯一被两次授衔上将的总后勤部长。就这样，在烽火连天的朝鲜战场上，中国军队开始建立能适应现代化战争的完整的独立后勤供应系统。

此时的中国军队代总参谋长聂荣臻元帅后来精辟地总结："严格地说，我们是从抗美援朝战争中，才充分认识到后勤工作在现代化战争中的重要地位的。"

三十三

1951年5月16日，洪学智被逼着当上后勤司令后第三天，五次战役第二阶段打响了。就在同一天，同麦克阿瑟斗得精疲力竭的杜鲁门批准了美国国家安全委员会通过的"在恢复战前状态的三八线上通过谈判结束敌对行动的建议"，美国人决定向中国人求和了。他们实在不想在朝鲜继续消耗本应用在欧洲的力量了。

但是，战争暂时还在按照自己的惯性前行。

志愿军战士把敌人的各个阵地都测好距离，一发现敌人，只要按号发射，就能迅速歼敌

彭德怀专打东线南朝鲜军的战术收到神效，西线杨得志兵团佯攻汉城吸住了美军主力，王近山兵团再次中央突破，又将东西线敌人切成了两片。东线担任主攻的宋时轮兵团和人民军三个兵团以空前猛烈的炮火猛轰南朝鲜军防线。中朝联军傍晚突破，夜间穿插，天明合围，迅速占据了南朝鲜第三军团撤退必经之地五马峙，被打得千疮百孔的南朝鲜四个师全部崩溃，副军团

长等人带头化整为零，分散逃入大山，许多人在向南逃亡的过程中饿死，四个师的装备全部扔给了志愿军。

美国人大怒，如此无能的部队不必存在了！

李奇微、范弗里特眼一瞪，撤掉了南朝鲜第三军团的番号，勒令其限期解散。

请来助战的客军竟然勒令解散了本国军团级的部队，美国人此举让人笑掉大牙。南朝鲜人几十年后仍对此骂不绝口，这实在是一个独立国家的奇耻大辱。南朝鲜第一军军长从此之后多了一句让人啼笑皆非的口头禅："所谓联合作战，就是一个字——'忍'。"

志愿军将士向敌阵地攻击

打垮了南朝鲜三军团后，东线部队继续向南猛插。朝鲜中部山脉均为纵向，部队横向无法机动，中国军队只好一个劲儿往南跑，经过五天连续奋战，宋时轮兵团在东线普遍推进了五十公里至六十公里，向南冲得最远的十二军已到达三七线，其九十二团竟然插入一百五十公里远，到达三七线以南的下珍富里。范弗里特的防线又被砸出一个窟窿，中国军队又取得大胜。

可惜，早已不堪重负的补给线撑到这个时候终于彻底断裂了。中国军队的军师长都喝不上稀饭，六十军军长傅崇碧一天的粮食就是一把从大道上捡来的炒黄豆，王近山兵团大批战士饿得啃树皮草根竟中毒死亡，只得停留三天等待补充。美国人用两个师摩托化行军，十几个小时行进一百多公里，迅速堵住了缺口。彭德怀见状长叹。由于供应困难，部队疲劳，没办法再发展战役胜利了。

志司随即下令，春季攻势到此结束，主力转移到三八线北休整，两个阶段进攻都获得胜利的中国军队带着八千伤员，得意扬扬地缓缓向北撤去。

一派麻痹的气氛中，中国军队大难临头！

三十四

5 月 18 日，中朝联军的攻势尚在高潮，范弗里特就发出指令要在西线和中线进行反攻准备。中国人的攻势只能维持五天到七天，粮弹耗尽后必然撤退。那么，如果乘其粮弹全无、忙于撤退时，杀个回马枪会是个什么结果？这个问题想得范弗里特两眼放光！

他也瞧不起学弟李奇微。李奇微的反攻只是一线平推，抢占山头，让中国人从容逃掉，不，决不这样干！

在美军中有"山地战专家"之称的范弗里特决定采取中国人穿插敌军的办法，用坦克和摩托化步兵组织"特遣队"，由强大的空军掩护，沿公路向中国人后方猛插，抢占桥梁渡口，配合后续部队包围正在撤退的中国人。

为了准备这次反攻，范弗里特不惜将守备后方的兵力抽调一空，南方人民军游击队立刻迅猛发展，导致范弗里特落了个"不懂政治"的骂名。

5 月 22 日，中国军队进攻刚停止，范弗里特的反攻立刻开始了！

骑一师七团突击队、美二十五师"德尔温装甲支队"、美十军"牛曼尖兵"特遣队等武装到牙齿的重装甲支队凶猛地向正在撤退的中国军队后方插去。在特遣队身后，是一直养精蓄锐的十三个师！

胜利班师的中国军队面对突然降临的打击惊呆了。"牛曼尖兵"不足一个连的部队三小时内在中国军队最重要的地段纵横穿插二十公里，一路如入无人之境，竟抢占了天险屏障昭阳江北岸渡口，向刚刚东线大捷的宋时轮兵团腰部狠插一刀，一举包抄到还滞留在三七线附近的二十七军、十二军背后！

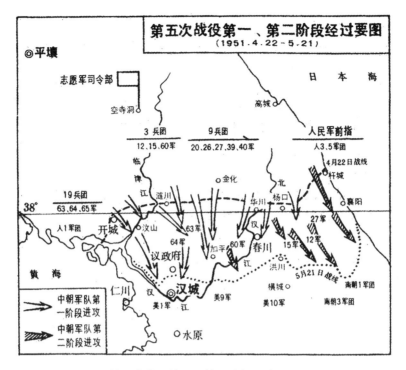

第五次战役第一、第二阶段经过要图

中线的十五军、六十军右翼也彻底暴露。接着，六十军的防线被突破，中线王近山兵团和东线宋时轮兵团的联系被彻底切断！东线已是危急万分，中线也开始大势不妙了。屋漏偏逢连夜雨，王近山三兵团刚开始撤退，电台车就被敌机炸毁，兵团部与下级部队全部失去联系！猛将王近山急得顿足大骂。他的六十军一八〇师两翼已彻底暴露，实际上已被包围，配属给宋时轮的十二军也被截断了退路。

　　彭德怀的战役布势瞬间就被打得七零八落，甚至连一条像样的阻击线都没有。到 5 月 24 日，十二军军部和下属两个师、二十七军主力和六十军一八〇师都被美军截断在三八线以南，战场一片混乱。

　　短暂的震惊过后，中国军队那些久经沙场的王牌军立刻开始坚决的突围行动。

　　配属给宋时轮的十二军三十一师虽已被孤立在敌后，同军部失去联系，师长赵兰田这个老红军却并不惊慌。他相信部队和自己的战斗经验。他只为插到敌人肚子里去了的九十一团担心，九十一团已打过了三十七度线，退路已被美军彻底切断。那可是由红一方面军第一师第一团发展起来的老红军团队，丢了如何得了哇，那会折尽军威的！

此时三十一师两翼的人民军和二十七军都在撤退，三十一师再不走就孤立了。

"我们要带九十三团阻住敌人，为九十一团挡住口子，九十一团不脱险，师指不走！"

赵兰田师长和刘暄政委含着眼泪下了决心。三十一师作战科副科长枫亭带着两个警卫员视死如归，迎着无数冲过来的敌人向南奔去。他们的任务是找到九十一团口头传达师长的撤退命令。

两个警卫员先后倒在敌人的火网下，枫亭单枪匹马奇迹般的奔波六十七公里，在敌人的包围圈中找到了九十一团团长李长林。李长林看到枫亭时吓了一跳。枫亭更吃惊，李长林还要兴致勃勃地去攻打南朝鲜三军团司令部！

了解了战场形势后，九十一团这个红军团队毫不慌张，深通战术的李长林率部先朝敌人后方的东南向冲过去，秘密涉过了南汉江，然后又绕道走向北方。六天后，靠吃野菜树皮维生的九十一团一千多名中国官兵终于冲破了三个师敌军的堵截，建制完整地同大部队会合，一路还抓了六十多个南朝鲜俘虏。

东线几支被围的中国部队都是战争经验极其丰富的老部队，沉沉稳稳地都溜出了美国人的包围圈——二十七军全军断粮，又被美国在朝鲜战场上唯一的空降王牌一八七空降团和大批敌坦克截断了退路。这支踩上孟良崮、攻进上海城的中国劲旅纹丝不乱，名震东洋的彭德清军长指挥部队交替掩护，见空就钻，饿着肚子穿来插去一番，连一支小分队都没有损失就平安撤回了北方。十二军也泥鳅一般悄悄溜出了美军包围网。到了 27 日，彭德怀在全线展开八个军进行阻击，终于压住了阵脚，只有中线的六十军一八〇师出事了……

三十五

5 月 29 日晚 7 时，瓢泼大雨铺天盖地，电闪雷鸣惊心动魄，刚从空寺洞志司到楠亭里志后任司令的洪学智忽然接到彭德怀的紧急电话："马上回来，有急事。"

洪学智欲待再问,彭德怀已不耐烦地撂下电话。

洪学智顿时心惊,他昨天晚上才离开彭总冒雨赶到楠亭里,怎么今天又要回去?肯定是出大事了!

现在志司只有彭总一人坐镇。前方伤亡太大,韩先楚被派回国要兵去了,邓华夜间行军脸部被吉普车挡风玻璃撞成重伤,也回国治疗去了。忧心如焚的洪学智几分钟后就驱车驶入茫茫雨幕……

"雨下得那个大哟,大得一塌糊涂,好像天漏了似的,哗哗的声音很响,隔几步就看不清前面的东西。沿途的道路上都是水,河沟子涨得满满的。"

这场雨给洪学智留下了极深的印象,半路上,他差点连车带人被洪水冲跑……

半夜两点,洪学智终于赶到志司。他见到彭德怀时吓了一跳,一向军容严整的彭德怀只穿了一条短裤,赤着上身,满头大汗,两只眼睛熬得兔子似的,毫无疑问,这是这位杰出的中国统帅在其辉煌的军事生涯中感到彷徨无依的极少数几个时刻之一。

"从来没有过的事情都出现了,六十军出问题了,那个一八〇师同军部、三兵团、志司都失去了联络,电台怎么也联络不上……"

洪学智回忆那一刻时只用了几个字就说明了彭德怀当时的精神状态——"老总急得不行"。

彭德怀当然和一八〇师联络不上。这时,一八〇师已错误地砸掉电台,全师分散突围了……彭德怀除了电令一八一师、四十五师返身去解一八〇师之围外已做不了更多的事了,而那两个师也已伤亡惨重粮弹耗尽,这道命令等于一纸空文……

是时,在将就着处理了一八〇师的事情后,洪学智在地图上看到美军离志司只有六七十公里,而其间竟没有志愿军部队,只有一个警卫团靠在志司身边。志司危险!

彭德怀却没事一样只考虑全局,根本不把个人安危放在心头。洪学智急了:"不行,得赶快调部队到铁原前面来,守住空寺洞前面这个口子,不然空寺洞司令部就危险啦!"

彭德怀摇头:"各个部队正在一边阻击敌人,一边后撤,任务都很重,伤亡都很大，调哪个部队呀？不好调哇！不好办哪！"

这位以刚毅果断著称的中国统帅罕见地犹豫了。部队太苦了。

"那也得想办法调，赶紧想办法！"

洪学智一眼就瞅住了正在空寺洞后面一百多公里的阳德休整的四十二军。

"不要让四十二军休整了，让他们来这儿吧！守住铁原通往空寺洞这个山口，保证总部安全。"

彭德怀于心不忍，四十二军是血战后刚刚撤到阳德的。

洪学智很坚决："刚到也不行，刚到也得来，老将丢了还下什么棋？这事你别管了。我通知他们，让他们全军来，连夜来。"

彭德怀见洪学智态度坚决，说道:"来也可以,但不能全军来,来一个师吧。"

洪学智："一个师太少，来两个师吧，让他军部带来。"

那场轰轰烈烈的战争中有无数惊天动地的事件，这个小小的插曲却足以说明美国人的反攻行动给彭德怀带来了多大的心灵震撼。这位伟大的统帅在此刻也举棋不定了。

四十二军军长吴瑞林接电后眼都红了："彭总太不要命了，搞不好会当俘虏的！"

衣衫褴褛的吴瑞林迅速召集部队讲明情况，血战过后刚刚退下来的四十二军将士们高呼："誓死保卫总部，誓死保卫彭老总。"

那些浑身硝烟、饿着肚子甚至绑着绷带的中国战士又义无反顾地冲上前线。四十二军抢占阵地的第二天，美国人就到了，吴瑞林惊得一屁股坐在地上，悬哪！

司令部稳住了，六十军一八〇师的情况也查明了，该师遭到严重损失。

一八〇师的严重失利有很多原因，有上级的，有兄弟部队的，但更多的是自身的。

这个师相对于中国军队那些见过无数大场面的老牌师来说，确如彭德怀所言，是"一个较弱的师"。它的历史很短，1947年才由山西地方部队升级组建。是时，解放战争已是捷报频传，该师是在比较顺利的情况下成长起来的，从未遇过特别复杂的困境，领导大多没有单独指挥作战的经验，入朝前又补充了大量刚投降的国民党俘虏……

当这一切不利因素累积时，一八〇师的严重失利便在情理之中了，断粮

348

时竟不知杀掉可供几天食用的几百匹骡马而任其跑散，不积极联络求助反而砸毁电台烧掉密码，不集中力量突围反而解散部队听天由命跑一个是一个，干部们担心编进部队的国民党俘虏打黑枪只想着自己跑掉。

到了5月27日，一八〇师师长郑其贵、副师长段龙章、参谋长王振邦都逃出来了，几百名干部和骨干也溜过了战线。应该说，他们能活着回来就已经证明，如果不解散部队而是坚决突围，一八〇师是有很大的希望打出来的，所以，那个解散部队、分头突围的决定足够让彭德怀砍掉这个师师首长们的脑袋了。

一八〇师一万一千名士兵共损失了七千名，其中五千余人被俘，这是志愿军在战争中被俘最多的一次。师政治部主任吴成德率领三十三个人在语言不通、地形生疏的南朝鲜打了整整一年的游击战，最后也被捉住了。

吴成德是朝鲜战争中被俘的中国官兵中级别最高的。

一年后，吴成德回到了中国。由于那个特殊的时代，由于中国军队战斗到底的传统，在敌后奋战了一年的吴成德要承受许多难以言语的痛苦。他被迫离开了军队，失去了视若生命的党籍。

一八〇师的严重损失成了中国军人心中永远的痛，韦杰军长直到临逝世前还在哆哆嗦嗦地写永远也写不完的一八〇师的严重损失总结。六十军军长韦杰被撤职，师长郑其贵被撤职留党察看一年，副师长段龙章撤职留党察看一年，彭德怀则将五次战役视为他一生中四次军事失误之一……整整一代中国将领都为这件事遗恨不已。

三十六

战局随着八个军的阻击而稳定。六十三军和十五军在阻击战中居功厥伟。六十三军在铁原宽达二十五公里的正面上，挡住了美军四个主力师、一千六百门火炮和四百辆坦克、无数架飞机整整十天的猛攻，彭德怀的命令是："就是把六十三军打光，也要再坚守铁原十五天至二十天！"

他要用六十三军以鲜血换来的时间建立三道防线，并调集兵力准备待敌深入三八线以北后再次进行大规模反击。

六十三军的血战惊天地泣鬼神，为了突破他们的防御，李奇微调动一切可以调集的力量向六十三军单薄的防线突击，仅后世学者能考证出的，先后有包括美军、英军、南朝鲜军、比利时军、加拿大军、澳大利亚军、菲律宾军、哥斯达黎加军、法军和荷兰军十个国家的军队联合突击六十三军一个中国步兵军的防线！铁原城被"联合国军"极其凶猛的火力打成了一直荒废到今天的废墟，2008年2月，韩国历史学家金勇求站在一片残垣断壁的铁原城告诉日本《朝日新闻》记者中野旭："这座城市完全被轰炸和巷战摧毁了，因为这个地方依然不对平民开放，所以你可以完整地看到战争的恐怖。"在韩国学者和日本记者身前两千米，依然是延续了五十八年来一直禁入的战时雷场！

十个国家的军队也没能啃开六十三军的防御线，六十三军光荣地完成了彭德怀交付的任务，一步不退，铁原防御战打了整整十四天，以自己无比的英勇行为稳定了中线，使中国军队主力完成了休整，彭德怀由此重新完成了严整的战斗布势。他们的英勇行为稳住了中线。

1951年5月21日，我军在第五次战役第二阶段结束北撤时，敌人发起疯狂反扑，我军第二十九师、四十五师受命在芝浦里地区展开顽强阻击，不让敌人前进一步

朴达峰阻击战二级英雄刘兴文

当六十三军完成了彭德怀的任务，终于接令撤下阵地时，许多战士身上只剩下一条裤衩和一支弹仓空空如也的步枪。

彭德怀亲自赶去迎接勇士们，他只说了一句"祖国感谢你们"，六十三军的将士们就痛哭起来。牺牲的战友太多了……

军长傅崇碧满面泪水，只对彭德怀说了三个字："我要兵。"

彭德怀："给你补两万。"

在六十三军血战铁原时，十五军也在南芝浦里的角屹峰、鸣城山、朴达峰一线激战。

十五军军长秦基伟，这位中国 80 年代的国防部长精明过人。十五军这支历史并不悠久、由太行军区十几支地方部队在 1947 年升级而成的新部队被这位红安将军调教成了一群猛虎。

接令撤退时，秦基伟不是照转命令，而是打开全军的报话机，将所有的团长一个个叫出来亲自交代回撤时间、路线。他知道几十万大军后撤时的乱劲。

为防勤杂分队婆婆妈妈误事，他派参谋长、以后为中国核事业的开创和发展做出了巨大贡献的国防科工委副主任张蕴钰去组织撤退。干练的张蕴钰来到勤杂分队猛吹紧急集合号，将近千号勤杂人员拢在一起，二话不说一个"向后转，跑步前进"，扔下坛坛罐罐就带队离开了驻地。

秦基伟果敢的行动让十五军全师而退，只有高炮团违反规定在白天就擅自开拔，结果打敌机的高炮反被敌机炸掉了十九门。

就为这点小事，打仗把算盘扒得贼精的秦基伟还痛心疾首。

十五军接令阻击时情况也很惨，打了那么多恶仗，减员已达三分之一，粮食老早就没有了，连带着的美国战俘都跟着战士们一起学会了挖野菜充饥，路边马粪里泡涨的黄豆都被饿到极点的战士们扒出来吃了……

就是这等惨景，当听到彭老总亲自要求秦军长坚守十天时，十五军的将士们又返身先敌抢占了角屹峰、朴达峰，两天就打垮了前来进攻的加拿大旅，又顶住了美二十五师和美三师的猛攻。所有的山头打到最后都成了白刃战。战斗中，一个名叫柴云振的班长组织十三个人分三路向敌反击，仅七分钟，击退了美军一个营，夺回了失守的三个山头还抢了一个美国人的山头。攻上第三个山头时就剩下柴云振一个人。他用美国人留下的武器击毙、击伤了二百多个美国人。打垮了进攻后，这位中国班长居然独自攻占了第四个山头。所有在场的美国兵都被这个杀红了眼的中国勇士吓得连滚带爬地向山下逃命，只有一个黑人士兵跑不及，冲上山头的柴云振立刻和这个黑人在阵地上抓头发、掐脖子打成一团。殊死的肉搏中，黑人咬掉了柴云振一根手指，柴云振挖掉了黑人一只眼珠，又摸了块石头猛击黑人的脑袋。这个一米九几的黑人被身高一米六的中国班长吓丢了魂，捂着滴血的眼窝逃了，只剩下一口气的柴云振一直坚持到战友孙洪发冲上来才昏过去。

朝鲜军事博物馆悬挂的"中国人民志愿军一级英雄柴云振"遗像。由柴云振同志在1985年参加访朝鲜战斗英雄代表团时朝鲜所赠

柴云振的英勇行为对全线阵地转危为安起了重大作用，战后，他荣获了特等功和一级战斗英雄的光荣称号。这两枚功勋章在十五军军部档案室里锁了整整三十年，十五军也找了柴云振整整三十年。

1985 年 10 月，柴云振参加访朝战斗英雄代表团，受到金日成主席接见，

并授予一枚一级自由独立勋章。图为在朝鲜凯旋门前的全景，右三为柴云振同志

1983 年，十五军偶然得知柴云振还在四川老家活着，于是，十五军在《四川日报》上连续刊登寻人启事，呼唤自己的英雄。

老农民柴云振听到了部队的呼唤，可部队已经无人认识他了，岁月沧桑，本来就不把功名利禄放在眼里的英雄也已淡忘了许多往事，只记得是一位叫孙洪发的战友背他下了阵地。

十五军为稳妥起见，急电请回早已转业的孙洪发。孙洪发一下火车就认出了柴云振，两个生死战友抱头痛哭一场。

几年后，老英雄出访朝鲜，朝鲜同志取下英雄纪念馆里凭想象勾勒的柴云振遗像相赠，国防部长秦基伟则在家宴中为自己的老兵满满敬了一杯酒。

柴云振，中国军队在朝鲜战场上又一个响亮的名字！

就是靠着官兵们这种顽强的战斗精神，十五军也整整顶了十天，以一千二百人的伤亡代价毙伤敌军五千七百人，还打掉了四架敌机，成为少数几个在五次战役中得大于失的野战军。彭德怀极为罕见地给十五军发来了感情色彩浓厚的电报："秦基伟，我十分感谢你们！彭德怀。"

从此，十五军这支年轻的部队用自己的战功在彭德怀脑海里刻下了永远不会磨灭的痕迹，当时机到来时，彭德怀是会把更重的压力和更大的荣誉交给这支部队的。

6月10日，美军也在不断的攻击中流够了血，李奇微认为："敌人再次以空间换取了时间，并且在其大批部队和补给完整无损的情况下得以安然逃脱。"

李奇微和范弗里特都估计中朝军队即将举行大规模反攻，遂下令在当日转入全线防御，尸山血海的第五次战役至此结束。

此役中国军队歼敌八万二千人，作战损失八万五千人（死伤，失踪），部队后撤中有两万人失踪，三兵团因一时混乱，失踪最多，达一万六千人，超过一个整师。美国人则宣称5月下旬俘虏一万七千个中国人，这个数字占整个战争中志愿军被俘总数的百分之八十以上，是中国军队在朝鲜战争中仅有的一次严重损失。

三十七

空寺洞志司一个伪装起来的掩蔽棚中，上百名中国高级将领鸦雀无声地听着彭德怀咆哮："韦杰，你站出来！"

六十军军长韦杰低着头站了起来。

"韦杰，你那个一八〇师，是可以突围的嘛，你们为什么说你们被包围啦？你们并没有被包围，敌人就是从前面过去了，晚上还是我们的天下嘛！后面也没有敌人，中间也没有敌人，就是过去了嘛，晚上可以过来嘛，哪有这样把密码烧掉、把电台砸掉的？"

韦杰一声不吭。听到一八〇师的惨讯后，他曾一头栽倒在地昏了过去，这位跟着张云逸、邓小平百色起义的老兵此时羞愤万分。

彭德怀继续吼道："那个一八〇师师长叫什么？回来没有？"

韦杰低声回答："他叫郑其贵，副师长段龙章和参谋长王振邦都回来了。"

彭德怀怒道："他还有脸回来，这样的人，该当军法从事！听说三兵团和你们六十军还给他发去了表彰电，表彰他什么？表彰他全师覆没吗？"

韦杰缓缓抬头说："我认为，把板子都打到一八〇师身上是不公正的。"

彭德怀顿时面色青紫，气得双手发抖：

"那板子该打到谁身上？都是你的责任！你这个军长怎么当的？你像个当军长的样子吗？命令你撤退时，你们就照转电报，为什么不根据具体情况安排好？像你这样的指挥员就是该杀头！我枪毙……"

彭德怀的吼声震撼着松林，全场静得松针落地声都能听见，气氛极度紧张，军长们一个个把脑袋往下缩。

邓华见不对路，悄悄找洪学智商量。洪学智鬼点子多，找坐在门口的陈赓转弯儿。陈赓刚刚带病入朝参加了三兵团的总结。他资格老，彭德怀不会向其发火。陈赓果然站了出来："老总，该吃饭了，肚子都饿了。"

彭德怀冷冷地看着陈赓，停了好一会儿才说："好，吃饭！"说完却站在原地不动。将领们见彭德怀不走，谁也不敢动弹，还是陈赓笑眯眯地上前拉着彭德怀的胳膊往外拽："吃饭去，吃饭去。"

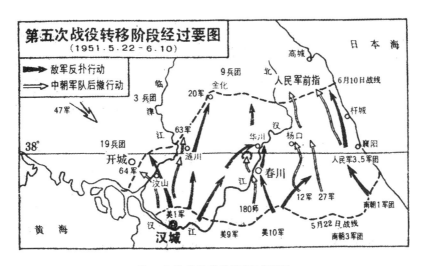

第五次战役转移阶段经过要图

彭德怀终于被陈赓拖走，将领们这才走向食堂。

第五次战役使彭德怀骤然苍老，额上的皱纹一夜间加深许多。他没有枪毙任何人，他明白错误也有自己一份。他是个不能原谅别人的过失，更不能原谅自己过失的人，直到多年后在牢狱中被迫翻来覆去地写自传，他还在不停地反思自己一生中的四次军事失利。五次战役就是其中之一。

曾有这样一个鲜为人知的事件，再深刻不过地说明了，一八〇师的严重损失，使志愿军将领内部的争论和痛苦激烈到了什么程度。

在三兵团十二军代军长肖永银少将的传记中记叙，十二军入朝后在五次战役中进展不畅，彭德怀生气了，竟不无讥诮地嘲讽："人家是权威，咱是丘八，你们不是刘伯承的兵吗？刘伯承不是讲究战术吗？你们怎么不讲究？"

实事求是地说，彭德怀此语确实过分了些。

此语传出，本来就窝火的十二军群情激奋："你把我们的手捆起来，叫我们怎么打！"

王近山在总部会议上竟对着彭德怀拍了桌子："这是什么打法？这样打下去，还有多少人填不进去？"

十二军更由副政委李震执笔，联名五千言呈送中央军委、三总部、各兵种！彭德怀大将风度，一笑了之，再见肖永银时笑道："你们十二军火气不小哇！"

耿直的彭德怀也知道自己失言了。

不但彭德怀，志愿军所有官兵都陷入了痛苦的反思。

口张得太大了，一下想把美军全吞掉，没想到敌人没消灭，还硌了自己的牙齿。战役企图远远超过了我军能力，速战速决解放南朝鲜已成泡影。美军的战斗力必须重新估计。我军的装备太落后不是一时能够改变的。我们需要研究全新的战法，需要全新的后勤系统支持，需要全新的装备。总之，我军现代化的道路还太漫长，"小米加步枪，仓库在前方"的传统惯性思维需要彻底改变。许多帮助我们赢得过无数胜利的传统法宝该丢弃的必须坚决丢弃，许多能帮我们赢得现代化战争的新东西要学习，哪怕那是敌人的东西。

连毛泽东、周恩来等领袖也在总结经验教训。毛泽东专门接见了邓华和三十八军政委刘西元、三十九军军长吴信泉、四十军军长温玉成和四十二军军长吴瑞林，同这几位从入朝起就开始跟美国人交手的将领进行了长时间的谈话。在谈话中，他明白了我军为什么不能一次歼灭美军一个团，为什么小米加步枪受制于飞机、坦克、大炮加面包、牛油，他对美国军队有了新的认识：

"他们的士气很高，自信心很强。"

毛泽东彻底改变了自己对于朝鲜战争的作战指导思想，他准备长期同美国人对峙，直至彻底拖垮美国人为止。现在，他给彭德怀提出的要求只是："我军每一个军一次作战中，歼灭美英士军一个整营，至多两个整营，也就够了。"

这就是抗美援朝著名的"零敲牛皮糖，积小胜为大胜"的战术。

东西还是要吃的，限于条件不能大口吃，那就改小口吃好了，无非吃的时间长一点而已。

与毛泽东的谈话结束后，邓华赶到老首长林彪那里汇报。林彪问得很详细，邓华一点一滴做解释。但到后来，邓华不得不频频看表。几个军长政委都已登上了火车，他非走不可了。

几番犹豫，邓华终于打断了林彪的问话："林总，我真的得走了，火车马上要开了，再不走就来不及了。"

林彪的脸立刻阴了下来，眼睛鸷一般盯住了邓华，不再说任何话，只是缓慢而又坚定地抬起右手，用手掌短促有力地向门口挥了两下……

邓华离开林府时，还感到林彪那阴沉的目光在紧紧盯着自己的背影，他感到一阵不安，但随即坦然，以后回国再向林总多汇报就是了。

邓华不知道，就在他说出那番话时，林彪就把他看成是彭德怀的人了。

1959年彭德怀庐山蒙难，林彪立刻指使黄永胜在军委扩大会上猛攻邓华："你跟林总那么多年，林总对你那么好，你却总跟林总两条心！跑到朝鲜倒是跟彭德怀一拍即合！你说，彭德怀谁都骂，为什么不骂你？"邓华上将理直气壮："彭总骂你是因为你搞皮绊玩女人！我邓华没有生活作风问题，彭总当然不会骂我。"在场数百中国将领顿时哄堂大笑，只有林彪没笑。林彪冷冷地打断了笑声："我昨天想了一夜，总觉得邓华是个危险人物，不宜留在军队。"

邓华，中国军队新中国成立初期最明亮的一颗将星就此陨落了。

兵无常势，水无常形。中国军队这支常胜之师从震撼中醒过来后，在惨痛的失利面前真正认识到了现代战争的本质。中央军委和志愿军上下及时总结经验并进行了全新的思考和探索，对原有的战法进行大规模攻进，终于使自己立于不败之地，并最终取得了战争的胜利。

三十八

在中国人总结教训时，美国人又求和了。虽然取得了五次战役收尾期的小胜利，但美国人清楚地知道，不可能再赢得这场战争的胜利了。面对拥有无穷人力资源的中国，能够守住三八线就已经谢天谢地了。

当美军再次出现在三八线时，美国及其西方盟国所有有战略眼光的人都意识到，这是结束战争的最好的"心理时期"。整个西方都看出来了，朝鲜战争最大的受益者，不是战场上正拼命厮杀的中朝和美国及其盟友，而是袖手旁观的苏联。

英国人向美国人指出，美中交战就像鲸鱼和大象打架，谁也伤不了谁多少，可是中国间接给美国和联合国、特别是给英法，反过来的伤害要大得多。英国参谋长会议甚至认为，即使苏联不干预，如跟中国正式公开交战，也会让西方受到致命的失败。

英国首相艾德礼一再提醒杜鲁门，不要忘记主要敌人是苏联，对中国进行不必要的挑衅是不明智的。

美国政府终于达成了痛苦的共识："只有傻瓜才会在碰都没碰共产主义世界的核心的情况下，同中国发生对抗。"

此时，只有斯大林在笑。但是，连丘吉尔都有些瞧不起斯大林了。

苏联对盟友的态度让人齿冷，它在西方面前拙劣的表演让西方各国对其又敬又畏又蔑视。苏联已经向美国发出了明确的信息，苏联不会在朝鲜打仗。西方甚至由此推断，如果美国越过了中国边境，苏联大概也不会参战的。

现在，连苏联的对手都看出它的问题在于胆小和自私，丘吉尔轻蔑地告诉杜鲁门："苏联政策的核心因素是恐惧。"

艾奇逊则说："在我看来，苏联问题的核心在于这个政权关心的是自己掌权，首先在苏联国内，然后在卫星地区保持影响。"

美国人、英国人着实把斯大林揣摩透了。就在此时，斯大林告诉印度大使拉达克里希南："苏联只关心自身的安全和建立一条由对苏友好国家组成的缓冲带。"

中国人民掀起了伟大的抗美援朝保家卫国运动

现在，美国及其盟友不得不面对残酷的现实：在朝鲜陷得越深，真正的敌人苏联就得益越大，而自己受损就越重。而且，与中国交战也不可能有取胜的希望，出路只有一条——和中国谈判！

然而，对中国把坏事做绝的杜鲁门痛苦地发现，向中国寻找谈判的门路已不知往何处寻找。艾奇逊后来在回忆录中说："是啊，于是我们就像一群猎狗那样到处去寻找线索。"

可是哪里有线索呢？

此时中国国内开展了轰轰烈烈的"抗美援朝保家卫国运动"。根据中共"打扫房子再请客"的方针，西方势力在中国的残余被扫荡一空，美国中情局的潜伏特务几乎被抓光，华盛顿在中国的耳目已彻底闭塞，杜鲁门情急之下，竟然撞大运一般派人到香港寻找一个"毛泽东的远亲"，试图由此打开和中国接触的大门。此人当然无功而返。美国国防部长马歇尔五星上将长叹："（用这种方法与中国联系仿佛）把一封信塞进瓶子里，放到旧金山附近的大海里去……"

杜鲁门的"漂流瓶"里装了些什么呢？据美国文献记载，杜鲁门想通过中间人告诉毛泽东——

"美苏有可能打一场大战，这样就会牵连到中国并葬送掉中国一个世纪以来所期望的局面。美国政府的官方意见是想有一个合理与和平的解决，只要中国领导人'恢复了理智'，随时可以这样做。美国公众并不怎么敌视中国，报纸、广播也没有侮辱中国人。对美国人民来说，打一场不动感情、没有仇恨的战争是一种新的现象。如果中国能跟美国讲和，是在跟一个朋友达成妥协而不是在跟敌人讲和。但是，不动感情也包含一种危险——杀中国人会成为美国人的一种习惯。最后，美国对朝鲜战争的兴趣并不很大。真正的大敌手是克里姆林宫而不是中国。美国希望使朝鲜局势恢复到侵略发生之前的状态，换句话说，就是双方各自回到三八线自己那一边去。"

谁也不知道毛泽东、周恩来是否收到了杜鲁门这个装着威胁利诱兼而有之、胡萝卜与大棒一起挥舞的"漂流瓶"。

走投无路而又精明强干的国务卿艾奇逊只好走了最不想走的棋，他让国务院顾问凯南直接去见苏联驻联合国代表马立克。这一次，美国想谈和的信息终于传到了北京。

西方都能看透斯大林的用心，毛泽东、周恩来当然不会那么天真。毫无疑问，中国在朝鲜已经取得了巨大胜利，战线已从中国边境南推了四百公里，但是，毛泽东、周恩来心里也很清楚，想把美国人赶出朝鲜，彻底取得这场战争的胜利，以现有国力也是不可能的。

中国不可能为了向苏联购买现代化武器，在朝鲜打败美国人而耗尽已经要见底的国库。而且，斯大林的一些做法实在让中国人心寒齿冷。中国人节衣缩食买来的苏联武器中，有一些竟是"二战"中美国根据《租借法案》送给苏联人的东西，很多坦克都是苏军"二战"中用过的旧货，还有些枪支竟是打过"一战"的老古董。

此时，苏联对朝鲜的影响力也已经很有限了。

金日成不管怎样向斯大林卖矿石，也满足不了人民军的武器装备需要。

毛泽东、周恩来心里更是明镜一般。苏联口口声声要中国保卫社会主义阵营，而作为这阵营的头头，斯大林不但不出兵朝鲜，还要叫出兵打仗、蒙受了巨大牺牲的中国付军火钱，这太讲不过去了。

中国开始尝到跟自私的苏联结盟的苦涩之处了，中苏同盟之间已经在蔓生虽然暂时无人察觉、却在悄悄扩大的危险缝隙。

6月3日，金日成前往北京，与毛泽东、周恩来商量停战谈判的政策和方案。

毛、周、金中朝三巨头会晤后，谈判的车轮很快便启动了。6月23日，苏联代表马立克在联合国新闻部发表了希望双方和平谈判的演说。6月29日，美国国家安全委员会向李奇微发出如下指示，并命令他一字不差地准确执行：

奉总统指示，你应在30日，星期六，东京时间上午8时经广播电台将下述文件向朝鲜共军司令发出，同时向新闻界发布：

本人以"联合国军"总司令的资格奉命与贵军谈判下列事项，因为我得知贵方可能希望举行一次停战会议，以停止朝鲜的一切敌对行动及武装行动，并愿适当保证此停战协议的实施。我在贵方对本文的答复以后，将派出我方代表并提出一会议的日期，以便与贵方代表会晤。我提议此会议可在元山港一只丹麦伤兵船上举行。"联合国军"总司令李奇微（签字）。

7月1日，金日成、彭德怀复电：

"联合国军"总司令李奇微将军，你在6月30日关于和平谈判的声明收到了。我们受权向你声明，我们同意为举行关于停止军事行动和建立和平的谈判而和你的代表会晤。会晤地点，我们建议在三十八度线上的开城地区。若你同意，我们的代表准备在1951年7月10日至15日和你的代表会晤。

朝鲜人民军总司令金日成，中国人民志愿军司令员彭德怀。

克劳塞维茨说："战争从来不是盲目的冲动，而是受政治目的支配的行动。所以，政治目的的价值必然决定着愿意付出多大的牺牲做代价和承受牺牲时间的多长。所以，当力量消耗过大，超过了政治目的的价值时，人们就会放弃这个政治目的而采取媾和。"

战争史上最艰难的谈判开始了。

第六章 / **虎跃鹰扬**

一

"克农同志，我点了你的将，要你去坐镇开城同美国人谈判。"毛泽东凝视着对面戴着眼镜、留了两撇漂亮胡子的李克农。

李克农，红色谍报之王，中共情报界"前三杰"中唯一的幸存者。他和胡底、钱壮飞三人曾在千钧一发之际救了整个中共中央机关的性命，以后又担任中共中央联络局局长的职务。李克农是个智勇兼备的奇才，他逝世时美国中央情报局竟放假三天以庆祝最可怕的对手的消失。他是人民解放军唯一没有上过战场的上将。

在李克农传奇性的一生事迹中，谈判占了很重要的位置。这位神秘的幕后英雄也常常走上前台表演他炉火纯青的交流技巧。西安事变时，他协助周恩来同张学良谈判；国共和谈时，他协助叶剑英同美国人和国民党人谈判。长期的革命生涯培养出了李克农坚定的信念和严谨的作风，情报工作的特殊性又给了他宝贵的对敌斗争经验和非凡的应变能力。从1928年起，他就在周恩来直接领导下工作，现在，他是外交部常务副部长兼军委情报部长。毛泽东拿出这样的人物去和美国人谈判，可谓知人善任。

李克农此时严重的哮喘复发。中华人民共和国成立初期，中共的许多元勋名将突然纷纷病倒，这实在是一个值得研究的现象。当长期极度紧张的战地生活突然结束，那紧绷了二三十年的神经骤然松弛，再加上胜利的狂喜，许多人的身体可能难以承受如此剧烈的变化。

由于担心病重误事，李克农提出是否不去朝鲜，让伍修权或姬鹏飞去。毛泽东稍稍犹豫一会儿："还是你去吧。"

李克农再无二话："我马上准备出发。"

后来，李克农差一点儿就因心脏病倒在朝鲜。

此时，中国的大管家周恩来也因劳累过度，憔悴到了可怕的程度，被中央强令休息。周恩来又哪里躺得住，毛泽东也离不开周恩来，一纸急电又召回在外地休养的周恩来主持谈判。

周恩来为李克农配上了一个得力助手，这就是中共"南北双乔木"之一的南乔木乔冠华。以后蜚声国际外交界的乔冠华才华横溢、文思敏捷，对国际问题颇有研究，出任李克农的助手是再合适不过了。

9月5日，柴成文专程从平壤赶到安东迎接二人过江，一行人随即拜见金日成。经中朝两党协商，朝鲜停战谈判第一线由李克农主持、乔冠华协助。根据中国传统的保密规则，中国谈判代表团称作"工作队"，李克农被称为"李队长"，乔冠华被称为"乔指导员"。这二人是幕后人物，不直接出面，正面与美国人接触的是五位谈判代表。

首席代表为人民军总参谋长南日将军，其余四人为志愿军副司令邓华、参谋长解方，抗战时活跃在太行山的朝鲜义勇队队员、现在的人民军将领李朝相，原八路军团长、现人民军第一军团参谋长张平山少将。

同时由人民军最高司令部动员局局长金昌满少将任首席联络官，中国驻朝武官柴成文为志愿军联络官。为掩人耳目，他们两个人都按战争时期共产党的保密规则改名，金昌满改名张春山，原名解沛然、柴军武的志愿军参谋长和中国驻朝武官从此改名解方、柴成文。

因为李奇微来信说美方三名联络官中军阶最高的是上校，金昌满少将只好摇身一变成了张春山上校，柴成文则只有低得可笑的中校军衔。

在以后的谈判中，代表团被分为三线。直接与美国人针锋相对的是军队代表南日、邓华、解方等。二线是有外交斗争经验的"乔老爷"乔冠华，他负责贯彻中央指示和对谈判提出具体方案。三线坐镇指挥的是中国政府代表李克农。

谈判开始，白天由第一线的军队代表和对方代表面对面吵架，晚上一线、二线向李克农汇报，一起研究新问题，最后由李克农归纳总结，发电向国内请示。

周恩来最忙的时候到了，他才是实际上的谈判总老板。他每天上半夜处理战场上的问题，下半夜看过"克农台"来报后，与毛泽东研究对策，发去回电后又开始处理国内事务。他身边几十个工作人员倒班转都累得不行，周恩来却凭借非凡的毅力常常连续坚持工作三四天才睡一觉。一天，他站在办公室几欲晕倒，身边的工作人员见状惊叹："人怎么会累到这个地步！"

周恩来在用血汗做润滑剂，维持中国军事政治中枢的高速运转。

"有凤来仪"这个成语在语义丰富的中文中有一种让人心动的美感。深受中国文化熏陶的朝鲜有一个美丽的庭院，它的建造者肯定深谙并热爱中国文化，他给自己美丽的庭院起了个动听的名字"来凤庄"。

来凤庄将名扬世界，它被选作了朝鲜停战谈判的会址，这个鲜为人知的小庄从此在世界地图上有了自己的坐标。

二

在中朝紧锣密鼓做谈判准备的同时，美国指定了远东海军司令乔埃海军中将为首席代表，以后，这位海军中将给中朝谈判代表留下了较深的印象。

"此人在以后的谈判会场上表现得非常沉着老练，在谈判的技巧上给中朝方面许多谈判新手留下了深刻印象。但他作为职业军人只能够坚决贯彻杜鲁门、艾奇逊、李奇微的意图。可以看出，在谈判中几次会谈并不是他的本意，而是回去后才受命变卦的。"

谈判联络官柴成文在回忆录中不乏褒奖地公允评价了美国首席谈判代表。

乔埃受命后，推荐了自己的副参谋长勃克少将为谈判代表。美国远东空军副司令克雷齐少将、范弗里特的副参谋长霍治少将、南朝鲜第一军军长白善烨少将为其余三名代表。

柴成文用寥寥几笔就为这几人画了像："克雷齐将军精于分析，富有辩才；霍治将军……比较朴实，心直口快，不善辞令，嘴里总叼着根雪茄；勃克将军虽然非常有智慧和才能（乔埃语），但在谈判期间没有明显显露出来。"

柴成文没有评价南朝鲜白善烨，因为此人根本就是个傀儡。其实，仅仅从双方谈判代表组成，就可以看出中美两国与各自盟友间的实质关系。中朝方五名代表中朝鲜占了三位，可以看出，承担了战场上绝大部分任务的中国对危难中的朝鲜仍然是一种完全平等和尊重的态度。

而对方五名代表中美国人占了四席。在高傲的美国人眼里，南朝鲜能有个名额已经算李承晚面子大的了。以后在谈判中，白善烨也充分地证明了自己只是个摆设，他几乎没有被允许说过一句话。

与张春山、柴成文等三名中朝联络官对应的是轻浮傲慢的美国空军肯尼上校、比较文雅的美国陆军穆莱上校。这位肯尼上校第一次与中朝方面联络时，竟一屁股坐在志愿军代表座位上。当朝中方面联系人请他坐在自己的位置上时，他竟蛮横地说：“不，我坐在这儿很舒服。”回去后这位肯尼上校还得意扬扬、不知羞耻地向乔埃上将表功：“我赢了第一个回合。”

还有一位可怜的南朝鲜联络官李树荣中校，美国人从不把他放在眼里，一次休会时竟把这位中校遗忘在中朝方面区内，吓得他尿了裤子。中朝方面只好言语相慰，请他吃顿饭，又用无线电话通知对方把他接走。

7月7日晚，中朝代表团忽然发现一件要紧的事。按国际惯例，双方代表正式见面时要互换全权代表证书，而初登国际舞台的中朝方面根本就没有想到这个事，朝鲜方面立即派人火速赶回平壤请金日成签字，但再到联司请彭德怀签字无论如何也来不及了。

李克农看到工作人员着急的样子哈哈一笑，给彭德怀打了个电话说明情况，看了看其他文件上的彭德怀签名，然后提笔就在全权代表证书上签下“彭德怀”三字。

“太像了，太像了！简直就是一个模子里铸出来的。”

站在一边的邓华惊叹不已，他哪里知道，过目不忘、能倒着看书的特工奇才李克农早已练就一手模仿别人笔迹的绝活。

三

来凤庄其实是一栋坐北朝南的别墅，门前花坛四季飘香，屋周垂柳轻拂，整个建筑古色古香，典雅精致。

7月10日上午10时，双方代表在庄里的过厅内会晤后，步入大厅会场落座。

美国代表乔埃中将脸色难看至极。美国是世界头号强国，战场上却打不赢一个历经百年战乱刚建立一年的贫穷国家，他本人也得作为“联合国军”总司令的代表到对方控制区域去谈和，谈判这件事本身就让乔埃本人和其他美国代表内心痛苦不已。

同行的南朝鲜联络官李树荣中校紧张过度，落座时竟一屁股坐在地上。这一幽默的意外没有引起会场上任何人的一丝笑意。双方在战场上早就杀红了眼，心里都明白，会场只不过是一个虽然没有枪炮声但战斗得同样激烈的阵地。

朝鲜停战谈判随着尴尬的李树荣中校的再次落座开始了。这实际上是中华人民共和国和美利坚合众国的第一次正式谈判。

中朝方是怀着最大的和平诚意来谈判的，他们曾以为谈判会很快结束，因为他们提出的谈判原则建议一点儿也不过分。他们只要求在相互协议基础上双方同时停止一切敌对军事行动。确定三八线为军事分界线，在尽可能短的时间内从朝鲜撤离一切外国军队。

中朝方面后来才了解到，负责直接参加谈判的乔埃等人也希望尽快谈成。乔埃在回忆录里说他曾估计只需要两个月的时间就可以成功。谁也没想到，这场谈判将持续两年，双方还将付出数十万官兵伤亡的代价。

谈判一开始，中朝方面就明显感到美方在由自己主动提出的谈判中没有多少诚意，狡猾的美国人不放过一切机会施展压力，首先要求让记者出席谈判。中朝则认为双方远未达成协议，不应让记者参加。就为这芝麻小事，美方代表掉头而去，于13日乘车返回。

接着，美国人不但不同意外国军队从朝鲜撤军，甚至否定了自己提出的沿三八线停火、恢复战前状态的提议。

是时，双方在战场上各控制了一部分战前属于对方的地段，中朝方占领了三八线以南的开城地区和延安翁津半岛，美韩方则占领了三八线以北的金化至杆城一线。比较而言，美韩方所占区域比中朝方稍大一些。

美国国务卿艾奇逊曾两次公开发表同意在三八线停火的建议，没想到谈判开始，中朝方提出美国人把东面那块山地划过来，中朝方把西面那块平原划过去，彻底恢复战前三八线的原状时，美国人却不干了。他们的理由很奇怪，说如果以三八线为界，从地形上看，美军在东线后撤之后，难以重新攻取，中朝在西线后撤之后则易于重新攻取。

被彭德怀称为"军中诸葛"的解方当即把提出这个意见的霍治将军顶得无言以对：

"我们在这里到底是在讨论停止战争、和平解决朝鲜问题，还是在讨论停火一下再打更大的战争呢？"

周恩来一眼就看透了美国人的心思："美国为什么原来赞成在三八线停

战而现在又不赞成了呢？其原因就是因为三八线的停战带着政治意义。因为如果在三八线停战，那就更清楚地指明是美帝国主义发动了侵略，侵犯了北朝鲜的独立，而现在恢复原状了……"

现在，美国人提出不但要以在现在稍占便宜的军事实际控制线上停火，还要中朝单方面从现在的阵地全线后退三十六公里至六十八公里，让出一万二千平方公里土地作为对其优势海空力量的补偿！

李克农敏锐至极："看来对方已经没有凯南约会马立克时那样紧迫了。"

的确，美国政府的鹰派们认为同中国谈判已经很丢面子了，而美国强大的军事力量完全可以争取更多的东西。

美国人自己也知道自己的要求无理。美国人能守住现有的战线是靠陆海空三军合力才办到的。李奇微后来也说："要不是我们拥有强大的火力，经常得到近距离空中支援，并且牢牢控制着海域，则中国人可能已经把我们压垮了。"

既然现有战线是靠三军合力才能守住，中朝方面凭什么再给美国人的海空力量以补偿？

南日将军在谈判桌前将乔埃驳得哑口无言，美国人则在会场周围不断制造事端。他们铁了心要再打一仗夺取自己所要的东西。

8月19日晨，九名中朝军事警察由中国排长姚庆祥率领，在中立区巡逻，南朝鲜军三十余人一阵乱枪射来，姚庆祥当即倒在血泊中。

这位中国排长手中有枪却没有还击，他的最后一句话是："这是世界问题，宁可牺牲自己……"他至死遵守了谈判协议。

一位朝鲜阿妈妮像抱着儿子一样抱着姚庆祥哭着说："不要把他送回中国，他是为了我们朝鲜牺牲的，把他永远留在朝鲜吧！"在场中朝战士和当地群众无不潸然泪下。这就是当时震惊世界的枪杀中立区国事警察姚庆祥事件。乔冠华愤笔写下一副很知名的挽联："世人皆知李奇微，举国同悲姚庆祥。"

接着，美国飞机居然多次轰炸扫射中朝代表团驻地，美国联络官肯尼上校在勘察现场时，竟指着弹坑内的弹片吹了一声口哨：

"见过炸弹的人都不会相信这是炸弹。你们说飞机来了，那架飞机有几个发动机？"

气得中朝代表浑身发抖。

类似事件一个接一个。中朝代表团成员除了张春山、柴成文带着一部同对方联络的无线电报话机仍留开城以外，被迫疏散转移，一会儿搬这里，一会儿转那儿，不要说工作，连日常生活都没法正常进行了。

终于，李奇微在东京宣布："用我'联合国军'的威力，可以达到'联合国军'代表团所要求的分界线的位置。"

美国代表开始拍着桌子叫嚷："让炸弹、大炮和机关枪去辩论吧！"

谈判已成一场闹剧。

会谈中，谈判老手乔埃使出怪招，他干脆一言不发，专心致志地玩弄铅笔。整个会场一片寂静，一分钟，两分钟……

时间一分一秒地过去，双方都有人在记事本上绘起了美丽的图画，而更多的人则在桌子两边互相怒目瞪视。

双方静坐了一个小时，柴成文按预案离开会场向李克农请示，李克农鄙夷地一笑："就这样坐下去。"

柴成文回场后在纸条上写了"坐下去"三个字传给中朝各位代表，这下代表们就坐得更有劲了，整个会场只听得到香烟被狠抽一口时发出的"吱吱"声。

两个多小时后，乔埃终于坐不住了："我提议休会，明天上午 10 点继续开会。"美韩方代表如蒙大赦，翘着麻木的屁股赶紧上车回家。

中朝方的代表虽然同样一瘸一拐，却由于在精神上战胜了对手而兴高采烈。

此时，战场上早已打成一锅粥。

四

两百公里长的战线上，枪声从来就没有停过。从五次战役后期起，彭德怀一直在筹划新的战役，而前线部队一边开始大修防御工事，一边与敌军挤阵地。

当四十二军军长吴瑞林中将潜抵前沿阵地观察时，气得要命。他看到取得五次战役后期小胜的美国兵猖狂至极，其坦克每天爬到步枪射程内抵近射击,炮兵则按规定的时间在标定的地点打出几百发炮弹。每天干完了这点活儿,美国兵余下的时间就在火炮、坦克周围喝啤酒、吃罐头、吸香烟,吴瑞林甚至用肉眼都能看到,一大群美国兵吃饱喝足,居然跳起欢快的舞蹈!

"好狗日的,老子叫你们跳舞喝酒!"吴瑞林狠狠骂了一句。

几天之内,六个炮兵营、两个战防炮连被吴瑞林秘密集结到阵地前沿纵深。当美国兵开完炮又开始欢乐派对时,吴瑞林把拳头往桌子一砸,一二六师师首长立刻统一指挥上百门火炮猛轰一阵,顷刻之间,美军两个炮群数十门大炮和七辆坦克被炸成废铁,正在开狂欢派对的美国士兵就再也跳不了下一支曲子了。

6月30日,装备了三十辆T-34/85坦克、六辆ZS-2重坦克和四辆SU-122自行火炮的中国第一坦克团向美军阵地发射了第一发坦克炮弹。中国装甲兵入朝,他们首次参战就发明了坦克炮间接射击法。

抗美援朝期间,志愿军计有装甲兵三个师另六个团参战。从1951年3月31日开始,志愿军坦克第一师和第二师三团的铁甲轰鸣着冲入烽火连天的朝鲜战场,并以坦克兵第一师师部为基础组成了志愿军装甲兵指挥所。

夜战歼敌

当年 10 月，中国与泰国两国的装甲部队在铁原西北的 190.8 高地酣战一场，这也是朝鲜战场上极少数双方都出动坦克对攻的局部战役之一。

朝鲜战争中，由于当时特殊的历史原因，泰国曾经派出一个营参加"联合国军"，这个营属于泰国皇家陆军第一旅第二十一团，由泰国皇室一位王子亲任少将团长，总兵力一千零五十七人。

1951 年 10 月，泰国营接下了伤亡惨重的美三师的 190.8 高地防务，立即挨了志愿军当头一棒。接防时，由于对志愿军利用换防时机发动突袭的战术早有耳闻，泰军除在这个小小的高地上用一整个加强连严密设防外，还另外配备了六门榴弹炮、九辆坦克加强高地防御。没想到志愿军坦克师雷霆出击，配合一个团借着月光夜袭高地（泰军万没想到中国军队居然动用装甲部队夜战，猝不及防中半个小时即在高地上全军覆没），泰军出动坦克反攻，结果装备的薄皮 M-24 霞飞不敌皮糙肉厚火力猛的 T-34，四辆被击伤，由于后路被截，加强防御的泰军九辆坦克和六门榴弹炮均被中国军队缴获。

吃了大亏的泰国营匆匆从国内补充兵员后再次上阵，为挽回泰军荣誉，以后每逢中国军队攻击时，骁勇的泰军必拼死相应，血战到底，结果回国统计战果时大吃一惊，泰国营一千零五十七人出征，竟有九百一十三人伤亡，如果不是国内补充，真是全军覆没了，来自东南亚雨林的泰军之敢战可见一斑。至今在韩国的抱川，还有纪念泰国营阵亡人员的一个纪念碑。泰国营的英勇也为自己赢得了在泰国军队中的独特光荣，今天，这个营所属团是中国人民非常熟悉亲切的泰国诗丽吉皇后的皇家卫队团，成为泰国皇家陆军的一支王牌部队，曾与中国装甲部队在朝鲜鏖战过的该团正在换装适合热带雨林作战的中国造主战坦克。由于中国军队在朝鲜战场上的英勇和战斗力的顽强给泰国军队留下深刻印象，今天，泰国军队的许多三军主战装备都来自中国，中泰两国也早已成为关系极为亲密的友好邻邦。

中国军队的装备正在悄悄改善……

战线各处都有这样小规模的战斗发生。

6 月末，中国军队开始积极筹划第六次战役。彭德怀准备坚持以三八线为军事分界线，他想用军事压力迫使敌军同意这个条件。

他向毛泽东报告："如美国坚持现有占领区，我即准备 8 月反击。"

开城谈判开始时，地面战场一度比较平静，双方只有小部队接触，只有美国空军仍在频繁轰炸中朝军队后勤补给线。但是中朝联军一刻也没有松懈，不停地大挖防御工事。而将领们心中更清楚，有战场上的胜利才有谈判桌上唇枪舌剑的胜利。毛泽东也说得很明白："谈的只管谈，打的只管打！"这位大战略家太明白能战方能言和这个道理了。

彭德怀听到美国人不但不想以三八线为界，还要中朝方面单方面让出一万两千平方公里土地的消息时，怒极反笑："美国人好大的胃口！哈！战场上得不到的东西，还想在谈判桌上得到？非把你多吃下去的东西打得吐出来不可！"

7 月 24 日，停战谈判已经进行了半个月，却连谈判议程协议都未达成。彭德怀准备彻底打掉美国人的幻想，用军事胜利来打醒不知天高地厚的美国人。

"上报中央军委，建议发起第六次战役，打到三八线南面去，然后再撤回来以三八线为界，让美国人不要再痴心妄想，老老实实谈判。"彭德怀告诉几位副司令。

毛泽东思考了两天。他面对南海那一湖碧波轻蔑地冷笑："美国人大概以为我们不敢再打下去了。这些帝国主义者不知道中国人民已经觉醒了，到现在为止，老百姓捐的钱可以买两千多架飞机、几百辆坦克，老太太都献出了棺材钱，白发翁拿出了自己的养老金。有人民做我们的后盾，我们难道就不敢打？你美国人要打多久我毛泽东奉陪多久！"

两天后，毛泽东批复："战争没有真正停止前，准备 9 月反击是完全必要的。"

8 月 17 日，彭德怀正式下达作战命令，计划出动志愿军十三个军和人民军四个军团，以及航空兵二十二个团，一举攻破"联合国军"防线，然后打到三八线以南。大军已箭上弦、刀出鞘，蓄势待发。就在此时，名将邓华提出了不同建议。

邓华看着地图想来想去，觉得就地停战中朝方并不吃亏，美军所占东线地区面积稍大却全是山区，人口稀少土地贫瘠。西线中朝方所占面积虽略小却是平原，人口稠密，土地肥沃，离汉城也近，对敌威胁同样很大。

邓华直接跑到前线了解敌情，在望远镜里，这位名将看到，美国人正拼命修筑钢筋水泥工事。

经过缜密思考，他提出停止第六次战役的建议："当前敌人已有强大纵深的坚固设防，而又是现代的立体防御，是不可小视的。如我以现有力量和装备进行攻击，其结果有三：一为攻破了敌阵，部分歼灭了敌人；二为攻破了敌阵，赶走了敌人；三为未攻破敌阵，而被迫撤出了战斗。不管哪一结果，伤亡和消耗都很大，尤其后者对我是很不利的。相反地，如敌离开他的阵地，大举向我进攻，我以现有力量是可以将其打垮而求得部分歼灭的，代价也不会很大。"

此时军委和总参都有人认为，再以原有战法发动攻势，还是会像五次战役那样打来推去，因此也不赞成彭德怀发动第六次攻势。

邓华的建议引起毛泽东、彭德怀高度重视。邓华说得有理，但是领袖和元帅都在忧虑一个问题：中国军队自创建之日起就处在极劣势的环境中，一向是打得赢就打，打不赢就走，靠高明的战术机动制敌于死命，从来没打过阵地战。只有德国人李德在中央苏区干过一次"御敌于国门之外"的傻事，结果是中央苏区的丧失和艰苦卓绝的长征，害得大伙儿一气跑了两万五千里路。邓华的建议和李德的战术差不多，他的建议是改打与敌对峙的阵地战，而且这将是中国革命战争史上前所未有的长期阵地战，问题是在美军那样强大的火力下，中国军队能否守住阵地呢？

战场上的答案让毛泽东、彭德怀喜出望外。李奇微的夏季攻势和秋季攻势在中朝联军阵地前碰了个头破血流。

五

8月18日，范弗里特在东线美十军防线内发起了夏季攻势，他要用胜利夺取美国人在谈判桌上得不到的东西。几十万发炮弹飞蝗般落在朝鲜人民军八十公里宽的防线上，上千架次美国飞机扔下雨点般的炸弹。火力准备结束后，南朝鲜第一军对丁字峰、美十军对血染岭和昭阳江东岸一齐发起攻击。"联合国军"1951年夏季攻势第一阶段开始了。

南朝鲜头号王牌师、首都师师长宗尧赞准将指挥所部攻击了924高地。

是时朝鲜中部暴雨连绵，降雨量为四十年来之最，雨水积平了人民军阵地上的野战工事，人民军战士全身浸泡在污水中坚持战斗。战斗惨烈至极，924 高地失守时，即使是大雨也冲不散一条条壕沟里的殷红血水。

当夜暴雨倾盆，人民军在雨幕掩护下反冲上去，把 924 高地上的南朝鲜军杀了个片甲不留。第二天白天，在更强大的火力掩护下，南朝鲜军又冲上高地，双方在密得眼睛都睁不开的暴雨中杀成一团。

历经反复攻击，南朝鲜军终于进到了人民军主阵地 965 高地。人民军十三师二十一团和南朝鲜首都师二十六团在这个小小的山头上血战三天三夜，打到最后各自弹药均已告罄，双方士兵就在山上用石头肉搏。血战中，由于敌军炮火过于猛烈，人民军白天撤出阵地避免杀伤，夜里再拼命反击夺回阵地。8 月 24 日夜，一位名叫李明植的人民军排长舍身堵住了敌枪眼，保证了部队反击成功。

这位战士是人民军的大英雄，在人民军战史上有着黄继光在中国军队那样的位置。

几天血战之后，南朝鲜首都师以重大伤亡为代价，占领了区区几个不起眼的小山包，就再也无力进攻了。"联合国军"在加田里一带的进攻被挫败了。

朝鲜担架队员在运送伤员

在南朝鲜首都师攻击 965 高地时，南朝鲜十一师吴德俊准将指挥所部猛攻 884 高地。该高地距海岸仅有十六公里，位于美国海军大中口径舰炮射程之内。美国海军动用新泽西号、威斯康星号战列舰的四〇六巨炮对吴德俊的进攻进行了火力支援（四十年后，参加当时炮击的两艘战列舰又在海湾地区对伊拉克军进行了轰击）。

四〇六巨弹每枚重达一吨半，其威力可想而知。人民军阵地被夷为平地，南朝鲜军一个名叫郑唐喆的少校营长顺利地登上了 884 高地。884 高地是丁字山高地群的末端，占领了这个高地就能威胁人民军在南江南岸阵地的侧背。范弗里特和南朝鲜参谋总长李钟赞中将都专电祝贺部队夺取了这个小山包。

如芒在背的人民军当夜乘雨反击，又将南朝鲜军赶下山。第二天美国军舰打来更多的炮弹，郑唐喆营长比第一次更轻松地夺回了高地。到了 21 日晚，不但下起了大暴雨，连浓雾都跟着来了，人民军将士一阵呐喊，再次冲上山头将南朝鲜军反击下去。恼羞成怒的南朝鲜军第三次攻上山头，人民军依方抓药，夜里第三次又夺回阵地。双方每拉锯争夺一次，就在山坡上扔下一大片被雨水泡得惨白的尸体。日本人写道："就这样三次夺取 884 高地，又三次被夺回去了，军队首脑高兴到发贺电的程度，这个主要据点到底也没能坚守得住。"

范弗里特阴着脸来到南朝鲜军的指挥所督战。战场上的进展离"联合国军"的要求太远了！死了这么多人，只夺到几个无足轻重的小山头，他实在不愿相信这个事实。

在开城会场无事可做的南朝鲜代表、第一军军长白善烨干脆跑回部队赤膊上阵大打出手，指挥所部于 26 日再次发动攻击，三天后终于攻占了丁字峰。到这时，南朝鲜一军已经被打残废了，士兵的鲜血和着雨水将几个小山头染得通红，到手的却不过是几个无足轻重的小制高点而已。战后连南朝鲜军队自己都问——"在那几个小山包上流那么多血值得吗"？

南朝鲜军在"亥安盆地"东侧奋战，美国第二师也在向"亥安盆地"西侧 987 高地发起猛攻，人民军几巴掌扇过去，把美国人的脸都打肿了。美国人伤心地给这座山包起了个名字"血岭"。

朝鲜妇女跋山涉水运送弹药

进攻开始那天，美二师师长拉夫纳少将用配属给自己的南朝鲜五师三十六团当炮灰。南朝鲜五师尚在整训中，师长闵机值准将，据说这是位因善战而受到称赞的勇将，以后任南朝鲜参谋总长。

按说整训中的部队是不应参战的，但美国人的血要比南朝鲜人值钱。美国佬冠冕堂皇地找了个"锻炼南朝鲜部队"的借口，就将南朝鲜士兵推上屠场，顶替美国步兵去攻山头。不过拉夫纳师长还算够意思，他给了南朝鲜人足够的火力支援。

七个营的美国炮兵支援了这次进攻。他们在四公里的攻击正面上摆了两百门炮，平均一公里摆了五十门。拉夫纳师长告诉炮兵，"在这次攻击中弹药没有限制"。

后来日本人统计，在九天的战斗中，拉夫纳仅炮弹就消耗掉三十六万发，平均一门炮发射二千八百六十发，平均单炮日发弹七百二十发，仅炮弹就耗资一百亿日元！这就是被美国国会议员认为是浪费美国纳税人财产的所谓"范弗里特弹药量"。迷信火力的范弗里特要用钢铁和火焰取得"联合国军"想要的战线。

中国人民志愿军和朝鲜人民军的战斗友谊万岁！——中朝战士胜利后亲切联欢

美国战史记载，目标高地和中朝炮兵阵地完全被炮弹的烟尘所覆盖，使人感觉好像一个活人也没有了。

但是，人民军战士不但在惊人的炮击中生存下来了，还杀得"联合国军"尸横遍野。

进攻的南朝鲜部队首先碰上的是无处不在的地雷。据说这些地雷就是那种以后在南越也发挥了效用的中国造的小型地雷。日本人称："进攻首日，南朝鲜军与地雷一直从清晨奋战到夜间。"

这一天，除了在雷区里留下一大片尸体，外加背回许多缺腿少脚的士兵外，拉夫纳师长和南朝鲜黄烨团长什么也没得到。

第二天进攻继续。打到晚上，他们又只得到了只剩两个排的两个连。人民军聪明地将掩蔽体构筑在反斜面山头，美国人炮击时他们躲在山头背面的洞子里，炮击停止再冲上山头打冲锋的步兵。

这场战斗打了整整九天，双方士兵的鲜血染红了几座山头，美国随军记者在山脚下看到，血水将几座山头全部包裹住了，他们惊恐地大叫——"Bloody Ridge"（血染岭）！

这个别称很快与另几个山头的别称一起传遍了世界。

东线坚守阵地的人民军将士环境极其艰苦。是时，朝鲜中部暴雨连续不停地下了一个多月，山沟小溪都变成了五十米宽的大河，人民军战士终日浸泡在积水淹没肩膀的战壕里只露出脑袋举起双手奋战。弹药和粮食只能靠小木筏和简易索道运送。在这种非人的环境下，人民军给了敌军以极大杀伤。围绕这个高地所展开的战斗持续了两个月之久。1211 高地被朝鲜人民称为"英雄高地"，它的含义和上甘岭在中文词汇中代表的精神相同。

南朝鲜兵被打垮以后，美国王牌海军陆战一师亲自操刀上阵，照样被杀得丢盔弃甲。美国人大大缩水的伤亡数字中也承认，在攻击血染岭的三周时间内，共损失二千七百余人。美国人痛苦地看到，他们用三个星期的时间、无以数计的金钱和惨重的伤亡，竟夺取不了一个像瘤子似的四平方公里的小山包。人民军称其歼敌二万四千余人，其防守主阵地丝毫未损。

六

范弗里特上将已陷入一种病态的偏执，他和麦克阿瑟一样想扩大战争。除了好战本性之外，他还有一个说不出口的私人理由——他要为爱子报仇。

朝鲜人民向志愿军控诉美军暴行

范弗里特的儿子是美国远东空军轰炸机部队的一名中校，范弗里特在他身上寄托了自己的一切希望，可这个很争气的儿子竟在轰炸志愿军后勤枢纽物开里时，被洪学智指挥的中国高射炮兵给打得尸骨无存。范弗里特曾在谈判中专门要求中朝方提供他儿子的下落，可中朝方除了能答复曾打下过一架轰炸机又能提供什么呢？小范弗里特早就烟消云散了。

老年丧子的范弗里特报仇心切，可是战场上连根稻草都捞不着。

一不做，二不休，范弗里特丢了那么多士兵的性命还不甘心，在血染岭战斗陷入僵局时，他又搞了个"猛禽之爪"作战计划。计划基本内容是在东线人民军侧后的元山港发动登陆战，同时以中线、东线正面部队大举北进，将战线推进到金化—金城—金刚山—长箭一线，从根本上改变战局。

现在李奇微倒是又有点想谈判了。夏季攻势开始不久，他就发现战果和预料的完全不同，拿无数生命和无以数计的金钱去换几个无足轻重的山头，即使是美国人也打不起这种仗的。

后来中国人讽刺美国人老是"谈时想打，打时想谈"。

开城谈判此时已完全终止，李奇微除了用实力拉出中朝方面外也没有别的办法。但是，前方战局的报告"就连猛将也为之震惊"，对朝鲜的损失只是估计数，自己的损失和弹药消耗却是摆在那儿的冷酷事实。范弗里特的"猛禽之爪"所造成的损失会大到不能承受的！何况政治上也不会允许。

李奇微驳回了范弗里特登陆作战的计划，只同意其继续按正面进攻的既定方针作战。范弗里特大失所望，只好发动了缩水版的"猛禽之爪"作战计划，除命令南朝鲜第五师继续在"血染岭"争夺外，又命美第二师夺取931高地群。没想到这次更惨，继"血染岭"之后，美国人又打出了个"伤心岭"。人民军不但砍掉了范弗里特猛禽的爪子，还把猛禽打成了一只死鸡。

"伤心岭"正名851高地，日本人形容："这是一座胆小的人一看就会胆怯的山岭，从主脉向东西伸出的无数支脉会使人想起鱼的背骨而感到毛骨悚然。"可见这个高地地形险恶，易守难攻。

目击了851高地战斗的美国新闻记者喊出"Heart break ridge"（伤心岭或断肠岭）。这个名字非常贴切，以后美国人一想起这座山岭付出的牺牲就痛断肝肠，心如刀绞。

主攻伤心岭的是美二师二十三团。团长阿达姆斯上校出身西点，身高超过两米,以勇悍刚毅著称,他的前任就是因坚守过砥平里而出名的弗里曼上校。

阿达姆斯总想立下奇功超过前任,可惜人民军却让他以败仗闻名。

二十三团刚出发,雨点般的迫击炮弹就落了下来。美国军史胆战心惊地记录了人民军炮击的准确:"这次射击好像是经过精细的计算,从第一发炮弹开始就是效力射,准确地捕捉住了整个纵队。"

在伤心岭战事中,人民军巧妙地使用了迫击炮。以后美军统计,其伤亡的五分之四都是迫击炮造成的。

一天激战过后,阿达姆斯上校的第一梯队寸土未得,"在爬上棱线想要一举夺下伤心岭山背时,就好像闯进了黄蜂的窝巢里一样"。

美国第二师就这样陷入窘境。人民军六师师长洪宁少将智勇双全,用炮火猛击美军后勤补给线,派侦察组往趴在石头山上不知所措的美国兵头上狠甩手榴弹。五天过后,美国二十三步兵团被打残了,那个在洛东江畔以"林奇特遣队"出名的九团团长林奇上校不忍看到同僚的惨状,主动要求出手相助,从侧翼攻击伤心岭。南朝鲜第七师由金容培准将率领也投入战斗。对伤心岭这个小山头的进攻变成了大规模战斗。阿达姆斯上校感到丢脸极了,于9月21日和23日拼出了二十三团的最后一点精血发动进攻,结果还是被顽强的人民军打得落荒而逃。

严阵以待,坚决彻底
消灭敢于进犯之敌

血腥的伤心岭之战持续了两个星期,最后美国人把法国营都投入了战斗,851高地仍岿然不动。以刚毅闻名的阿达姆斯上校也垮了,当面给杨格师长提出停止攻击的意见。杨格师长和巴亚斯军长无奈，只好于 9 月 27 日停止了进攻，自负的杨格师长不得不做出了痛苦的结论："（851 高地之战）是一个大失败。"

这样，从 8 月 18 日起，在暴雨中血战一个月后，美国人以七个师兵力发起的"夏季攻势"以惨败告终，范弗里特在人民军八十公里的战线上仅仅推进了两公里至八公里。而在中线和西线，中国军队却趁机大打出手，抢了不少美国人的山头。

美国参联会主席布莱德雷将军哀叹："这次攻势是没选好时机、没选好地点、没选好敌人的败仗。"

彭德怀和志愿军诸将闻言大笑，看来守住战线、打阵地战没多大问题了。第六次战役时间被再次推迟，事实上已被取消。前五次战役使用的运动战战法被放弃了，中国军队即将开始全新样式的阵地攻防战。

七

美国人要用机枪大炮去辩论，结果在战场上只得到一个"悲壮的"结果，国际上要求停战的压力越来越大，杜鲁门又想谈了。美国人很乖巧，自己给自己找了个台阶恢复了谈判。

9 月 10 日凌晨，血染岭战事正酣，伤心岭大战即将揭幕，一架美机冲入开城中立区满月里上空扫射，毁损几幢民房。

这就是成为战争双方恢复谈判契机的"满月里事件"。

这次美国出席现场调查的已不再是那位胡搅蛮缠的肯尼空军上校，而是换上了沉着冷静的戴罗陆军上校。

中朝方的张春山上校指着弹痕说："人证、物证俱在，你方违反协议的事实不是很清楚了吗？"

戴罗上校拿着皮尺左量右量："我没有看见是我们的飞机。"

事情巧极了，戴罗话音未落，巨大的飞机轰鸣声由远及近传来，机群临头时已是震耳欲聋，美军轰炸机战斗机的混合编队再次飞临中立区上空。

中朝联络官手指天上的飞机，用嘲笑的眼光看着戴罗上校，上校尴尬无比。

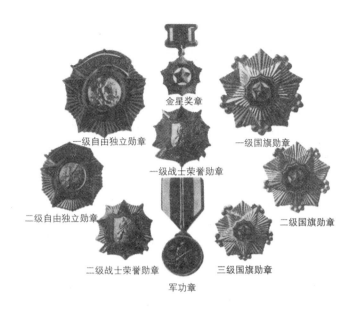

金星奖章

一级自由独立勋章
一级国旗勋章

一级战士荣誉勋章

二级自由独立勋章
二级国旗勋章

二级战士荣誉勋章
三级国旗勋章

军功章

朝鲜民主主义人民共和国授予中国人民志愿军将士的各级勋章、奖章

当日夜，美军总部电台承认此次事件是"联军"飞机所为。第二天，美国首席谈判代表乔埃正式致函南日，承认"满月里事件"是美方飞机造成并表示遗憾。接着，在伤心岭战火冲天、美军进攻一再受挫时，李奇微又主动给金日成、彭德怀写信，承认此次事件责任并表示遗憾。

中朝蔑视地看着美国人的丑恶表演。他们看出来了，对方对各种破坏谈判层出不穷事件的承认与否，并不取决于"调查结果"。如果不需要承认时，当着上帝的面，美国人也能把白天说成是黑夜。现在美国人主动认错，肯定是想找借口恢复谈判。但为了给和平一个机会，中朝决定给美国人搭个梯子下台。

9月19日，金日成、彭德怀致函李奇微：

鉴于你方已经对最近一次"联合国军"破坏开城中立区的事件表示遗憾，并愿对于开城中立区协议的破坏持负责态度，因此，为了不使上述那些未了事件继续妨碍双方谈判的进行，我们建议：你我双方代表应即恢复在开城的停战谈判。

第二天，杜鲁门在华盛顿召开记者招待会称，美国"愿尽一切努力促使朝鲜冲突获得和平解决"。

眼看复谈在望，没想到风云突变，李奇微于三天后忽然又来一信，不仅推卸历次事件责任，而且将拖延谈判之责诿过于中朝，最后要求更换谈判地址，建议联络官于次日在板门店会晤，讨论双方满意的复会条件。

原来，美国政府内部的鹰派们实在是心有不甘。李奇微也属于主战派的代表人物。夏季攻势损失了几万兵员，消耗了数量惊人的物资，最后却落了个两手空空。李奇微、范弗里特和美国军官们研讨一番，竟一致认为这种结果不是双方军事力量的正常对比，只是因为美军自己犯了有限攻击正面和攻击兵力过死这种战术上的错误才招致失败，如果发动大规模攻势，美国的机关枪和大炮还是可以赢得美国人想要的谈判结果的。

24日，双方联络官在以后名震世界的板门店会晤。这时的板门店只有一座草房，可怜双方联络官连板凳都没得坐，只好站在路边会谈。美国人既然一条心还想再打，那自然谈不出什么结果，双方又僵住了。

李克农这段时间吃了一惊，得了一喜。惊的是因工作过度，某日心脏病突发，倒在地上差点送命，幸亏医生有经验，往他嘴里塞了一片急救药，让他原地躺了一个多小时才救过来。醒来后，李克农坚决反对向中央汇报此事，代表团还是向周恩来发电报告，周恩来急派伍修权来换李克农。伍修权人虽来朝，李克农却以"临阵不换将"为由坚持留在开城。

喜事也不小，李克农当了爷爷添了孙子。南日大将特来祝贺，李克农笑眯眯地请南日给不能见面的孙子起个名字，南日略一凝思："我们舌战在开城，就叫开城怎么样？"

李克农哈哈大笑："这名字有意义，就叫开城！"

消息传到北京，李克农家人十分高兴，也盼望谈判成功，李克农早日凯旋，又把"开"改为"凯"，既取谐音又有双层含义。

机警过人的李克农看透了美国人的鬼心眼：

"这次谈判不是胜利者同失败者的谈判，平心静气地讲，只是战场上打了个平手的谈判。可是，对于这个特点，对方是不肯承认的。他们是世界头号强国，总放不下架子；而我们是刚刚取得了胜利的人民，谁要想压倒我们也是不可能的。他要压倒你，你又不服压，这就势必造成了斗争的长期性和复杂性。从对方讲，他在打的时候想到谈，谈起来达不到目的又想打，打不

384

出名堂来再来谈，谈起来又想拖，总不能痛痛快快地达成协议就是了。所以我们的同志切不可急躁，急也没有用。"

果如李克农所言，9月29日，"联合国军"及其南朝鲜军在二百余公里的战线上发起美国军官们想要的并寄托了最大希望的大规模攻势，九个师在上千架飞机、几千门大炮的配合下，猛攻西线中国军队阵地。李奇微的"秋季攻势"又开始了。

<h1 style="text-align:center">八</h1>

彭德怀对李奇微的进攻嗤之以鼻，他自信能挡住敌军攻势，只是后勤供应让他忧心不已。

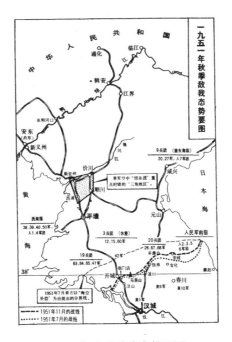

1951年秋季敌我态势要图

这一年朝鲜爆发四十年未遇的大洪灾。山水下冲，河流漫溢，泛滥成灾，河流水位普遍上涨三米至四米，最高竟达十一米，水流速度每秒四米至六米。洪流所至，交通中断，堤防大溃，房屋倒地，千辛万苦运上前线的物资装备被冲走毁坏。志愿军主要后勤集散地三登更是一片汪洋，连高高的电线杆都沉到水底。三登高炮营的战士被突发的洪水逼上高压线，电缆承受不住重负断裂，一百六十七名忠勇官兵没死在战斗中，却被洪水活活淹死……

志愿军后方的公路路面全部被洪水冲坏，路基被冲塌，二百零五座公路桥竟无一幸免，全部被洪水冲散了架。志愿军后勤供应进入了最困难的时期，可是反击敌军攻势又需要大量的物资……

就在彭德怀、洪学智为后勤日夜揪心的时候，情报传来，美国人要乘大洪水之机，在正面战场发动秋季攻势的同时，在志愿军后方发动一场大规模空中攻势，大批美机将对志愿军后方最狭窄的蜂腰部进行长时间的毁灭性轰炸，彻底切断志愿军后勤供应线，阻挡志愿军前后方的联系，将志愿军前线部队活活绞死、慢慢闷死。美国人得意地称此为"阻碍战""窒息战"。

美国人对自己的力量如此自信，以致远东空军第五航空队司令埃佛勒斯特中将在绞杀战刚一开始时，就自信地告诉记者们："对铁路实施全面的阻滞突击，将能削弱敌人到如此程度，以致第八集团军发动一次地面攻势即可将其击溃，或者将能使敌人主动把部队撤至满洲境内附近，以缩短其补给线。"

彭德怀看着这位不知天高地厚的美国空军中将的狂言，冷冷哼了一声，召来了正在成川香枫山的志愿军后方勤务司令部指挥作战的洪学智。

志愿军英勇作战

洪学智后来回忆自己当时的心情用了十二个字："日不能安，夜不能寐，心急如焚！"

作为志愿军后勤司令员，洪学智要让近百万大军有粮吃有弹打，身上压力可想而知。

彭德怀一见累得脸色青黄的洪学智就说：

"洪大麻子，敌人要把战争转到我们后方了。这是一场破坏与反破坏、绞杀与反绞杀的残酷斗争。前方是我的，后方是你的。你一定要千方百计打赢这场战役。情况随时向我报告！"

洪学智领命而去，在彭德怀指挥中朝前线部队粉碎敌夏、秋攻势的同时，指挥打响了中国军队第一场诸兵种联合后勤战。他和广大志愿军后勤官兵团结一心，用让后人佩服得五体投地的智慧大战敌机，志愿军后方铁道部队、工程部队、运输部队、公安部队、高射炮兵、航空兵、兵站仓库、医院紧密协同，在千里交通线上与美国空军斗智斗勇，以中国式的智慧对付美国人最先进的科技，取得了不折不扣的人间奇迹般的胜利。

千里铁道线上，志愿军官兵在被洪水冲毁、敌机炸断的西清川江桥、东大同江桥和东沸流江桥头，集中一千多辆汽车反复倒运、接运、漕运了两千车皮的物资，保证了路断、桥断，运输不间断。这种方法大概也只有中国人的脑袋想得出来，这就是抗美援朝战争史上有名的"倒三江"！

"倒三江"在志愿军后勤受天灾、敌害最困难的时期起到了保障部队的关键作用。

在"倒三江"的同时，铁道兵战士战洪水、顶炸弹，拼命修桥铺路。敌机白天炸桥，晚上修好后立刻通车，第二天敌我双方再各自重复一遍昨天的动作。

铁道兵一师一个连队血战百岭川，七十六个昼夜扛住二十六次大轰炸，全连伤亡九十九人，剩下四十人仍坚持按时完成抢修任务。特等功臣郭金升一人竟拆掉了美国飞机投下的六百零三枚定时炸弹，光炸药就掏出了二十七吨！

千里铁道线上，类似的英雄部队和英雄个人比比皆是。

十个师的中国铁道兵和国内入朝铁道技术人员共十九万人，不但有极其英勇顽强的战斗精神，还有异常聪慧的大脑，他们发明了许许多多堪称世界铁路史上独一无二的创举。

炸不断的桥（素描）邵宇作

在一座正桥旁边他们修上几座便桥，炸了这座，那座照用。打到后来，机智的铁道兵们在白天干脆取下Z字梁和钢轨等重要部件，美国飞机一看桥是坏的也就懒得再炸了。到了晚上，中国的铁道兵跑出来把钢梁路轨轻轻巧巧一架，满载军火的列车立刻轰鸣着冲上前线。

美国和日本的许多史料里都记载了美国空军在这方面受骗的恨事。

最有效的办法还有"片面运输""合并运转""顶牛过江""当当队""水下桥""爬行桥"，等等。北朝鲜铁路基本单轨，美机又普遍轰炸，许多铁路场站不能会车，中国人干脆在可通车的夜晚，所有列车都向同一方向（或北或南）单方面发车，每列车的间隔一般都只有五分钟。这种办法收到让人难以置信的效果，中国军队曾在一条单轨铁路上创造了一夜开往前线四十七列火车的世界纪录，相当于和平时期行车数的二点五倍，这叫"片面运输"。

为突击抢运，中国人将两组以上的列车连成一组，同时用二三个车头牵引这条远远超过一般列车长度的巨龙。这种办法可以发挥突击抢运的最大效果，这叫"合并运转"。

那些夜里抢起来的铁路桥承载能力差，经不起车头的重压，中国军队干脆在火车过江时将车头调到列车尾部，用车头顶着较轻的车厢过桥，桥对面再用另一个车头拉走，这叫"顶牛过江"！

……

围绕铁路的斗争贯穿了整个朝鲜战争的始终，一整套完善的战时铁路工作管理方法被中国人创造出来了，这些办法虽然土气，却绝对是世界领先且

388

独一无二的技术。战后，苏联专门派专家来华了解学习中国铁道兵的经验，这些洋专家对于"顶牛过江"这类发明赞不绝口，认为如果在苏联，一定会获得重大科学发明奖！

志愿军战士冒着生命危险从敌人未爆的炸弹中掏取炸药

战争期间有十万吨美国炸弹落在仅有一千多公里的朝鲜铁道线上，这是世界战争史上的空前纪录。但炸弹落得越多，中国军队的铁路运输量增加得越快。1951年7月美机对铁路轰炸次数为1月的五倍，中国军队的铁路运输量却相当于1月的两倍至三倍。到1952年1月，美机轰炸次数相当于上年1月的六十三点五倍，可是同期北朝鲜铁路运输量又增加到上一年1月的二点六七倍！

最动人的赞扬来自敌人，他们输得心服口服了。

战争史上规模空前的绞杀战发起不久，美国人就惊讶地发现："北朝鲜仍一直有火车在行驶！"

美国空军发言人公开声称："共产党中国不仅拥有几乎无限的人力，而且拥有相当大的建造力，共军在绕过被破坏了的铁路桥梁方面表现了不可思议的技术和决心！……坦率地说，我认为他们是世界上最顽强的铁路修筑者！"

连凶悍的范弗里特都服了气，他在记者招待会上公开称中国军队取得捍卫铁道之战的胜利是"惊人的奇迹"。

"惊人的奇迹"不但发生在铁路上，同时也发生在公路上。

在万里公路线上，洪学智见修路工程量太大，脑瓜一转，又想出了一个"承包修路法"。

洪学智找到志愿军副司令陈赓：

"建议全军一起大修公路，除一线部队外，不管是机关也好，部队也好，勤杂人员也好，都要上。另外，朝鲜群众也得上，因为人民军也要补充啊，道路不通，大家都困难。具体方法是统一布置，合理分工。每个军、每个师、每个团明确保一段，限期完成，一个月之内无论如何要通车！"

雷厉风行的陈赓当即召开会议：

"这如同打仗一样，是战斗任务，白天干不完，晚上干，夜以继日，全力以赴。"

开完会，陈赓、洪学智带着承包修路具体方案去见彭德怀，彭德怀看完方案后大喜：

"我正为运输线发愁呢！这办法好！按这个方案下命令吧！这是战斗任务，所有部队都要集中力量搞。要迅速恢复被冲毁的公路，要普遍加宽公路，修几条标准公路，有战略价值！"

运输部队千方百计把粮食弹药送往前线

顿时，志愿军二线部队十一个军、九个工兵团、志后三个工程大队数十万官兵，在上百万朝鲜老百姓和二十万人民军协助下，掀起了规模惊人的抢修公路热潮。

仅仅二十五天后，洪学智不但修复了被洪水冲烂的全部原有公路，还新开辟了许多迂回公路，使北朝鲜的公路联成密集的网络，现在公路线再也不怕敌机炸了，洪学智得意地称这是"东方不亮西方亮，条条道路通前线"！

中国军队后勤供应最危急的关头终于度过了。

与此同时，中国汽车部队用纯粹的东方智慧巧胜了美国空军的炸弹。

在历经了许多惨痛教训后，中国汽车部队终于找到了对付美机的巧妙办法，这就是得到毛泽东高度赞扬的固定的夜间对空监视哨制度。

在北朝鲜万里公路线上，中国军队广泛设置防空哨。两万官兵在万里运输线上每一点五公里至二点五公里设置一个哨所，敌机临空时立即鸣枪吹哨示警，汽车司机听到报警枪声后，马上关灯摸黑行驶或是躲入遍地都是的汽车掩蔽所躲避，美国飞机只能无奈地瞎转悠。不久，防空哨的任务还增加到防范敌特、清除敌机撒落的专扎汽车轮胎的四脚钉。这个纯粹中国式的土办法带来的收益是极其巨大的，汽车每夜行军速度立刻提高到一百二十公里，不久又稳定到二百公里以上，汽车损失率则直线下降，抗美援朝第一年每百辆车要被炸掉四十辆，到第三年则只有零点五辆被炸，这个办法不但让彭德怀兴奋不已，就连毛泽东也为之激赏。

绞杀与反绞杀的斗争在继续，中国军队在残酷的实战考验中正悄悄建立一整套现代化的后勤体系，中国军队总后勤部的创始人洪学智正在积累着全套最现代化的后勤管理理论。

现在，洪学智终于可以睡几个好觉了，他打赢绞杀战的信心越来越足了，他可以用来和美国空军对抗的现代化军兵种越来越多了！

9月25日，惊人的喜讯传来了，志愿军空军第四师首次与一百余架敌机组成的大机群展开了空中战役！

雷霆般的中国空军第一任司令员刘亚楼，终于在短短一年内攒够了本钱，现在，经过日夜操练，他已经有九个驱逐机师（战斗机师）和两个轰炸机师可以参战了！

九

　　1951 年 9 月 12 日，空四师第三次进驻安东浪头机场，在友军带领下小打小闹锻炼部队的日子过去了，现在空四师要受苏联罗波夫军长的直接指挥，承担明确的作战任务。粗具规模的中国空军要拿世界最强大的美国空军当陪练、打大仗了。

　　浪头机场，米格 -15 战斗机发动机的狂啸声天天震耳欲聋，中国空军的种子部队空四师每天都以大机群的团编队和师编队出动，只要看到美国飞机就冲上去猛打。仗越打越好，越打越激烈，到 9 月 25 日，大规模空战进入高潮。

　　当日，空四师先后出动四个团次编队升空作战，下午，一百一十架苏军飞机到安州作战，罗波夫军长命令四师十二团十六机协同作战，保护金川里大桥。

　　十二团一大队大队长李永泰看见敌机时兴奋得发抖，他妈的，这还是在实战中第一次发现敌机呢！

　　想也没想，李永泰带着六架米格机向八架美国最新型的 F-86 机冲过去。李永泰冲散敌机后一抬头，哎哟，哪里只有八架，到处都有美机在冲过来！中国飞行员立刻就陷入与数倍之敌的混战中。

美国 F-86 "佩刀" 是当时最先进的战斗机

一位名叫刘涌新的新飞行员初上战场却异常机灵，单机对六机，一阵狂射就打爆了一架 F-86。这是中国空军第一次击落美国空军 F-86 战机。可惜这位英勇的飞行员自己的战机也被击伤，低空跳伞时重重坠地，光荣牺牲。

十二团二大队大队长华龙毅一分钟之内打爆两架美机，面对扑上来的十四架敌机左冲右挡，又伤两架，这时华龙毅才发现自己座机的座舱盖都被敌机打掉了！

幸运的是他的跳伞成功了。

李永泰更幸运。他驾着战伤累累的座机返场后，全机场的人都围着他的飞机瞪大了眼睛，这架米格-15中弹竟达三十多发，全机受伤五十六处，座舱盖都被打了个窟窿。如果不是钢板挡了一下，李永泰就要魂归蓝天了！

李永泰创造的奇迹连苏联人都惊动了，罗波夫军长专门赶来察看这架伤痕累累的米格机，这位见过大场面的苏联军长看完了，竟激动得伸出大拇指：

"哈拉哨（好），这不是飞机，这是空中坦克！"

从此，李永泰在中国空军中有了个"攻不破打不烂的空中坦克"的美称！

这场大战下来，刘亚楼高兴极了。中国空军在面对面的对阵中竟能以少胜多，打败了美国空军最新型的战斗机群，这说明中国空军战斗力已有质的飞跃！

兴奋之余，刘亚楼专门发来一电："空四师十二团的飞行员都是新手，但敢于同老牌的美国空军交锋，在上百架飞机的空战中，沉着镇静，必须承认这是个胜利。"

这场大战也震惊了美国空军。脾气狂躁的远东空军司令官威兰中将暴跳如雷，他要"给点儿颜色"让中国空军看看。

接下来两天，更大的空战开始了，空战结果是美国远东空军第五航空队惊呼："这三天的战斗是历史上最长最大的喷气式机战役！""（志愿军空军）严重地阻碍着'联合国军'的空中封锁铁路线的活动。""战斗轰炸机除了扔掉炸弹四散逃命外，别无他法。"

美国空军被迫下了一个痛心的命令："战斗轰炸机以后不在'米格走廊'内进行封锁交通线的活动，此后只能对清川江与平壤之间的铁路线实施攻击。"

初出茅庐的中国空军甫登战场，就与友军一起打出了蜚声世界空战史的"米格走廊"。

有着无限前途的中国雄鹰开始向蓝天展翅高飞。

三十八天后，空四师第三次参战宣告结束，这三十八天中他们出动飞机五百零八架次，空战十次，其中与二百架以上的敌大机群就作战七次，共击落敌机十七架，击伤七架，被击落十四架，击伤四架。刘亚楼告诉师长方子翼，这是"交学费"。

毛泽东闻报大喜，欣然提笔："空四师奋勇作战，甚好甚慰！"

消息传到四师，四师将士欢喜得无法形容，首落敌机的李汉高兴得不得了，抱起身边的一个人摔了一跤，摔罢一看，倒在地上的竟是空军一位乐得合不拢嘴的副部长！

空四师是中国空军第一支战斗部队，按世界军界惯例，这支部队应叫第一师，刘亚楼当初给这个番号有两个含义，第一个是要让空军继承井冈山红四军的传统；第二个是留下第一师番号空缺激励部队。他有言在先："谁打得最好，第一师番号给谁！"这是许多名将都喜爱使用的"激将法"。

志愿军空四师将两项荣誉都抢戴在自己头上，以后，他们的番号是中国空军的"空一师"。

志愿军空军击落
敌机后凯旋

　　中国空军正在残酷的战火中浴血成长。在空四师的身后，空三师也冲上来了。连刘亚楼都没想到，这支在一年前还是陆军独立第二〇九师的新部队横空出世，一上场就打了个满堂红，激战八十六天竟击落击伤敌机六十四架，以后的中国空军司令员王海上将、北京军区空军司令员刘玉堤中将、北京军区空军副参谋长赵宝桐上校都出自三师，都打成了响当当的王牌飞行员。

　　王海可能是除刘亚楼外中国空军名字最响亮的人物，还在航校时，日本教官就对他竖了大拇指："王桑（先生），你的大大的勇敢，将来大大的有出息。"

　　但这位日本教官怎么也不会想到，这位聪颖勇敢的学生以后会有那么大的出息。王海在朝鲜的天空成为中国空军"射手王"！作为奖赏，他的大队竟被中国军队用他的名字命名！王海以后还将成为中国军队第一个飞行员出身的空军上将。

　　在残酷的空战中，王海率领自己的大队击落击伤敌机二十九架，创下了中国空军大队歼敌最高纪录，"王海大队"成了世界空军史上都赫赫有名的"王牌飞行队"。王海个人则击落击伤九架美机，这是中国空军至今为止的个人战绩最高纪录。

　　在一次战斗中，王海大队与一支特别狡猾的美国飞行部队交手，王海率部与四倍于己的敌机激战，十五分钟内竟击落击伤美机六架。王海本人也将一架敌机打落，眼看着那个美国飞行员跳伞后向海面落去。他不知道这个飞行员名叫加布里埃尔，他更不知道以后他们还会见面。

　　1985年，美国空军参谋长加布里埃尔上将访华，他告诉中国空军司令员王海上将："我是被你打下来的！"

　　王海微笑："你们要再来打我们，我还要把你打下来！"

　　加布里埃尔连声说："我们友好，我们友好……"

　　这场战斗打完，王海听到对手的番号时又惊又喜，他们打的竟是美国空军第五十一大队！这可是美国空军最顶尖的三支王牌战斗机大队之一！

　　中国的王牌飞行队击败了美国的王牌飞行队！

　　刘玉堤，中国空军又一个威名赫赫的人物。他的胆量之大、技术之精、天赋之好连李汉都佩服。这个沧州好汉十五岁就当了小八路。在航校练俯冲时，刘玉堤竟把带飞的日本教官都差点吓瘫，这连单飞都还没放的家伙竟敢将飞机冲得嗅得到青草的气息才舍得拉起来！日本教官哆哆嗦嗦爬出座舱后臭骂刘玉堤一顿，然后瞪着眼睛吼道：

"八格牙路（浑蛋），你以后不得了，一定是个大大的空中英雄！"

果如日本教官所言，刘玉堤在朝鲜击落击伤了八架美机。一次战斗中他单骑冲关，闯入六十架美机大机群中，上下翻飞一阵竟击落四架。

美国空军的老油条们难以置信地看着这架中国单机在最后脱离时，竟在美国人庞大的机群中做了一个优雅至极的半斤斗翻转，掠到八千米高度后，架着打光炮弹的战鹰飘然而去……

更神奇的是刘玉堤在 1958 年的国土防空作战中又击伤蒋机一架，那时他已是师长了。几十年后，那个蒋军飞行员专门找到已退休的刘玉堤，见面时恨不得倒头便拜，他问道："当初您只要多追几秒钟，我就不是被击伤而是被击落了，为什么你不追？"

刘玉堤哈哈大笑："空军不许我作战，我是偷偷上天打你的，那次我一上天，部队就不断命令我落地，最后实在被催得没有法子了。不过也好，把你打下来也就没今天的会面了。"

赵宝桐也是个英雄，他与王海并列中国空军朝鲜战场射手王，他也击落击伤九架敌机，其中击落数为八架，比王海还多。他的中队被命名为"英雄中队"，可惜名声太大，到了"文化大革命"时，哪派都想用他这个招牌，搞得他焦头烂额。

精明的刘亚楼趁热打铁，变魔术似的放出一群群中国幼鹰，让他们冲上战火纷飞的朝鲜天空去搏击成长，空二师、空十五师、空十七师、空十二师、空六师、空十八师、空十四师、空十六师……一支又一支中国新番号飞行部队的名字出现在美国远东空军的战情通报中。

十

随着中国飞行部队越来越凶猛的作战，远东空军的损失越来越惨重，一个又一个美国王牌陨落了……

双料王牌哈罗德·爱德华被年仅十九岁的中国飞行员韩德彩击落了，被活捉后的爱德华对韩德彩高叫："不要开玩笑！"

他怎么也不相信有三千小时飞行经历、击落过十架敌机的美国空中英雄，竟被总飞行时间不到一百小时、年仅十九岁的毛头小伙子打落。

后来一个演义版的故事在神州大地上流传了整整五十年，据说被俘的哈罗德与韩德彩会面时，当韩德彩将击落他的经过详述后，哈罗德气得大叫："他们付给你多少雇佣金？"年轻的韩德彩一伸手指："五万万！"

哈罗德差点昏过去："五万万美金？"

韩德彩死死盯着这个美国王牌："五万万颗人民的心！"

哈罗德的被击落震动了美国。"美国第一流的喷气式空中英雄，双料王牌飞行员哈罗德·爱德华·费席尔，在9月7日的作战中失踪了……"美联社戚戚哀哀地报道。

震惊世界的空战消息越来越多了，戴维斯也被打死了！

美国空军悲哀地宣布：入朝美国空军第三三四中队中队长乔治·A.戴维斯中校在2月10日的空战中被击落。

戴维斯的死亡是朝鲜战争中最震骇美国人的几个消息之一。他是美国军界公认"最了不起的喷气机王牌驾驶员"，被称为是"百战不殆""特别勇敢善战"的"空中英雄"，生前得到过数不清的荣誉，他的战死在美国和美国空军中掀起轩然大波，恐惧迅速感染到美国远东空军的每一个驾驶员。

英国电台透露："戴维斯礼拜日外出执行任务没有归队，给在朝鲜的美国喷气机驾驶人员带来一片黯淡气氛。"

远东空军司令威兰沉痛宣布："戴维斯的死亡，是对远东空军的一大打击，是一个悲痛的损失。"

这位曾骄横不可一世的美国将领开始承认对手的强大："我们是在空战中和一个厉害而熟练的敌人作战，需要我们拿出每一分的技能、领导经验和决心。"

戴维斯的死亡在美国和西方世界引起了大地震。空战在很大程度上是个人经验、智慧和勇气的综合较量，崇尚个人英雄主义的美国人怎么也不肯相信最了不起的英雄人物竟战死在朝鲜，共和党为此大叫："朝鲜战争是美国历史上最没有希望的冲突。"

戴维斯的妻子在华盛顿抗议，美国人民在示威，连英国老百姓也闹着要丘吉尔撤军……

被击毁的美国残机

　　戴维斯的尸体在朝鲜三光里北面的山坡上被找到。死前，他在朝鲜击落了十一架米格战斗机和三架杜–2轰炸机。他是"联合国军"在朝鲜战场上个人战绩最高的王牌飞行员，包括"二战"中他击落的敌机，他的总战绩是二十一架。

　　击毙戴维斯的是中国飞行英雄张积慧。美国人一直不承认戴维斯是被中国人击落的，他们认为如此优秀的白人顶尖英雄只可能被白人击落，所以一定是苏联人干的！连苏联空军也一直将击毙戴维斯的桂冠戴在自己头上。苏联空军此举是明显的争功，他们当时就知道是中国飞行员张积慧击落了戴维斯，当日上午只有中国空军在清川江上空作战，戴维斯尸体及座机遗骸仅在张积慧伞降点五百米处。

　　直到2001年，苏联空军将领才撰文证实了张积慧的战绩，美国空军这才向中国空军低下了五十年都不肯俯下的高傲的头颅。

　　同样是2001年，美国人自己羞涩地透露了一个让世界航空界大吃一惊的消息：美国"二战"最有名的空中英雄、曾任五十一联队队长的加布雷斯基也曾被击落，幸运的是这个美国人家喻户晓的英雄跳伞后被救起来了。为了稳定军心民心，加布雷斯基被击落的消息竟被美国空军紧紧封锁了五十年！

击落他的是中国飞行员李兰茂，可惜美国人隐瞒消息让李兰茂少了好几枚勋章。

2004年，在抗美援朝中击落击伤七架敌机的又一名中国王牌飞行员蒋道平，接到了中国空军司令部专门来信，确认根据美国空军最新解密战斗资料，蒋道平于1953年4月12日，击落美军三料王牌麦克康奈尔上尉，麦克康奈尔据称在朝鲜战场上有十六架击坠纪录，被蒋道平击落坠海后由一架美国海军H-19型搜救直升机救起，后在1956年因试飞事故身亡，美国出版有其传记，并有根据其事迹的电影问世。

中国空军英勇的空战使美国空军的士气大受影响，美国人自己承认，远东空军"对未来的前途感到畏惧不安，有焦虑胆怯、大难临头和不知所措的心情"。

士气一向最高昂的美国空军人员开始用种种可耻的手段来逃避战斗了，甚至连通常不飞或间断飞行的飞行员也得了感冒、痿病、一般呼吸道以及精神系统疾病。等到在金浦机场的活动结束后，十七名机长已不能飞行了。不过许多人是真病了：

"第五航空队的士气，在中共空军发动进攻时，是非常沮丧的，以致航空队军医请求精神病专家的援助，这样才能使航空军医及早确诊和医治精神病患者，使他们不至发展到严重的程度。"

中国的雏鹰们竟把美国老秃鹰们啄得犯了精神病！

厌战情绪瘟疫一般在远东空军中蔓延。

在朝鲜的一段公路上，一群中国士兵奇怪地看着一大群美国轰炸机杂耍般围着一辆志愿军扔掉的破汽车，来来回回轰炸、扫射个不休。贫穷的中国人都舍得扔掉的破铜烂铁怎么会被美国人当宝贝？这太古怪了！

中国军队的高射炮兵们好奇了，他们用一阵排炮请下一位美国飞行员，问了个究竟，这位美国俘虏的回答让中国炮手们笑痛了肚子：

"我们知道这是辆破汽车，是为了利用它照上相，回去可以交账。"

中国空军的发展震动了世界。法国人说："共产党的喷气机飞行员都是出色的空军人员。"美国飞行员也普遍赞赏他们的表现，被称为"美国第一流空军健将"的加布雷斯基上校在承认朝鲜和中国志愿军的飞机精良后说："他们驾驶员更娴熟，他们的方法也更好了。"

英国人称："盟军飞行人员承认共军在空战中的战术技巧给了他们以深刻的印象。"

荷兰记者报道了一个从朝鲜陆地上耗子一般爬过战线的澳大利亚飞行员的证词："这位阿米德惊魂未定，说：'那些共产党都是头等的飞行员。'"

曾独霸朝鲜天空的"联合国军"飞行员再也没有战争初期的疯狂了！美国人自己被迫做出了最公允的评价。美国空军参谋长范登堡感叹："共产党中国几乎在一夜之间就变成了世界上主要空军强国之一。"

中国空军确实是在一夜之间崛起的。战争中他们共出动二万六千四百九十一架次，击落敌机三百三十架，击伤九十五架，被击落二百三十一架，被击伤一百五十一架，一百一十六名飞行员碧血染长空。

有两个鲜为人知的消息。志愿军牺牲飞行员遗体只要能找到的都运回了中国，新创的军种必须有自己凭吊英雄的地点。

叶利钦在苏联解体后宣布，苏联空军击落过一千三百零九架美国飞机。

直接指挥中国飞行部队与美国远东空军对垒的中国将领是刘震、聂凤智。这两个人都是中国陆军的一代名将，凭着过人的天赋和惊人的刻苦，他们迅速转行成功，成为连世界上最强大的美国空军都畏惧的优秀空军将领。

空联司第一任司令员刘震曾是中国陆军三十九军军长，他和韩先楚是红安老乡，两个人曾在徐海东红二十五军一个班内当战友，在战场上互相救过性命。开国军长没有一个不是杰出的战将，在地面战场尽情挥洒了才华后，他又将智慧挥洒向蓝天。红安飞将军刘震打出了米格走廊，与部队总结出了世界空战史上著名的喷气时代空战理论。这是中国空军创造的第一个有世界影响的空战战术理论。

空联司第二任司令员是前二十七军军长聂凤智。他是许世友最欣赏的爱将，国内战争时他的部队第一个冲上长江南岸，当他冲上江南时竟直接给毛泽东发了一份诗意极浓的简短电报，毛泽东激赏不已："聂凤智站在长江南岸。"

聂凤智的抗美援朝生涯是在烟雾中度过的。每天走进指挥所后，他只需要一根火柴就抽掉四五包不带过滤嘴的中华烟（后来，聂凤智终因肺癌辞世）。按世界标准，击落五架敌机的驾驶员被称为王牌，聂凤智打出了可以站成好几排的中国王牌……

聂凤智没上过什么学，他的部下却称他为"所见过的最聪明的人"。他非常重视知识分子，不但拼命申请多派知识分子，而且大大地重用他们。毕业于牛津大学的侦察参谋熊德伟窥破美国轰炸机航线规律，直接找到聂凤智请求改变高炮炮位——"如果炮位这么一变，B-29飞过来就丧命"！聂凤智二话不说，当即专题研究。第二天，七架曾称霸太平洋战场的美国重型轰炸机B-29被中国炮弹打成漫天碎片，数十名美军飞行人员灰飞烟灭。

刘亚楼高兴地说："聂凤智是工农干部知识化的典型！"

仅仅两年时间，中国空军白手起家，将残酷的朝鲜战场作为训练基地，神话般从一个航空兵师、几十架作战飞机发展到拥有二十三个航空兵师、近三千架飞机，其空战实力仅次于美、苏。以让人眼花缭乱的速度从一百多支各国空军中的倒数位次跃居世界空军第三位，中国首任空军司令员刘亚楼将以其巨大贡献永垂共和国史册。可惜，极度紧张劳累的工作正在悄悄拖垮他的身体。20世纪60年代初，白手开创中国空军的刘亚楼因肝癌过早辞世。更可叹的是，他的英名竟被林彪、叶群用作整垮罗瑞卿大将的工具，连他俄国血统的遗孀和家人都受累多年。

十一

中苏空军的行动沉重打击了美国远东空军绞杀战的计划，但是，限于当时的条件，朝鲜战场防空作战的主力仍是地面高炮部队。

米格-15战斗机是当时世界上最先进的喷气式战机，可惜它先天不足，有个腿短的毛病，作战半径太小，只能在中朝边境至清川江平壤一线作战。

彭德怀绞尽脑汁想在朝鲜修机场，将米格机前推作战，掩护中国军队的地面作战。从1951年春季起，十个师的中国地面部队和大批国内员工、朝鲜百姓日夜抢修北朝鲜的十七个机场，美国远东空军发现中国军队在修建机场时惊恐万分，对开始动工修建的机场日夜轰炸，数十万中朝人员奋战一年多，仍没有一处机场能竣工使用。机场面积太大了，无论如何也掩护不过来。

彭德怀只好叹息着下令停工，大批的人工和物资都白白浪费掉了。中国军队从此事又得到一个教训，规划战区工程建设时，一定要考虑自身的实际能力和保障条件，发现计划无法实现时，要尽快修改，以免徒费人力物力。

整个朝鲜战争中，只有人民军空军利用不挑剔跑道的螺旋桨飞机在朝鲜北部简易机场上多次钻山沟偷袭敌军，有一次竟夜袭了美国人在汉城以南最重要的空军基地水原机场，一举炸掉了数十架美机！还有一位女飞行员贴地飞行潜入汉城夜空，将两枚炸弹准确地扔在南朝鲜国防部大楼楼顶，吓得汉城通宵停电。

没有大规模的先进战机参战，人民军空军的这些胜利只能鼓舞一下士气，但地面部队和后勤线的上空是非掩护不可的，怎么办？大批中国高射炮部队入朝了。

全国解放时，中国军队总共只有八个高炮团，全是在战场上缴获的老掉牙的旧炮。志愿军跨过鸭绿江时只有一个高炮团装备着三十六门日制七五高炮随军入朝作战，可怜还得留下十二门高炮掩护鸭绿江渡口。初期入朝的六个军每军只有十八挺高射机枪防空，几十万志愿军就靠这二十四门老掉牙的高炮和一百多挺高射机枪对付上千架美军战机，其惨景可想而知。

高射炮兵英勇作战

面对严峻形势，中国地面防空部队吹气球似的膨胀了。到了1951年春季，志愿军就有四个高炮师、一个独立高炮团了，每个军和地炮师也编了一个高炮营。美国飞行员们很快发现，朝鲜的天空再也不能任意横行了，到处都有高射炮弹爆炸时迸发的致命弹片和灰黑色烟团。到了 1952 年，中国高炮部队平均每月要击落六十架美机（以后刘少奇告诉苏联人，在朝鲜战场，绝大多数美机都是被中国高射炮打掉的。美国人在朝鲜共损失了一万多架飞机）！夜里则是无数探照灯光柱往来穿梭，那强烈的光柱时常照得美军飞行员头晕眼花，产生错觉，四架 B-29 重轰炸机没被击落，倒被中国人照落了！

　　志愿军后勤司令员洪学智现在睡觉不大做梦了，开始越睡越香，让他一年不得安枕的后勤问题渐渐化解了。从当年 10 月下旬起，铁路已能获得较巩固的夜间通车时间，汽车损失率在骤降，运往前线的物资量越来越多……

　　带着满腔喜悦，洪学智四处奔走检查工作。10 月的一天清晨，洪学智坐车正在一段光秃秃的路上奔驰，忽然看到一大群美国 B-26 轻型轰炸机飞过来。

　　"这下糟了！"洪学智暗叫不好，"大概得交待在这儿了。"正在要命的时候，洪学智忽然看到那群美机莫名其妙地掉头逃窜，再一看，他乐得开怀大笑，哈，一大群中国鹰飞过来了！

　　洪学智来到楠亭里仓库视察工作，正赶上敌机对楠亭里库区一次空前规模的大轰炸，哎哟，志愿军一个高炮营同四百多架次敌机从凌晨 6 点多一直血战到下午 5 点！

　　当时的情景连洪学智这种久经战阵的老将都看得血脉贲张，他站在山坡上的隐蔽棚里眼也不眨地目击了战斗的全过程，他看到英勇的高炮战士顽强奋战，顶着蝗群般敌机的猛烈轰炸奋勇还击。一批批美国重磅炸弹尖啸着在高炮阵地周围掀起冲天烟柱，一排排高射炮弹在美机周围怒吼着炸出道道火网，高机连四挺机枪的清脆啸叫也响个不停，道道伤机夺命的火舌子恶狠狠地扑向俯冲下来的敌机。观战的朝鲜老百姓不但高兴得蹦起叫好，还

高射炮阵地之夜

提着脑袋川流不息地上山给高炮营送炮弹！

一个又一个中国高炮战士倒在了炮位上，一个又一个朝鲜老百姓倒在送炮弹的路上，一架又一架敌机当空炸成碎粉，更多的敌机带着满身的烟火拼命向南方逃去，侥幸跳伞逃出的美国飞行员晃晃悠悠地随风飘荡……

十二个小时不间断的血战后，美国远东空军顶不住了，终于无奈地退出了战场。一个小小的中国高炮营就把他们打得落花流水！

夜色中，洪学智在熏得人涕泪横流的硝烟中，激动地视察了这个英雄的高炮营。三十多名中国高炮战士牺牲了，送炮弹的朝鲜老百姓也伤亡了三十多人。这场激战中，七架美机凌空爆炸，十八架美机带着长长的火苗和浓烟栽向远方，统计战果极其严谨的中国军队只将它们判定为击伤。这是朝鲜战场上中国高炮部队打得最好最英勇的一仗，这个英雄部队的番号是高炮二十四营。

美国人在板门店最直观地感受到了"绞杀战"的失败，他们瞪大了眼睛惊奇地看到，警卫会场的志愿军战士满面红光、精神抖擞地屹立在刺骨的寒风中值勤，他们竟穿着崭新的棉衣棉裤！

很明显，中国士兵吃得饱穿得暖，他们竟比"联合国军"提前穿上了冬装！

美国代表惊讶之余说出了心里话："没想到轰炸得这么厉害，你们还能穿上棉衣，比我们还早！"

美国陆军愤怒地告诉美国空军："你们的阻隔战术失败了！"

李奇微承认了自己的失败——"没有能够阻止住敌人运输其进行阵地防御所需的补给品，也没有能够阻止住敌人将部队运入北朝鲜"。

但他并不甘心："如果中止空中封锁交通线的活动，或者缩小这种活动的规模，那么敌人在一段比较短的时间内就能够积聚起足够的补给品，从而有能力发动一次持续的大规模攻势。"

绞杀战仍在继续，双方一直要血战到第二年的6月，美国远东空军才会彻底认输。那时是最好战的范弗里特低下了头，他在汉城告诉世界各国的记者们："虽然联军的空军和海军尽了一切力量，企图阻断共产党的供应，然而共产党仍然以令人难以置信的顽强毅力，把物资运到前线，创造了惊人的奇迹！"

拥有近四万架飞机、全世界最强大的美国空军也服输了："由于共军后勤系统的灵活……绞杀作战未获成就。"

洪学智和志愿军广大后勤官兵终于打赢了当时世界上最先进的后勤战役，无数的作战物资源源不断地运上了炮火连天的前线。有了坚强的后勤铁盾，中国军队在正面战场打得美国人抱头鼠窜，叫苦连天！

十二

继麦克阿瑟之后，李奇微、范弗里特等美国最好战的鹰派也不得不承认了中国军队的强大，秋季攻势又是一场惨败。

东线，范弗里特搞了一个新战术"坦克劈入战"。顾名思义，他要用坦克群劈开中国军队的防线。

大批"联合国军"步兵伴随着二百八十余辆美国坦克冲向刚接防了二十七军阵地的六十七军，与此同时，每天有十万发炮弹在六十七军阵地上炸响，一百三十架次飞机投弹、轰炸、俯冲、扫射。

在文登里，六十八军还在接防人民军第五军团阵地时，也遭到了同样的坦克劈入进攻。

两个军的中国战士在刚接防阵地的不利情况下英勇奋战，白天防守，夜里反击，师团组织反坦克队，营连组织反坦克组，炮兵们集中炮火猛烈拦击美军坦克群，一波波榴弹、迫击炮弹、加农炮弹蝗虫般落在美军进攻队形中炸响。伴随步兵作战的轻炮手们扛着无后坐力炮、火箭筒对敌坦克猛射，一枚枚破甲弹、火箭弹将火红的金属射流喷进美国坦克炮塔内部。这两种中国军队刚开始装备的新型武器是中国兵工厂自己的产品，它们仿制的原型就是二次战役时四十军缴获的美国无后坐力炮和"巴祖卡"火箭筒。

中国的步兵们则伏在路边，将一个个大头萝卜似的反坦克手雷扔向五十吨的铁乌龟，工兵则把磨盘似的反坦克雷埋得到处都是，或者干脆拼命上前，将其塞进敌坦克履带下……战场上美国坦克燃烧时冒出的黑烟笼罩着天空，坦克残骸的周围，躺满了"联合国军"士兵的尸体……

十天血战后，三十九辆美国坦克及其乘员再也不能返回祖国了，伴随进攻的二万三千名"联合国军"士兵倒在六十七军阵地前，其中一万人是在三天内被杀伤的，这是朝鲜战争中中国军队日平均杀敌最高纪录。

无后坐力炮打坦克，这名名叫涂狄川的中国炮手用十八发炮弹击毁五辆敌军坦克

中国开国大典阅兵师步兵一九九师是这次战斗的主力，一九九师的官兵们自豪地宣称："总算让美国人知道了中国首都师的厉害！"

一九九师师长、第一个接受天安门检阅的骁将李水清闻言哈哈大笑。

指挥六十七军作战的是代军长李湘，这位来自中国第二将军县——江西永新的军人在此战中尽显了自己超群的军事才华，可惜，第二年7月，李湘因病在朝鲜去世。他是在朝鲜去世的级别最高的中国将领。

三十九军副军长吴国璋也在这个战火纷飞的10月牺牲，以后，二十三军副军长饶惠潭于1953年2月牺牲，五十军副军长蔡正国于1953年4月12日遇空袭牺牲，他们是陨落在朝鲜战场上的四颗中国将星。

在六十七军与敌血战时，六十八军也在文登里一举粉碎了范弗里特的"坦克劈入战"。二十八辆绘有白色五星的美国坦克在六十八军阵前烧成一堆废铁，七千六百名敌军不是被中国人打死就是被打成了残废。

范弗里特震惊了，这是哪支中国部队？竟然如此凶悍骁勇！领率这支部队的将领一定是个人物，他是谁？

情报立刻送来了，看完人物简介，范弗里特长叹："难怪，原来是一个经验丰富的老手……"

情报上写道："中共二十兵团下辖第六十七军、第六十八军，1951年中旬入朝，司令员杨成武。"

"杨成武，中共著名悍将，在中共引以为豪的长征中任开路先锋团指挥官，亲自指挥了中共著名的飞夺泸定桥、奇袭腊子口等著名战役……"

范弗里特的新战术破产了，此役杨成武杀得美国装甲兵丢盔弃甲、闻风丧胆，从此，美国人在朝鲜战场上再也未敢用坦克向中国军队阵地进行穿插，也再不敢使用大的坦克群直接配合步兵作战了。

以后就全是刚组建起来的中国装甲兵的天下了。

十三

美国人全线拉开的秋季攻势在东线惨败，在西线也被中国人杀得一败涂地。

由英国二十八旅、二十九旅和加拿大二十五旅合编而成的英联邦第一师在马良山与中国六十四军凶残的拉锯战中被打瘫了，那个小小的山包三天内五易其手，每易手一次，几百名英国人、加拿大人就或亡或残。

更惨的是美国王牌骑一师。他们这次的对手是即使在强手如林的中国名军中也以善打防御战而著称的四十七军。在两年前的东北战场上，就是这个军死守黑山，致使国民党最精锐的廖耀湘兵团十万精兵无路可逃，惨遭覆没。

骑一师的第一次进攻就笼罩着不祥的血雾。第五骑兵团三个营的第一攻击波官兵竟全部葬身在中国炮火和中国步兵的手榴弹弹幕下，无一人生还。

最让美国人震惊的是中国炮兵部队的表现，美军战史记载：

"中国炮兵像这样有组织地进行射击，还是战争以来的第一次。中国炮兵为了阻击接近的集中射击和为了粉碎冲击的拦阻射击就不用说了，此外甚至还实施了从来没有过的炮兵对炮兵的炮战，这使得美国炮兵很是惊慌。这是中国炮兵从未有过的战法。"

美国骑一师对四十七军防守的天德山、月夜山阵地连续攻击三天，除每天拉回几十车的尸体和伤员外寸土未得。

志愿军炮兵大练兵

打到第四天，四十七军左翼的四十二军手痒了。四十二军两位军官在回忆录中记下了那一刻的炮战："第四天，我一二六师集中四个团又两个营的炮兵，用炮火支援天德山我军阵地，结果打得敌人满山乱跑、乱滚，尸横遍野，余敌逃回铁原……敌人的汽车、直升飞机在龙江大川像捡土豆一样，捡他们的尸体和伤号，我山炮营又对准他们给了一顿炮弹，算是给他们祝贺。"

两位中国军官的回忆录可以证实一点：一个一二六师就得到了至少四个团又二个营的炮兵支援。而仅仅几个月前的三次战役，总共只有一百多门火炮支援中国军队六个军的进攻，可见在当时世界现代化程度最高的朝鲜战场上，中国军队正在怎样飞速地进步……

天德山防守战打到高潮时，一个喜讯传遍了四十七军阵地，阵地上的战士们登时欢呼雀跃。"喀秋莎"来了！

"喀秋莎"，苏联民间传说中一位美丽姑娘的动人名字。"二战"中，斯大林称炮兵为战争之神，而十二管连装的火箭炮发明后立刻成为神中之神！无数德国人在火箭炮铺天盖地的齐射中尸骨无存。它的威力如此之大，苏联大兵欣喜若狂，将最喜欢的姑娘的名字"喀秋莎"送给了这种威力无比的火箭炮。斯大林为讨大兵们欢心，还真的将这种由苏联人发明的火箭炮命名为"喀秋莎"火箭炮。

一发"喀秋莎"火箭炮弹长达一个汽车厢，威力一个能顶三个大威力榴弹，一辆"喀秋莎"炮车通常联装十六枚火箭炮弹，数秒钟内即可发射完毕。一个团有二十四辆炮车，一次团齐射就是三百八十四发火箭炮弹同时发射，其威力可想而知。在朝鲜战场上，美国士兵恐惧地将"喀秋莎"火箭炮称为"金日成的大嗓门"。当"喀秋莎"大显威风后，中国士兵和朝鲜士兵狂热地爱上了它，称其为"炮兵之王"，行军路上哪怕再拥挤，一见有"84"车号的车也高兴得主动让路。"84"是"喀秋莎"部队在朝鲜的车号。四十七军就得到了整整一个火箭炮团的加强！

当日，当美国步兵们在坦克压阵下羊群般的漫向天德山时，四十七军让"金日成的大嗓门"发出了怒吼，几阵排射过后，中国战史记载："敌集结位置打成了一片火海，活像钢厂刚出炉的铁水，灌满了山沟、平地，顷刻间，敌人化成了骨灰和烤肉……"

如此这般磨了几天，西线战场上，四十七军在左右翼的四十二军、六十四军配合下，没费多大劲就将美国人的血全给拧出来了，轻轻松松打垮了美国人搞的秋季攻势，"联合国军"又伤亡二万二千人，而四十七军仅有四个营失去战斗力。

李奇微震惊了，竟命令情报人员立刻查明是否有苏联人参战。

志愿军司令部内一片欢腾。美国人折腾了一个月的秋季攻势只夺占了四百六十七平方公里的土地，相当于在长达二百五十公里的战线上，平均推进了不足两公里，平均日推进只有六十多米。连同此前的夏季攻势，"联合国军"共伤亡了二十五万人，中国军队伤亡只有九万一千人，敌我人员损失比为二点七比一。而运动战时期，敌我双方人员损失基本相同，物资消耗更比阵地战时期要大得多。事实证明，中国军队由运动战改打阵地防御战的路子走对了。

彭德怀和其他中国将领们因五次战役后期失利所积郁的阴影终于开始渐渐消失。

"邓华有功啊，取消六次战役，改打阵地防御战的建议好啊！"彭德怀暗思。

十四

　　但是，还有最后一条拦路虎拦在朝鲜战争地面战场上。中国军队将帅在为夏秋防御战胜利高兴的同时，也为巨大的伤亡忧虑不已。美国人数百倍的火力优势也给据守在前沿野战阵地的中国部队造成了重大杀伤。

　　杨得志兵团进入阵地防御战期间，敌军仅向他们投掷的炮弹就达七百七十八万发，这些炮弹要用五万一千辆汽车或四千四百节火车皮才装得下。杨得志兵团作战科长余震想具体地了解一下美国人的火力强度，他爬上老秃山阵地上画了一块一平方尺的地方，竟从中捡出大小弹片二百八十七块，这是何等的杀伤密度啊！

　　在这样强大火力的轰击下，中国军队阵地土翻三尺，寸草皆无，连坚硬的花岗岩都被炸成了深可没膝的沙状石粉。战士们走在阵地上，松软的焦土有时陷到脚脖子或陷到小腿。杨得志曾回忆说："我们的阵地最好认，哪座山头、哪块高地光秃秃的，哪里就是我们的阵地。"

　　被炸急了的中国将士终于在无数次血战中找到了对抗"联合国军"空地火力优势的有效办法，这就是"坑道战"。

　　以后扬名世界、成为各国军界竞相学习对象的志愿军坑道防御体系，是被美国人逼出来的。面对数百倍于我的美军火力优势，中国军队那些农民出身的士兵们本能地开始挖洞躲避美军铺天盖地的炮火，这种单人防炮洞形如猫耳，它当时就有了三十年后在中越老山战场再次响亮起来的名字——"猫耳洞"。

　　美国人的炮火越猛，中国士兵们就把洞挖得越深，左挖右挖，相邻的洞子连起来了，就成了马蹄形坑道。

　　最先觉察到坑道工事巨大战略价值的中国高级将领是"三杨"之一的杨得志。中国军队著名战将杨得志此时任志愿军副司令员兼十九兵团司令员，他得知前线情况时十分焦急。

　　由于强度极大的火力杀伤，防守开城以南吉水里地区的六十五军伤亡很大。为解决阵地前沿出现的问题，杨得志上将偕政委李志民上将冒着敌炮火视察了六十五军。

六十五军军长肖应棠是员虎将，但此时情绪很沮丧，"这两天打得不好，部队损失很大"！肖应棠说到伤亡情况时差点掉了眼泪。

杨得志拍拍额头："你打我，我让你打不着；我打你，就要把你打死。现在的问题是，先想办法不让敌人打着，再解决把敌人打死的办法，这方面我希望你们多想想、多谈谈。"

志愿军第六十五军某部八连在板门店以南 86.9 高地先后打垮敌五个连兵力的四次冲锋，歼敌二百五十余人。图为在炮火掩护下，八连反击敌军

六十五军是聂荣臻元帅华北野战军的一支功勋部队，好些干部参加过解放战争中第一次大城市攻坚战——石家庄战役。

杨得志对这些老兵们提起了那次战役："这个战役对我们来说，最大的困难是第一次打攻坚战，攻克有坚固设防工事的大城市。"

老兵们静静地听着。

杨得志边整理思路边缓慢地说道："为克服这个困难，我们采取了构筑进攻出发工事的办法，把大部队运动和屯集在敌人没有发现的战壕和坑道里，突袭敌人，取得了很好的效果。"

思路就这样被打开了。

肖应棠军长站起身：

"最近发现战士们为了防炮，有的在阵地背面挖了防炮洞，效果不错。"

"很好！"杨得志继续鼓气，"要认真总结经验，加强指导，不断激发战士们的创造性。我们的战士是能够创造奇迹的。"

李志民上将虽然搞的是政工，却是个军政双全的将才。他也插话了：

"跟小日本打仗的时候，我们就在冀中开展过地道战。没有地道的地方，我们就在防御阵地挖好掩体，既能观察敌人，又能暗中射击。现在我们把过去的经验，结合朝鲜战场的具体情况，加以利用和发展，岂不更好？"

杨得志高兴得一拍桌子："百闻不如一见，上前沿阵地去！"

肖应棠吓坏了，让兵团司令、政委上前沿，万一出事怎么得了！但他又怎么拦得住杨得志呢？

一大群中国高级将领猫着腰冲上了前沿，枪弹不时划过他们身边，炮弹远远近近地爆炸着，杨得志看到整个高地上被炸得一棵树也没剩下，"偶尔碰到一两个树桩，只有一二尺高，上面也是弹痕累累"。

一个四川籍连长神气活现地带着将军们参观了他的连队挖出的一人多深的战壕和防炮洞，这个连队的战士们已经开始将几个洞连在一起，形成小坑道，可以多藏几个人。

连长介绍道："美国龟儿打炮，我们躲到这防炮洞里去；龟儿炮火停了，我们再到战壕里去。"

杨得志哈哈大笑，他看到了胜利的希望！

杨得志一伸大拇指说："川耗子果然了得，很好，还可以沉住气，等敌人靠近了再开火，这样可以多歼灭敌人。"

李志民又想起他打日本人的地道了："再挖深些行吗？挖通它，连起来，形成一个地道网。再多搞几个射孔和瞭望孔，掩护自己，消灭敌人！"

四川连长大受鼓舞："要得要得，马上就干！"

杨得志回到兵团部不久，六十五军的报告就到了，说干就干的战士们一起动手，将单个掩体连在一起，组合成一条条巨大的坑道，大的已经可以容纳一个连了。曾经被美国炮兵打得高喊"宁攻三个山头，不守一个山头"的干部战士们现在情绪高极了，对坚守阵地、依托坑道打击敌人充满了信心。敌军打炮，战士们进洞隐蔽；步兵冲击，战士们冲出杀敌。现在部队伤亡率已急剧下降，美国人在阵地前除了扔下大片死尸外一无所得……

修筑坑道

杨得志立刻将六十五军的坑道防御工事向志司汇报，敏锐的彭德怀高兴极了。这个从士兵干起来的中国统帅对战场太熟悉了，凭直觉，他也知道志愿军地面部队终于找到了对付美国人火力优势的最佳办法！

坑道终于解决了中国军队怎样在美国人绝对优势火力下生存下去并消灭美国人的最重要问题。有了这种坑道，美国人打炮扔炸弹，中国士兵都钻进洞子，根本伤不着。美国人火力转移，步兵冲击时，中国士兵再跃出坑道反击敌人，论步兵战斗力美国人是中国人的对手吗？战斗结果可想而知。六十四军一个连利用马蹄形坑道，一天内不但扛住了美军三万发炮弹和几百枚炸弹的轰击，还击退敌步兵二十一次进攻，杀伤美韩军七百余人，自己只伤亡了二十一人，平均每击退次进攻只伤亡一人。

彭德怀立刻向全军动员，在各个防守要点上都要修筑坑道工事。李奇微秋季攻势刚一结束，几十万中国士兵们开始挥镐举锤、兴高采烈地向石壁和土地开战了。

"守住阵地看来没多大问题了，第六次战役计划可以取消了。"

彭德怀定下了决心。

10月22日，李奇微秋季攻势以失败告终。10月29日，彭德怀正式通知各部，11月至年底，不准备进行全线大反攻战役。志愿军终于彻底实现了从运动战向阵地防御战的转变。

毛泽东笑着对周恩来说道："我们方面的问题，最初是能不能打，后来是能不能守，现在看来都能解决了。"

粉碎美军夏秋攻势给中国军政领导人带来了无比信心，我军攻能破敌防线，守能挫敌进攻，仗打到这份儿上至少也是个和局。

中共中央决定恢复从抗美援朝起已停止的部队精简复员工作，全军总数准备从六百一十一万人在一年半内精简到四百万人。朝鲜战场上的现状让中国高层放心了。

中国人的幸福就是美国人的痛苦，现在，战场上打不赢，美国人只好又放下机关枪、大炮来谈判了……

十五

李奇微想用夏秋攻势取得谈判桌上得不到的东西，但夏秋攻势打完后，连他的上司布莱德雷五星上将都在讥笑他：

"用这种战法，李奇微至少要二十年光景才能到达鸭绿江。"

李奇微自己也有些清醒了，不过他后来才肯承认这一点："对当时军事上的实际情况有着清醒认识的人，没有谁会相信凭我们手中的这点有限的兵力能够赢得什么全面胜利。"

他还想国内增兵，但此时美国国内地面部队兵力的三分之一以上都用在了朝鲜，再也难以给他派来新部队了。

战场上的失败更使美国国内反战情绪空前高涨，连最好战的美国国会也认为总的形势并无明显改善，不值得付出如此重大的伤亡。无可奈何之下，1951年10月25日，在汶山和开城之间的板门店新会址，美国人又坐下来和中朝方谈判了。

双方都在试探对方下一步的招数，美国代表霍治再次提到自己的"海空优势"。

解方良言相劝：

"我劝你还是不要再谈那套刺激感情的什么补偿论吧！如果一定要谈，那么地面部队的优势就不需要补偿？现在的问题是，你们不同意以三八线为军事分界线，我们决不能接受你方的无理主张，难道我们就这样僵持下去、无所作为吗？"

理屈词穷的霍治只好提出了一个别开生面的建议："我建议我们现在丢硬币，各自选择一面，以丢硬币的结果来确定谁先走下一步。"

霍治的建议以后成为世界外交史上著名的笑柄。

为了不让对方拖下去，10月31日，中朝方面提出一个就地停战、稍加调整、确定军事分界线的方案。

为了压迫对手接受我方条件，彭德怀一声令下，中国军队六个军开始了局部反击。经过五次战役的挫折和夏秋两季的防御战之后，中国军队再次向"联合国军"进攻了。

只是，这次持续一个月的攻击仅仅是依托阵地进行的战术性攻击，这种硬打硬、面对面的强攻是最能体现一国军队真实战斗力水平的。局部反击一开始，人们便惊喜地看到，以往只靠步兵攻击的中国军队变了，他们已经能打现代化的多兵种协同进攻战了。

十六

漆黑的夜色中，一个名叫莫性才的中国排长带着三名士兵在朔（宁）涟（川）公路上搜索前进。这条公路上到处是蜂窝似的弹坑，路宽仅三米多，莫性才回忆说："比爬山还难。"

借着敌机照明弹的亮光，四名中国官兵在驿谷川冰凉的河水中蹚来蹚去，测量水深，标志通道，忙完之后又继续悄悄爬上驿谷川南岸，向对面的高山摸过去，记下了沿途的土坎和弹坑，一直摸到听见美国骑一师的士兵们叽里呱啦的英语对话声时，他们才停止前进。

让人吃惊的是，这四名胆大包天的中国官兵居然不是侦察兵，而是中国坦克二团的四名装甲兵，他们是专门来查清进攻道路的。

志愿军高射炮兵严阵以待

10月3日是让"联合国军"大吃一惊的一天。一向在夜间发动进攻的中国军队居然在明亮的阳光照耀下，对据守马良山的英国二十八旅苏格兰边民团第一营发动了强攻！

六十门中国火炮一边摧毁英军工事，一面与美英炮兵展开对轰，压制了敌方炮火；十多辆中国坦克轰隆隆开到前沿阵地，对英军火力点进行直瞄射击，一发发低弹道的坦克榴弹钻进英军火力点射孔，将大不列颠最优秀的子民们炸成碎末；美国飞机赶到救援轰炸，迎头碰上的是无数颗高射炮弹，几十门中国高炮已布成严密的防空火网掩护着进攻地域的上空！哎呀，六十四军三个营的中国步兵们看得嘴都合不拢了，我的天，身经百战，什么时候见过这种场面！

不要说他们，连观战的中国将军们都瞪大了眼睛，这可是中国军队进入朝鲜战场以来第一次组织步、炮、坦克、工诸兵种协同作战！

嘹亮的冲锋号吹响了，三个营的中国步兵士气大振，呐喊着杀上了设防严密的马良山，仅仅四个小时，一个营的英军士兵全军覆没。这是多么巨大的变化，在此前几个月，一两个师的中国军队还常常攻不下只有临时野战工事的一个营美英军。

大吃一惊的英国人匆忙调兵反击，又白搭上几百条性命后才震骇万分地罢了手。这就是著名的马良山战斗。志愿军以一千六百九十四人的伤亡代价毙、伤、俘英军一千七百四十人。朝鲜战争期间，英国死、伤、被俘四千四百三十五名官兵，马良山一战损失即占总数的百分之三十九。英国首相丘吉尔得知这一消息后，连声痛呼"太可惜了"。在朝鲜战争中，英军在"联合国军"中的损失仅次于美军，英军派遣到朝鲜的部队，都是有一百六十年以上历史的荣誉部队，堪称英军的"军中之花"，皇家来复枪团一营、皇家重坦克营、佩戴两枚帽徽的格罗斯特团一营、苏格兰边民团第一营先后覆灭在中国军队手里，这对英国的震动是巨大的，也使英国对自鸦片战争时就可以任意宰割的对手产生了全新的认识。在西方主要国家中，英国是第一个不顾美国禁令主动与新中国进行大规模贸易往来的国家。

马良山战斗标志着中国军队的作战水平已经进入初级现代化战争阶段了，美国人刚听到英国人反映的战况时不以为然，像那样能打诸兵种协同作战的中国军队只怕还不存在呢！

笑声未毕，马良山之战当夜，骑一师一个整营在筑有现代化钢筋水泥工事的正洞西山也被中国四十七军吃掉了！

志愿军火箭炮群向敌发起反击

11月4日天刚黑，几辆中国坦克、自行火炮沿着那个名叫莫性才的坦克排长侦察出的道路驰向正洞西山。几辆铁骑闯过雷区和炮火封锁线潜行六公里，和另一路的中国重型坦克连一直拱到了骑一师七团一营的鼻子底下，还未被美国人发现。

当夜22时10分，无数颗火箭炮弹从中国阵地后方划着火红的抛物线落在正洞西山上，这座山立刻被炸成火海。

十一辆中国坦克随即掩护着十一个连的中国步兵发起了排山倒海的攻击，坦克炮弹为冲锋步兵扫除着前进道路上的美军火力点，步兵工兵用爆破筒炸药包将上百个碉堡送上了天，美国人再也顶不住了，哗地退下阵地想找条活路。晚了，两翼被包围了。

美国王牌骑一师一个步兵营就这样被全歼在正洞西山上，而骑一师总共才九个步兵营。

美国人也像白天的英国人一样被中国军队的攻击震骇了。中国人真的会打现代化战争了！这么短的时间内一个装备精良、得到大量空地火力支援、有坚固防御阵地的王牌营被全歼，这是同中国军队交战以来从未有过的事！

骑一师实在咽不下这口气，当即调了一个加强营夺回阵地，三十多辆坦克和二十多架飞机掩护着上千名步兵扑向正洞西山。但是，阻止美国人进攻的再也不仅仅是中国步兵的手榴弹和子弹，大批的炮弹呼啸着飞过来将美军进攻队形炸了个七零八落。紧接着，令人瞠目的景象出现了，一批严密伪装

我军战士将美军俘虏押下战场

418

的中国坦克在光天化日下冲上阵地，将两辆美国坦克打得浑身冒火。一向肆无忌惮的美国坦克兵惊呆了，中国人居然打起了装甲对战，吓得全跑了……

当夜，十多辆 T–34 又掩护中国步兵再次冲上了黄昏时有意弃守的正洞西山主峰，仅仅一小时二十分钟，又将这个敢反扑的骑一师加强营歼灭了。后来一个当时参战的中国士兵在晚年回忆说，第二个营的美国人比第一个营的要幸运许多，因为他们中的许多人明智地举起手当了俘虏，这一大群俘虏被中国士兵看来看去，试图找出骑一师的王牌俘虏与普通俘虏有什么不同……

彭德怀一个月的局部反击结束，中国军队夺取并巩固了九处阵地，驻扎开城的六十五军还浩浩荡荡地将开城以南附近的南朝鲜军扫荡一空，扩展土地二百八十平方公里。李奇微辛苦进攻半年的战果快丢光了。正当美国将军们目瞪口呆地看着地面战场上的惊人变化不知所措时，又一个消息如雷轰顶：中国军队居然打起陆海空三军协同作战，一举渡海夺下了朝鲜西海岸大、小和岛等十多个岛屿，打掉了美国人在谈判桌上的又一个筹码。

十七

重开谈判之后，李克农向彭德怀汇报："清川江口至鸭绿江口一带的大、小和岛及其周围的椵岛、炭岛一带，有李承晚部一千二百余人和四百多美韩军事情报人员，岛上设有大功率的雷达、对空台和窃听监视设备，极其猖獗地收集我军情报，对我威胁很大，美国人在谈判桌上又在岛屿撤退问题上纠缠不休，希望能拔掉这个钉子。"

搞情报出身的李克农对那些小岛上的敌军情报站当然恨之入骨。

彭德怀接电后大会众将："实施陆海空三军联合渡海登陆作战，拔掉这个钉子！"

1951 年 11 月 6 日，沈阳于洪机场红旗招展，空八师政委葛振岳在即将出征的飞行员队列前振臂高呼：

"同志们，我们轰炸机部队第一次入朝作战，一定要首战必胜！一定要打出中国人民的威风！"

八名文工团员在九架杜 –2 轰炸机起飞的同时，放飞了八只白色和平鸽，祈祷为和平而战的中国轰炸勇士们旗开得胜。

韩明阳，中国著名的轰炸王牌，这条精壮剽悍的汉子是空八师二十二团二大队大队长，他把二大队调教成了一群飞虎。他的一中队在战前比武时将十八枚炸弹全部扔在了地靶中心，将地靶炸得连设置它的人也认不出来了，为二大队抢得这个光荣的任务立下头功。此次出征，韩明阳亲率九架轰炸机满载八十一枚炸弹直扑大和岛，炸了个敌人措手不及！

射击主任杨震天一声令下，九架轰炸机机腹、机尾部的机关炮塔同时喷出万道火舌，狠狠地啄食着敢于反击的敌高射炮兵，顷刻之间，大和岛上的高射炮火哑掉了。

领航主任柳元功稳稳地将轰炸目标套入了瞄准具。

"投弹！"韩明阳一声高叫。

无线电立刻将他的声音传遍了编队。

"投弹！""投弹！"……机长们的喊叫声响彻长空。

八十一枚炸弹坚定沉雄地扑出弹舱，一头扑向大和岛上的敌指挥所、营房、雷达基地、侦听站……

十几秒钟后，轰炸勇士们惊喜地看到，一朵朵弹花在敌目标上绽开，顷刻间大和岛火光冲天，浓烟弥漫，护航歼击机群指挥官张华兴奋得大喊："炸得好哇！祝贺你们，英雄一号！"

根据中国军队以后实地勘察和审俘结果，韩明阳扔下的八十一枚炸弹命中了七十一枚，命中率百分之九十，炸死了包括敌少将作战科长、海军情报队长在内共六十余人，炸毁房屋四十余幢，粮食二十余吨，弹药十五万余发以及登陆艇两艘，彻底摧毁了目标。

这是中国空军轰炸机部队第一次大规模对敌轰炸，作战取得了完全成功。

轰炸进行的同时，五十军乘船渡海直冲椴岛，一个名叫黄金明的副连长记下了当时的情景：

"11月6日，空军和我们协同作战，同志们兴奋得不能抑制，有的唱，有的跳，终于盼到了这一天！协同作战对大家来说是一个新尝试，但我们充满了信心。十班班长勾云朋说，同志们，空军能够把敌人的目标、舰船炸掉，我们保证不让岛上的敌人跑掉一个！

"当天下午，我率领同志们登上第一只船。这时轰炸机群的马达嗡嗡声掠过阵地上空，紧接着一层小黑点向岛上落去。几秒钟后，椴岛上火舌舔着天空，气浪挟裹着炸飞的敌舰和房屋，一掀几十米高。我们乘着船只箭一样向岛上进发，不到四十分钟就解决了椴岛上盘踞的四百多名敌人。

"第二天黎明，战士们看到残存在岸边的几艘破船和被炸得支离破碎的敌人弹药库、指挥所，高兴地呼喊：'志愿军空军万岁！'……"

这是中国军队第一次陆海空三军协同渡海作战，打得干净漂亮至极。

一向习惯了将炸弹扔向别人头上的美国人，怎么也不敢相信中国人竟能将炸弹扔到自己头上！

美联社当晚即惊呼："这次袭击不会是中国人干的。"

美国报纸随即异口同声："这次战斗，小分队驾驶新型轻轰炸机进行了成功的轰炸，看来不会是亚洲人干的。"

《朝鲜战争中的美国空军》记录道："1951年11月6日，一队双发动机的杜–2螺旋桨式轻轰炸机对大和岛进行了成功的轰炸。"

美国人被中国人炸蒙了。

还没完呢。

十八

空十师师长刘善本，中国内战史上的一个出名人物。1946年6月，他单人劫持了一架巨大的B-25重型轰炸机飞赴延安投奔共产党，他见到毛泽东的第一句话是："主席，我终于到你这儿来了。"

刘善本是国民党第一个驾机起义的飞行员，就在他提着脑袋飞向延安的途中，中国的全面内战爆发了。他的行为极大地鼓舞了解放区人民的士气，大挫了蒋介石的威风。

这位技术精湛的飞行员是共和国的一代天骄，他是开国大典第一个受阅机群的带队长机，以后多次担任国庆飞行受阅总领队。现在，这位五年前的国民党空军上尉已是轰炸机十师师长了，他是第一个驾机飞越鸭绿江的中国空军师长。

大和岛登陆（油画）柳青作

空八师已经开创了中国空军白天集群轰炸的第一项纪录，刘善本咬了咬牙，空十师不能落后，他要再创造一项新纪录，他要夜间轰炸大和岛！而且，荣誉心极强的刘善本还要组织中国空军第一次电子干扰行动！

11月29日夜，空十师二十八团夜航大队在大队长姚长川带领下，冲入黑沉沉的天幕。这个大队是刘善本培养的中国空军第一支夜航部队，它是刘亚楼的心头肉，中国空军的宝贝疙瘩。

夜航大队第一轰炸目标是大和岛附近的海上敌舰艇。若敌舰逃逸，改炸第二轰炸目标，大和岛灯塔附近的雷达站。

编队长机边领队边利用机载电子干扰设备，向敌防空雷达进行主动电子干扰，僚机上的射击员们则在飞行中不断向空中撒播金属锡箔干扰片，这是世界空军当时最先进的作战样式，直到今天也是各国空军标准作战样式。

短短一年多，草创的中国空军已经站到世界最先进水平之列。

到达大和岛附近时，地面的壮观景象让飞行员看呆了。大批"喀秋莎"炮弹的尾焰连成一片惊人巨大的火舌，那是陆军在向大和岛射击。他们在为空中夜航机群指示目标。这是中国军队又一项新纪录：陆空夜间协同作战！

太可惜了，照明弹下亮如白昼的海面上一片空白，敌舰艇逃跑了！飞行员们有些懊恼，龟孙子要不跑，夜航大队又要多创造一项中国军队的新纪录：空对舰作战！

姚长川叹口气，算了，按备份计划改炸第二目标。

十架轰炸机直扑大和岛，一架照明机扔下了几颗照明弹，在人造光辉映下，夜航大队猛烈轰炸了预定目标。飞机返航好久，尾炮塔上的射击员仍能清晰地看见大和岛上的火光照亮了夜空。

太可惜了，被炸怕了的敌军躲起来了，轰炸没有取得战果。

刘善本痛心不已。

其实大可不必。他的夜航大队创造了电子干扰、夜间轰炸、照明轰炸等多项中国空军里程碑似的纪录。这些都是当时世界空军难度最高的轰炸技术。而且整个战斗行动周密严谨、天衣无缝，如果不是狡猾的敌人躲起来，那真是完美无缺了。

对手做出了最公允的评价。远东空军第五航空队大惊失色地向上级报告："共军首次用电子对抗和照明手段夜袭我战略要地。航线两侧竟形成四十多公里宽的干扰区。"

1964 年，中国空军难得的将才刘善本被晋升为少将，年仅四十九岁。

他的最后职务是空军学院副教育长。

他死于十年"文化大革命"。得知他被整死后，毛泽东极为震怒。

即使是在生命的最后时刻，刘善本也没有后悔自己的选择。他已经看到他毕生的理想实现了，中国空军已跻身世界上几支最强大的空军之一。

十九

空十师夜袭无功而返的第二天，空八师再次大举轰炸大和岛。这就是中国空军历史上赫赫有名的"三炸大和岛"。

第三炸损失惨重。

还沉浸在第一次轰炸胜利中的空八师太乐观了。

他们选择了与第一次轰炸同样的航线、同样的高度，甚至几乎完全相同的轰炸时间——战术上墨守成规。

只排成利于轰炸的队形，只想着胜利，忘了空中防御，大多数领航员都未能在空战中进行反击。轰炸前大喇叭竟在机场上大喊大叫了三天，保密全忘了，太轻敌了！

最可怕的是协同动作完全失调，轰炸机提前五分钟通过了与护航米格歼击机的会合地点，当老式螺旋桨拉11歼击机赶来护航时，还提前了十分钟！而空战中，一秒钟就能决定生死。

急于报仇雪耻的美国远东空军几十架最先进的F-86战机果然抓住机会，对护航力量薄弱的中国轰炸机群进行了致命的攻击。中国飞行员们麻痹到了这个程度，在扑过来的飞机喷出火舌以前，竟以为他们是赶来护航的米格-15。

当真的米格-15赶到时，三十多架占尽了便宜的美国飞机已经溜了，连残余的中国轰炸机都已经投弹完毕返航了。

那是一场惊天动地的空中血战，那是二十多架老式螺旋桨飞机在三十多架新型喷气式飞机的围攻下，为生存而进行的顽强不屈的苦斗。

护航的十六架拉-11拼尽全力与性能远胜于己的敌机周旋，副大队长王天保创造了世界空战史上空前绝后的纪录。当美国战机向轰炸机俯冲攻击时，他喊了一句"我在轰炸机在"，便不要命地迎头冲上去与其展开了近战决斗。

这个中国飞行员聪明极了，他的螺旋桨飞机对比喷气式只有一个优点，速度慢转弯半径就小。王天保就利用这个优点在十多架围攻自己的敌机中不停地切半径转开了圆圈，成群的美国飞行员眼睁睁地看着这个狡猾的中国飞行员无计可施，喷气式飞机速度快，一冲上去，那个中国飞行员就转个圆圈躲开了。不但如此，他还绕到背后用机炮猛啄自己的屁股！

在这场圆圈大战中，王天保创造了世界空战史上的奇迹。在与十余架敌机搏斗过程中，他先后六次开炮，最近的射击距离竟只有一百米！他竟先后击落击伤四架领先于拉-11整整一代的F-86！这也是世界空战史上以活塞式歼击机对付喷气式战斗机的最高空战纪录。

今天，在北京大汤山空军航空博物馆内，一架编号为 24 的拉 –11 仍昂首挺立在那儿，那就是王天保的座机。

在王天保的周围，他的战友也在与敌血战，十六架拉 –11 纷纷用自己的身躯挡住射向轰炸机的子弹……空二师飞行员周宗汉、何岳新、于长新接连牺牲，三架拉 –11 栽向大海。

剩下的飞行员眼睛全红了，拼尽全力与敌机缠战在一起，试图掩护又慢又笨、身躯庞大的轰炸机，大队长徐怀堂、飞行员王勇、刘连生也击落击伤了三架 F–86。

拉 –11 没有吃什么大亏，轰炸机就惨了。

张孚淡的零六号机左右双发都被击起火，这架英勇的中国战机在浓烟烈火中仍在喷吐火舌拼死反击。

宋凤声零九号机拖着长长的火焰，不顾四架 F–86 的轮番射击，仍然紧紧跟着编队冲向大和岛。

梁志坚的十号机两翼被打得筛子一般，他也在顽强保持着队形。

邢高科零八号机的后舱盖被蜂拥而来的敌机打得粉碎，血葫芦一般的通信长刘绍基冲上去接过重伤的射击长吴良功，操起糊满鲜血的航炮一阵猛轰，一架 F–86 被打得在空中慢动作似的翻了一个跟头，接着就凌空爆炸，那个美国飞行员连跳伞都没来得及就被炸成了碎片。刘绍基创造了活塞式轰炸机击落喷气式战斗机的先例。

三分钟后，顽强编队的零六号机终于挺不住了，它凌空爆炸了，张孚淡等四名中国飞行员魂归蓝天。

零九号机也挺不住了，火焰已经烧到座舱，机长宋凤声神态慨然："你们赶快跳伞，我，留下来完成任务。"

中国空军的飞行员们怎会临阵逃脱，领航员、射击员、通信员在烈火中泰然自若："要活一起活，要死一起死。"

宋凤声急了，飞起一脚将领航员陈海泉踢出了烈火熊熊的座舱，接着他的座机就凌空炸成无数铝片。

陈海泉身负重伤，他是四架被击毁战机上十六名飞行英雄中唯一幸存者。

接着，梁志坚的十号机如同一颗流星栽向大海，四名机组成员慷慨赴死，他们坚持到了最后一刻才与战鹰同时殉国。

余下六架伤痕累累的战鹰忍着悲痛，一路击退敌四十余次进攻，终于冲到了大和岛上空。

美国飞行员急了，十多架 F-86 围着已经重伤的毕武斌零四号机猛打，毕武斌一边闪躲敌机的围攻，一边命令射击员、通信员开炮还击，无人应答，两个人都已牺牲了。

编队长机高月明眼看着零四号机烧成火炬一般，他为自己的战友急红了眼：

"零四号，零四号，赶快跳伞，赶快跳伞！"

耳机中高月明只听到两句话，毕武斌先是镇静至极地小声说："我的炸弹还没投呢。"

高月明后来泪流满面地回忆："他的声音完全是自言自语！"

接着，毕武斌高昂的叫声传遍了整个编队："战友们，再见了！"

这位视死如归的中国飞行员喊罢一推驾驶杆，驾驶着烈火熊熊的战机和九颗重磅炸弹直接撞向了大和岛上的敌军目标区，他用自己的生命为代价完成了任务……

"大和岛上神鹰坠，空军出现董存瑞。"

这是以后战友追悼他的挽联。毕武斌，中国空军史上第一个驾机撞敌的轰炸机飞行员。

剩下的五架杜 -2 轰炸机上的中国飞行员们擦干满面泪水，向敌人投下了所有炸弹。轰炸诸元误差太大，没有命中……

当空三师二十四架米格 -15 赶到战场时，敌机已经逃了。大队长牟敦康驾机紧贴海面搜索跳伞的轰炸机战友。海面上水柱冲天……为营救战友，牟敦康坠入海中光荣牺牲。

悲壮的三炸大和岛结束了。当夜，五十军的陆军大哥们杀上大、小和岛，把岛上的敌人杀得一干二净，为空军兄弟报了仇。

三炸大和岛虽然是战术上的失败，但英雄们的壮烈行为将激励以后无数的中国轰炸健儿们奋勇向前。一支初创的军种需要自己的英雄去锻造军魂。

在攻击中国轰炸机的美国飞行员中，就有美国著名空中英雄乔治·A. 戴维斯，他的个人战绩上有三架杜 -2 轰炸机的纪录。

不久，中国空中英雄张积慧以血还血，将戴维斯及其僚机飞行员双双击毙在朝鲜博川上空，为轰炸机战友们报了仇！

二十

越战越强的中国军队在战场上节节胜利，美国人终于在 1951 年 11 月 23 日被迫按照中朝提出的原则，以双方部队的实际接触线为军事分界线，达成了第二项议程的协议，李奇微再也不提那个"一万两千平方公里的海空军补偿面积"了，能守住现有战线就谢天谢地了！

27 日，双方代表团批准了以战场实际接触线为军事分界线的协议，此后，朝鲜停战谈判相继进入了第三、第四、第五项议程的讨论。在这项协定中，美国人补充了一条："如三十天内停战协定未能签字，则由双方确定彼时的接触线为临时军事分界线。"

这意思是说，双方划出实际军事分界线后的一个月如果达不成停战协定，还可以继续较量下去。美国人又犯了高估自己力量的老毛病。

说来也巧，此时还剩三项议程未能达成协定，以后美国人每挑衅一次就吃一次亏，到停战为止，中国军队战线接连向南推进了三次，占领土地面积一次比一次大。

随着第二项议程协议的达成，双方的军事参谋人员立刻开始了校正军事分界线的工作。这可不是可以马虎大意的工作，任何一点疏忽都意味着你将失去自己的一片土地。在这项工作中，中国军事参谋们表现出了美国军事参谋人员远远不如的敬业精神和专业素质。

中国方面的参谋人员全力以赴地了解战场情况，对战场上的变化了如指掌，他们每天到会前都要把前一天晚上、甚至拂晓时的战况拿到手。他们甚至熟练到这个程度，提笔就可立刻在五分之一的军用地图上画出中朝军队每一个前沿小分队的准确位置。

这在外行听起来似乎没有什么难的，只有内行才知道这是多么精深的功夫。五千分之一的军用地图可精密到标出一个独立家屋、一眼水井以及一棵大树的程度，而整个战线却长达二百五十公里！

而美国人就缺乏这种严谨和负责精神，他们不能随时掌握战况的变化，这就使会场上常常吵得不可开交。你说接触线应画在这里，他偏说应画在那里，美国参谋人员马上有了一句口头禅"我们最好坐直升飞机到现场看看"，以此来将中朝方面的军。

中朝人员嗤之以鼻。谈判是在会场上进行的，谈判代表是根据战况报告在谈判桌上谈判的，哪有谈判代表跑到战场上谈判的？

他们马上反驳一句："不，如果你一定要去，我看我们还是骑马去，骑马看得清楚些。"

会场上每隔一段时间，双方就把这两句话倒头经似的对念一遍。

战争双方在战后分别记述了两次饶有趣味的事件。

柴成文回忆，对方11月24日坚持要把高望山至大德山一线几个山头划到他们一边，而彼时对方的军队还在攻击这一地区。很明显，对方显然以为胜券在握。可到了11月27日，美国人灰溜溜不提这一事情了，三天过去了，寸土未得……

西方著作记载道：志愿军代表解方一次在与对方争议一个山头归属时，对方说这个山头是他们所有，解方没有再争，只小声对身边的参谋说："不用担心，这地方今晚上就是我们的了。"

不巧对方一个美籍华人吴翻译耳尖，也听到了这句话。他立刻向美方代表汇报了此事，"联合国军"当即加强守备，严阵以待，死守此地，可到了第二天，解方一脸满足的表情来开会了，原因是："就在那天的夜里，那个高地变成中国军队的了，是用怎么也没有料想到的大军队攻下来的。"

美国人还记下了解方的一则趣事："有一次中国的解代表发起火来了，他冲着霍迪斯代表发起火来了，大骂霍是王八蛋，大喊大叫说，只有鬼才能相信'联合国军'是诚实的，是爱好和平的……"日本人则唯恐天下不乱地解释道："'王八蛋'这个词，在中国是侮辱对方的语言中最厉害的一个词。"霍迪斯当时给骂傻了，因为他不明白有名的好脾气的解代表为什么发这么大的火，日本人说他"因为这太突然了，于是（霍）忍了又忍……"

以后，美国人气愤地将解方称为有时是庸俗的，但经常是很能干的"解少将"，美国公开史料则将解方将军誉为"最可怕的谈判者"。

彭德怀则对解方非常满意，多次表示："这样难得的人才，以后回国要推荐给周总理搞外交去！"

对比谈判代表们激烈的舌战，严格地说，在双方的军事参谋会谈中，由于主要从纯军事角度出发研究问题，气氛比较缓和，问题解决也快。

26 日下午，在双方把已共同认可的点线一丝不差地从图版上改画到准备草签的地图上时，穆莱上校却把已确定划在中朝方面的 1090 高地改划给己方。柴成文不干了：

"不行，这是昨天已经达成的协议，不能改变！"

穆莱上校无言以对，满脸通红地大喊：

"我已经让了四个，不，让了五个山头了，他妈的，我让步让够了，让得头痛死了！"

柴成文也吼起来了：

"你这样不行，你应该把这种态度收回去。"

一边的肯尼上校自觉过分，站起来，将穆莱改画的线恢复原状，同难堪的穆莱上校嘀咕几句，穆莱冷静下来了，稍过片刻，他向柴成文道了歉：

"柴上校，我很遗憾，刚才我不该发脾气，请你原谅。"

柴成文点头接受道歉："这样就对了，我们作为参谋人员，总免不了要合作办事的嘛！"

实际接触线定下来了，剩下的是画出双方各退两公里的非军事区南线和北线。可接触线是弯弯曲曲的，在弯曲狭窄的地段不足四公里时，应该退到哪里去呢？中方制图员急得满头大汗。怎么画呢？王制图员拿着铅笔无从着手。

中国代表团人才济济，翻译蒋正豪在清华大学学的是土木工程，他走到绘图桌前：

"这很简单，以接触线上任何一点为圆心，以二公里为半径画圆，圆周的轨迹就是南北线。"

制图员顿时茅塞顿开，供第二天草签使用的各退两公里地图很快就绘好了。

第二天会议开始，美国人困窘地告诉中方人员：

"我们现在遇到了一个重大的技术难题，就是从实际接触线各退两公里的非军事区南北线画不出来，这是一个需要专家才能解决的技术问题，东京的专家来了之后才能解决这个问题，只有等他们来了之后才能解决这一问题。"

中方人员微笑着摊开地图："你们看是不是只能这样来画？"

看着那张无可挑剔的地图，美国人惊呆了。

军事分界线确定以后，战场上除了敌人的绞杀战仍在进行以外，已经比较平静了。中朝方面以为很快就能达成停战协议，毛泽东也来电指示争取在1951年年内签协议。

毛泽东心想，划分地盘是最困难的事。地盘都分好了，解决其他的问题应该不难了吧。

按中朝方面的设想，剩下的只是按议程讨论在朝鲜境内实现停火与休战的具体安排，按国际惯例交换各自战俘，这都是一些技术性问题，应该是能很快解决的。他们低估了美国作为一个帝国主义国家的狡猾、贪婪以及向全世界宣扬所谓自由精神而继续冒险的决心。

二十一

会谈又卡住了。

竟不许北朝鲜这样一个主权独立的国家在战后修机场！

中朝代表说：

"我方不能同意你方限制机场设备的建议，我们在这个问题上绝不能让步，我方内政不容干涉！"

美国人的话语彻底暴露了霸权主义嘴脸：

"现在我们正在干涉着你的内政，你修飞机场，修好了，我给你炸掉，你再修，我再炸……你们应该忘记主权、内政这些支离破碎的字眼！"

中朝代表真是被美国人的无耻惊住了。当时他们还以为这只是美国将军的信口开河，军人在政治上的无知不足为奇。以后看了乔埃将军的回忆录，他们才知道这些赤裸裸的帝国主义言论的版权属于美国白宫和国务院。

乔埃则在回忆录中辩解："战争本身对于双方内部政务就构成了最大的干涉，而停战则为战争的另一种技术形态，唯因成立协定，而减少了干涉的程度。"

这是彻底的强权逻辑。

中朝人员也看透了美国人的心虚，美国人实在是害怕越战越强的中朝联军地面部队又得到强大空中力量的支援。

1952年1月27日，柴成文称"理屈词不穷的对方有些胡搅蛮缠了"。

当日，双方同意再次休会，只举行参谋会议，就已达成的原则协议做细节的讨论。

美国人又要试图用武力压迫中朝方面让步，这次他们选择了细菌战。

二十二

1月28日，板门店休会第二天，几架美机飞到伊州东南上空悄悄转了几圈，当地的和平居民们正在互相议论美国人今天为什么没投炸弹时，突然发现地上多了三种从未见过的小虫子，这些小虫子有的成群成团地绞在一起，有的匆匆忙忙四处乱跑，让人恶心至极。

第二天，寒冷的伊州又多了许多跳蚤和这个季节不该出现的昆虫——苍蝇。

接着，在中国军队许多前线阵地上和一些北朝鲜居民地，也出现了大批用纸包纸筒装着的跳蚤、蜘蛛、蚂蚁、苍蝇、蟋蟀、虱子等小虫子。

志愿军医务部门警惕了，立即取样化验，初步的结果就让人大吃一惊——美机撒下的这些小虫子有鼠疫、霍乱等许多细菌。这是细菌战！

后来中朝医学科学部门查明，美军撒下的昆虫等动物中带有鼠疫杆菌、霍乱细菌、伤寒杆菌、痢疾杆菌、脑膜炎双球菌、脑炎滤过性病毒等共十多种。这些毒菌经过培植，附在动物、昆虫的身上或树叶、棉花、食品和宣传品等杂物上，被制成细菌弹后，由大炮、飞机发射撒布，并以水源、交通要道和居民集中点为目标，其作战对象除中朝军队和居民外，还包括家禽及农作物。

由于细菌战违背了一切国际公法与世界公认的人道主义原则，因此，美军均秘密实施，对其执行此项任务的人员都严格保密，仅称细菌战为"不爆炸的炸弹"。

美国那些灭绝人性的飞行员心知肚明却欣然去完成任务，仅在执行此项任务时就至少有二十五名美国飞行员被中朝军击落活捉。

随着这些细菌弹的落地，朝鲜历史上早已绝迹的鼠疫、霍乱等传染病又发生了。回归热、天花、伤寒也开始流行。3月，志愿军患鼠疫的有十三人，脑炎脑膜炎患者四十四人，患其他急性病四十三人，其中三十六人死亡。

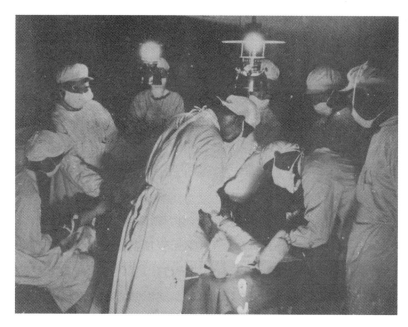
医务人员在紧张地抢救伤员

美国所有公开历史文献从不提及这肮脏的一页，但在当时，如此无耻的行为就已被包括一些美国人在内的国际正义人士所揭露。

美国最有影响的《生活》杂志说，美军细菌作战部门很早已开始研究细菌武器，已经发明了十六种利用空气和水传播的足以杀害大批人命的细菌武器。

一位有正义感的美联社记者1951年5月18日从朝鲜巨济岛发回报道："船上的实验室从伸展在巨济岛上的战俘营，取得口与肠胃的病菌培养物，每天进行三千次试验……岛上半打圈栏里面关着的十二万五千多北朝鲜俘虏中，有一千四百人病得很厉害，其他的人约百分之八十染有各种疾病。"美国其他报刊也纷纷披露了这艘编号为"一〇九一"的美军细菌战登陆艇所干的勾当。

中东社12月5日仰光电更让中国人愤怒异常。两位拒绝透露姓名的美国官员透露的消息称，三个日本细菌专家奉李奇微总部之命，携带进行细菌战的一切必要装备，离开东京到达朝鲜，准备以朝中人民部队的被俘人员作为细菌试验对象，并且提出了在冬天进行细菌战计划的报告。

日本人又一次在朝鲜战争中登场了，这三名"细菌战专家"为首的是著名的变态狂——前日本陆军军医中将石井四郎。中国人民对这个变态狂非常熟悉，他就是驻扎中国东北、干出了不知多少禽兽都干不出来的罪恶勾当的"七三一防疫给水部队"的创始人兼司令。另两个则是兽医少将若松次郎和北野正藏。这三个变态狂都是中国人民的死敌，在中国进行了无数次细菌战的大战犯，连苏联人都对其恨之入骨。他们也是苏联提议设立国际军事法庭加以审判的五个大战犯中的三个（为了研究不同人种对细菌的反应，石井四郎等曾用各种手段搞到不少苏联人，对其进行了"活体解剖"等试验，随着时间的推移，连许多日本人也打破沉默，揭露美国人为利用"七三一部队"的细菌战经验与成果，庇护了早该千刀万剐的石井四郎等，提供了优裕的生活条件让其安享晚年，石井四郎们当然会投桃报李）。

美国人竟同这样已经不配称为人类的丑恶禽兽搞在一起，对中朝发动细菌战，其真实面目又能让人多说什么呢？

美国的细菌战罪行违背了人类一切良知和所有的战争法则。1952年3月8日，居里夫人的女婿、诺贝尔奖获得者、世界和平理事会主席约里奥-居里愤然声明："在1月28日至2月17日中旬，美国军用飞机在朝鲜前线和后方撒布鼠疫、霍乱、伤寒及其他可怕传染病的细菌。这种骇人听闻的行动——头脑清醒的人从来不会想到的行动——居然发生了。这是继用原子弹在几秒钟之内消灭广岛和长崎的几十万人民那种穷凶极恶的罪行之后的又一罪行。使用细菌武器显然是违反

志愿军坑道防毒演练

国际法的，这种罪恶行为，直接违反世界和平大会华沙会议所通过的表示了全人类愿望的要求禁止细菌武器、化学武器以及其他大量毁灭人类的武器的决议。"

约里奥－居里直接向全人类愤怒疾呼："五亿男女拥护斯德哥尔摩宣言，要求禁止这种武器，这清楚地表明他们希望这种屠杀不会重现，今天，人们可以清楚地看到他们面临的危险以及有人为了强迫他们俯首帖耳而采取的残暴的恐怖办法。舆论必须起来斥责这种罪行。"

4月1日，十九位全人类公认的文化科学界大师向全世界发表了《反对美国细菌战告世界男女书》，直接要求全世界人民采取强有力的行动，把那些使用最卑鄙、最骇人听闻武器的战争罪犯们绳之以法！

"我们仔细地研讨了有关目前在中国和朝鲜进行细菌战的文件后，深感焦虑和震惊……我们的第二个义务就是保卫所有人民，使之免于细菌战的浩劫。我们认为：只有美国，也就是大国中唯一的国家，才没有批准1925年6月17日禁止使用毒气和细菌战武器的国际公约……我们同时要求采取强有力的行动，把那些使用最最卑鄙、最骇人听闻武器的战争罪犯们作为战犯归案法办。"

这份引起世界震动的声明的最后一句话是："我们号召人类起来自卫！"

鉴于美国反人类战争罪行的严重性，以及对全体地球居民可能带来的致命伤害，各国科学家组成了"国际民主法律工作者协会调查团"和"调查在朝鲜和中国的细菌战事实国际科学委员会"，这两个国际性组织先后来到朝鲜和中国地区进行实地调查，不久，他们的调查报告再次使全世界震怒了。

"朝鲜及中国东北的人民，确已成为细菌武器的攻击目标，美国军队以许多不同的办法使用了这些细菌武器，其中有一些办法，看起来是把日军在第二次世界大战期间进行细菌战使用的方法加以发展而成的。"

与此同时，美军被俘人员也为美国在朝鲜进行细菌战提供了有力的证据。

马汉·勃朗，美三师一名士兵证词："我证明美军使用细菌炮弹射击共军……"

接着，二十五名美军被俘飞行员在中朝军队宽待战俘政策的感召下，供认了参与进行细菌战的详细经过，本来就已狼狈不堪的美国政府更加被动了。

彭德怀发表谈话："敌人这一罪行并不是偶然的……去年1月日本细菌战犯石井四郎来到汉城，就是为了准备在朝鲜实现这一灭绝人性的可耻阴谋。……但是，敌人为什么恰恰在这个时刻使用细菌武器呢？事实摆得如此明显，敌人原来夸耀飞机大炮是万能的，想以军事力量征服朝鲜北部，进而向中国东北进攻；经过一年多的战争，敌人的计划遭到彻底粉碎，被迫进行朝鲜停战谈判。在谈判期间，敌人进行了所谓'秋季攻势'，结果又失败了。敌人的一切可耻行为，遭到中朝人民部队的沉重打击后，于是就在朝鲜进行了大规模的细菌战，企图以此来威胁朝鲜人民和朝中部队。"

彭德怀最后警告李奇微："我要正告敌人，你们企图以你们认为'意义重大'的细菌战来吓倒中朝人民军队的坚强意志，这条路是行不通的；你们的如意算盘，在全世界人民的正义声讨下，一定会得到不如意的结果。"

慑于强大的国际压力，美国人终于悄悄停止了细菌战计划。

中朝开始了大规模防疫灭菌卫生行动，中央军委连续两次指示："各级领导干部和机关，必须把防疫当作目前部队和居民工作中的首要任务。""不管有无病员发生，都必须迅速而坚决地进行防疫工作，不容有任何的犹豫和动摇。"

在朝鲜，名将邓华亲任"总防疫委员会"主任，全军上下一齐动员反细菌战，那些没有多少文化的中国农民士兵们普遍接受了现代卫生防疫知识教育，连志愿军驻地附近都有一百三十万朝鲜居民注射了疫苗……

与此同时，中国国内开展了遍及全国的卫生清洁运动，中国老百姓们开始了遍及中国每一个角落的灭蝇、灭蚊、灭虱、清秽等工作……

这就是以后有名的"爱国卫生运动"的萌芽，中国的卫生防疫事业从此一举迈进了世界先进行列，连中国的医药事业也随着此次运动而前进了一大步。

经过近一年的努力，美军的细菌战终于被彻底粉碎了。

奇怪的是，中朝并没有将美军细菌战罪行摊到门店的谈判桌上，柴成文以后在回忆录中解开了这个谜：

"杜鲁门政府不会公开承认使用细菌武器，中朝方面忍着极大的愤慨没有在谈判会场上提出这个问题，因为全世界人民都在期待着谈判能取得协议，而一旦把它搬到谈判桌上，除了将对方逼到墙角导致完全破裂外，不可能有别的结果。"

历史将永远铭记下美国的这一耻辱——全世界只有两个国家发动过大规

模的细菌战，一个是日本，另一个就是美国！

在这一点上，他们都超越了希特勒德国。

二十三

中国统帅彭德怀的使命接近完成了。他准备回国了。他在一年时间内将世界上最强大的美国人纠集的十六国联军和南朝鲜军从鸭绿江边打退到三八线，现在战线已经彻底稳定了。

彭德怀是放心地离开朝鲜战场的。此时，让美国人束手无策的志愿军前沿坑道防御工事已接近完成了。那段日子里，美国人在上面打炮，中国人在地下放炮（打洞），整个防御阵地内，隆隆爆炸声日夜不停，战士们一手拿枪，一手举钎，进行着战场建设。

世界战争史上从未有过如此卓有成效的坑道防御网。一个以坑道工事为骨干、支撑点式的防御体系在北朝鲜逐步形成了。那是无数道真正的地下长城！在这些地下坑道中，射击工事、交通壕、干道、支道等作战设施一应俱全，连宿舍、饭厅、厕所，甚至礼堂都被中国军队搬入了巨大的山脉中。

后来统计，中国军队挖的坑道长达一千二百五十公里，等于挖了一条从中国海岸城市连云港直抵西部名城西安的一条石质大隧道。

中国军队挖的各种堑壕、交通壕总长度则达到六千二百四十公里，比万里长城还长。

为建造这些工事，中国军队挖出的土石方高达六千万立方米，如果以一立方米排列，这是一道可以环绕地球赤道一周半的长堤。这是人类战争史上空前的奇观！

这一切，是中国士兵用双手干出来的，一个连队一个月就常常凿秃上千把钢凿，将几百把十字镐磨成锤子一样的铁块。摊开任何一名战士的手掌，都是一层层极其坚硬的血茧。

随着坑道工事的基本完成，中国军队防御阵地日益稳固。夏秋防御作战时，美国人平均发射四十发至六十发炮弹即可杀伤中国军队一人。1952 年 1 月至 8 月，美军要发射六百六十发炮弹才可杀伤中国军队一人。

志愿军大挖坑道

日本人的研究结果是："中国军队的战术改变是很显著的,在秋季以前……始终是采取流动性很强的防御战术这种以前的常规战法……但分界线问题一解决,好像立即就改成全面的阵地防御了。在二十公里至三十公里的纵深挖掘了堑壕,用圆木和石料构筑了掩体,在反斜面上挖掘了长长的横洞。另外,炮兵好像也增多了,很多被想到是新的大炮发射口的横洞在这里那里的山腰里显露出了令人可怖的影子。……若从空中来看,从西海岸到东海岸好像出现了一个长二百二十公里、宽二十公里至三十公里的巨大蜂巢。他们充分地发挥了先天的土工作业能力。"

美国人开始恐惧地将志愿军称为"闭居洞中的龙",志愿军的防线是"一道不可逾越的死亡深渊"。

日本人称："中朝军的阵地坚固到连猛将也不敢贸然下手的程度了。"

美军参谋人员研究了如果发动进攻可能带来的后果,他们向李奇微报告:"这是在认识到恐怕要付出近二十万人的牺牲基础上做出的。"

连美国空军都不敢北进了。新任远东空军司令官温莱特将军反对战线北移,"因为越接近东北基地,维持制空权和支援地面作战会变得越加困难"。

最嚣张的美国海军也想打退堂鼓，"海军也开始担心因中朝空军的增强而害怕舰艇受到损失"。

"联合国军"的士气在无聊的阵地对峙中，已经下降到危险的程度了，甚至出现了如果停战不快一点到来，"联合国军"将可能从内部崩溃这样的担心。

忧虑不已的范弗里特决定向中国军队学习，训令进行设伏，捕获俘虏，以摆脱无聊并提高士气。可是在零下十几摄氏度的战场上设伏，对西欧各国军队来说简直是过分的要求。

志愿军进行紧张的战备筑城，誓把东海岸变成坚不可摧的铜铁阵地

那是一场惨败，一个月内第八集团军全军共设伏二百四十七次，一无所获。

焦虑的范弗里特决定再进行一项实验——破坏枪眼的实验。

中朝军阵地的强度用普通的枪弹射击是奈何不了的，他想集中弹道较为平直的火炮直接摧毁志愿军的坑道口和枪眼，同时用重磅炸弹炸塌中国人的坑道。

试验给中国军队造成了轻微的损失。

一颗重磅炸弹将梨树洞志愿军一个师指坑道炸塌，那个在云山城外阻击得骑一师寸步难行的团长王扶之被埋在洞里。此时，他已是代师长了。他的政委沈铁兵掀掉头上的泥土后边指挥抢救边沉痛地指示：

"估计生还的可能性不大了，大概都炸烂了，要给扶之准备口棺材，他是老红军，还要通知一下他的爱人。"

彭德怀急电："不论死活，一定要挖出来！"

抢救部队已感绝望之时，工兵连长忽然发现炸塌的洞体缝隙内飞出两只苍蝇。沈铁兵大喜："苍蝇能活，人也能活，挖，快挖！"

三十六小时过去了，奇迹出现，王扶之和作战科副科长王盛轼在不足一点五立方米的狭小空间内被挖出来了。他们还活着，虽然只剩了一口气……

彭德怀的急电挽救了20世纪60年代中国最年轻将军的生命。大难不死的王扶之以后担任了中国军队总参作战部部长，乌鲁木齐军区副司令。

中国军队的坑道立刻进行了完善，坑道口厚度普遍厚达十米到十五米，到后期有的坑道顶部厚度已由先前的三十米达到五十米，连原子弹都炸不塌了。而且坑道至少挖了两个出口，达到了防空、防化、防弹、防毒等七防要求。范弗里特又傻眼了。

二十四

1952年3月22日，彭德怀在桧仓自豪地告诉中国著名作家巴金：

"现在敌人是进退两难，要打，他得不到胜利，没有出路；要和，大资本家的暴利又没有了，经济危机也要来了，我们却不然。和，本来是我们愿意的，我们就是为了和平才来作战的；战，我们也不怕，我们是越战越强！"

彭德怀归国的日子越来越近了，不久前医生在给他做体检时，发现他头上长了个小瘤子，担心是癌肿，中央军委立即令其回国治疗，并主持军委工作。彭德怀回国后，志愿军司令员一职将由陈赓代理。

归国前，彭德怀在朝鲜最后一次大会众将，各路野战军首长飞驰桧仓。在此次会议上，他做出了离开朝鲜前最后一个重要的军事决定。他命令志愿军战略预备队十五军拉上前线，接下二十六军在五圣山、斗流峰、西方山一线的防御。

秦基伟军长在四十五师出国作战誓师大会动员讲话

会后，彭德怀单独留下了十五军军长秦基伟。

彭德怀把秦基伟带到地图边，指着五圣山说道："五圣山是朝鲜中线门户，失掉五圣山，我们将后退二百公里无险可守。"

彭德怀转过头目光炯炯地盯着秦基伟："你要记住，谁丢了五圣山，谁就要对朝鲜的历史负责！"

秦基伟上将凛然答道："有十五军在，就有五圣山在！"

半年后，十五军大胜五圣山上甘岭，在两个小小的山包上将两万敌军绞成肉泥。这是一代英杰彭德怀在朝鲜所部署的最后一战。

告别的时候终于到了，彭德怀与众将挨个谈话，当他正与陈赓交谈时，洪学智赶到了，彭德怀连忙站起来拉住洪学智的手，这在彭德怀来说是罕见的亲热举动。"学智同志，你辛苦了！"

"在彭总领导下做点具体工作，说不上什么辛苦。"

彭德怀凝视着洪学智，他知道洪学智为战争的胜利做出了怎样巨大的贡献：

"我知道你那一摊事又多又杂，忙得很，本不想找你来了。不过，我这次回国，说是治病，实际上是军委让回去的，说回去以后就不一定再来了，所以还是见见你。"

陈赓："彭总回国要当军委常务副主席，主持军委工作，周总理已经忙不过来了，所以非要彭总回去不可。"

彭德怀："我回去具体干什么不知道，还没和我讲，我走之后，在志愿军一切职务由陈赓同志代理，他是1922年的老党员，资格比我还老，你们要好好支持配合他的工作。"

玩笑大王陈赓立刻说道："可是，我在志愿军的资格可没有学智同志老哟，我是后来的！"

洪学智："彭总放心，我坚决服从他的领导。"

陈赓叫起来："什么服从不服从的，你把你后方那摊子抓好了，就行了。"

彭德怀欣慰地大笑："好好！"

陈赓不会想到，两个月之后，他也要离开朝鲜，去创办世界上最大也是最小的军事大学——哈尔滨军事工程学院。

中国军队已经在朝鲜战场上深刻认识到了现代化武器的重要性，他们要拿出一个高级将领专门创办这种能大大促进军队现代化步伐的大学，他们希望，当陈赓培养出的大批精通军事科技知识的学生源源不断毕业后，中国军队再不会像在朝鲜战场那样，因为武器落后而大吃苦头了。

接着彭德怀就召开了最后一次党委会。

会议开完时，彭德怀看着洪学智："学智同志，还有什么事情没有？"

洪学智望着彭德怀感慨万千。这一年半的时间跟着彭总在朝鲜东征西战，赢得了决定性的胜利，说些什么好呢？

洪学智只向彭德怀提了一个要求："彭总，你要不问我，我也就不说了。你既然问我，我就说一句，你要走了，我别的事情没有，就是希望你别忘对我许下的诺言。"

彭德怀糊涂了："什么诺言啊？"

原来当日洪学智同意干后勤时曾提出一个条件：他是军事干部，回国之后还搞老本行，不干后勤。彭德怀是亲口同意的。

洪学智说道："去年你在党委会上亲口答应过，我在志愿军搞后勤，等抗美援朝结束了，回国后就不搞了。就是这话，当时党委讨论通过的。"

彭德怀想起来了："你不提倒也罢了，你既然提了，我还要批评你呢！一个共产党员，为党做工作是无条件的，党叫干啥就干啥！"

洪学智急了："你当时同意了呀！"

这可能是耿直的彭德怀一生中唯一不守信用的一刻：

"同意了的事也是可以改变的嘛，我告诉你，回国后，我要是做了参谋总长，你跑不了做后勤工作！"

除洪学智之外，连彭德怀在内的将帅一齐大笑。

彭德怀一语改变了洪学智下半生的命运，从此，这位驰骋沙场的上将埋首于中国军队的后勤工作，他开创了中国军队的现代化后勤体系。

1952年4月7日，中国人民志愿军司令员彭德怀元帅启程归国。他为一个饱受百年屈辱的民族奉献了使之重新屹立于世界民族之林的立国之战的胜利，他是中华民族永远的民族英雄，也是各国军界公认的世界名将。

彭德怀返抵北京。朱德为缓解老战友的疲劳，拉着彭德怀到中南海小舞厅去跳舞。新中国成立之初没有什么娱乐，中南海专门备了一个管乐队和一个文工团来为中央领导人伴舞，为领导人们松弛神经，调节一下紧张的工作。

没想到彭德怀来到舞厅嘟哝了一句："没事磨什么肚皮？我要主持军委工作，第一刀就将这个管乐队和文工团砍了！"

朱德元帅一听，赶紧拉着彭德怀的胳膊将其拽走。

此后直到1959年庐山蒙难，彭德怀元帅一直主持中央军委的日常工作。军界公认，他的任内是中国军队新中国成立后现代化建设的第一个黄金时期。

彭德怀还会再一次回到朝鲜，他将以胜利者的姿态回到朝鲜签署停战协定。

二十五

1952年4月28日，彭德怀回国第二十一天，李奇微到欧洲接替德怀特·艾森豪威尔五星上将的北大西洋公约组织军队最高司令的职务。艾森豪威尔要竞选美国第三十四届总统，按照美国宪法，他必须退役并辞去现有军职。

李奇微是怀着谢天谢地的心情离开东京的，他好不容易建立起来的威名总算没有又折在朝鲜战场。他是个很幸运的人，一直活到1993年7月28日才于匹兹堡逝世，享年九十八岁，死后四天归葬于华盛顿阿灵顿国家公墓。

他的晚年也很凄凉。由于在朝鲜战场上的痛苦体验，李奇微坚决反对美国介入越南战争，同中国军队展开第二场较量，为此，他失宠于美国鹰派并赋闲。

接任李奇微的是马克·克拉克四星上将，他是李奇微在西点的同期校友，"二战"时曾是李奇微的顶头上司。

他也是个很好战的人，他曾因在1947年公开大骂苏联人是"骗子"而名声大噪，他在全国广播中说："在苏联的行动中一点也没有光明正大这种美德，他们一心地说谎，把使弱者牺牲当作勇敢，是天生的骗子手，对于称霸世界有用的东西就什么也不顾地扑奔过来……公然地无视条约而毫不在乎，他们缺乏正直和人类的本性。"

臭骂一通后，他得出了引起轩然大波的结论："和骗子手玩扑克时，受损的不是骗子手，而是和骗子手一起玩的对手。"

马克·克拉克将军是带着打赢战争的强烈自信来到朝鲜的。他将以美国历史上第一个在没有取胜的停战协议上签字的司令官而载入史册。

第七章／凯歌高奏

一

　　美国总统候选人德怀特·艾森豪威尔在美军官兵中以平易近人、和蔼可亲而著称，在他卸任以后按惯例所建的总统图书馆中，人们在他的私人档案中发现了不少美军基层官兵和普通百姓写给他的信件。这些信件都强烈谴责了美国对朝鲜的侵略政策，其中一封尤其引起艾森豪威尔的震动。

　　寄信人是战斗在朝鲜战场上的一名普通美国军人，他向艾森豪威尔倾诉："士兵们'经常喝着啤酒议论世界大事和个人前途'。议论的结论是'杀人或被杀。杀人的想法使他们厌恶，被杀的前景使他们恐惧'。"

　　这名士兵代表自己的伙伴质问艾森豪威尔："我们这一代人真有必要成为职业杀人者，就像大家称呼朝鲜战场上的老兵一样吗？"

　　巴顿曾偷偷讽刺自己的顶头上司艾克（艾森豪威尔的昵称）最好不要当军人，而去改行做政客。老实说，巴顿的评价没错，早在"二战"中，艾克就不是以军事技能驰名，而是靠以高超的政治手腕将各怀鬼胎的盟军团结在一起赢得盛誉。

　　艾森豪威尔的确是块从政的料，他从这些群众来信中敏锐地察觉了他竞选总统的最佳楔入点，这就是许诺结束不得人心的朝鲜战争。

　　是时，由于战争的非正义性，美国的侵朝政策已招致国内人民的激烈反对，将美国陷入朝鲜战争的杜鲁门已经不大敢出门了，他已吃到太多的臭鸡蛋和烂番茄了。此刻，谁能结束朝鲜战争，谁就能得到美国人民的拥护，入主白宫基本上就成定局。

　　美国国内反战情绪高涨，朝鲜战场上的美国大兵们则天天在恐惧中煎熬。夜里，神出鬼没的中国军队到处抓俘虏、袭阵地；白天，中国阵地上的神枪手、神炮手不知何时就会射过来致命的枪炮弹。

　　截至1952年4月，中国军队一线坑道阵地基本完工，物资供应也一改过去的窘境，每个师都有三个月的粮食储备，几个月前只能喝雪水、有时连炒面都吃不上的战士们现在每天早上都能吃上油条豆浆。苏制新式武器也在源源不断地换装，部队士气大振，求战情绪极其高昂。4月间，"联合国军"以小部队向中国军队攻击六十余次，中国军队阵地竟无一丢失。

美三师十五团 K 连在 4 月 16 日夜里的遭遇便是一个再好不过的例子了。

范弗里特给该连的任务是袭击临津江西岸中国军的一个小哨位以捕获俘虏，这次行动将得到八门一五五加农炮和六门一〇五榴弹炮的支援。K 连此前进行了极为充分的训练，并在相似地形上反复演习，自信心强极了。

那一夜大雨滂沱，夜色如墨，道路上尽是泥沼，K 连全体成员穿着尼龙防弹背心"踊跃"地出发了。

K 连的计划是由警戒组开路，排除阵地前的铁丝网和地雷区，接着是支援和袭击组突击，最后是由十二个朝鲜人组成的担架组准备收尸抬伤员。

计划倒是蛮周到的，"可是一开始就触发了地雷,把前进的气势给削弱了"。来晚了的卫生兵和担架兵在雷区里东倒西歪躺下一大片，K 连刚出发就足足用了三十分钟善后。

再度出发不久又遇上麻烦，这次是自己人添乱，相邻的第一营不断向正面发射照明弹，K 连只好像中国军队一样利用照明弹熄灭的空隙向前跃进。

"当比预定时间晚一小时到位后，加雷上士指挥的袭击组（二十六人）沿着宽阔的水田中的小道向目标高地接近……'谁'！突然这样一声高声的吼叫划破了寂静的夜空，这是日本的官兵们在大陆听惯了的那种声音。立即在凌厉的口令声和咔嚓咔嚓的操枪声中开始了乱七八糟的射击。中国军队设的是个'V'字形口袋阵的埋伏。这是因为该连选定的这条接近道路是以前曾被其他的连几次利用过的道路。"

中国哨兵第一轮射击后，K 连袭击组就有一人战死、三人负伤。

死掉的那个美国兵据说是全世界第一个穿着防弹背心战死的人。

片刻后，中国军队的射击慢慢沉寂下去。加雷上士开始回击，然后逃跑，他身上的电话机和无线电话机都被中国人的子弹击碎了。另一侧的支援组还未来得及开火就遇到对方的集中射击，一个士兵立刻被打成重伤，剩下的人只好从光秃秃的堤岸上跳下齐腰深的水中避难。

当袭击组和支援组的两队人马好不容易会合时，这才发现："担架组的人员已经逃得无影无踪，只好用步枪和作业服搭成临时担架来运送死伤者，但这时在第一营的正面还在继续发射照明弹，所以每次都得趴下，实在是非常辛苦。"

这样，这次K连的袭击以中了中国军队巧妙的埋伏，徒然增加伤亡而告终。

美国公开史料评述："K连的经验只不过是1951年至1952年的冬季和春季发生的几百件这样的事例中的一件而已……差不多都是这样消极的报告。"

美国人既然打不过来，中国人就要打过去了。随着阵地的巩固，中国军队全线展开了有组织的小分队活动，开始同敌挤占中间地带，主动攻击敌突出的前沿支撑点。由于战斗主动权完全操在我手，中国军队很快就将双方斗争的焦点移向了"联合国军"阵地。

中国军队的打法彻底改变了，现在几个月前那种纯步兵攻击方式已彻底摒弃，取而代之的是多兵种协同攻击。

二

7月的一天深夜，五条黑影躲避着照明弹的亮光来到驿谷川畔，这是中国军队一个侦察小组护送一名炮兵侦察排长和一个通信兵去敌后。

一行人偷偷摸摸爬过了用树枝搭成的不断晃荡的小桥，躲过了美军炮火封锁线，越过了敌我之间的中间地带，在美军机枪不断的盲目扫射声中一直钻到了老秃山的左前方。

在这里，五名中国士兵互相拥抱告别，侦察兵的护送任务已经完成了，剩下的就是炮兵侦察排长刘建华和通信兵李宝江的事了。

下半夜，刘建华和李宝江带着望远镜和十多公斤重的步谈机终于静悄悄地爬上了老秃山背后的346.6高地。两个中国士兵站在荆棘丛中惊喜万分，这地点太好了，构筑在老秃山反斜面的敌军工事一览无余！

原来，中国军队决定拔下老秃山这棵毒刺，但被打怕的美国兵现在也学着中国军队的方法构筑起了工事。他们在老秃山背后修了大批暗堡，要打下老秃山，就非先铲平这些暗堡不可，两名中国士兵就为此而来。

在黑暗中，两名士兵不顾满身的划伤刺伤，在荆棘林和灌木丛中钻来钻去，终于在一棵长在陡坡上的大树下找到一个上佳的潜伏地点。

通信兵李宝江借着头顶两百米处美军士兵盲目发出的七梭子机枪子弹啸

叫声做掩护爬上大树架起了天线，然后溜下来躲进了刘建华排长在荆棘丛中挖出的伪装掩体。

5点钟时天色渐亮，刘建华一下就发现了美军二十二个暗堡！他手中的坐标纸上立刻增加了许多个圆圈，李宝江接到刘建华写有敌碉坐标的暗语后，马上将头钻到机器袋中用暗语将美军碉堡坐标传给中国的炮兵。

第一发炮弹就打在敌指挥总碉附近一百米处，这是八千米的远程射击！而不久前中国的炮兵们还不懂间接射击，只好"大炮上刺刀"，用炮筒瞄准打直瞄，这场最现代化的战争使新中国的战争机器迅速达到了世界先进水平。

一发发长了眼睛似的炮弹将美国人从碉堡里炸了出来，山坡上到处是被炸飞的支撑碉堡的钢轨和麻袋片，美国人吓得在山坡上乱跑乱嚷，中国炮兵侦察排长兴奋得差点忘了自己是在美军阵地正中央，竟直接对通信兵讲起了炮火修正坐标。但是，通信兵已经觉得不妙了，他的报话机开机时间太长，已经热得烫手了。果然，一会儿工夫，步谈机就失灵了，而这时，炮击还刚进入高潮。通信兵排除故障，坚持一段时间后，步谈机终于彻底成了哑巴。炮兵们失去目标指示，只好停止射击，此时老秃山的碉堡群仅被打掉一半。两个失望至极的中国士兵一合计，决定晚上回去换了机子后，再回来给美国兵的棺材上敲上最后一颗钉子。

当夜12点多，两名中国士兵又出现在团指挥所，焦急的团长正准备派出第二个炮兵侦察组，结果这两组中国士兵吵得差点打起来，刚回来的一组说已熟悉情况，应该继续执行任务，要出发的一组说你们已辛苦了一天一夜，怎么也该我们上场了。

团长权衡左右，还是让刘建华、李宝江再次出发了。

第二天一大早，老秃山的美国大兵们的早餐是直接送到碉堡里面的中国炮弹。

有了前一天的配合，中国火炮命中率高极了。二十二个美国钢筋水泥碉堡到中午时被彻底摧毁了十八个，还有三个碉堡被打塌，只剩了一个指挥总碉。两个中国士兵正要校正炮火干掉它时，两辆坦克爬上老秃山开始给美国兵收尸，李宝江立刻将刘建华报出的坦克坐标传回去。简直神了，片刻工夫，一发中国远程榴弹竟不偏不倚钻进了第一辆坦克的座舱，将这个铁乌龟撕得四分五裂，第二辆坦克也被打了个底朝天。到下午两点半，那个三面临沟、稍有偏差就不可能命中的指挥总碉也被打平了。

隔天，一阵冲锋号响，在几辆坦克伴随下，中国步兵分队轻松地冲上老秃山，消灭了残余敌军，板门店谈判桌上，这个制高点就归中朝方面所有了。

1952年6月13日，在官岱里西山战斗中，志愿军第十二军依托坑道与
敌反复争夺十昼夜，毙伤敌两千余人，使敌进攻目的未能得逞

老秃山战斗是相持阶段两军无数次类似战斗中的一次，比较大的战斗还有三十九军在1908高地的防御战中，利用坑道与敌反复争夺八昼夜，十二军在官岱里西山防御战中，与敌争夺十昼夜。这两次战斗，志愿军均利用强固的工事挫败了敌军进攻，大量杀伤了敌人。

中国军队的作战样式在悄悄地发生变化，中国的炮兵部队在"阵地作学校，工事为操场"的三个月大练兵后，终于基本掌握了间接射击、山地观测、利用地图射击和统一指挥射击等现代炮战方法。

炮兵是一门需要现代科学文化知识的专业。为了提高部队文化水平，中国炮兵师的教导队都改成了文化速成学校，为那些出身于农村的文盲士兵扫盲，以后，不止一位中国高级将领深感在扫盲班中受益终生。

"没有文化的军队是愚蠢的军队，而愚蠢的军队是不可能战胜敌人的。"毛泽东的这句名言在朝鲜战场上得到了再深刻不过的验证。

　　大练兵之后的中国炮兵终于成为中国军队的地面火力骨干。中国炮兵威力大大提高，在进攻前的炮火准备中能将敌工事摧毁百分之七十以上，在防御中能以集火射击打散敌冲击队形和拦阻占领我表面阵地之敌。不仅如此，他们已经能同美国炮兵展开大规模的炮火对战了。

　　抗美援朝为中国军队一气打出了十七个炮兵师，这个数字比战争开始时整整多了十个！

　　此外还建立了七所炮兵学校，三所炮兵军械、炮兵干部训练基地等全套完整的炮兵培训体系。

在朝鲜西海岸进行防御的志愿军炮兵阵地

　　三十五年后，美国军方向中国军方提供的数据是，其在朝鲜战争中百分之六十二的伤亡是由炮火造成的，炮兵对敌造成伤亡终于超过步兵对敌造成的伤亡，这是中国军队历史上翻天覆地的巨变。在此之前，枪战一直是中国军队杀敌的主要手段。从此，炮兵火力正式取代步兵火力，成为中国军队杀敌的主要手段，今天，中国陆军的炮兵连队早已远远超过步兵连队的数量。朝鲜战争为中国军队打出了现在这支全世界最强大的地面炮兵力量。

　　在攻击对方突出阵地的同时，中国军队的神枪手们给"联合国军"造成了更大的心理打击和人员损失。

三

中国军队给狙击活动起了个极富中国特色的名字："冷枪冷炮杀敌运动。"大凡在中国被冠以"运动"这个词的活动，都是具有相当规模的群众性活动。狙击手在世界战史上早已有之，但在朝鲜战争之前，各国军队都只将少数狙击兵进行的这种猎杀行动作为一种补充战术，像中国军队在朝鲜战场上这样，将其作为一种群众性的、带某种战略色彩的大规模狙杀运动，是世界战争史上前所未有的。这种争取战略主动权的狙杀行动一直活跃到整个战争结束。

1952年5月间，坑道工事的形成为狙击活动提供了可靠的保障。有了坚固的工事，狙击兵们就不怕敌军炮火报复了，战线上顿时枪声四起。据说开创这种运动先例的，是四十军一个出了名的二杆子愣头青副连长徐世祯。

徐世祯在黄鸡山前沿阵地看见对面的英军士兵在阵地上唱歌跳舞，对着我方阵地拉屎撒尿，这个不挡路的石头都要踢三脚的副连长恶从心头生，决意非犯回"不随意开枪"的纪律不可，端起一杆苏制"水连珠"步枪，"砰砰砰"一天就打死了七个英军，吓得对面的英军从此比兔子还老实。

嘿，这下不得了，上级首肯了徐世祯的做法，中国军队那些枪法精准的射手们纷纷端起枪干开了。

没有几天，"联合国军"的士兵们就给打傻了。他们在阵地上只要一露头，就得吃上一颗不知从哪儿射来的要命子弹，甚至是一颗忽然怪叫着落下的炮弹。那些中国士兵们正拿他们当活靶子，攒着劲儿拿他们的性命立功！以前"联合国军"从不做工事，靠坦克挡着就行了，现在可不敢那样干了。

美国兵、英国兵、南朝鲜兵纷纷咒骂着挖开了工事。挖了工事也不管用。总得离开工事吃饭喝水、拉屎拉尿吧？只要一出工事就性命难保！个把月后，"联合国军"的前线士兵们昼间活动全线受制，连吃饭喝水都发生困难，屎尿都只敢拉在空罐头盒里往工事外扔。这是当时朝鲜战场上的一大奇观。"联合国军"士兵惶惶不可终日，士气终于降到朝鲜战争中的新冰点，而对面中国阵地上无数的狙击英雄们则扬眉吐气，争相立功。

打得最漂亮的是二十四军一个名叫张桃芳的青年战士。张桃芳有一种天生的"枪感"，是个不折不扣的"神枪手"。据说他最讨厌使用瞄准镜，只喜欢用准星射击，他由此成为世界战史上最闻名的几个不用"枪瞄"的神射手之一。

战士们认真制订冷枪冷炮歼敌计划

张桃芳初上上甘岭战场就一鸣惊人。当时他上前线还不到四个月，时年不满二十二岁。来到前线后，张桃芳被老战士们胸前的一排排勋章馋晕了，开始苦练射击本领。当时中国军队正在展开轰轰烈烈的争当"杀敌百名狙击手"活动，张桃芳来了劲儿，连长喊吃饭都不来，成天趴在射击台上，十八天下来竟用二百二十五发子弹要了七十名敌人的性命，差不多每三发子弹击毙一个人，平均每天三人至四人！

当时志愿军战果统计极其严格，打死一个敌人至少要两个旁证，被击之敌必须躺在地上至少十五分钟不能起身才算击毙。二十四军军长皮定均治军极严，怎么也不肯相信张桃芳这个战果，竟亲自跑到前沿观察张桃芳是否虚报战绩。当时正好两个美国兵吵架，二人吵得忘了形，忘了志愿军狙击手的厉害，竟互相揪领掐脖从地堡吵到工事外面，张桃芳看着皮定均说：

"我来给他们劝架。"

说罢，伸出枪管一扣扳机，一个美国兵立刻被打了个四脚朝天，另一个竟不感谢张桃芳给他出了气，吓得一骨碌就滚下了又高又陡的山坡。张桃芳不满地说："真没礼貌，谢也不说一声。"

皮定均见状大喜，当场奖了张桃芳一双皮暖鞋。现在他才信服了张桃芳的战绩。

皮定均，人称"皮老虎"，毛泽东极为喜爱的骁将。国共内战爆发时，他率五千准备牺牲掉的孤军掩护李先念、王震所率中原主力突围西走。他执行的是必死性的任务。当时毛泽东准备牺牲掉李先念、王震部队，李先念、王震又准备牺牲掉皮定均部队，谁都不相信他能活着回来。结果皮定均创造了战争史上的奇迹，他不但率五千孤军完成掩护任务，还在三十万敌军丛中横闯三省，半个月血战两千余里，终于将部队完整无损地拖出包围圈，从湖北冲到安徽，投奔了陈毅。皮定均由是一役成名（他的独立旅突围行动以后被写成了许多部小说，拍成了好几部电视），所部在中央都挂上了"皮旅"大名。这个独立王牌部队是解放战争中唯一转战过五大战略区的铁军。1955年中国军队登坛拜将，军委定皮定均为少将，毛泽东看到皮定均的名字时，大笔一挥，"皮有功，少晋中"，他就成为中国军队最年轻的中将之一。

皮定均拍拍张桃芳肩膀："好样的，到狙击手训练队去再学几招！"

慧眼识才的皮定均希望张桃芳打出志愿军单兵杀敌新纪录，张桃芳也果然没有辜负军长的希望。两个星期学习回来后，张桃芳枪技百尺竿头再进一步，回到阵地十三天竟用二百一十二发子弹毙敌一百四十名，平均每三发子弹杀敌两名，每天干掉敌军一个班，合计在三十一天内，用四百三十七发子弹毙敌二百一十一名！他的班在张桃芳激励下，前后毙敌竟达七百六十人，几乎等于两个营！他的班荣立集体三等功，九名战士荣立了个人三等功。张桃芳和他的班分别创造了志愿军个人歼敌纪录和班歼敌纪录。张桃芳靠一手好枪法打成了闻名中国军队的一级英雄。他是中国军队在朝鲜战场上的头号杀手！

单个看这种狙击活动，战果似乎不大，但全线处处如此，积少成多，日积月累下来就不得了。十二军统计，三个月内十二军全军狙击歼敌二千五百零六名，只消耗步枪子弹五千八百四十三发，自己竟只伤亡了十一人。

十五军一三五团则将上甘岭537.7高地阵地打成了一个响彻世界狙击作战史的名字。

一三五团刚上阵地时，对面的美七师简直狂得没了边，乐融融的野餐会，摔跤竞赛，裸体日光浴，搂南朝鲜女人大跳贴面舞，甚至站成一大排，掏出裆里的玩意儿对着中国阵地比谁尿得远……

　　一个名叫陈凤楼的新兵气得牙痒，一枪就将一个正在做裸体日光浴、浑身白肉直晃的美兵打得再也不能享受到下一分钟的阳光了。这下十五军的士兵们仿佛运动员听到发令枪，纷纷干开了。十五军驻守上甘岭 537.7 高地的一三五团一连两个月冷枪杀敌三百多人，打残了美七师两个连队。美国人被打得实在受不了，只好让韩二师换防当替死鬼。换防时，美国大兵哆哆嗦嗦地告诉南朝鲜士兵："对面那座山是座'狙击兵岭'，随时都可能没命！"果然，南朝鲜二师仅仅接防几天就吃尽了苦头，他们按自己的民族习惯将对面的山头称为"狙击棱线"。

　　后来据统计，一三五团九个月冷枪歼敌三千五百五十八人，当面南朝鲜一个整编满员的联队（团）活活被他们打残，不得不换上一支新部队替守。他们打出的"狙击兵岭"和"狙击棱线"是朝鲜战争中最响亮的几个地名之一。这两个地名均被沿用到美国和南朝鲜的官方史籍之中。

　　这也是世界战争史上唯一的因为狙击活动而冠名的战例。同期十五军全军歼敌一万九千九百二十一人，其中百分之四十以上是冷枪造成的，而自己全军伤亡只有三十五人，敌我伤亡比例为五百六十九比一，这买卖赚大了！

　　军长秦基伟看着战果统计和伤亡报表，乐得合不拢嘴。

　　不但秦基伟乐，凡开展了"冷枪冷炮运动"部队的干部战士都在乐。在狙击活动最频繁的 1952 年 4 月至 8 月，中国军队狙击歼敌数达一万三千六百多，打冷枪已成了中国军队最喜欢的群众性体育活动，老战士打，新战士打，竟连送饭的"老炊"都手痒了。

　　六十八军一个名叫庞子龙的炊事员负责给狙击兵们送饭，送来送去自己的手也痒了，饭挑子一扔打了两枪。看着刚刚还活蹦乱跳的鬼子倒地，庞子龙瘾头上来了，饭也不送了，干脆改行干起了狙击手，三个月内这名炊事员冷枪毙敌五十四名，过了瘾，出了名，还成了英雄。

　　不但打冷枪，还打冷炮。

　　中国军队一些神炮手不甘落在步兵大哥后面，扛着一些轻炮上了山。这是世界军史上从未有过的"游动炮"射击。这些炮手们满山转悠，瞅准目标打一炮换一个地方，七个月也杀掉了近九千敌军。

一个名叫彭良义的十九岁迫击炮手用八十六发迫击炮弹击毙一百二十一个敌人，他简直把工作变成了一项个人乐趣。每天一大早，他就扛炮上山，哪个敌军没长眼暴露目标，马上吊过去一发索命的炮弹。这位聪明的战士不但想办法消灭敌人，还用尽心思消耗敌人军火。他将手榴弹上面盖上厚厚的草灰，弹弦拴根长长的绳子，打出一炮后，他就躲得远远的，拉响颗炸得草灰四扬的手榴弹，不但掩护了自己炮位，还引逗敌军炮兵还击。用这个办法，他曾在一天内打死十八名敌人，消耗敌军四百发大口径炮弹。这可不是小数目，四百发炮弹几乎相当于"联合国军"一个八门制炮连的弹药基数，几乎要用十辆卡车才能拖完。而一发大口径炮弹比一两黄金还要贵得多！

"冷枪冷炮运动"和挤阵地活动，使中国军队彻底控制了僵持阶段的战场主动权，"联合国军"士气已低落到极点。一个投诚南朝鲜兵交代："我是新兵，老兵告诉我，没事就乖乖蹲在工事里，别到外面乱跑，志愿军的冷枪厉害，说打你的头就不会打在你脖子上。"

志愿军炮手使用迫击炮在游动杀敌

一次夜袭中，中国军队一个小分队很轻松地夺下了美军一个地堡。一个美国兵的表现奇怪极了，他是这个地堡中唯一正在值勤的哨兵，却把枪架在地堡顶上，扳机上拴根绳子拉在手上，不时扯动一下发射几颗子弹，头却埋得低低的。这个地堡当然是被一锅端了，当中国士兵问这个美国哨军为什么不观察外面时，他答道："不能抬头。"

四

美国人现在开始理解中国成语"骑虎难下"一词的含义了。

美国空军由于"中国龙钻进了洞窟和地下壕中不出来，所以美国鹰为了切断其补给而进行巡回狩猎"的绞杀战正在失败。美国陆军在地面战场上更是一筹莫展。连几个前日本侵华军官在所著的一本充满无知与偏见的《朝鲜战争》一书中也承认："联合国方面在国际政治方面、战略方面、战术方面以及谈判方面陷入进退维谷的困局。"

当然，这几名现日本自卫队军官也不忘愚蠢地加上一句："但中朝方面好像也是如此。"

范弗里特有种时间倒流的感觉，一切都好像回到了三十五年前的第一次世界大战的西线战场，带刺铁丝网、地雷和一连串复杂的堑壕组成的纵深阵地，由炮兵和迫击炮构成的火力组织，侦察、巡逻和袭击……这位美国将军焦躁极了。除了双方那些小规模攻防战和天天吃上一堆中国狙击兵的冷枪冷炮造成的伤亡外，整条战线在一种无所作为的对峙中沉寂着，而部队的士气已经每况愈下，还有爱子的血仇……

范弗里特一次又一次要求发起进攻行动，军队只有进行战争才能带来活力。

"粗手杖作战""归乡作战""筷子十六号作战""筷子六号作战"，范弗里特搞了一个又一个作战计划，先被李奇微、后被克拉克一遍又一遍打了回去。不是李奇微、克拉克不想打，而是他们比范弗里特更有眼光一些。他们深知中朝军队的阵地已不可能轻易突破，打起来占不到便宜，就不能在板门店的谈判桌施加压力，除了徒增伤亡之外没有任何收益。

双方的大规模对峙就这样一直从 1951 年 11 月延伸到了 1952 年 7 月。此时，板门店上的谈判会场也陷入了整个谈判中最严重的僵持。

战场上得不到的东西会场上也休想得到，1952 年 4 月 28 日"联合国军"终于被迫放弃"朝鲜战后不允许修复、建筑机场，扩充航空设备"的要求，作为反要求，"联合国军"代表也要求中朝撤回以苏联作为中立国监督停战的要求。

双方协商同意后，以瑞典、瑞士、波兰、捷克斯洛伐克四国成立中立国停战监督委员会，对停战进行监督。

但李克农也有失算的时候。李克农曾以为五项议程中的战俘问题最好解决，战争双方停战后，互相交换战俘本来是天经地义的事，这是国际惯例，在这上面做文章是可耻的，美方应该不至于那么没有头脑。

在中国代表团会议上，李克农有些乐观："关于战俘问题，我们主张收容多少交换多少，俘虏才是真正不幸的人。交换俘虏，既有国际公认的准则，又是一个人道主义问题，估计不难达成协议。"

其实不但李克农，连毛泽东在这个问题上也判断失误了，他也曾认为俘虏问题，我主张有多少换多少，估计不难达成协议。

只有乔冠华敏锐地感到问题没有那么简单。此前范弗里特总部军法处长汉弗莱上校发表声明，指称志愿军八十一师二十三团杀害美国俘虏，可笑的是，中国军队根本没有这个番号的部队，连美国国防部也公开说汉弗莱的发言没有事实根据。李奇微虽放言支持汉弗莱的声明，却不敢让汉弗莱同记者见面，更奇怪的是杜鲁门居然在汉弗莱发表声明后第二天跳出来大骂：

"中国军队杀害在朝鲜的美军俘虏，是一百多年来最野蛮的行为。"

美国总统竟然支持连美国国防部都否认的一个集团军军法处长的声明，这里面肯定有名堂。

乔冠华的不幸预感显示了这位新中国外交家的远见卓识，不久，他的预感果真成了现实。1952 年 5 月以后，战俘问题就成为达成停战协议唯一的障碍了。在这个问题上，美国人写下了其历史上最可耻的一页。当然，他们自己也为此丢尽了脸，出足了丑，也吃够了亏。

五

只要有战争就会有战俘，人类在无数次厮杀后，终于发现战俘是战争中命运最悲惨的人。从人道主义观点出发，"一战"后，1929 年缔结的《关于战俘待遇之日内瓦国际公约》规定，交战国必须给各自的战俘以良好的人道主义待遇，其中第一百一十八条规定："战争结束时战俘应该毫不迟延地释放并遣返。"

第七条还规定："在任何情况下，战俘不得放弃本公约赋予彼等权力之一部或全部。"

这样，《日内瓦公约》规定了战俘在战争结束后必须强制回国。作为这项国际公约的签字国，美国违反了自己有关战俘问题的一切国际承诺。坦率地说，在战俘问题上，美国的表现连希特勒都不如。希特勒对英美战俘还表现过一定程度的客气。这种评语并非言行过激，连美国前明尼苏达州州长宾逊都抨击美国对待朝中战俘的行为"与纳粹野蛮行为如出一辙"。

与此同时，当时在《日内瓦国际公约》上还未签字的中国却严格地遵守了这项国际公约，中国给予"联合国军"战俘的优良待遇连李奇微都不得不承认。如果从"战俘问题"来看待朝鲜战争，这场战争则真是一场文明与野蛮之间的较量。

1951 年 12 月 11 日，讨论战俘问题的小组会议开始了。会议一开始，中朝方即提出停战以后迅速遣返全部战俘的原则。这个原则是合乎世界战争史的惯例和国际公约的。没想到美方代表却坚持要先交换战俘资料。

同一天，"联合国军"司令部发言人李维中校却在不经意间暴露了美方的真实想法："联合国军不打算给共军以很大的人力，不愿把战俘释放回来。"

其实，美国政治家们的真正目的比李维中校透露出来的还要卑鄙得多，以后，杜鲁门在回忆录中讲出了他在战俘问题上的真实想法："所谓共产主义，是无视人类的尊严和人类自由的一种制度。作为我们来说，决不能同意将那些渴望自由的人们强制地遣返到那样的制度之中去。"

"正如我经常主张的，我们不能抛弃正在为自由而战的韩国国民。所以那种违反俘虏的意志而将其遣返回共产主义支配下的决定，不管那是什么样的解决方案，我也不得不拒绝承认。"

这样，杜鲁门把纯粹的战俘问题变成了丑化共产党的工具。

连美国国防部都觉得这种利用战俘进行政治闹剧的表演有些丑恶，国务卿艾奇逊回忆："这个问题（战俘问题）不仅是促成敌我之间，而且也是促成国务院之间的一个重大争执点……为了保证敌方所收容的战俘的返回，五角大楼却赞成将北朝鲜和中国战俘及被拘留的平民一并遣返，而不管他们的意愿。"

五角大楼从军事角度考虑战俘问题，政治家们却要把一个纯军事问题死拉活拽地扯上政治。任何东西一扯上政治就没有那么单纯了，艾奇逊就恬不知耻地自白："共产党士兵一落到我们手里就可以逃亡，这点对共产党是有威胁作用的。"

既然美国人执意要用战俘问题来丑化"共产党世界"，板门店上，本来最简单的战俘问题就变成最复杂的问题了。只是美国人没有想到，他们想用这个问题来丢中朝方面的脸，最后却丢尽了自己的脸。

"事出意外，它变成了一个怎么也不能驾驭的怪物。"美国人最后沮丧地说。

六

朝鲜李相朝少将、中国柴成文上校是俘虏问题小组委员会中朝方面的代表，他们被敌方认为是"最干练的谈判者"。

"这个任命被认为证明中朝方面很是重视俘虏问题，被选来和这两个人比赛智慧的是联合国军方面的代表、新任命的鲁斯本·E. 利比海军少将和乔治·W. 希克曼陆军上校。"

利比少将是美国海军一个脾气极暴躁的老水手，以言语辛辣刺人而著称。美国公开史料评论："他是一个对敌人派出来的代表，不论是最好的或者最恶的，和任何对手交锋也不感困难的男子汉。头脑灵活，知识丰富……是和共方进行谈判的最合适的人。"

希克曼上校则是一个理性的参谋型人才，正好和利比上校搭档。1951年12月12日，李相朝代表中朝方面按国际惯例，把强制遣返全体战俘的原则作为正式提案提了出来，并追问是否承诺，连美国人自己以后都说："假如联合国军方面接受了这个原则的话，共方会高兴地提供俘房名册，并且实际上将会答应在板门店进行交接。"

实际上，如果美国人不是心怀鬼胎，谈判马上就可以取得成功，那么，战争在1952年夏秋之季肯定就会结束了。

但是美国人不干，他们横下心要让中朝这些"共产主义国家"出丑丢脸。利比少将当即提出交换俘房名单，再谈遣返问题。

中朝方面马上警觉了，此刻，中朝方面手中的战俘要比"联合国军"方面手中的战俘少得多。

仁川登陆前，人民军被"联合国军"捉到的人马还不到一千，自己却抓到了几万南朝鲜俘房和上千美军，但麦克阿瑟仁川登陆使战局逆转，人民军被俘数激增，到那一年11月已被俘十三万人。志愿军在八个月运动战期间也俘房了三万六千敌军，其中美军即有六千（到交换战俘名单时为止，美国国防部为宣称美国军人英勇善战决不投降，竟公布自己只被俘了一百六十九人，其他人统统可笑地列为失踪，由此可见，美国人公布的战争统计数字会是什么货色）。但是由于缺乏国际战争的经验，中国军队还按照国内战争的老传统，将俘房进行教育后大多释放了，其中许多南朝鲜战俘还加入了人民军。所以到此时为止，中朝方面手中仅有一万一千五百五十一名战俘（其中南朝鲜军七千一百四十二人，美军三千一百九十三人，其他国家军队一千二百一十六人）。而由于五次战役后期的失利，志愿军被俘人员剧增，据美国人宣布，截至1951年10月共俘房中国籍战俘两万零八百人（绝大部分都是五次战役被俘），这样，加上人民军被俘人员，中朝方被俘人员达到了十五万多人，与对方战俘数比例达到了十四比一。

此时，若和盘托出战俘资料，美国人是否会搞什么名堂呢？

李相朝少将开始与利比少将舌战了。当利比讽刺中朝方不答应交换名册时说："贵官没有准备肥皂和热水就催促快点洗澡吧！"李相朝反唇相讥："肥皂和热水都准备了，贵官却不进到澡盆里去。问题是尽快地释放俘房，所以还是不拘泥于交换名单为好。"

五天后，为了解除僵局，中朝方面出其不意，突然于上午同意当天下午交换战俘名单。中朝方心胸坦荡，认为交换名单也不是什么大不了的事，换了名单再换人，停战协议不就实现了吗？

　　饶是脸皮再厚，口口声声要先换名单的利比少将也愣了好大一会儿，他知道他手中的战俘名单是个什么货色。

　　果然，当日下午，美方提交了一份几是废纸的资料，这份资料只是用英语字母拼写的姓名和战俘编号，中国人没有汉字姓名，朝鲜人没有朝文姓名，更没有用以核对的部队番号、职务、衔级。而且，这份名单比美方宣称的俘虏数字少了一千四百五十六人，比对方通过国际红十字委员会转交给中朝方面的战俘名单少了四万四千二百零五名！

　　反观中朝方名单，详尽有序，每名战俘的姓名、部队番号、军衔、军号完备整齐。中朝方面公布了这份名单后，美方才尴尬地承认迪安少将没有战死，饱受丧夫之痛的迪安夫人自然是喜出望外。

　　一直要到四十一天后，先前铁口钢牙要先交换战俘名单的利比才补交了十三万多战俘的详细材料，但关于缺漏的部分仍未做任何交代。

　　这段时间，中朝方已经知道美国人在战俘问题上肯定要违背人类良知和国际公约，玩弄鬼蜮伎俩了。果然，在双方履行《日内瓦公约》规定的战俘与家人的通信权时，美国人的鬼把戏暴露无遗了。

　　12月31日，中朝方为了让战俘们的家属过上一个快乐的圣诞节，将美、英等国战俘的九百八十封信件交给对方。在此前中朝还交给对方八百零三封家信，而同期中朝方总共只收到二万多中国战俘的四十三封所谓"志愿军家信"！

　　这批"信件"都是用印好的三十二开卡片纸写的，内容让中朝代表气炸了肺。这四十三封信竟由四种相同的铅笔字迹写成，很明显，这是四个特务干的好事。收信人和收信地址更是无耻至极，有一张竟是寄到"北京极权街"，收信人是"赵老头""张老三""李老五"，甚至"潘金莲"。而四十三封"家信"有三十九封的全部内容只有七个字"庆祝圣诞，我很好"。而众所周知，当时的中国人是不过圣诞节的。

　　1952年1月2日，再也无法拖延战俘遣返问题的美国人终于拿出了自己的解决战俘问题的方案，这个方案是一个回到奴隶时代进行人口交易的方案。

美国人的基本原则是"一对一"交换！而此时双方战俘数比例为十四比一。美方的方法是如果一方换完了，战俘名额不够时，就用"平民"顶替，再不够就让无人交换的战俘宣誓"我以后不再战争了"，然后将其假释，让他们在自己特务机构和军事力量的胁迫下"愿"去哪里就去哪里。这就是臭名昭著的"自愿遣返"。

美国人也自知"自愿遣返"违背了人类战争法则，是一种极可耻的流氓无赖行为。他们的真实政治目的，就是通过这种卑鄙手段给中朝脸上抹黑，他们想以此告诉世界，中朝是侵略者，连他们被俘的士兵都不愿回到本国，而愿投奔西方"自由"世界！

中朝方面愤怒了。李相朝少将拍案而起："你们应该知道战俘的释放与遣送不是人口买卖，20世纪的今天更不是野蛮的奴隶时代。"

"全世界人民将诅咒你方的这一提案，你方自己的被俘人员和他们的亲属将诅咒你方的提案，因为你方的这一提案将阻塞释放与遣返全体战俘的可能，将阻塞迅速达成停战的前途。"

连中朝方收容的部分美英战俘在听说美国人的这个方案后，都极其愤怒，毕竟，谁会愿意把自己当作奴隶交换呢？

他们愤然向全世界发表一封公开信："虽然现在已是20世纪，但在我们看来，我们却是被当作放在拍卖台上买卖的商品来进行物物交换。"

可惜，李相朝和美英战俘的质问又怎能打动傲慢的利比？要知道，美国人就是靠贩卖奴隶、剥削奴隶而起家的，还是靠场大内战才废止了本国内部的奴隶制。在复活奴隶时代的这个问题上，美国人是不会感到丝毫羞愧的。

五十多次小组会后，彻底僵住了。

中朝方面再次做了一次巨大的努力。为解除对方"释放战俘等于增加军事力量"的借口，提出被遣返战俘将做出不再参加战争行动的保证等一系列合理措施。这个新方案解除了对方可能的一切借口，连许多西方记者都评论："这是一个不能久拖而又能打破僵局的好方案。"连中朝方面的谈判对手利比本人都说："终于用香烟熏出了一个方案。"

只是连谈判代表利比本人都感到满意的方案还是得不到美国政府的同意。在"自愿遣返"这个问题上，美国政府丝毫不愿松口。1952年正是美国大选之年，杜鲁门担心自己在选举之年承担朝战失败的责任，一把就扔掉了中朝方面的橄榄枝，还出尔反尔，将其先答应遣返十一点六三万战俘数减为七万人。一位权威军事战略家就此评论："当对方提出遣返战俘七万概数的时候，朝中方面的种种让步就成了泡影。"4月25日，中朝方面愤然宣布中止战俘问题行政性会议，对方则干脆提出"无限期休会"。

这样，愚蠢的美国人又将朝鲜战争拖延了一年零四个月。为了扣留中朝方面的几万战俘，他们又在战场上付出了几十万伤亡的代价。

在第四项议程战俘问题搁浅的同时，第三项议程限修机场与中立国提名的会场也发生了变化。

执意要将自己的中文译名翻为"海立胜"的美国代表哈里逊少将，在会场上用个人修养和人格上的极下流行为，开始阻挠会谈的进行。

中朝代表发言时，这位美利坚的官方代表竟跷着二郎腿大吹口哨，而且，在国际性会议上，哈里逊将军创造下一项再也无人能超越的纪录。这是人类交流史上的奇迹！每天，哈里逊夹着皮包、叼着雪茄懒洋洋地走进帐篷，屁股往凳子上一沾便说："我建议休会。"然后起身便走。

两分钟、一分钟、半分钟，终于有一天，哈里逊的屁股连凳子都不愿沾了，一句"我建议休会"扭头就走。这次会议只用了二十五秒！创造了空前也极可能绝后的世界纪录。

饶是哈里逊一拖再拖，拖到4月28日，机场问题和中立国问题终于以美国人让步而告终，现在，美国人只剩战俘问题还可以做文章了。就在美国人自鸣得意地宣扬受到良好待遇的共产党战俘自愿投奔"自由"时，血腥的巨济岛上炸起惊雷，看管中朝俘虏的美国杜德准将反被自己的俘虏所俘虏。

七

直到今天，比较正派的美国历史学家们还是不愿提及朝鲜战争中美国是如何对待中朝战俘这个问题，因为美国的行为不但是美国自己的耻辱，也是人类文明史上的耻辱。十多万被解除了武装的战俘，不但没有得到美国人也签了字的《日内瓦公约》中规定的权利，而且其遭遇血腥到令人发指的地步。中国的许多报告文学家们都眼含热泪记录了中国战俘们悲惨的命运和不屈的抗争。坦率地说，当年，美国人在如何对待战俘这个涉及人类良知与尊严的问题上的表现，确实是禽兽不如的，与以野蛮虐杀俘虏而闻名的日本人可以说是不分伯仲。

大部分人民军战俘和志愿军战俘被关在巨济岛上，这里已是人间地狱。

五层密密麻麻的铁丝网将各个营区围得严严实实，岗楼哨卡在营区四角林立，探照灯光将夜晚也照得亮如白昼。每当战俘们走进收容所，美国士兵们便一哄而上，将俘虏们所有的东西抢个精光，然后每五十人推进一个帐篷。床是没有的，统统躺在潮湿的泥地上。不准说话，甚至不准东张西望，连上厕所都要打报告。每天的粮食是四百克霉米，每天的工作是扛军火等重体力活。这一切都严重违反了《日内瓦公约》必须给予战俘人道主义待遇的规定。更悲惨的还在后头。

除了大批美国军队和宪兵随时准备镇压战俘外，美、韩、蒋大批特务也进入战俘营。他们挑选出俘虏中所谓"解放了的特务"，配合美国指挥与行政军官，组成了一个极其血腥的统治网。在这张用子弹、刺刀、匕首和棍棒支撑起的统治网下，战俘们开始了极其悲惨的生活。美国大兵以性欲强闻名世界，女战俘的遭遇可想而知。一次，几个美国兵扑进中国四个女兵的帐篷，光天化日之下对其强奸，一个受辱的中国女兵抓起一支美国兵放在地上的卡宾枪，向欺辱她的美兵猛扫，把其打成了马蜂窝。大批美兵赶到，架起十多挺机枪，向帐篷里的四名中国女兵狂射，帐篷里"祖国万岁"的高呼声戛然而止……

男战俘们稍有小伤就截肢。

更惨的是所谓"甄别"。因为杜鲁门、李奇微、克拉克已经向世界撒谎："有九万共产党的战俘已表示战争也好，和平也好，他们永远不愿回到共产党那里去了，宁死也不愿回去。战俘们不愿回去，我们不能不给予他们以庇护。如果硬是把他们送回去，那是不人道的，那就等于把他们送到火坑里去。"

杜鲁门说："这是具有根本性的原则，起码不能用刺刀逼着他们回去。"

美国人的确没有用刺刀逼着战俘们回家，因为他们是在用刺刀逼着战俘们不准回家。

九万人宁死也不肯回家的牛已经吹了，那就得有个交代，但是明白人看看战俘营里的待遇就知道，是否有那么多人傻到不肯回去。怎么办呢？文章总得继续做下去。战俘是否愿意遣返的"甄别"仪式开始了。

一排排美国宪兵手持刺刀对着战俘们的胸腔，美、李、蒋特务握着匕首、扛着大棒站在俘虏的身旁，逼着俘虏们逐个在已经写好的"拒绝遣返"的请愿书上按手印，谁敢不从则棍棒交加，毒打一顿，让你再"考虑一次"，或者干脆打晕，拉出毫无知觉的战俘的手指按上手印。最重的是当场打死杀一儆百，如果战俘群起反对，全副武装的美国军队立刻武装镇压。

一起起惨无人道的血案发生了……

2月18日，一支美国部队将六十二号战俘营包围，由美、李、蒋特务对战俘逐个"甄别"。中朝战俘不甘受辱，群起拒绝，美国人立刻机枪狂射，坦克狠碾，连主要由西方人士组成的红十字国际委员会事后也报告，三百七十三名战俘在这次被称为"巨济岛事件"的惨案中倒在血泊里……

这样的惨案每天都在发生。

后来据不完全统计，仅1951年美国人就枪杀了一万七千名战俘。

蒋介石和中国台湾的国民党人在朝鲜战俘问题上扮演了一个极其丑恶的角色。

为了配合美国的血腥"甄别"，大批台湾特务来到战俘营。台湾特务李大安甚至还专门带来了一个五十人的暗杀团。值得一提的是，我军入朝部队在解放战争后期都补充了大批国民党俘虏，由于审查不严，一些坏分子到了朝鲜战场主动投敌，比如在俘虏营中职务最高的联队长王顺清是原国民党营长，战俘中第一任国民党支部书记魏世喜是原国民党中尉（这二人后来当特务，均被我军捕获严惩）。后来我方估计，确有三千人是不愿回国的所谓"反共战俘"，这批人和美、李特务勾结后，残害同胞的手段比特务还凶。

在被称为"阎王殿"的七十二战俘联队，有六十二名要求回国的战俘被活活割肉，最后竟装了满满三脸盆。特务们用刀尖挑着割下来的肉恐吓还未表态的战俘们，公开宣布这些肉要用来"包饺子"吃。著名的林学逋烈士就是在此时遇难的。当林学逋拒绝回答特务们的提问时，刽子手们割开了他的胸腔。在生命的最后时刻，林学逋目光炯炯地高喊"中国共产党万岁""毛主席万岁"，雄壮的呼声随着林学逋烈士的心脏被活活挖出而停止……

张子龙烈士遭遇更惨。因为拒绝参加"示威游行"和呼喊反动口号，特务们一拥而上，先狠狠抽了张子龙一顿耳光，然后把他吊起来用皮鞭抽了六个小时。六小时后，特务们又将张子龙倒吊起来，用木棒猛击他的头部，用火烧他的肚子，用大铁钉钉他的脑门儿，用刀子扎进他的太阳穴……

"还没有死，他没有死，割掉他的生殖器！"特务们发疯地喊叫。

鲜血染红了张子龙脚下的土地，这个不屈的战士拼出最后的气力抬起头喃喃地骂着，特务们冲上去用铁锹铲出了他的心脏，又掏出他的肝脏后开始分尸。国民党特务陈福生把张子龙的心扔到锅里煮，并威胁战俘："每人都吃一片，谁不吃就是同情张子龙，就是想回大陆，就是和他同样的下场。"

接着，美国远东军事情报局的特务又给李、蒋特务出了个点子，在战俘身上刺上"杀朱拔毛""青天白日""反共抗俄"等标语，看这些战俘敢不敢回去！

更大规模的强迫"甄别"开始了。美国人在巨济岛上的空地上搭起一个高大的审查室，所有的战俘都要在刺刀威逼下走进审查室听候宣判。审查室的出口处由台湾特务排成两条窄窄的通路，一条铺满鲜花，这是到台湾的"自由与光荣之路"；另外一条路两侧是握着刺刀、匕首的台湾特务，这是"回国之路"。想回国就必须提着脑袋从这里往外冲，跑慢了不是刺伤就是刺死。第一个往外冲的志愿军烈士石振青就被活活砍死在光天化日之下。

中朝战俘地狱般的遭遇绝非中国人所杜撰，合众社记者的电讯即透露，"巨济岛的集中营中心变成了一个恐怖之岛"，"暴乱、酷刑、暗杀在这里的俘房日常生活中交织成一幅恐怖的图画"。

两位富有正义感的西方人士，英国人艾伦·温宁顿、澳大利亚人威尔弗雷德作为新闻记者，在整个朝鲜战争期间，对前线、板门店谈判会场、朝中方的战俘收容所，以及被释放的朝中被俘人员进行了广泛的调查和采访，战后，他们合著了一本《朝鲜战争俘房问题内幕》。这是西方有关朝鲜战争的一本禁书，两位记者提供了大量鲜为人知的材料：

根据停战协定的有关条款，正在巨济岛和济州岛被扣押的大约八千名朝鲜俘房和一点五万名中国俘房及在北朝鲜被扣押着的三百五十名"联合国军"俘房在非武装地带内交换。

国际遣委会成立后的几个星期之内，其成员每天都可以听到从印度管理部队的集中营内逃出来的俘房们讲的中世纪式的野蛮行为和令人发指的其他一些事情。最初这些委员们都是半信半疑。但是，即使是对此最抱怀疑态度的人也注意到，从不同的集中营、在不同的时间逃出来的人们——在他们之中有朝鲜人，也有中国人——所讲的故事差不多毫无二致。而且他们刚从把人们自集中营运来的卡车上下来就讲起来，并回答了很多记者们提出的问题，这样就更显得它有令人信服的力量。显然没有一个人得以在他讲述之前命令他们如此这般。

给人以印象最深的一次记者招待会是在 9 月 27 日举行的。那天六十五名中国人民志愿军人员归来，其中绝大部分是军官。他们还没有下车的时候，就撕碎了印有国民党旗帜的内衣，露出了刻满全身标记的身体。在这个大厅里，只听得见久久持续着的、渐渐变大的哭泣声。按照预先的安排，应该一人接一人地谈自己所经历过的事情。但刚开始不久，就不得不把一位在一两天前遭到严刑拷打的归俘带到外面去进行抢救。还有一个人在叙述自己同胞们所遭受的痛苦时难过得昏厥过去，又不得不把他们背到外面。有一个被割掉了耳朵，同时他的腹部还有一条被国民党刀子割开后留下的弯弯的大伤疤。他们中间有半数以上的人"犯有"拒绝刻上妨碍回到祖国的文身标记之"罪"，因此，他们四肢上的肉都被割烂了，留给人们看到的是一道道惨不忍睹的伤痕。

被俘的志愿军们回忆，新的文身从 8 月 20 日开始了。因为特务们在调查的时候，发现许多俘虏把在 1951 年四月刺上的文身标记割掉或烙掉了。特务们暴跳如雷，命令对集中营里的所有人开始进行文身。在胸部上刺上国民党的旗帜和徽章，两条胳臂上刻上口号，甚至在背的中部也刺上了国民党的旗帜或中国台湾的地图。拒绝文身的遭到毒打，并被绑在床上。一次由三个家伙进行的文身一直要持续四个小时。

到 8 月 31 日，十个集中营内的一点五万名俘虏，除极少数外，都被文了身。年龄最小的田忠俊被安排在最后。他说："那时，我觉得好像国度和人间从尘世上消失了。如果在我身边出现那些花纹，我定会羞耻得无地自容，绝没有脸再回到祖国了。怎能在阳光下露出我的背呢？别的且不说，我的身上已有那些花纹就够坏的了。"9 月 1 日清晨，田忠俊从铁丝网中爬出来了。当他快爬出最后一道铁丝网时被发觉，子弹打穿了他的脚踝骨。他在医院里受到好心护士的帮助，混进了最后一批被遣返的俘虏群中。田忠俊不过是一个普通的俘虏，他无法了解在大规模的文身的幕后策划者的心理。现在人们已很清楚，当时美军心理作战部东京分部负责人海恩森以为，只要把文身进行到底，就可以达到"保证被俘虏的人们不抱有回家念头"的目的。

在交换战俘场地，普利策奖金获得者、《芝加哥每日新闻》记者凯奇·比奇在看到一位患了肺结核的中国人民志愿军俘虏用最后的一点力气把美制军靴脱下来时十分惊讶，他用悲伤的语调问道："那么，这些人为什么连军靴也不愿意带走呢？这双军靴是相当好的啊！我想，在朝鲜和中国，像这样好的军靴是不多的。"但是，比奇和其他美国记者没有问一问，俘虏们为什么对于回想起美国人施加的拷问和那个鬼蜮的东西如此刻骨仇恨，并把对它的据有看成是一种耻辱。

其实，杀人和恐怖的气氛一直蔓延到俘虏们离开集中营。

这位女俘，是个海州大学毕业的学生。战争爆发后不久，她加入了朝鲜人民军。美军在仁川登陆后，她在仁川被俘。她是一位漂亮的姑娘，好看的黑发一直垂到双肩。她叫金京淑。她和她的难友回忆：敌人以搜查为名，把她们的全身衣服都剥光后，赶进一个房间里。几分钟后，一丝不挂的男俘们也被拉了进来。一个美国军官说："我们听说你们共产主义者很喜欢跳舞，那么现在就舞吧！跳吧！"在刺刀和手枪的威逼下，他们被迫起舞。美国军官们吸着烟，心满意足地哈哈大笑，用烟炙烤姑娘们的胸部，做出了只有从医学杂志和法律记录册里才能找到的丑行。

集中营里，没有人能逃脱敌人的兽行。一个以"战俘"的罪名被捕的十四岁的女孩子遭到奸污。在仁川集中营，两位身背婴儿的母亲曾几度在刺刀威逼下遭奸污。当时他们把婴儿的嘴堵上了。一位受电刑后神经错乱的姑娘，在去厕所时被一个美军下士截住，尽管其他同伴奋力抢救，她还是被污辱了。结果她完全疯了。

许多被当作游击队员和朝鲜人民军的成员遭捕的孕妇们，在连下等的医疗措施也没有的情况下分娩。虽然后来设置了产妇房，但美国人没有提供乳粉之类的食品，时常处于饥饿状态的母亲挤不出足够的奶来哺育刚出生的婴儿。脸色很白、异常美丽的二十三岁的母亲，平壤金日成综合大学毕业生金淑子说："她和她的小女孩儿幸运地活了下来，可她亲眼见到一位同志，在神志不清的状态中，因为不忍听婴儿由于饥饿而发出的凄惨的啼哭，把婴儿掐死了。只是在我们举行了多次示威表示抗议之后，美国人才给婴儿发了一些吃的东西。但他们随时可作为处罚手法，中断给我们的粮食供给。我们把写着‘婴儿们不是俘虏，他们必须得到人道主义的待遇’等口号的标语牌挂在铁丝网上，然而无济于事。"

"三八妇女节，我们背着婴儿愉快地放声歌唱，美国人向我们扔了催泪弹。他们向二十三名母亲和二十三名婴儿投掷了三十多枚催泪弹，许多孩子从那以后都病了好几个月。"从停战那一天起，到女俘们被遣返，敌人差不多一天就向她们投掷一次或两次催泪弹。

用内科及外科医疗方法对人施加暴行的证据，可以从美国的死亡集中营里回来的归俘们中间找得到。美国的讯息也确认了这些已经超出内、外科治疗范围的惊人的犯罪行为。对于这种行为的证据确凿性，大概美国人也是不会否认的。

1953年第四期的《美国医学协会月报》刊登了一篇论文。在文中，作者分析试验者对一千四百零八名细菌性痢疾患者使用的六种治疗方法。其第六种疗法是：卧床休息、烤电疗法、必要时服用镇静剂、营养的滋补和维持疗法等。说得轻松点，这等于不治疗。把患者们按倒在床上让他们发汗，以致他们的体质更加虚弱；为了检查不给予治疗的时候这种疾病会以何种速度扩散及各种治疗法的效果，让这些病人变得愈加孱弱，但又不致死去。也有一些痢疾患者得到了治疗，其实这不过是试验。仅四环素片，有的患者每天服用八粒，有的是十六粒，甚至三十二粒，以测验由饥饿引起的各种疾病在不同情况下吸收磺胺类药物的能力。在这种试验下，许多病人都中毒而后死亡了。从1950年10月到1951年8月，有四千名以上的患者死去。死者几乎全是患痢疾的。当时集中营里死了多少人无法统计，只是医院当局仍把腹泻得厉害的人送回集中营，他们在那里继续传播着这种疾病，并在那里死去。

在外科方面实行的试验中表明出的大量证据更是无可否认。在板门店，所有人都普遍注意到多得令人惊悸的四脚被截断的人们。据调查，为数很多的人们的手脚或全部四肢像割牛尾巴那样，被截成几段。甚至一条腿就被截了五次或六次。一些得了与治疗手段完全无关的气管炎和胸膜炎的人也要数度被截断肋骨。从1951年4月至1952年7月之间，第一集中营在经营这些穷凶极恶的手术之后侥幸活了下来的，只有三十七个俘虏。其中一个名叫金春山的俘虏被截断了五根肋骨，每次都是由不同的医生截断的。他追述说，敌人闯进医院里来，根据自己的需要挑选病人。如果有谁抵抗，就给打一针，然后强行将他拉走。

中国军事外科医生们对冻伤病俘们进行了彻底的诊察，据他们提供的统计报告，冻伤者一共失去了二百六十七条胳膊或腿，这些人在中国归俘的全体冻伤者中所占的比例之大是令人吃惊的百分之七十。他们指出，正是驻朝鲜前线的美军医疗部队人员说过这样的话："从很久以前开始，保存性疗法就是冻伤治疗的基本准则。"然而在美国方面，这样的纯属冻伤范围的肢体下部的截肢手术中，有百分之八十四是从正确手术部位的一分米以上的地方实行的，甚至有一个患者是在正确手术部位的五分米以上的地方实行的。

在二千一百七十二名中国病伤俘虏中，有近一半的人被截断了两条肢体。在所有六千名中国归俘中，有一千一百七十二名是外科病人，其中百分之八十四成了残废且丧失了活动能力。有四人的四肢全部被截去，只留下毫无倚恃的胴体。第二次世界大战的时候，整个美国军人被截去四肢的不过二十二人，在朝鲜战争中，全部"联合国军"部队里遭此厄运的也只有四人。

这就是杜鲁门口中的美国文明与自由世界！

八

美国人野蛮虐杀战俘禽兽不如的罪行将永远刻在人类历史的耻辱柱上。面对非人的折磨，中朝战俘们进行了不屈的反抗。

1952年2月19日凌晨，美国远东司令部联络队的哈里逊上士驾驶一架C-46运输机飞临朝鲜黄海北道谷上郡上空执行绝密任务，他的使命是向中朝阵地后方空投五名从志愿军战俘中挑选出来、经过日本人培训出的特务。此前，他已经出动十四次，空投了三十四名特务。四名特务先后跳出了机舱，轮到前志愿军见习报务员张文荣了，这位机智勇敢的中国战士忍辱负重等的就是这一刻，在跃出机舱的刹那，张文荣掏出手榴弹扔进机舱，轰隆一声巨响……

张文荣在夜空中看到那架C-46炸成一朵巨大的礼花。一落地，他就迅速找到了志愿军部队说明了情况。

跳伞被俘的哈里逊上士证实了张文荣的说法："我驾机飞临谷山郡上空，志愿军五名战俘离机跳伞后，忽闻舱内一声巨响，飞机起火坠落，那天当地没有高射炮，飞机起飞前曾经过严密的检查，不会是失事……"

张文荣，这位机智的中国英雄光荣地归队了，他又出现在志愿军的铁流中……

此时，巨济岛上，战俘中许多被俘的中国共产党员，看到个别人自发斗争被特务有组织有计划镇压的惨痛教训，吸取了人民军战俘在军官领导下进行有组织斗争的经验，很快成立了秘密的党小组和群众性的爱国组织。中国战俘营地下党组织领导人很快和人民军战俘领导取得联系，成立了统一领导战俘斗争的秘密机构"联川司令部"。

"敢死队"也成立了。残酷迫害战俘的败类在偏僻无人处狠遭痛打，负责告密、监视战俘的特务常常"失踪"……

很快，败类和叛徒们再不敢随便活动了，许多营地成了"解放区"和"小延安"。在那次"鲜花"和匕首的大甄别时，正是由于有地下党的组织，才有五千多名中国战俘冲垮了刺刀匕首阵，跑进了直接遣返战俘的六〇二联队……

1952 年 5 月 7 日，震惊全球、让美国人丢尽颜面的"杜德事件"发生了。

九

为了揭露美国人制造的"战俘不愿遣返"的假相，向世界说明朝中战俘所受非人待遇的真相，朝鲜劳动党巨济岛地下组织决定设法扣押战俘营长官杜德准将。当日上午，已经连续游行示威绝食的中国战俘要求和杜德直接谈判，在中国战俘有效麻痹了杜德后，关押人民军战俘的七十六联队又请杜德谈判。

正当杜德在大门外傲慢地告诉人民军战俘代表"战俘就要有战俘生活的样子"时，十多个手无寸铁的人民军战俘突然打开战俘营大门，抱腰的抱腰，抬腿的抬腿，把肥头大耳的杜德拖进了铁丝网并立刻关上了大门，只有已被俘虏过一次的雷边中校聪明，他抱着门边的柱子像抱住上帝的腿，终于没被提进去。

杜德准将浑身筛糠，像摊泥似的瘫倒在地，连话都吓得不会说了。他再清楚不过他的战俘营里都发生了些什么，老实说，中朝战俘杀他一万次也不为过。

但是，人民军代表却和颜悦色地告诉杜德："我们是真正的人道主义者，不像你们那样，请你不要害怕，我们绝对保证你的生命安全。"

一听说生命有了保证，杜德准将一下又来了劲儿："希望你们赶快放了我，否则我的部下就要发怒了。"

人民军战俘们冷笑："释放的时间决定于你本人是否能在谈判中很快答应战俘们的合理要求。"

营地门外，大批坦克装甲车和美国步兵已经将七十六联队围得严严实实，面对他们的是一条七米长、两米宽的英文标语，上书：

"我们生俘了战俘营长官杜德准将，绝对保证他的生命安全。待我们和他进行正当的谈判完毕之后，就安全遣返给你们，如因严重的武装而造成的不良后果，将由你们完全负责。"

为了自己的生命安全，杜德向门外的美军亲书手令："为防止事态扩大和保证我的安全，我命令绝对禁止开枪，并同意立即召开全岛朝中战俘大会，协商解决问题，即令柯尔生上校将代表们接来，并将部队撤离第七十六联队。"

杜德准将违反《日内瓦公约》让战俘过非人的生活，战俘们却按《日内瓦公约》给了他俘虏应当得到的良好待遇。他们给杜德准将腾空了一个一百人的帐篷居住，还用毯子和白布隔成卧室和办公室，让美军送来了一部电话机让杜德与外界联络，允许外边的美军按时送饭，甚至让美方安排了两个不带武器的美军士兵来服侍杜德，杜德不像在坐牢，倒像在度假。

李奇微、范弗里特都急了，新闻界已将此事告诉了全世界，这脸丢大了！

范弗里特急派第二兵站司令部参谋长格雷格上校飞往巨济岛平息事态。

格雷格来到巨济岛，想出了一个馊主意，他让单独关押的人民军十三师参谋长李学九上校去说服战俘们释放杜德准将，李学九曾任人民军二军团作战部长，在战俘们心中有很高的威望。

可是李学九上校一进入第七十六区的院内，突然立即改变态度，成了俘虏的领袖了。上了当的美国人后来咬牙切齿地说"好像是特意派去了一个领导人似的"。

5月7日就这么过去了，中朝战俘们的壮举已经震撼了世界。

第二天，七十六号战俘营里开了一次大会。战俘们以大量事实向杜德准将哭诉了美方迫害屠杀中朝人员的罪行,杜德无地自容。大会主席不断问他战俘所说是否属实,面对战俘们被强行截去的残肢断臂和目不忍睹的累累伤痕,杜德只有点头称是的份儿。

此时,在七十六联队门外,范弗里特已派美一军参谋长柯尔生准将接替杜德的职务。柯尔生上岛,首先调来一个坦克连和一个步兵营,接着又集中了第八集团军的全部一级射手准备镇压战俘。此举过后还意犹未尽,他又从补给所领来大批防毒面具分发给士兵,他要放毒气血洗战俘营。

美国人连杜德将军的性命都不在乎了,老实说,李奇微们恨不得杜德马上死掉才好,那他们又可以向中朝脸上抹黑,更有借口残杀战俘。

可是,杜德准将"受到了像国王一样的待遇","连治他胃溃疡的药都被战俘们要求送进来,略微提供一点安慰"。

聪明的战俘们一点儿把柄也没给美国人留下。

第三天,李奇微上将及继任克拉克上将和范弗里特上将齐聚巨济岛商讨如何处理此事。三位手握百万重兵的美国四星上将居然一起研究怎么对付手无寸铁的朝中战俘,这是战争史上的奇闻,更说明此事对于世界的震撼。全世界终于明白了美国人"自愿遣返""俘虏们宁死也不愿返回共产主义世界"的说辞是何等货色了。

三位美国将军首先决议的是"不允许一切的新闻采访",美国最标榜的新闻自由被踢到一边去了。

接着,李奇微恶狠狠地给范弗里特下了令:"如果赤色分子拒不执行我的要求,或者进行拖延,我就决定开枪射击,而且要以最好的效果进行射击!"

克拉克也表示:"我考虑我们应当使用武力……"

仅仅因为柯尔生和俘虏的谈判取得了一点儿进展,血洗战俘营的计划才没来得及执行,克拉克以后竟在回忆录中恬不知耻地恨恨不已:"但是柯尔生和俘虏的谈判,双方都做了一点儿让步,使得实现以武力救出的命令推迟了……和被关了起来的杜德通了电话这件事反而让柯尔生吃了苦了。"

仅从三名美国将领对待战俘的态度看,李奇微、克拉克、范弗里特都不配当将军,甚至不配当军人。他们只配当屠夫。

以个人人格和将道而论,他们还不如尽可能善待战俘的法西斯将军隆美尔、龙德·施泰德等人。

当日，朝中战俘代表起草了《中朝战俘代表大会向全世界人民的控诉书》，向世界人民揭露了战俘营的真相，并向杜德提出四项条件：第一条是立即停止侮辱、拷讯、虐杀、监禁以及用战俘进行毒气、细菌武器等试验，按国际法保障战俘人权与生命。第二条是立即停止对战俘进行非法的所谓自愿遣返。第三条是停止在武力下胁迫进行的甄别。第四条是承认战俘代表团。

这四条要求是丝毫不过分的。

10 日，柯尔生与杜德签署联合声明，承认发生过流血事件。在这些事件中，"联合国军"使许多战俘伤亡，允诺以后按国际法给战俘人道待遇。自愿遣返问题由板门店决定。强迫甄别问题，只要杜德安全获释，将不再进行强迫审查，只要经过批准，同意组织人民军和志愿军战俘代表团。这样，除了第二条外，美国人全部承认了战俘营里的残酷迫害。

此时，即将离开朝鲜的李奇微正质问范弗里特为什么不执行他"关于使用一切必要的武力建立并维持秩序的指示"。为了让镇压力量更充实，李奇微甚至向巨济岛上派出了第八集团军的战略预备队——赫赫有名的一八七空降团。

这就是美国将军李奇微在朝鲜下的最后一道命令——用坦克镇压手无寸铁的战俘！

鉴于目的已达到，11 日杜德将军被放出了战俘营，朝中战俘一齐列队欢送他。一个战俘代表问杜德："你在我们这里生活了几天，有什么意见？"

天良总算还未完全泯灭的杜德将一张写好的字条交给这位代表：

"我在你们这里受到了最高的人道主义待遇。在非常困难的战俘营环境下，我的生活并未受到任何影响。在我们的谈判中，你们保证了我在言论和行动上的自由。今后，我一定尽自己的力量遵守协议，并为实现这个协议而努力。我感谢第七十六号战俘营的全体朝鲜人民军战俘，祝你们身体健康。"

走出大门后，这位管理战俘的美国将军在做了七十八小时又三十分钟的俘虏后，挥帽向战俘代表告别。

杜德一离开战俘营，接任李奇微任"联合国军"司令的克拉克立即在全世界面前撕毁了美国人对战俘的承诺："柯尔生将军对共产党战俘的答复，是杜德将军的生命在危险中的重大威胁之下提出的。共产党的要求是纯粹的勒索……"

对战俘新的疯狂残酷的报复行动又开始了，朝中战俘代表团全体成员被当成"战犯"关进监狱，一百多名手无寸铁的人民军战俘又被美国最精锐的空降兵屠杀。

但是，战俘们终于告诉了全世界真相。

十

美国人虐杀俘虏的丑行使全世界愤怒了，甚至连它最铁杆的盟友英国都提出了抗议。红十字国际委员会的调查报告进一步证实了问题的严重性，国际舆论也一片哗然。

英国《雷诺新闻》发表文章说，巨济岛上的事件"使美国的说法和美国的甄别方式确实开始臭气熏天起来"，"杜德与柯尔生事件发生后，人们不会再相信美国所谓战俘不愿意回到他们的祖国的说法了"。

在"联合国军"战俘里，受到战争史上最佳人道主义待遇的英国战俘们，几乎一致签名给正在南朝鲜视察的亚历山大将军一封请愿书，要求他协助停止战争，停止杀害中朝战俘，他们同时指出："中国人民志愿军和朝鲜人民军并没有对我们作任何报复。"

英国政府甚至强烈要求派自己的代表直接参加板门店谈判。

连美国人自己都不好意思了。

美国政府发言人羞涩地说："（杜德事件）使美国在这个紧要的时候，在整个东方丢脸。"

美国陆军自己也狼狈极了。在官修的《美国陆军史》中，军事历史学家拉塞尔·韦格说道："陆军自己也为巨济岛所发生的战俘暴动而十分难堪，并为它的一位准将被自己的俘虏所俘虏而感到无地自容……"

美国正义人士也说话了。前明尼苏达州州长宾逊指责美国军队屠杀战俘的行径"与纳粹野蛮行为如出一辙"。

一向自信得不得了的艾奇逊被迫承认："这次笨拙的军事行动，像麦克阿瑟将军向鸭绿江发起的灾难性的军事进攻一样，动摇了我们的盟国对我们司令部的精明判断和能力的信心。"

板门店上，脸皮比铁皮还坚固的哈立逊都无话可说了。面对南日大将义正词严的指责，美国人自知理屈，无言以对，硬着头皮，死着脸皮苦撑。

南日："为什么你方战俘营内发生的无数次屠杀事件连一次也不能交代？"

哈里逊："我建议休会。"

南日："看来你无法答复。我再问你，你以为你们对我方被俘人员公然进行屠杀，而又没有做负责的交代，你方现在就可以公然集合大批军队，甚至聚集喷火坦克，准备继续进行大规模屠杀吗？"

哈里逊："（哑口无言五分钟之久）我现在和今后都不愿讨论这些问题。在这个帐篷外面有关的事实已经讲过了。我建议休会。"

南日："一切有关我方被俘人员的生死和安全的问题，都与这次会议有直接关系，我们是在帐篷里面，而不是在帐篷外面举行会议。因此，你必须在帐篷里面而不是在外面回答我们的问题。"

哈里逊：（沉默）

南日："为什么你们隐瞒4月10日的流血事件达四十四天之久？"

哈里逊：（长出一口气，仍然沉默）

南日："你们有什么理由用断绝战俘伙食的手段来强迫他们接受所谓甄别？"

哈里逊：（低头，还是沉默）

南日："你们有什么理由拒绝答复关于战俘的生命和安全的抗议和质问？"

哈里逊：（沉默长达五分钟之久）

南日："为了使你有时间考虑这些质问，我同意休会到明天通常开会的时间。"

哈里逊："（不等译员翻译完立即说）我同意。"（站起来就走）

杜鲁门如坐针毡，现在，他是彻底的内外交困、黔驴技穷了。

美国人民的反战情绪已经达到不可遏止的程度。战争已经进行了两年零四个月了，除了不断运回国内的裹尸袋、越来越高的军费支出和通货膨胀外，美国人民看不到任何战争的成果。国际上则连盟国都在对美国提出抗议。尤为不利的是，这一年又是美国的大选年，国内政治斗争的激烈更使杜鲁门焦头烂额，共和党候选人艾森豪威尔到处说愿意为达成"体面的停战协议"而努力，甚至公开许诺，如果当选总统"将亲自去朝鲜，并结束这场战争"。

迫于形势，杜鲁门极其痛苦地做出了决定，他将不再竞选下一任总统，这样，杜鲁门的政治生涯终于因为他亲自发动的侵朝战争而被迫终结了。但在离任之前，杜鲁门下定决心要在战场上再发动一次进攻以挽回面子，他要告诉世界，杜鲁门是在美军仍在进攻时离任的。不过，不等杜鲁门动手，中国军队抢先发动了进攻。自五次战役以后的防守作战和小规模反击战后，中国军队又要开始大规模出击了，1952年的秋季攻势即将开始……

十一

克拉克接过李奇微手上的指挥棒时，许多人都以怜悯的眼光看着他，这差使实在不好混。但克拉克不以为然，美国有如此强大的军事机器，只要坚持打下去，中朝就非得让步不可。

为了压迫中朝接受美国的遣返战俘方案，克拉克提出了八点计划，主要内容还是两条：一个是在板门店上拖，一个是老办法"炸"。克拉克要炸平壤，炸平壤至开城间的交通线，炸北朝鲜所有的目标，另外，他还要炸开战以来的禁区——向中国东北供电的鸭绿江上的水丰发电站。

1952年6月23日，五百九十架次战机飞到鸭绿江上空轰炸了水丰发电站。这个电站是中朝共用共享的电站。7月11日，七百四十六架次美机将平壤的废墟又翻了一次。尤值一提的是，克拉克甚至数次轰炸了标识明确的战俘营所在地，造成大批英、美、韩战俘伤亡……

7月13日，在狂轰滥炸的同时，板门店上，美国人又提出一个新方案，这个方案虽然换汤不换药，却增加了遣返人数，将原定遣返的七万人提高到八点三万人，同时，美国代表恶狠狠地告诉中朝代表："这是最后的，坚定的，不可改变的方案……"

哈里逊甚至在中朝代表面前公开离间朝中关系："中国有四万万人口，为了几千名志愿军战俘不愿回去而拖延冲突，不顾只有很少人口与有限资源的北朝鲜继续遭受痛苦与灾难！"

在哈里逊假仁假义面目的背后，遣返数字里包含着离间中朝的阴谋，百分之八十的人民军战俘将被遣返，而只有百分之三十二的志愿军战俘能回国。

中朝代表团动心了，内部研究后都倾向接受这一方案。李克农向毛泽东打去电报：

"这个总数比我们估计的高，离我们九万上下的底盘不远……对方答应遣返人民军战俘七万七千，大体上人民军中好的分子皆已回来，不回来的可能大部分是那些敌人在仁川登陆后新参军的人。至于志愿军方面，国民党特务是做了长期的工作的，这是对方扣留的重点。"

朝鲜同志更不必说了，"从政治上着想，敌方自称4月28日案为'最后的，不可变更的'，现自动更改，提出新案，此系很大进步。因此，我们提议不放弃敌方此次让步之机会。"

毛泽东、金日成共同商议后，同时否决了代表团的意见。作为有远见卓识的政治家，两个人都看透了美国人的伎俩，一面大炸鸭绿江水电站一面提出新方案，这不是以打促谈，逼签城下之盟吗？

毛泽东对代表团的短视都有点恼火了："我们的同志太天真了。谈判不在数字之争，要争取在政治上、军事上有利情况下的停战，在敌人压力下接受这个方案等于是城下之盟，对我不利！"

毛泽东不愧是伟大的政治家，他看透了美国人是在色厉内荏："长期打下去对美国很不利……要死人，他们为扣留一万多个俘虏奋斗，就死掉了三万多人。他们的人总比我们少得多。"

"谁怕谁呢？"毛泽东心说，他不信美国人不低头。

舌战又开始继续，嘴巴官司又从夏季打到了秋季。

秋天可能是朝鲜最美丽的季节，漫山遍野的金达莱花盛开，青苍的松林在风中低吟。

可惜，秋天也是朝鲜最适合征战的季节。泥泞的雨季已过，严酷的寒冬还未到来，古人尚知秋高马肥征战忙，今人就更不会错过了。

8月，在谈判陷入休会状态时，克拉克搞了一系列军事调动。空降一八七团调到前线加强美七师防区，中部前线不断进行各种战斗演习，三艘航母调到了朝鲜西海岸，克拉克、范弗里特、李承晚到处视察部队。美国海军部长费克特勒透露，原子弹运载机已部署到南朝鲜。空军参谋长范登堡演说，美军一旦遭到进攻，美空军将立即使用原子弹报复，这是美国人对中国人的又一次核讹诈。

志愿军代司令员邓华密切地注视着敌情，他的前任陈赓代司令员已经离职回国组建哈尔滨军事工程学院去了。

邓华和第二副司令杨得志、副政委甘泗淇和"联司"的朝鲜副司令传令部队做好抗敌登陆战准备，说句实话，他们真想美国人来呀！一线、二线的坑道工事完成了，连第三防御地带重点地区的核心工事都开始构筑了。前线供应改善，反"绞杀战"已取得彻底胜利，特种兵有了极大加强，全军大中口径火炮已有三千八百多门……万事俱备，只欠给美国人来个教训。志愿军将士们眼巴巴地等着美国人前来让他们立功。

美国人没敢来。

十二

1952年9月初，彭德怀来到了莫斯科。斯大林太想见见那位神秘的东方军事统帅了。

斯大林用盛大的国宴招待了彭德怀和同时受邀来访的金日成。

苏联所有著名将帅都出席了国宴，一排排勋章、肩章在克里姆林宫的水晶吊灯映射下金光闪烁，璀璨夺目。身穿一件破旧黄呢子外衣的彭德怀显得格外寒酸，这却也使斯大林用更加惊奇的眼光不停地注视彭德怀……这位杰出的东方统帅怎么像个乌克兰农民那样打扮呢？

斯大林举着酒杯站到了彭德怀面前，彭德怀站了起来，两个人久久对视着，斯大林开口了："我还要跟你好好谈谈，关于战俘遣返问题，你们的斗争很有力。"

斯大林忽然觉得无话可说了，他又想了想："战争初期，我们的空军出动晚了些。"

彭德怀眼睛顷刻间眯得细长起来。在战争最困难的时期为了得到苏联空军支援，他曾同苏联驻华军事总顾问沙哈罗夫大将大吵过一场，没起什么作用，牺牲了多少好战士。

彭德怀望了斯大林好一会儿，才淡淡地说了一句："都撑过来了，你有你的难处。"

斯大林默然了，他看出了这位中国统帅的耿直与纯朴，宴会厅里都静了下来，都在等着听苏联大元帅会对中国统帅说些什么。

"你是一个创造现代战争奇迹的人。好比用大刀长矛和来复枪作战。你留下一段时间吧，到黑海边上的索契去住一段时间吧，黑海的秋天美极了，索契有全世界最好的疗养地。"

斯大林在彭德怀面前说的全是真话，他不知道怎么才能面对彭德怀的眼睛说假话和客套话。

彭德怀知道斯大林是真心邀请他，他笑了："谢谢斯大林同志的好意，等打完了仗，我才放得下心去疗养。"

斯大林觉得言犹未尽："依你看，板门店能谈出个结果吗？"

彭德怀摇摇头："我看不会，美国人想在谈判桌上捞到战场上捞不到的好处，我们当然不能答应。"

斯大林忽然灵感泉涌，对着耿直的彭德怀说出了他一生在无数外交场合所说出的最真心的话，这句话坦率得让彭德怀都惊讶不已。这是关于外交本质的一句名言："如同在这个世界不存在干的水、铁的森林一样，所谓有诚意的外交，在国际社会中也是不存在的，板门店也不例外。"

彭德怀爽快极了："谈不拢就打嘛。"

斯大林在和中国统帅彭德怀的交谈中得到了极大的愉快，这是一个世界上极少有的，即使是斯大林也完全信任的人。

斯大林笑了，这是这位已经走近死亡阴影的杰出政治家一生中极少有的最真诚笑容之一，"将军说话，总是爽快的"。

十三

谈不拢就打。克拉克要新官上任三把火，邓华要给他个下马威，让他认识认识中国军队的厉害。克拉克上任以来，还没有组织过一场像样的仗，自然跃跃欲试；邓华接掌帅印，更是摩拳擦掌。

1952 年 9 月 18 日至 10 月 31 日，沉寂已达一年之久的战线上千炮齐鸣。

在一百八十公里宽的战线上，中朝军队八个军向"联合国军"六十个目标发起七十七次进攻（志愿军攻击七十四次），战役的主要目的不是夺占地盘，而是杀伤敌人，迫使板门店上的美国代表们老实一点儿。夺下的目标能守则守，不能守就放弃。

这是现代战争！

李奇微在回忆录中也掩饰不住惊讶："在'联合国军'防线上创造了一天落下九万三千发炮弹的纪录。敌人不但提高了射击精度，改进了战术，而且他们能做到集中火力打击一个单独的目标，而后不时转移火炮，以避免被我测出发射阵地的位置。"

一天发射九万三千发炮弹，这个数字比中国军队入朝初期时几次战役射弹总数还要多！一百门火炮掩护六个军，还仅是一年前的事，而此时仅攻击美军一个连就有至少四十门中国火炮在怒吼！抗美援朝才一年多，中国军队就发生了天翻地覆的变化，连毛泽东都在惊叹炮兵的奇迹："炮火的猛烈和射击的准确实为制胜的关键。"

惊天动地的炮火声中，"联合国军"构筑近一年的工事纷纷坍塌、崩溃、毁灭……

在炮火掩护下，无畏的中国步兵冲击了。在官垈里西山，一个名叫黄家富的中国副排长闯枪林顶弹雨，先后十五次扛着总重数百公斤的烈性炸药进行爆破，一气将两百多敌人送上了天，接着又带着三处弹伤坚守阵地，打退敌人七次反扑。他荣立了特等功，被授予了"一级爆破英雄"的称号。

伍先华，一个中国班长，抱着二十公斤重的炸药包冲进了敌军模仿中国军队所修的坑道，与四十余名敌军同归于尽。他被追记了特等功和"一级爆破英雄"称号，朝鲜方面授予他"朝鲜民主主义人民共和国英雄"称号和一级国旗勋章、金星奖章。

还有一个在中国家喻户晓的名字。

在铁原东北的391高地，十五军五百将士潜伏在离敌只有六十米的草丛中，他们中有一个名叫邱少云的战士。

391高地和志愿军前沿之间有三千米的开阔地。为了避免在这片开阔地上遭到杀伤，邱少云和战友们头一天夜里就爬到了391高地下。只要熬过这个漫长的白天，天黑就能给守敌致命一击。

时间在一分一秒流逝，中午 11 点时，四架路过敌机忽然在潜伏区扔下几枚燃烧弹，飞溅的汽油点着了邱少云腿上的伪装树枝，火焰在邱少云身穿的棉裤上悄悄扩展着。

1952 年 10 月，我军向敌人全线展开战术性反击，一举攻占 391 高地、
381 东北无名高地、上佳山西北无名高地等。图为我军夜间攻击 391 高地的情形

邱少云轻轻扭头，身后半米处就是一条水沟，只要滚进去火就会熄灭掉。

邱少云悄悄看了看正前方，南朝鲜兵的说话声都清晰可闻，只要自己稍有动作，肯定会被发现的，那身边的五百战友可能一个都活不了。

就在这一刻，邱少云下了决心躺着不动！他将身下的爆破筒推给身边的战友李士虎：

"胜利是我们的，我不能完成任务了，代我多杀几个鬼子。"

说完，邱少云闭上眼睛，将身体更紧地贴进泥土。他就保持着这个姿势直至被烧焦。

今天，在中国人民革命军事博物馆内，还保存着这位钢铁战士身下的一片棉衣和压在其身下、枪托已被烧焦的冲锋枪。

在他牺牲的地方，在 391 高地的绝壁上有一行深刻的大字："为整体、为胜利而自我牺牲的伟大战士邱少云同志永垂不朽。"

邱少云

看着火光熊熊的潜伏区，两百多名南朝鲜士兵放心了，那里没有人类活动的迹象。天刚黑的时候，那火焰烧过的地方忽然响起震耳欲聋的高呼声："为邱少云烈士报仇！"

五百名中国战士只用了几分钟时间就将两百多惊得不知所措的南朝鲜兵杀了个鸡犬不留，接着，这群满腔愤怒的士兵又打退了七个营的敌军反扑，歼敌共达二千七百余名。

秋季攻势中国军队伤亡一万零七百人，占领敌阵地十七处，杀伤敌军二点七万人。如果不是三十八军白马山失利，简直是全胜了。

三十八军败走了麦城，全因出了个败类。

十四

白马山是个要地，山东面是平原，山南面是"联合国军"主要军事补给线之一。如果丢了这个高地群，美九军将被迫后撤许多里，这片交通网也无

484

法再利用了。中国军队早想打下它，"联合国军"更是重点布防，满山都是地雷、铁丝网、坑道和混凝土地堡群，驻扎在这几个小小山头的有南朝鲜第九师两个营和法国营一个加强连。

四十二军已经在这里吃过亏了。在和三十八军换防前，四十二军数次攻击过白马山，其中一次都攻上了山头，可冲上去后几个小时内就吃了一万三千发炮弹，伤亡四百二十三人竟只歼敌三十余人。四十二军恨恨不已地走后，三十八军上来了。

老军长梁兴初战功赫赫，已升任西海指副司令，给韩先楚当副手去了，新上任的副军长江拥辉从未吃过败仗，这次更想打出新主官的威风。

志愿军第三十八军某部在反击石岘洞北山战斗中，共毙伤俘敌二百九十人。
图为石岘洞北山战斗中，第三十八军某部炮兵指挥所

一百八十二门火炮，五十九门高射炮，一百二十二挺高射机枪，甚至还有十七辆坦克！

三十八军还从未打过这么阔气的仗咧，从上到下信心百倍。

偏偏出了个败类。

10月2日，三四〇团七连文化教员谷中蛟投敌了，江拥辉脸上挂不住了。

志愿军吸取五次战役后期的教训后进行了一次大清理工作，整个 1952 年一年在百万大军中只有数十人投敌，连总人数的万分之一都不到，可谷中蛟偏偏就是这万分之一中的一个！更糟的是，这家伙还是突击部队的干部，进攻的情况他还是知道一些的。进攻的突然性已经失去了，打还是不打？

虎将江拥辉犹豫了。

对面的南朝鲜九师师长金钟五大吃一惊，中国王牌军要亲自操刀攻击白马山？而他的部队还在开运动会！

多年后，南朝鲜陆军上将金钟五回忆："在战斗打响前的两三天，有一名军官到我第三十团投诚。据他口供，中共军第三十八军已与第四十二军换防，即将发起大的进攻……因此，我立即召开指挥官会议，研究投诚人员口供内容和此间情况，肯定了敌人即将发动进攻的事实，遂命令各部队要下发充足的补给品和饮水，以保证坚持一周以上时间，加强占领'白马'高地左翼第三十团防线，命令预备队第二十八团完成出动准备。"

这样，金钟五和其参谋长、以后著名的死于暗杀的韩国独裁总统朴正熙厉兵秣马，做好了迎战准备。

面对严阵以待的南朝鲜第九师，江拥辉知道这仗不好打，再打就是强攻了。

他向兵团请示怎么办。这时中国军队已打破兵团只指挥几个固定军的编制，三十八军此时隶属三兵团，兵团司令正是王疯子王近山。虎将王近山想也没想："你拿那么大一把牛刀杀只鸡干吗还哆嗦？"

江拥辉受此一激，头脑一热，走了一步昏着。

6 月 17 日夜，进攻发起了。二十七分钟惊天动地的炮击竟只伤了对方二十三人。唉，连"喀秋莎"都唱歌了……

《韩国战争史·"白马"高地战斗》记载：由于预有准备，虽然中国军队的火力突袭"使我阵地前五道至六道铁丝网和地雷场无影无踪，明显地形成了一大突破口，但因我师阵地工事完备，通信线路埋入地下，在敌炮击时只有两人至三人受伤，有线通信未受影响"。

南朝鲜九师配属炮群支援炮群用一排排炮弹，将三十八军冲击路线上炸出一堵堵火墙。当突击连占领离主峰还有三百米的次峰时，全连只剩十余人。不过三十八军这种部队只剩一个人也能打仗，指导员高润田代替重伤的连长继续带队向主峰突击，最后在主峰南面终于攻不动了。八挺南朝鲜军重机枪织出一面连耗子都钻不过去的火网，将高润田死死压在主峰下面。敌人赶不走他们，他们也拱不动敌人，两边就这么对峙着，都等着自己的增援部队上来。

南朝鲜人的后续部队先上来了。

激战白马山

高润田等到第二天上午9时，在硝烟缝隙中朦朦胧胧地看到一个排的人上来了。起先他还以为是自己人，再一看钢盔下尽是黑黑的脑袋，糟，敌人，我们的战士攻击前首先是要推光头的！

高润田想也没想，就带着连队的三个人、两支枪、十八发子弹狼入羊群一般扑了上去。说出来简直像在吹牛，三十多南朝鲜兵竟被这四个缺枪少弹的中国人活捉十二个，剩下的全给打死了！如果不是他们送来的这批枪支弹药，高润田是怎么也不能在接下来的一天中连续顶住南朝鲜九师从连到营的十五次冲击的。

高润田们打得好，总的态势不好。

江拥辉投入一个营，金钟五就拿出两个营；江拥辉投入一个团，金钟五就派上一个加强团。说到底，这是出国作战，中国人补充起来怎么也没南朝鲜人补充起来方便。

双方就在几个小高地打开了拉锯战。

金钟五的三十团最先垮了,将近四千人的主力加强团二十八团又接着上。二十八团一溃散,他眼也不眨,又将南朝鲜三十九团填了进去。金钟五有本钱同江拥辉拼消耗,"白马山"战斗已经惊动了李承晚,李承晚亲自督阵,命令不停地收集败兵,紧急编成反冲击梯队,又从后方编练师调集上万新兵待命,每败下一个团就立刻补兵,增派军官,很快恢复战斗力又往上一冲。打来打去,南朝鲜九师参加过北进的老兵死得精光,连一个都没剩下,却总能保持每营六七百人的足额编制。

江拥辉惨了。这是在国外打仗,部队伤亡人员全靠国内补充,怎么能像对手那样随打随补?他的麻烦马上又让上甘岭部队遇到一次。国外作战确实给中国军队出了不少新课题。

无奈的江拥辉只有不断调上新部队替下伤亡惨重的攻击部队,到最后他连三十八军头号主力团三三四团和已是师参谋长的范天恩都用上了。可猛虎难敌群狼,三十八军整整血战了九天两百零一个小时,将南朝鲜九师法国营先后打掉了九千八百人,自己也伤亡六千七百人。按南朝鲜军一个师的编制,现在南朝鲜第九师应该只剩金钟五、朴正熙亲自率队冲锋了,可那四个南朝鲜团就是滚来滚去不见少。到这时,三十八军已经动用十三个步兵营又两个连了。

志愿军重机枪猛烈射击

　　江拥辉冷静了，虽然三十八军已占领了白马山大部分高地，但美国人已经调来大批重炮群，再打下去伤亡更大。他咬咬牙，做出了一个虽然痛苦却又理智的决定，撤出白马山地区！

　　王近山接电也长叹一声，这员虎将也知道再打下去不利，只得恨恨地一跺脚，同意三十八军撤出战斗，三十八军还从未打过这种半拉子仗呢。

　　南朝鲜九师守住了白马山阵地，从此被称为"白马部队"，成为南朝鲜军队中数一数二的荣誉部队。白马山战斗是南朝鲜军在整个朝鲜战争中表现最上乘的一次，不过，也就仅此而已了。

　　江拥辉向总部首长主动承担了败战责任，三十八军将士憋着一肚子气总结了经验教训，准备再次提刀上阵灭敌雪耻。可惜，三十八军再也没有在朝鲜战场上一显身手的机会了，不久，中国万岁军先是到西海岸准备反登陆，接着奉调回国，只好看着十五军兄弟替它在南朝鲜九师身上出掉积郁的那口恶气。

　　今天，第三十八机械化集团军已是中国陆军最王牌的战略值班部队了。它已经是一支彻底实现了装甲化、机械化的合成集团军，并正朝电子化信息化大步迈进。放眼全亚洲，没有一支部队能再与其媲美。展望全球，能与它一决雌雄的装甲军团也超不过五支。三十八集团军，这支国内战场的劲旅，经过朝鲜那场最现代化战争的血腥洗礼，终于以其赫赫战功奠定了自己在强手如林的中国陆军中的独特地位。

　　就在江拥辉放弃白马山争夺战的这一天，1952 年 10 月 14 日，朝鲜战争中最著名的"绞肉机"之战在上甘岭开始了。

　　在克拉克、范弗里特所率"联合国军"六万余人围攻下，要与三十八军争当"万岁军"的又一支中国劲旅——第十五军——在只能放个把连的两个小小山包上，杀得"联合国军"尸积成山，血流成河。这一仗杀得范弗里特丢官去职，退出现役，杀得王近山出尽了恶气，直让这位虎将冲上山头面南长笑："范弗里特啊范弗里特，这次终于让你知道了老子的厉害！"

十五

　　中国陆军和美国陆军永远都不会忘掉 1952 年 10 月 14 日这一天。

那一天本是艳阳高照的晴天，但双方参加过第一天战斗的幸存者却一直以为是个阴天，因为根本就不可能散去的炮火硝烟和石屑泥粉遮蔽了整个天空。

屹立在上甘岭地区的597.9高地和537.7北山高地两个高地的雄姿

三百二十门大口径火炮和二十七辆坦克同时向上甘岭597.9高地和537.7高地猛轰，平均每秒钟有六发炮弹落在中国军队两个连队的阵地上，弹落处石屑翻飞，钢片如雨；天上是百余架轰炸机、强击机轮番轰炸，重磅炸弹啸叫着冲下来将花岗岩轰成碎粉、凝固汽油弹烧得山头烈焰冲天。短短一天时间，上甘岭山头就被削低两米，坚硬的石头山被炸成石屑山，往日用钢钎都打不动的岩石现在一脚踩下去就直没膝头……

"地狱！"

熬过了第一天炮击的中国士兵都用了同一个词来形容炮火的猛烈程度。

坑道中，几乎所有的中国战士都被震得满嘴流血。一个战士回忆，当时感觉已完全错乱，炮弹仿佛从地下钻出来打得脚板酥痒麻的，屁股似乎随波漂流。一个十七岁正在睡觉的小战士永远也不能再醒过来了，他被活活震死了。

上甘岭仿佛是被狂风骇浪拍打着的一艘随时都会倾覆的小船。美国人的"摊牌行动"在12日凌晨4时终于亮出了底牌！

作战计划的名字是范弗里特起的。9月初，范弗里特登上五圣山对面的鸡雄山，他指着五圣山前的两个小高地对美九军军长詹金斯少将说："看到这两个高地了吗？三角形山和狙击兵岭楔入了我军防线，非拿下它们不可。"

詹金斯点头："是该摊开牌和共军干一场了！"

范弗里特笑起来："说得好，进攻代号就叫'摊牌行动'吧！"

按范弗里特的计划，只用五天就可以拿下那两个小高地，他预计只会有二百人左右的伤亡。他做梦都不会想到，在这两个小山头上，他用了四十三天时间，填进去二万七千人，最后却以他戎马生涯最后"一战"的惨败告终。

邓华和秦基伟都被打了个措手不及。他们知道敌军将发起一次较大规模的进攻，但进攻方向在哪儿谁也吃不准。五圣山虽然被认为是一个可能的方向，却又没有加以足够的重视。这里地形陡峭不利于敌军机械化部队行动。而最利于美军进攻的地方应该是地势平坦的平康谷地，在那儿，三十八军最强的一一四师和十五军最强的四十四师联手挽臂，铸起了一道铁闸。

没想到范弗里特就偏偏选择了五圣山的四十五师。

进攻当天，志愿军总部和十五军仍未判明美军攻击方向，因为美军在十五军三十公里的战线上到处发起了佯攻，而此时，十五军还在准备反击注字洞南山和上佳山西北无名高地，几乎所有的炮兵都调到了这两个方向。后来战役结束，取得大胜的秦基伟仍检讨道："如果我们预料到敌人的进攻方向，那么敌人第一天就爬不上来，对敌进攻的持续力也估计不足，因此，指挥上发生错觉。"

上甘岭战役中，志愿军第十五军四十五师坚守阵地，依托坑道工事顽强抗击敌人的冲击

其实，有一个人已经泄露了天机。范弗里特进攻前九天，南朝鲜二师一个名叫李吉求的上尉参谋越过战线向四十五师投诚，透露了"联合国军"将要大举进攻五圣山的意图，可惜，情报被忽略了。

洪学智在回忆录中记叙上甘岭血战首日时说："我防御阵地全天电话不通，情况不明。"

四十五师师长崔建功是被炸醒的。当他冲出坑道，跑上真莱洞山顶眺望前沿时惊呆了，夜色中战线上炸点连着炸点，无数此起彼伏的闪光连成一片，有两处炸点密集得如同猛烈喷发的火山口。那是四公里处的597.9高地和537.7高地北山！但是，崔建功弄不清前沿的具体情况，战前敷设的电话线已被炸成无数段蚯蚓一样长短的废物，连报话机都通不了。

范弗里特的战役企图隐蔽得空前成功！

坑道部队在用一切办法同后方联系。攻击一开始，他们就立即呼叫仅仅千米外的营指，联系失败。炮火太猛烈了，步话机天线一架起就炸没了。短短几分钟，储备的十三根天线就给炸了个精光。

营部的电话班副班长牛保才视死如归，冲进铺天盖地的炮火中去查线，瞬间就被炸了三处弹伤。这位战士咬着牙向前沿穿行，整整一卷被复线都被接光了。到了最后一处断线时，他的血已快流光，线也用光了。牛保才伏下身子，还好，两手长度刚好拉住断头，而人体是导电的。

坚守上甘岭阵地的志愿军某部步话机员，及时准确地为炮兵指点目标

牛保才一生的最后一个感觉是酥麻的电流传遍了他的全身，在死亡的那一刻，他笑了，有电流说明修补成功了。

副团长王凤江抓住用一条命换来的三分钟通话时间传达完了紧急作战命令。三分钟后，电话再也没通过了。

整整一个小时的炮击过后，美军炮火开始延伸向中国军队前沿阵地后方，步兵冲锋开始了！

防守597.9高地十一号阵地一个十八岁的小班长在坑道口的岩缝中，看到烟雾中一排排钢盔在闪动，他举起冲锋枪大声喊道："狗日的上来了，出来干哪！"

全班都冲了出去，上甘岭之战就这样打响了！

打退四次冲锋后，这个班就剩下一个负伤的战士了，他只得退回坑道固守。十一号阵地丢了，这是上甘岭之战中中国军队丢失的第一个阵地。

守在二号阵地的排长急了，立刻派去两个班反击。一阵炮弹飞来，两个班刚出发就被炸得只剩五个负了伤的战士，这下二号阵地也没人守了。二号阵地一丢就孤立了七号阵地，这下它也完了。

幸亏最重要的九号阵地由经验丰富的副指导员秦庚武把守。九号阵地是主峰的门户，守住九号阵地就保住了597.9高地。秦庚武看出了几个阵地丢失的关键所在，如此猛烈的炮火，阵地上投入兵力越多，伤亡越大越快。

秦庚武用兵如惜金，每次在阵地上只放三个人，伤亡一个才舍得从坑道里再放出一个。就用这个法子，秦庚武带的三排成了整个高地的中流砥柱，仅仅用了一个上午，美军步七师三十一团的两个营就被打掉了百分之七十的人马，一千多名美国人倒在秦庚武的阵地前面。仅仅血战一个上午，美国一个齐装满员的步兵团就被中国军队一个连队打残废了。"摊牌"作战才开始五六个小时，范弗里特在597.7高地上的损失就超过了他战前预计的全战役损失的六七倍之多！当天下午范弗里特只好换上了步七师三十三团继续进攻。可是两个团也没能啃动秦庚武，直到当天黄昏，秦庚武仍然带着二十多号人守住九号阵地。

秦庚武的苦战，使597.9高地几个最关键的阵地摇摇晃晃地撑过了上甘岭之战的第一天，但友邻537.7高地地表阵地全丢了。攻击部队是南朝鲜二师。南朝鲜二师师长是原准备担任南朝鲜陆海空军总司令的丁一权中将，可是美国人命令丁一权必须从基层当师长干起。中将当师长是各国军界罕见的现象，憋了一肚子气的丁一权打算让美国人好好瞧瞧自己的才干，没想到一出手就打成了残酷的肉搏。

一个名叫陈治国的中国战士用身体给副连长当了机枪支架，直到被炸得尸骨无存；一个负了重伤的中国战士孙子明抓着几颗手榴弹扑上去，同十多名南朝鲜兵同归于尽。孙子明是上甘岭战役中与敌同归于尽的三十八勇士中的第一人。

南朝鲜二师以近千人的伤亡为代价，从黎明血战到正午，七小时后终于攻上了一连主阵地。等着他们的是二十多分钟惨烈无比的殊死白刃战，劈断骨头的"咔嚓"声、刺刀入肉的"扑哧"声、愤怒的狂吼声、垂死的惨叫声在一连主阵地上响成一片，不断有力竭的中国士兵拉响手榴弹、爆破筒，与蝗群般拥上来的南朝鲜士兵同归于尽。到了下午两点，仅存二十多人的一连寡不敌众，被迫全部转入了地下坑道固守，537.7 高地地表阵地失守。

在这第一天的战斗中，美韩军一共投入七个步兵营十八个炮兵营和两百余架次飞机，对付中国军队两个连又一个排，仅炮弹即轰出了三十万发，航空炸弹投下五百余枚！

与此对应，两个中国连队则打掉了四十万发子弹，近万枚手雷、手榴弹，几乎消耗光了所有战前储备弹药，打坏了十挺机枪、六十二支冲锋枪、九十支步枪，损坏武器占两个连队全部装备总数的百分之八十以上，战况之惨烈可想而知。

上甘岭注定将是尸山血海之战！这一天，中国军队的炮火微乎其微，十五军所有火炮几乎全调到注字洞南山方向，准备打反击去了。

14 日夜色降临时，中国军队还未能判明敌军进攻方向。秦基伟在四十年后回忆："1952 年 10 月 14 日这一天，是我一生中又一个焦急如焚的日子。"

范弗里特有效地迷惑了中国将领，直到 16 日，他还搞了场两栖登陆作战演习放烟幕，到上甘岭之战打响三天后的 17 日夜间，秦基伟还在阵中日记中记道："在我军阵地前，由西向东都是紧张的。"

这一天，身处刀尖浪口的四十五师师长崔建功坐卧不安，粒米未进，他的炮兵和主力全部调到注字洞南山方向去了，眼看硝烟四起，耳听炮声如雷，却情况不明、手中无兵，心中焦虑可想而知，整整一个白天他和作战科长不

494

停地互问："敌人到底想打多大的仗？"

黄昏时，大致情况传来了，一三五团团长张信元打来电话，前沿已经丢了十多个高地。崔建功一听就急了，秋季攻势兄弟部队捷报频飞，到处是抢了敌人阵地的好消息，唯有四十五师在丢阵地，像什么话！

"夜里反击，把阵地夺回来！"

这是四十五师师指在上甘岭交战第一天下达的第一个明确命令。

当夜7时，四个连的中国士兵没有任何炮火掩护，向两个高地上的敌人发起了纯步兵强攻，在探照灯、照明弹、信号弹亮如白昼的照射下，中国军人和美韩军人杀得血肉横飞，孙占元、粟振林两名身负重伤的中国排长几乎同时拉响手雷滚进了包围他们的美韩军人丛中。

两方抽风般厮杀了两个半小时后，一三五团全部夺回了日间失去的阵地。

这一天，中国军队伤亡五百五十人，美韩军丢了一千九百人。

夜里10时，崔建功召开紧急作战会议，将反击注字洞南山的所有力量立即转用上甘岭，然后将师指前移德山岘。

由是夜起，整整四十三天，上甘岭没有片刻宁静，日日夜夜在双方军人山呼海啸般的冲杀中痉挛。

十六

第二天，美韩军再度猛攻，又是一整天的血战，到日落时，两个高地地表阵地又几乎全丢光了。

打到第三天，四十五师已有十五个连队投入争夺战，歼敌已近五千。两个小高地上血流成河，尸积如山，上甘岭之战却才拉开序幕。这天，秦基伟终于初步摸清了范弗里特的意图，他立刻将军主力和军、师炮群全部调往上甘岭方向。

在猝然到来的强大冲击面前，十五军仅靠步兵就顶住了范弗里特如此强悍的第一波猛攻，可谓王者之师风采尽显。

17日，战斗进入第四天，战况越来越惨烈，炮轰弹打雷炸，锹劈刀刺挖眼，双方士兵就在只能摆两个连的小阵地上来回冲杀。战场狭窄，双方都只能逐次增兵，一个连一个排地往高地上填，阵地一天几易其手，满山都是血糊糊的尸体和残肢断臂，韩二师一个排长战后回忆："每当高地易手，不到一平方公里的狙击棱线，便被鲜血染红了。"

鲜血泡得范弗里特怒火冲天，只准备两百人伤亡的仗打掉了五六千人，要夺取的两个瘤子大的山包却还是在中国军队手里！这个固执的美国老军人的荣誉感、自信心、自尊心受到中国军人的空前打击。范弗里特跑上前沿指挥所，不断下令，所有的命令都大同小异——进攻！将退下来的各残部合并，再次进攻！用中国人的话说，范弗里特打红眼了！打到这种程度，中国军队也判明了敌军进攻方向，志司总部众将一齐摇头。范弗里特这样不惜血本地狂攻两个战略价值并不很大的小山头，愚蠢！而且，还就不给你！就把你拖在这儿绞死你！大批的炮兵开始向五圣山集结，无数的弹药物资开始向上甘岭输送。

杨得志打电话给三兵团参谋长王蕴瑞："战斗才刚开始，不过从敌部署和进攻气势看，这将是少有的恶仗，杨得志请你转告十五军同志，做好仔细的工作，准备付出巨大的代价。五圣山是我们的屏障，一定要稳稳地守住。"

"首长放心，"王蕴瑞答道，"十五军已经开展'一人舍命，十人难当'的硬骨头运动！"

三兵团司令王近山得知范弗里特在亲自指挥进攻的消息后，冲上指挥所山头大叫："范弗里特啊范弗里特，这次老子要叫你知道老子的厉害！"

就在17日这一天，美韩军队终于搞清了高地上中国人生存的秘密。南朝鲜二师一个精干的中校参谋，亲自带了几个侦察兵爬上高地，抓住了中国军队一个运输员，弄清了中国军队是靠坑道才躲过了火力杀伤。

18日，范弗里特两个番号均为十七团的部队——美七师"二战"中参加过夸贾林岛登陆战的荣誉团队十七团、南朝鲜军队最能打的南朝鲜二师十七团（该团打响了朝鲜战争第一枪）一齐发起猛攻。到中午，失血过多的中国守备部队被迫退守坑道。范弗里特用美韩士兵的尸体第一次全部铺下了上甘岭所有地表阵地。

四十五师作战科长宋新安在向军长秦基伟报告伤亡情况时号啕大哭，泣不成声。

秦基伟只好叫出崔建功："十五军流血不流泪，谁也不许哭！养兵千日，用兵一时，为了全局胜利，十五军打完了在所不惜！国内十五军这样的部队多的是，上甘岭只有一个！"

崔建功曾是红军的俘虏，他原来的师长是个有名的人物，那是在毛泽东、彭德怀亲自指挥的长征"奠基礼"之战——直罗镇战役中被击毙的东北军师长牛元峰。张学良东北军二等兵崔建功因为出色的军事才华，加入共产党军队后迅速成长为一个师长。他知道这种拼命仗该怎么打。

接完秦基伟电话后，他告诉师指的人员："打吧，老子手里还有

1953年1月1日（元旦），我军在五圣山的石壁上刻下黄继光不朽功绩。图为战士们在英雄黄继光的碑文前庄严宣誓

点儿本钱，够鬼子们啃上一气的。四十五师打剩一个营我当营长，打剩一个连，我就当连长！"

宋新安抹去泪痕，"师长，我给你当班长，过了鸭绿江我就没打算回头。"

19日夜，中国军队四十四门重炮和二十四门火箭炮一齐怒吼，十五军第一次大反击开始了。

炮击极为成功，还未巩固阵地的美军被炸得血肉横飞，三个连队的中国战士攻势如潮进展神速，二十分钟即夺回地形简单的537.7高地。

地势复杂的597.9高地打成了一片血海。

五个连队龙吟虎啸般杀上去后，遇上了数十个大大小小的暗堡。机枪手

赖发钧扔掉打散架的枪支，握着手雷扑上一个地堡。年仅十九岁的苗族战士龙世昌拖着炸剩下的右腿，拼命爬上了一个疯狂喷吐火舌的大碉堡，往射孔里塞了根爆破筒，地堡里的敌人往外推，龙世昌用胸膛抵住爆破筒，使出最后的力气往内压……他和地堡内的敌兵一样什么也没剩下。他的连长李宝成就在不远处看着他的行动，他回忆说："唉，那么好的一个兵，什么痕迹也没剩下，就那么火光一闪消失了，当时我连滴眼泪都没掉。死人太多了哇，心肠也硬了，哭不过来的。但是我很感动，当时只说，真勇敢，龙世昌真勇敢！"

攻到零号阵地上时，天快亮了，不远处的崔建功听着597.9高地上凝固了一般的枪炮声，叹了口气："今晚看来没指望了。"

在他说这句话时，一个名叫黄继光的士兵拖着已经流干鲜血的身体，沉重地扑向了高地上最后一个敌军大地堡的枪眼，黄继光的指导员冯发庆在美军机枪被堵住的那一瞬，撕心裂肺呼喊着冲上地堡，往里面灌了整整一百发机枪子弹，然后扔掉机枪抱住了胸腹部被打了个海碗大窟窿的黄继光。连长万福来惊异地看到，黄继光身上扑上地堡前的七处弹伤竟无一处流血，连地堡前都没有一丝血痕，这位英雄战士身上的血在最后一扑前早已流干了。按医学理论，他的肉体早已死亡了，他是完全靠意志力和使命感完成这惊天动地的壮举的！

迄今为止，中国军队只有杨根思和黄继光这两名基层官兵荣获了"特级英雄"这种最高等级荣誉。今天，英雄生前的连队已被中国军队命名为"黄继光连"，每天晚上点名时，连长首先呼喊"黄继光"，全连战士便气撼山河地答声："到！"

十七

黄继光用生命扑熄的战火只停顿了一个小时，便更加凶猛地燃烧起来。天亮时，三十架美军轰炸机一起编队进入上甘岭上空进行地毯式轰炸，四十多辆重坦克配合重炮群猛烈轰击，之后是由督战队用枪逼着的一坨坨步兵开始冲击。

克拉克、范弗里特杀红眼也输急眼了，他们绝不愿相信用两个师攻击中国军队两个连队的阵地都不能成功，而且还付出了骇人听闻的伤亡代价！

到这时，"联合国军"已经投入十七个营的兵力，伤亡已逾七千，近百个连队打得每连不足四十人！

美国记者威尔逊惊恐地向国内报告了他看到的情景：

"一个连长点名，下面答'到'的只有一名上士和一名列兵。"

美联社记者伦多夫报道：

"那些出发时兵员足额的部属，今晨回来时，只剩下几个少得可怜的残余。那些最精干最勇敢的军官们看到这样惊人的损失，都哭了起来。"

一个南朝鲜连队接

1963年3月，毛主席亲切接见黄继光的母亲邓芳芝

防一个美军连队时看到，接近两百人的美军加强连"从阵地上下来的还不到三十人，只背了五支枪。有一半的人没帽子，蓬头散发，满身是泥，简直不像个人样子。其中有四个人抬着具尸体，一发炮弹落下来，在老远的地方炸了，可他们吓得扔下担架就没命地跑"。

仅在黄继光牺牲的大反击之夜，四十五师就上报杀敌二千五百名。第二天，中国军队一个观察所发现，仅在597.9高地正南面的山沟里，美国人一次就拉走了三十卡车的尸体。

美国俘虏告诉中国人："'联合国军'参战的十八个营，每个营、连都轮番打了两三次。美十七团第一天即伤亡过半，有一个连只剩下一个少尉！"

美国人民正在为美国政府的侵略政策付出沉重的代价。

克拉克、范弗里特为了在这场未有预料到的血战中保住颜面，拼命强撑

499

着维持进攻，被迫把整团的南朝鲜新兵补往美七师，当打垮了的美七师后撤到西方山时，正在那一带四处点烟放火、策应上甘岭的十五军四十四师抓了美七师十二个俘虏，其中竟有六个是南朝鲜兵！

中国将领们乐得合不拢嘴，这可是美国犯蠢，把肥肉送到嘴边了。

邓华打电话鼓动秦基伟："目前敌人成营成团地向我们阵地冲锋，这是敌人用兵上的错误，是歼灭敌人于野外的良好时机。应该抓紧这一时机，大量杀伤敌人。"

只是，四十五师也已经拿不出一个完整的营了。秦基伟发出号令："婆娘娃娃一齐上！"

十五军大批勤杂人员、机关干部应声汇入了冲锋的行列。

20日，双方来往十几个回合之后，损耗过大的中国守备部队终于无力反击，再次转入地下坑道防守。

当夜，邓华下令："我前沿部队全部退入坑道。"

互相打得头破血流的两个对手都累得坐在地上喘气，一时半会儿之间，想大打也没力气了，上甘岭战役的第一个高潮过去了。

"绞肉机"并未停止转动，只是转慢了些，这是在为更疯狂的高速旋转蓄力。

秦基伟在沉思，七天血战，四十五师独自挫败了敌人两个王牌师的进攻，这本身已是巨大的胜利，但下一步怎么走？

久思之后，秦基伟嘴角浮出一丝微笑——上甘岭的部队已经转入坑道，就先用坑道战拖垮敌人，然后发动决定性的大反击！

十八

艰苦卓绝的坑道作战开始了。几乎所有的中国人都在电影《上甘岭》中了解了那些场面，但是，老兵们都说，《上甘岭》中的坑道是真实战斗中不存在的天堂，真正的上甘岭坑道比电影里肮脏一百倍，血腥一千倍，残酷一万倍！

美国人、南朝鲜人踩在中国人头顶上，时刻提防着脚下的中国人杀出来给自己致命一击，便穷尽智慧所能想出来的办法去破坏那大大小小近百条坑道，曲射炮吊射，喷火器火烧，硫黄弹烟熏，凿孔装药爆破，卖力地推来巨石堵住洞口，用碉堡、铁丝网封住洞口……

坐在美国人、南朝鲜人屁股底下的中国人不但时刻要注意打掉敌人破坏坑道的企图，到了晚上还爬出来四处夜袭，让对方不得安生。

坑道里的环境是非人的，烈士遗体、轻重伤员、战斗员、武器弹药、各种保障器材、粮食……挤在一小长条极狭小的空间内生活战斗，那是个什么滋味？连氧气都不够吸！只好轮流到坑道口提着脑袋吸口气以防窒息。美国人惊奇地发现，有一个地方竟冒出一股高达一米多的白色气柱，跑过去一看发现一个隐蔽得极巧妙的坑道口，这股一米多高的白色气柱竟是坑道里面中国人身上的汗气冒出地面后凝结而成！坑道里是什么气味？什么温度？还缺物资，粮食、弹药、医药什么都缺，尤其缺水。人体重量的百分之七十是水，没吃的能活七天，没水只能活三天，缺水比敌人还可怕。

坑道里没水。

先吃牙膏，然后喝尿，最后用性命为代价出去抢几壶水……

退守坑道后的一个严重问题是缺水。图为在机枪掩护上下山抢水的情形

秦基伟、崔建功急了，没粮没弹没水就没有坑道，后勤战士每天夜里都背着宝贵的物资和水爬向坑道，往往豁出几条命才送得进去一壶水、一袋萝卜……

在生存条件极为恶劣的环境中，坚守坑道作战的志愿军战士，以顽强的毅力克服各种困难。
图为模范卫生员陈振安接下石缝中滴出的水，救护伤员

洪学智回忆："战斗紧张时，一个团作战，需要两个团负责运输作战物资。由于敌人炮火密度每公里正面达二百九十九门，加上大量的航空兵、坦克及火炮，在从前沿到战术纵深二十公里的地域内构成了层层火网、火墙，实行昼夜不停的严密封锁。火线运输人员把物资运上去，把伤员运下来，往往要通过几十道封锁线……在接近坑道时，距敌人只有二三十米，往往三面受敌人地堡群、探照灯的封锁控制。我地表阵地被打成一米多深的石粉末，有的阵地被打断，坑道被打短，以致运输人员经常迷失方向，找不到道路和坑道口，误入敌人阵地。运输部队一个排四五十人把物资送上去，只能剩下二三人回来。"

有些坑道部队吃多了萝卜烧心，希望换苹果。十五军星夜从平壤一带买来三万多公斤苹果，四十五师下令："凡送上一篓苹果者，记二等功一次！"

三万多公斤苹果只有一只闯进了坑道！这只苹果是个幸运儿。

它引出了一段惊人美丽的故事。几十个中国士兵互相转了两圈还没把它吃完……今天，这只终于尽了职责的幸运苹果早已进入了中国的小学课本。

除了物资，坑道里还需要不断补兵。天天打仗，天天死伤，不及时补员，等到坑道人员死光之时，上甘岭可就真要落到美国人手里了。一个又一个中国连队在黑夜中舍生忘死地爬向那炸得早已面目全非的坑道口，在那些匍匐前进的中国战士身下是无数断手残脚、没有形状的尸体；在他们周围是密集的炮火封锁区，他们中的许多还没有到达坑道就成了那些尸体中的一员……

连秦基伟的军警卫连都上了坑道。连队指导员王虏在抗战中就给秦基伟当警卫员，数次救过秦基伟的命，两人感情极深。王虏上去时，干部部副部长悄悄告诉他："王虏啊，军长要你当心炮火，他要你活着回来。"

身高一米八几、长得极帅的王虏很自信，"转告军长，我一定活着回来。"

王虏再也没有回来，九十六人的警卫连只有一个副排长带了二十四名战士冲进了目标坑道，其余的人全部倒在了一千五百米宽的炮火封锁线上。

秦基伟立刻派人收尸，除了弹坑外什么也没找到。

24日，秦基伟的报告使志司领导震惊不已。此时四十五师的伤亡情况已经出来了，在两个仅有三点七平方公里的小山头上，四十五师伤亡已过四千人！

七天就在两个巴掌大的高地上打残废了一个精锐步兵师！

连惯打大仗、恶仗的王近山都倒吸了一口凉气，当夜，王近山目光炯炯地看着秦基伟："两个方案：一是打，二是收。"

让王近山说出"收"这个字可是难于登天的。

"坚决打下去，我们苦，敌人更苦。"秦基伟缓慢地说着。

王近山闻言大喜，咬牙切齿道："只要守住上甘岭，要什么给你什么！"

三兵团六十七门大口径火炮立刻向五圣山出发，一千二百名新兵补充给了四十五师……

秦基伟在军作战会议上斩钉截铁："目前整个朝鲜的仗都集中在上甘岭打，这是十五军的光荣！……我们已经打出了很硬的作风，咬着牙再挺一挺，敌人比不了这个硬劲儿。上甘岭打胜了，能把美国军队的士气打下去一大截儿……上甘岭战斗要坚决打下去，就是要跟美国人比这个狠劲儿凶劲儿，这是朝鲜战场全局的需要！"

十五军军首长夜以继日研究敌情，指挥作战（左二为军长秦基伟，左三为军参谋长张蕴钰）

不但三兵团支援十五军，整个志愿军都在支援十五军。志司命令十二军调往五圣山，随时作为十五军预备队加入战斗，志愿军后勤司令部运用了一切运输手段，日夜不停地往五圣山抢运弹药，十五军需要什么马上就收到什么。

各部队纷纷向当面之敌发起小反击策应十五军。四十五师的同胞大哥四十四师更在西方山打得四处冒烟起火。师长向守志，这位以后的南京军区司令员，慢条斯理地往"联合国军"身上狠捅，打到上甘岭战役结束，向守志竟还在舞刀弄枪，最后他不但歼敌四千，还将防御阵地一举前推十一公里，极大地改善了平康地区的防御态势……

范弗里特傻眼了。他怎么也没想到中国人这么难啃，上百万发炮弹、几千颗炸弹和近万条生命竟然换不来中国军队两个连队的阵地。他既感羞耻更感愤怒，美七师已经被打残了，换下来！

他又拿出了刚守住白马山的南朝鲜九师。

全世界都在关注着那两个小小的山头。

中国国内的大小报刊、广播连续两个月的头条新闻都是上甘岭。

上甘岭就这样从一场小战斗打成了一场被世界聚焦的大战役。

30 日中午 12 时，在十天的坑道战之后，中国军队终于完成了准备。志愿军将领们运筹已久、坑道战士望眼欲穿的大反击开始了，上甘岭战役进入第二个高潮。

一百三十三门大口径火炮，三十门一二〇重迫击炮怒吼了四个多小时！

人力背送弹药，繁忙的运输线

一个炮手一连拉断三根拉火绳，最后接了根铁丝……随着数百根炮管的伸缩颤动，堆积如山的炮弹顷刻狂奔着向高地上的敌军阵地砸下……一个运输兵放下差点儿压断脊骨、扛了十几里路的四发榴弹看傻了眼，然后又哭又笑地怒骂炮兵："老子们驴样地扛，你们竟然这样打！"一个满脸熏得漆黑的炮手露出一口白牙说："留着炮弹生崽呀，都送给美国人去！"

坑道里的中国士兵被震得东倒西歪，却欢喜得大叫："来吧来吧，再多来些！"

中国炮兵在战争中已经同强大的对手较量出了出神入化的技艺。狂射四个多小时后，中国炮兵停止了轰击，南朝鲜士兵哆嗦着开始抢修工事。一个半小时后，正当南朝鲜兵干得渐入高潮时，中国炮兵再次突然怒吼五分钟，炸得那些修工事的南朝鲜兵连同铁锹一起飞向天空。

五分钟后，炮火向纵深轰隆隆打去。十五军的步兵部队开始摇旗呐喊，猛吹冲锋号，几十颗标志着中国步兵冲击开始的信号弹也飞上了天空。炸剩下的南朝鲜兵再次从掩蔽部里心惊肉跳地爬出来进入阵地，等着他们的是突然折回来的又一顿炮火，中国的炮兵们在和南朝鲜兵开玩笑。

这样来回打上几次，南朝鲜二师的守备部队都快折腾光了，但真正的炮火大餐还在后面。

22时，"金日成的大嗓门"也开始吼叫了。二十二门"喀秋莎"火箭炮在八秒钟内将三百五十二发火箭弹射向敌军纵深地区和纵深炮兵阵地，美国炮兵们被数千度的高温烤成焦灰，敌军纵深炮火被打哑了。是时，虚弱得自己都上不了厕所的崔建功被两个参谋架出待了七天七夜的指挥所透气。他坐在地上看着"喀秋莎"炮战的壮观场面张不开嘴，说不出话，好半天才回过神来，"哎呀，如果打仗不死人，世上没有比这更好玩的游戏了"。

22时25分，中国步兵猛虎出山般攻击了。坑道部队同时跃出配合，四十五师和二十九师转隶过来的攻击部队共十一个连一起猛攻两个高地。战斗打得异常残酷，经过十天的构筑，美韩军已经修筑了大量工事！中国军队一个排攻击一次就所剩无几，一个连队打光了立刻又冲上去一个连队，没有一个胆小鬼。火光中，前面的战士倒下了后面的接着上，两眼炸瞎的战士王合良背着两腿炸断的副班长薛志高往上冲……惊天动地的英雄主义壮举到处都是！

王近山说过："要有巨大伤亡的准备，每个战士不仅要准备当班长、排长，还要准备当营长、连长！"

果真如此，刚参军三个月的战士立刻就打成了连长。

仗打疯了！

凌晨2时，一千五百多南朝鲜兵倒在597.9高地，其中四个连队竟无一人逃出！中国军队的红旗再次高高飘扬在这个血光冲天的高地主峰上！

当夜，两千条麻袋和从相对平静的西线三个军火速搜集的手榴弹、手雷被突运上了597.9高地。这一夜，中国军队的运输线发了狂，光弹药十五军就拉了一百四十四卡车！

南朝鲜二师师长丁一权怒气冲天。他马上要升任军团长，决不能在这关键时候打败仗！

天刚亮，南朝鲜二师三十一团和埃塞俄比亚营联合发起反攻。七个小时后，597.9高地依然红旗招展，南朝鲜军三十一团就此退出战争。它的人死光了，直到战争结束这个团都没能恢复元气。

从非洲万里迢迢跑到朝鲜的埃塞俄比亚营，只能编成埃塞俄比亚连了。

埃塞军在朝鲜战场上的经历对埃塞俄比亚政府认知新中国起了极大的作用。直到现在，在与中国关系良好的非洲各国中，埃塞俄比亚也以亲华著称，在1971年中国重返联合国时，埃塞俄比亚起到了极为重要的作用。埃塞俄比亚为一内陆国，国防力量只有陆军和空军，在埃塞俄比亚国防力量中，武器骨干装备从81式枪族、69II主战坦克到歼7战斗机，全部是中国装备！

上甘岭全线激战

在这一天的战斗中，十五军打了三十余万发子弹和二点一万发炮弹，扔了三万颗手榴弹、手雷，二百六十根爆破筒，这是中国军队在上甘岭战役中日弹药消耗量最高纪录！

美九军军长詹金斯少将只得命令停止进攻，他将南朝鲜九师三十团转给了丁一权："明天一定要夺回珍妮·罗素山。"

仗打到这种时候，双方军队很大程度上已经不再拼战略战术了，现在他们拼的是勇气、是决心，一句话，他们拼的是军威！

双方都不愿在这两个世界关注着的小山包上丢脸，他们要向世界、也要向对手证明：我才是最强的！

没有这口气撑着，美国人是绝不会打这种可怕的、被林彪称为"肉磨子"的仗的，后来，连克拉克都痛苦地承认："这个开始为有限目标之攻击，发展成为一场残忍的挽救面子的恶性赌博……"

南朝鲜九师师长金钟五回忆，亲自制订了"摊牌作战"计划的范弗里特在上甘岭大战期间，几乎每天都来视察他的部队，范弗里特实在不肯咽下耻辱。

十九

11月1日，伴随着仅次于战役第一天的猛烈炮火，刚挫败了中国王牌三十八军进攻的南朝鲜白马师三十团，兵分四路再次猛攻597.9高地，从早上到晚上，一连发起了二十三次营连规模的集团冲锋。迎接他们的是十五军无穷无尽的炮弹、手雷、手榴弹。这一天被秦基伟称为"最痛快的一天"。白马师被中国军队杀得尸横枕藉污血横流！南朝鲜军三十团团长、不久要出名的林益醇黄昏清点部队，一千五百人已经回答不了长官的点名了！而十五军却意犹未尽，当夜增援上去的两个连又冲出去夺回了597.9高地所剩下的全部阵地。

就在这天夜里，那个创造了五次战役时于敌后九十公里被围却全身而退的奇迹的团队，由中国工农红军第一军团第一师第一团发展而来的十二军三十一师九十一团开始加入上甘岭战斗。四十五师已经拼得只能防守四五个班排级阵地了。

第二天，中国未来的空降兵们和美国空降兵交手了。输急眼的范弗里特竟然拿出了集团军最后一支战略预备队——空降第一八七团。

在朝鲜战争的很多关键时刻，都能听到这个美国空降兵团队的名字，他们是美军在朝鲜战场上的消防队。一八七团有四千多名官兵，原为美军最著名的八十二空降师（今天，我们在所有美国参加的战争中，首先听到的就是这个师的番号）的第五〇五团，这是美国伞兵的元老团，当初如果不是麦克阿瑟坚决要求，美国参联会根本就舍不得将这个团放到朝鲜。而范弗里特竟拿这样的精锐伞兵来干普通步兵的"脏活"，可见其头脑已发烧到何种地步！

美国最精锐的伞兵也啃不动十五军的阵地。后来十五军回忆，一八七空降团打得比美七师任何一个团队都顽强。刚刚对巨济岛中朝战俘进行了屠杀的美国伞兵们强悍不畏死，一波接一波往上冲。但四十五师更聪明，阵地上只有几个兵，多的是炮火，火山爆发似的炮火淹没了一八七团的一次又一次进攻，一直到当日下午4时，一八七团才蛮勇地冲上了十号阵地。但中国兵更狠，十多个战士跟着炮弹的炸点，亡命地反过来跟美国伞兵们眼瞪眼一阵对射，把阵地又夺了回去。

这天傍晚5点，美国空降一八七团发动了最后一次猛攻。十五军一个步兵连的指导员刘怀珍回忆："两个连的美军为表示决一死战，一排一排互相用绳子拴住胳膊，跟拴蚂蚱似的串成串，压阵的是戴白色袖章的督战队，谁敢后退一步就地枪决。"

两个中国士兵分别端着并联爆破筒，在瓢泼般扑来的弹雨中摇摇晃晃地栽向美国蚂蚱群中。这两名士兵一名叫朱有光，一名叫王万成，王万成是电影《英雄儿女》中那位与敌同归于尽的王成的原型之一。

这一天，中国军队又消灭了一千五百名敌军，自己仅伤亡一百九十名，志司专门为此发来嘉奖电："这样打下去，必能致敌死命！"

这是毛泽东的声音！

1952年11月2日是四十五师极为自豪的一天。中国唯一的空降部队十五军，还是步兵时就在那一天打败了美国同行。

血战竟日，美韩军寸土未得，当日夜，十二军九十一团团长李长生上了阵地，他发现高地上有多达十几个连的建制部队。为避免引起指挥混乱，他决定将九十一团九个连分九个梯队打车轮战，一个连队打一天，不管伤亡如何就撤下去休整，连长则留下来做后一个连长的顾问，结果仗打得既漂亮又有序。

11月3日，敌军只打到17时就收了手。

11月4日，已摸到敌人进攻规律的李长生与火箭炮团协同，在他派出的侦察兵指示下，当日凌晨4时30分，火箭炮全团齐射，上千发炮弹顷刻间轰平了敌军每天进攻前集结的树林。中国军队一直搞不清美韩军队永远也不会透露的在这次炮击中的真实伤亡数字，只知道，往日清晨发起进攻的敌步兵这一天直到中午12时才发起攻击。前面的人都死光了……

到了第二天，11月5日，下午3时敌军就不打了，几乎所有关于上甘岭大战的中国著作中都会提到这一天的战场奇观。在这天"联合国军"最后一次集团冲锋被粉碎时，一架低空支援步兵冲击的美军F-51强击机与中国军队一颗弹道很高的地炮榴弹相撞，昏黄的天空立刻炸开一个极其炫目刺眼的光团，刹那间弥漫在硝烟中的整个上甘岭战场一片辉煌，接着，无数片火红的金属残片砸在美军进攻人群中，吓得美国兵掉头扔掉拖住死尸脚脖子的绳子鼠窜而去，连中国士兵一时间都被这极恐怖的战场奇观震骇住了……

从此，美机再也不敢在上甘岭上空低飞。在这场战役中，中国地面部队和高炮部队击落击伤了二百七十架美机。

这天下午，浑身缠满绷带的基里上尉告诉前来慰问伤兵的范弗里特："我们被打得落花流水，我身边的无线电员和中士都阵亡了，而我连前去增援的六连只剩下十几个人。那里根本没有藏身之地，中国兵发射的迫击炮弹每秒钟一发，可怕极了。"

范弗里特深深地低下了头。

二十

当日夜，十五军四十五师步兵部队开始撤出 597.9 高地，开往后方休整，只留下炮兵、通信、观察、后勤机构保证十二军坚守 597.9 高地并反击 537.7 北山，四十五师的血已经流干了……

十五军另两个师还有各自的任务，中国军队开始以战役预备队十二军为上甘岭作战的主力了。

十二军，中国军队又一支虎贲之师，代军长是红安将军肖永银，这是个打仗极其聪明从不吃亏的角色，号称"横扫八百里"。军副政委是以后在"文化大革命"著名谜案中死亡的公安部部长李震，副军长是名将李德生。

十二军入朝后在五次战役中憋了一肚子气。虽然以后仗越打越漂亮，可惜还没干个名震四方的活儿给兄弟部队瞧瞧，上甘岭这机会可不会再放过了。只是肖永银认为，为便于指挥，十二军只出部队，不插手上甘岭战役的指挥，王近山见爱将说得有理，遂同意。可是肖永银顾全大局的举动险些埋没了十二军的功劳，公众舆论只知十五军打了上甘岭战役，鲜有人知配属十五军的十二军部队打了上甘岭战役的后半截儿。

十二军副军长李德生受命率三十一师赶赴德山岘，替下了已经走不动路的崔建功，其建制转隶给十五军统一指挥。

第二天，11 月 6 日，美国第八集团军新闻发布官坦率地告诉世界："到此为止，联军在三角形山是打败了。"

因为一张与赫鲁晓夫握手的照片而毁于"文化大革命"的骁将李长生，用三天时间稳住了 597.7 高地。从此，这个高地被稳稳地控制在中国军队手中。

同一天，沮丧的杜鲁门离开了白宫，他所有的政治声誉都已毁于这场失败的战争，在他离开白宫之时，竟连一场战斗都还没打赢。

同一天，艾森豪威尔入主白宫，中国军队用 597.9 高地的胜利作为对他的欢迎。

现在，就剩下 537.7 高地地表阵地还在美韩军手中了。

537.7 高地是"联合国军"在已经遭到巨大失败的"摊牌作战"中能捞到一点儿面子的唯一一根稻草。珍妮·罗素山打不下来，救住"狙击兵岭"也可以下台了。如果十五军不再对 537.7 高地反击，上甘岭战役很可能就此结束了。

邓华、王近山、秦基伟等中国将领不干，他们下了决心，非在这次战役中把美国人打怕打服，打得在全世界面前丢尽脸面不可。

"五圣山，英雄山，神英炮兵把敌歼。"文艺工作者深入到五圣山炮兵阵地进行慰问演出

11月11日下午4时，炮火映红了雨雪交加的上甘岭，十五军近百门火炮在一小时内向537.7高地倾泻了上万发炮弹，创造了战役期间每小时发射炮弹量的最高纪录。趁着天气不好，敌机不能出动，十二军九十二团一个营又两个排的步兵，在纷飞的雨雪中向537.7高地猛扑过去。

九十二团团长李全贵提心吊胆，团队上得太仓促了！部队长途行军开到五圣山才三天时间，地形不熟，弹药不足，八十五军此前的反击将储备的弹药几乎耗尽。但反击实在不能再拖下去了，南朝鲜日夜加固工事不说，高地上的坑道部队上十多天来都没有得到任何支援，七号坑道已有十七人冻饿而死，再不救出他们，恐怕一个都剩不下了，那时仗就更难打！

好在李全贵练出了一群猛虎，尽管好多班排长连攻击目标都搞错了，但凭着极其出色的单兵作战技巧和小兵群战术，九十二团攻击部队仍在一片混乱中用手榴弹炸下了537.7高地全部阵地。

上甘岭是考验轻武器的最佳试验场。由于环境极其恶劣，打的又是面对面的交手战，单兵爆炸武器成了士兵的最爱。中国兵最宠的就是手榴弹和威力更大的"防御手榴弹"，反坦克手雷和爆破筒更是爱物。有的中国兵连枪都不要，浑身上下缠满手榴弹手雷，就这样边炸边冲，边冲边炸，硬是将537.7高地北山炸得翻了身，一批批南朝鲜兵就这样倒在雨点般扔过来的手榴弹、手雷下。

第二天，韩二师三十二团再次亡命地攻上来。九十二团守到下午5时，又几乎丢光了阵地，此时刚拉上阵地一天的团队伤亡已达六百多人。阵地上仅存的中国士兵与南朝鲜军厮杀一天，保住了几个立脚点。到了晚上，不屈不挠的中国人又攻上来了。李全贵这次把搞运输的二营都拿出来了。二营一阵冲杀，除了七号、八号两个小阵地，又夺回了其他地盘。此时九十二团只打了两天就伤亡一千四百人。李德生只好痛苦地拿出了又一个主力团九十三团。

九十三团是赫赫有名的"朱德警卫团"，前身是八路军总部警卫团，这个精锐团队也只打了三天就残废了，仍然没有保住完整的537.7高地，七号、八号阵地仍在敌手。这是两个根本没有任何价值和坚守条件的小高地，只能各放一班人，上去就送死。争夺这两个阵地纯粹是为了替朝鲜多保住一点儿国土。后来据统计，在这两个巴掌大的阵地上，与敌同归于尽的中国英雄就有十多人。

三百八十一个弹孔的战旗插上了上甘岭主峰

李德生无可奈何地拿出了第三个团，武效贤的一〇六团。武效贤是肖永银的爱将，肖永银打仗以刁猾奸狡著称，武效贤当然也不是善茬子，他是王近山亲点入朝的团长。

李德生属意让武效贤攻掉上甘岭战役的尾巴："再不上别的团了。几个主力团拼光了，以后怎么办？你们一〇六团准备打到底，收摊子吧。我再补给你一个营。"

武效贤胸挺得老高，屁大一个高地，四个营还守不住？

冲上炮火冲天的北山，武效贤才知道上甘岭战役的尾巴不好收。山头上的阵地早炸平了，几十天残酷的战斗后，保命的坑道绝大部分都打塌了。这是最要命的事，光秃秃的山头上摆多少部队炸不死？

开始几天，中国士兵是在用命去换阵地。一个名叫高守余的战士被炮弹震昏后，醒来的头一件是去找已经重伤的弟弟高守荣，找来找去，在一个大弹坑里找到了弟弟的一只脚，这个中国士兵眼珠子立刻血红了，一个人坐在山样的手榴弹堆里死战不退。

合众社记者肯尼德目瞪口呆地看着那个亡命徒般的中国士兵浑身战栗，他告诉世界："南朝鲜军冲上山顶，但是一个中国士兵站起来，挥舞着手臂向南朝鲜军投掷手榴弹。他几乎独个儿击破这次进攻。"

"二级孤胆英雄"高守余用一百二十多条南朝鲜士兵的性命为兄弟报了仇。

三天后,武效贤直愣愣地要求李德生改变打法,这三天他也丢了六百多人,再这样填进去,一〇六团要不了几天也得残废掉。他要野战筑工。

一个星期后,在"一昼夜挖一米以上猫耳洞即予记功"的精神奖励下,一〇六团的官兵一边打仗,一面挖出了七条坑道、十二个屯兵洞、五个避弹坑。仗从此打活了。

依靠着这些保命工事,11月25日,一〇六团终于捏碎了南朝鲜二师最后一根脊骨。已经十数次整补的南朝鲜二师彻底垮掉了,它再也挤不出哪怕一滴血了。中国军队将这一天算作上甘岭战役的结束日。但是,疯狂的火山还有些余烬在冒烟。

白马部队南朝鲜九师又上来了,八天后,"白马"被中国军队骑成了死马,南朝鲜第九师也垮掉了。武效贤终于兑现了诺言,漂漂亮亮地收了尾。

现在,美国人、南朝鲜人终于彻底服气了。

王近山冲上山头对着南面大笑:"范弗里特啊范弗里特,老子把你打尿了吧?哈哈哈!"

已于11月25日结束的上甘岭战役的余波也平息了。

二十一

在这次惊天动地的大血战中,在只能放两个连的高地上,中国军队先后投入了两个精锐野战军的九个团,二千名新兵,十一个炮兵营,一个火箭炮营,共四点三万余人。"联合国军"投入步兵十个团,空降兵一个团,共十一个团,二个营,另有一个编练师,四个新兵联队,共六万余人。中国军队阵亡七千一百余人,伤了八千五百余人。以此为代价,歼敌二点五万,其中美军五千二百余,敌我伤亡比为一点六比一。合计双方共投入十多万人,在一块长仅两千七百米、宽仅一千米的狭小地域内殊死拼杀,四十三天内,共四点零六万士兵倒在二点七平方公里的地域内。这是一场不折不扣的"绞肉机"之战,它在当时就被美联社称为"朝鲜战场的凡尔登",林彪则称其为"肉磨子"。

《人民日报》连续报道关于上甘岭战役的战况。图为上甘岭战役结束后，《人民日报》发表社论：《祝贺上甘岭前线我军的伟大胜利》

　　这场大战也是中国炮兵的胜利。没有他们打出去的四十余万发炮弹，中国步兵是无论如何也守不住那两个小高地的，这个数字创造了中国军队战史上单位火力密度的最高纪录。

　　美军则消耗炮弹一百九十余万发，航弹五千枚，在如此一个小高地上投入这样密集的火力人力，这在世界战争史上也是罕见的。

　　上甘岭战役在当时就已名震世界。那些天,西方舆论界全是上甘岭的新闻："朝鲜战场中的凡尔登""不是美军兵力可以填满的无底洞""用原子弹也不能把爸爸山（五圣山）上的中国军队消灭光"。从此，美国军人打心眼里承认中国军人的勇敢、毅力和战术都是超一流的，美国军队从此视中国军队为最强硬的对手。今天，美国军事学院教科书中唯一的中国战例就是上甘岭战役。而这个世界上只要像点样的军队没有不学习上甘岭战例的。

　　美国人承认自己是失败者，克拉克坦陈："死人太多，在铁三角的猛烈战争，事实上变成了美国历史上最不得人心的战争……这个开始为有限目标之攻击，发展成为一场残忍的挽救面子的恶性赌博。当一方获一时暂时之优势时，另一方即增加其赌注。猛烈的战斗连续十四天，以后间歇的冲突又有一个月。我认为这次作战是失败的。"

十五军和十二军的血战打出了中国军队的军威，打出了中华人民共和国的国威，志愿军副司令员杨得志上将在白发苍苍时，仍是激情难抑地说："我们和我们的敌人都把它作为一种象征，谁也不会忘记它。"

战后上甘岭

最高兴的是十五军将士，据说他们本来就不服气三十八军"万岁军"这个美名，许多捣蛋兵自称"九千岁部队"。上甘岭大战后，据说他们要求彭德怀论功行赏，取下三十八军头上的"万岁军"桂冠，让十五军也戴一戴过过瘾。据说彭德怀还笑眯眯地答应认真考虑，后来为什么事态平息了呢？据说是因为回国后发现十五军被宣扬得名气特大，所以才不跟三十八军争"万岁"了……

1961 年，中国陆军三支王牌军同时摆在空军司令刘亚楼面前，中央军委让他挑一支部队去改建为中国唯一一支空降军。

刘亚楼掂量一下后，断然挑出了十五军。他告诉当时的军长赵兰田、政委廖冠贤："这次改建为什么选到你们十五军？这也是经过挑选和比较的。十五军是个能打仗的部队，你们在上甘岭打出了国威。不仅中国，而且全世界都知道有个十五军。做了比较之后，军委就决定下来了。"

今天，第十五空降军是中国军队最精锐的全天候快速反应部队。在祖国所有地域，他们到处能降，随时能打，他们是世界各国军队公认的空降王牌。

上甘岭，在中国、在世界都已成为一种精神的象征。

二十二

上甘岭的血战改变了双方对朝鲜战局的看法，这场在两个小山头进行的大战役在朝鲜战争的进程中有着重大的战略意义，中朝方面对守不守得住的最后一丝隐忧彻底消除了，战争打多久他们都不怕了。他们坚信自己一定是最后的胜利者。

美国军政首脑们不得不承认现实，中朝军队的正面战线是不可突破的，美国国内军内厌战情绪狂涨，艾森豪威尔非想办法结束朝鲜战争不可了。

1952 年 12 月 2 日，上甘岭战役刚结束七天，美国新任总统艾森豪威尔在凛冽的寒风中来到了南朝鲜。

艾森豪威尔在南朝鲜待了三天，这位前美军五星上将翻阅了大量秘密军事文件，听了克拉克"三角形山战斗"的汇报。他告诉国务卿杜勒斯："我认为，我们在朝鲜打仗，没有机会打赢这场战争，因为打过鸭绿江就会冒犯国际舆论，只有尽早结束这场让人伤脑筋的战争。"

他还去看了正在前线服役的儿子——有点儿反战思想的约翰·艾森豪威尔少校。他将爱子上前线时的赠言又悄悄重复了一遍："你在任何情况下都不要当敌人的俘虏。"

范弗里特尽量讨同班同学的好，可惜，艾森豪威尔已忘了四年同窗之谊，对范弗里特极其冷淡。范弗里特，这个倔强的老军人心中一阵悲凉，他明白，由于上甘岭的惨败，他在军队中的日子到头了。

两个月后，范弗里特奉召回国，解职退役。这场他曾很喜欢打的战争不但毁了他的军事生涯，还夺去了他爱子的性命。

他是一个施暴者，他也是一个受害者。

艾森豪威尔并非善类，他的血管里同时流着政治家和军人两种血液。本质上他是个政治家，但他真正从政前一直是个军人，而且还算是个挺不错的军人。要军人吞下战败的苦果比登天还难，真正的军人都受不了那份屈辱。感情上，他极想把朝鲜战争彻底打出个分晓，何况他背后还有那么多美国鹰派政治集团和军火巨头们在敦促他绝不能示弱。美国介入朝鲜之初，他曾说："我国既已诉诸武力，就必须保证成功。"可理智和现实却告诉他，再也不能打下去了。他就这样痛苦地左右徘徊。

在竞选时，他向全美国人民许诺："和平事业是自由人民眼中的瑰宝，新政府的第一个任务便是结束这场涉及美国千家万户、孕育着第三次世界大战危险的悲剧冲突。"

他说他要为"体面的停战协定而努力"。

艾森豪威尔对国际形势也看得比较清楚："俄罗斯、西伯利亚和中国是不可能占领的。即使共产党撤退，让出了地盘，美国也无法去填补这些真空地带……在现代战争中，取胜的唯一途径便是制止发生战争。"

众所周知，美国的总统们在当选总统后所做的事，和竞选总统时所说的话总是不太一致的。真要让艾森豪威尔承认中国那个"东亚病夫"打败了最强壮的美国，他实实在在心有不甘，而且他也不想作为美国历史上第一个不能胜利结束战争的总统而载入史册，更何况美国的事情还真不是总统说了就能算数。他是共和党推上台的，可你看看共和党那些台柱子，杜勒斯、麦克阿瑟、麦卡锡、塔夫脱……还在艾森豪威尔竞选总统时，这帮共和党领袖就在吵："在共和党取得政权后，全力打赢这场战争。"

不要以为这些人只能吵吵，这些人的背后是美国军火集团、工业集团、新闻集团等各种各样的右翼势力，那些人才是真正掌控美国的人。那些人可是极力主张大打特打的，他们的意见艾森豪威尔是不敢不听的。

从朝鲜回美国的途中，艾森豪威尔又同国务卿杜勒斯、财政部长汉弗莱、内政部长麦凯举行了会谈，他后来回忆：

"战地指挥官们同意，如果在一定的时间内谈判还不成功，我们唯一的办法最后只能是不顾一切危险，全力发动一场进攻。"

在这次会议中艾森豪威尔做了结论："我们不能永远停留在一条固定不变的战线上，继续承受着看不到任何结果的伤亡。小山丘上的小规模进攻是不可能结束这场战争的……我们不能容忍朝鲜冲突无限期继续下去。"

结束战争有两种办法，一种是打得对手躺倒在地；一种是与对手讲和。艾森豪威尔真当了总统后，手握如此雄厚的国力，加之军人的那一半血液，他又情不自禁地和杜鲁门一样，想打一打试试，他忽然有些理解杜鲁门了，向中国人屈膝求和真是难哪！

刚吃了大败仗的克拉克投其所好，马上又搞出了个《8-52作战计划》，这个计划要点竟然是以大规模攻势攻到平壤至元山一线。美国军队真是输昏头了。在这个计划里，他们又想到在志愿军阵地后方大规模两栖登陆和轰炸突击中国境内目标了。他们还当真采取了实际行动。两个南朝鲜新建步兵师、六个独立团、二十八个炮兵营匆匆忙忙组建了，登陆演习、空降作战演习频繁地进行，大批特务潜往北朝鲜……

在扩大战争的军事准备秘密进行的同时，美国人民悲伤地看到，他们选出来的许诺可以结束战争的总统又在高喊要扩大战争了。

1953年2月2日，正式上台的艾森豪威尔发表"国情咨文"，宣称"自由世界不能无限期地处于瘫痪的紧张状态中……我现在下令第七舰队不能再用于保卫共产党中国了"。

艾森豪威尔居然又想"放蒋出笼"来威胁中国，可惜他遇到的对手是毛泽东。

二十三

毛泽东在1952年底是很开心的，战场捷报频传倒也罢了，更可喜的是国内形势一片大好。这一年，国内土匪基本剿光，国内形势空前稳定，朝鲜战争虽然仍使军费居高不下，但用于国民经济建设的国家开支已经超过军费了。这个数字意义可大得很哪，这可是鸦片战争爆发以来一百多年中国第一次出现的事！

这说明什么？这说明中国人民不但坐稳了江山，还基本修复了百年战争的创痕，即将开始大规模经济建设了。周恩来已经编制了第一个五年计划，马上就要实施了。在朝鲜继续打下去对国内影响是不大的，好处还不少呢！整个朝鲜战场就是个大军校，毛泽东已经提出要让所有陆军都去学一遍，他甚至认为这比办军校还好。再说，抗美援朝对中国民心、民气鼓舞有多大？一向把人的因素排在第一位的毛泽东肯定是算了不少次账了。毛泽东越算底气越足，他告诉中国军队争取和，不怕拖。

对于艾森豪威尔的威胁，毛泽东只是笑笑而已，他要是怕事的人，就不会造反了，艾森豪威尔骨子里才怕呢。他让板门店的李克农不要心急：

"我们有了准备，敌人就不敢来，即使来了，我们也不怕。艾森豪威尔现在是骑虎难下，欲打力不从心，欲和心有不甘。所以我们现在是一动不如一静。让现状拖下去，拖到美国愿意妥协并由他采取行动为止。"

针对艾森豪威尔的战争威胁，毛泽东反唇相讥，他告诉政协的委员们："由于美帝国主义坚持扣留中朝战俘，破坏停战谈判，并且妄图扩大朝鲜战争，所以，抗美援朝的斗争必须加强。"

"我们是要和平的。"

毛泽东看着全神贯注的委员们："但是，只要美帝国主义一天不放弃它那蛮横无理的要求和扩大侵略的阴谋，中国人民的决心就是只有同朝鲜人民一起，一直战斗下去。这不是因为我们好战，我们愿意立即停战，剩下的问题待将来去解决。但美帝国主义不愿意这样做。"

毛泽东又停了停，他多么希望此刻艾森豪威尔就站在他面前听到下面几句话啊："那么好吧，就打下去，美帝国主义愿意打多少年，我们也就准备跟他打多少年，一直打到美帝国主义愿意罢手的时候为止，一直打到中朝人民完全胜利的时候为止！"

毛泽东的湘音还未结束，政协委员们就掌声如雷。

战略上藐视，战术上重视，把辩证法玩得炉火纯青的毛泽东，当然不会以为只凭几句口号就能吓倒艾森豪威尔，他又告诫志愿军众将：

"朝鲜战局，由于停战谈判已告停顿，而美军在朝鲜的损失还没有达到它非罢手不可的程度，估计今后一定时期内（假定为一年），会趋于激烈化。

艾森豪威尔正为其上台后的朝鲜军事行动做准备。单就朝鲜战场的军事行动做估计，敌人从正面向我较坚固的纵深工事施行攻击的可能，不如向我后方两侧进行登陆作战的可能性大。"

已回京的彭德怀立即电令邓华着手进行反登陆作战的准备，毛泽东甚至向邓华提出三肯定："肯定敌人登陆，肯定要从西海岸登陆，肯定敌在清川江至汉江间登陆。"

中国军队的反登陆作战准备如同克拉克的《8-52作战计划》一样，都是实实在在的。不但原定回国的第三十八军、三十九军、四十军三支从入朝打到现在的劲旅调往西海岸反登陆，还将国内第二批轮换的第一、第十六、第二十一、第五十四共四个主力野战军立即抽调入朝，六个铁道兵师也入朝抢修备用新线路。到1953年3月，在朝志愿军已达十九个野战军，八个地炮师，五个高炮师，二个坦克师，十个铁道兵师和一个公安师共达一百三十五万人，是时是中国军队在朝鲜数量的最高点。派往朝鲜的野战军数量甚至已超过了留在国内的数量。

中国空军则准备了十四个师五百架飞机准备投入作战，连萧劲光大将的海军也调了一个鱼雷艇大队到鸭绿江口停泊，一批中国海军人员还入朝参加了布设水雷行动。这样，中国军队的陆、海、空三军先后都参加了抗美援朝作战。

可见毛泽东确实是准备同敢扩大战争的艾森豪威尔大打特打一番的。

从1952年末到1953年春，一百八十万中朝联军连同朝鲜的广大百姓日夜施工，到1953年4月底，北朝鲜除背对中国的鸭绿江一线外，从正面战线一直延伸到东西海岸，都形成了一个以坑道、地道和钢筋水泥工事为骨干的弧形防御体系，这条纵深二十公里至三十公里的防御线总长竟达一千一百公里，将北朝鲜围得铁桶一般。

中朝军队在美军可能登陆的东西海岸设置了纵深十公里的两道防御带，此外还有堑壕、交通壕三千一百余公里和不计其数的火力点和掩体。除此之外，洪学智还一口气运来了够志愿军全军吃八个半月的两亿五千万斤粮食和十二万三千八百吨弹药。中国军队为这场终于未能打响的反登陆战役所做的准备、所消耗的物资超过了抗美援朝中任何一次战役。

面对如此强大的防御体系，美国人没敢妄动半步，在朝鲜战争中出足了

丑的中央情报局这次的情报较准:

"目前在北朝鲜的部队,大约有十九个中国军和五个北朝鲜军团。其中大约有三十万人部署在可能发生登陆作战的海岸地区,可立即投入海岸地区的作战……一旦'联合国军'按计划在朝鲜发动进攻,中国军队将展开最大限度的地面防御,来抗拒'联合国军'的进攻并实施坚决的反击。"

警惕守卫海岸线,为粉碎敌人在我侧后登陆进攻的企图

连制订登陆战的克拉克都泄了气:

"志愿军沿海滩的防御体系和前线的防御体系一样,纵深的距离甚长,并且它的效力大部分依靠地下设施。但是,除开地下工事外,还有一道道的明壕从滩头向后分布,因此,任何从海上攻击的部队,一旦他们在岸上获得立足点,即被迫去攻击一道又一道的战壕。雷区到处都是。大部分稻田地区被水淹没,使它们变成战车的大陷阱,使我们的装备在泥淖中寸步难行。"

中朝军队强大的威慑终于迫使美国人放弃了扩大战争的梦想,但一仗不打也说不过去,艾森豪威尔终于冒了一次险。

1953年1月25日，大批美国国会议员和高级将领、新闻记者来到"丁字山"（芝山洞南侧高地）观看克拉克的空、坦、炮、步协同作战试验。十七万发炮弹和二十二万磅炸弹射向小小的丁字山。炮火过后，一个营的美军步兵向山上扑去，山上唯一的守备部队、中国二十三军二〇一团一个排用手榴弹轻松击退了美军的进攻，仅以十一人伤亡代价歼敌一百五十人。被上甘岭吓怕了的美国军队赶紧收手，雷声大、雨点小的"斯麦克行动"又以惨败收场。

这场小规模的战斗影响极大，观战的高级宾客和记者实在是太多了。

大批国会议员痛骂克拉克用美国人的生命做角斗士表演，美国军队自己也承认："总的来说，'斯麦克行动'是一场惨败。"

美国人在朝鲜战场的最后一次攻势行动，就这样以一场闹剧宣告终结。从此之后，就全是中国军队的天下了。

在做反登陆准备的同时，志愿军以敌连排据点为目标发起四十七次进攻战斗，均攻无不克、战无不胜，胜利的天平已彻底倾向了中朝方。眼见形势越来越糟，艾森豪威尔终于停止了打摆子，他现在是一心求和了，毛泽东终于治好了他忽冷忽热的疟疾。

1953年2月22日，在美国人提出无限期休会之后四个月零两个星期，来朝鲜之前牛哄哄的克拉克主动致函朝中方面，建议在战争期间先行交换伤病战俘。美国人又要谈判了。

中朝方面决定晾美国人几天，再放他一马。考虑到美国是个头号强国，不给点儿面子也难以转弯，中朝方面准备在久拖不决的战俘问题上做些必要的妥协，毕竟谈判就是双方互相让步的事情。

就在中、朝、苏紧张磋商对策时，一个突发事件打乱了整个世界的节奏。

斯大林去世了！

二十四

斯大林死得很突然。他没有死在防备了一生的刺客和政敌们手上，却死于头颅内一根小小的破裂的血管。

据说，当斯大林脑溢血突发倒地时，身边空无一人，两小时后才被仆人发现。等仆人发现时，全世界革命人民的导师、全苏联人民的领袖早已不行了。

据说他最宠爱的贝利亚们连医生都不肯叫。

据说每当他在痛苦中睁开眼睛时，贝利亚们就围着他大叫"亲爸爸"，而斯大林则回以谁也听不懂的咒骂。

斯大林死时的真实情景大概永远只能是据说了。在场的赫鲁晓夫倒是写得很详细，但谁又敢相信他那本谎言连天、偷运到西方发表的自传呢？

无论如何，斯大林死在中苏关系最好的时候。他在这时确实给了中国许多真心的帮助，善良的中国人是永远也不会忘记这一点的，正如不会忘记他在中国身上攫取的利益一样。

据说噩耗传来，毛泽东流了眼泪。除了他们自己，这世上再也不会有人了解他们之间那种极其微妙复杂的关系与情感了……

3月28日，在斯大林逝世二十五天后，金日成、彭德怀发出了致克拉克的复信，同意交换伤病战俘，并认为应将交换伤病战俘问题引导到全部战俘问题的合理解决，使朝鲜停战早日实现，因此建议立即恢复在板门店的谈判。这样，朝中方面主动给求之不得的美国人搭了个下台的梯子。

两天后，周恩来发表声明，主张朝中军队停战谈判代表应立即与"联合国军"停战谈判代表开始关于在战争期间交换病伤战俘问题的谈判，并进而谋取战俘问题的通盘解决。

谈判圣手周恩来在声明中提出了新建议：

"谈判双方应保证在停战后立即遣返其所收容的一切坚持遣返的战俘，而将其余的战俘转交中立国，以保证对他们的遣返问题的通盘解决。"

这个建议是一个互相让步的方案，朝中的让步是不再坚持要求遣返全部志愿军战俘和家居南朝鲜的人民军战俘，但是坚持要将不直接遣返的战俘交给中立国，并派人去解释。

美方的让步是，不坚持经由进行单方面的"甄别"以决定遣返数量，同意将"不愿遣返"的战俘交给中立国，并由朝中方面派人去动员遣返。

周恩来的新建议立刻得到了世界各国人民的一致拥护。为了扣留一万多中国战俘而多死伤了二十多万人的美国也撑不下去了，周恩来的新建议是他们求之不得的。以后，战俘问题就是完全按照周恩来的建议解决的。

在提出新建议的同时，中朝军队一刻也没有松劲儿，美国人要再顽固不化，就还用武力让他在谈判桌上老实起来。

二十五

31日，九兵团司令员王建安建议5月上旬发起全线反击，造成敌内部恐慌，杨得志副司令立刻将此建议上报军委，认为再发动战役反击甚好。

毛泽东看到建议很高兴，武官能战文官才能言和嘛，军队就得有这股劲儿。

这位领袖又给急切求战的志愿军众将烧了把火："争取和，准备拖。而军队方面则应做拖的打算，只管打，不管谈，不要松劲，一切按原计划进行。"

又一批中国名将按计划走进了朝鲜。

二野参谋长李达入朝替回了志愿军参谋长解方，许世友替下了三兵团司令王近山，杨勇替回二十兵团代司令郑维山，黄永胜替回十九兵团司令韩先楚。

毛泽东希望让中国军队所有高级将领都到朝鲜去多学些东西。

4月26日，双方派出联络组在板门店开会。4月22日，双方交换了伤病战俘。六百八十四名在中朝战俘营吃得满面红光的"联合国军"战俘，欢笑着和我方人员握手告别……

六千六百七十名（其中一千零三十名志愿军战俘）中朝战俘奄奄一息地回到我方，大部分人都已被截去肢体，一到达交换现场，就剥去美军为了充门面而临时给他们换上的新衣新鞋，号啕大哭，挣扎着扑向我方人员……

4月26日，数百名世界各国记者注视着战争双方的谈判代表走进了板门店的帐篷，中断了六个月零十八天的谈判重新恢复了。

战场上被彻底打怕了的美国人这次老实了，谈判立刻进入快车道。各国人民欣喜地看到，这场让全世界动荡不已、持续了两年多的战争终于快要结束了。

只有两个人慌了，因为他们的利益只有战争继续下去才能得到保证。

高叫"反攻大陆"两年多的蒋介石立刻命令曾在金门取胜的胡琏，准备搞东山岛登陆战。朝鲜停战果真实现，他打回大陆的梦想就完了！

李承晚更急，"痛苦，混沌而郁郁不乐"。

美国人不打了，他怎么能打下天下做全朝鲜的皇帝呢？

结果，李承晚竟恶狠狠地威胁美国人：

"如果达成一项容许中国人留在朝鲜的和平建议，大韩民国将认为它有理由要求除了那些愿意参加把敌人驱逐到鸭绿江以北的国家外，所有盟国都得离开这个国家。"

疯狂的李承晚竟然还赤裸裸地告诉美国人：

"如果美国武装部队要留下，那么它们就得跟随着前沿阵地的战士支持他们，并用飞机、远程大炮和朝鲜半岛周边的舰炮掩护他们。"

美国人不禁又急又气。三年来，为了证明所进行的战争是正义的，美国早在世界上把傀儡李承晚吹成了"民主斗士""自由楷模"，现在尾大不掉，才知道李承晚竟是个如此刁钻的小人！

关键是对李承晚还不能像对蒋介石。蒋介石可以不理他，李承晚还非理不可。美国人何尝不想打下去？但看看战场吧，中国军队从5月13日起，用四个军在十三天中连续攻下了二十九个前沿阵地，"联合国军"继3月、4月两个月丢了三万人后，又丢了一万人，现在连还手之力都没有了。

艾森豪威尔在白宫面沉如水，他看完了李承晚的信，又看了一封明尼苏达州居民的呼吁书：

"全世界百分之九十以上的居民，对朝鲜战争怀有愤懑之情，你一点儿也没有得到人民的支持。你只能指望大型报纸、电台、通用汽车公司、杜邦公司的帮助……战争永远不能遏制共产主义。第一次世界大战导致共产主义在俄国的胜利。第二次世界大战是以共产主义在半个世界的胜利而结束的。新的世界大战将是何种结局呢？谁知道呢？有可能共产主义在全世界取胜……"

长叹一口气后，艾森豪威尔喃喃地咒骂着，耐着性子写了封长信抚慰李承晚，许诺："美国政府在取得必要的国会拨款的条件下，准备继续给予大韩民国以经济援助，这将使它得以在和平状况下恢复它的饱受摧残的国土。"

美国总统想用糖果塞住傀儡的嘴巴，谁知当了三年应声虫的李承晚这次竟犯了犟，只要战争打下去，美国人能不给他援助吗？这点儿小饵是想君临朝鲜的李承晚不屑于吞下去的。

李承晚开始不理美国人了。

南朝鲜政府开始高叫"反对任何妥协""进军鸭绿江""单独打下去"等好战口号。在李承晚集团威逼下,汉城、釜山出现了大规模的反对停战的"群众示威游行",更有甚者,南朝鲜政府谈判代表竟单独退出了谈判。

中国将领们真是希望李承晚闹得更欢些。战争打到现在,中国军队已占据了战场上的绝对优势,中朝联军兵力合计已达一百八十万人,仅地面部队就有二十五个军,装备已经和战争初期不可同日而语,防御阵地坚如磐石,长期困扰作战的后勤问题已得到彻底解决,全军上下积极求战,士气高昂无比,这些都是开战以来从未有过的有利条件。真马上谈成了,仗就没得打了,这么轻易地饶过敌人,将领们心里还真不会那么舒服。现在李承晚讨打,中国军队能放过他才叫怪事。

二十六

虽然在民间名声不响,但在猛将如云的中国军队里,郑维山中将也以"能打"而驰名。杨成武生病后,他是彭德怀亲点入朝的二十兵团代司令员,1955年授衔,抗美援朝中的兵团级主官几乎都是上将衔,郑维山是少有的中将兵团司令,仅此一点就可看得出郑维山是将才。

虽然入朝后打了几个漂亮仗,郑维山还是觉得有些愧对彭德怀的器重,他最想砍掉的"三条牛腿"还一直蹬着我军的脖颈。

当初郑维山接替杨成武后,很快转遍了二十兵团的阵地,他发现由883.7、949.2和十字架山为基点构成了金城地区敌军冲向我方阵地的一个"楔子"。这块宽二十公里、纵深九公里、居高临下的山地,可以俯瞰我军纵深十多公里的地方,对我威胁极大。当时郑维山就想拔掉这几个支撑点,可惜由于诸多原因,一直没能动手,现在,"三杨"中最后一将杨勇已经入朝来接替他了,郑维山下定决心,走以前非砍掉这"三条牛腿"不可!

郑维山的作战方案让观战的许世友都吓了一跳。天不怕,地不怕,只怕老娘和毛泽东的三兵团司令许世友入朝时,除了一箱白兰地外,什么也没带。同三兵团的部将们一气干完了这箱白兰地,许世友就和杜义德、李天佑、李成芳等名将一起跑到二十兵团来看郑维山怎么打仗。

郑维山的计划太大胆了，他要在敌人手榴弹能砸到的地方潜伏三千人！

郑维山环视会场那些赫赫名将自信地说："怎么打，敌我主阵地相距最多三公里，中间深谷相隔。步兵怎么集结？我看可以把部队提前隐蔽到敌前沿，第二天天黑后发起冲击，当晚完成攻击战斗，争取四五个小时抢修工事，补充弹药，天亮后就可有效反击敌人反扑。至于我们潜伏多少人，我测算了一下，至少要三千人。"

会场上五十多名中国将领鸦雀无声。这些将领二十多年来穿枪林闯弹雨，什么样的场面没见过？但是敌前潜伏三千人这种奇招也太大胆了。

郑维山不是蛮干。半年前他巡视阵地时就命令六十军军长张祖谅保护好潜伏地带的植被，坚决不允许敌人下山，敢下山者就让狙击手杀无赦，其兵家眼光委实令人叹服。

郑维山的方案之大胆还在于，他要一气全歼敌军两个团，并夺下敌军两个团的阵地。

阵地战打了一年多，按照毛泽东"零敲牛皮糖"的"攻击目标不超过一个营为原则，最好每个军一次攻歼一个至两个排到一个至两个连"的战术，志愿军打的都是小攻坚战。现在中国军队条件虽然大大改善，但制空权仍在美军手里，技术装备仍然较差，打这种大攻坚仗能赢吗？

六十军军长张祖谅在一片沉寂中站出来："支持兵团的作战方案，坚决执行命令，完成兵团交给的攻占883.7高地和949.2高地、歼敌一个团的任务。"

六十军在五次战役后期吃了大亏，其一八〇师遭到严重损失，作为六十军的新任军长，张祖谅知道什么才能让吃过败仗的部队重新抬头。他要用胜仗重新打出六十军的威名。不但如此，他还就要重新组建的一八〇师去打这一仗。

六十七军军长邱蔚，就是《狼牙山五壮士》里的那位八路军邱团长。这位因落海意外过早逝世的名将也不甘示弱。六十军抢了三个高地中的两个，最后一个可非保住不可："十字架山归我了，那里的一个团归我了！"

二将争先，主帅大喜。正当郑维山要拍板时，邓华代司令员打来电话：

"志司考虑了你们的作战计划，我们认为打883.7高地和949.2高地的条件不成熟，我们的意见是不要打，请你们考虑。"

郑维山斩钉截铁："我决心已定，错了我负责！"

郑维山知道不只志司，兵团内部都有很多人反对这个奇招，而且杨勇司令、王平政委已经到达，这个时候非打一仗不可，是不是有点儿过分？在军队中吃个大败仗，可能一辈子都抬不了头了。

郑维山可想不到那么多，军人的责任感、荣誉感已经排斥了一切私心杂念。

挂上邓华的电话，郑维山脸色铁青地说："这一仗一定要打，错了我负责，杀头杀我的！"

张祖谅激动了："我和你共同负责！"

郑维山把桌子拍得山响："不要你负责，你只负责打好，错了，有一个脑袋顶上就够了！"许世友面对此景叹服："我许和尚打仗素来是大胆的，可是你比我还要大胆！"

二十七

6月10日晨，郑维山、许世友、张南生、杜义德和前来观战的大批南京军事学院的将军教、学员们一起进抵龙门山，此地离883.7高地不足三公里。

太阳高高挂上竿头，许世友和上百名高级将校拿着望远镜在我军潜伏区瞄来瞄去，除了随风曳动的树枝、草丛外什么也没有。

"老郑，是不是改变计划了？"这些迷惑的将领们纷纷询问。

郑维山大喜过望，那里躺着昨夜潜进去的十五个半步兵连、四个机炮连的三千五百多人，可是这么多久经战阵的老将都找不到他们，敌人就更甭想了。

当夜20时20分，二百五十九门火炮将上万发炮弹突然倾泻向敌军阵地，几分钟后，炮火转入纵深，南朝鲜军纷纷爬出掩蔽部进入野战工事，不想数分钟后炮火又掉头打回来。

许世友拍案叫绝："好，郑司令上回锅肉了！"

郑维山笑了："等着吧，还有红烧洋鬼子！"

话音刚落，连"喀秋莎"火箭炮二十一师也加入第三次火力急袭。洪学智记道："打完后，敌人的阵地燃烧成一片火海。地上腾起的烟尘是红的，天上翻滚的云彩也是红的。"

接着，一八○师三千将士怒吼冲锋，仅仅五十分钟，南朝鲜军二十七团就被全歼在自己挖了两年的坚固坟墓里了，902.8、973、883.7高地全部拿下来了。一八○师打了个彻底的大翻身仗！

在几十年后中国权威史籍《当代中国·抗美援朝战争卷》中，这一仗被称为"创造了战争史上的奇迹"。

天亮后，南朝鲜军大举反扑，六十军借着连夜抢修的野战工事，击退其十多次冲锋。中午时，弹药告罄！

郑维山再出奇招。他来到弹药坑道口观察几分钟后，乘着十多架敌机俯冲后拉起的空当，一气放出十辆满载弹药的卡车向前沿疾驰，等敌机发现时，九辆车都把弹药送上去了……

接任范弗里特的第八集团军司令官泰勒中将（此人以后在越南干尽了坏事）正在指挥南朝鲜军反击六十军时，郑维山声东击西，忽然再刺了他要命的一枪。南朝鲜军反击正酣时，六十七军邱蔚忽然杀出，将十字架山的南朝鲜二十一团扫荡一空。

"联合国军"将领闻讯震惊不已。十字架山是有名的"模范阵地""京畿堡垒"，中国军队竟然只用了一小时二十分钟就攻占了这个苦心经营两年的要塞，那"联合国军"还有什么阵地他们打不下来？

美军公认其"二战"后最杰出的将领泰勒已是手忙脚乱，赶紧再去塞六十七军那边的漏洞。

第三次中计。

郑维山又来了个指南打北，将泰勒这位美军后起之秀玩得团团乱转。

二十兵团二梯队两个师从东西两侧突然同时加入战场，向南朝鲜五师949.2高地和韩二十师六十二团1089.6阵地发起猛攻。

被打晕了的南朝鲜第五师再也招架不住了。15日零时，战争初期的情景出现了，南朝鲜五师彻底溃散，还一气炸掉了北汉江上的六座桥梁和能找到的所有船只。6月15日，郑维山指挥所部浩浩荡荡地杀向金城，准备一举攻夺这个战略要地。志愿军司令部总部来电停战，美国人已被打得同意中朝方的全部条件，朝鲜停战谈判达成协议了！

五天五夜没合眼的郑维山一头就栽倒在作战室的地图上昏睡过去……

二十兵团这次反击战确实把美国人打痛了，六十军歼敌一万四千八百人，彻底出了五次战役的恶气，为牺牲的战友复了仇。六十七军歼敌一万三千五百人，邱蔚虽心有不甘，却也能在兄弟部队面前过得去。

除了二十兵团的行动，九兵团和人民军三、七军团也先后对敌二十二个营以下阵地进行攻击，歼敌一万一千人。在被称为夏季反击战役第二阶段的这次战斗中，南朝鲜第五、第八师实际上已被歼灭。中国军队先后对敌五十一个团以下阵地进行了六十五次进攻作战，总共歼敌四万一千人，自身伤亡只有一万九千人，敌我伤亡比为二点一比一。仅二十兵团即扩大阵地五十八平方公里。由于美国已表示愿意停战，李承晚反对停战，所以中国军队这次是临时改变打美军为主的计划，而以改打南朝鲜军为主。

二十八

中朝军队在战线全线此起彼伏的攻势作战，终于使美国人彻底认清了形势，再顽固下去真的不知会败到什么地步，搞不好二次战役那种大溃败都会出现。

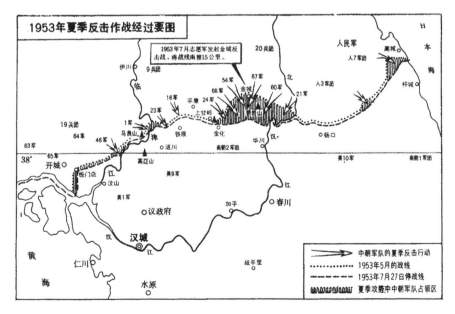

1953 年夏季反击作战经过要图

战俘协议是在 6 月 8 日达成的。可笑的是，由于南朝鲜政府代表崔德新奉李承晚之令退出谈判，美国人临时拉了个泰国将军凑数。

中朝方面也是一笑了之，装作没看见。这件事实实在在是个国际性大笑话。美国人已经急得不在乎有没有南朝鲜人参加朝鲜停战谈判了。所以，战俘问题到最后也可以说是美国人、泰国人和中国人、朝鲜人谈成的。

更让人惊异的是，这位退出谈判的南朝鲜代表崔德新，若干年后竟成了朝鲜民主主义人民共和国最高人民委员会的重要成员，历史实在是个魔幻大师。

6 月 15 日，朝鲜停战谈判终于达成了全部协议。16 日，双方参谋人员按照实际接触线重新划定了军事分界线，美军参谋人员不声不响地将一百四十平方公里土地划给了中朝方。

此刻，在另一个帐篷里，双方文字专家们正在一个字、一个标点、一个符号地审定停战协定文本。会场外，从世界各地正赶来越来越多的记者，准备记录下双方司令官签字停战的那一历史性时刻。志愿军司令员彭德怀正收拾行装，准备 19 日启程前往朝鲜签字。

志愿军和人民军联合司令部于 6 月 15 日 19 时发布命令："从 6 月 16 日起，各部队一律停止主动向敌人攻击，但对敌人向我发动的任何进攻，则应坚决地予以打击。"

血还没有流够，乖戾小人李承晚还要讨顿暴打才会彻底老实。

二十九

6 月 18 日，为朝鲜战争终于结束而额手相庆的各国人民震惊不已。李承晚在 6 月 17 日深夜，以"就地释放"为名，胁迫人民军被俘人员两万七千余人离开战俘营，押送到南朝鲜军队训练中心，同时，李承晚高呼"向鸭绿江进行一次全面的军事进攻""必要时单独作战"！

李承晚铁了心要将战争打到底，他公开拒绝停战条款："按照目前的条款，停战对我们意味着死亡。我们一贯要求应该把中共军队赶出我们的国土，即使在这样做时，我们不得不单独作战也在所不惜。"南朝鲜国民议会也表决："一致反对停战条款。"

李承晚公然破坏停战协定的行为激起了全世界的公愤。尼赫鲁称这是一件"很遗憾而极其令人反对的事"。各国舆论一致大骂李承晚为"出卖和平的叛徒""不负责任的乖戾小人"。连丘吉尔也向李承晚提出强烈抗议："女王政府强烈谴责这种背叛行为！"拼凑"联合国军"的许多西方国家抗议李承晚"破坏'联合国军'司令部的权限"。一些国家甚至要求美国换马，撤掉这个傀儡，据说中情局甚至拟订了针对李承晚的暗杀和政变计划。焦头烂额的美国政府则坚称与放俘一事无关，拼命推卸责任。

敌方内部吵成一团，战略大师毛泽东当然不会放过这种机会：

"我们必须在行动上有重大表示方能配合形势，给敌方以充分压力，使类似事件不敢再度发生，并便于我方掌握主动。"

6月19日，金日成、彭德怀一封函件把美国人问得哑口无言：

"我们认为你方必须负起这次事件的严重责任，必须负责立即追回被释放的全部战俘，保证以后绝对不发生同类事件……究竟军（指'联合国军'）司令部能否控制南朝鲜政府的军队？……朝鲜停战究竟包括不包括李承晚集团在内？……"

当日，大批中国党政军首脑来到北京前门火车站，为赴开城签署停战协定的彭德怀送行。

隆隆前行的列车中，彭德怀和随行参谋一起讨论了朝鲜局势。

抗美援朝已近三年了，作为战争胜利一方的军事统帅，彭德怀心情之喜悦可想而知，但他却一点儿也没有大意。李承晚既然挑起事端，就必须受到严惩，即使暂时推迟停战协定也在所不惜。彭德怀以为，如果不在军事上给予敌人以惩罚性的痛击，不仅会拖延停战的早日实现，而且也将影响停战后朝鲜半岛和平局面的稳定，不利于世界的和平。

彭德怀是军事家，到此时为止已经和形形色色的敌人进行了三十年血战，除了国内的敌人，他还打败了十八个国家的军队（"联合国军"加日本、南朝鲜军队）。戎马半生，他吃透了敌人的本质，不到穷途末路，他们总是不肯老实的。

20日下午，彭德怀到达瓦砾堆中的平壤后，马上给李克农打电话。在一线打赢了这场近两年舌战的李克农也很高兴：

"敌人很狼狈呀，有些美国官员甚至感慨，共产党经常宣传说李承晚是美国人的傀儡，现在美国人倒真希望他能充当傀儡的角色，彭总，到开城来吧！"

彭德怀笑过一阵后，欣然同意："我一定来，一定来。"

了解了谈判会场的情况后，彭德怀立刻给桧仓志司打电话。邓华、杨得志一致请战，都希望能再打李承晚一顿。彭德怀很满意：

"这个李承晚不识好歹，再给他点儿颜色看看是完全应该的。"

当夜，彭德怀亲自拟定电文给毛泽东，建议推迟停战签字时间，再歼灭李承晚军一点五万人。

毛泽东回电："再歼灭伪军万余人极为必要。"

势如雷霆、摧枯拉朽的"金城大捷"开始了，其战果之大、进展之顺，连中国将帅们都出乎意料，只准备消灭万余敌军的中国军队，短短几天内竟一口气吃掉了美韩军七万余人。

三十

7月13日夜9时，浓云低垂，天地间一片昏暗，天气闷热得让人窒息。中国军队一千零九十四门火炮在一片沉寂中突然齐声怒吼。东起北汉江，西至下甘岭，几十里的敌军阵地上浓烟滚滚，铅色的阴云被映成一片紫红。短短二十八分钟内，一千九百吨炮弹被倾泻到南朝鲜首都师、三师、六师、八师阵地上。

二十八分钟内发射一千九百吨炮弹，这是战争初期中国军队根本不敢想象的事。这是中国军队在抗美援朝中规模最大的一次炮击，也是中国军队第一次占据了战役地面火力优势。此次炮击的重点方向，中国军队火炮密度达到每公里正面一百二十门左右，密度达到了"二战"中打得最激烈的苏德战场上的一般标准。

《美国第八集团军简史》记道："令人难以置信的大量炮火在头上呼啸，在呼啸声中，他们前赴后继攻击这个地区的大韩民国防线。在共军的猛攻下，前哨阵地一个接一个被打垮了。"

震天撼地的炮击刚一结束，二十兵团新任司令员杨勇、政委王平统一指挥五个军向金城地区四个南朝鲜师发起了排山倒海般的猛攻。杨勇是带着万丈豪情来打这一仗的。"三杨开泰",毛泽东、周恩来言出必行,杨得志、杨成武已先后在朝鲜战场亮相,再不让杨勇出场岂不成了空话?毛泽东赶紧派出爱将杨勇赶赴朝鲜,去负责这场战争的扫尾战役。杨勇面对前任郑维山的辉煌战绩,自然也不甘心屈居下风。这位中国第二高级步校校长,出手就势如奔雷。仿佛天人感应,天上炸过一阵惊雷。这场血腥的战争在豪雨中开始,现在,它又要在瓢泼中结束。

二十兵团只用一个小时就全线突破了敌军阵地,闪电和炮火的亮光不时映照出一群群中国士兵奋勇冲杀的身影,整个战场已被中国军队主宰了。

南朝鲜陆军第一王牌首都师首当其冲。这个在战前由南朝鲜首都警备司令部改编而成的步兵师是南朝鲜最能打的部队,其第一团是南朝鲜军队历史最悠久的团队,绰号"白虎团"。

白虎团团长崔喜寅上校被中国军队狂暴的攻击打晕了。他一字排开的三个营中,右翼二营一开战就被中国人掀起的怒涛席卷。崔喜寅急令团预备队九连、十一连前往增援。九连一出发就被中国军队炮火覆盖,一半人马顷刻间灰飞烟灭,吓慌了的连长遣散部队带伤而逃。十一连总算赶到一营阵地,然后就在阵地上同一营全军覆没。崔喜寅急得团团乱转,所有的通信网络全部被中国炮兵打掉了。

整个首都师都不敢相信中国人的炮火有如此凶猛,在月峰里的一支支援炮群阵地上,顷刻间落下了一千发炮弹,比该炮群全部储备炮弹还多几百发,所有的南朝鲜炮手连同大炮一起四分五裂。首都师的炮群发疯般地在数小时内射出了全部一万六千五百八十八发炮弹支援前沿,无奈杯水车薪,无济于事。

白虎团左翼的二十六团也要完蛋了。该团坦克排刚在阵地上露头,就吃了一顿劈头盖脑雨点般打来的炮弹,领头坦克当即被炸成一团火球,余下两辆掉头就跑,一线防御阵地顷刻崩溃。

白虎团和二十六团连连告急,崔昌颜师长不知所措。稍稍清醒后,他判断白虎团最危急,立刻命令机甲团派出一个营火速赶往二青洞增援。机甲团团长陆根洙立即召集部属,发表了一通充满豪言壮语的演说,然后悲壮地冲向二青洞送死。

午夜时分,中国军队攻占了二十六团全部地表阵地,南朝鲜兵除打死的外,一部四处逃散，一部退入碉堡坑道固守。可惜中国人既会造坑道，又会毁坑道，这些人全部在碉堡和坑道里被炸死。

二十六团一营长只听到一连长叫了一声："敌人正在我的碉堡上拔天线。"就失去了和一线阵地的全部联系。

一营长还在不知所措时，又一股中国人旋风般杀到营部。他刚带了两名美军顾问和一群随从躲进一个地下坑道，一根爆破筒就前脚跟后脚般滚了进来……还好，营长和美军顾问命大，手下虽然几乎被炸光了，他们却没事。

一营长眼见不是路，打定主意冲出去跑掉，美国军官往工事外一伸头就吓得缩回来，外面的炮火正打得铺天盖地。两个美国人一屁股坐在地上，一面画十字，一面念《日内瓦公约》，他们打定主意当俘虏了。

一营长只得独自夺路而逃。二十六团二、三营企图前来增援，半路上就被中国炮弹打得各自剩下一百人，幸存者吓得掉头就跑。

攻占美军一个指挥所

此时白虎团覆没的时候也到了。

白虎团二营边打边撤退到第二防御地带"冰岛防线"，谁知跟在屁股后面的中国人见缝插针，又从二营、一营结合部钻了进来，把二营五、六、七三个连分割包围，连营指都被扔进了手榴弹。这个营彻底垮了，后来清点人数时，一千多人的满员营只剩下二百八十人还能报到。

一营完蛋得更快，一营长、前来助战的三营长和三十多名残兵刚躲进一个掩体，一个中国兵马上塞进来一根"吱吱"冒烟的爆破筒。第二天中午，昏头昏脑的一营长才发现自己躺在屠宰场里面，整个掩体好几十人就剩了他一个幸运儿，这个营长一边号啕大哭一边逃向后方。

就在中国军队围歼白虎团前线部队时，一支精悍的中国特种部队正直扑白虎团团部。

三十一

志愿军六〇七团侦察连由经验丰富的副排长杨育才带队，精选了十二名优秀侦察兵，这支小分队全部身着南朝鲜军军服，每个队员都配备了手枪、冲锋枪、手雷和燃烧手榴弹，可谓武装到了牙齿，此外还背了电台、绳索软梯、破坏剪等特战工具，带了一个朝鲜向导就出发了。

白虎团团部设在离前沿二十多公里的金城南侧山谷内，这地方叫二青洞，地势极为险要，四周全是悬崖绝壁，只有一条小路纵贯整个峡谷，要进白虎团团部非走这条路不可。

十二名中国侦察兵出发后钻密林，穿山沟，不声不响地向二青洞扑去，不料在距目标只有六公里的勇进桥遭遇了一支南朝鲜巡逻队。杨育才虎胆，独自带上翻译和向导，冒充美军顾问主动上前。杨育才还用连自己也听不懂的"英语"叽里呱啦地抚慰一番已经惊慌失措的南朝鲜兵，顺利地闯过了这一关。

凌晨两点，十二个中国侦察兵终于潜到了白虎团团部最后一道带电铁丝网的草丛前。敌军指挥所的灯光清晰可见，连说话声都能听到。只是杨育才万万没想到，崔喜寅竟调了一个坦克连和一个装甲连来保卫远离战线二十多公里的团部，十多辆坦克和二十多辆装甲车、汽车将白虎团的指挥中枢围得严严实实。

连反坦克火器都没有，拿十二个人去对付几十辆装甲车辆和几百个敌人，这仗不好打。

杨育才想了想，准备从坦克缝隙中间渗透进去，十一个中国侦察兵一起表了态：

"上刀山，下火海，也要掏掉白虎团团部。"

事有凑巧，正当这支特战小分队要行动时，一名南朝鲜上尉军官鬼使神差地溜到巡逻小路上。两名中国侦察兵一点儿响动也没有，就把这个吓晕了的军官弄到了杨育才面前。可能是杨育才反复讲解的中国军队优待战俘的政策起了作用，更可能是十二支黑洞洞枪口的威慑力，这名南朝鲜军官很快大彻大悟痛改前非，竟带着十二名中国侦察兵沿着巡逻小路直奔团部。中国士兵大摇大摆通过坦克防护圈时，肯定是很感谢这个南朝鲜军官的，站岗的南朝鲜哨兵见是自己的顶头上司带路，竟连问都没有问一声。

进到团部门口，这群中国侦察兵就像脱下了羊皮的虎狼，一脚踢开了团部大门，可巧心急如焚的崔喜寅正和刚赶到的副师长林益醇在召开紧急作战会议。白虎团七十多名南朝鲜军官正在各抒己见之时，大门就被杨育才踢开了。

林益醇、崔喜寅和军官们一起回过头瞪眼看着门口的几个身着南朝鲜军军服的中国兵。副师长和团长坐在后边，情知不妙跳窗逃跑，其余军官对这个世界的最后印象是一条条长长的火舌向他们舔过来，仅仅几十秒钟，在中国特战分队的狂射下，白虎团团部七十多名军官全部倒下了。

临出门时，杨育才一眼看到这个满是尸体的会议室墙边有个铁架子，上面挂了面绣着一只白色虎头的军旗。杨育才冲过去一把撕下这面绣工精美的工艺品，南朝鲜第一王牌团队的团旗就这样成了中国军队的战利品。

杨育才将白虎团团旗揣进怀里后又提着枪冲出房门，临走还没忘塞颗手榴弹善后。

二青洞的枪声响了一个多小时。十二名中国特战队员把白虎团团部搅得天翻地覆。打掉了指挥所以后，他们还不罢手，竟又一气干掉了团部附近的油库、弹药库，爆炸声此起彼伏，熊熊烈火映红了天空，白虎团团部警卫部队乱成一团，天知道来了多少中国人！还活着的赶紧各自逃向远方。

后来经过战场统计，这十二名中国侦察兵竟在一个多小时内消灭了两百多敌人，内含白虎团团部几乎全部军官七十余人，而他们自己竟无一伤亡。

这次杰出的特种作战行动对整个金城战役的胜利起了重大作用。后来"奇袭白虎团"被拍成电影和"八个样板戏"之一。

三十二

林益醇、崔喜寅逃跑后迷失方向，相互失散。当气喘吁吁的林益醇一屁股坐在一个自以为隐蔽的地方时，几个中国兵悄悄围了上来。

曾在白马山和上甘岭迭立战功的南朝鲜首都师副师长林益醇就这样被中国人活擒。他是中国军队在朝鲜战场活捉的敌军最高级军官。

林益醇被活捉时，往前线增援的装甲团团长陆根洙转来转去转进了中国军队的伏击圈。中国军队一阵密集的弹雨泼过来，陆根洙立刻被打得浑身是洞，四个挺忠心的卫士抢出他的尸体，抬着死去的团长向师部跑，没跑多远再次遇伏，永远陪着团长躺下了。

激战整整一个通宵，天亮了，中国军队惊喜地看着天空，云浓雨大，美国飞机来不了啦！

和日本军官对劈过军刀的杨勇一拍桌子："打破常规，白天进攻！"

二十辆中国坦克在参加了夜战后再次冲上阵地，和步兵们一起在大天白日下发起了连续攻击。面对二十兵团东中西三个攻击集团一浪高过一浪的攻击波，在白马山和上甘岭还能厮杀几个回合的南朝鲜再次被打回原形。到14日晚，金城川之敌全部被我军肃清，南朝鲜守军四个师遭到毁灭性打击，中国军队二十一小时内，在"联合国军"构筑两年之久的现代化防御阵地内推进了九点五公里，这是战争双方在阵地战阶段推进率的最高纪录。

志愿军战士在坦克掩护下冲向敌人阵地

7月15日、16日连续两天，二十兵团西集团以攻为守，继续有限度地向敌纵深扩大战果，中央集团也在向前推进，东集团一雪前耻的一八〇师更是一马当先，南渡金城川背水进攻。

当日，二十兵团最远又推进了八公里，胜利完成了全部进攻任务，战略要地金城地区已全部落入我手，楔入中朝战线一年多的钉子被干净利落地拔掉了。不但如此，中国军队兵锋已直指汉城，战场态势极为有利（正是因为中国军队夺取金城川，在四十多年后美韩威胁朝鲜时，朝鲜谈判代表才可以傲然答道：只要十分钟，我们就可以让汉城变成一片火海）。

中国军队的迅猛进攻让美国人和李承晚之间矛盾骤增，美国人骂李承晚无能，李承晚骂美军见死不救。骂过之后，克拉克和泰勒无奈又匆忙赶到金城前线指挥反扑，声言发动最大的反攻，企图夺回失地。

如果让中国军队以这种大胜的方式结束战争，那"联合国军"面子上也太过不去了。

泰勒的反攻撞到了铜墙上。从7月18日起，整整十天，面对"联合国军"七个师极其凶猛的反扑，二十兵团仅仅弃守了因背水难以坚守的白岩山地区。打到7月27日，杨勇仍是寸土不失，整个金城战役歼敌已达五万三千余人。在金城大捷的同时，正面战线上的其他各军和人民军也在弹钢琴似的发起小规模进攻，前后歼敌一万六千人。总计此次进攻作战，中国军队共歼敌七万八千人，光坦克就缴了四十五辆，收复土地一百七十八平方公里。中国军队伤亡三万三千余人。敌我伤亡比例为二点三比一。

中国军队在战场上表现出来的全新战斗力让美国人震惊不已，停战协议再拖下去损失会越来越大的！

三十三

在金城战役进行的同时，美国人终于实实在在地向中朝做出了停战的承诺，一向吊儿郎当的哈里逊这次严肃极了，他深知自己肩负的重担：不要说吹口哨，连满不在乎的二郎腿都不敢跷。

这几次会议简直像法庭受审。

中朝方质问："究竟'联合国军'能不能控制南朝鲜政府和军队？"

对方答："由于谈判所取得的成果，你方可以确信'联合国军司令部'，包括韩军在内，已准备履行停战协定的各项规定。"

问："我问的是南朝鲜军队到底受不受'联合国军'司令部的节制？"

答："是的，韩军属于'联合国军司令部'。"

问："对于已经达成的停战协定的实施，你方能保证南朝鲜政府和军队不进行阻挠和破坏了吗？"

答："我方保证，韩国将不以任何方式阻挠停战协定条款的实施。"

问："我问的是如果它进行阻挠和破坏怎么办？"

答："大韩民国进行任何破坏停战的侵略行为时，'联合国军'将不予以支持。"

（称自己共同作战的盟友为侵略，这在国际关系史和现代战争史中都是少见的）

问："如果南朝鲜破坏停战，发动进攻，为保证停战，朝中方面采取必要行动抵抗进攻时，'联合国军'将持何种态度？"

答：'联合国军'将继续遵守停战协定并承认朝中方面有权采取必要行动抵抗侵略，保障停战。

历史将记下这一时刻，向交战对手做出遵守停战的保证，这在美两百年历史上进行过的近百场战争中还是首次。

经过数次紧张的磋商，双方约定，7月27日正式签署停战协定。

三十四

停战协定签字在即，唯恐天下不乱的蒋介石慌了。7月16日，国民党悍将胡琏指挥一万多人向福建东山岛发起登陆作战。福建所有地方车辆立即按预案就地卸货下客，装上部队急赴东山驰援。只用了一天时间，早等着报金门岛一箭之仇的叶飞上将指挥所部将胡琏打得抱头鼠窜。在丢了三千多人后，国民党"反攻大陆"的最大一次行动失败。

蒋介石破坏朝鲜停战的图谋宣告破产。

7月24日，双方谈判代表最后一次确定了朝鲜战场的军事分界线。由于金城大捷和其他地段的胜利，中朝方比6月17日线又向前推进了一百九十二平方公里。

7月27日上午9时，来到板门店见证这一历史性时刻的二百多名记者和"联合国军"官们瞪大了眼睛。真是奇迹，仅仅一夜之间，昨天谈判使用的帐篷变成了一座宏大的木制大厅，这座完全朝鲜风格的木制大厅竟有一千多平方米，飞檐斗拱，庄重典雅。这是李相朝将军指挥一百多工人星夜组装起来的，所用材料中有一部分是从中国东北调运过来的。

美国人看着这座大厅半晌无言，许多记者都翘指称赞："共产党人办事效率真高，没想到一夜之间能从地下钻出一幢建筑。"

听着这些议论，美国代表们似乎悟出了战争失败的某些原因。

大厅内部，双方代表团的所有设施和用品仿佛在照镜子，除了方向不同，全部是对称的，谁也没多一件，谁也没少一件，仿佛这场战争的结局。

大厅中央并列两张长方形的会议桌，这是双方首席代表签字桌。西边桌子上立着朝鲜民主主义人民共和国国旗，东边桌子上立着联合国旗。会议桌中间是一张方桌，置放双方十八份签字文本。

9时30分，双方各有八名臂佩袖章的安全军官同时相对，以正步进入大厅，各自的皮鞋把木地板蹬得咚咚山响，似乎谁的动静小一些就是在向对方示弱。

接着，双方签字人员分由东西两门鱼贯而入。

10时整，一片寂静中，朝中代表团首席代表南日大将和"联合国军"代表团首席代表哈里逊并肩从南门进入大厅各自就座。

十分钟内，双方签好了十八本《停战协定》。

南朝鲜人没有在朝鲜《停战协定》上签字。

然后，南日和哈里逊各自带回对方的九本《停战协定》交由本方司令官签字。按国际惯例，本应由双方司令官在此签署《停战协定》。中朝方提出，为防李承晚破坏签署仪式，刺杀对方司令官，建议采取此种稳妥形式，"联合国军"方面接受了这个提议。

10时10分，签字双方退出战场，此时金城战场仍杀得热火朝天。停战协定在双方代表10时签字时起还要再过十二个小时（当日夜22时）才能生效，在此之前，双方还处于战争状态之中。

直升机立刻将中朝方签字文本送到汶山"联合国军"司令部，"联合国军"司令官克拉克面色如霜，一言不发地在九份文本上签上了自己的名字。

签完字后，克拉克冷冷地告诉记者：

"我们失败的地方是未将敌人击败，敌人甚至较以前更强大，更具有威胁性。"

以后，克拉克在回忆录中沉痛地写道：

"朝鲜半岛的战争，是我们美国在一个错误的时间，错误的地点，同一个错误的对手，打了一场错误的战争。因而我成了历史上签订没有胜利的停战条约的第一位美国陆军司令官。""我感到一种痛苦。"

与此同时，美国参联会主席、五星上将奥马尔·布莱德雷也说了一段类似的话。

"联合国军"司令官、美国四星上将克拉克的话，再清楚不过地说明了谁是这场战争的胜利者。

克拉克签字时，南日大将正飞车奔赴平壤。当晚 10 时，朝鲜人民军最高司令官金日成元帅于平壤首相府在停战协定上签了字。

此时，几年后牺牲于台特制造的"克什米尔公主"号民航客机爆炸案的中国代表团新闻处长沈建图，带着助手段连城爬上了松岳山顶，中国语言专家裘克安瘸着一条腿也爬了上来，他们想目睹停战时的夜景。

三个中国人登上松岳山的最高峰时看到的是一幅壮丽的夜战奇观。

在停火前的一刻钟，双方阵地上枪炮一齐轰鸣，到处是炮弹爆炸的炫光、曳光弹五颜六色的弹迹和照明弹强烈的炽光，横贯朝鲜中部的二百公里长的战线上漫山遍野一片通红，双方都在用钢铁和炸药向对方进行最后的示威。

1953 年 7 月 27 日 22 时，在金日成签完名字的最后一瞬，远在松岳山顶的三名中国人惊异地看到，就在一秒钟内，战线上三年间没有片刻停息的疯狂的炮火戛然而止，顷刻间万籁俱寂，满天繁星似锦，夜风中的硝烟和火药味渐渐消逝。刹那间，如此大的反差甚至使三个中国人感到一种神秘的恐惧，三个人甚至怀疑起自己的听觉，他们竟然听见了蝉鸣鸟叫！

在醒悟过来后，像双方的三百万士兵和数千万老百姓一样，像这个世界上无数热爱和平的人民一样，三个中国人跳起来狂呼："和平了！和平了！"

三十五

打赢这场战争的中国统帅彭德怀此刻在人民军副司令崔庸健次帅陪同下来到开城，下榻地点正是战争双方首次会议地点来凤庄。在彭德怀参加中朝代表团的盛大欢迎宴会时，一长溜儿车队从平壤首相府带着金日成签完字的《停战协定》往开城猛赶。

第二天上午9时30分，彭德怀在志愿军会议室，用中国传统的毛笔在《停战协定》上写下了"彭德怀"三个正楷大字。在这历史性的时候，这位伟大的中国统帅在想什么呢？

"先例既开，来日方长……"他充满了对美国人的鄙视，他在遗憾未能给美国人更大的打击："……但当时我方战场组织，刚告就绪，未充分利用它给敌人以更大打击，似有一些可惜。"彭德怀在牢狱中记下了他签署朝鲜《停战协定》时的想法。

英国记者阿兰·委卜宁抢先采访了彭德怀。

委卜宁告诉世界："透过这位军事统帅脸上的微笑，你们就会知道是中国人赢得了这场战争的胜利。"

当日中午，彭德怀告诉中国军队后起的一员"智将"——四十六军仅有三十六岁的军长萧全夫，他要到四十六军看看。

为了安排好彭德怀的视察，萧全夫匆忙赶回四十六军选定了一条离前沿较远的安全线路。第二天，彭德怀却不顾萧全夫一再劝阻，自己选择了最险要的大德山阵地。

吉普车只能开到山腰，后半截儿没路了。

彭德怀下车步行，就地参加了山腰连队的会餐。兴高采烈的战士们送给了他几件礼物：四双用打下的美国飞机残骸制成的机骨筷子，上面分别刻着他和毛泽东、周恩来和朱德的名字。战士们请求彭德怀自留一双，另外几双一定要转交给毛主席、周总理和朱总司令。从不接受礼物的彭德怀极为高兴地接受了这份珍贵的馈赠，并允诺一定不负战士们所托。

吃完午饭，年过半百的彭德怀踏步登上大德山主峰，在山顶他席地而坐，一气喝干了战士们送上的一茶缸凉开水，还兴致勃勃地将战士们的机骨筷子拿出来仔细欣赏，然后告诉周围的同志："美国佬从天上掉下来了，他们的大飞机现在变成我们手里的小礼品。看来在天上飞的可没有我们坐在地球上的舒服，这里可不怕翻跟斗。"

站在大德山山顶，遥望南面的满目青山，彭德怀久久不语，萧全夫沉默地侍立一边。

半晌后，彭德怀轻轻地说："朝鲜战场是我军同美军较量的练兵场。通过这场血与火的较量，美军现在签字停战还算明智的，不然，就要被我们赶到临津江里喂王八去了。"

彭德怀一点儿也没有夸张，是时大捷连连、战意高昂的志愿军众将领根本就不愿停止进攻，中国军队已拟订了向铁原、涟川进攻的新计划，准备彻底拿下"铁三角"，然后兵逼汉城。毛泽东则认为中国军队此时已具备解放汉城的实力。

年轻的军长听着彭德怀的话语只觉热血沸腾，能跟随这样的统帅征杀四方真是三生有幸，彭德怀的英雄气势和豪迈气概，极大地鼓舞了萧全夫……十五年后，沈阳军区副司令员兼参谋长萧全夫亲临距苏军哨兵只有几百米的前沿，指挥了震惊世界的珍宝岛自卫反击战。苦撑时局的周恩来得知是萧全夫具体指挥珍宝岛作战时，顿时宽慰了许多："那么，这次对方可遇上对手了。如果我没有记错的话，这个萧全夫是南京军事学院的高才生，他对对方那一套，可以说是了如指掌……"

下了大德山，萧全夫在前驱车带路，请彭德怀去军部。半路上，彭德怀的车在一排担架边停下了。萧全夫倒车回来时，彭德怀正在揭开担架上烈士脸上蒙着的被单，这几位烈士的遗体刚刚找到，他们是在《停战协定》签字那天牺牲在马踏里东南山反击战中的。他们牺牲在和平到来的时候。

彭德怀一一查看了烈士遗容后，嘱咐转送烈士的干部：

"这是祖国人民的英雄儿女，抗美援朝战争的胜利就是用他们的生命和鲜血换来的。你们一定要妥善掩埋好，标记上他们的姓名，早日通知他们的亲属。"

担架员冒着敌炮火抢运伤员

目送烈士远去后，彭德怀执意要去看看几位烈士牺牲的地点。萧全夫害怕了。他先跑上去看了看，马踏里南山离美国王牌陆战一师阵地只有三百米，不要说炮火，美国兵用一支步枪都可以轻松地击倒中国军队的统帅。

面对不停的劝阻，彭德怀发火了："既然你萧全夫能上去，我彭德怀为什么不能上去呢？我们的战士在这块阵地上不惜生命地流血，难道我们连上去看一眼的胆量都没有吗？"

站在美国陆战一师的枪口对面，彭德怀低头凝望着浸染进土地的一大摊黑褐色血迹哽咽着说："两天前我们的战士还在为这块土地英勇战斗，付出了生命和鲜血。现在停战了，但是他们却没有看到今天的和平，我们活着的人……"

三十六万六千中国将士在这场战争中伤亡，其中临阵战死十一万四千人，重伤而死二万一千，病死者一万三千人，另有二万一千人在战俘营受尽折磨，还永远失踪了四千……以此为代价，中国军队共歼敌七十余万。以如此劣势装备打出这等战绩，这是世界战争史上的奇迹！

彭德怀再也说不下去了，两行泪水在威严刚毅的中国统帅脸上流淌。

他也只是个幸存者……

余　绪

　　迪安将军回到了朝思暮想的祖国。他告诉记者："我感到美国越早离开这个地方越好。"征服朝鲜"像是一个没有希望完成的任务，没有希望实现的使命，没有希望达到的目标"。

　　谈到"打到中国"的问题时，迪安说道："我们就像蒋介石一样，不可能获得这个战争的胜利……"

　　李奇微在回忆录中沉思着写道："中国人是坚强而凶狠的斗士……较之朝鲜人，他们是更加文明的敌人。"

　　尽管不肯承认，但整整一代美国人都因为朝鲜战争而开始了对那个东方古老国家的重新认识……特别是那些了解这场战争真正内幕的美国军政领导人。

志愿军将士凯旋归国

547

美国历史学家记下了左右美国的那些人的真正感受："当朝鲜战争最后停火时，美国最高军政领导人向美国人民传达了一个乐观的信息。他们带给人们的印象是：美国实际上赢得了胜利，因为它遏制了共产主义的发展势头……但是在美国高层领导人的心灵深处和私下商讨中，却还有一种深深的受挫感，这种情感因无法向公众透露而变得特别强烈……尽管美国公众很少有人了解真实情况，但美国领导人却心中有数。他们曾计划征服朝鲜，使之与李承晚的南朝鲜合并，而这一计划却被红色中国挫败了。1950 年 9 月仁川登陆后，美军又入侵朝鲜，其唯一原因便在于此。美国领导人知道，遭到失败后进行的战争实质上是一种没有目的的战争，但公众却鲜有人知。最令人感到沮丧的是，红色中国人用少得可怜的武器和令人发笑的原始补给系统，居然遏制住了拥有大量现代技术、先进工业和尖端武器的世界头号强国美国。"

1970 年 8 月，美国驻法武官沃尔特斯准将与中国驻法大使黄镇秘密会商基辛格博士访华的细节。

在闲聊时，沃尔特斯问黄镇："大使先生，我听说您也曾是个将军。"

黄镇一笑："您知道上甘岭吗？"

沃尔特斯点头："当然，我 1951 年到过朝鲜，美国军人都知道我们在那个三角形山付出了太大代价。"

黄镇很得意："那就是我的部队打的。"

黄镇是十五军前身二野九纵第一任政委。

沃尔特斯惊呆了："是这样！"

黄镇："你们的装备很好，但我们的人素质比你们强，所以你们打败了。"

沃尔特斯很坦率："在朝鲜时我们就已经意识到了，中国的志愿军是我们美国两次世界大战以来所碰到的最强硬的对手。"

此时双方已没有多少敌意了。

黄镇问基辛格是否当过兵，沃尔特斯说基辛格在大战期间是个普通士兵，但他爱跟别人说自己是预备役的上尉。

黄镇笑起来："啊，如果是这样，我们都是将军，他应该向我们敬礼。"

沃尔特斯答道："他可能会向您敬礼，但遗憾的是他不会向我敬礼。"

二人一起大笑……

1972 年 7 月 21 日，在朝鲜战争期间属于鹰派人物的美国总统尼克松踏上了中国的大地，他向周恩来主动伸出了手。坚冰破碎。

尼克松坦率地告诉周恩来："我是为了美国的利益而来。"

美国人终于承认，美国的利益也离不开中国。

在周恩来和尼克松的会谈中，两个人一起聊起了历史。当周恩来提到美国建国时，法国曾派"志愿军"帮助华盛顿打英国人时，尼克松立即说："不，那实际上是正规军！"

朝鲜人民军最高司令部向我军赠旗送别

中国总理和美国总统顿时相视而笑，美国人确实惯于欺凌弱者，但他们也尊敬强者。中国人在抗美援朝中的表现使他们深起敬意。

让我们永远记住，横行世界的美国人只吃过两次败仗：一次是在朝鲜，一次是在越南，而这两场战争的真正对手都是中国。

1974年11月29日，伟大的中国军事统帅彭德怀含冤死于一间漆黑的病房。在生命的最后时候，被癌肿折磨得痛苦万分的统帅，用生命最后的力量指着将窗户遮得严严实实的黑纸叫道：

"撕了、撕了……"

彭德怀一生中最后一个愿望就是能再见到光明……

当浩劫过去，统帅的人格之伟大宛如朝阳般永远光芒四射，许多人都说：

"他是中国唯一的男子汉。"

彭德怀，中国人民将永远引以为荣的伟大民族英雄，世界军事史上的杰出统帅。

任何一场战争都会给当事国的人民留下一点儿什么。

抗美援朝战争留给了中国人太多的享用不尽的财富。

中华人民共和国一举将十六个国家的联军击败在邻国的土地上，以无可争议的胜利宣告了自己的强大，彻底夺回了在这个弱肉强食的世界上的应有位置。如果说新中国成立前的国内战争是中华人民共和国的"开国之战"，那么朝鲜战争便是新中国不折不扣的"立国之战"。

这场胜利涤荡了中国百年国耻和民族自卑感。

"胜利激发出空前的民族自豪感和自信心，迟早会产生一个民族振兴的伟大时代。"中国哲人宋宜昌如是说。

在走过许多弯路后，今天，中国人终于迎来了民族振兴的黄金时代，可又有多少人能领悟到，六十多年前那场战争与中国人今天生活之间的内在联系呢？

附录一

丰碑

——抗美援朝战争全景扫描

　　1950 年 10 月，美国点燃的战争烈火燃烧到了中国东北边境鸭绿江边，朝鲜民主主义人民共和国危在旦夕，连首都平壤都已失守，此时历经百年战乱后的中国百废待兴，各方面均面临着严重的困难。当年，中国国民收入仅四百二十六亿元人民币（相当于一百五十亿美元，居世界第十三位），人均收入只有七十八元人民币；钢产量六十一万吨（居世界第二十六位），原油产量二十万吨（居世界第二十七位），发电量四十五亿度（居世界第二十五位）；军队兵力五百五十万人（居世界第一位），国防开支二十八亿元人民币（相当于十亿美元，居世界第五位），海军仅有军舰四万吨位，空军军用飞机不足三百架。而当年，美国已建国一百七十四年，国民收入二千四百亿美元（居世界第一位），人均收入一千六百美元；钢产量八千七百八十五万吨（居世界第一位），原油产量二千六百万吨（居世界第一位），发电量三千八百八十亿度（居世界第一位）；军队兵力一百五十万人（居世界第三位），国防开支一百五十亿美元（居世界第一位），拥有军舰三百万吨位、军用飞机三万一千架。在美中两国经济力量及军事力量强弱对比悬殊得不成比例的情况下，面对中国国家安全受到严重威胁的严峻形势，中共中央和毛泽东主席根据全国人民的意志，在朝鲜劳动党和朝鲜政府的请求下，毅然做出组建中国人民志愿军"抗美援朝，保家卫国"的伟大战略决策。19 日，中国人民志愿军首批参战部队开赴朝鲜前线。25 日，正式与以美国为首的"联合国军"作战。

①战争的起止时间：抗美援朝战争于 1950 年 10 月 25 日开始，至 1953 年 7 月 27 日停战，共打了两年零九个月。如果加上朝鲜人民军独立作战的时间，则为三年零三十三天。

②作战地区：北起鸭绿江，南至三七线，以后转到三八线附近。

③作战兵力：敌方是以美国为首的打着联合国旗号的侵略军，共十六个国家的军队。除了美国以外，还有它的十五个仆从国：英国、法国、加拿大、荷兰、菲律宾、泰国、土耳其、新西兰、澳大利亚、比利时、哥伦比亚、埃塞俄比亚、卢森堡、希腊、南非联邦，通称十六国联军，如把南朝鲜算在内，则为十七个国家。另外，还有五个向"联合国军"派出医疗队的国家即丹麦、印度、意大利、挪威、瑞典。这些国家参战的军队，都有着当时最现代化的武器装备，特别是美国，除了有现代化技术装备的陆、海、空军以外，手里还握有原子弹。敌方在朝鲜战场上的最大兵力达一百一十一万余人，其中美军五十四万余人，南朝鲜军五十一万余人，仆从国军队四点八万余人；美国侵朝兵力占它全部陆军的三分之一、空军的五分之一、海军的近半数；我方参战国为，中国、苏联（出动了一些空军）、朝鲜，我方在朝鲜战场上的最大兵力为一百八十余万人，其中志愿军一百三十四万人，朝鲜人民军四十五万人。志愿军先后入朝的部队共有：二十七个野战军七十九个步兵师、十二个空军师、十六个炮兵师、十个铁道兵师、十个坦克团、两个公安师、十四个工兵团。先后入朝部队占全军陆军的百分之七十、空军的百分之四十一、炮兵的百分之七十三、防空军的百分之六十、坦克兵的百分之三十、工兵的百分之五十七、公安军的百分之十一、铁道兵的百分之百。在战争期间敌我双方陆续投入到战场上的总兵力均已达三百多万人。敌我总兵力对比为一比一点四，地面部队则为一比一点七，我优于敌人。

④武器装备的数量和性能对比我方远远劣于敌方，敌方战争开始时（1950 年 10 月），有飞机七百八十五架、舰艇一百零六艘、坦克八百八十六辆、火炮一万零三百八十八门，战争中敌方最多时坦克达一千五百四十三辆，火炮达一万九千五百三十门，舰艇达三百一十艘（其中美军二百一十艘，南朝鲜军六十七艘，仆从国三十三艘），飞机达二千零八十二架（其中美军一千八百二十三架，南朝鲜军一百四十六架，仆从国军一百一十三架）。战争中，对方共出动飞机一百零四万架次，平均每天出动八百架次，最多一天

出动达二千四百架次。我方没有海军，战争开始时也没有坦克和空军，只有火炮三千五百一十门，其中绝大部分为七十五毫米口径以下的轻炮；战争后期我方第一线和二线飞机最多时达一千零四十三架（其中志愿军三百六十六架，朝鲜人民军三百九十七架，苏军二百八十架），火炮一万九千七百零二门（其中志愿军一万四千九百八十六门，朝鲜人民军四千七百一十六门），坦克达七百九十二辆（其中志愿军四百三十辆，朝鲜人民军三百六十二辆）。战争中美国使用了除原子弹以外的包括战略轰炸机、航空母舰、战列舰甚至细菌弹在内的所有先进武器装备。这样的作战对象，在人民解放军历史上还是第一次，在世界上也是第一次，斯大林评论说中国军队是在用大刀长矛同来福枪作战。

1950 年 10 月下旬至 11 月上旬抗美援朝战争开战之初，朝鲜战场上敌我双方兵力和装备情况如下：

一、"联合国军"

"联合国军"由十六个国家的军队组成。当时已在朝鲜战场参战的有美国、英国、加拿大、澳大利亚、法国、新西兰、荷兰、泰国、希腊、土耳其、菲律宾和南朝鲜等国家的军队，以美国军队为主。总兵力达四十四点四万余人，其中地面部队三十四点九万余人，海军部队五点九万余人，空军部队三点六万余人。投入各种类型军舰二百余艘、各种作战飞机一千一百余架。拥有朝鲜战场上绝对的制海权和制空权，其地面部队的兵力和装备也占有绝对的优势。

"联合国军"总部设在日本东京，由美国远东军总司令道格拉斯·麦克阿瑟兼任总司令。下辖美第八集团军和美第十军、"联合国军"海军司令部（由美国远东海军司令部兼）、"联合国军"空军司令部（由美国远东空军司令部兼）。

1. "联合国军"地面部队：有美军一个集团军（第八集团军，辖第一军、第九军）和一个军（第十军）共六个师及一个空降团（空降第一八七团）；英国步兵两个旅（第二十七旅、第二十九旅）；土耳其步兵一个旅（第五旅）；新西兰炮兵一个团（炮兵第十六团）；泰国步兵一个团（第二十一团）；加拿大步兵一个营（第二营）；澳大利亚步兵一个营（第三营）；菲律宾步兵一个营（第十营）；法国步兵一个营；荷兰步兵一个营；希腊步兵一个营；南朝鲜军三个军团（第一军团、第二军团、第三军团）共一个师。

美第八集团军（司令沃尔顿·沃克）指挥美第一军、美第九军和南朝鲜第二军团共八个师、一个旅及一个空降团，担负朝鲜战场西线作战任务。其中，美第一军（军长弗兰克·米尔本）指挥美骑兵第一师、美步兵第二十四师、英军第二十七旅、南朝鲜军第一师；美第九军（军长约翰·库尔特）指挥美步兵第二师、美步兵第二十五师、美空降第一八七团；南朝鲜第二军团（军团长刘载兴）辖南朝鲜军第六师、第七师、第八师。

美第十军（军长爱德华·阿尔蒙德）指挥美陆战第一师、美步兵第七师、美步兵第三师（正由美国本土向日本起运中，准备作为"联合国军"总部的预备队）、南朝鲜第一军团（军团长金白一，辖南朝鲜军首都师、第三师），担负朝鲜战场东线作战任务。

南朝鲜第三军团（军团长李亨根）辖南朝鲜军第二师、第五师，担负后方警备任务。

南朝鲜国防部直辖南朝鲜军第九师、第十师、第十一师。

美军地面作战部队的武器是当时世界上最现代化的，机械化程度和火力配备超过了当时世界上最强大的苏联陆军同级战斗单位，其步兵每个师配备各种坦克一百四十九辆、装甲车三十五辆，各种火炮九百五十九门（榴弹炮七十二门，山炮、野炮、无后坐力炮等直射炮一百二十门，迫击炮一百六十门，高射炮六十四门，火箭筒五百四十三具），其中 70 毫米以上口径火炮（含坦克炮）三百三十余门。美军七个师和第八集团军总部配有各种火炮共六千零四十九门，其火炮口径大、射程远，具有强大的火力优势。步兵每个师还配备联络飞机二十二架，各种汽车三千八百余辆（其中物资运输车一千三百余辆），部队全部实现机械化和摩托化，作战行动机动快速；配置各型无线电机一千六百八十八部、密码机一百四十五部，无线通信可直达班排，基本每个排都拥有无线电话和有线电话各一部，具有先进的通信设备和战场侦察手段，指挥联络通畅、方便、快捷。

英国、加拿大、澳大利亚部队的武器装备也十分现代化，与美军的配备相差无几；土耳其旅的装备相对落后；南朝鲜军的武器装备与美军、英军有较大差距，步兵每个师仅配备各种火炮三百九十二门（但这个数字也与志愿军三个步兵师所拥有火炮数相当并略有过之），无坦克装备。

2."联合国军"海军部队：由美国第七舰队、美国远东海军部队和其他参加"联合国军"国家的舰只组成。美国海军第七舰队是"联合国军"海军的主要力量，配有各种作战舰艇一百七十余艘。除以舰炮火力攻击地面目标外，还拥有三个航空母舰编队，装备各种舰载飞机三百多架，担负作战支援和战略战术轰炸任务。

英国、加拿大、澳大利亚、新西兰、泰国、法国、荷兰等国也在朝鲜战场上投入了少量作战舰艇共计三十三艘，其中英国二十一艘、加拿大三艘、澳大利亚三艘、新西兰两艘、泰国两艘、法国一艘（驱逐舰）、荷兰一艘（巡逻快艇）。此外，南朝鲜海军拥有小型作战舰艇四十六艘。

美国海军作战部队装备有航空母舰、护航航空母舰、巡洋舰、战列舰、驱逐舰、登陆舰、扫雷舰等。舰载航空兵装备 F-4U 等多种型号的战斗机、攻击机和轻型轰炸机，具有独立作战和支援地面部队作战能力。此外，美国海军陆战队第一航空兵联队，担负支援美军陆战第一师和朝鲜东线地面作战任务。

3."联合国军"空军部队：主要由美国第五、第二十、第十三航空队，远东轰炸机指挥部、空运指挥部组成，拥有各种作战飞机五百多架。其中美军第五航空队是"联合国军"空军的主要作战力量，担负对第八集团军的作战支援任务。远东轰炸机指挥部驻扎日本，主要执行战略轰炸任务。第二十、第十三航空队驻扎日本冲绳岛和菲律宾，其中一部侵驻台湾，协助执行作战支援和战略轰炸任务。

英国、澳大利亚、南非联邦、希腊等国也在朝鲜战场上投入了少量作战飞机共计一百五十架，其中英国八十架、澳大利亚三十五架、南非联邦二十八架、希腊七架。此外，南朝鲜空军拥有各种作战飞机一百架。

美国空军作战部队大部分装备最先进的喷气式战斗机，主要作战飞机有 F80C "流星式"战斗机、F-86 全天候战斗机，另有部分 F-51 野马式战斗机。战略轰炸机部队主要装备 B-29 "空中堡垒"式远程轰炸机，轻型轰炸机大队主要装备 B-26 型轰炸机。美国空军还装备有 RF-80A 照相侦察机和 RB29 空中照相机，用于空中侦察；T-6 "蚊式"战术控制飞机，主要用于空中通信和指挥；C-46、C-47、C-54、C-119 型运输机，主要用于空运作战部队和物资等。

美国陆海空军作战部队不仅在武器装备方面占有绝对优势，而且参加侵朝战争的部队都具有丰富的现代作战经验，总体战斗力极强。美军军官均经过各级军事院校培训，高、中级军官都参加过第二次世界大战，个别的还参加过第一次世界大战。士兵均经过正规化训练，军事技术比较熟练，空军飞行员参加过空中实战，飞行时间均在一千小时以上，一些飞行员还是"二战"中击落德机日机五架以上的"王牌驾驶员"。美军作战的特点主要表现为陆、海、空三军联合的一体化全方位的立体作战，各军兵种协同作战能力是世界上最强大的。

二、朝鲜和中国军队

1. 朝鲜人民军：最高司令官金日成，共有部队六个军团（第一军团、第三军团、第四军团、第六军团、第七军团、第八军团）共十八个师和一个坦克师（第一〇五坦克师）、一个坦克旅（第十七坦克旅）、一个海防旅（海防第一旅）及两个独立团、两个坦克团，还有被隔绝在敌后的主力部队九个师余部和第四师、第七师剩余的两个步兵团另两个营、一个炮兵团。

此时，朝鲜人民军已同南朝鲜军和"联合国军"作战四个多月，部队消耗损失严重。朝鲜人民军最高司令部指挥的部队只有三个多师尚可坚持作战，被隔在三八线以南的人民军主力，大部分未撤回，新组建的部队尚未完成训练。朝鲜人民军当时分为三部分：

一部分部署在朝鲜北部靠近中朝边境地区，计有三个军团（第一军团、第三军团、第四军团）九个师一个旅又两个独立团，另有一个坦克师、一个坦克旅又一个坦克团，共九万余人。其中第一军团辖第四十六师、第四十七师（该两师均为新组建部队，各一万人）、第一〇五坦克师、第十七坦克旅和一个独立团，位于龟城地区；第三军团辖第一师（老部队五千人）、第三师（老部队三千人）、第八师（新组建一万人）、第十二师（一万人，内老部队二千人）、第十三师（新组建一万人）、第十五师（一万人，内老部队三千人），位于江界地区；第四军团辖第四十一师（新组建一万人）、海防第一旅（新组建六千人）、第七十一独立团（新组建三千人）、坦克团，位于丰山地区。以上部队大部分是新组建部队，正在整训。朝最高统帅部能够指挥并投入阻击"联合国军"北进的，只有第一军团三个多师。

一部分正在中国东北地区休整，计有三个军团（第六军团、第七军团、第八军团）九个师一个坦克团，共九万余人。其中第六军团辖第十八师、第三十六师、第六十六师及一个坦克团，位于辽宁宽甸；第七军团辖第三十二师、第三十七师、第三十八师，位于吉林桦甸、辉南；第八军团辖第四十二师、第四十五师、第七十六师，位于吉林延吉。以上部队均为新组建部队。另有一个军官学校驻吉林通化，一个航空学校（飞机两百余架）驻吉林延吉。

一部分被隔在三八线南北地区，计有九个师余部。根据朝鲜劳动党中央和人民军最高统帅部的命令，统一编为第二线部队，在崔贤指挥下，活动于江原道、黄海北道、平安南道。另有第四师剩余部队两个营、第七师剩余部队两个团和一个炮兵团，位于宁远以北地区。

2. 中国人民志愿军：中国人民志愿军总部设在朝鲜平安北道大榆洞，由彭德怀任司令员兼政治委员，邓华任副司令员兼副政治委员，洪学智、韩先楚任副司令员，解方任参谋长，杜平任政治部主任。此时，由中国人民解放军改编为中国人民志愿军的部队，共有六个军（第三十八军、第三十九军、第四十军、第四十二军、第五十军、第六十六军）十八个师，炮兵三个师（炮兵第一师、第二师、第八师）及工兵两个团（第四团、第六团）、高射炮兵一个团（第一团），总兵力约三十万人。

志愿军第三十八军（军长梁兴初，政治委员刘西元），辖第一一二师、第一一三师、第一一四师，兵力四点四五万余人；志愿军第三十九军（军长吴信泉，政治委员徐斌洲），辖第一一五师、第一一六师、第一一七师，兵力五点二九万余人；志愿军第四十军（军长温玉成，政治委员袁升平），辖第一一八师、第一一九师、第一二〇师，兵力四点八三万余人；志愿军第四十二军（军长吴瑞林，政治委员周彪），辖第一二四师、第一二五师、第一二六师，兵力五点三二万余人；志愿军第五十军（军长曾泽生，政治委员徐文烈），辖第一四八师、第一四九师、第一五〇师，兵力三点六六万余人；志愿军第六十六军（军长肖新槐，政治委员王紫峰）辖第一九六师、第一九七师、第一九八师，兵力四点一二万余人。志愿军部队入朝后，第四十军、第三十九军、第三十八军（附第四十二军第一二五师）集中部署在西线战场温井、云山和熙川以北地区，准备分别迎击和歼灭南朝鲜军第六、第一、第八师,第六十六军向铁山方向前进,准备阻击英军第二十七旅;第四十二军(欠第一二五师)部署在东线黄草岭、赴战岭及其以南地区,准备阻击美军第十军及南朝鲜军第一军团,以保障西线主力的翼侧安全;第五十军部署在新义州地区,准备随时策应西线战场作战。

志愿军作战部队武器装备十分落后,入朝初期,既没有空军参战,又没有海军参战,也没有坦克、摩托化装备,仅有少部分防空和反坦克武器。每个军配有各种火炮五百二十余门(各种直射炮一百零八门,各种迫击炮三百三十三门,火箭筒八十一具),没有榴弹炮、高射炮,其中七十毫米以上口径火炮一百九十余门。第五十军和第六十六军火炮配备的更少。志愿军一个军的火炮仅相当于美军一个师火炮装备的一半多一点(百分之五十四)。志愿军首批入朝六个军,加上志愿军炮兵部队的火炮在内,共有各种火炮不足三千门(其中榴弹炮三百二十门,高射炮三十六门),不足美军装备火炮总数的一半(百分之四十五左右)。志愿军装备的火炮绝大部分是抗日战争和解放战争时期缴获的日本军队和国民党军队的装备,火炮陈旧、型号杂、口径小、射程近、弹药又不足,多由骡马牵引驮载或由人员肩扛,火炮威力小,机动性能差。志愿军一个军配置无线通信机只有六十九部,有线电话三百七十五部,仅相当于美军一个师同类装备的百分之四点五和百分之三十四。各军入朝时只临时配备一百辆左右的运输汽车。步兵装备的枪支更杂,有美国、苏联、德国、日本和旧中国制造的,被称为"万国"牌武器,连口径都没有统一,其中只有一半左右是可连发的自动枪支,其余均为基本设计缘于 19 世纪的手动单发步枪。志愿军后勤保障能力更差,甚至连一个独立的后勤保障机构都未来得及设立(当时由东北军区后勤部前方指挥所负责入朝部队的供应),在美国空军的轰炸封锁下,运输更加困难重重,尤其是跟进保障能力极低,团以下部队的作战、生活物资均靠步兵肩扛背驮随身携带。

抗美援朝战争基本战况

战争的进程为两个阶段:第一阶段是战略反攻阶段(运动战);第二阶段是战略相持阶段(阵地战)。

战略反攻阶段(运动战)。这一阶段从 1950 年 10 月 25 日开始,到

1951 年 6 月 10 日结束。志愿军的作战方针是"以运动战为主，与部分的阵地战、游击战相结合"。作战的性质，基本上属于战略反攻性质，其特点是：战役规模的夜间作战和很少有战役间隙的连续作战。一共打了五仗，即抗美援朝五大战役。这五次战役，虽然比解放战争时期在作战规模上要小，但基本上都属于战略性质的战役，因为每个战役都关乎着整个战争的全局，决定着战争进程。这五次战役的特点和简要经过是：

第一次战役，从 1950 年 10 月 25 日开始，至 11 月 5 日结束，共十二天。这次作战的特点是，敌我双方在运动中由遭遇进入交战。我之基本意图为稳定局势，站住脚跟，掩护朝鲜人民军北撤整顿，为尔后作战创造条件。志愿军参战部队共六个军十八个师，敌方参战部队为四个军十个师另一个旅一个团。敌我兵力为一比一点二（敌海空军未计在内）。10 月 19 日，志愿军在紧急情况下入朝，原准备抢占龟城、泰川、球场洞、德川、宁远、五老里一线，组织防御。后因敌人已越过志愿军预定组织防御的地区，并继续分兵冒进，志愿军即采取了在运动中歼敌的作战方针，利用敌未估计到志愿军参战这一战略上的突然性和分兵冒进的弱点，以一部分兵力（第四十二军之第一二五师）于东线黄草岭地区进行防御，阻敌前进。同时集中主力（第三十八、第三十九、第四十、第五十、第六十六军和第四十二军之第一二五师）于西线之宣川、龟城、博川、云山、温井、熙川等地区，在运动中将敌各个歼灭。战役于 10 月 25 日打响，志愿军实施大胆的战役迂回，配合正面主力坚决勇猛地进攻，取得了战场上的主动权，赢得了初战胜利，以一万余人伤亡代价歼敌一点五五万余人。把敌人从鸭绿江边赶到清川江以南，粉碎了敌妄图于"感恩节"（11 月 23 日）以前吞并朝鲜、结束战争的计划。

第二次战役，从 1950 年 11 月 6 日开始，至 12 月 24 日结束，共二十九天。这次作战的特点是，诱敌深入、正面突击与战役迂回相结合。第一次战役后，敌虽遭志愿军沉重打击，但仍错误地判断志愿军兵力不大，轻视志愿军力量，发动了所谓"圣诞节"（12 月 25 日）攻势，妄图占领整个朝鲜民主主义人民共和国。对此，志愿军决定采取故意示弱、诱敌深入和集中兵力各个歼敌的方针，争取将战线推进到平壤、元山地区。在战役布势上，志愿军以刚入朝之第九兵团（辖第二十、第二十六、第二十七军）于东线长津湖地区争取在运动中歼敌一部分；同时，集中主力于西线博川、价川、德川、宁远地区，向敌实施反突击。根据第一次战役的教训，西线采取双层战役迂回，以两个军（第三十八、第四十二军）从敌翼侧薄弱部（德川、宁远地区）突破，向敌纵深猛插，断敌退路，主力四个军（第三十九、第四十、第五十、第六十六军）由正面配合，实施战术上的分割合围，各个歼灭敌人。东线采取分割包围层层截击的战法。西线和东线参战部队在缺乏冬装的情况下，冒着零下四十摄氏度的严寒气温，艰苦战斗，大败敌军，以三点零七万作战伤亡，五万冻伤为代价歼敌三点六万余人，将"联合国军"一举击退四百公里，将其从中朝边境的鸭绿江畔逐至三八线以南，收复了三八线以北除襄阳以外的朝鲜民主主义人民共和国全部领土，迫敌于三八线以南转入防御，彻底扭转了朝鲜战局，这次战役是决定抗美援朝战争命运的最关键一战，因为战役地点发生在清川江畔长津湖边，又被国外称为"清长之战"。

第三次战役，从1950年12月31日开始，至1951年1月8日结束，共八天。这次作战的特点是，主要从政治上考虑必须打过三八线，因此中朝部队向预有防御准备之敌发起进攻。战役企图为粉碎敌人利用三八线既设阵地进行的防御，不给敌以喘息机会。中朝两军以五个军（第三十八、第三十九、第四十、第五十军和人民第一军团）于西线向东豆川、汉城实施主要突击；以四个军（第四十二军、第六十六军和人民军第二、第五军团）分别向济宁里、加平、春川方向和自隐里、洪川方向实施突击。作战中，经短促炮火准备后即全线发起进攻，突破敌防御后，迅速投入第二梯队，向敌纵深实施穿插迂回，切断敌人退路。全线进至三七线附近时，即停止了追击，转入积极防御作战。此役，是志愿军入朝后首次大规模向预有防御准备之敌的进攻。志愿军与朝鲜人民军并肩连续作战七昼夜，中朝军队以八千五百人伤亡代价（其中志愿军五千五百人）歼敌一点九万余人，向前推进八十至一百一十公里。

第四次战役，从1951年1月25日开始，至4月21日结束，历时八十七天。这次作战的特点是，中朝军由休整状态被迫仓促转入防御，进行以空间换取时间的顽强的机动防御作战。在前三次战役中，敌遭中朝部队连续打击，损失惨重，被迫退至三七线，将兵力集中后稍事整顿，即趁志愿军转入休整之际，向北发起进攻。志愿军因连续进行了三次战役，减员甚大，极度疲劳，部队未得到休整和必要补充，又值严寒季节，工事构筑不易，粮食缺乏，且运输线延长，补给十分困难，在战役第一阶段，以三个军（第三十八、第五十军和人民军第一军团）在西线汉江南北地区进行坚守防御，钳制敌主要进攻集团；在东线横城地区诱敌深入，集中主力六个军（第三十九、第四十、第四十二、第六十六军和人民军第三、第五军团）实施反突击。东线反突击取得了胜利，但进攻砥平里受挫，未能打破敌全线进攻。战役第二阶段，志愿军全线转为机动防御，节节阻击敌人。经过艰苦奋战，制止了敌人的进攻，将战线稳定在三八线南北地区。此役我方以五点三万伤亡代价歼敌七点八万余人，敌连续进攻八十七天，却只前进了一百余公里，平均每天前进不到一点五公里，志愿军赢得了掩护战略预备队集结的时间。

第五次战役，从 1951 年 4 月 22 日开始，至 6 月 10 日结束，共五十天。这次作战的特点是，战役开始时，我方为粉碎敌军登陆计划，提前发起进攻战役。参战部队共十五个军，即除使用原有的志愿军第九兵团和第三十九、第四十军，人民军第一、第二、第三、第五军团外，还投入了刚入朝的两个兵团六个军（第三兵团的第十二、第十五、第六十军，第十九兵团的第六十三、第六十四、第六十五军）。战役的基本指导思想是，以一部分兵力突破敌防御后，直向战役纵深发展进攻，割裂敌整个防御体系，集中主力对预期歼灭之敌实施两翼迂回，配合正面突击，分割包围，各个歼灭敌人。战役共分三个阶段：第一阶段，志愿军集中三个兵团十二个军（内人民军一个军团）于西线实施主要突击，经七天激战，推进五十余公里，歼敌二点三万余人，造成东线之敌翼侧暴露，迫敌主力退至春川、汉城地区组织防御。第二阶段，敌为破坏志愿军的进攻，继续北犯，志愿军迅速调整部署，转移主力，以第三、第九兵团和人民军金雄集团向东线之敌实施主要突击。首先集中主力一部割裂美军和南朝鲜军的联系，歼灭县里地区之敌，尔后向纵深发展。以第十九兵团在西线钳制美军主力，积极配合行动。此阶段歼灭南朝鲜军第三师、第九师大部，将第五师、第七师击溃。第三阶段，实行战略转移。敌及时以战役预备队堵塞了被我军打开的缺口，形成东西相连的防御体系。而志愿军经连续作战，粮弹基本用完，继续进攻已不可能，遂决定停止进攻，以一部分兵力进行机动防御，掩护主力转移休整。转移中，志愿军第一八〇师遭受了严重损失。此役我方以作战损失八点五万人为代价歼敌八点二万余人，消耗与缴获了敌大量物资装备，锻炼了刚入朝参战的部队。

上述五次战役运动战作战的重大收获，主要有两点：一是歼敌二十三万余人，把美国为首的"联合国军"击退四百公里，将其从鸭绿江边赶回到了三八线，并把战线稳定在三八线附近；二是迫使敌军由战略进攻转入战略防御，并接受了停战谈判。

实行战略防御，边打边谈，胜利结束战争。

从1951年6月11日至1953年7月27日，为抗美援朝战争第二阶段。这个阶段，中朝军队执行"持久作战、积极防御"的战略方针，以阵地战为主要作战形式，进行持久的积极防御作战。其特点是：军事行动与停战谈判密切配合，边打边谈，以打促谈，斗争尖锐复杂；战线相对稳定，局部性攻防作战频繁；战争双方都力图争取主动，打破僵局，谋求于自己更有利的地位。

实行战略转变，朝鲜停战谈判开始。第一阶段作战结束后，战争双方的军事力量趋于均衡，战场上形成了相持局面。"联合国军"投入到战场上的总兵力增至六十九万余人，中朝军队总兵力增至一百一十二万余人，其中志愿军为七十七万余人。但在技术装备上，中朝军队仍处于极端的劣势。经过七个多月的军事较量，美国政府已认识到在日益强大的中朝军队面前，其侵朝战争已无取胜希望，如将主要力量长期陷于朝鲜战场，则对其以欧洲为重点的全球战略极为不利；加上国内外反战情绪日益高涨，因此，决定转入战略防御，准备以实力为基础，同中朝方面举行谈判，谋求"光荣的停战"。6月初，美国政府通过外交途径向中朝方面做出了通过停战谈判结束敌对行动的表示。中朝方面，经过五次战役的实践，也深感在现有武器装备条件下，要想在短时间内歼灭敌人的重兵集团，把装备精良的上百万敌军赶下大海也是一个脱离现实的设想。鉴于美国已表示愿意谈判，中央军委和毛泽东于1951年6月中旬，提出"充分准备持久作战和争取和谈达到结束战争"的战争指导思想和在军事上采取"持久作战、积极防御"的战略方针，要求志愿军作战应与谈判相配合、相适应。据此，志愿军适时进行战略转变，由运动战为主转变为阵地战为主，由军事斗争为主转变为军事、政治（外交）斗争"双管齐下"。为锻炼部队，提高作战能力，中央军委和毛泽东在作战指导上，还提出了"零敲牛皮糖"，由打小歼灭战逐步过渡到打大歼灭战的方针。

1951年7月10日，战争双方开始举行朝鲜停战谈判。从此，战争出现长达两年多的边打边谈的局面。

粉碎"联合国军"局部攻势和"绞杀战"、细菌战。1951年7月26日，停战谈判讨论军事分界线问题时，"联合国军"方面以补偿其海、空军优势为借口，无理要求将军事分界线划在中朝军队战线后方，企图不战而攫取一点二万平方公里土地。遭到朝中方面坚决拒绝后，竟企图以军事进攻迫使朝中方面就范。8月中旬至10月下旬，"联合国军"采取"逐段进攻，逐步推进"的战法，连续发动了夏、秋季局部攻势；并从8月开始，实施了长达10个月的以切断中朝军队后方供应为目的的"空中封锁交通线战役"即"绞杀战"。1952年初，美军对中朝军民还秘密地进行了细菌战。对此，中朝人民军队予以有力的回击，取得了抗美援朝战争1951年夏、秋防御战役、反"绞杀战"和反细菌战的胜利，并在反"绞杀战"斗争中建成"钢铁运输线"。在此期间，中朝军队为配合停战谈判，还主动进行了战术反击作战，收复许多前沿阵地和十余个岛屿。在这种形势下，"联合国军"方面被迫放弃无理要求，于11月27日同朝中方面达成以实际接触线为军事分界线的协议。

我方进行全线战术反击和上甘岭战役。1952年春，"联合国军"方面为强迫扣留朝中战俘，提出所谓"自愿遣返"的原则，反对朝方面提出的全部遣返的主张，使停战谈判陷入僵局。此时，"联合国军"接受了发动夏、秋季局部攻势受挫的教训，采取以小规模的进攻行动和空军的破坏活动，维持其防线和配合其谈判。

志愿军为坚持持久作战，巩固已有阵地，创造性地建成了以坑道工事为骨干、同野战工事相结合的支撑点式的坚固防御体系。从而由带机动性质的积极防御，转为带坚守性质的积极防御；由主要用于坚守战线、消耗敌人的阵地防御，逐渐转向以歼灭敌人为主的阵地进攻；攻防作战均处于更加主动地位。随着阵地的不断巩固，中朝军队在打小歼灭战的思想指导下，广泛开展小部队战斗活动，袭击和伏击"联合国军"，抢占中间地带，夺取其突出的前沿阵地和支撑点，并逐渐扩大作战规模。1952年秋，中朝军队有组织有计划地在全线进行具有战役规模的战术反击作战，攻占了"联合国军"许多营以下阵地（史称"抗美援朝战争1952年秋季战术反击作战"）。接着又取得了上甘岭战役的胜利，粉碎了"联合国军"发动的规模较大、持续时间较长的"金化攻势"。

进行反登陆作战准备。1952年冬，朝鲜停战谈判仍无进展。新当选的美国第三十四届总统艾森豪威尔表示，如果谈判还不成功，就要不顾一切危险全力发动一场进攻。为此，"联合国军"总司令克拉克组织了专门小组，制订在我军侧后登陆的计划。为此，中朝军队从1952年年底起，开始进行大规模的反登陆作战准备，加强了朝鲜东西海岸的防守兵力和防御阵地，囤积了大量的作战物资。正面战场也做了充分准备。至1953年4月全部完成反登陆作战准备工作，"联合国军"被迫放弃进行军事冒险计划，于4月26日同朝中方面恢复中断六个月之久的停战谈判。

发起夏季反击战役，促进停战实现。志愿军根据毛泽东关于"争取停、准备拖。而军队方面则应做拖的打算，只管打，不管谈，不要松劲"的指示，为促进停战实现，与人民军一起，发起抗美援朝战争1953年夏季反击战役。从5月中旬开始，先后对"联合国军"进行三次不同规模的进攻。经第一、第二次进攻作战，迫使"联合国军"方面做出妥协。6月8日，关于战俘遣返问题达成协议；6月15日，按照协议重新调整军事分界线的工作也将完成，在停战协定即将签署之际，南朝鲜当局却以"就地释放"为名，强迫扣留战俘，并公然声称要"单独干""北进"，企图破坏协议的签订。中朝军队为实现有效的停战和停战后处于更有利地位，决定再给南朝鲜军以打击，于7月中旬发起以金城战役为主的第三次进攻作战，迫使"联合国军"方面向朝中方面做出实施停战协定的保证，有力地促进了停战的实现。

战争第二阶段，中朝人民军队共毙伤俘敌七十二万余人。

1953年7月27日，战争双方在朝鲜停战协定上签字。至此，历时两年零九个月的抗美援朝战争，以中朝军民的胜利和美国的失败而告结束。

在这场战争中，美国将其陆军的三分之一、空军的五分之一、海军近半数的兵力投入到朝鲜战场，使用了除原子弹以外的所有的现代化武器，然而却遭到失败。美军在朝鲜战争中消耗各种作战物资七千三百余万吨，用于战争的经费达八百三十亿美元。

在战争中，中国军队共消耗各种物资五百六十万吨，其中弹药一项即达二十五万吨，战费开支六十二亿元人民币。中国军队共战损坦克九辆、飞机二百三十一架、各种炮四千三百七十一门、各种枪八万七千五百五十九支（挺）。

三年的抗美援朝战争，中朝两国人民取得了伟大的胜利，战争结束后中朝军队宣布战果为歼敌一百零九万人，其中志愿军毙伤俘敌七十一万余人，宣布毙伤俘美军三十九万多人，击落击伤敌机一万二千二百二十四多架，击毁击伤和缴获敌军坦克三千零六十四多辆，击沉击伤敌军舰艇二百五十七艘，击毁击伤和缴获敌军各种炮七千六百九十五门，击毁和缴获敌军各种作战物资无数。

摘：抗美援朝的伤亡人数

自 1950 年 10 月 25 日参战至 1953 年 7 月 27 日停战，中国人民志愿军共阵亡十一点四万余人，医院救治战斗和非战斗负伤的伤员三十八点三万余人次，其中救治无效致死者二点一六万余人，去掉伤员因第二、第三次负伤而造成统计上的重复数位和救治无效死亡以及非战斗负伤者，故最后确定的战斗伤亡减员数为三十六点六万余人。

除伤亡减员外，志愿军还有二点九万余人失踪，失踪者中除在美方战俘营中的二点一四万余人外，尚有八千余人下落不明，估计多已在阵地或在被俘后死亡。

如此可以确定，加上失踪，在整个抗美援朝战争中，中国人民志愿军共计战斗损失三十九万余人。

除战斗损失外，医院还收治过患病住院的军民四十五万余人次，其中病亡者一点三万余人，加上阵亡，因伤救治无效死亡等明确死亡者和失踪后估计已死亡者，在整个抗美援朝战争中，中国军民因各种原因死亡的人数在十五点六万余人左右。朝方未公布详细伤亡数字。

（据《解放军报》官方微博 @军报记者 2014 年 10 月 29 日报道，军报记者在 29 日举行的志愿军烈士遗骸安葬仪式上获悉，现已确认的抗美援朝烈士共有十九万七千多名。值得注意的是，志愿军统计战场上阵亡数字并未增加，而是增加追认了烈士称号。这一举动并非如部分媒体所解读的"改变"或"推翻"之前的统计口径。当年曾有六十万东北民工到朝鲜战场出战勤，他们的伤亡数字以前没有列入志愿军伤亡统计。

具体数字上，现已确认的抗美援朝烈士共有十九万七千六百五十三名。确认的抗美援朝烈士名录包括抗美援朝战争期间牺牲和失踪的志愿军官兵、支前民兵民工、支前工作人员，以及停战后至志愿军回国前帮助朝鲜民主主义共和国生产建设牺牲和因伤复发牺牲的人员。这一数字是经过民政部、总政治部梳理汇总各方面档案资料，对烈士资料逐一核实甄别，经过多次专题研究和比对核实，才得以最终确认的。）

"联合国军"的伤亡数字与中朝方的统计大相径庭，而且前后不一。1953 年 10 月 23 日，美联社曾发表了一个数字，称"联合国军"方面的伤亡和失踪 / 被俘总数为一百四十七万四千二百六十九人，其中美国战斗伤亡及失踪人数为十四万四千三百六十人。

1957 年，在朝鲜战争中曾担任过美步兵第七师师长、后来又先后担任过美国远东战区司令官、美国陆军参谋长、美国参谋长联席会议主席的莱曼·兰尼兹尔上将曾在汉城对此说予以认同，但南朝鲜方面后来声称，这个数字包括平民的伤亡。

南朝鲜军队报出的战损数字最为混乱。

根据美联社公开的数字，南朝鲜方面共损失一百三十一万二千八百三十六人，其中阵亡四十一万五千零四人，伤残四十二万五千八百六十八人，失踪四十五万九千四百二十八人，被俘一万二千五百三十六人。

而 1976 年南朝鲜国防部战史编写委员会出版的《韩国战争史》则声称，"联合国军"方面的伤亡及失踪 / 被俘数字是一百一十六万八千一百六十人，而南朝鲜军队的损失为九十八万四千四百余人，其中阵亡二十二万七千八百余人，负伤七十一万七千一百余人，失踪四万三千五百余人。

这个数字与中朝方估计杀伤南朝鲜的数字相差不算太远，但南朝鲜方另外的资料声称这其中包括非军事人员的伤亡数字。

中国著名战史专家徐焰大校称，南朝鲜军方和政府先后宣布的损失数字以及美国方面所透露的南朝鲜军损失数前后出入很大，战争初期，人民军一度解放了朝鲜百分之九十以上的土地和百分之九十二以上的人口，陷入了整体混乱的南朝鲜政府和南朝鲜军很难准确统计自己的损失，当时南朝鲜军经常出现溃败和混乱，失散和逃亡的人员极多，而且南朝鲜军有时为掩饰失利而少报损失，有时为了向美国多要补充又夸大损失，所以南朝鲜军自己报出的损失数字就有三十多万人至九十八万人的多种说法，细究起来，南朝鲜方面承认的最低的军人战斗伤亡约为三十万余万人，失踪十万余人，失踪人数中作为战俘遣返者仅七千八百余人。只能说，朝鲜战争中南朝鲜军的准确伤亡数字是笔南朝鲜人自己都算不清的糊涂账。

战争期间，南朝鲜军曾多次陷入整体性混乱，其统计数字水分很大，美国军方的数字虽然也有过变动，但相对来说前后比较一致。

据美国方面近年的数据统计，在整个战争中，美国军队共计阵亡三万三千六百二十九人，其他原因死亡两万零六百余人，负伤十万三千二百四十八人，被俘后遣返三千七百四十六人，另外尚有八千一百四十二人失踪，估计也只好归于死亡一类。共计损失十六万九千三百余人。

徐焰大校还认为，相对于南朝鲜军队来说，美国军队这个统计数字要更可靠一些。按美国的国家体制，在死亡人数上不太可能出现大的差错，否则如果有人没有列上阵亡名单，刻上朝鲜战争美军阵亡将士纪念碑，那么死者家属肯定会折腾，一折腾，舆论界掀起的轩然大波会让美国政府极为难堪。

其他国家军队损失情况为：

英国：阵亡七百一十人，负伤二千二百七十八人，失踪一千二百六十三人，被俘七百六十六人，共计五千零一十七人。

土耳其：阵亡七百一十七人，负伤二千二百四十六人，失踪一百六十七人，被俘二百一十七人，共计三千三百四十七人。

澳大利亚：阵亡二百九十一人，负伤一千二百四十人，失踪三十九人，被俘二十一人，共计一千五百九十一人。

加拿大：阵亡三百零九人，负伤一千零五十五人，失踪三十人，被俘二人，共计一千三百九十六人。

法国：阵亡二百八十八人，负伤八百一十八人，失踪十八人，被俘十一人，共计一千一百三十五人。

泰国：阵亡一百一十四人，负伤七百九十四人，失踪五人，共计九百一十三人。

希腊：阵亡一百六十九人，负伤五百四十三人，失踪两人，被俘一人，共计七百一十五人。

荷兰：阵亡一百一十一人，负伤五百八十九人，失踪四人，共计七百零四人。

哥伦比亚：阵亡一百四十人，负伤四百五十二人，失踪六十五人，被俘二十九人，共计六百八十六人。

埃塞俄比亚：阵亡一百二十人，负伤五百三十六人，共计六百五十六人。

菲律宾：阵亡九十二人，负伤二百九十九人，失踪五十七人，被俘四十人，共计四百八十八人。

比利时、卢森堡：阵亡九十七人，负伤三百五十人，失踪五人，被俘一人，共计四百五十三人。

新西兰：阵亡三十四人，负伤八十人，被俘一人，共计一百一十五人。

南非：阵亡二十人，失踪十六人，被俘六人，共计四十二人。

日本：阵亡数人，被俘一人。

以上合计，其他国家军队兵员损失约为一万七千二百余人。

附录二

军魂的较量

——彭德怀与麦克阿瑟

麦克阿瑟

说来很奇怪，美国五星上将道格拉斯·麦克阿瑟指挥的第一场战斗是在中国的土地上进行的，在这场战斗中，他的战友是日本人，敌手是俄国人，战场在中国的东北。

美国军史记载，1905 年，道格拉斯·麦克阿瑟中尉与其父亲阿瑟·麦克阿瑟中将被美国总统罗斯福指派为日俄战争的军事观察员，观察期间，有一次，他"目睹日军向一俄军扼守的高地发起进攻，六次被击退。麦克阿瑟忍耐不住，冲过田野去鼓励日军，并带领他们冲上高地，获得胜利"。

麦克阿瑟此战充分显示了他作为一个军人的勇猛，也表露出了他的桀骜不驯。这场古怪的极易引发外交争议的战斗似乎也是一种预兆，预示着这位美国军人与亚洲的土地、与亚洲的民族将结下不解之缘，他的光荣会写在亚洲的土地上；同样，他的耻辱也会写在这片土地上。

道格拉斯·麦克阿瑟肯定是美国的制度、美国的文化所能哺育出的美国最优秀的军人。他出生于一个军人家庭，他的父亲老麦克阿瑟在十九岁时即因军事才华出众而在美国南北内战中升为上校，成为北军中同级军阶中最年轻的军官，也是南北双方军队中最年轻的一位团长。

美国内战的结束标志着美利坚帝国开始成形，这个充满了荒野蛮力的年

569

轻国家在内部完成统一之后，由那些各国最富有冒险精神的移民们组成的美国民族，立即开始了野心勃勃的扩张。帝国扩张的第一刀对准了已经老朽不堪的西班牙，在南北战争中崭露头角的老麦克阿瑟被派往亚洲，在美国夺取西班牙老殖民地菲律宾的战斗中立下汗马功劳，战后立即升任美国驻菲律宾群岛的司令官兼军事总督，军衔中将，这是麦克阿瑟家族与亚洲结缘的开始。那时，美国陆军史上只有十二位获得中将军衔的军官，老麦克阿瑟即是其一。

生于这样一个家世显赫的军人家庭，家风的熏陶对于小麦克阿瑟军人气质的形成起到的作用是不言而喻的。麦克阿瑟虔诚地自认是个军事天才："甚至在我会走路和说话之前，我就学会了骑马和打枪。"可想而知，麦克阿瑟走向从军之路几乎是一件必然的事。

1899年，时年十九岁的麦克阿瑟进入美国陆军军官的摇篮——西点军校就读，此时的麦克阿瑟当然不会想到自己将在二十年后出任这所军校的校长。未来的校长甫一入学就显示了自己非同凡响之处。按照西点军校的传统，麦克阿瑟受到了高年级学生的"慷慨"招待。西点军校的高年级学生素有"磨炼"低年级学生的"特权"，美国佬认为这种传统的"磨炼"有助于培养真正的军人必须唯命是从的气质（日本军校的做法与其相当相似）。不幸的麦克阿瑟因为其父为著名将领而受到更多的"关照"。一天晚上，他被勒令脱光裤子，蹲坐在一把竖着的刺刀上方，屁股必须挨着刺刀而不能让刺刀倒地，这种姿势带给人体的痛苦任何人一试便知。麦克阿瑟没坚持多久就腿部一阵痉挛，瘫坐在刺刀上，臀部的惨景可想而知。这件事很快惊动了校方乃至更高层，一个法院调查组前来调查西点军校这种不光彩的做法。麦克阿瑟不情愿地成了主要见证人，他向调查组畅所欲言地道出了所受"磨炼"的全部细节，但当调查组让他指出恶作剧的高年级学生姓名时，年轻的军校生冒着不服从命令被开除的危险，拒不出卖自己的学长们，高贵地保持了沉默。此举立刻使他赢得了西点军校学员队的交口称赞和刮目相看——"这小子是好样的"。此后，他在西点就顺风顺水了。

军校期间，麦克阿瑟以才华证实了自己的出类拔萃，学业上四年中他有三年在全班名列第一，毕业时总成绩高达九十八点一四分，这是西点二十五年来学员所能取得的最高成绩。军事课目上他获得了美国陆军中最让人垂涎欲滴的荣誉——学员队的第一队长；体育上是军校棒球代表队的游击手。按

570

中国标准，麦克阿瑟可说是个"德智体全面发展"的好学生。

毕业以后，麦克阿瑟追随其父亲的足迹，作为一名工兵军官来到了菲律宾，从此，他与这个国家结下了不解之缘。在一次执勤中，麦克阿瑟与两名菲律宾独立运动游击队员遭遇，在被伏击的情况下反败为胜——"像所有的边民一样，我的手枪弹无虚发，把这两个人当场击毙"。也就是在这次执勤途中，他巧遇了两名刚从法律学校毕业的菲律宾年轻人——曼努埃尔·奎松和塞吉奥·奥斯默纳，这两个年轻的学生几年后都将成为菲律宾总统，他们以后的命运将相互关联。

不久，麦克阿瑟被派到日本给父亲当随从参谋，老麦克阿瑟此时为美国的日俄战争观察员，父子俩客串了一把间谍，美利坚帝国最优秀的年轻军官开始仔细审视他今后的主要对手——日本帝国。麦克阿瑟开始了面对面地了解日本军队，他得出了结论，日本高级军官是些"残酷无情、沉默寡言、冷若冰霜、目的不可动摇"的人物，日本普通士兵"勇敢和无畏"，他敏锐地预计到了日本帝国的战略企图："既然已经征服了朝鲜和中国台湾，他们势必要伸手去控制太平洋，称霸远东，这一直是十分明显的。"接着，父子二人足迹遍及东南亚和印度，四处收集情报，麦克阿瑟长了见识，开了眼界。作为一名帝国主义者，他更对亚洲美丽的土地垂涎三尺，他认为他所到过的国度"与我息息相关"。这些地方"使我一生的全部岁月增辉生色，对我的一生产生了深远的影响"。他和那些初次踏上非洲的欧洲殖民主义者一样对陌生的土地充满了贪欲："我极清楚地看到，美国的未来和生存，紧系于亚洲及其岛屿前哨阵地。"以本国的生存为借口窥测他国的土地，这是一切帝国主义者最冠冕堂皇也是最常用的借口，年轻的麦克阿瑟将为美利坚帝国控制亚洲奋斗一生。

结束了短暂的间谍生涯，麦克阿瑟回到了美国，同任何国家任何军队里那些雄心勃勃的下级军官一样，他也不得不在基层部队痛苦不堪地熬了九年，其间竟几度打算退役经商。军人的机会总在战场上，他终于熬到了美墨冲突的爆发。在墨西哥的荒野里，麦克阿瑟孤身潜入敌后侦察被发现，在一场疯狂的牛仔式的追击战中，麦克阿瑟毙敌七人，全身而退，一战名噪全军。接着，在第一次世界大战中，麦克阿瑟上校出任彩虹师参谋长，他奋勇作战，至战争结束时，他成为美军中获勋章最多的军官（十二枚美国各类勋章和数枚法国勋章）。与他的勇敢同时出名的还有他好出风头的个性。战斗中，他头戴软帽，身着发亮的高领毛衣，手里拎着马鞭，连裹腿都是闪光的，他的外号是"远征军中的花花公子"；他被当时美国军队的头号实权人物潘兴将军称为"我们所有的最伟大的将领"。从此，他的仕途一帆风顺。

"一战"结束后，麦克阿瑟回国担任西点军校校长，进行了卓有成效的改革，美国史家评价："他在美国军事院校方面所做的开拓新路的努力，是他对建设现代军队做出的最重要的贡献之一。"麦克阿瑟被誉为"美国现代军事教育的奠基者"。1930 年，麦克阿瑟终于爬上了美国陆军的最高职位，出任陆军参谋长，时年五十岁，为美国陆军史上最年轻的参谋长。当时正是著名的美国经济大萧条时期，麦克阿瑟上下奔走，在财政资金极度紧张的情况下，竭力维护了美国陆军的利益，其间还披上挂满勋章的军服，亲自走上街头镇压了他曾经的战友们——跑到华盛顿示威游行的美国"一战"退役老兵，从而博得了美国右翼政客的一致青睐。

1935 年，麦克阿瑟参谋长任期将满，还需九年才能离休退役，他面临艰难的抉择，如果留在军队就只有自降身份屈就一个较低的指挥职务，这时，他在菲律宾结交的年轻律师奎松拉了他一把，此时奎松即将就任菲律宾联邦总统（当时的菲律宾还是美国殖民地，"二战"后美国才允许其独立），奎松邀请麦克阿瑟帮他组建菲律宾军队，麦克阿瑟带着自己挑选的参谋长——后来的美国总统艾森豪威尔欣然赴任。两年后，虚荣心极强的麦克阿瑟胁迫奎松授予他菲律宾元帅军衔，为此不惜正式退出他为之服务三十八年的美国陆军。可笑的是，此时的菲律宾军队还根本不存在，麦克阿瑟本人因此被美国人讥笑为"吕宋拿破仑"。作为高级将领，虚荣心太强、私欲过盛是麦克阿瑟一生致命的弱点。

麦克阿瑟出任菲律宾元帅时，日本帝国的军阀们正为是采取北进伐苏还是南下攻击南洋群岛与美英交战的大战略而争吵不休，大时代的雷霆即将让麦克阿瑟成为其梦寐以求的风云人物。当日本帝国的军阀们终于定下南进的决心时，菲律宾群岛首当其冲。当时麦克阿瑟已应召再次进入美国陆军服现役，统领美国远东全部陆空军，其曾管辖的菲律宾军队则全部并入美国守备部队。当时菲律宾和美国之间的关系由此可见一斑。

面对日本军队即将掀起的南进狂潮，出于对东方民族的蔑视和种族优越感，麦克阿瑟错误地估计了日本帝国的企图和能量，他判断日本人根本不敢公开采取针对美国的军事行动，后来美国历史学家说"他错误，极端错误地估计了日本人的能力和企图"。战略判断的失误当然会导致战场上的惨败，在日军偷袭珍珠港当天稍晚时候，由于阴差阳错和指挥失误，麦克阿瑟的空军力量就基本上被从中国台湾起飞的日军战机炸毁在菲律宾的几个大机场上，麦克阿瑟本该为此受到严厉惩罚，但此时被珍珠港事件给炸糊涂了的美国军事总部顾不上找麦克阿瑟的碴儿（后来美国军史学家都说麦克阿瑟很幸运，逃过了和珍珠港海军司令金梅尔和肖特陆军司令那样被耻辱地解职的命运，他们甚至说麦克阿瑟的失误够得上去军事法庭报到的份儿）。接着，麦克阿瑟的主要海军力量——潜艇部队，因为质量低劣得让人不敢想象的鱼雷和制空权的丧失，仗打得一塌糊涂，失去了屏护菲律宾群岛的作用。失去了制空权和制海权，麦克阿瑟只得任由日军在菲律宾群岛登陆。凶悍的日本陆军部队很快横扫了吕宋，麦克阿瑟麾下的美菲联军一败涂地，麦克阿瑟本人被日本人从马尼拉的豪华宾馆里连同败军一直给赶到巴丹半岛那些弥漫着恶臭的坑道里做最后的抵抗。凭借坚固的工事，麦克阿瑟成功地抗住了日军好几个冲击波。这时美军在太平洋战场败绩连连，麦克阿瑟的巴丹抵抗成了整个晦暗战局的唯一亮点，美国舆论立刻将麦克阿瑟捧成了"巴丹英雄"。为了避免麦克阿瑟被俘后的可怕政治影响，罗斯福总统命令麦克阿瑟撤出巴丹（第一批撤出的是美军密码部队），靠着最后四条破旧的鱼雷艇，麦克阿瑟及其家人扔下七万多美军，侥幸逃出了日军海上封锁线，跑到澳大利亚准备重振旗鼓。连麦克阿瑟自己都出乎意料，他这么一个败将在一夜间竟成为美国民众追捧的神话般人物。后来美国历史学家分析，当时日军横扫太平洋，美国在军事上一事无成，而巴丹英雄麦克阿瑟欺骗了狡诈的日本人成功逃命，这对当时一片黯淡的美国来说是一针真正的兴奋剂。麦克阿瑟的声誉由此达到了一个顶峰，成为美国家喻户晓的战争英雄，许多美国民众要求他参选总统。

在太平洋战场初战败北的麦克阿瑟被任命为西南太平洋盟军司令，此时的战局已开始发生不利于日军的变化。由于密码被破译和战术失误，日本海军惨败中途岛，失去了全面战略进攻的能力；接着在血腥的瓜岛争夺战中，美国海军陆战队和美国海军紧密配合，让日本海军失够了血。麦克阿瑟也在巴布亚新几内亚成功地抗击了伸展过度的日军入侵部队。凭借日本帝国根本无法与之匹敌的强大国力，美军在太平洋战场随即转入了全面反攻，麦克阿瑟的军事才华在美军的反攻中才真正开始大放异彩。在俾斯麦大海战中，麦克阿瑟的陆基空军痛击了日本运输船队，将近万名日军士兵溺死在海中。在莱城战役中，麦克阿瑟学会了两栖登陆战的全套精髓。此后，麦克阿瑟在西南太平洋战场攻城夺地，如入无人之境，指挥麾下三军密切协同，组织了数十次两栖登陆战，其亲自指挥的登陆战就有十一次之多。

凭借绝对优势的海空军，麦克阿瑟在日军占领的岛屿群中纵横穿插。他时而越岛作战，将失去了海空权的数十万日军精锐部队扔在身后的孤岛上活活饿死；时而发起两栖强攻，抢夺要点岛屿建立海空军基地，为下一步跳岛作战奠定基础，其用兵之毒辣狡诈让日军守岛部队一筹莫展，宛如瓮中之鳖。这些卓有成效的反攻尽显出麦克阿瑟的军事才华。1944 年 10 月 20 日晨，麦克阿瑟与登陆部队涉水上岸，终于戏剧性地重返菲律宾，实践了其撤离菲律宾时许下的"我一定会回来"的诺言，彻底洗刷了逃离巴丹时的耻辱。1945 年 9 月 2 日，麦克阿瑟在"密苏里"号战列舰上主持接受了日本的投降仪式，他终于击败了敢与美利坚帝国争霸的日本帝国，他成了实际上的日本独裁者，他的权力之大以至日本人称他为"殖民地总督，幕府时期的将军、沙皇"。驻日期间，麦克阿瑟为现代日本的建立做出了巨大的贡献。他允许日本人重新制定了宪法，让日本天皇与军政权力脱钩，他让日本人建立了自己的国会，他给了日本人历史上最早的"权利法"，他让日本妇女获得了新的社会地位。一句话，他为现代日本的腾飞奠定了基础。但是，出于反共的需要，他也亲自解救了日本事实上最大的战争罪犯——天皇裕仁，还让其他数十万大大小小的日本战犯们逃脱了应得的惩罚，从而为日本军国主义可能的复活埋下了历史的隐患。今天，在日本越来越猖獗的极右势力背后就有麦克阿瑟的影子。

1950 年，朝鲜战争爆发，七十多岁的麦克阿瑟，被指定为"联合国军"总司令，在地球上已不可能有比这更高的军职了。此时，美军与朝鲜人民军交火屡遭失败，人民军开始猛攻美军在朝鲜最后的滩头阵地——釜山防线，金日成已夺占了朝鲜百分之九十的土地、百分之九十二的人口。面对战场危局，麦克阿瑟以自己的威望力排众议，在人民军战线侧后方的仁川实施了极为大胆的两栖登陆，拦腰包围了朝鲜人民军，让其遭受了致命性的惨败，并很快占领了汉城，重建了"大韩民国"，接着又开始向朝鲜大举进攻。仁川登陆是军事指挥艺术的杰作，是战争史上的惊世之举，这是麦克阿瑟最光彩的时刻，是他五十五年戎马生涯的巅峰。在当时美苏对立的"冷战"背景下，他成为整个西方世界最大的战争英雄，全美国对他顶礼膜拜，几乎将他看成神（麦克阿瑟也一直自以为是神）。这时，美国军队已压至中国边境，美军飞机连续轰炸了中国边境城市，第七舰队进驻中国台湾海峡，对与朝鲜战争毫无关系的中国构成了严重威胁。当连续接到中国警告的美国总统杜鲁门询问麦克阿瑟中国是否会参战时，他自信至极地说："如果中国人试图前进到平壤，那将出现一场最大规模的大屠杀。"在他说这话的时候，一个朴实至极的中国军人——彭德怀——已站在鸭绿江的对岸，中美两国最杰出的战士即将展开一场殊死的较量。

彭德怀

和同时代绝大多数共产党将领一样，彭德怀也出身于一个农民家庭，若说有什么区别的话，那就是其家庭的贫困程度到了令人难以置信的程度，那是一种彻底的赤贫。彭德怀晚年回忆道："家中一切用具，床板门户，一概卖光。几间茅草房亦做抵押，留下两间栖身，晴天可遮太阳，下雨时室内外一样，铁锅漏水，用棉絮扎紧，才能烧水。衣着破烂不堪，严冬时别人着棉衣鞋袜，我们兄弟还是赤足草鞋，身披蓑衣，和原始人同。"彭德怀童年时的家庭状况正是当时中国农村社会在鸦片战争以后历经数十年战乱终于彻底破产的悲惨状况的真实写照，理解了当时的历史背景，才能理解日后为什么有那么多连生命都甘愿舍弃而不顾一切的农民聚集在中国共产党的旗帜下，为创建一个新中国而浴血奋战。彭德怀正是其中的一个杰出代表。

彭德怀满十岁那年，家中一切生计全断，正月初一他只好和弟弟出去当叫花子，希望能讨点儿饭不至于饿死。当施主为讨吉利问彭德怀是否是招财童子时，耿直的彭德怀回答，是叫花子，结果施主只给了其弟弟一碗饭。彭德怀永远也忘不了那个大雪纷飞的初一。那天直到黄昏，共和国未来的元帅带着弟弟讨了一整天的饭，强撑着回到家中就一头栽倒在地饿昏过去。

从此，彭德怀就拒绝讨米，他靠砍柴、捉鱼、挑煤、给地主放羊维持家中生计。此时，他不过十岁出头，每天睡眠不足六小时。当稍有体力时，他又当矿工挖煤，由于矿主逃跑，两年仅分得四升米以抵工资。十五岁时，湖南大旱，饥民自发到地主家吃大户，富于反抗精神的彭德怀领头参加，被官府缉拿，逃至洞庭湖当堤工挑土，两年半后仅得三担半米的工资。彭德怀的童年和少年就是在这种最艰苦的磨砺中度过的，苦难的生活给了他历万难而不屈的坚强性格，而这正是一个优秀军人最重要的素质。也正是这种社会最底层的生活让彭德怀了解了当时中国社会的状况，立下了为穷人打天下的志向，以至于他后来在军阀部队当兵时念念不忘的就是"要杀财主，种田不交租才能翻身"。同时，与劳动人民融为一体的生活也给了他白璧无瑕、永远让人敬仰的崇高道德品质。元帅后来回忆道："童少年时期这段贫苦生活，对我是有锻炼的。在以后的日子里，我常常回忆幼年的遭遇，鞭策自己不要腐化，不要忘记贫苦人民的生活。"

自曾国藩带出击垮了太平天国的湘军，当兵吃粮就成了湖南年轻人的理想出路，所谓"无湘不成军"。彭德怀和当时入伍的大多数湖南年轻人一样，是为了生活所迫而走上从军道路的。十七岁时，彭德怀进入湖南军队第二师当兵，从此开始了他的战场生涯。

湘军第二师部队是一支军阀部队，当时的旧军队完全是军阀个人争权夺利的工具，其腐败黑暗实非笔墨所能形容，可怕的程度是今天的人们难以想象的（对此有兴趣的朋友可看看冯玉祥自传《我的生活》），这种军阀部队是一口侵蚀力极强的大染缸，无数热血青年怀着报国之心从军，要不了多长时间为了生存就只能沉沦下去同流合污，沦为军阀内战的工具。而彭德怀就在这样一支部队整整干了十二年，十二年中他洁身自好，完全靠着自己惊人的勇猛和过人的军事天赋从一个士兵一步步干到了湘军主力团的团长，被湘军公认为最能打的团长。更难能可贵的是，他竟在上下控制极严的旧军队中先秘密成立救贫会，后又建立了党组织，最终在大革命失败的最低潮中发动平江起义，为共产党拉出了一支将在中国革命战争起到举足轻重作用的军事力量。

彭德怀的早年湘军生涯可谓危机四伏，他曾被派往直系军阀后方当便衣侦察员（彭德怀称作"侦探"），结果被怀疑逮捕，关押半月，受毒刑数次。彭德怀回忆"其中有一次实在难以忍受了，想承认是侦探，死了就算了吧！

但马上想到不行，我来当侦探，未完成任务，反为贼用。我不承认而死，贼奈我何"！于是咬牙不说，终因证据不足而被释放。由于作战勇敢，在六年的征战中，彭德怀由二等兵、一等兵、副班长，班长，副排长，排长，代连长，而逐级递升。此时，在朴素的阶级感情驱使下，彭德怀串联了一些优秀士兵，在军队中成立了一个秘密组织"救贫会"。这个秘密团体与毛泽东"支部建在连上"的建军方略有异曲同工之妙，以后在彭德怀领导的部队中起到了关键性的核心作用，使其有别于其他军阀部队，保持了坚强的战斗力。

彭德怀任连长期间，秘密处决了当地的大恶霸欧盛钦，事泄遭擒，被捆绑押往省城处决。押解途中，同情他的士兵偷偷给他松绑，过捞刀河时，彭将过来搜钱的排长撞落水中，挣脱绳索夺路而逃，同情他的士兵空放几枪了事，彭德怀侥幸捡得一命，逃往老班长家暂避。在这里他会齐了救贫会骨干成员（其中包括以后共产党早期著名将领、红三军军长黄公略，红八军军长李灿等人），共同议定了救贫会四条章程：灭财主，实现耕者有其田；灭洋人，废除不平等条约，收回海关、租赁，取消领事裁判权；发展实业，救济贫民；实现士兵自治，反对笞责、体罚、克扣军饷，实现财政公开。从这几条朴素的反帝反封建的章程就可以看出彭德怀的志向，对于他以后为何放弃高官厚禄，在中国革命最低潮时选择了共产党，就不会觉得奇怪了。他是一条心要为穷人打天下，为民族争独立。值得指出的是，彭德怀此举是犯了湘军中十大斩罪中"结党营私者斩"这一条要命的戒律的，其胆识可见一斑。

离开湘军后的彭德怀四处寻找出路，跑到广东误入一支粤军类似哥老会的部队，看看不对辞职归乡，到长沙想当工人又没门路，撞了一番后准备回家当农民。就在这时，转机出现了，因其在战场上两度救过团长袁植的命和其出色的军事才干，袁植让黄公略、李灿带信要彭投考湖南军官讲武团（其实质是一所地方步兵军官学校），因其还是杀人通缉犯，于是他在入校时将原名"彭得华"改作了"彭德怀"这个后来威镇四海的名字。

军校毕业后，彭德怀重返湘军二师原部任连长，此时突生变故，二师师长鲁涤平欲入粤投靠孙中山，团长袁植态度暧昧，鲁惧其才干将袁刺杀，袁部大恐，推举营长周磬任团长，又派出彭德怀到师部打探消息。彭抱必死之心到师部，发现鲁为安部下之心，竟为袁大出殡。彭德怀性情耿直，鲁的暗杀手段引起彭极大义愤，回团后即建议周磬不从鲁令，率部退往湘乡、永丰一带休养生息。周遇事寡断，毫无谋略，对智勇双全的彭德怀言听计从，遂依彭言，使团队避免了被瓦解的命运。次年春，周即任彭为代营长，彭德怀因其才干实际上成为这支部队的灵魂人物。

1926年春，北伐军兴，湘军二师被改编成国民革命军独立第一师，彭德怀任代团长指挥所部协同叶挺攻击武昌城，这是未来的人民军队副总司令初次与共产党人打交道。彭德怀不贪不赌，不抽不嫖，与士兵打成一片，同旧军官截然不同，其所带部队军纪严明，战斗力极强，为湘军中仅见。他出色的军事才华、高尚的人格立即引起了共产党人的注意。共产党早期最优秀的军事将领之一段德昌（后被冤杀，他若不死至少是大将级的人物），时任彭部师政治部秘书长，他立即抓住机会，将共产主义理论灌输给彭德怀。可想而知，抱着朴素的反帝反封建思想在军阀部队混迹多年的彭德怀接触到这一整套先进理论时是什么感觉，他感到找到了一生的道路和奋斗目标，向段德昌提出入党，共产党当时的政策是不在湘军部队中发展党员，彭德怀的愿望未能实现，但此时，他已经同共产党一条心了。

北伐正在取得决定性胜利时，蒋介石发动了四一二反革命政变，许克祥在长沙发动了"马日事变"，对革命群众屠杀之惨骇人听闻；接着叛军夏斗寅向武昌进攻，与叶挺激战。彭德怀先向师长周磬建议进军长沙镇压许克祥，又建议北进配合叶挺消灭夏部，均遭拒绝，这对彭德怀刺激极深。他后来回忆："我感到对于许克祥这一点儿反动力量，也不能镇压下去，既气愤又惭愧，我和周磬近十年共事的所谓感情，一朝破灭了。过去我认为周磬有一点点爱国思想，这次他看到革命受损失，民众和共产党遭受屠杀，袖手旁观，还有什么爱国思想呢？我不能再做他的工具了！"彭德怀在此时已下定了同旧军队决裂的决心。

大浪淘沙始见金，在轰轰烈烈的大革命失败后，彭德怀在极度的白色恐怖中决然加入了中国共产党，并在部队中秘密建立了党组织，接着发动了平江起义，将团队改编成了中国工农红军第五军。在常人看来，彭德怀做出这种决定命运的选择应该是极其艰难的，他从一个小叫花子奋斗到湘军中威名赫赫的团长，舍弃到手的高官厚禄，为了一个缥缈的理想而追随当时的非法政党共产党踏上前途叵测的征程，真是谈何容易！但是，彭德怀自己却认为这是一个自然而然的过程，他从来就没有考虑过个人的命运，他是我们这个民族所能孕育出的那种最优秀的精英。

彭德怀平江起义后，随即率部粉碎了三省"会剿"，建立了湘鄂赣边区，此时南昌起义、秋收起义后的余部已由毛泽东和朱德编成了红四军，建立了井冈山根据地。后来共产党将内部各种渊源不同的军事力量戏称为"山头"，彭德怀领导的红五军和朱德、毛泽东领导的红四军就是共产党当时最早最强大的两个"山头"。经过两年多艰苦卓绝时分时合的配合作战，彭德怀红五军发展成了红三军团（其间彭德怀曾以八千精兵迎击湘军何键三万之众，攻取长沙城，这是土地革命战争时期共产党唯一一次夺取省会城市），朱毛红四军发展成了红一军团。1930 年 8 月，朱德、毛泽东和彭德怀第三次会合于永和，由三军团提议与一军团共组红一方面军，彭德怀在这个提议中起了决定性的作用。接着，彭德怀又力排众议率部东渡赣江与一军团协同作战，这才有了以后中央苏区的建立和一、二、三、四次反"围剿"的胜利。

中央苏区第五次反"围剿"时，由于毛泽东被褫夺了指挥权，极端僵化教条的德国人李德实际上控制了红军，他的指挥让一方面军吃尽败仗，彭德怀怒不可遏，冒着杀头之险当面斥责李德："崽卖爷田心不痛！"李德暴跳如雷，大吼："封建，封建，你是因为被撤掉军事委员会副主席不满。"彭德怀怒骂："你无耻！"由于彭德怀在军中的威望，李德没敢向其下手，扣其一顶"右倾"帽子了事。彭德怀是当时唯一一个敢当面顶撞代表共产国际的李德的红军将领。不久，李德指挥中央红军终于败到了无路可走的地步，长征开始了。

长征后期，由于张国焘闹分裂，毛泽东被迫率一方面军单独北进，当时红军肌肉完全掉光，虚弱得只剩下骨架。为了保持战斗力，彭德怀主动提议缩编部队，毅然取消了自己三军团的番号，将部队并入一军团之中，而一方面军则改称为"抗日先遣队"，对外称"陕甘支队"，彭德怀任支队司令，毛泽东任政委，率部向刘志丹陕北根据地进发。在吴起镇，彭德怀亲自指挥七千疲弱不堪的红军打垮了一万追击骑兵，结束了艰苦卓绝的长征。毛泽东当即赋诗赠彭德怀："山高路远坑深，大军纵横驰奔，谁敢横刀立马，唯我彭大将军。"彭德怀则将诗中最后一句改为"唯我英勇红军"退还毛泽东，由此事可见当时二人信赖之深、彭德怀在中国革命史上地位之重要。

一旦拥有了根据地，红军立刻在黄土高原站稳了脚跟，随即粉碎了国民党军对陕北的第三次围剿。陕北地广人稀，"是小红军的好根据地，大红军的落脚点"（彭德怀语），红军若困守黄土高原将无任何前途，毛泽东立刻筹谋东渡黄河发展，在山西建立根据地，彭德怀随即任红军抗日先锋军司令员（毛泽东任政委）率红一方面军东征讨伐山西土霸王阎锡山，大破之。接着红军又退回陕北编组西征军接应二、四方面军北上，彭德怀亲任西征军司令员率军在山城堡大胜胡宗南，此役促成了西安事变的爆发，就此结束了第二次国内革命战争。

西安事变后，国共合作共御外侮，红军改编为国民革命军第八路军，朱德任总司令，彭德怀任副总司令，二人亲率两万八千身经百战的老红军将士东渡黄河深入敌后，开赴抗日最前线，迎击华北三十万日军。八年血战，八路军在沦陷区与日军作殊死斗，解放了近一亿人口，建立了六大解放区，自身发展到近百万人马和一百六十万民兵，击毙日军两个中将（整个抗日战争中国军队打死日敌三个中将），牵制着侵华日军的半数以上和绝大部分伪军，歼敌五十余万。彭德怀作为八路军前敌统帅坚持敌后抗战，率部与华北共存亡，对中华民族来说，彭德怀可谓厥功至伟的民族英雄。

抗战结束，蒋介石再次挑起内战，此时，彭德怀在共产党内已是中央军委副主席，解放军副总司令员兼总参谋长，军内地位仅次于毛泽东、朱德，排名第三。为拱卫中央，彭德怀提出让周恩来代理总参谋长，主动请缨出任西北野战军司令员，率两万每枪仅有五发至十发子弹的人马迎战胡宗南军二十八万精锐部队。结果三年之中，彭德怀以少胜多，发起数十次战役，横扫中国西北地区，歼灭国民党军五十余万，解放了占中国版图五分之二的土地。他是解放战争中的"西北战神"。

彭德怀扫平西北，迎来了新中国的成立，此时，出身贫寒的彭德怀已几次向秘书流露出退出军队搞建设的想法，他已决意要为西北人民摆脱贫困奉献余生。就在这时，朝鲜战争爆发，美军最优秀的统帅麦克阿瑟大败朝鲜人民军，乘胜直进鸭绿江，叫嚣"鸭绿江不是中朝边境"，其麾下的美国远东空军已数次空袭中国边境城市和沿海船只，直接威胁中国边境安全。而在中国东南沿海方向，麦克阿瑟甚至直接飞赴中国台湾岛，与刚刚被赶出大陆的蒋介石会面，商定对大陆进行"防御性袭击"，承诺"保卫台湾和澎湖列岛"，还探讨了"迅速而慷慨地提供"国民党部队到朝鲜作战的事宜。面对美帝国主义的一再挑衅，中国政府忍无可忍，决定出兵朝鲜。彭德怀对毛泽东决策出兵投下了决定性的一票，并挂帅出征，统领中国人民志愿军出击迎战。中美两国最杰出的名帅将要在朝鲜展开一场殊死的决斗。

较量

如果单纯从物质条件比较来看，彭德怀与麦克阿瑟在朝鲜的较量是必败之局，麦克阿瑟麾下的美军一个军就拥有坦克四百三十辆（他指挥的整个"联合国军"拥有坦克近两千辆），彭德怀初期领军入朝的六个军，一辆坦克也没有。美军一个军拥有一千五百门大口径火炮，一个师有四百三十二门榴弹炮和加农炮（口径多为 155 毫米、105 毫米），志愿军一个军只有三十六门火炮，一个师仅有十二门山炮（口径多为 75 毫米），火炮对比小于对方四十二倍。在通信联络手段上，美军一个师拥有电台一千六百部，无线通信直达班排，志愿军一个军电台数十部，勉强装备到营，营以下通信联络主要靠步行、哨子、军号和少量的信号弹。从补给方式上比较，美军的后勤运输全部机械化，一个军拥有汽车七千辆，志愿军主力三十八军只有汽车一百辆，二十七军只有四十五辆。从轻兵器比较，美军全部是自动武器，志愿军则是缴获的万国造淘汰落后武器，比如三十八军百分之九十的战斗兵，仍在使用日军 1905 年设计的三八式步枪。而空中力量的悬殊更大，面对美军一千一百架作战飞机，志愿军不但没有一架飞机应战，连防空武器也极端缺乏；志愿军全军当时只有三十六门缴获的老掉牙的七五日造高炮，而且还要留十二门在鸭绿江保卫渡口，最初带入朝鲜的，竟然只有旧得磨光了膛线的日制高炮二十四门；至于雷达则一部也没有，搜索空中目标全凭耳听目视。海军则双方全无可比性，美军拥有全世界最强大的舰队：投入到朝鲜战争的有三百艘军舰，并彻底控制了朝鲜东西海岸，志愿军海军力量则是零。即使从兵力对比上看，彭德怀也不占优势，他第一批投入战场的兵力只有六个步兵军约三十万人，配合其作战的人民军则几乎全部被打垮，无战斗力可言，正在重组中，而麦克阿瑟指挥的"联合国军"及南朝鲜部队则有四十二万人。当时双方力量相差之悬殊，以至于后来斯大林将彭德怀与麦克阿瑟的较量称之为"用大刀长矛和来复枪作战"。面对如此巨大的综合优势，麦克阿瑟在与彭德怀交火以前，根本就不相信中国敢于投入朝鲜战争，当中国政府"如果美军越过三八线，我们将出兵参战"的警告一再被传递到华盛顿时，麦克阿瑟判断："我认为周恩来的声明更多的意义在于实现一种政治恫吓，中国没有发动战争的能力，他们不具备相应的工业实力，而三八线没有什么军事意义，它不过是一条纬度线，没有什么力量能阻止'联合国军'跨越它。"他甚至向杜鲁门当众拍胸："任何中国人进入朝鲜，他们将肯定面临灭顶之灾。中国人不至于尝试那样愚蠢的事。"

对于中国共产党的军事力量，麦克阿瑟则充满蔑视地说："只要中国人敢参战，我将让只靠步枪作战的中国人尸横遍野，将整个战场变成屠场。""如果中国人试图前进到平壤，那将会出现一场最大规模的屠杀。"他甚至梦想指挥国民党军队反攻大陆，说道："我认为中国人的目标是台湾，他们只是虚张声势好让我们陷在北方的朝鲜，然后突然在南方攻打台湾，一旦中共发起对台湾的进攻，我将立刻赶去指挥对中共的反击，我会让他们血染海峡，惨遭失败！也许中共会因此而总崩溃！"此时取得了仁川大胜的麦克阿瑟可谓骄狂至极，他确信懦弱的中国人绝对不敢与自己这位世界名将作战，只能眼睁睁地看着他征服朝鲜，他认为中国人不过是可以任由他摆布的一团烂泥。以后的志愿军副司令员洪学智将军将麦克阿瑟当时的心理状态称为"陷入思维盲区"，美国的情报部门战后哀称，当时提供给麦克阿瑟的所有情报是"送入了聋子的耳朵"。

与之相反，彭德怀则在对朝鲜战争和麦克阿瑟本人进行极其认真的研究。朝鲜战争一爆发，远在中国西安布置西部建设的彭德怀立刻命令秘书杨凤安找朝鲜的地图。当时中国各种资料极其匮乏，第一野战军的作战地图库里根本没有外国地图，杨凤安跑遍全城，才买到一幅朝鲜概貌图，挂在彭德怀办公室墙上，每天向他报告朝鲜的战况。对麦克阿瑟本人，彭德怀指示参谋人员立刻对其心理特点和战略战术进行分析，他甚至找来麦克阿瑟的传记亲自阅读（直到以后彭德怀获胜归国，他的身边一直带着一本《麦克阿瑟》）。后来彭德怀身边的工作人员回忆，彭德怀研究麦克阿瑟的目的是破除世界名将麦克阿瑟不可战胜的迷信，准备同他斗。仔细研究了麦克阿瑟个人历史及其战史后，彭德怀看透了麦克阿瑟骄狂自大、虚荣心极强的弱点，他告诉身边的工作人员，"别看麦克阿瑟那么神气，他是贴金的泥菩萨。""麦克阿瑟尽往自己脸上贴金，只讲自己过五关斩六将，而不讲败麦城！他只讲吕宋登陆，而不讲黑夜从菲律宾夹着尾巴逃跑！""麦克阿瑟既要当婊子又要立牌坊，和蒋介石可说是难兄难弟，好话说尽，坏事做绝。"彭德怀告诫部下说："麦克阿瑟的吕宋登陆是贪天之功，对他的战绩和指挥才能要实事求是认真对待，决不可夸大，更不能迷信和恐惧。麦克阿瑟对中朝人民犯下的滔天罪行，血债累累，血债必须用血来还！中朝人民必须也完全有信心能够打败麦克阿瑟这个纸老虎！"1950 年 10 月 19 日夜，彭德怀先于大军只身入朝，拉开了中美两位名将较量的帷幕。

孙子云："知己知彼，百战不殆。"麦克阿瑟骄狂不可一世，错误地估测美军的力量是不可战胜的，对彼方中国的军事力量和他的对手彭德怀又一无所知，而彭德怀则对美军和麦克阿瑟本人的优势和弱点有了全面透彻的了解，战争天平胜利的一方已在悄悄向彭德怀倾斜。

彭德怀入朝之前，中国政府已发表过公开声明，向美国提出了正式警告，在战略上处于"后发制人"，可是中国何时何地出兵，却采取了严格的保密措施，在国内不发布任何出兵的消息，入朝部队渡江行动每日黄昏开始，拂晓结束；入朝后则昼伏夜出，采取极其严格的防空措施以免被敌发现。当时甚至规定，白天凡敌机临空，所有官兵均须原地不动，哪怕炸弹正朝你头上落下，也不得移动半步！结果在敌机日夜不停的监视下，中国近三十万大军入朝一周竟完全未被发现，达到了完全的突然性，而此时以为胜券在握的麦克阿瑟竟已大意到让新闻机构公开宣布"联合国军"某部于某日将要向某处前进的消息，彭德怀仅靠收听美国的电台广播，就能大致知道麦克阿瑟下一步的行动。

对战场态势可说是一无所知的麦克阿瑟此时只有饮马鸭绿江一个念头，他将部队分作东西两线同时向中朝边境冒进。东线由美十军和南朝鲜首都一师、第三师组成，沿朝鲜东海岸向北快速推进，西线由美第八集团军和南朝鲜二军共六师一旅附一个空降团向中朝边境的楚山、江界进犯，东西两线之间间隔八十余公里，其间有狼林山脉、太白山脉等大山系的阻隔，两线之间根本无法联系。不但如此，其西线部队受麦克阿瑟的乐观情绪感染，在朝鲜人民军已失去有组织抵抗能力的情况下，误认为只剩下一些扫荡作战就可结束朝鲜战争，竟分别以团营为单位，几百人带几门炮就分作一队向鸭绿江冒进，全然不知彭德怀正带着一支经历了二十二年不间断血战的、堪称世界上实战经验最丰富的虎狼之师在前方等着他们。

彭德怀原订作战计划是入朝后先赶到平壤、元山以北利用山区地形组织阵地防御作战拖延时间，待到六个月后苏制新式装备换装训练完毕，空中和地面均对敌军形成具有压倒的优势条件后，再打出去攻击平壤、元山等地，但麦克阿瑟的冒进却立刻给彭德怀创造了战机。此时，有的南朝鲜部队竟已进至中朝边境，直接对中国境内目标进行了炮击，彭德怀立刻改变原订作战计划，对分兵冒进之敌进行了突袭。1950年10月25日，彭德怀发起了抗美援朝第一次战役，在东线用四十二军阻击北进之敌，在西线连续歼灭了几支南朝鲜团营级建制部队，志愿军和南朝鲜军队交火已经几天，麦克阿瑟对于中国出兵的消息仍然抱着怀疑和毫不在乎的态度，当南朝鲜军队抓到一批中国战俘时，麦克阿瑟面对审俘报告竟然说："没有确切的证据说明进入朝鲜的中共军队是有组织的。"仍然命令部队继续冒进，争取在感恩节前占领朝鲜，简直与睁眼瞎无异。洪学智上将后来回忆："入朝后，我们对麦克阿瑟又有了进一步的了解，他很傲慢，主观，倔强，资格老。很多"二战"的名将，都曾是他的部下，他傲慢得目空一切。在他看来，只要他麦克阿瑟在日本一坐，中共军队还敢过鸭绿江？当时麦克阿瑟完全进入一种思维盲区。"

11月1日，中美两军在云山首次交战，三十九军大败了由美国开国总统华盛顿亲手创建的、美国陆军历史最悠久的王牌师——第一骑兵师，消灭美军一千八百人，缴获火炮一百八十门、坦克二十八辆，取得了中美两军首次交战的胜利。11月1日夜，彭德怀判定清川江以北之敌军只有处于分散状态的五万余人，而己方则可以集中十二万到十五万人投入作战，决定立即发起总攻，用三十八军、三十九军、四十军、六十六军四个军以侧后迂回结合正面突击的战法，力争将清川江以北的敌军主力予以分割全歼。当夜，彭德怀向敌发起了全面攻击，但骑一师云山之败引起了麦克阿瑟的警觉，让他意识到了对手的强大，其西线右翼南朝鲜军已全部被击溃，左翼美英军有被包围的危险，他立刻于11月3日命令西线全线撤至清川江以南。美韩军利用机械化优势迅速完成退却，而三十八军和六十六军因道路堵塞，顾虑空袭和虚假敌情，未能完成迂回侧后、截敌退路的任务。到11月5日，战场态势已很明朗，西线"联合国军"和南朝鲜军队已退至清川江以南，志愿军歼敌于清川江以北的计划已不可能实现，随身携带的粮弹补给又已耗尽，彭德怀立即命令停止进攻，不得暴露部队实力。到 11 月 7 日，在东线担任阻击任务的四十二军也开始后撤，抗美援朝第一次战役就此结束。

在这场为期十三天的战役中，彭德怀以一万余人伤亡的代价不成建制地消灭了麦克阿瑟麾下约一点五万人马，取得了初战的胜利，摸到了麦克阿瑟的底细，取得了同现代化的"联合国军"和南朝鲜军作战的初步经验，同时彭德怀严厉批评了失职将领，总结了教训。此役彭德怀同麦克阿瑟一样都没能完全实现战役企图：彭德怀没能完成将敌军歼灭在清川江以北的计划；麦克阿瑟则没能完成在感恩节前占领全朝鲜的计划，二人各自心有不甘，两个统帅都在紧张思索下一步战局。针对志愿军尚没有全面暴露实力的状况，彭德怀决定给麦克阿瑟挖一个巨大的陷阱。为利用麦克阿瑟骄狂至极、目中无人的心理特点，彭德怀提出了总的战略方针："示敌以弱，增敌之骄，战而胜之。"他在作战会议上指出："美军主力未受损失，敌对我军兵力还不清楚，还要向鸭绿江大举进攻，我应故意示弱，避其锐气，边打边退，迷惑敌人，诱其深入。我军可后撤三十公里至五十公里，然后在运动中待机歼敌。"彭德怀当即命令释放了一千多名战俘，纵俘时还给灌了许多迷魂汤——"我们没有多少人，只想保卫鸭绿江上的几个水电站，没有它们的电力，我们东北的工厂就不能开工了……""我们把你们放了，你们再也不要用凝固汽油弹炸我们了……""我们的粮食吃完了，要后撤归国了……"同时彭德怀传令西线各军把清川江，大同江以北地区让给敌人，在东线放手让美军北进，将主力转移到敌军侧面，进入山林，严密伪装，昼不出烟，夜不露光，在清川江畔，长津湖畔撒开一张大网，只等着麦克阿瑟这条大鱼上钩。当时金日成对于彭德怀这种打法很不理解，认为初战获胜，应乘胜向清川江以南追击，彭德怀的回答很平静："打仗不能一厢情愿，指挥战争不能用形而上学，而需要用辩证法。"

几十年以后，美国陆军史学家贝文·亚历山大写道："中国军队第一阶段攻势已向麦克阿瑟以及参谋长联席会议发出了极其严厉的警告，其攻势迅猛果断，规模之大，令人惊讶。中国人曾威胁说，如果美军向前推进的话，他们将给予迎头痛击。他们已经将这种威胁付诸行动，美军统帅竟然无视这一警告，再入虎穴，这实在让人难以理解。"

贝文·亚历山大在事后觉得麦克阿瑟再入虎穴，掉入彭德怀的陷阱，让人难以理解；麦克阿瑟本人当时却认为他再次北进是一件自然而然的事，他是彻底上了彭德怀的当。

早在11月4日，彭德怀在战场上有意减弱攻势时，麦克阿瑟就上了钩，他在致参谋长联席会议询问有关中国干涉的复电中信誓旦旦地担保："有许多合乎逻辑的理由证明这样的事情（中国大规模出兵）不会发生，而且还没有得到足够的证据说明这种可能性在目前是站得住脚的。"受他的乐观情绪感染，麦克阿瑟的情报处长威洛比少将甚至自信地说："我早就看穿了他们的手法，我预料他们会这样做的，我早就说过，北京无非是虚张声势。"

随着彭德怀一系列欺敌措施的展开，麦克阿瑟更加坚信自己的判断，他认为他对中朝边境展开的大轰炸已彻底截断了中国后续部队的援朝通道，所以已入朝的中国军队再也不敢向其进攻，他判断中国进入朝鲜的部队是两万人，最多不超过六万人，他甚至计划将敢于入朝的中国人全部截断在鸭绿江以南予以全歼！

当时美国军内也有一些明白人，老成持重的国防部长五星上将马歇尔就说："中国部队是世界上作战时间很长，地面作战经验非常丰富的军队，万万不可掉以轻心。"他又说："'二战'中和战后，我到过中国，你们不要轻信中国人。世界古代大兵法家孙子就是中国人，他们的战略技术很高明。中共军队打败了日本，又打败了蒋介石几百万大军。什么'志愿军'，是在骗我们，很可能是他们的精华。毛泽东一贯主张初战必须打胜，同我们美军交兵，他一定要选择良将精兵来的……中国人在历史上是讲义气的民族，他们不会袖手旁观的，我们应慎重。"但这一切的警告都动摇不了固执的麦克阿瑟，当他的顾问威廉·西博尔德提醒他"中共军队的力量不可低估，他们有实施大战役的最新经验，在中国的三大战役中，他们消灭了蒋介石的百万大军"时，麦克阿瑟自信地说："渗透到北朝鲜的中国人不可能超过三万人。冰天雪地上有十万人就肯定能被美国空军发现。"

西博尔德又问："中国人如果只派像你说的那样少数兵力，又有何用途？"

麦克阿瑟答："中国出兵是象征性的，既证明他们有帮助共产党邻国的意思，又可在无损他们的面子的情况下撤出朝鲜，我肯定战争即将结束。"

今天我们回过头看历史，麦克阿瑟在刚吃了败仗后还能自大到这种程度，确实让人难以置信。彭德怀的精妙指挥艺术无疑是造成麦克阿瑟这种致命判断的最重要因素，但麦克阿瑟极度狂妄的个人性格，以及当时中国国力的孱弱、极度耻辱的近代百年对外战争史和美国国力军力的空前强大也是麦克阿瑟敢于如此自信的极其重要的原因。

感恩节前结束战争既然已不可能，麦克阿瑟就四处公开宣扬马上发起总攻，圣诞节以前一定打到鸭绿江占领全朝鲜。彭德怀听在耳里，笑在心里，当有志愿军将领问他麦克阿瑟会不会上钩时，吃透了麦克阿瑟性格和心理的彭德怀笑了笑："麦克阿瑟夸下海口，圣诞节前打到鸭绿江边，能不来吗？他是世界名将嘛，不来会失他这个世界名将的面子的。""我们安排好了诱饵，大鱼会上钩的。"

当麦克阿瑟部队前进速度不够迅速，还没有进网时，彭德怀又下令："为了邀请贵客，再给添点菜！""为了引诱麦克阿瑟大胆前进，命各军对敌阻击，不要太猛，敌一攻，我即退，再大步后退十公里！"

彭德怀一骗再骗，麦克阿瑟终于彻底上钩，他发表公告："'联合国军'对鸭绿江沿岸实施的空军突击，已迫使中共后续部队不能进入战场，敌人因兵力不足装备低劣，而怯战败退。"公告发布后，麦克阿瑟又亲自坐上飞机跑到鸭绿江上进行空中侦察，除了冰封的大江他什么也没有看到。返回日本后，麦克阿瑟立即向部队广播："中国人没有参战，战争在两星期内就会结束，可迅速打到鸭绿江，回去过圣诞节！"

麦克阿瑟发布公告时，他的东西线部队均已被志愿军诱至预定地点，侧翼暴露，后方空虚。至此，他彻底掉入了彭德怀的圈套。

"兵者，诡道也。故能而示之为不能，用而示之为不用。"彭德怀使出中国兵学几千年积淀的精髓，对麦克阿瑟利而诱之、卑而骄之，西方军界巨擘麦克阿瑟不识厉害，终于一头钻进彭德怀东方式战略战术的陷阱。现在彭德怀就要对他乱而取之了。

1950年11月25日下午4时，随着麦克阿瑟西线左翼德川城外山头上升起的一串串信号弹，隐藏在山林里的彭德怀麾下的三十八军将士向南朝鲜二军第七师发起了凶猛的攻击，与此同时四十二军攻击宁远城的南朝鲜二军第八师，另外四个军则向正面的美国第八集团军的第一军和第九军发起正面突击，二百公里宽的战线上，军号声、喇叭声、哨子声和枪炮声响成一片，中国军队在二十二年血战中摸索出的一整套夜战战法大显神威。三十八军、四十二军一夜之间就分割了南朝鲜第二军，又在第二天白天，乘敌我双方搅成一团，美机无法轰炸之机，全歼了南朝鲜第二军，彻底打垮了麦克阿瑟西线左翼，在美韩军西部战线上砸出了一个大窟窿。随后三十八军顺着这个大窟窿向美一军、美九军背后的价川、三所里进行内层迂回穿插；四十二军向肃川、顺川进行外层迂回，彭德怀意图用这两个军与正面四个军构筑一个双层包围圈，将美第八集团军合围在平壤以北予以全歼。

骄横无比、满以为胜券在握的麦克阿瑟当时被彭德怀的凶猛攻击打蒙了，他根本就弄不清前线发生了什么事。直到 11 月 26 日西线右翼南朝鲜第二军被歼灭，西线左翼的美第二集团军还在向定州和泰州北进攻击。见到此景，彭德怀几乎要笑掉大牙。到 11 月 28 日 8 时，三十八军插到了三所里，对清川江以北的美军第八集团军构成了三面包围，麦克阿瑟才明白西线的中国军队到底要干什么。正当他目瞪口呆、手足无措时，在当夜 10 时，彭德怀麾下二十军、二十七军从狼林山脉冲出来将东线的美国陆战一师和美步七师包砍成五截，麦克阿瑟这才终于明白了他心中无比轻视的"懦弱的中国人"胃口到底有多大，他立刻向美国政府报告，中国人要把他的部队"全部歼灭"！史家称，这是麦克阿瑟与彭德怀交手整整一个月才做出的第一个合乎战场实际的判断，而到此时，他连将自己打得如此之惨的中国军队司令官是谁都还没搞清！

11 月 29 日上午，麦克阿瑟下令全线撤退。麦克阿瑟撤退令一下，清川江以北的美第八集团军立即开始向南逃跑。为打开美九军的退路，美二师由北向南、美骑一师由南向北对攻三所里，在一一三师阻击战打得最激烈的情况下，彭德怀直接通过步话机鼓励师政委刘西元："要告诉战士们，你们打得蛮好，我们的主力部队正在向你们那边靠拢，你们要加把劲儿，继续把美国人卡住，不让敌人跑掉！"在彭德怀直接领导下，一一三师的将士们犹如钢钉一样钉在三所里和龙源里两条交通要道上，坚持了五十多个小时的血战，使南突北进之敌，双方相距不到一公里，却始终可望而不可即，无法会合。到 12 月 1 日，溃不成军的美九军只得丢弃两千辆汽车和坦克，扔下伤员，掉头向西会合美一军沿肃川一线沿海公路亡命南逃。在彭德怀的凶狠打击下，麦克阿瑟"圣诞节以前结束战争"的计划变成了大溃退，几天前还趾高气扬的麦克阿瑟现在"看见北朝鲜山坡上的狗尾巴草就发抖"。美国当时的国务卿艾奇逊说麦克阿瑟"一下子从乐观的顶点堕入了沮丧的深渊"。

"美国历史上路程最长的退却"开始了，十天之内，西线美军溃退四百公里，一直逃到三八线以南才算勉强收住脚，连第八集团军司令官沃克中将也在败退路上翻车身亡。与此同时，东线的美十军也被中国军队撵出了兴南港，美国军队最能打的陆战一师减员一点一万余人，受到了其历史上最具毁灭性的一次打击。美国人自己说："这是美国建军史上最丢脸的失败。"美国前总统胡佛坦承："美国在朝鲜被共产党中国击败了，世界上没有任何部队足以击退中国人。"

到12月24日，彭德怀胜利结束了抗美援朝第二次战役，收复了三八线以北除襄阳一地之外的朝鲜民主主义人民共和国的全部领土，彻底扭转了朝鲜的战局，不但如此，彭德怀此战的影响远远超过了朝鲜，他的胜利直接宣告了一个新世界强国的崛起。美国人如是评论："朝鲜灾难引起的影响远超过麦克阿瑟在战场上的失败。不仅联合国统一朝鲜的希望破灭了，而且当中华人民共和国变成第一个在重要战役中取得打败西方军队的战绩的国家时，似乎一夜之间，中国便跃进到世界强国之列。"而对于两位统帅个人的较量而言，可以说，在这场清川江边、长津湖畔展开的震撼世界的大战中，彭德怀给自诩了解中国的麦克阿瑟教授上了一堂战役学课程，用中国军队传统的穿插迂回战术给麦克阿瑟开了眼界，让其辉煌的军事生涯以一场惨败而告终。如果从哲学角度上来看这场战役，也可以说，这是一个只有两百年历史的暴发户国家粗浅的恃强凌弱、崇尚以力取胜的军事思想，败给了一个有五千年文明史的国家崇尚为正义兴师、靠谋略制胜的军事思想。

骄横不可一世的麦克阿瑟在这次惨败后彻底失去了美国军政两界的信任，输急了眼的麦克阿瑟为了挽回自己的面子，不断叫嚣要扩大战争，哪怕引起世界大战也在所不惜，与美国政府限制朝鲜战争规模，尽早结束战争的外交方针背道而驰，其观点严重危害美国的整体利益。他为此与杜鲁门总统彻底翻脸，被杜鲁门勒令解除军职，退出现役，灰溜溜回到美国，耻辱地结束了其军事生涯。当记者询问彭德怀对麦克阿瑟被撤职的看法时，彭德怀笑了笑："麦克阿瑟现年已七十高龄，吃了败仗就发疯，早该回家养老了，看来杜鲁门要比他明智些。"这样，中美两位世界级名将之间的较量以麦克阿瑟惨败于彭德怀之手而告终。值得一提的是，麦克阿瑟直到此时还不知道打垮他的对手是彭德怀。

评述

毫无疑问，彭德怀与麦克阿瑟是中美两国各自所能培养出来的最优秀的战士、最杰出的统帅。他们都经历了漫长的军事生涯，麦克阿瑟在遇到彭德怀之前在美国陆军服役了五十一年，经历了五场战争，在这五场战争中他都是胜利者。而彭德怀在与麦克阿瑟交手前已经度过了三十四年几乎无日不战的战场生活，打垮了包括极其凶悍的日本陆军在内的所有对手。他们都取得了极其显赫的军事业绩，直至达到各自职业军事生涯的顶峰。彭德怀是中国人民解放军副总司令、中国人民志愿军司令员、中华人民共和国元帅。麦克阿瑟任过美国陆军参谋长、"联合国军"司令，是美利坚合众国陆军五星上将。

这两位统帅都是罕见的军事天才。麦克阿瑟在军校就已显示出了出类拔萃的军事天赋，可以说，他是常规的军校教育体制所能培养出的最优秀将才；而彭德怀则是战场上最优秀的士兵、副班长、班长……直至靠战功逐级提升成为最优秀将领，他是那种由战争本身所孕育出来的最优秀实战统帅。后来一个曾败于八路军之手的旧日本军官曾深思着总结以彭德怀为代表的中共将领的共性："中国共产党的将领绝大多数都没有经过系统的军校教育，他们都是在战场上直接从战争中学习战争，因此他们比他们的对手能更深刻地领悟战争的本质，所以他们也就比他们的对手更强有力。"这个相当精辟的结论既是他的切身体会，也可给麦克阿瑟为何会败给彭德怀带来一些启迪。

以个人勇敢而论，两位统帅都是无可挑剔的，他们的勇气和献身精神都是各自军队的楷模。麦克阿瑟年轻时就以单枪匹马的牛仔式战斗名震全军，到仁川登陆时年已七十高龄还亲自坐镇"麦金莱山"号舰出征压阵。彭德怀年轻时每战必身先士卒、亲冒矢石，红军时期攻打零都城时，彭德怀竟亲自率队冲锋首先登城，以致受到部下的严厉批评。直到成为高级将领他仍一有机会必到前沿督阵，曾留下一幅被广泛传播的元帅在百团大战时足踏战壕观察敌军动静的照片。据摄影师回忆，拍摄地点距日军阵地只有不到一千米，照片上竟能看到子弹飞过。到抗美援朝时，彭德怀对毛泽东决策出兵投下了至关重要的一票，接着又以年过半百之身亲自挂帅出征，决战世界上最强大的美军。两位统帅的勇武气概都是中美两军各自永恒的骄傲和精神图腾。

以指挥风格而论，两位统帅都是韬略满腹的谋略型将领。麦克阿瑟的仁川登陆避开人民军正面，在其侧后以两栖登陆给其致命的一击，堪称军事锐势和指挥艺术的杰作，充分代表了其"两栖战大师"称号的不凡之处。世人大多以为彭德怀作战风格以勇猛为主，只有对其真正有过研究的人士才了解彭德怀作战勇谋兼备，绝非其外号"张飞"那么简单，抗美援朝战争尤其代表了其一生作战指挥中的高超智慧。援朝作战中，彭德怀伪装接敌于不备，初战小胜为骄敌而佯退，一路疑阵密布将麦克阿瑟这位世界级名将耍得晕头转向，然后将其扔进陷阱痛击，以翼侧迂回结合正面突击大败世界装备最先进的美军，其谋略之精深可说是其一生高超指挥艺术的一个缩影，足以为后起兵家万世楷模。

中华文明有着五千年光辉灿烂的历史，出现过浩如繁星的军事天才。中华民族对于将领有着一整套极为严格的要求标准，战功仅仅只是中华民族评论将领历史地位的一个方面。战国时名将白起军功之大秦国无以封赏，军事才华之杰出令六国谈之色变，但因其过于残暴，后世传统史家就一直拒绝将其列入中华名将谱。孙子云："将者，智、信、仁、勇、严也。"这五个方面综合起来都能达标才能成为中华民族公认的可以让后世敬仰的英雄。以中华民族评将的标准，麦克阿瑟就远远不如彭德怀了。

首先，麦克阿瑟一生打过正义战争，也打过非正义战争，就像希特勒的将领再善战也只能被钉在人类正义的耻辱柱上一样，麦克阿瑟的征战史上也留有几片永远抹不去的耻辱印迹。在墨西哥、菲律宾，他代表美国帝国主义的利益屠杀当地为民族独立国家主权而战的游击队员。在朝鲜，他干涉别国内政，侵略他国领土，屠杀当地人民，在其征战史上留下了最耻辱的一页。而彭德怀一生从事的战斗皆为求民族独立、争国家主权，他是为祖国而战、为祖国人民而战，到朝鲜更是履行正义的国际主义义务，挽邻国人民于侵略者铁蹄于水火，他的战旗上始终飘舞着人类的正义和良知，他不但得到了中国人民的万世敬仰，也得到了朝鲜人民的永远尊敬（朝鲜人民授予其最高勋章"一级国旗勋章"和"朝鲜民主主义人民共和国英雄"称号）。从这一点上说，他远胜于麦克阿瑟。

其次，彭德怀一生作战皆是以少胜多、以劣胜优，前三十四年作战甚至一切取之于敌，全靠消灭敌人缴获来发展自己。在井冈山时，彭德怀曾以八百之众当敌军三万五路围攻掩护朱毛红四军远走，突围后又与敌周旋一月，以二百八十三人枪在敌军丛中远程奔袭零都城，灭敌七百。这两次战斗虽小，却极能体现彭德怀一生作战环境的恶劣和作战条件的艰难，也极能反映人民军队的成长历程和战斗力的无比强悍。理解了彭德怀的这两次战斗，也就能理解彭德怀在朝鲜时的两次感慨："如果我军实现了装甲化，地球都会发抖！""如果我军能有美军的装备，早把美军赶下大海了。"同样，也就能理解一位被中国军队俘虏的美军军官的内心想法——在尽情侮辱了一番中国军队的武器装备并对败在装备如此落后的对手下感到遗憾后，他说："美国有好武器，没有像中国这样的步兵部队，如果美国有几个中国的步兵军，再配上我们美国的武器，我们美军就能天下无敌战胜任何对手！"

而麦克阿瑟一生作战都有美国强大的国力做坚强后盾，无论是与墨西哥人、菲律宾人作战，还是"一战""二战"、朝战，他都拥有远胜于对手的武器装备和物质力量，其作战一贯是以多胜少、以强凌弱，这是连美国史家都无法否认的历史事实。而在朝鲜的较量中，他以极其微弱的兵力差距和难以用数字表现的装备优势和物质条件基础，反被彭德怀打了个落花流水，两位统帅的高下之分也就不用多说了。

再次，从个人人格比较上来说，麦克阿瑟更是难以望彭德怀之项背。麦克阿瑟虚荣心极强，个性之骄狂在世界各国的军事将领中都是罕见的。他人格上的缺陷也是美军在朝鲜惨败的一个重要因素，美国人自己都毫不讳言地承认这一点。美国历史学家说："中共军使美军遭到灾难性惨败，使美国威信扫地，也使麦克阿瑟从此一蹶不振。他是美军中担任指挥职务最长的名将，但在朝鲜战争中，由于他骄横放纵、恃强凌弱、轻敌自负，造成指挥上严重失误，使美军遭到了惨败。"军人本应以服从命令为天职，麦克阿瑟却倚仗老资格屡次违令抗上，几乎将美军最高统帅美国总统杜鲁门当作手中的玩具，他与杜鲁门之间的钩心斗角在世界军事史上都是有名的。杜鲁门说他"卑鄙下流地抗命不从"，"麦克阿瑟总是抢功推过，在失败时怨上怨下，他是一个不负责任的将军"。美国国务卿艾奇逊干脆称其为"麦克阿瑟陛下"。这种来自于上司的评价实在是一个军职人员永远抹不去的污点。而对部下，麦克阿瑟也常常贪其功为已有，在部属那里也没留下多少好印象。艾森豪威尔给他当过参谋长，在回忆这段经历时，艾氏调侃"在麦克阿瑟手下学会了表演艺术"。他在朝鲜的直接部下和继任者李奇微则直言："麦克阿瑟好出风头……他有意培养清高孤傲之情，仿佛这是天才的特征，直至它变成一种格格不入的东西……使他失去了一名司令官从他部属那里需要得到的批评意见和中肯评价。他刚愎自用的性格……有时使他不顾浅显的逻辑而坚持一意孤行。他对自己的判断坚信不疑，使他产生一种一贯正确的预感，并最终导致他抗命不从。"

一言以蔽之，麦克阿瑟是一位连美国人自己都承认的人格上有极大缺陷的司令官。以美国的标准而言，他是一员名将，但用我们中国传统上对将领的要求来说，他算不上合格的统帅。正是因为麦克阿瑟这些人格上的不足，在他的晚年，受到了美国人民的冷落。美国军事历史学家拉塞尔·韦格尔先生在《美国陆军史》中冷峻客观地介绍了美国公众对回国后的麦克阿瑟的态度——"麦克阿瑟的形象还是在人们心中很快消退了、冷漠了。公众欢迎一位表达了他们对于有限战争感到失望的战斗英雄，但要公众接受麦克阿瑟不惜冒全面战争的风险去挽救挫折的做法则是另外一回事了"。美国历史学家认为，杜鲁门政府完全可以在军事法庭因违抗命令罪对麦克阿瑟进行起诉与审判，但他们没有这样做，因为撤职对于虚荣心极强的麦克阿瑟已是足够的惩罚。回国后，麦克阿瑟名义上担任一家公司的董事长，实际上一直过着隐居般的生活，可想而知，这种生活对于好出风头的麦克阿瑟是多么痛苦。1964 年 4 月 5 日，麦克阿瑟去世，享年八十四岁。

而彭德怀，今天这个名字在中国早已成为伟大人格的一种象征。在他的晚年，他谱写了比其辉煌的军事生涯更加灿烂的华彩乐章。从朝鲜归国后，彭德怀主持中央军委日常工作，军界公认，其任内是中国军队现代化建设的第一个黄金时期。1955 年，中共登坛拜将，彭德怀在十大元帅中排名第二。开国将帅群星灿烂，无一个不是出类拔萃、战功卓著、谋远略深的人杰，彭德怀能位列开国十帅中第二把交椅，那是众将帅心服口服、众望所归的事。

彭德怀的晚年是十五年的批斗、八年的囚禁、四年的默默无名。但是，彭德怀在庐山的直言越来越顽强地显示出他真理性的力量。1965 年，毛泽东在颐年堂对彭德怀说："也许真理在你那边。"1978 年，中国共产党终于认识到真理确实在彭德怀手里，决定为彭德怀平反，元帅成了历史真正的胜利者。

中国人民知道了彭德怀的牢狱生活后才知道，元帅晚年不过是换了个战场，面对非人的折磨，元帅为真理而斗争，没有做任何的屈服。他在谈到在庐山上为何违心做检讨时，他说："宁可毁掉我个人，决不能因为我而伤害我们的党和军队。"——当有人伤感他的遭遇时，他却在痛惜庐山会议的后果是他对人民犯了罪。当有人说他的问题是那封信写坏了时，他却说："总的说，那封信可以不写，但是，按我个人来说，当时不能不写，凡是见到有损人民利益的问题而不说，那算什么共产党员！"……

彭德怀一生追求真理，无私无畏。幼时与饥寒抗争，稍长与黑暗搏斗，青年为救国而求索，一生为国为民，赤胆忠心，出生入死奋不顾身。他虽身为高级统帅，中国军队中却流传着许多他与士卒同甘共苦、对普通士兵关怀备至的动人故事；他虽是军事家，中国人民却传说着无数他与老百姓打成一片、心忧人民疾苦的佳话。1974 年 11 月 29 日，彭德怀含冤逝世，帅星西陨归位，元帅以生命完成了个人人格的伟大涅槃。仅仅几年后，元帅幸存的战友们开始了改变中国面貌的改革开放，帅星的光芒终于彻耀中华。

彭德怀，中国共产党的骄傲，中国军队的传奇，中华民族的英雄，中国人民的永恒星座。他身上所代表的那种为人民、为正义而不惜粉身碎骨的人格力量，使他在中国历史上的地位和影响力远远超过了一个单纯的军事统帅的影响所能达到的最大范围，中华民族曾拥有过这样一个"真正的人"，真是光荣。

附录三

历史没有忘记

—— 抗美援朝战争中的苏联对华军事援助

战争是敌我双方人力、智力和物力的较量，中国人民志愿军能取得抗美援朝战争的伟大胜利，除了在战争舞台的台前幕后，最高限度地发挥了人的主观能动性这个战争的决定性因素外，也与中国军队从上到下都极度重视武器装备这个战争中极为重要的物质因素有关。从抗美援朝的战前准备开始，为了改变志愿军武器装备的落后状况，中共中央最高领导层始终不懈地进行了最大努力，并得到了当时的友好邻邦苏联的大力援助，使中国军队的武器装备从整体上得到巨大改善，终于在战争中越打越强，不但取得了抗美援朝战争的伟大胜利，还在近代以来第一次初步完成了陆军武器装备的制式化和初级现代化，并在战争中从无到有锤炼出了中国空军的强大鹰翼，还轰出了一支强大的地面炮兵，锻造成了中国装甲兵的凛凛铁甲。毫不夸张地说，现代中国武装力量的装备基础几乎都起始于这场正义战争中的苏联对华军事援助。中国人民永远不会忘记苏联人民当时给予的宝贵援助和支持，历史没有忘记。

1949年10月1日，刚从硝烟中走出来的中国人民解放军三军受阅部队，踏着只有真正的战争才能锤炼出来的沉雄步伐迈过天安门广场。这支即将取得全国胜利的滚滚铁流，集中了全军所能提供的最精良的装备接受开国领袖们的检阅，阅兵中展示的武器有步枪、冲锋枪、轻机枪、重机枪、迫击炮、战防炮、山炮，还有中型卡车和十轮大卡车牵引的七五野炮、一〇五和一五〇榴弹炮、三七毫米和七五毫米的高射炮，但天安门广场上群众兴奋的高呼却无法消除城楼上领袖们心里的隐忧。他们知道这些干净锃亮、烤蓝幽幽、被战士们当眼珠一样爱护的武器，几乎全是从日军和国民党军手里缴获来的战利品。当时历经了二十一年不间断开国血战的中国军队，军政素质可谓无与伦比，但武器装备却是五花八门，制式极不统一，生产型号大多是第二次世界大战以前的老式装备，新中国自己简陋的兵工厂只能制造少量的轻武器和弹药，一件真正像样的东西都造不出来。当时，人民解放军拥有枪械二百多万余支（挺），其中步枪口径多达十三种，分别由德、美、英、日、意、俄、法等二十多个国家生产，战士们手里拿的是真正"万国牌"的枪械。全军地面压制火炮约一点七万门，共十四种口径，分别为七个国家制造的近四十个型号，其中火力弱的轻型迫击炮占了绝对优势，数量为火炮总数的百分之八十二，山炮、野炮占百分之十四点五，榴弹炮、加农炮占百分之三点五，而称得上现代化、口径最大、性能较好的美制 M1 式一五五榴弹炮，全军只有三十五门。据统计，人民解放军的装备仅就火炮和枪械而言，就产自二十四个国家的九十八家兵工厂，其品种多达一百一十种，旧、杂、差、乱，这就是当时中国军队武器装备的整体缩影。

从鸦片战争到新中国成立，中华民族几乎不间断地被迫打了一百零九年战争，举国上下都极度厌战，天安门上空的鸽哨终于让中国人民看到了和平的曙光，开国领袖们更是迫不及待地想将工作中心转到和平建设上去。虽然人民解放军武器制式化和更新工作十分迫切，还有西藏地区和沿海大量岛屿亟待解放，几百万土匪没有肃清，但后人查阅当时的历史资料时却发现，本来合并了国共双方主要兵工力量的新中国兵工事业应当是百年来最强大最完善的，但是当时兵工厂却大量缩减合并，十万人的兵工队伍，居然有九万人在 1951 年前后一年半到两年的时间里，处于停产发生活费（小米）的状态，中国领导人当时息鼓罢兵，急于和平建设的迫切心情可想而知。

抗美援朝是中国政府在接到朝鲜政府出兵请求后匆忙决定的。当时新中国成立刚一年，国内正开始大规模重建，部队已开始复员，而军工生产也已让位于地方建设，要面对的敌人却是世界上武器装备最先进最强大的美军和"联合国部队"。中国军队在仓促中尽了最大努力加强预定入朝部队东北边防军的实力，东北军区将库存搜罗一空，为边防军补充步枪二千支，轻机枪五百四十挺，重机枪七十六挺，60 迫击炮一百七十九门，81 毫米迫击炮四十五门，92 步兵炮五十五门，燃烧瓶两千个。总后勤部调拨了重机枪二十八挺，82 迫击炮七十一门，山炮十七门，反坦克地雷两千个。但尽了最大努力加强后的东北边防军的火力与美军相比，还是远远不如。

东北边防军由三十八军、三十九军、四十军组成，后来又加强了四十二军，是解放军中战斗力最强的部队，原驻中原地区作为军委战略预备队，其武器装备实力远远超过全军其他部队。其中又以三十九军最强，号称美械装备部队，三十九军当时的装备水平是平均每连步枪一百二十支，冲锋枪三十六支，轻机枪九挺，60 毫米迫击炮三门；每营重机枪六挺，81 毫米、82 毫米迫击炮三门；每团 92 式步兵炮四门，重迫击炮三门；军属炮兵营辖三个山炮营（每营十二门），一个火箭炮连。

但根据 1950 年 9 月的战斗实力表统计，三十九军的实际装备却是装备日本三八式步枪七千三百二十支，79 式步枪一千五百一十二支，美制春田式步枪两千四百零八支，美制冲锋枪三千零五十八支，捷克式轻机枪七百九十挺，美制 M1918 式轻机枪一百六十八挺，英制布伦式轮机枪一百一十七挺，美制 M1917 式重机枪一百五十五挺，日制 92 式重机枪七挺，60 毫米迫击炮二百六十门，81 毫米迫击炮八十二门，82 毫米迫击炮十五门，120 毫米迫击炮十二门，美制 107 毫米化学迫击炮十二门，国产六管 102 毫米火箭炮九门，92 式步兵炮三十六门，41 式山炮十二门，94 式山炮十二门，美制 75 毫米山炮十二门。

可见，即使是号称当时解放军中装备实力最强的美械部队三十九军，仅步枪、冲锋枪、机枪就装备了四个国家的九种型号，火炮更是高达不同国家的十种型号，实际上仍装备了大量旧式杂式武器。步枪中日本三八式数量更是占了绝对优势，所谓的美械，其实不过是较多装备了一些美式冲锋枪，轻重机枪和六〇迫击炮而已。

同时装备实力表也还并不能完全反映部队的实际情况，这些武器绝大多数都是经过多年战争洗礼的缴获品，口径打老变大，损坏待修情况非常严重，当时东北人民政府还为此决定部分工厂停止正常生产任务，全力抢修边防军送厂维修装备。据统计，仅东北军区所属第五十一、第五十四兵工厂，即抢修步枪三百五十八支，轻重机枪七十一挺，各种火炮四百九十四门。十三兵团计算后认为，边防军与美军相比，就火力而言，团以下部队除了没有坦克之外，轻火力与同建制美军部队相比差距不是太大，但师和师以上部队重火力则相差悬殊，最缺乏有效的反坦克和防空兵器，已经确定列编的师属战防炮营和军属高炮营，均因缺乏武器而无法组建。

中国军队统帅部当时总结出的部队出国作战武器装备除没有空军掩护外，还存在四大问题：一、装备整体落后，兵器五花八门；二、结构不合理，重武器不足，火力不够；三、运输工具缺乏，机械化程度低，机动性差；四、补给困难。

由于当时中国工业落后，原材料匮乏，经济困难，这些与美军作战必需的重装备国内也根本无法生产。

嘤其鸣矣，求其友声。1950 年 10 月 7 日，美军置中国警告于不顾，悍然越过三八线大举北进，向中朝边境长驱直入。8 日，周恩来即急飞莫斯科，其使命之一就是向国际共运领袖斯大林反映中国军队的真实情况和紧急军事订货。

中国在急切之中向苏联请求军事援助，原因固然是因为当时中苏朝同属社会主义阵营，中国抗美援朝也是在为保卫当时以苏联为首的社会主义阵营战斗，而且还有着传统的历史渊源和心理因素。

在国际现代史上，苏联共产主义者们对中国革命是一直抱着相当真诚的同情态度，并给予了大力支持的。客观地回顾历史，这种同情和支援是不分国共两党的，甚至给予国民党更多一些。孙中山创建奠定国民党军事力量基础的黄埔军校时，被军阀挟制的堂堂大总统也只能批五百条枪建校，黄埔军校党代表廖仲恺到军阀办的兵工厂那里苦苦哀求却才搞到三十支步枪，中间还有一支被以后的解放军大将、当时的年轻军校生陈赓弄丢了枪栓，实际只有二十九支半步枪，连站岗放哨都不够，信奉有枪便是草头王的军阀们因此根本瞧不起黄埔军校。孙中山曾在一次会议上表扬黄埔军校，要大家向黄埔学习，结果与会的滇系军长范石生却极不服气，一散会就马上轻蔑地斜眼看着蒋介石："姓蒋的，你在黄埔办什么鸟学校！你那几根吹火筒，我只派一营人就完全可以缴你的械！"弄得蒋介石又羞又气又怕（范石生以后于共产党有大恩，中共南昌起义后的余部，就是朱德利用老滇军的关系挂在范部下才得以喘息，并被毛泽东派来的何长工找到，这才有了朱毛井冈山会师，后来中共还拍了一部电视剧纪念范石生）。

就在这时，苏联一次就秘密船运了八千支崭新的每枪配五百发子弹的俄式步枪直接送到黄埔岛，武装黄埔军校，当时这一批枪足够武装中国大陆一个最精良的步兵师！欣喜若狂的青年军校生们亲自卸货，喜称从此有了革命的本钱。据不完全统计，从1924年到1927年间，苏联拨给了黄埔军校办学经费二百万卢布，步枪二万六千支，子弹一千二百万发，机关枪九十挺，弹带四千个，大炮二十四门，炮弹一千发，其中1925年援助的军火就价值五十六点四万卢布，尚未统计在内。当时黄埔岛上到处是大大小小临时搭建的军火库，这次轮到垂涎欲滴的大小军阀们央求翻身的蒋介石发点武器了，得意不行的蒋介石要肯听话肯效忠的才肯发给一点旧枪。历史不会忘记，正是在这批宝贵的军火援助和资金援助的基础上，正是在苏联首批五位开国元帅之一的勃留赫尔元帅亲任团长的苏军黄埔军校顾问团的训练下，国共双方才得以组建各自最初的武装力量基础。毫不夸张地说，没有苏联的军事援助，就没有黄埔军校，就没有北伐，就没有中国现代革命史！

在抗日战争中，又是苏联在中国最危难的抗战初期，对中国给予了全世界唯一的大规模军事援助。后来在"二战"中名震世界的朱可夫元帅、崔可夫元帅都曾任中国国民政府军事顾问帮助中国人民抗战，苏联也是抗日战争中对华援助力度最大的国家之一。后来苏联著名经济史专家斯拉德科夫斯基统计，苏联在抗战中共援华飞机九百零四架，坦克八十二辆，牵引车六百零二辆，汽车一千五百一十六辆，大炮一千一百四十门，轻重机炮九千七百二十挺，步枪五万支，子弹一点八亿发，炸弹三万一千六百颗，炮弹约二百万发，以及其他大批军火物资，这个数字除牵引车六百零二辆（中方统计为二十四辆）外，基本得到了中方大多数历史学者的肯定。此外，还有大批苏联飞行员直接入华参战，有些人还为了中国人民的抗战事业牺牲在中国的土地上。

到了抗战末期，苏军还直接对日宣战，入华歼灭了日本侵华军中最精锐的百万关东军。可以说，没有苏联在中日抗战初期给予的世界上唯一的大规模军事援助，中国抗战是很难顺利从战略防御期转入战略相持期的；没有抗战后期苏军的直接参战，中国也很难在战略反攻阶段那样迅速地取得全面抗战的伟大胜利。历史不会忘记，苏联在给予国民政府援助的同时，也给过中共少量的援助，其中最大的一次资金援助是让王稼祥直接带给延安三十万美金现钞，今天看这笔数字很少，但这对当时局促陕北的中共来说绝对是一笔巨款，即使按币值计算，当时的三十万美金也可抵今日千万美金之巨。

近年来，苏联对中国人民正义解放事业军援的材料已大批解密，大多数中国学者已经认可的数字是：在解放战争中，苏联向中共提供的缴获日军步枪在六十万支左右；而解放战争爆发时，人民解放军全军一百二十七万人装备的马步枪仅有四十四点七万支，国民党军收缴侵华一百二十三万日军所获步枪也不过是七十万支。林彪曾在大决战前夜向斯大林求援发电："我们用你们给我们的那批武器装备了三十个步兵团，两个山炮营。""设法给我们解决二十万支步枪，一万五千挺机枪，七千挺重机枪，七百门团营迫击炮，一千门连迫击炮，一百门高射炮，二百门山野炮以及较多数量的弹药和二十个师用的通信器材（主要是无线电和电话）。这批武器望从英勇的红军所缴获的日本武器中拨出，如日本武器所存无多，则望从德国战利品中拨出。"斯大林虽然没有直接满足林彪的这项要求，却前后通过驻朝苏军向东野提供了数量高达两千车皮的收缴驻朝日军的武器弹药。朝鲜当时是由苏军控制的，没有斯大林点头，驻朝苏军是无论如何不敢拨出这批武器的。不久，中国东北黑土地就响起了辽沈决战激烈的枪炮声，历史不会忘记，中国人民解放战争的伟大胜利也包含着苏联人民军援的一份贡献。

周恩来到苏联，首先是解决中国军队的燃眉之急。在他携带的一份军事订货单上，紧急购买的武器装备有两批。第一批要求苏联政府在三个月内交货：有火炮类十一种（100~200毫米大口径加农榴弹炮、100~122毫米大口径榴弹炮、口径85毫米和76毫米加农炮、76毫米山炮、57毫米战防炮、85毫米和76毫米高射炮、37毫米高射炮、火箭炮、大口径高射机枪），共两千一百一十四门（挺）；汽车类十种（牵引车、运输车、修理车、起重机车、救护车、摩托车等），共三千三百零一辆，其中运输车一千五百辆；还有观测仪器十八种、通信器材八种、弹药两种。第二批于五个月内交货：有火炮类十种共二千零四十六门（挺），汽车类九种共三千二百八十六辆，观测仪器十八种，通信器材六种，弹药两种。

在这两批订货中，火炮和运输车的数量最大，这是中国军队根据装备情况和作战面临的困难精心计算的。考虑到没有制空权，订购的四千一百六十门（挺）火炮中用于防空的就有两千七百三十六门（挺），占全部火炮的近三分之二；用于地面作战的有一千四百二十四门。按当时决定首批进入朝鲜的志愿军第十三兵团四个军计算，平均每个军可以达到配备 57～200 毫米的火炮三百五十六门，这个数字比起美军一个师三百五十二门略多一点，与美军一个军的配备仍差得很远，但中国军队善于集中优势兵力作战，采取机动灵活的战术，可以在一定程度上弥补火炮数量的不足。因为后勤运输任务繁重，同时也因为没有制空权，易遭敌空袭毁坏，订购的六千五百八十七辆汽车中以运输车为主，共三千辆。

中国政府为进行抗美援朝战争向苏联提出的第一份军事订单，主要是应急性的；除了这份订单，周恩来还提出订购一批坦克、装甲车的要求。斯大林均非常痛快地答应了，并原则同意低价售给中国，中国可以向苏联贷款，分期偿还。在苏联方面的大力支持下，中国第一次军事订货顺利完成。这些武器装备后来按时交付中国，极大地缓解了志愿军作战和运输的困难，在战场上发挥了很大的威力。

1951 年 2 月 1 日，周恩来和苏联驻华军事代表团团长沙哈罗夫大将分别代表中苏两国政府签订关于苏联向中国政府提供军事贷款的协定，确定由苏联向中国提供十二亿三千五百万卢布的贷款，用以购买中国在抗美援朝战争中所需的军事装备、弹药和铁路器材：在 1950 年 10 月 19 日出兵抗美援朝前的军事订货以半价付款，铁路器材的订货则以七点五折付款。这就是后来闹得沸沸扬扬的三年自然灾害时期归还苏联债务问题的由来。

第一次军事订货后，周恩来根据实战的需要，还作过若干次补充，均以毛泽东的名义向斯大林或苏方主管部门提出增订货单。例如，为对付美机疯狂轰炸，1950 年 12 月 29 日又订购了苏式口径 12.7 毫米高射机关枪两千挺，并要求按苏联的标准每挺配备相应基数的弹药。斯大林复电同意，并说明每挺高射机关枪携带子弹一千发。这种武器携带轻便，当时配备给前方作战和铁路沿线部队非常适用。

1950 年 10 月 25 日抗美援朝战场打响了第一枪。十天后，11 月 5 日，周恩来代毛泽东起草了致斯大林电，一次就向斯大林提出购买三十六个步兵师的轻武器。电报说：由于我人民解放军的步兵装备的主要来源，过去是缴自敌方，故枪、炮口径极其杂乱，弹药生产极其困难，其中尤以步、机枪弹生产极少。此次参加朝鲜战争志愿军的十二个军三十六个师仅携带步机枪弹六个基数，今后继续作战，将发生补充上极度困难。而武器改装，如果兵工生产不发生变化，亦须 1951 年下半年方能开始。为解决目前困难，请求考虑可否在 1951 年 1 月、2 月给我们三十六个师的轻武器的装备，计苏式步枪十四万支，弹五千八百万发；苏式冲锋枪两万六千挺，弹八千万发；苏式轻机关枪七千三百挺，弹三千七百万发；苏式重机关枪两千挺，弹两千万发；空军用手枪一千支，弹十万发；TNT 炸药一千吨。

这封电报是周恩来会同军委总参聂荣臻等人具体研究后拟就的，是中国陆军武器装备开始走向正规化的重要标志。电报中提出一次购买三十六个步兵师的轻武器，这在中国军队历史上是空前的。9 日，沙哈罗夫大将转告周恩来，斯大林复电同意供给中国所需步兵武器，将于 1951 年 1 月、2 月按时交货。

1951 年 1 月起，苏联按合同陆续将武器装备经满洲里过关运到中国。中方接收后，都集中存放在东北。东北铁路沿线兵站，武器弹药堆积如山，所有入朝作战的部队，先要在东北改装或补充，并经过整训，然后再开动。最早得到整建制改装的是 1 月底和 3 月集结东北的第二番作战部队第十九、第三兵团共十八个师，基本换成苏式武器后开赴朝鲜。第九兵团在朝鲜休整期间，由国内抽补的新、老兵四万多人带去三个师的武器。后续第三番的第二十兵团两个军准备到东北时换装。

这时，正在前线作战的第十三兵团六个军十八个师还未换装，第三番作战部队除第二十兵团外，二野第二批北调的三个军九个师等有待补充或换装，三十六个师的轻武器分配仅剩下九个师的，已远远不够用了，同时前方也频频告急：大口径火炮、反坦克炮等重武器配备太少，不能适应作战需要，要求增加供给。中国方面将此情况通报给斯大林。

斯大林很快回电毛泽东，波兰放弃了本年度自己的军事订货，因此苏联能在今年给中国额外的供应，并相应地增加 1951 年度的军事贷款额。5 月 25 日，徐向前元帅赴苏要求购买六十个师的装备，并要求苏联援助中国兵工厂建设；6 月下旬，高岗赴莫斯科，带去了六十个步兵师的武器装备订货单，希望苏方能在当年（半年内）全部交付。这份订单是包括轻重武器在内的全套装备。

出乎意料的是，苏联方面对这份订单感到难以承受。

在第二次世界大战中，苏联付出了巨大的牺牲，国家大伤元气。男人牺牲很多，男女比例失衡到惊人的一比八！中国军购代表团看到，虽然战争已结束五年，苏联旅馆里的服务员还多是断手缺脚的残疾人，西部一些大城市里到处是残垣断壁，工厂开工的没几家。鉴于当时美苏对峙的严峻国际形势，苏联优先集中发展与国防相关的重工业，挤掉了许多有关民生的轻工业，所以人民生活还很艰苦。当时，中国代表团外出参观，见到苏联老百姓吃的都是黑面包，还要排长队购买。各地招待代表团成员就餐，上的是白面包，而苏联工作人员一律吃黑面包。招待时如提供香烟，就算是上等招待了。尽管苏联经济也面临着种种困难，但斯大林在中国决定出兵朝鲜后，还是坚持了国际主义精神，努力援助中国人民的反帝斗争。他向此次负责谈判的苏军总参谋部交代，要帮助中国把军队建设好。苏联部长会议副主席布尔加宁接见徐向前等人时也表示，愿意为中朝两国人民的抗美斗争提供援助，只要能办到的，一定援助。但是，苏联当时在国民经济比例严重失调的情况下，军工生产也已经饱和了。一方面，苏联必须完成自己的国防军工生产任务；另一方面，还要赶制中国订购的武器装备（除了陆军外，还有空军和海军），此外还担负着朝鲜人民军六个军团的装备供应，以及东欧一些国家的军事订货。因此，它已无力在当年完成中国政府的这份订单。当时，中国方面并不了解苏联的生产能力有多大，这份订单只是根据上一次苏联三个月交付三十六个步兵师武器的情况计算出来的。

6月24日，斯大林复电毛泽东说，苏联要在一年内完成装备六十个师的订货是不可能的。军工生产者和军事专家们认为，一年内提供十个师的武器装备都完全不可思议，只能在1951年下半年至1954年上半年才有可能完成。"我曾经千方百计想缩短这个期限，哪怕缩短半年也好，但遗憾的是，经过检查，结果没有可能。"28日，斯大林再电毛泽东，提出"除今年来十个师的装备外，其余五十个师的装备须于明年与后年分批交齐"。最后，他还是减去了半年时间。

知道苏联有难处后，毛泽东于30日复电，表示应该依据苏联的生产和运输能力来办，即在三年内完成六十个师装备供应，而在1951年完成十个师的供应。不久，苏联即通知徐向前，原定1951年提供的十六个师，减为十个师，其余五十个师的装备订货，从1952年1月起，每月发一个半师，到1954年上半年全部发往中国。中国第二批提出的六十个师的换装计划，原打算全部用于朝鲜战场，中央军委是将作战和换装同步考虑的，但因苏方生产能力有限，不能在 1951 年内全部交付，而未能实现。事实上，六十个师的武器装备约有一半因在停战前交付而用于朝鲜战场；中国当时还做了战争拖延到 1954 年的准备，届时将全部换装的部队投入战斗。1954 年，朝鲜战争停战一年以后，苏方将六十个师的武器装备交付完毕。至此，中国用苏联贷款共购买了各种枪八十八点四万支（挺），火炮八千九百多门，雷达、探照灯八百多个，观测器材九点八万件，枪弹八点六亿发，炮弹一千零六十九万余发，工程车辆九百九十多辆，以及一些防化、爆破器材。

其中在战争期间，苏联就向中国军队提供了六十四个陆军师和二十二个空军师的武器，这些分期分批的来货，无论对夺取抗美援朝战争的胜利，还是对中国陆军武器装备走向现代化的进程，都起到了很大的作用。

抗美援朝苏联对华军事援助更重大的意义在于，中国还利用苏联提供的仿制苏式武器弹药的机会，在苏联帮助下，迅速改建扩建新建了一大批国内兵工厂。今天，中国已跻身于无可置疑的世界军事强国之列，而中国当代现代化的军事工业基础，就几乎全部奠基于这场战争带来的苏联援助。展开这个话题需要另写一篇长长的文章，就不在此一一赘述。

今天我们反思历史，不容置疑的是，已消逝在历史烟云中的苏联尽管在一些事情上伤害过中国人民的感情和利益，但也给了中国人民的革命正义事业极为重要的帮助，这些帮助有时候甚至是中国人民在民族存亡最危急的时刻，在全世界得到的唯一的巨大帮助。中国人民永远不会忘记这一点，历史没有忘记。但是，在抗美援朝苏联援华过程中也有过一些不快，最令人诟病的有以下几个问题。

一是苏联援助武器中有一些旧式武器和劣质武器。比如在第一批三十六个师轻武器中有三百五十二挺打过"一战"的马克沁重机枪，提供的步枪是 1930 年式莫辛纳甘步枪。这批老枪都打过"二战"，多为战场回收品，附件都不全，很多都使用过度。朝鲜冬季气候寒冷，经常把这些枪的枪栓冻住，许多志愿军战士只得被迫在敌人进攻时仓促间用脚蹬开枪栓开火，因此气愤地将这批步枪称为"脚蹬枪"。还有一些装 85 毫米炮的 T34 坦克被换成装 76 毫米炮的旧型号，有些坦克上的斑驳弹痕用刚刷的新油漆都遮不住，被聂荣臻元帅戏称为"功臣坦克"。后来许多人都认为这种情况是俄国人爱贪小便宜的民族性所致，认为许多欧洲调运过来的新武器被远东苏军换成了旧型号。

其实我们若能换个角度思考，或许也就能得到一些对历史问题看法的新启迪。苏联解体后各项资料都指出，在20世纪七八十年代，苏联每年有四分之一的新收粮食因调度计划问题和储存不当而白白烂掉，可见管理不善是俄国人的一个老毛病。当时大战方歇，苏军从一千二百万人急剧裁员至二百万人，大批武器封存入库。苏联在三个月内一口气向中国提供三十六个步兵师的轻武器，当时远东大铁路的运力也是很低的，这并不是个小数字，手忙脚乱之际出些差错也是可以理解的。

第二个问题是中国欠苏联的军火款问题。抗美援朝期间，中国人民向朝鲜人民提供了真正无私的国际主义援助。牺牲的十几万将士，所耗费的巨量军火物资，统统没有让朝鲜人民出一分钱。就连志愿军将士吃的粮食都从国内运去，还在某些特殊情况下尽己之力解决了一部分朝鲜人民的粮食问题。这才真正体现了共产主义者们的真正国际主义无私精神，也为中朝友谊奠定了钢铁般的基础。而苏联请中国为以自己为首的社会主义阵营打仗，却还要让中国付军火钱，虽然都以低价贷款形式购买，但这种商业行为还是引起许多过惯了军事共产主义生活的中国老一代革命者的腹诽。

总计在整个抗美援朝战争期间，苏联向中国提供了六十四个陆军师、二十二个空军师的装备，其中大部分装备是有偿（包括折价）提供的。这时期中国所欠苏联的军火款为三十亿人民币，1955年苏军从旅顺、安东撤退时，又有偿移交了记账款项近十亿人民币的装备。这样，从1950年至1955年，中国共欠下苏联五十六亿旧卢布的债务（相当于十三亿美元），其中一半左右是用于抗美援朝战争的军火贷款。这些欠款连同利息至1965年全部还清。相比之下，第二次世界大战中苏联从美国得到的约一百亿美元的租借物资，直到20世纪70年代才同意象征性地偿还了三亿美元。

在20世纪60年代中苏关系恶化后，有人曾将中国出现三年经济困难的主要原因归咎于苏联"逼债"，这并不是历史的真实。中国对苏联的还债高峰期在1959年至1964年，正值经济最困难的阶段，还债无疑加重了财政负担。但中国这一时期平均每年还债数额为十亿元人民币，而这一时期每年国家财政支出平均在四百亿元以上，还债款额只占国家年财政支出的四十分之一，尚不及同期中国援外的费用多，这当然不会是造成经济困难的主要原因。

今天可以坦率地说，没有苏联当时提供的大规模军援，中国军队是很难取得抗美援朝战争的辉煌胜利的。一向说话直率的彭老总在一次全军会议上就毫不讳言："目前战线稳定，是斗争中取得的，即一边打仗，一边稳下来的。原因是我们装备改善了，我军出国时一个师的炮还顶不上美军的一个营，现在我们每师有三百多门炮了。又有榴弹炮，工事改善了，战斗经验丰富，是这三个条件稳定下来的，以装备改善为主。"

就苏联军事援助对抗美援朝战争胜利、对中华民族的重大意义和对中国军队建设的重大作用看，付这笔军火款，中国还是非常值得的。

历史在记下这些遗憾的同时，更记下了中苏人民的真诚友谊，包括一些感人肺腑的历史瞬间：

苏联空军早在 1950 年就普遍装备了先进的米格 –15 战斗机，可是中国方面提出订购战斗机时，苏联方面只同意提供已过时的米格 –9 战斗机。中国提出米格 –9 的性能大大落后于美国的 F–84 战斗机时，苏联顾问反而大发雷霆，说你们竟敢怀疑社会主义苏联生产的武器的优越性。最后，只好将这个问题提交斯大林，斯大林马上严厉批评苏方人员，当即决定向中国无偿提供三百七十二架米格 –15 战斗机。

1951 年中国从苏联订购了三十七个步兵师的装备后，考虑到朝鲜人民军的装备不足，在自己装备都严重不足的情况下，勒紧裤带将其中两个师的装备无偿地送给朝鲜人民军。斯大林得知此事后，非常感动，当即决定无偿地送给中国二十个师的装备。

这一切，历史都没有忘记！

（注：本文中苏联军援主要数据引自张民、张秀娟著：《周恩来与抗美援朝战争》，上海人民出版社）

附录四

朝鲜上空的鹰

——米格 -15 和 F-86 的故事

当年在朝鲜的天空上，涂着白五星标志的飞机遮天蔽日，将地面上的一切炸成了焦土，美国空军骄傲地宣称："朝鲜的白天和太阳是我们的。"但很快，一支涂着八一航徽的新军冲进了朝鲜天空的硝烟中，与美国空军展开了凶猛的搏杀。随着一架又一架拖着长长黑烟的美国飞机坠向地面，美国空军参谋长兴登堡上将惊呼："共产党中国几乎在一夜之间就变成了世界上主要空中强国之一。"

志愿军的飞行员都是刚脱下陆军军装不久的战斗英雄，大多只在螺旋桨飞机上飞了几十个小时，在喷气式飞机上只做了十多个小时的应急临战训练，就义无反顾地冲上蓝天，并在世界上第一场喷气式飞机大决战中，将那些有上千飞行小时的美国"二战"王牌们打得心惊胆战，创下了世界空战史上的空前奇迹。"工欲善其事，必先利其器。"这个奇迹的产生，固然是因为志愿军空军飞行员的英勇无畏和精湛技艺，但也与他们使用的战斗机有关。这种战斗机就是当时世界上最先进的，被美国人惧称为"绝对武器"的米格 -15。这是苏联第一种后掠翼喷气式歼击机，它的名字连同中国空军和苏联空军的优异战绩一起永远载进了世界航空史。

世界上第一种实用喷气式飞机是 1942 年德国人研制成功的 Me-262，德国空军曾指望它以质胜量扭转胜局，用革命的喷气式推进技术击败占据了天空绝对优势的盟军螺旋桨战机机群。为此，德军著名王牌、战斗机总监加兰德将军甚至专门从各大战斗机部队抽调了一大批飞行尖子，在莱希弗尔德机场组建了德军第四十四战斗机中队，连世界空军头号王牌、有三百五十二架击落记录的哈特曼也欣然入伙，人送外号"专家中队"。Me-262投入战场后，轻而易举追上或甩下对手的速度让盟军飞行员目瞪口呆。跟它风驰电掣的速度比起来，盟军的螺旋桨飞机就像在空中抛锚一样"定格"不动！

但是，革命性的Me-262虽然对盟国空军造成强烈的冲击和巨大的心理震撼，但因为过少的数量和许多还不成熟的技术缺陷，这种开启喷气式时代的先进武器和"专家中队"最终也未能挽回败局。美苏打进德国本土时，抢夺的科技重点之一就是远远领先自己的德国喷气式航空技术。美国从欧洲带回大量Me-262的技术资料，详加研究后发现了Me-262机翼前缘缝翼低速着陆的秘密，后来用在了朝鲜战场上大出风头的F-86佩刀式战机上。苏联更是在自己的占领区，派出大批技术小组深入德国各喷气式飞机生产基地和机场不漏一针一线地搜刮。他们在德国东部的贝恩堡如愿以偿缴获了容克公司的Jumo-004发动机，并在此基础上仿制出了PA-10型发动机。德国战败前夕，苏联米高扬飞机设计局已开始了喷气式飞机研制工作。发动机是飞机的心脏，有了优秀的发动机，米高扬很快搞出了双发的喷气式米格-9并生产了五百架，这个机型是苏联第一代喷气式飞机，性能并不是十分突出，和美国同期的F80、F84差不多，都属于"过渡型飞机"，主要装备到部队供飞行员熟悉喷气式飞机操纵和使用。苏联空军期待着米高扬设计局拿出更好的产品，他们对新一代歼击机的要求是，时速超过一千公里，火力强，爬升率大，万米以上飞行机动性强。由于面对美国强大的战略轰炸机实力威慑，苏联空军提出新歼击机的主要对手是轰炸机。针对米格-9推力不足的缺点，在吸收英国尼恩发动机技术和德国Me-262后掠翼技术的基础上，米高扬设计局于1947年拿出了让苏联空军大喜过望的新产品，这就是航空史上超级巨星之一、累计生产了一万六千五百架之多的米格-15。

在战后第一代喷气式歼击机中，米格-15是出类拔萃的代表。米格-15为张臂式中单翼机，全金属（铝合金）应力蒙皮结构，每边机翼上翼面装两个翼刀。其尾翼很大，水平尾翼高高装在垂尾上，成为识别该机的一个显著标志。起落架为前三点可收式。单人座舱为增压密封式，舱盖向后滑动打开，后期装弹射座椅，吸气进口开在机头，发动机装在机身后半段，开创典型的米格机外形模式。米格–15的军械系统为三门机炮，一门为37毫米口径的H–37型，两门为23毫米的HC–23KM型，均装在机头下部，备弹二百发，火力十分强大。志愿军将士后来回忆美机只要挨上米格–15一炮基本上就没救，因为三七炮一炮过去就是汽油桶那样大一个窟窿。飞机才多大一点儿，挨上了就得往下掉。苏军本来就是为了攻击美军B–29之类战略轰炸机而装备的火力，炮弹威力太小则无法击落大型轰炸机。H–37炮原为机载反坦克用，威力之大当然可想而知。而米格–15后来主要的对手F–86在这一点上就有所欠缺。F–86几乎纯为空战设计，它设想的对手不是大型轰炸机而是小型歼击机，所以它追求火力密集度，只装备了六挺高射速的12.7毫米航空机枪，备弹一千六百零二发，但弹丸威力偏小，有时志愿军飞机挨上几十发子弹都能安全返航，但在空战中则更易被对手密集的火力击伤。经常有F–86飞行员抱怨说，他打光了全部一千六百发子弹，仍然眼睁睁地看着米格机七歪八扭地逃脱了。志愿军空四师大队长李永泰的米格–15就曾先后遭到十二架F–86袭击，飞机中弹三十余发，负伤五十六处仍安全返回基地，被苏联友军罗波夫军长惊叹为"打不烂的空中坦克"。

与同期的美国喷气式战斗机相比，米格–15在多方面占有优势，多项性能指标达到当时世界最高水平。在当时美国空军装备的三种喷气式飞机中，F80和F84基本上是被米格–15撵着打，只有F–86佩刀式性能与之旗鼓相当。当美国人在朝鲜的空战中吃了米格–15大苦头后，按北约一向贬损苏联武器的做法给它起了个莫名其妙的"柴捆"的绰号。美国人对自己的军机倒是全部要取诸如"鹰""战隼"之类又威武又动听的绰号，给F–86的绰号是相当不错的"佩刀"，但私下仍然掩饰不住自己的震惊之情，称米格–15为"绝对武器"。

说起来米格–15的首次参战还不是在朝鲜，而是在中国。新中国成立后，气急败坏的蒋介石多次派遣空军轰炸上海等地，新中国当时的防空力量极其薄弱，航空兵还未正式组建，无法制止国民党空军的疯狂破坏。经过中苏两国政府商定，苏军派出一个混合防空集团，于1950年2月16日进驻上海、徐州地区，协助当地防空，该集团即装备了米格–15歼击机，来华战机一律喷涂上中国空军航徽参战。4月，米格–15首次参加拦截国民党飞机的战斗，这是米格–15首次参加实战。4月28日，加里尼科夫少校即击落国民党一架侦察机。至 5 月，苏军连续击落蒋机五架，迫使蒋机的窜扰活动大大收敛。

1950 年 6 月 19 日，中国人民解放军空军成立了第一支作战部队——混成第四旅，担任旅长的竟是渡长江战上海的三野猛将，二十七军军长聂凤智。10 月，苏联防空部队陆续回国，装备有偿移交给中国，首批将三十八架米格–15 转给了混成第四派，人民空军在此基础上组建了第一批喷气式飞行部队。

1950 年 6 月 25 日，朝鲜战争爆发，以美国为首的"联合国军"空军参战后，由于实力比对手强大太多，战斗发展远比地面作战顺利。当时朝鲜人民军空军组建不过两年，飞行员毫无作战经验，战斗强击部队仅有两个团，共一百七十八架"二战"时期的螺旋桨式雅克–9 和伊尔–10 强击机。而美军投入了近千架 F-80、F-84 喷气式歼击机和螺旋桨飞机的巅峰之作、"二战"最优战斗机 P-51 野马式，飞行员又大部分都是参加过"二战"、有上千飞行小时的老飞行员，其中不乏加布雷斯基、戴维斯这样赫赫有名的"二战"王牌，因此很快就将人民军空军耗得灯枯油尽，彻底控制了朝鲜的天空，更将朝鲜的地面炸成了一片废墟。就在美国空军的战机横行到将整支轰炸编队的炸弹倾斜到公路上的一辆牛车的时候，米格–15 冲进了朝鲜的天空，苏联空军秘密参战了。

米格–15 进朝鲜，这是斯大林亲自下的命令，根据中苏两国达成的协议，苏联政府从其国土防空部队中抽出一支精锐截击师三二四师秘密部署在中国东北基地。这支部队全部装备米格–15，下辖三个团，每团有三十五架到四十架飞机，师长是苏联卫国战争头号王牌、三次苏联英雄、击落德机六十二架的阔日杜布上校。11 月初，他们首先进入朝鲜领土巡逻警戒，最开始的任务是保卫鸭绿江大桥，保护中国军队的作战部队和后勤补给能顺利通过这座生命桥投入朝鲜战场。

1950 年 11 月 1 日，在鸭绿江上空，一批驾驶 P-51 战斗机的美国飞行员被突然出现的米格–15 惊得目瞪口呆。他们报告说，这种机体纤秀，机翼后掠的飞机飞得快爬得高，可以轻而易举地把 F-80、P-51 甩在身后，与它相比，美国飞机就像在空中"抛了锚"。

美苏两军在空中最初的相遇是冰冷的对峙，双方都还有一个心理适应期，过了这段适应期，双方回过神来，立刻大打出手。11 月 8 日，四架米格–15 和四架 F-80 在鸭绿江大桥上空遭遇，立刻爬高窜低枪炮交加干上了，这是世界航空史上第一次喷气式空战。米格机性能明显占优，但美国人非常庆幸，这批米格机飞行员刚由拉式螺旋桨飞机改装喷气机不久，技术欠佳，运气不好，攻击未能奏效，双方恶战一番，皆无战果，各自愤愤而去。但美国人的好运仅仅维持了一天，第二天，两架米格机就开了荤，大炮小炮一起上，把一架曾横行日本上空的"二战"轰炸机王者B-29揍得千疮百孔，该机跟跟跄跄挣扎回南朝鲜，着陆时再也支撑不住一头撞地，五名乘员毙命，这可以算是米格-15在朝鲜第一个战果。此后米格机又接连击落几架螺旋桨飞机。不过在11月18日下午，凶悍的美国海军航空兵提刀上阵，一架从航母上起飞的F-9F喷气机打下一架米格，这是米格-15在朝鲜战场上的第一个损失。以后双方空中交战就打顺手了，再也没有初期的拘谨感，只要见面就红着眼往死里打，而且规模越打越大，一直持续到两年半以后战争结束才不得不住手。

最先参战的苏军三二四师师长阔日杜布是"二战"苏联头号王牌。阔日杜布本人在这场战争中没有战果。由于他是全苏联家喻户晓的战斗英雄，赫赫威名不容有失，斯大林亲自下令不许他升空作战，但阔日杜布带出了一个喷气式战斗机时代至今无人能超越其战绩的王牌，算是替他过了喷气空战瘾，这就是有二十三架确认击坠记录的、一九六团团长佩利亚耶夫上校。在佩利亚耶夫之后，参战最多的以色列空军头号王牌的战绩也没有超过二十架。有趣的是，空战初期，佩利亚耶夫团长曾当面臭骂了师长阔日杜布一通，正是这次痛骂开始使苏联空军取得空战佳绩。

佩利亚耶夫所率的一九六团是当时苏联最精锐的战斗机部队，所有飞行员都是出类拔萃的"尖子"，在苏联除平时担任常规战备值班任务外，还是"空中仪仗队"，要负责红场阅兵和图希诺航空节的飞行表演任务。朝鲜战争爆发后，作为苏联空军长矛最锋利的矛尖，一九六团立刻进入紧急备战状态，随即全团飞行员奉命经陆路进抵中国安东（今丹东），米格-15则拆成散件运抵中国再组装。此时的苏联政府不想和美国政府正面冲突，佩里亚耶夫奉命在空战中使用朝鲜文或中文，一时间全团变成语言强化补习班，但这样的语言突击学习效果可想而知。佩利亚耶夫为此直截了当地找到顶头上司师长阔日杜布大叫："飞行员们用朝鲜语无法完成训练科目，指挥员也不会说朝鲜语，世界上没有人会使用自己不会的语言作战！"阔日杜布则一脸无奈地回答："这是最高统帅的指示。"

为了不与美国人正面冲突，吓得突击学朝文中文的苏联人并不知道，其实他们的对手对空中交战引发美苏大战的后果也是心里打鼓身上筛糠。美军飞行员老早就已发现他们的对手同样是高鼻子蓝眼睛的白种人，美军监听机里俄语飞行命令早就响成一片，但美军飞行员一下飞机就得到了严令："谁敢将空中遇到的事说出去，立刻军法处置！"这可谓是典型的麻秆打狼两头怕了。搞笑的是，中国人也来凑热闹，掩耳盗铃一般的把这些苏联飞行员说成是"中国俄罗斯族"！估计这也是斯大林的主意。

1951年4月1日，佩利亚耶夫率一九六团首次参战，起飞前飞行员再度接到严令必须在空战中使用朝鲜语，结果在这场愚人节大战中，可怜的一九六团在空中连话都不知怎么说，指挥机构完全瘫痪，打了一场最愚蠢的战斗，当天两架米格–15被击落，而美方无一损失。愤怒的佩利亚耶夫冲下飞机找到师长破口大骂："再让我们使用外语就是犯罪，你他妈的自己上去干一仗试试！"

击落六十二架德机的阔日杜布没有发火，等佩利亚耶夫发泄完怒火后只平静地说了一句："下一次你见机行事。"

阔日杜布的默许立刻立竿见影，4月4日佩利亚耶夫第二次率部出击，飞行员谢班诺夫当即击落一架F-86，这是一九六团第一个战果，佩利亚耶夫本人于5月20日"开和"打下一架F-86，此后一发不可收拾。按苏联官方的统计，佩利亚耶夫共击落了十九架敌机，其中十四架得到了美国资料的确认。而苏联在朝鲜空战中的另一位大王牌苏加金宣传的二十三架战果中，美方只承认十三架。另外，佩利亚耶夫还有四个战果得到了僚机的印证但没有照相证明，所以未进入官方战果，但今天很多资料还是将佩利亚耶夫战果统计为二十三架。按佩利亚耶夫本人说法，他的总战果应为二十五架，现在很多俄国资料采用了二十五架这个数字。更重要的是，佩利亚耶夫还带出了一支英雄部队，第一九六团在朝鲜战争中的总战果高达一百零八架。1993年朝鲜战争结束四十周年之际，佩利亚耶夫受邀重访朝鲜，受到了朝鲜领导人金日成的接见和授勋，正是这次访问使西方知道了佩利亚耶夫的事迹。1995年佩利亚耶夫首次访美，会见了美国著名王牌飞行员加布雷斯基（加布雷斯基在"二战"中将P-47玩得出神入化，共击落二十八架德机，成为欧洲战场美国头号王牌，因其驾驶战机P-47绰号"大奶瓶"，所以人称"奶瓶高手"。朝鲜战争中他又驾驶 F-86 击落六点五架米格 -15），这次会见成为西方了解朝鲜战争中苏联王牌飞行员事迹的开端，九十多岁的佩利亚耶夫今天依然健康地生活在莫斯科。

苏联空军秘密参战仅两个月，新创的中国空军经过战前突击练兵也正式加入朝鲜战场投入大空战。志愿军首先是在苏联空军带领下学习空战，部队都和苏联空军混合驻扎，常常共用一个机场。朝鲜战场上的中国头号王牌、有九架战果的中国空军司令员王海上将几十年后，邀请当年的苏联老红军代表团来华访问。王海上将在招待会讲了三句话："我们中国空军永远不会忘记你们对我们的帮助。第一，是你们教给我们技术；第二，是你们带领我们打仗，我们一开始去的时候是你们教我们打；第三，我们中国飞行员本来都不喝酒，你们每天晚上教我们喝，那个时候也是太累了，抗美援朝中，最多的时候我一天起飞三次，我专门试验过，上天三次掉一公斤肉，开始我们飞行员不喝酒，和苏联红军在一个食堂吃饭，我们不会喝你们就逼我们喝。结果我们学会了，谢谢你们！"

中国空军在朝鲜战场上驾驶米格 -15 取得了赫赫战果，其英勇无畏已有很多记叙，就不再一一表述，但是有一个细节值得补充。传统权威的说法是被中国飞行员张积慧击落的乔治·安德鲁·戴维斯出击六十次，击落十四架，为美军在朝鲜头号王牌飞行员。但最近又有一种说法，美国空军五十一联队十六中队王牌飞行员约瑟夫·麦克康奈尔击落十六架，他才是美军在朝鲜头号王牌。但这位三料王牌也曾在朝鲜上空被中国飞行员蒋道平击落，跳伞后被一架 H-19 型直升机在海面救回（朝鲜战争后，麦克康奈尔在 1956 年的一次飞机试飞中身亡，美国出版有其传记，并有根据其事迹改编的电影问世）。中国空军司令部曾专门给蒋道平回信证实其战绩，全信如下：

蒋道平同志，您好！您给空军党委《关于恳请空军党委确认我击落美国"三料"王牌飞行员康奈尔的报告》收悉。遵照空军首长指示，我们对此进行了深入调查论证。美出版的《朝鲜战争中的美国空军》等有关资料记载，1953 年 4 月 12 日，第五十一联队险些又损失一名王牌飞行员，麦克康奈尔上尉曾从他的被击伤的飞机中跳伞落入黄海，幸亏第三航空救援大队的一架直升机立刻抢救了他。根据已掌握的史料和有关老同志回忆，经空军党委常委研究，同意确认您在抗美援朝战争期间，曾于1953年4月12日，在北朝鲜龟城附近空战中，击落了美国空军第五十一联队王牌飞行员约瑟夫·麦克康奈尔驾驶的飞机。借此机会，对您在抗美援朝战争和空军建设中创立的功勋和做出的贡献，表示崇高的敬意。

中国人民解放军空军司令部（盖章）

蒋道平本人也是一位王牌飞行员，拥有七架战果记录，是中国空军二级战斗英雄。

中国空军的战果是辉煌的，但也付出了沉重的代价。王海上将晚年回忆："我记得很清楚，朱德总司令给我们讲过一句话，勇敢加技术就是战术。想想那个时候的劲头，确实是这样，无私才能无畏，无畏才能勇敢不怕死。当然，现在冷静想一想，我们付出的代价还是很大的。我的记忆很深刻，抗美援朝我们击落对方三百三十架，击伤一百五十架。我自己也被美国击落过，我跳伞了。我们副团长以上的干部牺牲有一百一十六人，代价很大，这一百一十六个飞行员，也不亚于一个师。抗美援朝到了后期，我们飞行员跳伞的跳伞，牺牲的牺牲，就剩不多了。我们团副中队长以上的干部加在一起，才凑足十二个人起飞。我们大队虽然战绩很大，但是牺牲了四个飞行员，一共八个飞行员，牺牲百分之五十，牺牲的分别是孙生禄、刘德林、阎俊武、田宇。我们能活下来，我们是幸存者。抗美援朝取得这么大的胜利，牺牲多少人？国家现在建设这个样，牺牲了多少？光革命家、军事家牺牲了多少？不是哪一个人换来的，是革命先烈流血牺牲换来的。"

中国空军的战绩也是与米格-15的优异性能分不开的，打P-51、F-80、F-84这些性能比米格-15差的战斗机，米格机的战损交换比就很低，但是打F-86这种同一技术水平的战斗机，米格机的战损交换比就很高了。

F-86和米格-15技术水平相差不大，但各有各的绝活。米格-15机身轻便，推力比大，爬升性能好，升限比F-86高出一千多米；F-86的盘旋性能好，急剧水平机动时不易进入螺旋，胜过米格-15。双方的飞行员们便斗智斗勇，利用各自战机的优势发明不同的新战术克制对方。中国的飞行员针对米格-15垂直机动性好的优势练出了名震世界空战史的"YOYO"战术绝招。有说"YOYO"这个词来自风靡一时的悠悠球玩具，有说当年美军飞行员一看到中国飞行员使用这种战术时就吓得大叫"哟！哟！"而来。总之，这是美国空军当年最怕的一种战术，中文正规文献里把垂直机动空战战术译为"哟哟"战术或"摇摇"战术，具体战法是，米格-15机群爬到F-86冲不上去的高度盘旋，然后成双成对地对下方的F86轮流俯冲攻击，垂直攻击穿越F-86编队后，又爬高到高空再次俯冲攻击或脱离战场。

而美军飞行员则利用F-86水平机动性能好的优势发明了同样名噪天下的圆圈战术，具体战法是一队F-86结成圆圈阵势，互相盘旋掩护，诱使米格机进入水平空战，只要米格机敢咬尾攻击前机，立刻会遭到水平性能更好的佩刀掩护机切半径攻击，米格机只要上当陷入圆圈阵中，就多半难逃厄运。

兵法云，"运用之妙，存乎一心也"。真正要取得空战佳绩还得靠飞行员抓住战机充分发挥战鹰的性能。有五架战绩的中国王牌飞行员韩德彩对阵美国双料王牌哈罗德·爱德华·费席尔之战就是堪称临阵发挥的经典之作。当时费席尔作为美军中最精锐的游猎组成员越境偷袭中国大埔机场，将正在着陆的韩德彩长机击伤，结果跟随降落的韩德彩虽然杀红了眼，却没有直接跟踪追击费席尔，而是拉起机头爬高再俯冲攻击将其击落。多年以后，已成好友的两位飞行员在中国欢聚，费席尔一再夸奖韩德彩是世界上最棒的歼击机飞行员，韩德彩则用军人特有的直率说："你的技术比我高，我把你打下来是因为你做了错误的动作，如果你是一直向下，不要那么大，用大坡度、小角度一直转，我一点儿办法都没有，我转不过你，你做错了动作，这才被我打下来的。"

正是因为对手的战机性能如此优越，所以美苏双方都想搞到对手的飞机详细研究以提高自己的航空科技水平，于是在朝鲜的天空上，上演了一场精彩的夺机大战。

1951年5月，一队牛烘烘的苏联试飞员奉斯大林"想办法缴获一架F-86"的亲令，来到佩利亚耶夫的一九六团。众所周知，只有飞行员尖子中的尖子，才够格当试飞员，这帮眼睛长在头顶上的家伙开口就要借用一九六团的米格机，轻蔑地称要上天"围捕"一架F-86并将其迫降在东北，并高傲地宣称可以"将战绩挂在一九六团账上"。实战经验丰富的佩利亚耶夫毫不客气地嘲笑这帮骄傲的家伙："我不需要你们的战绩，也不想要，你们如果能保住小命就算幸运的了。"

果然，由苏联最优秀试飞员组成的"F-86捕俘组"成了送死组，空战和试飞到底还是两回事。为了获得完整的F-86，苏军试飞员不敢攻击对手致命部位，F-86却可以拼命还击逃脱追捕，结果捕俘组首次出战就牺牲一位高级试飞员，另有两架战机重创。八天后第二次围猎，连带队指挥官都在安东摔机着陆牺牲。整个小组一连牺牲了四名优秀试飞员后，最后被良言安抚，劝回了莫斯科，"围猎行动"只好束之高阁。

最终完成斯大林命令的还是佩利亚耶夫上校。1951年10月6日上午的空战中，佩利亚耶夫一发三七炮刚好击中一架F-86座舱盖后缘处并爆炸，被击中的美机飞行员因座舱盖破损无法顺利跳伞，使出浑身解数迫降在朝鲜的一处海滩上，随即被直升机救走。但是节外生枝，这架F-86拖着黑烟下坠时，遇到以更低高度飞行的苏联空军一百七十六团谢贝斯托夫上尉驾驶的米格。谢贝斯托夫上尉匆匆间打了几炮并一直跟踪监视到这架"佩刀"迫降，目睹了美机飞行员被救走的全过程，回到基地后报告是自己击落了这架"佩刀"。佩利亚耶夫只好拿出照相胶卷与其对质，结果谢贝斯托夫的胶卷无法证实说法，而且当时的F-86只有两种涂装，一种是黑白条纹，一种是黄色条纹。佩利亚耶夫说自己击落的是前一种，而谢贝斯托夫说自己击落的是后一种，经技术人员后来查证，证实这架F-86是黑白条纹而且座舱盖后有一弹孔，从而把这一战果记在佩利亚耶夫账上。

这边苏联飞行员还在争功，那边为抢夺这架尚称完好的"佩刀"，双方飞行员已厮杀成一团。这架F-86迫降在滩涂上，距海岸大约一公里，美国飞机拼命轰炸扫射试图破坏，苏军飞行员前赴后继上去挡子弹保护这架还没到手的战利品，场景相当惨烈。直到潮水上涨淹没了那架"佩刀"，这场血战才被迫结束，佩利亚耶夫回忆："我们损失了七架米格15，却没有击落'佩刀'，幸而很快到来的潮汐将那架飞机淹没了。"

趁着黑夜到来，五百名志愿军将士用绳子拼命拖曳，"嗨哟嗨哟"终于将这架佩刀拖上了海岸，然后苏军工作人员连夜拆卸装车后将其运往中国。美国人第二天早上看不到飞机了，情急之下沿路疯狂追打，负责押运前机身的苏军工程师切别列夫回忆："美国人差点儿就搞掉我们了。当我们正在接近隧道口时，就发现一架号称'巡夜者'的B-26轰炸机。我们飞速冲进隧道，B-26的火箭弹也接踵而至，还好，火箭弹射入洞内十几米就撞墙爆炸了，而我们已冲进洞内约一百米。"

用血换来的"佩刀"被运到中国安东,佩利亚耶夫和苏联飞行员们都兴冲冲地坐进这个在长空中拼命与其厮杀的战机座舱,好好体验了一把苏联人一直搞不赢美国人的"人机工程性"。佩利亚耶夫算开了眼界,惊叹:"我在座舱里坐了坐,我们都坐了坐,座舱布局不错,给人的印象仿佛是坐在高级轿车里。"这位王牌飞行员对 F-86 优点的直觉体验,一是驾驶舱舒适性比米格-15 好;二是仪表质量更好,如地平仪。米格 15 的地平仪在飞机滚转超过三十度时就乱套了;三是座舱视野开阔。F-86 舱盖玻璃位置可以齐到飞行员腰部,而米格-15 的舱盖玻璃直到飞行员颈部。"

有趣的是,当这架浑身战场气息的"佩刀"送到莫斯科后,上校又被训了一顿:"你们就不能把它的泥洗干净再给我们运来吗?"

苏联人的好运接踵而至,不久又搞到第二架比较完好的"佩刀"。1952 年 7 月,中国人民志愿军高炮部队一阵狂扫,竟把美国空军第四战斗机联队联队长马胡林上校给打下来了!

美国空军第四战斗机联队在"二战"中共击落德机一千零六架,是美军击落敌机最多的联队,也是美军"王牌飞行员"最多的联队。美军将击落五架敌机者称为王牌飞行员,第四联队就有近三十名王牌!以后直到 1989 年,第四联队又在美军中率先换装 F-15E,海湾战争中率先突击伊拉克军并取得优秀战果,仅损失了两架 F-15E,成为美国空军战斗机部队中极少数连续参加朝鲜战争、越南战争、海湾战争的功勋部队,这支部队是美军战斗机部队中无可争议的头号王牌。被张积慧击落的戴维斯就是第四战斗机联队的三料王牌,联队长马胡林上校"二战"中有二十架击坠记录,是美国闻名遐迩的四料王牌飞行英雄。他是在驾驶 F-86 进行"攻地试验",亲自率队轰炸军隅里(熟悉抗美援朝战史的军迷都知道的名字)调车场时被志愿军击落的。王牌到底是王牌,马胡林居然在朝鲜那种山地冒死摔地着陆成功,只不过摔断了手腕,落地后当了志愿军俘虏("二战"他也做过德国人俘虏)。估计当时高炮火力太猛,马胡林无法跳伞,才被逼出了如此壮举。这架佩刀的残骸也相当完整,这样,苏联就有了两架比较完整的 F-86,苏军的科研机构立即将其大卸八块,详细研究。其中让苏军得益最大的就是 F-86 的雷达机炮瞄准具。美国的各种战机瞄准具是世界上最先进的,也是美军绝密中的绝密。"二战"美军轰炸机被击落坠毁前，机组成员必须完成的任务之一就是卸下轰炸瞄准具扔进大海，或砸向地面彻底破坏。F-86 的机炮瞄准具就是当时全世界最先进的雷达机炮瞄准具。

苏联空军测试，这种雷达机炮瞄准具在九百一十四米的远距离上仍非常精准，而可怜的米格 -15 这时还在用 1939 年设计的光学瞄准具！苏联空军工程部的马茨科维奇中尉当即将佩刀瞄准具的先进性写进了科研报告，没想到为此大吃苦头。当年中国同志不要落后的米格 -9，苏联同志都大发雷霆说你们竟敢怀疑社会主义武器的优越性，一个小小的中尉竟然说美国武器的好话，这还了得！

为了证实自己没错，极不服气的中尉随即针对佩刀瞄准具的雷达频率搞了一个告警接收机，这种简单的接收机装在米格 -15 机尾，能探测到佩刀机炮瞄准具发射的信号，并向飞行员发出警告，后来被志愿军飞行员形象地称为"护尾器"。中尉带了十套护尾器跑到中国装上米格机，由于这种装置有时会虚警，飞行员们一开始都不信任它，有人甚至关掉它不用，直到一天一位苏军团长在鸭绿江上空巡逻，护尾器突然告警，团长回头两次搜索都没有发现敌机，不耐烦之下关掉了护尾器，一分钟后，团长又心虚了，再次打开护尾器，警告声顿时响彻座舱，团长一回头，两架 F-86 已占位成功，准备开火了。原来这个看似简单的小家伙告警距离竟高达七公里至八公里！这位团长靠护尾器提前报警侥幸只被击伤，拖着长长的黑烟挣扎回家捡回了自己的一条命，也捡回了敢说真话的马茨科维奇中尉的前程！

更有意思的是，美军自己的一些大腕却身在福中不知福，根本不把雷达瞄准具当回事。美军"二战"欧洲战场头号王牌，击落过二十八架德机的加布雷斯基于 1951 年 7 月首次击落米格 -15，他说自己就从来不用雷达测距瞄准具。那他怎么瞄准呢？朝鲜战场上任美国空军五十一联队联队长的加布雷斯基可谓艺高人胆大，原来他倚仗自己的丰富经验，每次上飞机后就吐出嘴里的口香糖粘在座舱玻璃上，他用口香糖瞄准！全世界敢这样干的估计也就是独此一家了。但这个胆大包天的家伙也曾被有五架战果的中国王牌飞行员李兰茂击落过。

苏联有完善的航空科研机构和强大的航空科技实力，但佩刀的设计和技术对苏联航空科技人员也有很高的价值，即使不仿制、不照抄，也能够通过实物分析学习对手的设计思想、技术途径和制造工艺，这对自己的航空科技进步大有益处。至于己方的某些弱项如机炮瞄准具，就更能得到直接提高了。因此"冷战"时期，苏联便十分重视克格勃经济技术情报部门的工作，许多美国武器问世不久，便有与其长相惟妙惟肖的苏制"孪生兄弟"问世，这也是公开的秘密了。

基于同样的目的，美国人同样不择手段想搞到米格-15。战争期间，美国空军曾悬赏十万美金，希望能有人驾驶米格-15叛逃，但战争结束前奖金就是发不出去。直到战争结束后的1953年9月21日，朝鲜人民军空军中尉卢金锡驾驶一架米格-15比斯叛逃到南朝鲜金浦空军基地，美军才搞到一架能上天的米格，不过卢金锡标榜自己从未听说过什么十万美金。为防朝鲜空军报复，这架飞机立刻被拆卸打包运回美国，美军招来最优秀的飞行员测试让其垂涎欲滴的米格-15，其中就有"战斗机黑手党教父"博伊德和号称一代天骄、全世界首破音障的著名王牌飞行员耶格尔。试飞结束后这架飞机被重新涂上朝鲜空军的标志收藏在莱特·帕特森空军基地博物馆里。

据说有一位记者曾问过耶格尔，"你个人选择哪种飞机空战，F-86和米格-15？"

很会做人的耶格尔不愿说F-86的坏话和米格-15的好话，但他毕竟是个真正的飞行员，又不愿说违心的话，结果他说了这样一句滑头话：

"作战中飞机并不是最重要的，关键是要看谁坐在座舱里。"

战斗机飞行员实在都是些最机灵的家伙。

朝鲜战后，米格-15在中国国土防空作战中又建立了赫赫功勋，而"佩刀"直到20世纪60年代还在印巴战争中扬威。技艺娴熟的巴军飞行员驾驶老佩刀让印度人吃了相当大的苦头。由于对这种功勋飞机印象至深，后来直到20世纪80年代，巴基斯坦人还和中国人合作想搞个"超级佩刀"。

不过这又是另外的故事了……

附录五

抗美援朝逸闻录

—— 炒面的故事

中国古代军事家曾精辟地总结："兵马未动，粮草先行。""吃"的问题是任何一支军队首先必须解决的问题，解决不了"吃"的问题，一支军队再能征善战也难逃覆亡的命运。军事专家们甚至讥笑一些军事评论家："外行谈战略，内行谈后勤。"如何解决吃饭问题、吃什么、如何吃乃至怎样吃出战斗力？在一支现代军队中，这里面的学问甚至需要一个从科研到教学到生产再到组织机构的一个庞大专业体系来解决。而在人民军队辉煌的征战史上，甚至分别有几种食品的名称就直接代表了其在不同历史时期艰苦卓绝的战斗精神，对军史稍感兴趣的人一听这几种食品就知道其反映的是人民军队哪一个历史阶段的奋斗历程——"红米饭，南瓜汤，野菜充饥一日粮"，这是井冈山时期工农红军艰苦创业的生活画面。"过草地，啃牛皮"，这是长征时期红军坚韧不拔的意志的象征。"小米加步枪，打败蒋介石"，这是解放战争时期人民军队为建立一个新中国勇往直前的战斗口号。"一口炒面一口雪"，这则是中国人民志愿军在朝鲜战场上面对世界上最强大的西方十六国联军时艰苦战斗场面的最真实又是最凝练的战地写照。

"一口炒面一口雪"，当年志愿军将士就是靠着这样最原始的物质条件打败了美国纠集的"联合国军"，将其从中朝边境杀退了四百公里，把侵略者阻止在其发动战争的起始点三八线上，只是，"炒面"到底是什么东西，其背后又蕴藏了多少动人的故事，今天已经很少有人知道了（许多年轻人听到志愿军吃"炒面"的第一反应竟是志愿军生活还挺不错，有"炒面条"吃）。

抗美援朝战争是中国军队迄今为止规模最大的对外战争之一，也是人民军队第一次出国作战，战争强度则从国内战争时期比较初级的近代化战争骤然上升到当时最现代化的高强度战争，面对具有强大空中优势的敌军，几十万志愿军将士一跨出国门，立刻就遇到了如何吃饭这个大问题。抗美援朝初期，志愿军一架飞机都没有，入朝的防空武器只有三十六门几乎磨光了膛线、缴获自日军的老式七五高炮和上百挺高射机枪，雷达则一部都没有，搜索空中目标则只有全靠耳听目视，基本上没有任何防空能力，只有靠隐蔽来躲过空袭，而对手则是最强大的美国空军，当时美军投入到朝鲜战场的空中力量有近两千架战斗机和轰炸机，完全主宰了朝鲜的天空，其轰炸强度只有用"疯狂"一词来形容，在炸光了北朝鲜的军事目标有价值的民用目标后，美军的轰炸行动甚至非常"无聊"，美国空军史料多次记载，有时整个编队的 B-29 重型轰炸机甚至将全部炸弹倾泻到单独一辆在公路上行走的牛车甚至自行车头上来以此取乐，当觉察到中国军队的入朝迹象后，美国远东空军更是昼夜疯狂轰炸，特别是对公路、桥梁等交通枢纽和交通设施进行严密封锁，不放过一人一车，在这种强度极大的空袭之下，志愿军后勤力量遭受了惨重的损失，首批入朝部队全部汽车只有一千三百辆，仅仅一个月就被炸掉了一千辆，平均每天有三十多辆车被美机炸上天，三十八军入朝时配了一百辆车，入朝二十天就只剩六辆还可以使用，二十七军四十五辆车，七天后损失三十九辆，在如此严酷的情况下，志愿军的口粮和副食难以得到及时补充，而且即使得到补充，白天黑夜也不能生火做饭，敌机发现哪里有炊烟和火光，马上就会赶来狂轰滥炸，志愿军急需一种携带方便的野战食品来满足将士们最基本的生存需要，于是，炒面——这种当时中国军队所能找到的最佳野战食品便应运而生，并随即名噪中华，在人民军队野战食品史上永远留下了光辉的一页。

炒面是我国北方地区的一种传统食品，正如炒米是我国南方的传统食品一样。因地域不同，炒面的制作原料有稍许区别，像山西用黄米、芸豆、玉米为主要原料，陇中地区用玉米、青稞米、甜菜根为原料，东北地区用小麦、大豆、高粱米为原料。各地制作炒面的原料虽然不同，但其制作手段和食用方法却是大同小异，都是将原料炒熟后按一定比例磨制成粉，即为可以随时食用的炒面。所以炒面和现在年轻人以为的炒面条是完全两回事，它是粉末状的熟食，食用时用滚汤，开水冲泡搅拌成糊状即可。直到现在，将柿子汁与炒面混合成柿炒面，仍是晋南一些地方的早点吃食。在许多地方，炒面甚至是其名产，像解州炒面油茶、左权炒面都是当地最有名的地方小吃，只不过食用时更讲究一些，是用蒸熟的红薯、软柿子将其搅拌成稀泥状食用。八路军曾在北方征战多年，八路军总部又曾长期驻扎在左权县（原辽县），对炒面这种民间速食方便食品肯定不会陌生——有些资料甚至记载了原八路军总部人员回左权触景生情，点名要吃当年质量低劣的"柿子皮糠炒面"，结果让当地县政府大伤脑筋的故事。而且，与绝大多数人以为的人民军队在朝鲜才开始吃炒面的情况不同。早在红军时期，人民军队就与炒面结下了不解之缘，在长征时期过草地时，三大方面军都以青稞面为主要食品，这里所说的青稞面实际上就是"青稞炒面"，都是在进草地之前炒熟磨制好了的青稞面粉。我们常从各种长征回忆录中看到周恩来、贺龙等首长端着搪瓷杯将青稞面匀给断粮的战士们的故事，这搪瓷杯里盛着的青稞面实际上就是青稞炒面糊糊。再扯一句题外话，中央红军在二次反"围剿"隐蔽待机时吃的是炒米，这是因为南方只出产大米。可见，炒米、炒面这一类民间速食方便食品确是人民军队当时所能找到的最好的野战食品。所以炒面出现在朝鲜战场上，甚至一度成为志愿军的主食几乎是一件必然的事。

那么又是谁具体提议把炒面带到朝鲜战场上的呢？说法很多，有的说是当时任东北人民政府主席，实际上负责志愿军大后方东北地区后勤工作的高岗。而在陇中地区，当地人民又流传说是王震将军进疆之前过陇中，吃到当地的炒面赞不绝口，就推荐给了志愿军司令员彭德怀，当地一位作家甚至激动地写了一篇《炒面颂》，歌颂陇中炒面对抗美援朝做出的重大贡献，但这些说法都没有得到官方的认可，而权威的说法是这样的——由于连年征战，朝鲜已经满目疮痍，对于朝鲜人民来说，自己吃饭都是很大的难题，要想像国内战争那样由当地群众提供粮食是不现实的，而由于美机疯狂轰炸，几十万入朝部队又很难生火做饭，在这个紧迫的关键时刻，鉴于以上情况，时任东北军区后勤部长兼政治委员的李聚奎将军想起他在西路军被敌人打散时千里乞讨返回延安途中，曾吃过老百姓给的炒面，食用方便，也宜保管，根据炒面的上述特点，李聚奎提出用炒面作为志愿军的干粮。他让东北军区后勤部先加工一批炒米、炒面样品，送往前线试用，随后，李聚奎又将志愿军试用的一批炒面样品送志愿军总部，彭德怀和几位副司令员得知试用结果并亲自品尝了炒面样品后很高兴，立即给国内发回加急电报："带来的炒米样品甚好，把米磨成面后，速制送来！"从此，炒面成为人民军队第一份制式化的野战食品。

由于炒面携带、食用方便，立刻受到了志愿军将士的热烈欢迎，志愿军老战士回忆："入朝鲜的时候，我们所有东西、笨重东西都留在国内了，包括衣服，衣服就身上那一件，没背包，背什么呢？背吃的，背炒面背弹药，就是人吃的，枪吃的，所以抗美援朝行军困难的时候主要靠炒面，一把炒面一把雪，冬天你上哪儿喝水去，山坡上雪都半米厚。"志愿军副司令员洪学智回忆："炒面，是用百分之七十的小麦，百分之三十的大豆，高粱米或玉米等原料，经炒熟、磨碎加百分之零点五的食盐，混合制成的一种易于运输、储存和食用的方便食品，打仗时，大家随身背一条炒面口袋，饥饿时抓一把炒面塞在嘴里，再吃上几口雪，照样可以坚持战斗。"

提到炒面还必须提到志愿军将士们携带它的工具——炒面袋，它也是抗美援朝的功臣。炒面袋直径约十厘米，长一米多，行军时战士们将其斜挎在左右双肩，这就是当时志愿军战士们的标准野战口粮携行具，这条米袋能装多少炒面呢？说法不一。三十八军战斗英雄张炳荣回忆："一人一条米袋，里面按两个月标准准备炒面、饼干和罐头。"邱少云的班长、一等功臣锁成德回忆："入朝后每人配发七十斤炒面、八枚手榴弹、五百发子弹。"志愿军当时单兵负荷量之大可想而知。连美国第八集团军司令，范弗里特四星上将也对志愿军的炒面袋印象深刻："（志愿军的）粮食是用米和杂粮磨成粉状而成的，装在一条长管形布袋里，必要时可维持十六天。"应该说，范弗里特所说的这个数字是比较准确的，他得到的数字肯定是美军情报部门经过精确计算后得到的结果，事实上，志愿军靠炒面袋也只能维持七天的攻势作战。

此外，志愿军所吃的炒面也没有彻底统一制式，有许多炒面是甜味的，而且炒面质量也不能得到保证，老战士回忆："那炒面刚开始极棒，精粉加工炒成的，里面掺和上砂糖芝麻花生仁，好吃得很，以后渐渐地变了，改成干巴巴的高粱米炒成，哪里还有砂糖芝麻仁？吃起来又苦又涩，咽不下去，吃到肚子里翻滚冒酸水，大便干结拉不出来。"还有老战士回忆："每天每班抽出三人漫山遍野挖野菜充饥，其余人员坚守阵地挖工事，一箱箱优质炒面很快送到前线，放了芝麻和糖，连俘虏都跟着吃炒面和用炒面制成的'炒面馒头'。"

炒面没有统一制式和质量得不到保证的原因首先是因为当时中国国力的极度贫弱，志愿军所吃的炒面并不是由统一的专业食品工厂进行制式化生产，而是由北方各省特别是东三省各企事业单位和动员人民群众分散炒制的。在抗美援朝最关键的二次战役前后，当时负责志愿军后勤的东北军区后勤部开始向前线大量供应炒面，由于需求量大，志愿军将士按每人每月定量的三分之一供应，即需一千四百八十二万斤炒面，而东北地区使出了吃奶的劲也只能解决一千万斤，不足部分只好由国内其他地区帮助解决，当时东北地区为了完成这每月一千万斤炒面生产的指标，几乎进行了全民总动员，东北人民政府甚至专门发出《关于执行炒面任务的几项规定》的公文，确定东北各大城市党政军各系统，各单位的日炒面任务量。接着东北局又专门召开"炒面煮肉会议"，参加会议的人员竟集中了当时东北地区党政军机关的全体负责人，各市市长和一部分省政府负责人，专题研究部署炒面制作和熟肉煮制工作的计划任务，时至今日，在互联网上仍能查到当时哈尔滨、沈阳等东北一些大城市某些机关单位完成炒面生产任务的报告。

为了满足供应志愿军将士足够炒面的需求，东北和全国其他涉及炒面制作任务地区的党政军民立即行动起来，整个北中国迅速掀起了一个男女老少齐动员、家家户户忙炒面的热潮，连包括周恩来总理在内的许多中央领导人也在繁忙的工作中，抽出时间亲自同北京市一些单位的机关干部和人民群众一起制作炒面。周总理等中央领导亲自炒面的信息传到朝鲜前线，给了志愿军广大指战员以极大的精神鼓舞。中央首长亲自为志愿军制作炒面，这绝不是虚言，三十八军一位副排长朱光臣回忆，在部队分发炒面的时候，分到他手里的炒面袋上，竟赫然写着新中国成立初期长期主管农业工作的中央首长邓子恢的名字，他当时激动极了："那在当时是一件多么荣耀的事啊！"值得一提的是，连当时还在北京功德林监狱进行劳动改造的国民党战犯们都被动员起来为志愿军将士们制作炒面和炒米，而且这批旧时代的将士们干得非常认真，他们也都在战场上饿过肚子，深知其中滋味，也为自己民族的军队能打败"联合国军"而自豪。

今天，当我们沉浸在那如火如荼的岁月往事里，在为当时全中国人民万众一心同仇敌忾抗美援朝的故事所激动时，却也不能不进行沉重的反思，志愿军月需一千四百八十二万斤炒面，折合成公吨不过是七千四百一十吨，今天，一个现代的大型食品加工企业一天的粮食加工能力就可达上万吨，今天一个企业就能完成的任务，在当年却不得不动员上至总理下至战犯、地域范围几乎遍及半个中国的人力物力才能勉强完成，百年战乱之后的中国当时虚弱到什么程度也就可想而知了。所以当时炒面质量不能得到保证，口味也不尽一致的原因就不难理解了，唯其如此，我们更是不能不对新中国和志愿军将士在如此艰难困窘的物质条件下打败全世界最强大的西方十六国联军，取得抗美援朝战争的伟大胜利感到由衷的敬佩。

有了炒面这种能够满足最基本生存需要的方便食品，志愿军将士奋勇作战，取得了扭转朝鲜战局的二次战役的胜利。战士们感谢炒面解决了大困难，甚至喊出了"为炒面立功！"的口号。为了准备打第三次战役，彭德怀又让洪学智起草了一份给中央军委和东北军区的报告，报告中指出："因敌机破坏，昼夜均不易生火做饭，夜间行军作战，所有部队对于东北送来前方之炒面颇为感谢，请今后再送以芸豆、大米加盐制的炒面。"于是，炒面就成为运动战期间志愿军的主食。

抗美援朝第三次战役志愿军一举突破三八线，占领汉城，全军就是靠炒面维持战斗力，"打过三八线，雪水拌炒面"一时间竟成为志愿军内最流行的顺口溜，这句顺口溜却也是当时志愿军将士日常生活的真实写照。但是，随着时间的推移，炒面这种应急食品的缺陷也暴露无遗，许多战士口里吃出了大泡，患上了夜盲症。洪学智上将回忆道："炒面这东西，长期作为军队的主食是不行的，因为人体需要多种营养，但炒面的营养成分过于简单，缺乏多种维生素，长期食用会影响战士的体力和健康，影响战斗力。"例如：炒面含水分少，长期食用容易上火，许多战士得了口角炎，再者长期吃炒面，肚胀。所以，有的战士又开玩笑讲："把炒面挂在树上，飞机都不打。"志愿军的指挥员们吃多了炒面，也拿炒面开起了玩笑，他们编了个段子自嘲——"毛主席打电话给高岗，让高岗给志愿军多送些好面，高岗耳背，听成了给志愿军多送些炒面，于是大伙儿就只好天天吃炒面了"。

当时的中央领导人也意识到了吃炒面绝非解决志愿军口粮问题的长久之计，当洪学智回国汇报工作时，主管经济的陈云专门把他叫过去询问："志愿军长期吃炒面有没有问题？"洪答道："当然有问题呀，吃多了烧心的。"

陈云焦虑地说："没有热饭吃不行啊，一定要想办法让将士们吃几顿热饭。"毛泽东听说许多战士由于营养缺乏得了夜盲症时，更是急迫地要求给部队增强营养，让战士们每天吃一个鸡蛋（为了完成他交付的这个任务，后来在阵地战期间，洪学智向前线运送了大量鸡蛋粉）。

与志愿军将士长期吃炒面的窘迫情景相比，美军在朝鲜战争中的口粮也值得提上一笔，这就是在世界军用食品史上大名鼎鼎的C口粮。C口粮诞生于"二战"时期，在"二战"中德军和苏军士兵经常饿肚子的同时，美军以野战食品进行保障的方法，充分显示了它的优越性，当时美军战线拉得很长，后勤供应难以为继，由于当时罐头技术已经相当成熟，美军便紧急研制了一种以罐头为主的野战食品，并且按每个士兵一天的伙食标准单独包装，便于随身携带。这种被命名为C口粮的野战食品是"二战"中美军最常见、吃得最多的口粮。C口粮品种非常丰富，每个套餐都包括一个肉菜罐头、一个甜食罐头、一个糖果或糕点罐头，甚至拥有十二个可供选择的餐谱。朝鲜战争中美军的饮食保障沿用了它在"二战"时期的C口粮，并且在其中添加了水果罐头、饼干和面包，美军将做好的食品冷藏后，再用大型飞机从美国本土空运至朝鲜。美军士兵不仅吃饭不成问题，而且食品品种繁多营养丰富，在感恩节那天，美军士兵甚至吃上了专程空运过来的火鸡肉，甚至因为初到南朝鲜的美军水土不服，喝不惯南朝鲜的水，一度美军连喝的水都从日本空运。

在抗美援朝运动战时期最后一个战役五次战役发起前，彭德怀曾想一举将"联合国军"赶下大海，彻底解放南朝鲜，五次战役发起后，志愿军一度打到三七线，但不堪重负的补给线撑到这个时候终于彻底断裂，连炒面都供应不上了。赵南起将军回忆，当时粮食保障只能满足前线部队最低需要量的百分之二十，弹药也只能重点供应，打到三七线的中国军队的军师长都喝不上稀饭，像六十三军军长傅崇碧一天的粮食就是一把从大道上捡来的炒黄豆，王近山兵团的大批战士饿得啃树皮草根竟中毒死亡，炒面袋里空空如也的志愿军将士只得后撤，此后的朝鲜战争就转入了阵地战时期，战线基本上稳定在三八线沿线附近。

了解了志愿军的炒面和美军的C口粮的故事，就基本清楚了为什么志愿军将士虽然骁勇无敌，却终于没有能彻底解决朝鲜问题的症结所在，也就明白了以美军为首的"联合国军"虽然屡战屡败，却最终还是在三八线勉强维持了一条防线的原因。这是因为中国军队高昂的士气、高超的战略战术、强大的战斗力受制于极端窘迫的物质基础，而与当时拥有举世无双的物质实力的美军在三八线上达成了力量平衡，所以双方最终通过谈判，基本上就沿着三八线达成了停战协议。

值得一提的是，在抗美援朝转入阵地战之后，随着志愿军防空力量的极大增强和后勤运输状态的改善，志愿军将士们终于告别了"一口炒面一口雪"的生活，许多前沿阵地的连队早上都能吃到油条喝上豆浆，这也正是阵地战时期志愿军越战越强的一个侧面的反映。而经过我军科研部门的研究，粉状的炒面则进化成了块状的炒面压缩干粮，并直接应用在上甘岭等战役中，在电影《上甘岭》中观众还能见到它的身影。直到今天，经过改进的压缩干粮还在我军中发挥着一定的作用。

抗美援朝战争过去已五十多年了，炒面——这种中国军队的功勋食品已成为英雄时代的一种精神象征。五十多年来，中国军队的军用食品已发生了天翻地覆的变化，特别是改革开放以后，中国的军用食品更是进入了一个高速发展时期。今天，中国人民解放军的军用食品分为野战食品、远航食品、救生食品和通用食品四大类，而各类食品的品种之繁多即使是相当级别的后勤专业军官都不一定说得清楚，真了解全部底细的恐怕只有总后军需装备研究所的那些专家，而且，一些让人听起来简直一头雾水的高科技功能性食品——如"液体能量棒""增力胶囊""电解质饮料粉"等也悄然走进了我军军营。从炒面到这些琳琅满目、种类繁多、营养丰富的各类军用食品，这也正是中国军队阔步冲向现代化、中国国力飞速发展的一个见证。

最后再讲一个真实的故事，在许多军迷耳熟能详，简直成了我军特种兵表演秀的"爱尔纳·突击"国际侦察兵竞赛中，一个风雨交加的黄昏，中国侦察兵代表队潜伏在一条河边的树丛中，等待着天黑之后伺机突破敌防线，趁着这难得的空闲之机，队员们悄悄吃起了晚饭，只见有的队员撕开一个包装袋，往里面灌些雨水，很快就变戏法一样变出热乎乎的米饭；有的队员把水壶里的水往饭盒里一倒，十几分钟后就吃上了味美可口、热气腾腾的面条，这就是我军的"自热野战食品"。还有的队员甚至在饱餐之余打开了粥罐头喝起粥来……在四天三夜进行的二十一个项目的高强度对抗中，我军派出的参赛队员，由于食用了由总后军需装备研究所提供的全套野战食品，不仅节省了宝贵的时间，而且及时补充了营养、恢复了体力。我军参赛队员夺得比赛团体总分第一名之后，兴奋地说野战食品功不可没。比赛结束后，中国军队当年在朝鲜战场上的对手——美军的一名参赛队员被我军队员携带的野战食品所吸引，提出与我参赛队员交换，在品尝了我军的野战食品后，他高兴得连连夸赞："OK，棒极了，中国野战食品真是棒极了！"

参考书目

1.《罗斯福正传》　　　　内森·米勒著　　　　新华出版社

2.《领袖毛泽东》　　　　师哲著　　　　　　　红旗出版社

3.《从雅尔塔到板门店》　华庆昭著　　　　　　中国社会科学出版社

4.《第一次较量》　　　　徐焰著　　　　　　　中国广播电视出版社

5.《朝鲜战争》　　　　　李奇微著　　　　　　军事科学出版社

6.《朝鲜战争》　　　　　日本陆战史研究　　　国防大学出版社
　　　　　　　　　　　　普及会著

7.《为了和平》　　　　　杨得志著　　　　　　长征出版社

8.《王牌飞行员》　　　　王昉、玉文编　　　　知识出版社

9.《出兵朝鲜》　　　　　叶雨蒙著　　　　　　北京十月文艺出版社

10.《插上翅膀的龙》　　　刘智慧著　　　　　　解放军文艺出版社

11.《热血冰山》　　　　　王咸金著　　　　　　中共中央党校出版社

12.《远东朝鲜战争》　　　王树增著　　　　　　解放军文艺出版社

13.《从东线到西线》　　　郭宝恒、王恒一著　　辽宁人民出版社

14.《王牌军》　　　　　　王昉、玉文编　　　　知识出版社

15.《五岭逐鹿》　　　　　李国伟著　　　　　　珠海出版社

16.《开辟通天路》　　　　权延赤著　　　　　　中国少年儿童出版社

17.《百战将星》　　　　　冷梦著　　　　　　　解放军文艺出版社

18.《蓝天鏖战》　　　　　小叶秀子著　　　　　华艺出版社

19.《冈村宁次》　　　　　李德福著　　　　　　世界知识出版社

20.《8·23炮击金门》　　沈卫平著　　　　　　华艺出版社

21.《王牌战机》　　　　　王昉、苏庆谊、　　　知识出版社
　　　　　　　　　　　　于晓飞著

22.《板门店谈判》 柴成文、赵勇田著 解放军出版社

23.《战将》 张正隆著 解放军出版社

24.《黄土地红土地》 李彦清著 解放军出版社

25.《生命在电波中闪光》 崔伦、裘慧英等著 解放军出版社

26.《军人生来为战胜》 金一南著 解放军出版社

27.《空战在朝鲜》 王苏江、王玉彬著 解放军出版社

28.《十九颗星》 小埃德加·普里尔著 军事译文出版社

29.《艾奇逊回忆录》 艾奇逊著 上海译文出版社

30.《在志愿军总部》 杜平著 解放军出版社

31.《聂荣臻回忆录》 聂荣臻著 解放军出版社

32.《麦克阿瑟》 小克莱·布莱尔著 解放军出版社

33.《马歇尔》 伦纳德·莫斯利著 解放军出版社

34.《保卫祖国领空的战斗》 林虎著 解放军出版社

35.《开国将军轶事》 吴东峰著 解放军出版社

36.《世界空中作战八十年》 中国人民解放军空军 上海科学普及出版社
指挥学院研究部编

37.《摊牌》 张嵩山著 江苏人民出版社

38.《红朝传奇》 权延赤著 内蒙古人民出版社

39.《餐桌旁的领袖们》 权延赤著 内蒙古人民出版社

40.《坦克与作战》 兰长羽、孙旭著 国防工业出版社

41.《血天冰地》 李成志著 花山文艺出版社

42.《雄师苦旅》 李人毅、翟仲禹著 解放军出版社

43.《抗美援朝战争回忆》 洪学智著 解放军出版社

44.《周恩来与抗美援朝战争》 张民、张秀娟著 上海人民出版社

45.《抗美援朝战争实录》 解力夫著 世界知识出版社

46.《朝鲜我们第一次战败》 贝文·亚历山大著 中国社会科学出版社

47.《朝鲜大空战》 赵建国、马爱著 中国人事出版社

48.《秘密使命》 弗农·阿尔特斯著 世界知识出版社

　　另有丘吉尔、克拉克、金日成、粟裕、王近山、杨勇、秦基伟、黄镇、雷英夫、邵毓麟等人的回忆录、传记，二十军、二十七军、三十八军、四十军、四十二军、十五军等诸军军史及《军事史林》《军事历史》《中国空军》《世界军事》《军事文摘》等各期刊。另外，本书中八幅有关战役形势略图，能使读者对本书所描写的战争全貌有一个更直观的了解。它们选自徐焰同志所著《第一次较量》，谨在此一并致谢！